Markus Sommer

Haus Witten

DENKMALPFLEGE UND FORSCHUNG

IN WESTFALEN

Im Auftrag des Landschaftsverbandes
Westfalen-Lippe

herausgegeben von
Landeskonservator Eberhard Grunsky
Westfälisches Amt für Denkmalpflege
und
Museumsdirektor Bendix Trier
Westfälisches Museum für Archäologie
Amt für Bodendenkmalpflege

BAND 29

Schriftleitung: Jan Derk Boosen,
Westfälisches Museum für Archäologie
Amt für Bodendenkmalpflege

DR. RUDOLF HABELT GMBH, BONN
1995

Markus Sommer

Haus Witten

Die Ergebnisse der archäologischen
Untersuchung an einem Profanbau
aus dem 15. bis 20. Jahrhundert

mit Beiträgen von
Brigitte Dahmen, Peter Ilisch, Susanne Sommer

DR. RUDOLF HABELT GMBH, BONN
1995

281 Seiten Text, 48 Textabbildungen, 85 Tafeln, 7 Beilagen

Dieses Werk ist mit Unterstützung des Ministers für Stadtentwicklung und Verkehr
des Landes Nordrhein-Westfalen gedruckt worden.

Titelbild: Haus Witten, um 1710 (vgl. Abb. 11)

Einbandgestaltung: Rudolf Meyer, Marie Luise Meyer-von Bronk

Redaktion, Layout und Textgestaltung: SCRIPTORIUM, Ute Mrogenda, Münster

Tafelgestaltung: Egbert van der Mehr

Schriftentausch: Westfälisches Museum für Archäologie
– Amt für Bodendenkmalpflege –
Zentralreferat · Bibliothek
Rothenburg 30
D-48143 Münster
Tel.: (0251) 5907 262
Telefax: (0251) 5907 211

Die Deutsche Bibliothek – CIP-Einheitsaufnahme

Haus Witten : Die Ergebnisse der archäologischen
Untersuchung an einem Profanbau aus dem 15. bis 20.
Jahrhundert / Markus Sommer. Mit Beitr. v. Brigitte
Dahmen ... – Bonn : Habelt, 1995.
  (Denkmalpflege und Forschung in Westfalen ; Bd. 29)
  ISBN 3-7749-2702-2
Ne: Sommer , Markus; GT

Für den Inhalt und die Richtigkeit der Angaben sowie für die Qualität der Abbildungsvorlagen
ist der Autor/die Autorin verantwortlich

© 1995 Westfälisches Museum für Archäologie, Amt für Bodendenkmalpflege, Münster

Dieses Werk ist urheberrechtlich geschützt. Die dadurch begründeten Rechte,
insbesondere die der Übersetzung, des Nachdrucks, der Entnahme von Abbildungen,
der Funksendung, der Wiedergabe auf fotomechanischem oder ähnlichem Wege
und der Speicherung in Datenverarbeitungsverlagen bleiben, auch bei nur auszugsweiser
Verwertung, vorbehalten. Die Vergütungsansprüche des § 54, Abs. 2, UrhG,
werden durch die Verwertungsgesellschaft Wort wahrgenommen.

Gesamtherstellung: Graphischer Betrieb Ernst Gieseking GmbH, 1995
ISBN 3-7749-2720-2

Inhaltsverzeichnis

Einleitung
    Topographie 1
    Forschungsgeschichte 8

Zur Bezeichnung „Haus Berge und Haus Witten" 11
Die Quellenlage zur Geschichte von Haus Witten
    Schriftliche Quellen 13
    Bildquellen 15

Verlauf der Untersuchung 23

Aufgehendes Mauerwerk (Bestand von 1990) 25
    I.   Südflügel/Palas 26
    II.   Südflügel/ Erweiterungsbau 28
    III. Westflügel 30
    IV.   Ostflügel 31
    V.   Nordflügel östlich des Tores 34
    VI.   Nordflügel westlich des Tores 34
    VII. Torhaus 34
    VIII. Nordwestturm 35
    IX.   Nordostturm 35
    X.   Kellerräume unter dem Erweiterungsbau 36
    XI.   Außenanlagen 37

Bauperioden 39
    Periode 1 39
    Mesolithische Funde – Vorgeschichtliche Siedlungsreste – Gebäude I – Gebäude II – Abfallgruben – Ofen 735
    Periode 2 42
    Die Zaungräben 422 und 658 – Nebengebäude – Periode 2, jüngere Bautätigkeit – Datierung
    Periode 3 46
    Wohnturm – Die Mauern 1025 und 1026 – Palas – Anbauten an der Südseite des Palas – Wirtschaftsgebäude
    – Mauern südlich des Wirtschaftsgebäudes – Innenhof – Periode 3, jüngere Bautätigkeit – Zerstörungshorizont
    Periode 4 53
    Wohnturm – Der Ofen 890 – Palas – Befunde im Bereich des Berfrieds – Stallgebäude – Innenhof – Anbauten an
    der Südwestecke des Palas – Befestigungen, Türme, Tor – Burggraben – Datierung – Brandhorizont
    Periode 5 60
    Befunde der Erbauungsphase – Wohnturm – Corps de Logis (Ostflügel) – Palas – Westliche Erweiterung des Palas
    – Brunnenstube – Wirtschaftsgebäude (Westflügel) – Backofen 477 – Marstall (Nordflügel) – Innenhof – Anbauten
    an der Südwestecke des Palas – Befestigungen, Türme – Torhaus – Schloßteich – Schloßgarten
    Periode 6 70
    Palaserweiterung/Brunnenstube – Keller unter dem Südtrakt – Ostflügel (ehemaliges Corps de Logis) – Fabrikhalle
    (ehemaliger Westflügel) – Nordflügel (ehemaliger Marstall) – Innenhof – Befestigungen, Torhaus, Ecktürme
    – Schloßteich – Gewächshäuser – Fabrik

Ergebnisse (Summary, Résumé) 81

Anhang 1 – Organische Funde 85

Anhang 2 – Bodenproben 86

Anhang 3 – Stammbaum der Familie von Witten 87

Befundkatalog 89

Literaturverzeichnis 201

Die Backöfen *(Susanne Sommer)* 203

Katalog der Funde von Haus Witten *(Brigitte Dahmen)*
   – Vorbemerkungen 207
   – Katalog 218
   – Literaturverzeichnis 275

Die Münzen *(Peter Ilisch)* 279

Tafeln

Vorwort

Die vorliegende Publikation bringt die Ergebnisse meiner Ausgrabungen in Haus Witten in den Jahren 1988-1990. Die Ausgrabung erfolgte im Namen und Auftrag der Stadt Witten und wurde begleitet vom Planungsamt, hier vor allem von Martin Jakel, der für die Denkmalpflege in Witten zuständig ist.

Die Grabungsarbeiter waren Achim Duda, Reinhold Holz, Berd Müther und Günther Ritter. Grabungszeichnerin war Sabine Meyer. Nachträgliche Fundbeobachtungen wurden von Martin Kroker M.A. und seinem Team durchgeführt.

An der fachlichen Diskussion der Funde und Befunde beteiligten sich Dr. Ph. Hömberg, Dr. Peter Ilisch, Dr. Gabriele Isenberg, Dr. Ursula Quednau, Dr. Manfred Schneider, Dr. Iris Tillessen sowie Brigitte Dahmen M.A. Prof. Dr. Heinrich Schoppmeyer, Dr. Susanne Sommer und Klaus Sommer †.

Die Publikation wurde von Ministerialrat Dr. Heinz-Günther Horn unterstützt.

Die Redaktionsarbeit besorgte Dr. Ute Mrogenda.

Alle diese Personen haben zum Gelingen des Werks beigetragen. Den großen Dank, den ich ihnen schulde, gebe ich hiermit zum Ausdruck.

Nicht zuletzt möchte ich auch den Mitgliedern der Flora Zollenspieker in Hamburg meinen Dank aussprechen, weil sie dafür gesorgt haben, daß ich in einer ausgezeichneten Arbeitsatmosphäre die Schreib- und Zeichenarbeiten erledigen konnte.

Hamburg, den 08.08.1994   Markus Sommer

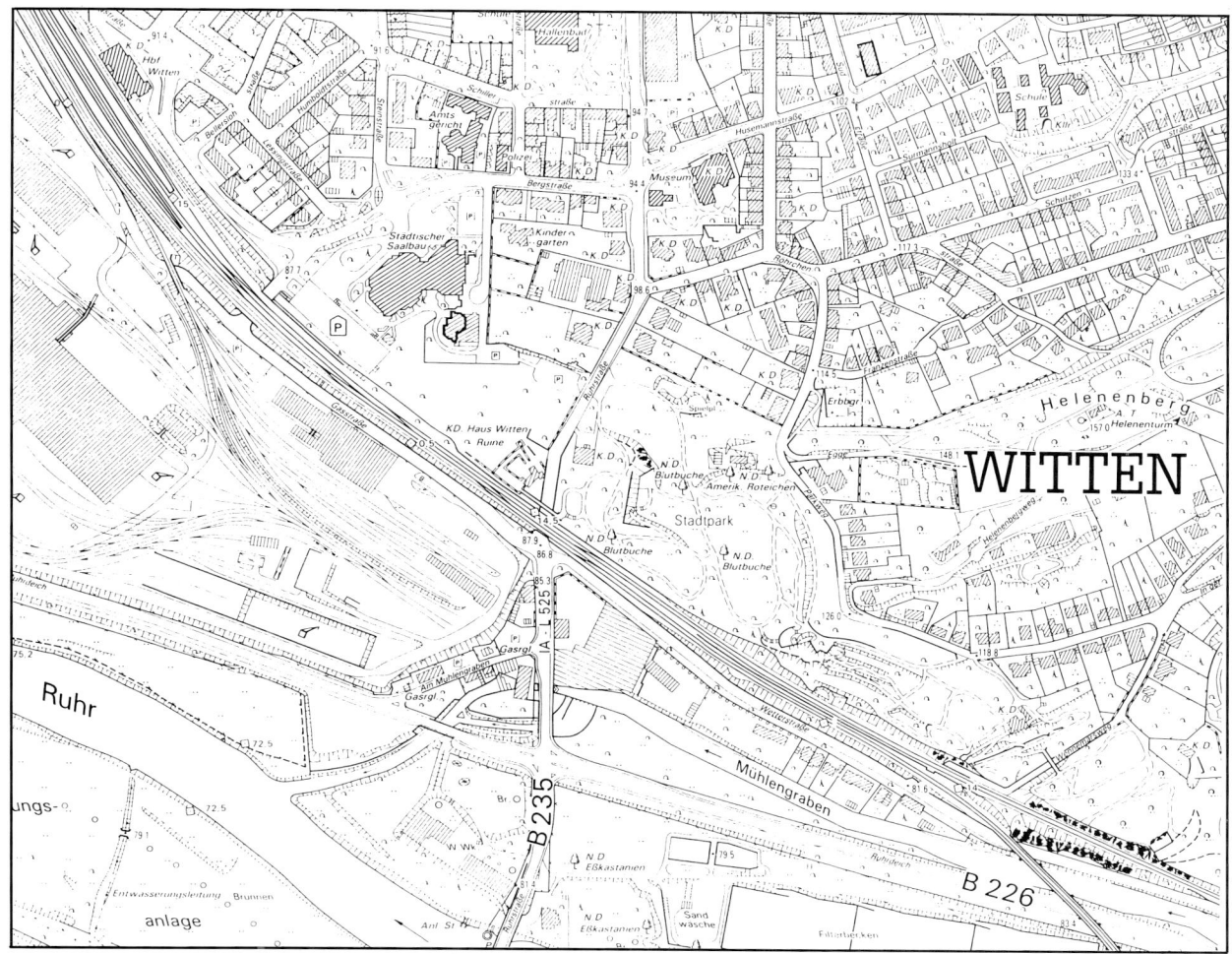

Abb. 1   Haus Witten. – Lage der Burg. Ausschnitt aus der Deutschen Grundkarte 1:5000.

Einleitung

Topographie

Haus Witten liegt 750 m südlich des Stadtzentrums von Witten, Ennepe-Ruhr-Kreis, Flur 36, an der Spitze des Dreiecks, das von der Ruhrstraße, der Bergerstraße und der Eisenbahnlinie Hamburg-Köln gebildet wird: Topographische Karte 4510 Witten: r 92900-92955, h 00505-00580 (Abb.1). Eine 1989 errichtete Fußgängerbrücke über die Ruhrstraße verbindet das Gebäude mit einem Rundweg durch den Stadtpark. Jenseits der Straße, 50 m in nördöstlicher Richtung, steht die Volkshochschule, die ehemalige Fabrikantenvilla Lohmann. Der Bereich im Nordwesten ist als Rasen angelegt. Hier befanden sich früher Anlagen und Halden der Zeche Franziska. Der mit Betonmauern abgestützte Bahndamm verläuft parallel zur Südseite der Ruine in einer Entfernung von nur 3 m. Auf der anderen Seite der Eisenbahnlinie breitet sich das Stahlwerk der Thyssen AG auf einem künstlich angelegten Plateau aus.

Aufgrund der erheblichen Veränderungen, die die Landschaft an der Ruhr seit der Mitte des 19. Jahrhunderts durch die Industrialisierung und durch den Ausbau des Eisenbahnnetzes erfahren hat, kommt die ursprüngliche Detailtopographie um Haus Witten heute nicht mehr zum Ausdruck. Da aber die Besonderheiten des natürlichen Geländes auf die Entwicklung des Gebäudes nicht ohne Einfluß waren, soll hier versucht werden, die Kontur der ursprünglichen Oberfläche und das geographische Umfeld aus den Aufschlüssen des gewachsenen Bodens und dem älteren Karten- und Bildmaterial wiederherzustellen. Dabei wird deutlich, daß sich Haus Witten in einer durchaus günstigen, geschützten Wohnlage und an einer herausgehobe-

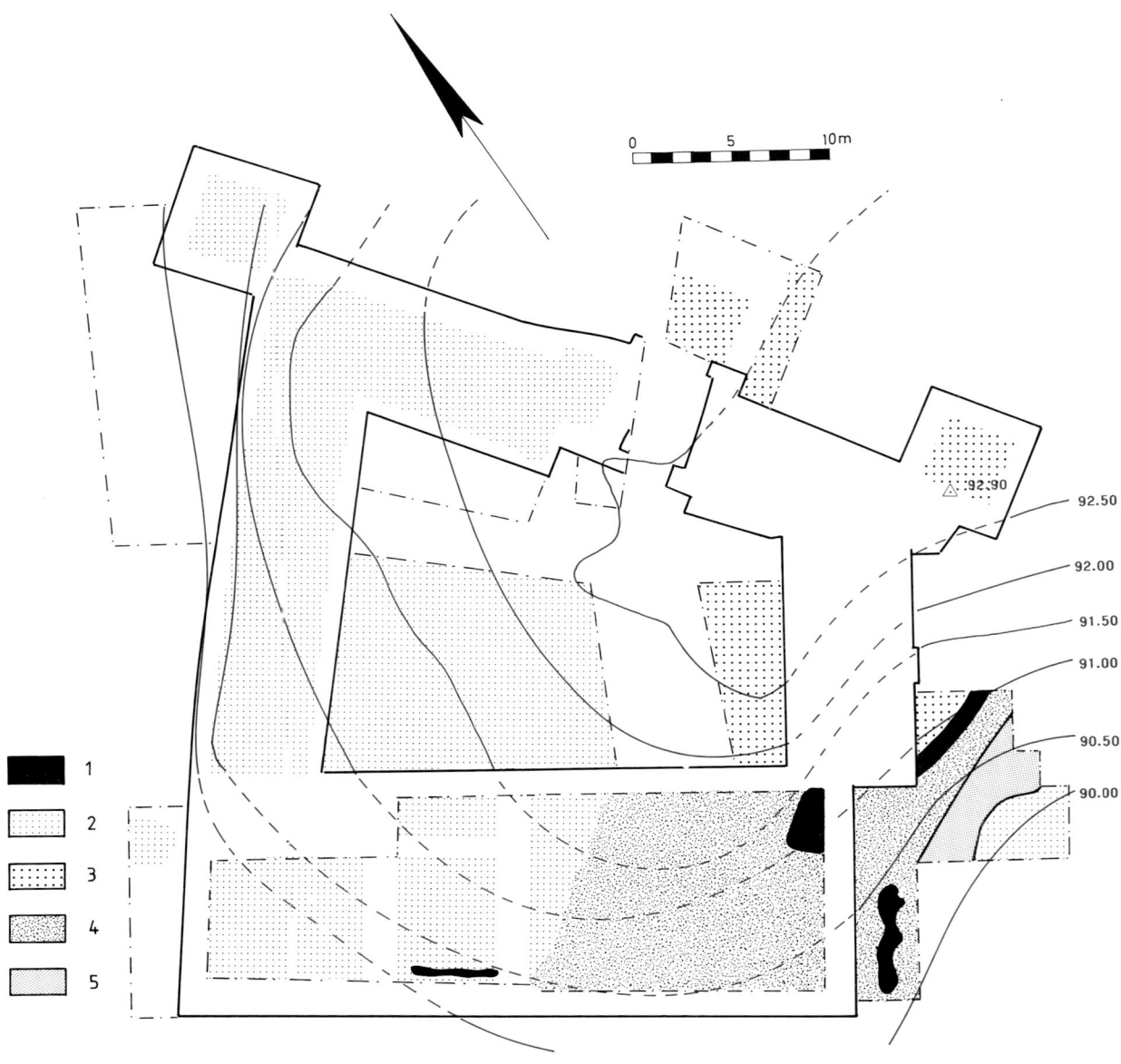

Abb. 2   Der gewachsene Boden nach den Ausgrabungsbefunden: 1 = Steinkohleflöz; 2 = Lehm; 3 = Sandsteinfels; 4 = Sandsteinbruch; 5 = Schieferton.

nen Stelle am Ruhrtal befand. Nach zwei Seiten bildeten Gewässer einen natürlichen Schutz. Die dritte Seite wurde durch den steil ansteigenden Sporn eines Berges gedeckt. Nur die Seite zum Dorf Witten hin war offen.

Der gewachsene Boden wurde in allen Bereichen der Ausgrabung erreicht. Er war sehr unterschiedlich ausgeprägt (Abb. 2). Im Osten zeigte sich zunächst ein Bereich aus rötlich-grauem, sandigem Schieferton, der in der oberen Zone stark verwittert war *(67)*. Daran schloß sich in nördlicher Richtung ein ca. 1 m breites, von Ost nach West streichendes Kohleflöz *(72)* an (Taf. 1,1).[1] Weiter in nördliche Richtung folgte bis zum Torbereich *(74)* gelbroter Sandstein. Dieser wurde in der westlichen Hälfte des Herrensitzes von gelbbraunem, lehmigem Sand überdeckt, der im oberen Bereich mit reichlich Wurzelspuren und Holzkohleflittern durchsetzt war *(329)*. In einer Tiefe von 20

---

1   Dahm 1966, 87. – Sobotka 1980.

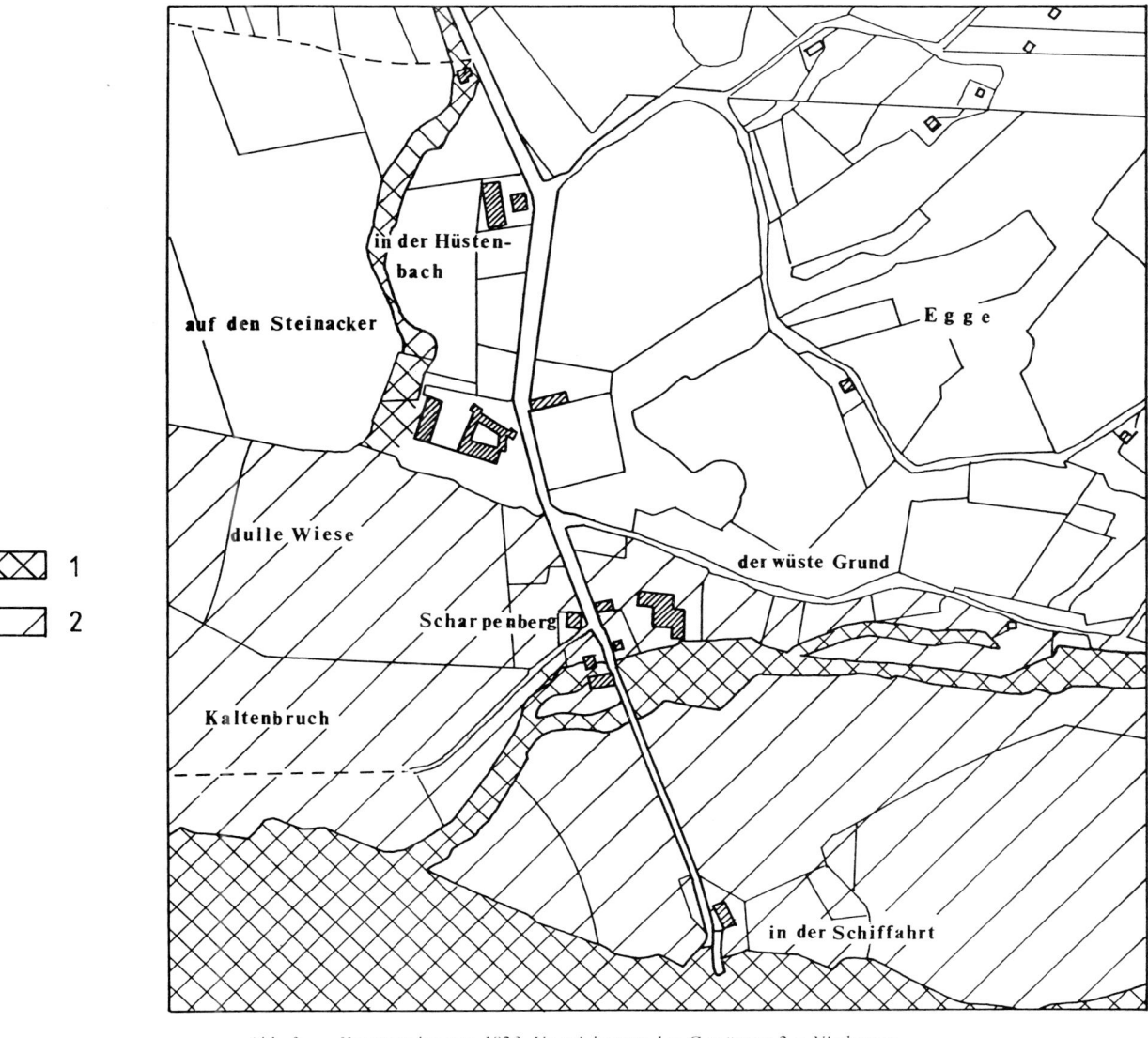

Abb. 3   Katasterplan von 1823, Umzeichnung: 1 = Gewässer; 2 = Niederung.

bis 30 cm traten rostrote Eisenoxyd-Bänder auf. Aus der Kartierung der Oberfläche des gewachsenen Bodens ergab sich ein spornartiges Profil mit einem Gefälle nach drei Richtungen: Nordwest, Südsüdwest, Südost. Die höchste Stelle im untersuchten Bereich wurde im Ostturm mit 92,90 m ü.NN festgestellt. Die 92,50 m Linie verlief von der östlichen Torseite über die Nordostecke des Innenhofs zur Südseite des Ostturms. Die 92,00 m und 91,50 m Linien zogen durch den Ostflügel über den Innenhof zum Nordflügel. Die 91,00, 90,50 und 90,00 m Linien bildeten im Bereich der Westseite der Burg eine scharfe Geländekante (1 m Höhenunterschied auf 3 m Länge); in Richtung Südsüdwest wurde das Gefälle flacher, nach Südosten hin dann wieder steiler.

Der Bereich zwischen 90,00 und 93,00 m ü.NN, den Haus Witten einnimmt, liegt 10 m oberhalb der Ruhrniederung und der ehemaligen Hochwasserzone, die entlang der 80 m Grenze verläuft. Nach der in der Literatur gebräuchlichen Einteilung der Burgen nach ihrer Lage in Höhen-, Hang- und Niederungsburgen[2] gehört Haus Witten somit in die Gruppe der Hangburgen.

Die Gewässer in der Umgebung sind der Hüstenbach, die Ruhr und der Mühlengraben. Einzelheiten über den früheren Verlauf des Hüstenbachs ergeben sich aus dem Urkataster von 1823 (Abb. 3). So zeigt sich an der Parzellengrenze des Flurstücks 29 „an der Hüstenbach" deutlich der

---

2   HOTZ 1965, 6 f.

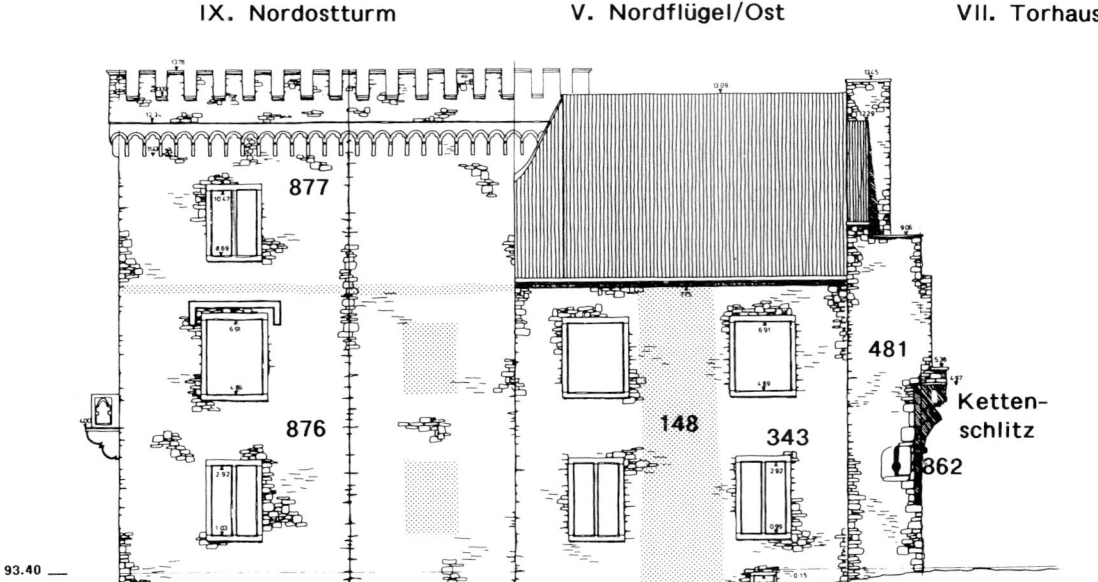

Abb. 4   Wandabwicklung, Nordost-Seite. ▶

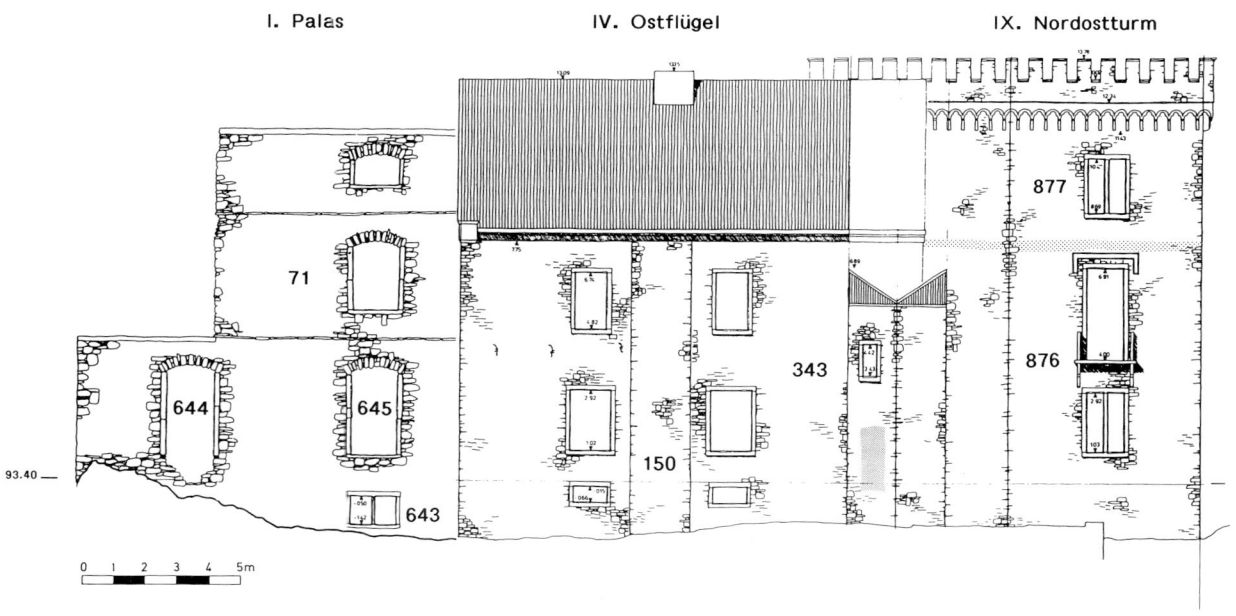

Abb. 5   Wandabwicklung, Ost-Seite.

Topographie

VI. Nordflügel/West   VIII. Nordwestturm   XIb. Tor

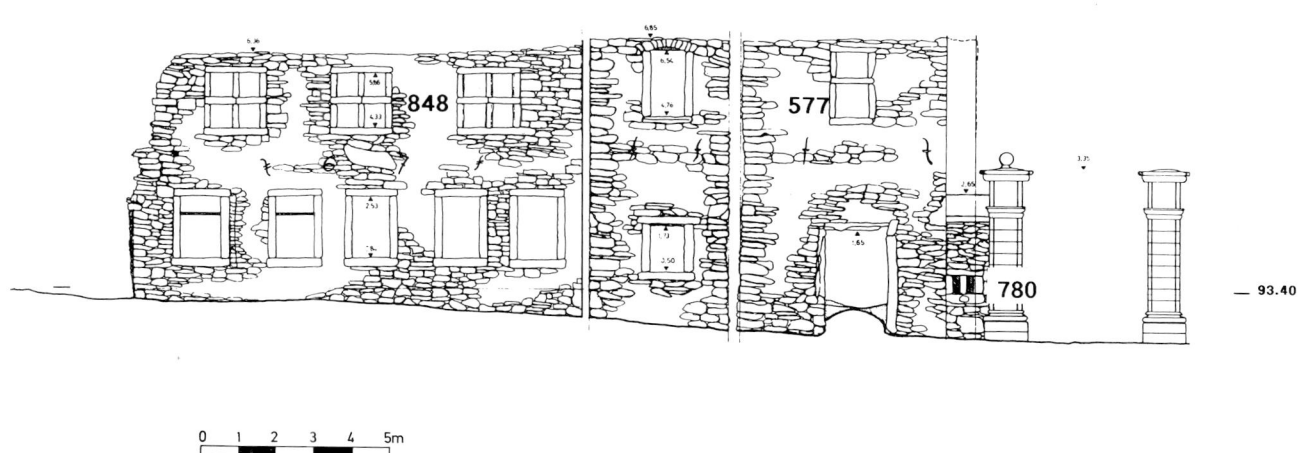

II. Palas-Erweiterung   I. Palas   IV. Ostflügel

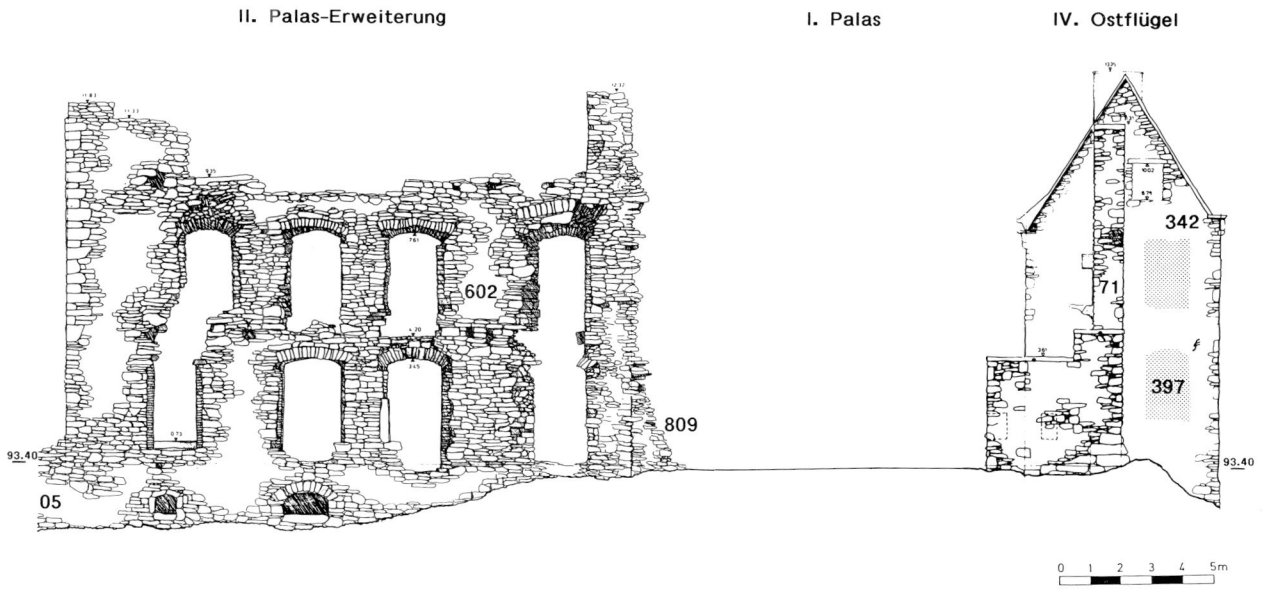

Abb. 6   Wandabwicklung, Süd-Seite.

XIb. Tor   VIII. Nordwestturm

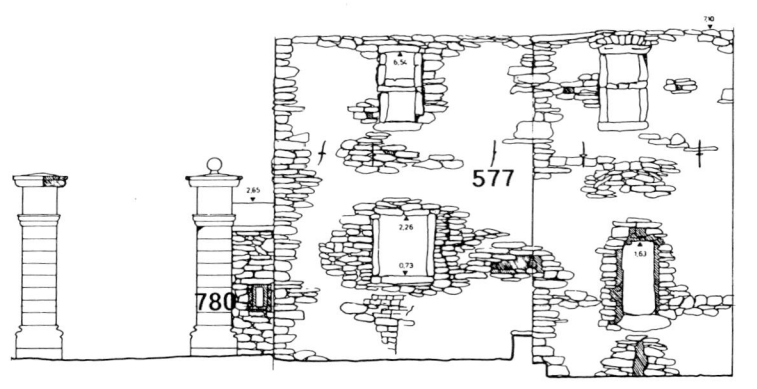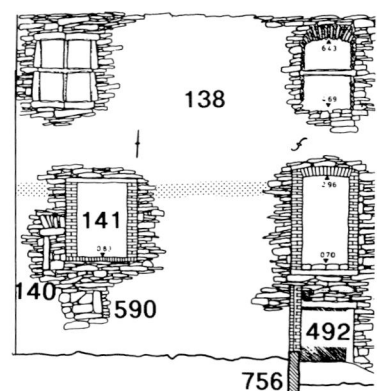

Abb. 7   Wandabwicklung, West-Seite. ▶

VII. Torhaus   V. Nordflügel/Ost   IV. Ostflügel   I. Palas

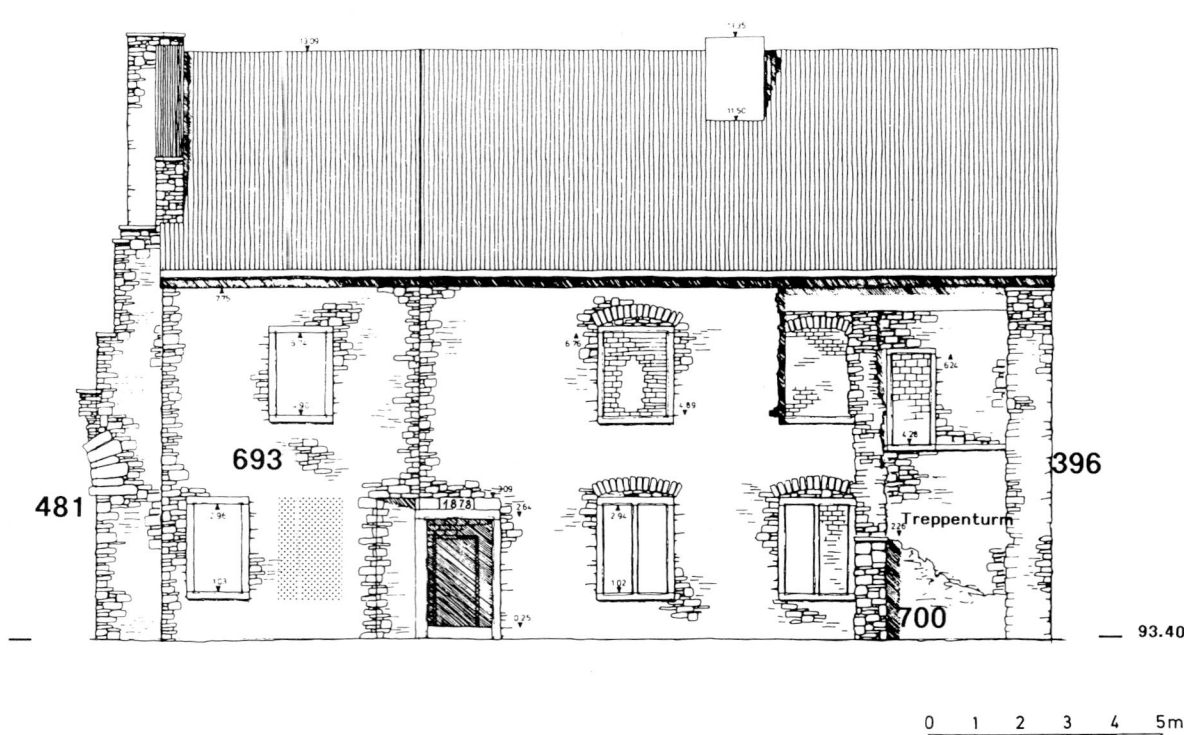

Abb. 8   Wandabwicklung Innenhof, Nordost- und Ost-Seite.

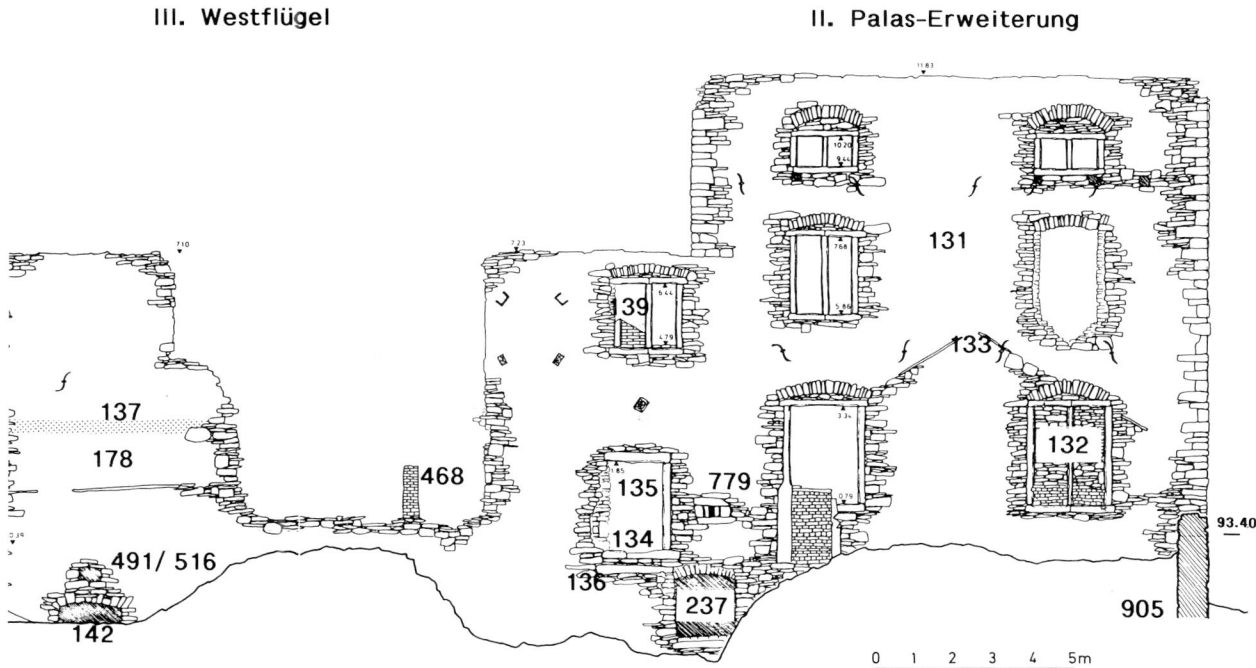

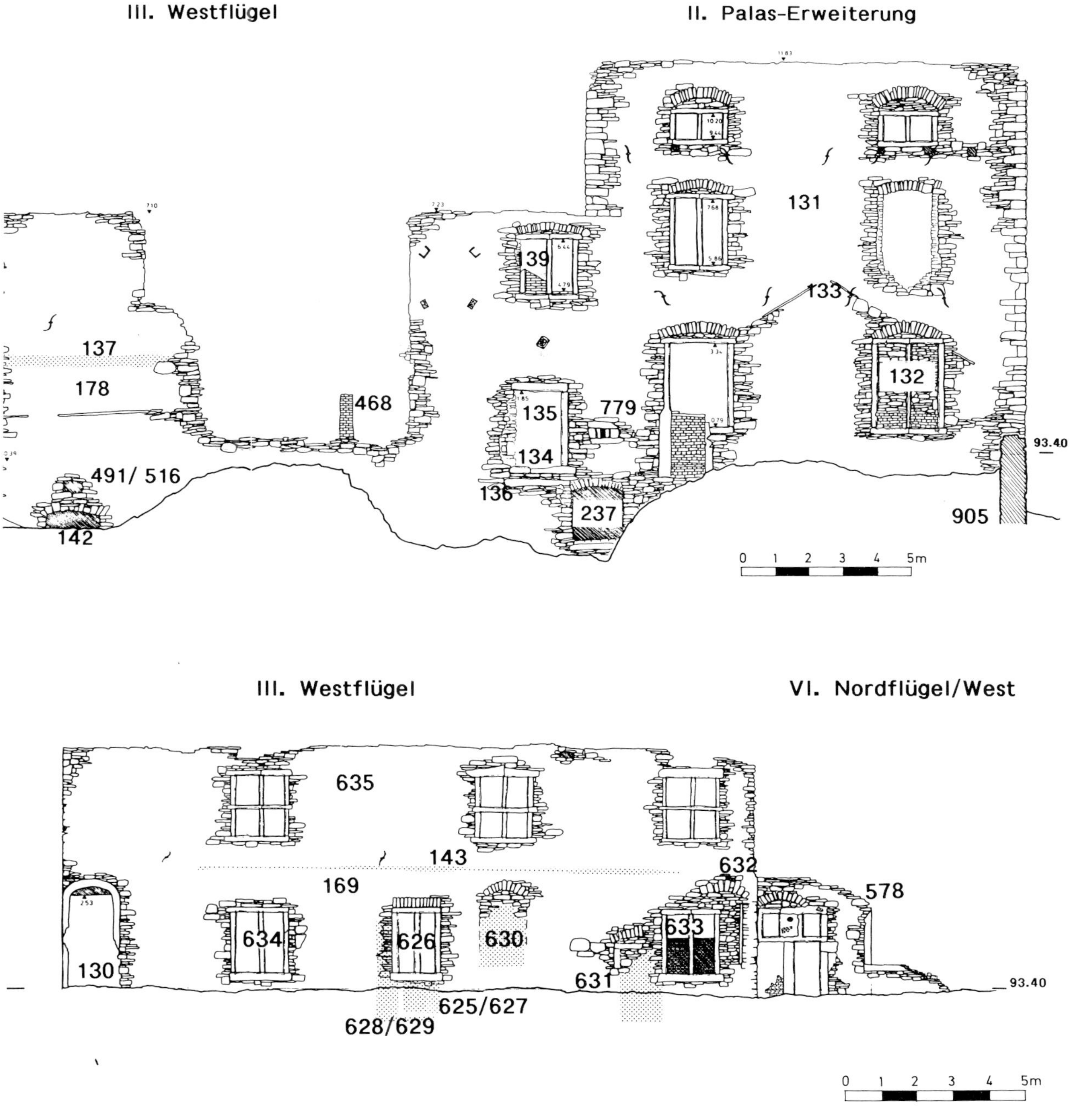

Abb. 9   Wandabwicklung, Innenhof, West-Seite.

Verlauf des Gewässers in ungefähr 50 m Entfernung nordwestlich der Burg. Das Flurstück erweitert sich am Südende deltaförmig und bezeichnet so die ursprüngliche Einmündung des Bachs in die Ruhr, als deren Flußbett noch breiter war. Zur Zeit der Katasteraufnahme war der weitere Verlauf des Hüstenbachs und seine Führung an Haus Witten vorbei zur Ruhr nicht mehr zu erkennen. Auch bei den übrigen Kartographen herrschte Ungewißheit über den Verlauf dieses Bachs. Während auf der Karte A. LUDORFFS (1910),[3] die offenbar auf der Grundlage des Katasterblatts von 1870 entstanden ist, der Hüstenbach in das rechteckige, etwas breitere Flurstück 39 einmündet

---

3   LUDORFF 1910, 17 Abb.

und dort in einem abflußlosen Teich endet, ist in dem Plan von C. WEISSENFELS (1868)[4] der Bach an der Ostseite des Flurstücks entlang in gerader Linie zur Ruhr geführt. Auf einer Lithographie aus der Zeit um 1840 (Abb. 13), die einen guten Eindruck von der ursprünglichen Landschaft im weiteren Umfeld vermittelt, und auf sämtlichen älteren Ansichten von Haus Witten findet sich allerdings keine Spur des Hüstenbachs. Hinzuweisen ist in diesem Zusammenhang auch auf die Gebäude, die im Urkataster auf der Parzelle „an der Hüstenbach" eingetragen sind. Somit erhebt sich letztlich die Frage, ob im Hüstenbach in der frühen Neuzeit überhaupt noch Wasser geflossen ist. Möglicherweise war die Quelle, die ursprünglich im Bereich des Wittener Bruchs gelegen hat, bereits versiegt und es hat in dem Bett nicht viel mehr als Oberflächenwasser gestanden. Die daraus zu folgernde Versumpfung und Verkrautung, verbunden mit einer Unzugänglichkeit des Bachbetts, mag dann den Hüstenbach als natürlich-geographisches Element bis in das 19. Jahrhundert erhalten haben. Erst der Bau der Bergisch-Märkischen Eisenbahnlinie und der Zeche Franziska hätten den Hüstenbach dieser Überlegung zufolge als topographische Gegebenheit verschwinden lassen.

Das zweite Gewässer, das die geographische Lage von Haus Witten bestimmt, ist die Ruhr. Sie fließt heute in einer Entfernung von 400 m im Süden vorbei. Vor der Anlage des Ruhrdeiches, der Eisenbahnlinie und den Aufschüttungen des Geländes zu Beginn des 20. Jahrhunderts kam sie näher an Haus Witten heran. Ihr Überschwemmungsgebiet umfaßte die breite Niederung, welche im Urkataster mit den Flurnamen „Dulle Wiese", „In der Aue" und „Kaltenbruch" bezeichnet ist (Abb. 3). An dem Schnitt dieser Parzellen erkannte H. SCHOPPMEYER den älteren, wohl noch bis in das Mittelalter bestehenden Verlauf der Ruhr, die sich in diesem Bett in mehrere Seitenarme aufspaltete.[5] Der Überrest eines solchen Seitenarms ist der Mühlengraben, der am Hohenstein von der Ruhr abzweigt und unterhalb von Haus Witten wieder mit ihr zusammentrifft.

Schließlich ist noch das Gelände östlich von Haus Witten zu betrachten. Der Sporn, der am Profil des gewachsenen Bodens festgestellt wurde, setzt sich nicht unmittelbar in der Egge (Helenenberg) fort. Jenseits der Ruhrstraße findet sich zunächst ein nur leicht ansteigendes, künstlich in den Hang gelegtes Plateau, welches zum Berg hin mit Trockenmauern und einer schroffen Felswand abgeschlossen wird. Hier befand sich ehemals der Schloßpark (Periode 5; Abb. 42). Erst danach beginnt der steile Aufstieg zum Helenenberg.[6]

Forschungsgeschichte

Der 1886 in Witten gegründete Verein für Orts- und Heimatkunde in der Grafschaft Mark hat sich immer wieder mit dem für die Geschichte des Ortes bedeutenden Bauwerk, in seiner Eigenschaft als Sitz der Gerichtsherren von Witten, beschäftigt. Die Forschung konzentrierte sich vor allem auf das Material aus dem ehemaligen Archiv des Hauses Witten, von dem der Verein einen großen Teil im Original oder in Abschriften besitzt.[7] Das Bauwerk selbst und seine Baugeschichte oder sogar eine kunsthistorische Betrachtung traten dagegen in den Hintergrund. Auch im Denkmälerverzeichnis der Stadt Witten widmet LUDORFF 1910 dem Gebäude an sich nur die Bemerkung: *Renaissance (Barock), umgebaut.*[8] Immerhin wurde Haus Witten 1942 unter Denkmalschutz gestellt, aber erst 1980 in die Denkmalliste der Stadt eingetragen. Bezeichnenderweise geschah dies wiederum nicht wegen des Gebäudes selbst, sondern wegen seiner Eigenschaft als Sitz der Grund- und Gerichtsherren von Witten.[9]

Eine kunsthistorische Untersuchung der Burg bzw. der Ruine in den Nachkriegsjahren hat nicht stattgefunden, lediglich eine sporadische fotografische Dokumentation. 1949 wurde bereits damit begonnen, einsturzgefährdete Mauern einzureißen; als letztes sind 1971 die Giebel des Südflügels abgebrochen worden.

Ende der siebziger Jahre, nachdem die Sanierung der Innenstadt von Witten weitgehend abgeschlossen war, wurde der Bereich um Haus Witten städtebaulich interessant, da er – an der Nahtstelle zwischen der Innenstadt und dem südlichen Naherholungsgebiet gelegen – eine wichtige Schlüsselstellung bekam.

In zwei Abschnitten – 1977 und 1979 – wurde Haus Witten von den Bochumer Architekturstudenten M. Bonnenberg, J. Ahlemann, H.W. Bonny und H.J. Schlösser aufgemessen und in Grundrissen, Schnitten und Aufrissen reingezeichnet (Abb. 4-9). Diese Aufnahme ist heute von großem Wert, denn in den Jahren 1975 bis 1985 wurde das Gebäude einer großangelegten Sicherungsmaßnahme unterworfen, bei der viele noch bestehende Baubefunde zerstört wurden. So wurden z.B. die gesamten Mauerkronen im Ruinenteil auf eine Höhe gebracht und die ausgewaschenen Fugen mit Zement geschlossen. Über den gesamten Südflügel, der unterkellert war, wurde eine Betondecke gegossen. Entlang der Mauern fanden Schürfungen zur Messung der Fundamenttiefe statt, welche auch in die Substanz des Bodendenkmals eingriffen.

---

4 SCHOPPMEYER 1989, Karte 6.
5 SCHOPPMEYER 1988, 95 f. Karte 8.
6 Höhenpunkt Helenenturm: 157 m ü.NN.

7 Vgl. KRÄTZIG 1989, 135 ff. (mit älterer Literatur).
8 LUDORFF 1910, 17.
9 SOBOTKA 1991, 34.

Zur Bezeichnung „Haus Berge und Haus Witten"

Es sind zwei Ortsbezeichnungen überliefert: Haus Berge und Haus Witten. Während der Name Haus Berge von den ältesten Urkunden angefangen bis heute – jetzt vor allem in der Fachliteratur – immer wieder verwendet wird, kam seit 1789 der Name Haus Witten zusätzlich auf. Im Ortsnamen Haus Witten übertrug sich der Name des Gerichtsbezirks auf das Gebäude, in dem der Gerichtsherr wohnte; die Bezeichnung Haus Berge ist dagegen auf die geographische Lage zurückzuführen. Da der Name „Haus Witten" seit 1823 auch auf den Katasterplänen verwendet wird und sich heute auf allen offiziellen Karten und im alltäglichen Sprachgebrauch eingebürgert hat, wird er in der vorliegenden Publikation ebenfalls verwendet. Die verschiedenen Schreibweisen des Ortsnamens gibt die folgende Übersicht:

Haus Berge

uppen Berge/up den Berg. Erstmals erwähnt wird ein Gut „uppen Berge" in einer Urkunde vom 3. März 1479,[13] in der Rötger von Witten und Luther Stael von Holstein aus dem Gut, genannt „uppen Berge", eine jährlich drei rheinische Gulden betragende Rente an Hermann von Düngelen und seine Ehefrau Lutgard verkaufen. In einer zweiten Urkunde vom 2. April 1489[14] tauschen Hardenberg Stael von Holstein sowie Hermann und Bernd von Witten als Markgenossen das zur Wittener Mark gehörige Grundstück „up den Berg", auf dem Rötger von Witten und seine Frau Christine von Walsum ihren Wohnsitz erbaut haben, gegen deren Kamp unterhalb des Wennemarsberges diesseits des Borbachs, den *Ort van dem ovrsten Kampe und den grutelings Kamp* und eine halbe Scheffelsaat Landes bei dem Haselholz.

am Berge. Die Karte der Ruhrweiden von 1620 (Abb. 10) verwendet die Bezeichnung „Brembts Hauß am Berge". Nur angemerkt sei die Veränderung der Präposition „auf" zu „am" zwischen den Urkunden von 1489 und 1620. Angesichts der geographischen Lage des Herrensitzes – er liegt am Fuß des Helenenberges – dürfte eigentlich nur die Bezeichnung „am Berge" zutreffend sein, während „auf (up) dem Berge" die Lage sicher nicht richtig beschreibt. Dies mag so zu erklären sein, daß ursprünglich die Bezeichnung des gesamten Bergsporns „up dem Berge" lautete, und zwischen 1489 und 1620 eine Aufspaltung in „Egge" (= Kante, kantiges Erntegerät, Bergzacken, Ecke[15]) für den oberen felsigen Teil und „am Berge" für den unteren Teil erfolgte.

zum Berge. Eine weitere Karte der Ruhrweiden von 1632 benutzt die Ortsbezeichnung „Das Haus zum Berge".[16]

Gut Berge. Dieser Name findet sich 1822 auf einem Hypothekenschein über das „Gut Berge" mit Auflistung der einzelnen Schuldverschreibungen, die bei dessen Kauf 1815 von Friedrich Lohmann übernommen wurden.[17]

Haus Berge. Die Eintragung des Gebäudes auf der preußischen Generalstabskarte von 1840 trägt die Bezeichnung „Haus Berge", ebenso die auf den Karten von WEISSENFELS von 1868 und 1884.[18]

Haus Witten

In dem Pachtvertrag zwischen Friedrich und Heinrich Lohmann und dem Freiherrn von Ritz, 1789, wird die Lokalität erstmalig als „Hauß Witten" bezeichnet.[19] Dieser Ortsname wird seit 1823 auch auf den Katasterplänen verwendet und hat sich heute auf allen offiziellen Karten eingebürgert.

---

13   KRÄTZIG 1989, 135 ff.
14   Ebd. 138 ff.
15   KLUGE 1989, 164 f. (Ecke, Egge).
16   SOBOTKA 1991, 66 Abb. 64.
17   KRÄTZIG 1989, 159 f.
18   SCHOPPMEYER 1990, Karte 5 u. 6.
19   KRÄTZIG 1989, 157 ff.

Die Quellenlage zur Geschichte von Haus Witten

Schriftliche Quellen

Der Komplex Genealogie und Besitzergeschichte des Herrensitzes wurde verschiedentlich behandelt, so daß dieser im folgenden nur angerissen werden soll.[20]

Es waren insgesamt vier Familien, die die Geschichte von Haus Witten entscheidend beeinflußt haben: von Witten, von Brempt, von der Recke und Lohmann.

Die Gründung des Herrensitzes durch Rötger II. von Witten geht aus einer Urkunde vom 2. April 1489 eindeutig hervor:

Ich, Hardenberg Stayl van Holstein, und wy, Herman und Bernt van Witten gebroider, wy doin kunt ... so also Rötger van Witten, onse Vedder, und Stincke, sine Elicke husfrowe, hebben getimmert und gebuet up den Berg, dar sie nu ter tyt oppe wohnen, so wyt und so breit, alse dat myt vorsteinen uitgelecket, geteikent und gewiesen is, dat dan hie bevorn in onse marcke to witten to hören plag, ...[21]

Das Grundstück erwarb Rötger II. mit dieser Urkunde von der Erbengemeinschaft der Familie von Witten, der er auch selbst angehörte. Die Erbengemeinschaft bestand seit dem Tod der gemeinsam auf Burg Steinhausen in Witten regierenden Brüder Hermann I. und Gerhard von Witten hundert Jahre vorher (vor 1380?).[22] Das Erbe wurde damals offenbar nicht aufgeteilt, sondern gemeinschaftlich verwaltet, und jeder Vertrag, der sich auf diesen Besitz bezog, wurde von allen Mitgliedern der Erbengemeinschaft unterzeichnet. So war es auch bei der oben genannten Urkunde der Fall.

Das Grundstück war schon mit einem Gutshof bebaut. Dies geht aus einer zehn Jahre älteren Urkunde vom 3. März 1479 hervor,[23] in der die Mitglieder der Erbengemeinschaft Rötger II. und Luther Stael von Holstein aus dem Gutshof „uppen Berge" (*...ute dem gude gna(n)t uppen berge...*) eine Rente an einen Hermann von Düngelen verkaufen.

Nach dem Tode Rötgers II. von Witten (1505), dem ein kurzes Interregnum von 5 Jahren folgte, wird Haus Witten für die nächsten 132 Jahre von der Familie von Brempt beherrscht (1510-1642). Das Merkmal dieser Epoche war ein lokaler Kleinkrieg gegen zwei andere Wittener Adelsfamilien auf Haus Crengeldanz und Haus Steinhausen, welcher, wie SCHOPPMEYER dargelegt hat, die Entwicklung des Ortes während der frühen Neuzeit nicht unerheblich verzögert hat.[24]

Die Auswirkungen des spanisch-niederländischen Krieges (1568-1609), des jülich-klevischen Erbfolgekrieges (1609-1614), des dreißigjährigen Krieges (1618-1648) und des Krieges des Großen Kurfürsten gegen Frankreich (1672-1679) trafen Witten, und insbesondere Haus Witten, durch Einquartierungen, durchziehende Heere oder direkte Plünderungen. Besonders großen Schaden richteten desertierte, spanische Söldnerbanden an:

1586   spanische Söldner brennen Haus Rüdinghausen nieder;[25]

1599   spanische Söldner plündern das Dorf Witten;[26]

1623   Einquartierung spanischer Reiter aus dem Heer des Don Philipp de Sylva in Haus Witten;[27]

1633   Durchzug kaiserlicher und schwedischer Regimenter.[28]

Im Jahre 1651, nachdem bereits die Familie von der Recke in Haus Witten eingezogen war, wird dann sogar von einer teilweisen Zerstörung des Herrensitzes durch versprengte lothringische Truppen berichtet.[29]

Vom Ende des 17. und Anfang des 18. Jahrhunderts stammen die ersten inschriftlichen und heraldischen Dokumente am Gebäude selbst:

– Nordwand des Nordflügels: Maueranker als Jahreszahl: „1671" (Abb. 4).

– Ostflügel, südliches Zimmer, Kamin: Wappen des Gerhard Wennemar von der Recke I. und seiner Frau Helene von Dinklage (verh. 1664-1703) (Taf. 2).

– Nordtor, vorgezogene Torpfeiler: links „ANNO", rechts „1702" (Taf. 3,1).

– Pfeiler zum westlichen Außengelände: Wappen des Gerhard Wennemar von der Recke II. und seiner Frau Anna Maria von Gymnich (verh. 1718-1747; Taf. 3,2).

Nach Gerhard Wennemar von der Recke II. (1670-1747), der ohne direkten Erben starb, ging Haus Witten nach einigen Rechtsstreitigkeiten an eine Düsseldorfer Nebenlinie, die das Haus verwaltete.[30] Auch in dieser Zeit wurde

---

20   SOBOTKA 1989, 115 ff. – Ders. 1983. – Ders. 1991. – KRÄTZIG 1989, 157 ff. – NETTMANN 1961.

21   KRÄTZIG 1989, 138 ff. Übersetzung n. Krätzig: *...weil unser Vetter Rötger von Witten und seine rechtmäßige Ehefrau Christina auf dem Berg, worauf sie nun wohnen, gebaut (wörtl. gezimmert und gebaut) haben (und zwar auf einem Grundstück) mit den Ausmaßen, wie es mit Grenzsteinen bezeichnet und festgelegt war, das zu unserer Mark zu Witten gehörte...*

22   Zu den Mitgliedern der Erbengemeinschaft s. Anhang 3 S. 87. – LUDORFF 1910, 6 m. Anm. 10.

23   Ebd. 135 Zeile 4.

24   SCHOPPMEYER 1989, 15 f.

25   LUDORFF 1910, 10 mit Anm. 6.

26   Ebd. mit Anm. 7.

27   Ebd. 11 mit Anm. 1.

28   Ebd. mit Anm. 2.

29   Ebd. mit Anm. 3.

30   SOBOTKA 1991, 31 f.

an Haus Witten noch gebaut. Das beweisen die von LUDORFF abgebildeten, heute nicht mehr erhaltenen Pfeiler des Gartentors mit der Inschrift: „Anno 1762" und den Wappen der Familien von Mirbach und von Bentinck.[31]

Schließlich wurde das Gebäude verpachtet, wohl 1778 an den Rentmeister Voss und 1788 an die Fabrikantenbrüder Lohmann.[32] Interessant ist im Zusammenhang mit der Verpachtung an die Familie Lohmann die Erwähnung der Funktionen von einigen Räumen und Anlagen, die hier nach der Publikation von KRÄTZIG wiedergegeben seien:[33]

Das Hauß Witten mit den Vorder- und Hinter Plätzen, dabey gelegene Grabens und sämtliche dazu gehörige Nebengebäude ... Den grosen Garten nebst dem darinn befindlichen Orangerie-Gebäude und Lust-Hause ... Die oben im Haus[34] befindliche, drey hintereinander gelegene Stuben nebst dem Thürngen. Die sogenannte Josephskammer und dabey gelegenen zwey Stuben nach der Gerichts Stube hin. Unten im Haus die am Saale befindliche vier Zimmer nebst dem Thürngen sowohl für die Herrschaft selbst, als auch für das Gericht; jedoch wird Anpächtigeren der grose, an der Küche befindliche Saal zum Mitgebrauch zugestanden.

Die Gerichtsstube und einige andere Räume hielt sich der Eigentümer allerdings weiterhin frei.[35] 1815 kaufte Lohmann Haus Witten mit den zugehörigen Ländereien und noch bestehenden Privilegien zur Nutzung als Wohnhaus und Fabrikgelände.[36] Wie sehr sich die Familie Lohmann um eine erschöpfende Ausnutzung des Gebäudes bemühte, zeigt ein im September 1847 erstelltes Gutachten über den Ertragswert. Da in dieser Quelle auch eine Beschreibung der Gebäude und der Raumaufteilung enthalten ist, sei hier ein Auszug daraus vorgelegt:

Gutachten der vereidigten Taxatoren Heinrich Weischer und Peter Sandkühler über den Ertragswert des Hauses Berge, September 1847. Privatbesitz.[37]

[Seite 12] *I. Zuvörderst wurden die Guts-Gebäulichkeiten besichtigt. Das adlige Gutsgebäude selbst steht auf Flur II Nr. 38 der Steuer Gemeinde Witten, 93 Ruthen 50 Fuß groß dasselbe liegt rechts an der zur Ruhr führenden Chaussee und befaßt ein großes massives, aus zwei Stockwerken bestehendes Gebäude mit einem Binnenhofe, der von allen Seiten durch die Gebäude eingeschlossen wird. In diesen Binnenhof gelangt man durch ein großes steinernes Hoftor. An den beiden Ecken der Frontseite sind Thür[m]e angebracht, die zu Wohnungen ausgebaut sind und mit den Wohnungen der Seitenflügel in Verbindung gesetzt, wo sie mit vorkommen werden [Sinn unklar].*
a, Das Haupt-Wohngebäude im Binnenhofe und nach Süd-Westen gelegen[38] [Seite 13] hat eine Länge von 109 Fuß [34,2 m] und eine Tiefe von 44 Fuß [13,8 m], eine Höhe von 41 Fuß bis ans Dach.
In der unteren Etage befindet sich ein großer Flur, rechts davon 4 geräumige gedielte Zimmer, links davon ein sehr großer halb gedielter halb mit Steinen besetzter Saal. In der 2-ten Etage liegen 4 ausgebaute und 5 noch nicht ausgebaute Stuben, welche jedoch sämmtlich gedielt sind. Darüber befinden sich 2 übereinanderliegende sehr geräumige Bodenräume, beide gedielt. Das Gebäude ist bis auf ein Theil nur zwei Stuben befaßend [...], massiv gewölbt unterkellert. Das Dach ist ganz neu mit Ziegeln belegt.
b, der südöstliche Flügel[39] 36 Fuß [11,3 m] lang, 23 Fuß tief und 22 Fuß hoch ist ganz ausgebaut und zur Familien Wohnung apti[e]rt [hergerichtet].
Derselbe enthält in der unteren Etage einen Flur, drei Stuben und eine Küche; in der oberen Etage einen Flur und [Seite 14] 4 Stuben. Darüber befindet sich der mit Brettern belegte Boden mit einer Dachstube. Das Dach ist mit Ziegeln gelegt.
c, der nordöstliche Flügel,[40] 78 Fuß [24,5 m] lang, 21 Fuß tief und 22 Fuß hoch enthält unten einen Flur, eine Stube und Stallung für 8 Pferde, so wie eine[n] zum Salzmagazin benutzten Raum; in der zweiten Etage 4 Stuben und Flur. Darüber der mit Brettern belegte Boden. Das Dach ist mit Ziegeln behangen.
Die vordere Haupt-Eingangs-Front[41] ist 70 Fuß [22 m] lang und 23 Fuß tief, 22 Fuß hoch der Theil rechts vom Haupt-Eingang ist zu einer besonderen Wohnung eingerichtet, welche in der unteren Etage aus einem Flur, einem Magazin und einer Küche nebst Keller besteht, in der oberen Etage 6 Stuben, eine Küche und einen Flur [ent]hält. Darüber auch hier ein gedielter Boden mit [Seite 15] 2 Dachstuben.
Der bauliche Zustand des ganzen Gebäudes ist mittelmäßig von innen, dagegen sind die Außen Mauern von Bruchsteinen sehr stark. Auch sind die Balken noch sehr kräftig und stark.

---

31 LUDORFF 1910, Taf. 2,2.
32 KRÄTZIG 1989, 157 ff.
33 Ebd. 157.
34 Damit ist wohl der Palas gemeint.
35 KRÄTZIG 1989, 157.
36 SOBOTKA 1991, 32.
37 Werksarchiv der Firma Lohmann, Witten. Freundlicher Hinweis von Frau Pleffka, Witten. – Bei der Lesung des Textes war mir Herr Klaus Sommer †, Krefeld, sehr behilflich. – Kursorische Wiedergabe bei: SOBOTKA 1991, 33. – Die Maßangaben im Text: 1 Fuß = 0,3138 m; 1 Rute = 12 Fuß.

38 Palas, Palaserweiterung, vgl. Abb. 19 I, II.
39 Ostflügel, vgl. Abb. 19 IV.
40 Lokalisierung unklar; die Angabe der Himmelsrichtung spricht für den Torflügel (vgl. Abb. 19 VI, VII). Hinsichtlich der Längenmaße und der unten beschriebenen Haupt-Eingangs-Front kann es sich aber auch um den Westflügel handeln (Abb. 19 III).
41 Damit könnte der Torflügel (Abb. 19 VI, VII) gemeint sein; einen Keller gab es hier aber nicht. Kellertreppe evtl. im Westflügel Befundnummer *492*; dann wäre hier der Westflügel beschrieben.

Die Taxatoren überschlugen den Ertrags-Wert lediglich zum Anhalts-Punkt zunehmenden jährlichen Mieth-Wert auf 350 Thlr. Davon gehen ab für jährliche Reparaturen, Abgaben p.p. 50 bleiben = 300 Thlr. welche zu 5% kapitalisiert einen reinen Werth von 300 Thlr-6000 Thlr geben. Der Haus-Hofraum, groß 93 Ruthen 50 Fuß liefert für sich keinen besonderen Ertrag.
[Seite 16] 2. Hinter dem nordwestlichen Flügel[42] des Haupt-Gebäudes liegt das Parzell Flur II. No. 37 groß 164 Ruthen, als Hofraum und Lagerplatz. Dieselbe liefert keinen anderen Ertrag als den Miethwert der darauf stehenden Gebäude. Diese bestehen:
a, in einem Fabrik-Gebäude,[43] 90 Fuß [28,24 m] lang, 46 Fuß tief 14 Fuß hoch mit 6 Arbeitszimmern und eine Wagen-Remise. Das Dach ist mit Ziegeln gedeckt.
b, in ein an die Gartenmauer geleh[n]ten 100 Fuß [31,38 m] langen Anbau,[44], welcher 9 Fuß hoch und 20 Fuß tief ist, und als Magazin und Schmiederei benutzt wird.
Beide sind massiv von Bruchsteinen und gewähren einen Mieth[-Wert] von 80 Thlr. Davon gehen ab an jährlichen Reparaturen, Abgaben p.p. 10 Thlr. Ertrags Rest 70 Thlr. [Seite 17] gleich ein Kapitalwert von 1400 Thlr.
3, Dem adeligen Hause gegenüber an der anderen Seite der Chausee liegt das Parzell Flur II. No. 148 von 17 Ruthen 50 Fuß und auf derselben ein jetzt zu Wohnungen ausgebautes Gartenhaus massiv von Bruchsteinen. Die untere Etage von der Straße zugänglich, lehnt von der südlichen Seite unter den Garten. Von diesem aus gelangt man in den von allen Seiten, freien jetzt ganz neu ausgebauten oberen Stock. Die 3 in das Gebäude befindlichen für sich abgeschlossenen Wohnungen enthalten zu ebener Erde im ganzen 6 Stuben, eine Waschküche und 3 Keller Räume und im oberen Stock 10 Stuben und 2 Flure. Alle Stuben sind gedielt; die Keller mit Steinen belegt. Das Dach ist mit Ziegeln behangen. Der jährliche Miethwert beträgt 160 Thlr. Übertrag = 160.

Diesem Gutachten zufolge war im September 1847 Haus Witten nicht mehr als repräsentativer Hauptsitz der Familie Lohmann konzipiert und auch der 1878/79 erfolgte aufwendige Umbau der Straßenfront diente wohl mehr der äußeren Darstellung als der Erhöhung des Wohnwertes im Inneren des Gebäudes. Der Umbau wurde durch eine Jahreszahlinschrift am Gebäude festgehalten (Taf. 4,1): Eingang zum Ostflügel, Türsturz: „1878"

Die Mitglieder der Fabrikantenfamilie zogen es vor, eigene Häuser zu bauen. 1865/66 bzw. 1882 bezogen die Brüder Lohmann ihre neuen Villen in Herbede und gegenüber von Haus Witten, der heutigen Volkshochschule. 1937 nutzte die Hitlerjugend die Räume. 1944 kaufte die Stadt Witten den gesamten Baukomplex. Im Dezember 1944 und März 1945 wurde Haus Witten bei Luftangriffen zerstört.[45] Danach wurde der Ostflügel noch einmal kurzfristig instandgesetzt, um vorübergehend (bis 1965) Wohnraum im kriegszerstörten Witten zu schaffen.

Abb. 10   Ansicht der Burg von Westen 1620.

Bildquellen

Die Ansichten von Haus Witten aus dem Zeitraum zwischen 1620 und heute sind nahezu vollständig erfaßt und vorgelegt worden.[46] Aufgrunddessen werden an dieser Stelle lediglich die Bildquellen behandelt, aus denen sich Hinweise auf unterschiedliche Bauzustände von Haus Witten ergeben. Es lassen sich demnach bei der Burg deutlich zwei Bauzustände unterscheiden:

---

42   Eindeutige Bezeichnung des Westflügels. S.o. Anm. 40.41.
43   Wohl Abb. 16 Nr. 4.
44   Wohl Abb. 16 Nr. 5.

45   SOBOTKA 1991, 33 f.
46   Ebd. 37 ff.

Abb. 11   Ansicht der Burg von Osten, um 1710.

- Haus mit Turm (Nr. 1-2);
- Geviertbau mit zwei Ecktürmen (Nr. 3-11).

Beim Geviertbau sind mehrere kleinere Veränderungen zu beobachten, die jedoch nicht die Grundform berühren. So zeigt Darstellung 5 gegenüber den vorhergehenden eine Umgestaltung des Nordtors sowie Darstellung 11 gegenüber 6 eine Erneuerung des Nordturms im historistischen Stil. Bei den Nebenanlagen ist eine dreistufige Entwicklung zu beobachten:

- unmittelbare Umgebung unbebaut; Mühle unterhalb der Burg am Mühlengraben (Nr 1 ff.);
- Gartenanlage mit Gartengebäuden östlich der Burg (Nr. 3 ff.);
- Fabrikanlagen westlich der Burg (Nr. 4 ff.).

1. Plan der Ruhrweiden (Abb. 10). Kolorierte Federzeichnung auf Papier, 32 x 84,5 cm. Archiv des Vereins für Orts- und Heimatkunde, Witten, Kartensammlung. Bestand Haus Berge Akte 21. 1620.[47]

Die Zeichnung zeigt Haus Witten, „Brembts Hauß am Berge", sicherlich stark schematisiert als zweistöckiges Gebäude mit Treppengiebel nach West und Satteldach. Auf der Giebelseite sind zwei rechteckige Fenster im ersten Geschoß sowie zwei schmale Fenster mit Kreissegmentbögen im Dachgeschoß wiedergegeben. In der Südseite befinden sich vier schmale Fenster ebenfalls mit Kreissegmentbögen. Ein Schornstein bildet den oberen Abschluß der Giebelwand. Im Süden schließt sich ein kleines Torhaus an. Westlich vorgelagert sind das Dach eines Nebengebäudes und eine Mauer mit Schießscharten. Zwischen der Nordwestecke des Haupthauses und der Mauer befindet sich ein Turm mit Zinnenkranz und spitzem Dach. Der Turm weist zwei hohe schmale Fenster im unteren sowie vier niedrige schmale Fenster im oberen Bereich auf. Sämtliche Fenster des Turms werden von Kreissegmentbögen abgeschlossen. Ganz im Norden, offenbar wieder etwas nach Osten verschoben, ergänzt ein weiteres Torhaus die Burganlage. Das Tor öffnet sich nach Osten. Es trägt einen Zinnenkranz und ein spitzes Dach mit rechteckigem Dachfenster. Auf der Nordseite befindet sich ein Schornstein. Die Burg steht auf einer zerklüfteten, mit niedrigem Gestrüpp und einigen hohen Bäumen bewachsenen Anhöhe. Ein Wassergraben ist nicht vorhanden.

2. Plan der Ruhrweiden. Federzeichnung auf Papier von Detmar Mulher.[48] Archiv Haus Merlsheim. Um 1600.

Auf der sehr schematisierten, kleinteiligen Zeichnung sind Haupthaus, Turm und südliches Torgebäude unterschieden. Abweichend zum vorigen Plan ist im Vordergrund jedoch eine mit rechteckigen Fenstern oder Schießscharten gegliederte Mauer mit kleinen Ecktürmen wiedergegeben. Details sind nicht zu erkennen.

3. Gemälde eines unbekannten Malers (Abb. 11).[49] Öl auf Leinwand, 195 x 249 cm. Heimatmuseum der Stadt Witten o.Inv.Nr. Um 1710. Fehlerhaft restauriert. Das Gemälde zeigt das Gebäude aus der Zeit der Familie von der Recke als Vierflügelanlage mit Wasserflächen im Osten und Norden. Eine von Bögen getragene Steinbrücke führt zu einem im Renaissancestil gehaltenen Tor in der Mitte des Nordflügels, das sich zu einem (nicht sichtbaren) Innenhof öffnet. Zwei zweigeschossige Türme mit zwiebelförmigem Dach flankieren die Ecken des Nordflügels. Der frontal wiedergegebene Ostflügel besitzt unten eine Reihe ovaler Kellerfenster, darüber jeweils sieben rechteckige Fenster in beiden Stockwerken. Der Südflügel weist drei Stockwerke

---

47   Ebd. 66 Abb. 65.
48   Ebd. Abb. 64.
49   Ebd. 71 Abb. 74.75.

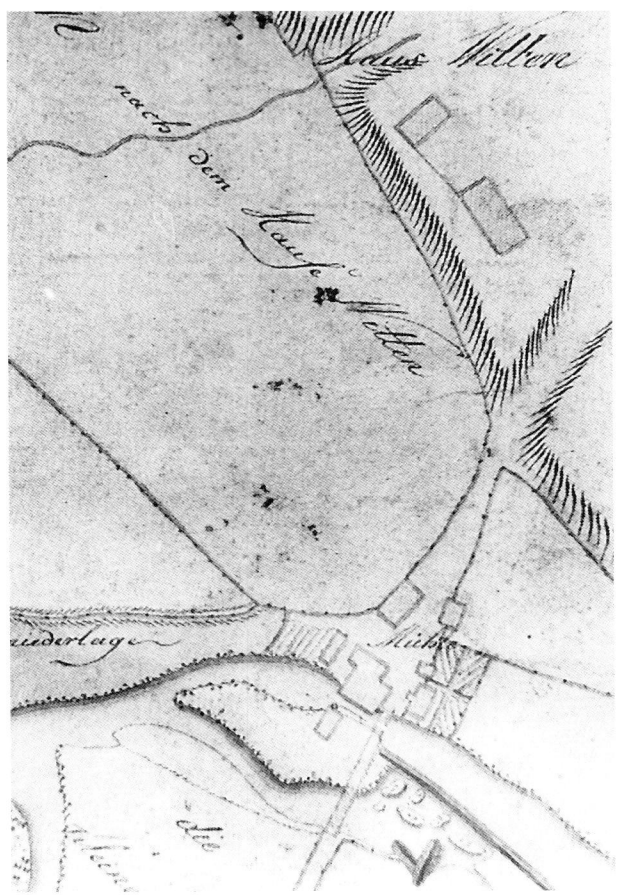

Abb. 12   Grundriß der südlichen Gebäude und das Mühlenzentrum 1798.

auf, die durch drei Reihen rechteckiger Fenster markiert sind. Das Dach trägt in der Mitte einen Dachreiter; Schornsteine befinden sich am Ost- bzw. am Westende. Kleine Anbauten sind an der Ostseite des Ostflügels und an der Südseite des Südflügels dargestellt.

Der Abschnitt zwischen Ost- und Nordflügel und einer niedrigen Umfassungsmauer ist mit Wasser gefüllt. Zwei mit Kugeln verzierte Pfeiler bilden den Durchgang zur Brücke. Eine vom Dorf Witten kommende Straße führt an der Burg vorbei zur Ruhr. Östlich von Haus Witten erstreckt sich ein barocker Garten mit Orangerien, Pavillions und Figurenschmuck. Westlich der Burg ist ein Gehege wiedergegeben. Dahinter sowie südlich der Anlage befinden sich mit Büschen bewachsene Freiflächen. Im linken Teil des Gemäldes erscheint wieder die zum Besitz gehörende Mühle, ferner am Ruhrufer ein Fährhaus.

Gegenüber den Darstellungen 1 und 2 zeigt sich Haus Witten auf diesem Gemälde grundlegend verändert. Kontinuität besteht lediglich beim Haupthaus (Südflügel), das in seiner Orientierung gleichgeblieben ist, und in dem südlichen Anbau. Das Haupthaus erscheint auf dem Gemälde allerdings um das Doppelte verlängert; außerdem wurde ein Stockwerk hinzugefügt.

4. Federzeichnung (Abb. 12).[50] Privatbesitz. Charte vom Ruhrstrohmthale von Ruhrmann bis zum Hause Hardenstein. 1798.

Das Haus Witten ist nur in einem Ausschnitt wiedergegeben. Der Grundriß zeigt den bereits nach Westen verlängerten Palas und eine daran anschließende Mauer, die eine Verbindung zu einem rechteckigen Nebengebäude herstellt (spätere Schmelzerei). Zu sehen sind ferner der Einschnitt des Hüstenbachs und der Hohlweg zur Mühle und zur Fähre.

5. Lithographie (Abb. 13).[51] Märkisches Museum Witten. Ansicht des Gebäudes von der Südseite. Vor 1825.

An dieser sehr detailreichen Darstellung aus der Zeit F. Lohmanns fallen besonders die vertikale Baufuge und der unterschiedliche Farbton zwischen den beiden Hälften des Herrenhauses auf, die deutlich zeigen, daß der südliche Baukörper aus zwei Teilen besteht. Der linke, westliche Giebel ist gewalmt. Eine hohe Mauer verbindet die Südostecke von Haus Witten mit einem großen Nord-Süd-orientierten Fabrikgebäude am Westende des Geländes. Gegenüber Darstellung 3 sind die Anbauten im Osten und Süden verschwunden; das große rechteckige Gebäude ist im Westen neu dazugekommen. Auf dem Abhang zur Ruhr vor dem Haus ist ein rundes Gebilde (Turm/Bollwerk?) wiedergegeben, das sonst auf keiner der Ansichten von Haus Witten vorkommt. Die Funktion ist unbekannt.

6. Fotografie (Abb. 14).[52] Privatbesitz. Vor 1865. Ansicht von Nordost.

Das Tor ist gegenüber der Darstellung 3 stark verändert. Anstelle der barocken Torfassade ist ein schlichtes Satteldach aufgesetzt. Ferner sind die Turmdächer nunmehr pyramidenförmig. Der kleine rechteckige Anbau, der in Darstellung 3 in die Wasserfläche hineinreicht, fehlt.

7. Urkataster und Urflurbuch (Abb. 3; 15).[53] Gemarkung Witten, Flur II, Parzelle 36 (Hof), 37 (Haus und Hof), 38 (Hof), 39. Kreiskatasteramt Schwelm. 1823/1825.

---

50   Ebd. 57 Abb. 50.
51   Ebd. 80 Abb. 95; 81 Abb. 97.
52   Ebd. 83 Abb. 102.
53   Ebd. 87 Abb. 110.

Abb. 13   Ansicht der Burg von Süden, vor 1825 (Fotonachweis: Märkisches Museum Witten).

Der Plan zeigt Haus Witten mit den drei schmalen Seitenflügeln, den beiden Ecktürmen und dem breiten Herrenhaus im Süden. Das Tor in der Mitte des Nordflügels ist etwas vorgezogen. Im Innenhof befindet sich in der Südostecke ein rechteckiger Treppenturm. Der Ostflügel ist um die doppelte Breite zu schmal vermessen; entsprechend ist das Stück zwischen Nordostturm und Ostflügel um das Doppelte zu lang geraten. Westlich der Burg ist das große rechteckige Gebäude, das bereits auf Darstellung 4 zu sehen ist, mit den Abmessungen 40 x 15 m eingetragen. Der runde Turm (?) auf dem Südhang vor Haus Witten ist auf dem Katasterplan nicht mehr zu finden. Die Burg selbst erscheint im Grundriß gegenüber Darstellung 3-5 unverändert.

8. Katasterplan (Abb. 15). Gemarkung Witten, Flur II, Parzelle 36-39. Kreiskatasteramt Schwelm. 1870/71.[54]

Die Burg wurde unverändert aus dem Urkataster mit den falschen Maßen des Ostflügels übernommen. Auf der Parzelle 37 ist ein großes rechteckiges Gebäude zwischen der Burg und dem bereits bestehenden Neubau in Verlängerung zum Haupthaus eingefügt. Dazu kommen noch zwei weitere Anbauten. Die Parzelle 39 ist im Süden durch die Bergisch-Märkische Eisenbahnlinie abgeschnitten worden.

9. Katasterplan (Abb. 15). Gemarkung Witten, Flur 36, Parzelle 11. Kreiskatasteramt Schwelm. 1885.

Die Vermessungsfehler der älteren Katasteraufnahme sind bereinigt, zudem wurden Einzelheiten, die in der älteren Aufnahme unberücksichtigt geblieben sind, nachgetragen. Zu den Nachträgen zählen die Torpfeiler sowie die Böschungsmauern des Schloßteiches. An der Ostseite tritt ein schmaler, rechteckiger Anbau auf. Im Nordwesten und Westen sind weitere Fabrikgebäude hinzugekommen.

10. Unmaßstäbliche Handskizze der Betriebsgebäude Haus Witten (Abb. 16). Werksarchiv der Firma Lohmann, Witten.[55] Um 1885.

Handschriftliche Eintragung der Funktion der einzelnen Betriebsgebäude:
1. Lagergebäude;
2. Lagerschuppen;
3. Formerei;
4. Schmelzerei;

---

54   Ebd. Abb. 111.

55   Freundl. Hinweis von Frau Pleffka, Witten.

Bildquellen

Abb. 14 Ansicht der Burg von Nordost, vor 1865 (Fotonachweis: Märkisches Museum Witten).

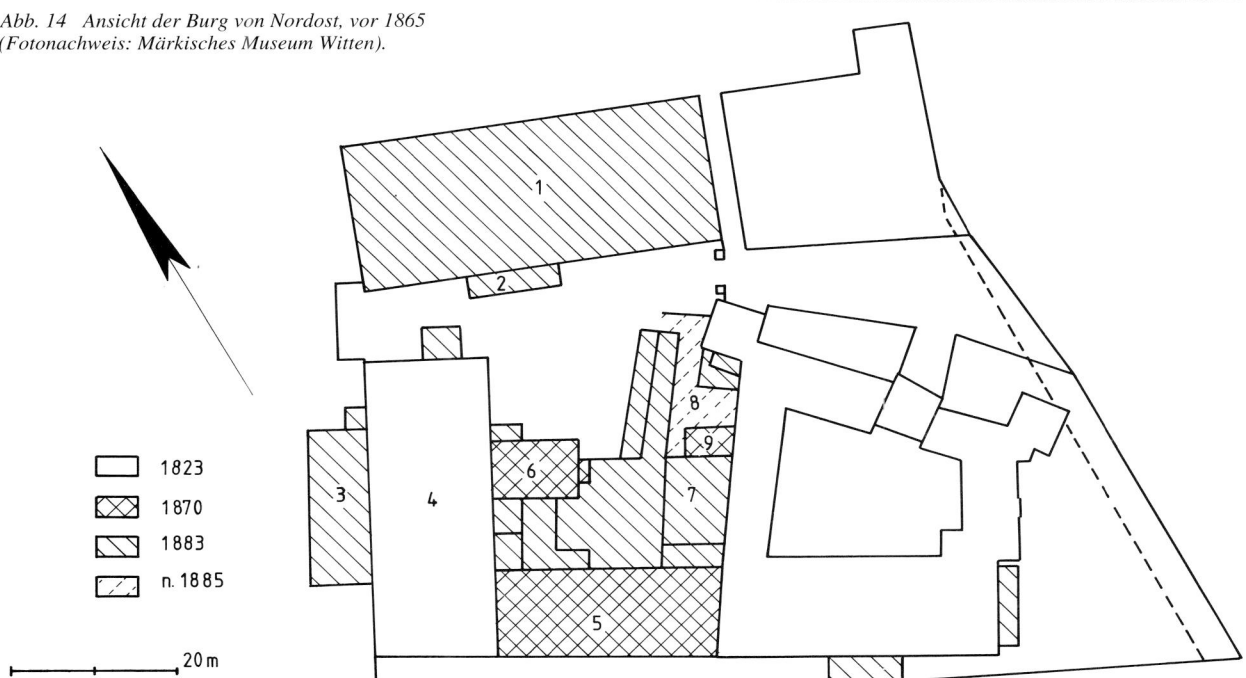

Abb. 15 Zusammenschau der Katasterpläne zwischen 1823 und 1885 (Nummern der Betriebsgebäude wie Abb. 16).

Abb. 16   Plan der Fabrikgebäude.

5. Alte Schmelzerei;
6. Feuer(l)aborgebäude;
7. Schmelzerei;
8. Lagerschuppen;
9. Labor(...).

Für den Industriebereich von Haus Witten ergibt sich also anhand der Katasterunterlagen zwischen 1823 und 1885 folgende Abfolge der Bebauung (Abb. 15): vor 1823 die Schmelzerei Nr. 4; zwischen 1824-1870 die Alte Schmelzerei Nr. 5 und die beiden Laborgebäude Nr. 6 und 9; zwischen 1871 und 1885 die übrigen Fabrikgebäude und der schmale rechteckige Anbau im Osten von Haus Witten.

11. Werbegraphik der Friedrich Lohmann GmbH (Abb. 17). Lithographie. Privatbesitz. Um 1900.[56]

Der oben anhand der Katasterpläne entwickelte Endzustand der Fabrik ist in dieser Lithographie in einer Ansicht wiedergegeben. Der Nordostturm hat die heutige Form des Umbaus von 1878/79. Im Innenhof ist die Oberseite des Portals zum Herrenhaus sichtbar.

---

56   SOBOTKA 1991, 89 Abb. 115.

Abb. 17   Haus und Fabrik um 1900.

Abb. 18   Plan der Untersuchungsgebiete, Abschnitte und der internen Koordinaten.

Verlauf der Untersuchung

Die Initiative zur archäologischen Untersuchung des Geländes von Haus Witten kam von der Unteren Denkmalbehörde der Stadt Witten, als klar wurde, daß in absehbarer Zeit die Ruine und das zugehörige Gelände einer öffentlichen Nutzung zugeführt werden würden. Schon die ersten Pläne, die in den siebziger Jahren entstanden, ließen erkennen, daß mit erheblichen Eingriffen in das Bau- und Bodendenkmal zu rechnen sei. Aufgrunddessen wurde im Winter 1988 mit der Ausgrabung jener Teile der Ruine begonnen, in denen Bodeneingriffe zu erwarten waren.[57] Das Hauptgewicht der Ausgrabungstätigkeit lag in der Klärung der Baugeschichte von Haus Witten; die Außenanlagen wurden nur insoweit untersucht als hinsichtlich der Baugeschichte Ergebnisse erwartet werden konnten. Als im Sommer 1990 der Auftrag zum Aufbau der Ruine erteilt worden war und konkrete Vorstellungen

---

57   Die Grabungskampagne ist vom Autor unter Mitarbeit von vier Grabungsarbeitern und einer Zeichnerin bis zum Winter 1990 durchgeführt worden.

entwickelt wurden, zeigte sich bereits, daß archäologische Nacharbeiten notwendig werden würden. Diese Anschlußuntersuchung wurde von M. Kroker geleitet und kam im Sommer 1992 zum Abschluß. Diese Untersuchung betraf vor allem direkt gefährdete Teile an Haus Witten, also Stellen, an denen Drainagen, Kabelgräben oder Durchbrüche geplant waren.[58]

Das Ausgrabungsareal wurde zu Beginn in einzelne Untersuchungsgebiete und diese wiederum in Abschnitte unterteilt (Abb. 18). Unter das Untersuchungsgebiet 1 fallen die Aktivitäten auf der Parzelle östlich Haus Witten zwischen Ostflügel, Ruhrstraße und Bahndamm; zu Nr. 2 gehören die Flächen im Keller unter dem Palas und der Palaserweiterung. Die Abschnitte entsprechen den einzelnen Kellerräumen. Untersuchungsgebiet 3 umfaßt die Abschnitte Westflügel, Innenhof und den Streifen zwischen Bahndamm und Haus Witten. Der Bereich westlich der Ruine, in dem sich die früheren Fabrikanlagen befanden, trägt die Bezeichnung Nr. 4, der Torbereich und der ehemalige Schloßteich nördlich der Ruine Nr. 5 und der Ostflügel mit dem Nordost-Turm Nr. 6.[59]

Bei der Nachuntersuchung durch M. Kroker wurden die Untersuchungsgebiete als Einteilungsbegriff beibehalten. Die Abschnitte wurden jedoch neu durchnumeriert; um Verwechslungen zu vermeiden, sind sie im vorliegenden Text mit dem Buchstaben „K" gekennzeichnet.

Untersuchungsgebiet	**Abschnitt**
1	1, 2, 3, 3/4, 4, K 7, K 8, K 10, K 13, K 14
2	1, 2, 3 a, 3 b, 3, 4, 5, K 5 Nord, 6, 7
3	a, a/1, a/2, b, b/1, b/2, b/3, b/4, c/1, c/2, c/3, c/4, d/1, d/2, d/3, d/4, d/5, e, K f-Ost, K g, K g-Ost, K h, K 6, K 16, K 17, K 18
4	1, 2, 2 Erweiterung, 3, 4, 5, 6, 7, 8, 9, K 12
5	1, 2, K 1, K 2, K 4, K 13, K 14, K 15
6	Ostflügel, Nordost-Turm.[60]

---

58 Die Dokumentation der Nachuntersuchung wurde mir zur weiteren Bearbeitung überlassen und konnte in die vorliegende Veröffentlichung eingearbeitet werden. Zur zeichnerischen Dokumentation wurde zunächst ein internes Koordinatennetz angelegt, welches am 8. Juni 1989 durch ein Team des städtischen Vermessungsamtes in das amtliche Polygonnetz eingehängt wurde. Danach entsprechen sich folgende Punkte:
          interne Koordinaten   amtliche Koordinaten
Abb. 26A r 59, h 15   r 259292059, h 570051874
Abb. 26B r 59, h 61   r 259294770, h 570055590
Als Höhenpunkt wurde ein Bolzen in der Ostwand des Palas verwendet, der für die Bauarbeiten der Fußgängerbrücke vom Stadtpark nach Haus Witten angelegt worden war. Der Bolzen hat die Höhe von 94,097 m ü. NN. Die gemessenen Höhen wurden sofort umgerechnet und mit ihren realen Werten in die Zeichnungen eingetragen.

59 Es war geplant, die Abschnitte von Anfang an festzulegen und mit Buchstaben zu bezeichnen. In der Praxis erwies sich diese Vorgehensweise jedoch als umständlich, weil sich durch die in der Erde liegenden Mauern sozusagen von selbst eine Einteilung ergab. Daher kam es, daß die Abschnitte weiter unterteilt und dann wieder mit römischen Ziffern benannt wurden, also a/1, a/2 usw.

60 Die Dokumentation der Ausgrabung und die verwendete Nomenklatur lehnte sich an ein Arbeitspapier an, welches H.-G. Fehring für die Grabungen in der Altstadt von Lübeck entwickelt hat. Die Flächenzeichnungen wurden im Maßstab 1:20, die Profile im Maßstab 1:10 angefertigt. Als im Frühjahr 1990 die Ausgrabung zu den älteren, fundarmen Schichten vorrückte, wurde eine Schlämmanlage gebaut. Die Himmelsrichtungen werden im Text vereinfacht entsprechend der Ausrichtung der Gebäudeteile angegeben; die Nordostrichtung wird als Norden bezeichnet.

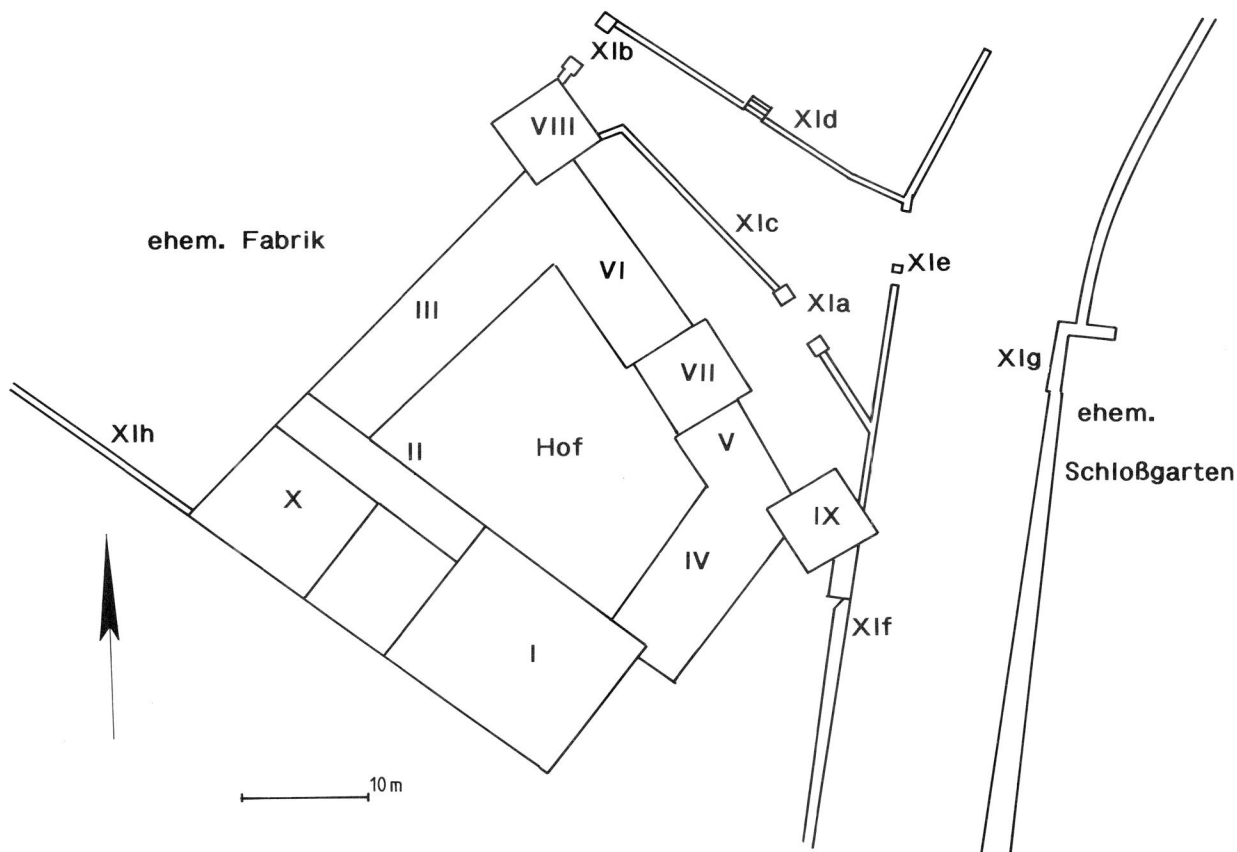

Abb. 19   Plan der Gebäudeteile.

Aufgehendes Mauerwerk (Bestand von 1990)

Die Bauforschung am aufgehenden Mauerwerk war gewiß nicht die vorrangige Aufgabe der archäologischen Untersuchung, die in erster Linie dem Bodendenkmal galt, aber diese war ohne Kenntnis des Aufgehenden oftmals nicht erklärbar.

Die folgende Beschreibung basiert auf der zeichnerischen Aufnahme, die 1977 und 1979 von den Architekturstudenten M. Bonnenberg, J. Ahlemann, H.W. Bonny und H.J. Schlösser im Maßstab 1:50 vorgenommen worden ist (Abb. 4-9, 21). Da eine begleitende Beschreibung und kunsthistorische Wertung damals nicht durchgeführt worden ist, sind diese Pläne während der Ausgrabungskampagne noch einmal mit den Originalmauern verglichen worden. Dabei stellte sich heraus, daß vieles, was damals noch sichtbar war, durch die in späteren Jahren vorgenommenen Konservierungsmaßnahmen verändert und sogar zerstört worden ist.

An Haus Witten lassen sich die folgenden Baukörper unterscheiden (Abb. 19):

I. Südflügel/Palas
II. Südflügel/Erweiterung
III. Westflügel
IV. Ostflügel
V. Nordflügel östlich des Tores
VI. Nordflügel westlich des Tores
VII. Torhaus
VIII. Nordwestturm
IX. Nordostturm
X. Keller unter II
XI. Außenanlagen

Die Elemente I-X bilden zusammen ein geschlossenes Bauwerk mit vier Flügeln um einen ca. 345 m² großen Innenhof. Die längsten Seiten sind 45 m bzw. 37 m lang, die kürzeste Seite 32 m. Dadurch, daß der Ostflügel um 11 m kürzer als der Westflügel ist, beschreibt das gesamte Gebilde die Form eines Dreiecks mit abgeschnittener Spitze. Es ergeben sich drei Himmelsrichtungen, nach denen die Gebäude orientiert sind: der Nordflügel (Abb. 19 V, VI) nach Nordwest-Südost, der Westflügel (Abb. 19 III) nach Nordnordost-Südsüdwest, der Ost und Südflügel (Abb. 19 I, II, IV) nach Nord-Süd bzw. Ost-West.

Das Baumaterial war überwiegend der örtlich anstehende, gelbe bis rötlichgelbe Sandstein. Die Sandsteinplatten wurden in der Regel ohne besondere Zurichtung eingebaut; Ausnahmen waren Zierteile und die scharrierten Eckquader des Palas, einzelne Elemente am Tor, die Schießscharten, die Fensterrahmen und sonstige abgesetzte Teile. Im Kellerraum *5* (Abb. 24, *294),* im Torbereich (Beil. 5, *848)* und in den Fabrikgebäuden (Beil. 6, *256)* wurden einzelne Spolien in Zweitverwendung verbaut. Einige Fensterrahmen und Vermauerungen aus der Zeit der Fabrik bestanden aus Backstein. Ferner fanden sich an mehreren Stellen, hauptsächlich im 1878 umgebauten Ostflügel, Fensterrahmen aus einem dem Sandstein ähnlichen Kunststein. Steinmetzzeichen als römische Ziffern wurden im Ostflügel entdeckt.

Der Mörtel wurde im aufgehenden Bereich nicht untersucht, sondern es wurden lediglich im archäologischen Teil von einigen Mauern Proben genommen:

Mörtel 1   Lehm mit geringem, klumpigem Kalkzusatz (weitere Zuschläge in sehr geringem Anteil: verziegelter Lehm, Kohlestaub, Ziegelsplitt). Farbe: gelblich/braun; Härte: sehr weich *(641).*

Mörtel 2   In einer dichten Grundmasse aus Kalk eingelagerte Sandkörner. Schlieren aus Lehm mit Häckselzuschlag. Farbe: blaßbraun; Härte: weich *(614).*

Mörtel 3   In einer dichten, harten, muschelig brechenden Grundmasse aus blasigem Kalk, reichlich gleichmäßig verteilter Sand (weitere Zuschläge in geringem Anteil: Sandsteinsplitt, Kohlepartikel; Dm. 3 mm). Farbe: weiß/weißgrau; Konsistenz und Härte: hart, trocken *(396; 848).*

Mörtel 4   Gemisch aus Kalk und Sand mit reichlich Zuschlägen aus Kohlepartikeln, Asche und zerkleinerter Schlacke. Farbe: dunkelgrau/blaugrau; Konsistenz und Härte: weich, brüchig, naß *(1).*[61]

Außenputz wurde am aufgehenden Mauerwerk nicht festgestellt. Innenputz hat sich in den Fensterlaibungen des Süd-, Ost- und Westflügels in Resten erhalten; er besteht aus Lehm mit Häckselbeimischung. Im Ostflügel und im östlichen Teil des Nordflügels sind innen große Bereiche mit einem unterschiedlich dicken Kalkputz, z.T. gemischt mit Sand und Ofenschlacke, bedeckt, der zur Freilegung von Mauerfugen stellenweise abgeklopft wurde. Einfache mit dem Malhorn aufgetragene, tapetenähnliche Bemalung und Tapetenreste sind an einzelnen Wandstücken im Ostflügel erhalten.

I. Südflügel/Palas
(Abb. 5; 6; 9; 20; 21)

Das ehemalige Hauptgebäude des Herrensitzes, im folgenden als Palas bezeichnet, ist der älteste obertägig sichtbare Teil von Haus Witten. Sowohl der Ostflügel als auch der westliche Teil des Südflügels sind später angebaut worden. Die Fuge zwischen dem Ostflügel und dem Palas zieht sich senkrecht durch die gesamte südliche Innenwand des Ostflügels, die genau an der aus scharrierten Sandsteinquadern gemauerten Nordostecke des Palas ansetzt (Abb. 20). Die Fuge zwischen dem Palas und dem Erweiterungsbau des Südflügels ist im unteren Teil der Südwand im Profil ablesbar (Abb. 6). Weiterhin ist die Fuge auf der Lithographie Nr. 5 (Abb. 13) in der unterschiedlichen Färbung der beiden Gebäudehälften deutlich zu erkennen. Die beiden Längsseiten des Gebäudes (Abb. 6, 9) sind, bis auf kleine Reste am östlichen Ende, bis zur Höhe des Innenhofniveaus (um 93,00 m ü.NN) im Zweiten Weltkrieg zerstört worden. Die westliche Stirnseite wurde mit der Errichtung des südlichen Anbaus, der im Zuge des großen Umbaus um 1700 erfolgte, zur Innenwand umgebaut. Von der früheren Gliederung der Wand ist nichts mehr zu sehen. Vom Palas übriggeblieben sind also nur die Reste der Ostmauer *(71),* die kurzen Stücke an den Längsseiten und der Keller.

Der Palas hatte drei Stockwerke und einen halb eingetieften Keller. Als Baumaterial wurden gelbe, bis rötlichgelbe Sandsteinbruchsteine des anstehenden Ruhrsandsteins verwendet. Die Breite beträgt ziemlich genau 13 m; der Abstand von der Nordostecke bis zur Baufuge, die die Palaserweiterung (Abb. 19 II) anzeigt, 17,6 m; die Höhe von der Erdoberfläche bis zur rezenten Mauerkrone mißt 13,05 m (OK. 104,56 m ü.NN). Jedes Stockwerk besitzt nach Osten ein Fensterpaar mit einem Kreissegmentbogen als oberem Abschluß. Die Höhe der Fenster nimmt nach oben ab. Die Kellerfenster sind rechteckig und zweigeteilt. Zwischen den Stockwerken gliedern etwa 15 cm aus der Wand herauskragende und 15 cm breite Bänder aus grauem Sandstein die Fassade. Sie sind besonders gut in der Südwand des Ostflügels erhalten. Auf einer Fotografie (Taf. 5,1) sind diese Streifen auch im Giebel und auf der Südmauer zu erkennen. Auf diesem Foto wird auch deutlich, daß der Giebel ursprünglich einmal abgetreppt war. Zur Auflage des 60° geneigten Daches sind diese Abtreppungen später zugemauert worden.

---

61 Mörtel 4 zuerst nachgewiesen an Gewächshaus *1* (Periode 6), welches nach den Katasterplänen (vgl. Abb. 15) zwischen 1870 und 1883 erbaut wurde.

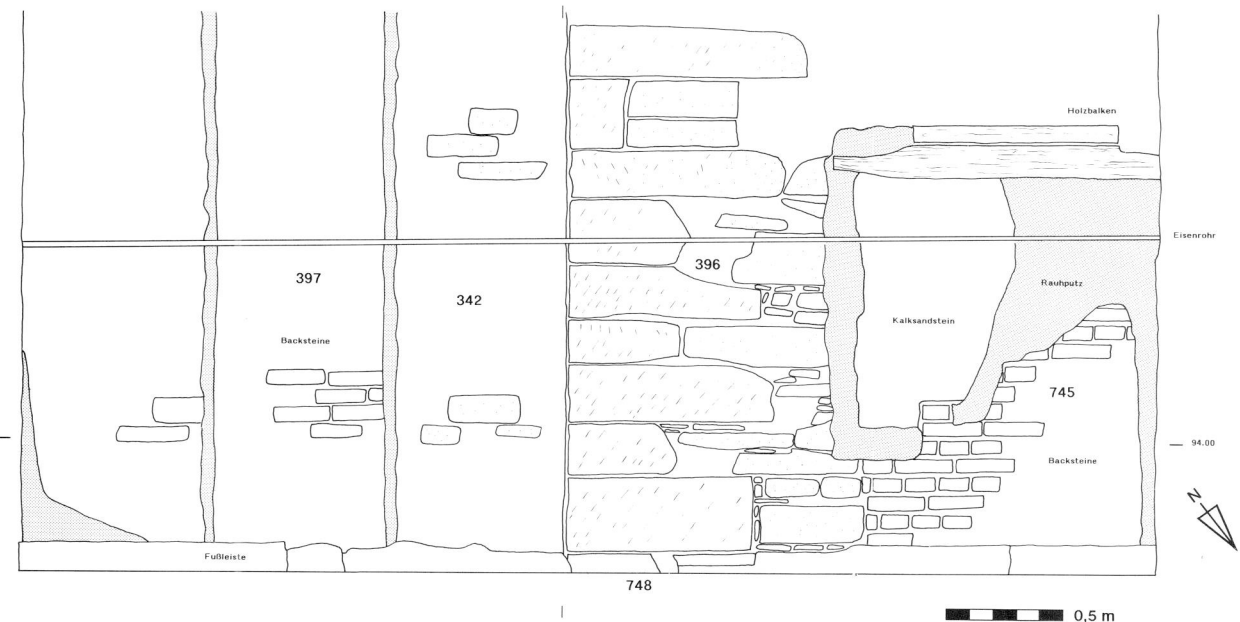

Abb. 20   Ostflügel, Ansicht der Südwand mit der darin verarbeiteten Nordostecke des Palas.

Die Ecken des Gebäudes sind aus sorgfältig zugerichteten, schräg scharrierten, grauen Sandsteinquadern gemauert. Diese Ecksteine sind so dicht gesetzt, daß dazwischen nur eine schmale oder überhaupt keine Fuge sichtbar ist *(396)*.

Die Rückseite der Ostwand, dessen Sandstein sehr stark durch Brandeinwirkung gerötet ist, gibt einen Einblick in den früheren Innenbereich des Palas (Abb. 21). An dieser Stelle lassen sich zwei Bauphasen unterscheiden:

Phase 1: Etwa 18 cm tiefe, lanzettförmige Nischen (Br. 1,5 m; H. 3,8 m) mit einer Öffnung zu einem Kaminzug am oberen Ende. An der Spitze der Abzüge liegt jeweils ein großer, rechteckiger Schlußstein. Offene Kamine haben sich in diesen flachen, schmalen Nischen sicher nicht befunden, da jegliche Hinweise auf Konsolen für den Rauchfang fehlen. In Betracht kämen vielleicht in die Wand eingepaßte Kachelöfen.[62] Hinsichtlich der Raumaufteilung spricht der einzelne Kamin für einen einzigen großen Saal im Erdgeschoß und die beiden Kamine im Obergeschoß für zwei nebeneinanderliegende Räume.

Phase 2: In den Abzug des mit Backsteinen vermauerten älteren Kamins im Erdgeschoß, wurde der Wandpfeiler für die Konsole eines offenen Kamins im Renaissance-/Barockstil eingesetzt. Die Wandpfeiler sind stark verwaschen und mit einem Schachbrettmuster verziert. Im Obergeschoß befinden sich in der Mitte der Wand die Pilaster und Konsolen eines weiteren Kamins, der von LUDORFF folgendermaßen beschrieben wird: *Kamin, Renaissance (Barock), von Stein, Säulen und Wandpfeiler auf Konsolen, Fries glatt. 2,14 m hoch, 2,10 m lang, 0,45 m breit.*[63] Sowohl der rechte als auch der linke Pilaster sind in die Nischen der beiden älteren Öfen eingesetzt.

In der Westwand (Abb. 21) sind – abgesehen vom Fundament – keine Spuren des ehemals freistehenden Palas erhalten. Das Vorhandensein von Durchgängen und das Fehlen jeglicher Andeutungen von zugemauerten Fenstern spricht grundsätzlich für eine Innenwand. Sie könnte im Zuge des Neubaus zu Beginn des 18. Jahrhunderts anstelle der alten Giebelmauer neu oder teilweise neu errichtet worden sein. Die Gliederung in drei Obergeschosse entspricht dem Befund an der Ostmauer. Im Untergeschoß überschneiden sich, wie in der Ostwand, zwei Kamine. Der ältere Befund weist den charakteristischen lanzettförmigen Umriß auf. Der jüngere Kamin ist rechteckig. Die Seitenteile und die Konsole fehlen hier allerdings. Im Obergeschoß befindet sich ein Kamin am nördlichen Ende der Wand. Er ist rechteckig und in die Mauer eingelassen. Darüber ist ein kreissegmentförmiger Entlastungsbogen zu erkennen. Diese Kaminform hat eine Entsprechung in der Westwand der westlichen Erweiterung des Südflügels und dürfte demnach frühestens Anfang des 18. Jahrhunderts gebaut worden sein.

---

62   Fund einer Ofenkachel: *Kat. Nr. 495.*

63   LUDORFF 1910, 17 Taf. 3,3.

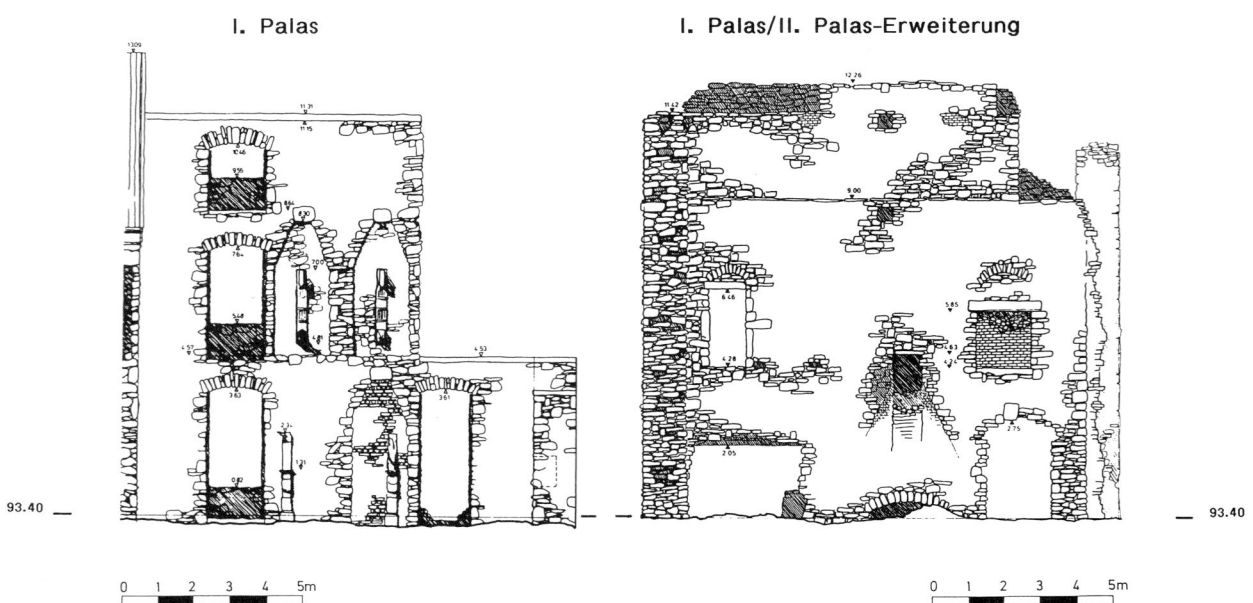

Abb. 21   Palas, östlicher Giebel (Rückseite) und westlicher Giebel; Aufnahme 1977.

Unter dem Palas befindet sich ein Keller. Er besteht aus zwei langgestreckten Räumen mit einem Tonnengewölbe. In die beiden langestreckten Räume wurden nachträglich Zwischenwände *(306, 307, 100, 101, 383, 384)* eingezogen, die sie in fünf Räume aufteilen. Die Unterkante des Fundaments liegt im Kellerbereich ca. 30 bis 60 cm tiefer als an der Außenseite der Ostwand. Der im Zuge der Ausgrabung aufgenommene Fußboden aus Sandsteinplatten ohne Verlegeschema *(85, 96, 382, 109)*, befindet sich in etwa gleicher Höhe zwischen 89,92 und 90,27 m ü.NN. Somit liegt der Keller an der Südseite nicht und an der Ostseite nur bis zu 60 cm unter der Erdoberfläche. Nur an der Nordseite ist er, zum einen aufgrund des später hochgelegten Innenhofniveaus, zum anderen wegen des ansteigenden Geländes, deutlich unter der Erde. Eine Besonderheit in diesem Keller ist der Kamin in der Westwand des südlichen Raumes *(114; Abb. 22)*.

II. Südflügel/Erweiterungsbau
(Abb. 6; 7; 9)

Dieser Baukörper wurde im 18. Jahrhundert an den schon bestehenden Palas angefügt. Die Ansicht der Südwand (Abb. 6) zeigt von außen drei Reihen Fensteröffnungen sowie eine Fensterreihe im Kellergeschoß. Im Erdgeschoß befinden sich Öffnungen für drei hohe rechteckige Fenster und für eine Tür nach Süden und im ersten Stockwerk vier für etwas niedrigere rechteckige Fenster. Die steinernen Fensterrahmen, die heute zu sehen sind, wurden in den siebziger Jahren im Zuge der Restaurierungsaktivitäten in Kunstsandstein erneuert. Die Kellerfenster sind unterschiedlich groß. Die Südwestecke ist aus Sandsteinquadern gemauert.

Die Westseite (Abb. 7) weist drei übereinanderliegende Fensterpaare gleicher Form auf. Das rechte untere Fenster war zur Zeit der zeichnerischen Aufnahme von M. Bonnenberg vermauert; das linke untere Fenster war zur Hälfte zu einem Durchgang umgebaut und ebenfalls zugemauert. Im Bereich dieser Vermauerungen war der Abdruck des Dachanschlags zur alten Schmelzerei (Abb. 16 Nr. 5) der Lohmann'schen Fabrik zu erkennen. Die Dachneigung betrug 30°. In Höhe der Geschoßdecken befinden sich je vier S-förmige Balkenanker. Unterhalb der Nordwestecke ist eine schlitzförmige Schießscharte *(779)* zu sehen (Taf. 6,1). Sie ist von innen her unzugänglich und wird von der Nordwand des Erweiterungsbaus verdeckt. Die Schießscharte muß demnach älter als die Nordwand des Erweiterungsbaus sein. Unter der Schießscharte liegt der heutige Kellereingang *(237)*. An der rechten oberen Ecke des modern erneuerten Eingangs ragt ein einzelner Sandstein ca. 20 cm aus der Wand heraus. Im Zusammenhang mit der Schießscharte könnte an einen älteren Eingang an dieser Stelle gedacht werden.

Zwischen dem sich anschließenden Westflügel und der Westwand der Erweiterung des Südflügels befindet sich keine vertikale Baufuge; die Wände gehen ineinander über.

Ferner ist die nach Westen abgehende Mauer *905* zu erwähnen. Sie stößt mit einer deutlichen Fuge gegen die West-

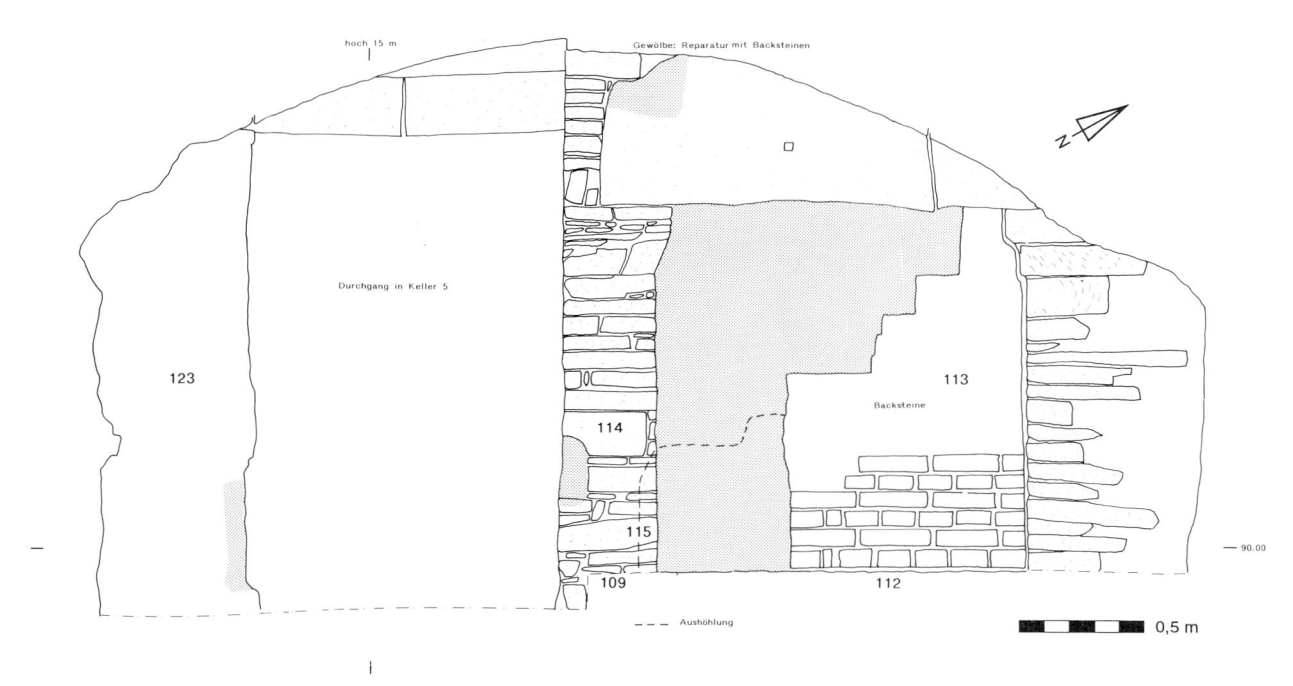

Abb. 22   Keller 4, Westwand; Kamin 114.

wand des Erweiterungsbaus und ist demnach jünger als diese. Von der Südseite her ist die Baufuge zwischen der Mauer *905* und der Westwand nicht erkennbar.

Die Nordwand des Erweiterungsbaus (Abb. 9) war nach der Zerstörung im Zweiten Welkrieg nur noch bis zum ersten Geschoß erhalten; das zweite jetzt sichtbare Geschoß wurde 1987 aufgemauert. Die linke Seite und der Anschluß zum Palas sind genau an der Fuge zwischen Palas und Erweiterungsbau zerstört. Die Hälfte der Wand wird durch den angrenzenden Westflügel *(169)* verdeckt. In der Wand überwiegen mittel- und kleinformatige, gelbbraune Sandsteine. Die beiden großen rechteckigen Fenster im Erdgeschoß besitzen Sandsteinrahmen. An den Seiten sind Haken für Fensterläden eingelassen. Die beiden Fenster im zweiten Geschoß sind etwas niedriger und schmaler. Am linken Ende, unterhalb der Mauerlücke, ist ein Rest des ehemaligen Eingangs *(146)* zum Erweiterungsbau vorhanden. Die rechte Türzarge bilden sorgfältig zugerichte Sandsteinquader, die mit der Nordmauer im Verband stehen.

Innerhalb des Westflügels ist die Nordwand des Erweiterungsbaus als Innenwand konzipiert (Abb. 23). Die Tür zum Westflügel weist über dem Sturz zwei kreissegmentförmige Entlastungsbögen auf. Diese besondere Sicherung der Wand nimmt Bezug auf den unter der Mauer verlaufenden Kellereingang *(237)* bzw. einen Brunnen *(218, 486)*, der genau darunterliegt.[64] Der Brunnen wurde erst

---

64   Zu den Details s. Abb. 41.

archäologisch nachgewiesen. Für die später vorzunehmende Periodisierung der Bautätigkeit war das Vorhandensein der Entlastungsbögen in der Nordwand insofern wichtig, als hierdurch eine unmittelbare zeitliche Abfolge zwischen Aufgabe des Brunnens und Bau der Nordwand gefolgert werden konnte.

Ein weiterer Durchgang führt zum ersten Stockwerk des Westflügels. Von der Geschoßdecke sind S-förmige Balkenanker erhalten. Im Innenraum des Erweiterungsbaus sind die drei Stockwerke an den Balkenlöchern der Geschoßdecken, in denen zum Teil noch die abgesägten Balkenenden erhalten sind, gut zu erkennen. In die Mitte der Westwand sind in den beiden unteren Stockwerken schmucklose Kamine eingelassen. Der obere ist vermauert. Über den Kaminen befinden sich kreissegmentförmige Entlastungsbögen. Im ersten Stock zeichnet sich neben dem linken Fenster ein zugemauerter Wandschrank (oder Abort) in der Mauer ab. Ein weiterer vermauerter Wandschrank wurde zwischen den beiden unteren Fenstern der Nordwand beobachtet.

Der Kellerraum *5* verbindet den Palaskeller (Keller *4*) mit dem Keller *6*. Auch dieser besitzt ein Tonnengewölbe. Die nördliche Stirnwand (Taf. 7,1) aus kleinformatigen Sandsteinplatten *(376)* stößt stumpf gegen das Palasfundament *298* und das Fundament des Gewölbes *295*. Daraus geht hervor, daß dieser Keller später als die umliegenden Fundamente eingetieft worden ist. In einem Loch in der Wand wird eine weitere Mauer sichtbar *(377)*. Die gegenüberliegende Südwand (Abb. 24) des Kellers *294* ist ganz anders geartet.

I. Palas ## II. Palas-Erweiterung

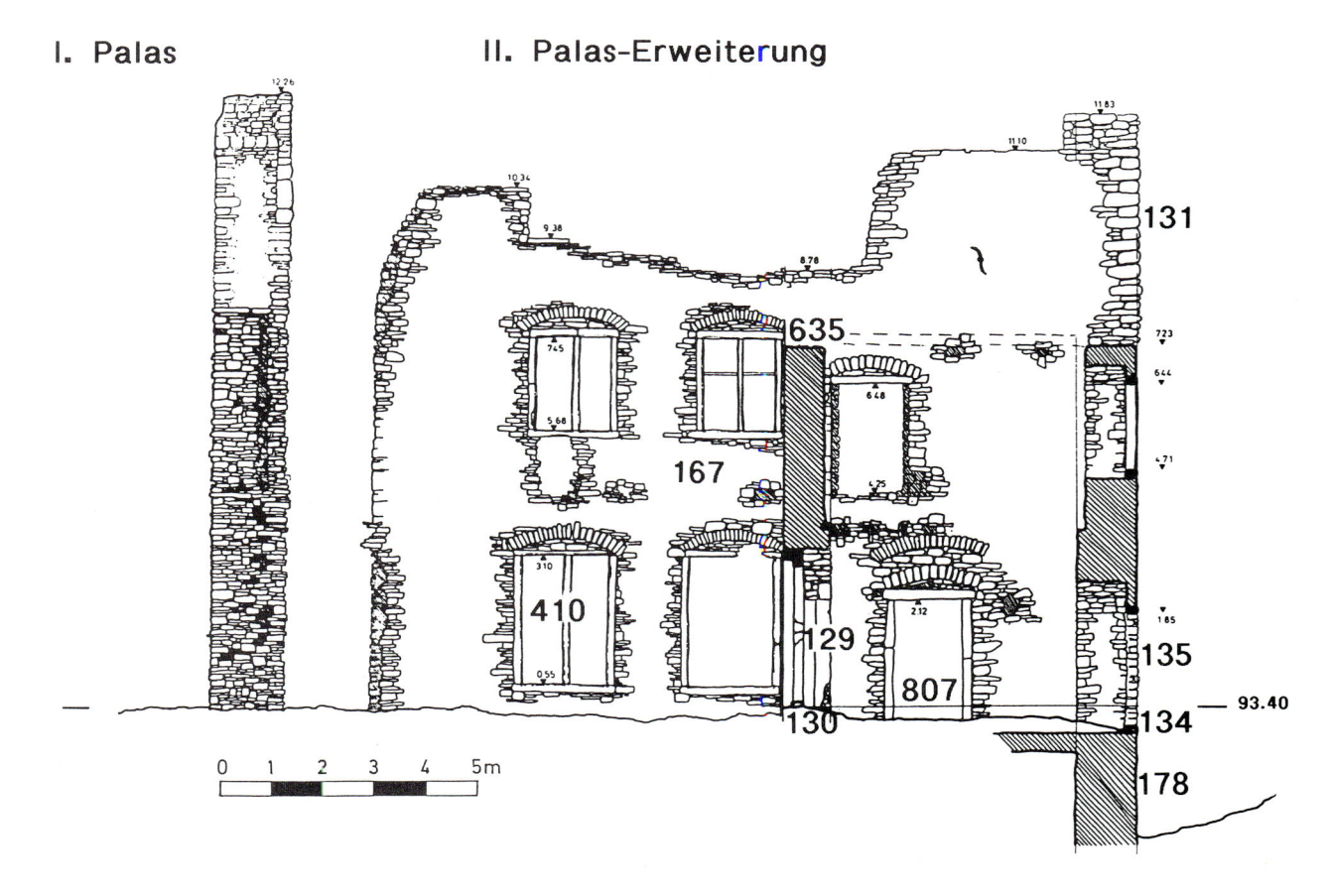

Abb. 23   Nordwand der Palaserweiterung mit Entlastungsbögen über dem zugeschütteten Brunnen 218.

Es sind sehr große Sandsteinquader, zum Teil mit bearbeiteten Flächen (was auf eine Zweitverwendung hinweist) vermauert. Diese Mauer sitzt auf einer älteren *(293)*, welche in Fußbodenhöhe sichtbar wird. Am westlichen Ende der Wand geht ein Fenster nach Süden. Die Fensterbank wurde modern in Beton ergänzt. An beiden Enden der Wand zeichnen sich vermauerte Nischen ab *(297, 296)*. Die Wand endet am Fundament des Palas *(298)*; das Auflager des Tonnengewölbes *295* ist gegen die Wand gesetzt.

Die Keller *6* und *7* unter dem Erweiterungsbau gehören nicht zu diesem Baukörper, da sie eine völlig abweichende Einteilung und andere Abmessungen besitzen. Sie werden unter Nr. X besprochen.

III. Westflügel
(Abb. 7; 9)

Das lange, schmale Gebäude befindet sich zwischen dem südlichen Erweiterungsbau und dem Nordflügel. Anhaltspunkte zum zeitlichen Verhältnis der Gebäudeteile waren im Aufgehenden der westlichen Seite nicht zu erkennen. Die Ostseite dagegen ist ohne Verband und mit deutlich sichtbaren Fugen zwischen die Palaserweiterung und den Nordflügel gesetzt. Im Anschlußbereich an die Palaserweiterung ist allerdings eine Veränderung im Mauerwerk, in der Größe und Farbe der Steine, zu erkennen; dieses Stück stellte eine spätere Verlängerung des Westflügels dar.

Die östliche Mauer des Westflügels (Abb. 9) gab mit den vielen gut erkennbaren Vermauerungen an Fenstern und Eingängen ein Zeugnis von langdauernden Bautätigkeiten in diesem Bereich. An den Türschwellen ließ sich außerdem eine allmähliche Höherlegung des Innenhofniveaus in vier Phasen beobachten:

Phase 1: Die ältesten Eingänge befanden sich in der Mitte und am Nordende *(628/629, 631)*. Die Höhe der Eingangsschwellen lag bei 92,48 m ü.NN. Die zugehörigen Fenster sind jeweils rechts neben den Eingängen an den Kreissegmentbögen erkennbar *(630, 632)*. Die Öffnungen sind vermauert.

Phase 2: Der Eingang *627*, welcher die Vermauerung des älteren Durchgangs *628* durchbricht, stellte wohl nur eine vorübergehende Zwischenlösung dar. Die Höhe der Schwelle liegt bei 92,64 m ü.NN.

Phase 3: Die Vermauerung der Tür *627* sowie die der etwas älteren Türen und Fenster *628* und *632* wird von den Fenstern *626* und *633* durchbrochen. Dazu gehören das Fenster *634* und der Eingang *130* am südlichen Ende der Wand. Der Eingang besitzt ein Oberlicht mit einem halbkreisförmigen Abschluß. Die Höhe der Schwelle liegt bei 92,73 m ü.NN.

Phase 4: Im jüngsten Zustand der Wand wird das Fenster *633* wieder vermauert, diesmal mit Backsteinen. Im Obergeschoß *(635)* sind drei Fenster mit Steinkreuzen eingelassen, deren Rahmen denen der Phase 3 im Untergeschoß gleichen. An der Grenze der Stockwerke zeichnet sich eine vage Änderung im Mauerwerk ab *(143)*; diese Fuge könnte bautechnisch bedingt sein.

Auch an der westlichen Außenwand des Westflügels (Abb. 7) läßt sich anhand der Vermauerungen von Fenstern und Eingängen eine Mehrphasigkeit ablesen:

Phase 1: Zum ältesten Bestand der Wand gehören der untere Teil der Mauer *(178)* und das vermauerte Fenster *140*.

Phase 2: Diese Phase ergibt sich aus der Überschneidung des älteren Fensters *140* durch das jüngere Fenster *141*. Das Fenster *141* reicht in den oberen Teil der Wand *(138)* hinein, welche eine jüngere Aufmauerung darstellt. Die horizontale Baufuge *(137)* zwischen dem Erdgeschoß und dem später aufgemauerten ersten Stockwerk ist im oberen Bereich der Fensterlinie deutlich auszumachen. Sie beginnt am Turm in einer Höhe von ca. 95,00 m ü.NN und endet an der linken oberen Ecke des Durchgangs *135*. Oberhalb und unterhalb der Fuge unterscheidet sich die Farbe der Sandsteine. Während im oberen Teil *(138)* rote, rötlichgelbe, gelbe und graugelbe Nuancen vorherrschen, überwiegen darunter *(178)* gelbe und gelbgraue Farben. Die Fenster im aufgesetzten Geschoß tragen, wie die auf der Westseite, Sandsteinkreuze.

Phase 3: Die mit Backsteinen erneuerten Fensterrahmen stellen die jüngste Veränderung dar. Sie sind in der Fabrikzeit eingesetzt worden. Am rechten oberen Fenster ist die schräge Vermauerung eines Dachanschlags aus Backsteinen zu erkennen *(139)*. Dazu gehörten wohl auch die links daneben in der Wand steckenden, abgesägten Balkenenden. Die große Mauerlücke in der Westwand ist nur im oberen Geschoß als Kriegsschaden zu betrachten. Dabei wurden offenbar zwei Fenster zerstört. Im unteren Geschoß führten durch diese Lücke Bahnschienen *(424)* vom Westflügel, der ebenfalls industriell genutzt wurde, in den Fabrikbereich (Abb. 5; Beil. 6, *424*). Zum Fabrikbereich gehörten ferner der Ausgang *756* mit der in den Westflügel führenden Treppe *(492)*.

Unterhalb der Fenster sind verschiedene Kanalausgänge *(590, 491, 516, 142)* sichtbar, die sich keiner der Phasen zuordnen lassen.

Am südlichen Ende des Westflügels befindet sich eine Tür *(135)* mit zwei übereinanderliegenden Eingangsschwellen (Taf. 6,1). Die ältere Schwelle *(136)* hat eine Höhe von 92,28 m ü.NN und korrespondiert in der Höhe mit der Schwelle *629* (Phase 1) auf der Ostseite. Darüber liegt die jüngere Schwelle *134* mit der Höhe 92,68 m, welche ungefähr mit der Schwelle *130* an der Ostwand (Phase 3) übereinstimmt.

Der Innenbereich des Westflügels war von seiner jüngsten industriellen Nutzung geprägt. Im Erdgeschoß befand sich ein einziger großer Raum. An die Mitte der Ostwand war ein älterer Kamin angesetzt, dessen Abzug in der späteren industriellen Nutzungsphase mit Backsteinen zugemauert wurde. Zwischen dem Werkraum und dem Erweiterungsbau des Palas befand sich ein schmaler Flur mit Durchgängen vom Innenhof zum westlichen Fabrikgelände und zum Südflügel. Die Nutzung des Obergeschosses war nicht erkennbar.

IV. Ostflügel
(Abb. 4-6; 8)

Der zur Ruhrstraße gelegene Ostflügel mit dem 1878 umgebauten 14 m hohen Eckturm und der östlich des ehemaligen Torhauses gelegene Trakt des Nordflügels sind derzeit die prägnantesten Elemente des Herrensitzes. Dieser Bereich ist überdacht. Der gesamte Dachstuhl und das Gebälk der Geschoßdecken wurden 1965 – allerdings ohne die Fußböden – erneuert, so daß lediglich das Erdgeschoß und die Kellerräume zugänglich sind. Der Ostflügel ist an den älteren Palas angesetzt worden. Zwischen den übrigen umgebenden Gebäuden, den beiden Treppentürmen, dem Nordostturm, dem Nordflügel und dem Torhaus, gibt es dagegen keine Anhaltspunkte für ein unterschiedliches zeitliches Verhältnis. Die jeweiligen Mauern stehen offenbar im Verband und sind in einer gemeinsamen Bauperiode entstanden.

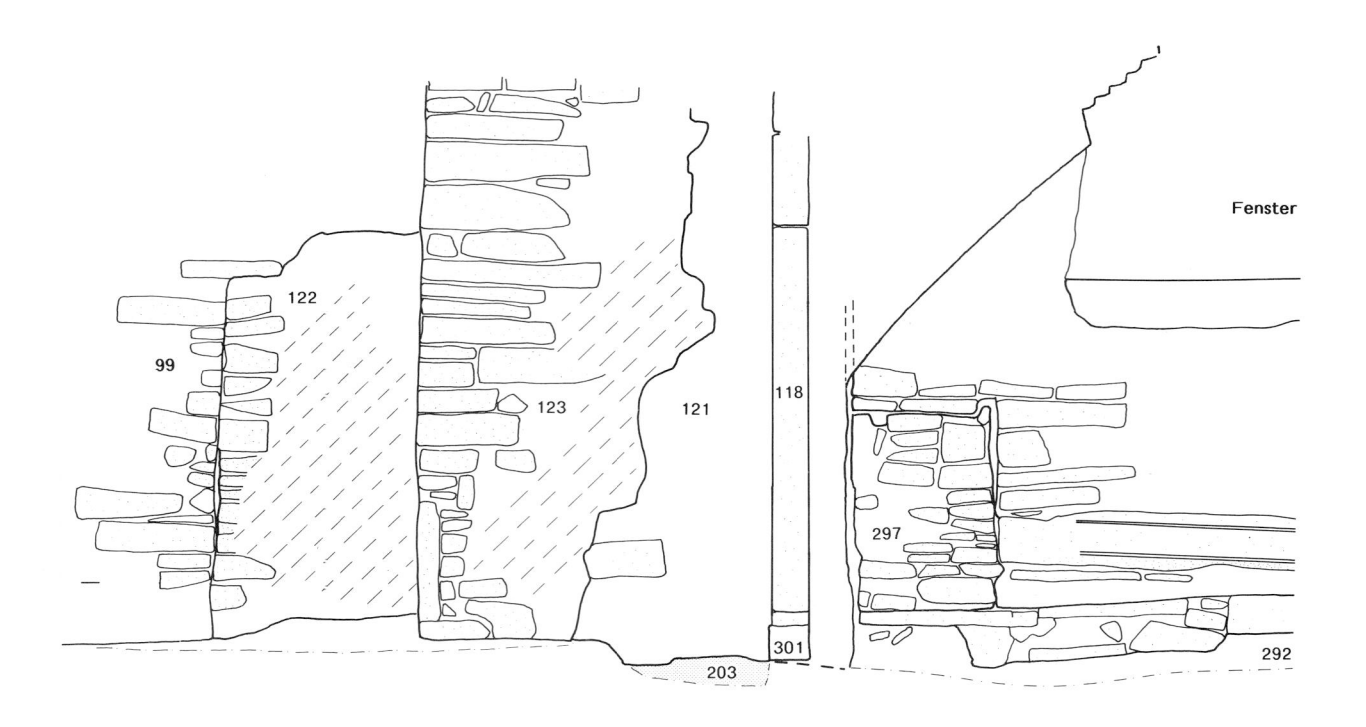

Abb. 24   Keller 5, Südseite. ▶

Von Osten her gesehen (Abb. 5), bietet der Ostflügel einen klar gegliederten Anblick mit zwei Fensterpaaren in den beiden Stockwerken und einem weiteren Paar im Kellerbereich. Die Geschoßhöhe markieren S-förmige Balkenanker. Die Fensterrahmen bestehen aus Kunstsandstein, die im Zuge der Renovierung von 1878 eingesetzt wurden.

Das Mauerwerk *(343)* fällt durch seine durchgehend kleinteiligen Sandsteinformate auf, die z.B. auch an der Nordmauer des Nordflügels und an der Ostmauer des Palas wiederkehren. Es unterscheidet sich aber deutlich von dem Westflügel, in dem eher große Formate auftreten. Zwischen den Fenstern setzt ein 1,9 m breiter Mauervorsprung an *(150)*. Untersuchungen im Innenraum ergaben, daß hier inwendig Aborte untergebracht waren. Die Traufkante ist einfach profiliert. In die linke obere Ecke ist ein sanduhrförmiges Zierteil aus Sandstein eingelassen. In der Ecke zwischen dem Ostturm und dem Ostflügel befindet sich ein Treppentürmchen mit einem Ausgang nach Süden. Nach dem Zweiten Weltkrieg wurde der Ausgang vermauert und in dem Treppenturm eine Toilette eingerichtet.

Die Südansicht des Ostflügels (Abb. 6) zeigt im Giebel ein rechteckiges Fenster. Darunter sind, etwas nach Osten versetzt, zwei zugemauerte Fenster zu erkennen. In Geschoß-

höhe befindet sich ein S-förmiger Balkenanker. Die Fuge, an der deutlich wird, daß der Ostflügel an den älteren Palas angesetzt wurde, ist rezent verputzt, aber noch deutlich zu erkennen.

Die Westansicht des Ostflügels (Abb. 8) gibt, wie auf der Gegenseite, zwei rechteckige Fenster pro Geschoß wieder. Neben dem Eingang befindet sich ein Lichtschacht zum Keller. Genau an der südlichen Kante der linken Fenster verläuft die Mauerkante eines rechteckigen Treppenturms mit Türöffnungen zum Palas und zum Ostflügel *(700)*. Ein Foto, das um 1975 vor dem vollständigen Abriß des Befundes gemacht wurde, zeigt den Eingang zum Palas mit einem Rundbogen aus sorgfältig zugerichteten Sandsteinstücken (Taf. 6,2). Am linken Ende der Wand befindet sich der Eingang, von dem aus der Ostflügel, der Turm und der Ostteil des Nordflügels zugänglich sind. Auf dem Türsturz ist die Jahreszahl 1878 eingemeißelt (Taf. 4,1). Die Vermauerungen an Türen und Fenstern sind rezent (Abb. 8).

Im Inneren des Ostflügels befinden sich sechs Räume. Das südliche Zimmer im Erdgeschoß ist annähernd quadratisch. Der Putz von den Wänden ist teilweise abgefallen. An der Südwand ist die in die Wand einbezogene Mauer ecke des Palas zu sehen (Abb. 20). Rechts daneben befindet sich ein vermauerter Durchgang zum Palas *(745)*. Links neben der Ecke zeichnet sich das vermauerte Fenster *397* in der Wand ab. In der Westwand befindet sich direkt an der Kante zum Palas der vermauerte Durchgang *746*, der zum Treppenturm *700* führt. Der Durchgang befindet sich in der Mauer *693*, die stumpf gegen die ältere Nordwand des Palas *396* gesetzt ist. Der Treppenturm *700* steht mit der Mauer *693* im Verband. In der Ostwand des Zimmers befindet sich am linken Ende der vermauerte Abort *744*. In die Mitte der Zwischenwand *743* ist der Kamin *749* eingelassen, dessen Feuerstelle 1979 noch vermauert war (Taf. 2). Die profilierte Kaminkonsole ruht auf zwei Pilastern aus Sandstein. Die Konsole trägt die Wappenschilder des G. Wennemar von der Recke und seiner Frau Helene von Dinklage (1664-1703) in Palmensträußen. Unter einer grauen Ölfarbschicht sind rote und grüne Farbspuren erhalten. Die Feuerkammer ist mit Backsteinen verkleinert. Über dem Kamin befindet sich eine runde Ofenrohreinfassung, die zeigt, daß in jüngster Zeit vor dem bereits vermauerten Kamin ein Ofen gestanden hat. Die Wand ist mit einem rauhen, mit zerkleinerter Ofenschlacke gemagerten Putz bedeckt. Darüber liegt ein Feinputz. Die Wand ist mit gelber Farbe gestrichen, auf die orangefarbene Wellenmuster mit dem Malhorn aufgespritzt wurden. Die Decke ist mit Rot abgesetzt. Über der linken Kaminkante ist ein senkrechter blauer Streifen auf-

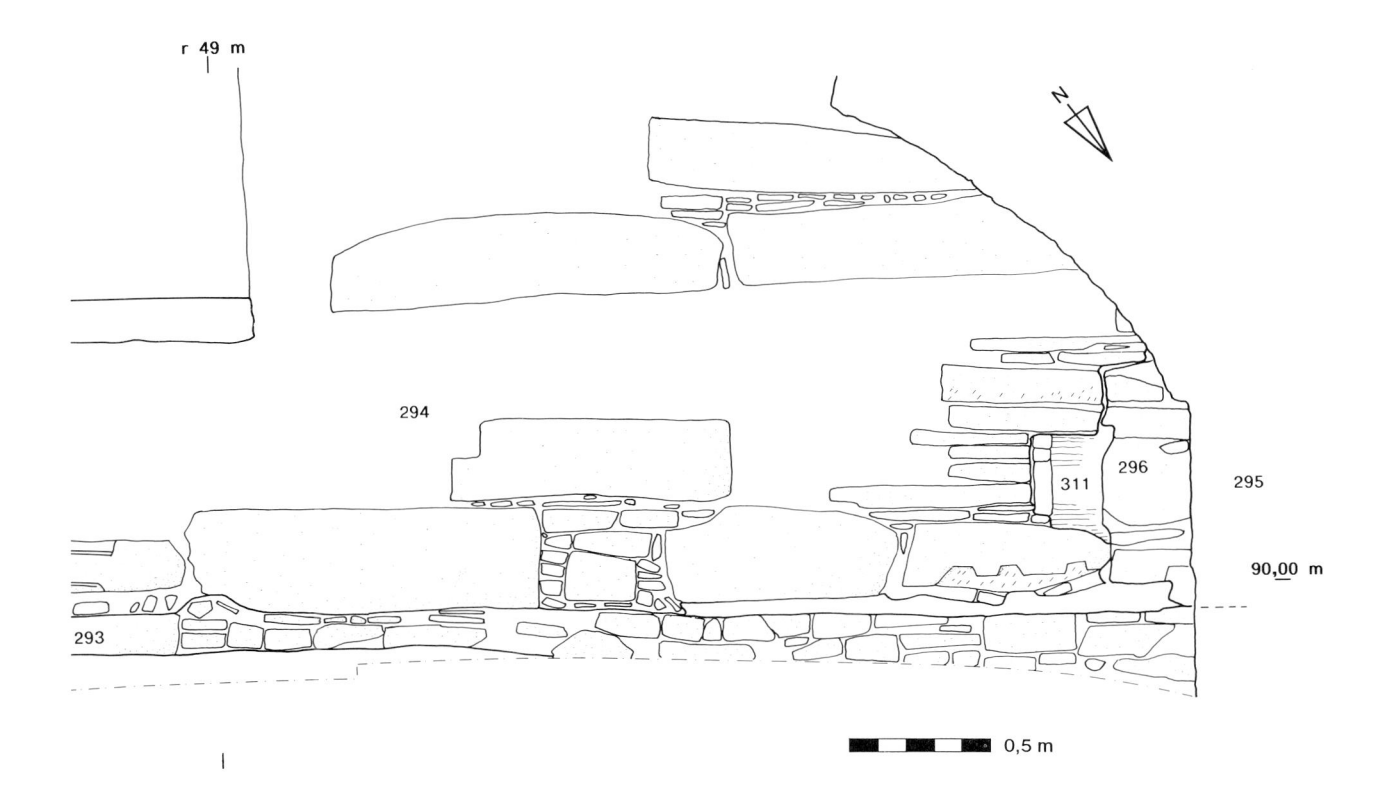

gemalt. Der Fußboden *748* besteht aus quadratischen Fliesen der Firma Villeroy & Boch mit roten, weißen und grauen vegetabilen Ornamenten. Die Höhe liegt bei 93,43 m ü.NN. Der zweite Raum ist ebenfalls annähernd quadratisch und mit dem gleichen Fußboden *(759)* wie das Südzimmer ausgestattet. Die Nordwand wurde um 1975 aus Kalksandsteinen hochgezogen.

Der dritte Raum im Erdgeschoß verbindet den Ostflügel mit dem Nordostturm, dem Ostteil des Nordflügels, dem Treppenturm und den Kellerräumen. Die Treppe, die von hier zu den oberen Stockwerken führte, ist zerstört. Der Fußboden *747* gleicht denen in den beiden südlichen Zimmern. An einigen schadhaften Stellen wurde ein darunterliegender Fußboden aus runden Schamotteplatten und darunter Sandsteinplatten beobachtet. Die Zwischenwand zum Nordflügel ist in Fachwerk ausgeführt. Die Gefache sind mit Sandsteinbruchstücken ausgefüllt.

Die Obergeschosse waren zur Zeit der Untersuchung nicht ohne weiteres zugänglich, weil die Fußböden in den Geschossen fehlten. Die Aufnahme von 1979 zeigt im südlichen Zimmer einen gut erhaltenen Kamin mit Wandpfeilern und Säulen auf Konsolen, welcher große Ähnlichkeiten mit dem Kamin im Obergeschoß des Palas aufweist,[65] sicher stammt der Kamin aus der gleichen Zeit,

---

65 LUDORFF 1910, Taf. 3,3 – SOBOTKA 1991, Abb. 162.164.

wenn nicht sogar aus der gleichen Werkstatt. Daneben befindet sich ein Durchgang.

Nur die beiden südlichen Räume sind nachträglich unterkellert worden. Der Keller wurde in den gewachsenen Fels, bis zu 0,5 m unter die Unterkante der Fundamente, eingetieft. Die dabei freigelegte Felswand wurde mit Backsteinen oder Sandsteinbruchstücken verblendet. Die Kellerdecke wird von Eisenträgern getragen, zwischen denen kreissegmentförmige Bögen ansetzen. Ein Weinregal aus Backsteinen und Wursthaken an der Decke sprechen für Vorratshaltung in diesem Bereich.

V. Nordflügel östlich des Tores
(Abb. 4; 8)

Bauweise, Mauertechnik und Gliederung dieses Abschnitts entsprechen denen des Ostflügels. Die Nordansicht (Abb. 4) zeigt zwei übereinanderliegende Fensterpaare mit Kunstsandsteinrahmen. Dazwischen ist der abgeschlagene vertikale Streifen eines Mauervorsprungs zu erkennen, in dem, wie im Innenraum festgestellt wurde, Aborte untergebracht waren. Unterhalb des rechten Fensters befindet sich ein kleines, rechteckiges Kellerfenster.

Auf der Südseite (Abb. 8) öffnen sich zwei versetzte Fenster. Rechts neben dem unteren Fenster zeichnet sich vage eine Vermauerung ab; ursprünglich befand sich das Fenster im Erdgeschoß an dieser Stelle, wurde aber 1848 nach dem Einbau des Durchgangs zum Ostflügel, zu dem auch ein Teil der Außenwand des Nordflügels herausgeschlagen wurde, verlegt.

Das durch die lange Westseite eher trapezförmige Zimmer im Inneren wird auf der Ostseite durch eine Fachwerkwand begrenzt. Die Nordwand hat der Flügel mit dem Torhaus *481* gemeinsam, mit der die Nordwand des Nordflügels *(343)* im Verband steht. Dagegen ist die Südwand an die Kante des Torhauses mit einer ca. 6 cm breiten Fuge gesetzt. In der Nordwand ist unmittelbar neben dem Eingang durch die Fachwerkwand der mit modernen Kalksandsteinen vermauerte Rahmen eines (nicht mehr erhaltenen) Aborts zu erkennen. Ein zweiter vermauerter Abtritt befindet sich im ersten Geschoß. In der Südwand ist die Vermauerung des Fensters, die von außen nur undeutlich zu erkennen war, gut sichtbar. In der Dachspitze befindet sich ein Durchgang zum Torhaus. Parallel zur Fachwerkwand führt eine Treppe in den Keller. Auch dieser Keller ist unterhalb des Fundaments in den Sandsteinfels eingetieft. Die Decke besteht wie die im Ostflügel aus Eisenträgern mit Kreissegmentbögen. Kamine wurden nicht festgestellt; der Kaminzug in der Westwand gehört zum Torhaus.

VI. Nordflügel westlich des Tores
(Abb. 4; 9)

In diesem Bereich steht lediglich noch die Nordwand zu zwei Dritteln und ein kleiner Rest der Südwand. Mit den ehemals sieben engstehenden Fenstern im Erdgeschoß unterscheidet sich dieser Teil des Nordflügels deutlich von dem auf der anderen Seite des Torhauses. Die Fenster sind hier mit ca. 1,7 m niedriger als die Fenster auf der Ostseite. Weitere Unterschiede bestehen in der ungleichmäßig versetzten Anordnung der Fenster im ersten Stockwerk und in den Abmessungen. In Höhe der Geschoßdecke sind eiserne Balkenanker angebracht, die die Jahreszahl „1671" tragen.

Die Rahmen der Fenster im Erdgeschoß bestehen aus modernem Kunstsandstein. Die beiden zum Turm gelegenen Fenster sind innen mit einem Eisenträger als Sturz ausgestattet. Die Fenster im Obergeschoß tragen Sandsteinrahmen und -kreuze.

Zu den anschließenden Gebäudeteilen weist die Nordwand keine erkennbaren Fugen auf. Dagegen zieht der kleine Rest, der noch von der Südwand erhalten ist, hinter die Kante der Ostmauer des Westflügels, die dagegenstößt. Um 1977 waren im Innenbereich noch einige Zwischenwände aus Backsteinen erhalten, an der Südwestseite ein Toiletteneinbau *(612)* und die Trennwand *(597)* zum Westflügel.

VII. Torhaus
(Abb. 4; 8)

Von dem Torhaus in der Mitte der Nordostflanke des Herrensitzes ist nur noch das nach Osten gelegene Seitenteil *(481)* erhalten. Die übrigen Teile konnten erst archäologisch erfaßt werden. Die erhaltene Wand *(481)* steht im Mauerverband mit der Nordmauer des Nordflügels *(343)*, während die Südwand des Nordflügels *(693)* stumpf dagegengebaut ist. Zur Bedienung von zwei Schießscharten ragt das Tor um 1,2 m aus der Flucht des Nordflügels heraus. Das aufgehende Mauerwerk besteht aus überwiegend kleinformatigen Sandsteinbruchsteinen und wirkt einheitlich. 3 m über der Oberfläche setzt ein Rundbogen aus zugerichteten Sandsteinquadern an. Links über dem Ansatz des Rundbogens befindet sich eine rechteckige Öffnung, durch die eine Kette für eine ehemals vorhandene Zugbrücke geführt worden sein könnte.

Die Schießscharten *(862, 863)*, die nach Norden und nach Nordosten gerichtet sind, weisen einen spindelförmigen Schlitz mit einer runden Öffnung von 17 cm auf. An den Seiten des für beide Schießscharten gemeinsamen Bedienungsschachtes befinden sich winkelförmige und rechteckige Aussparungen, in die die Feuerwaffen eingehängt

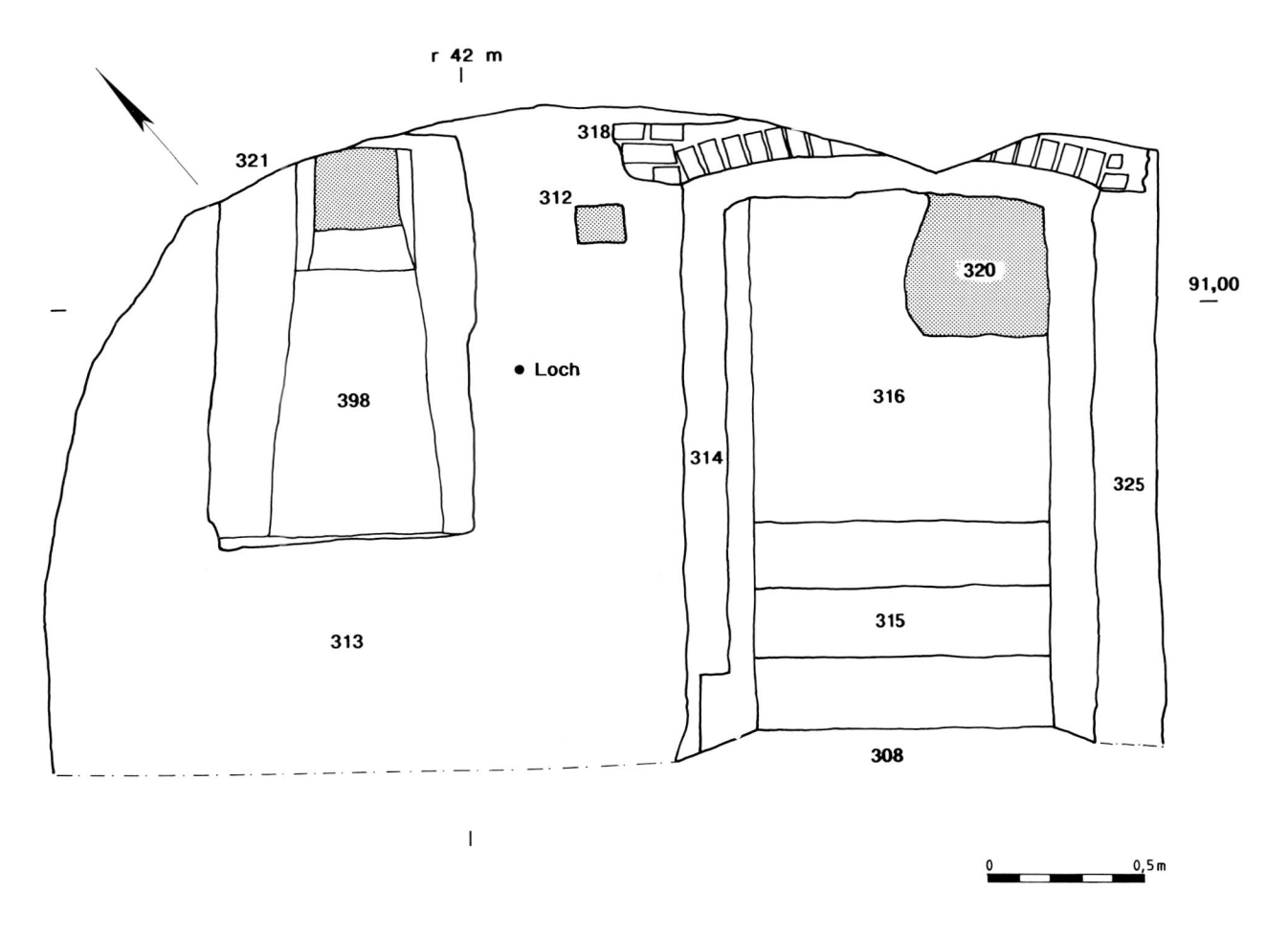

Abb. 25   Kellerraum 6, Treppe 315 und Fenster 398.

wurden. Sie erlaubten lediglich eine gerade Ausrichtung der Waffe; das Feuern zur Seite war demnach also nicht möglich.

VIII. Nordwestturm
(Abb. 4; 7)

Der mit 6,5 x 6,1 m annähernd quadratische Turm *(577)* sitzt an der Ecke vom West- zum Nordflügel. Die beiden Geschosse sind mit schmalen, niedrigen Fenstern ausgestattet. Durchgänge öffnen sich nach Norden und zum Westflügel. Die Fensterstürze bestehen im Untergeschoß aus großen Steinplatten oder aus Eichenholzbalken; im Obergeschoß sind dagegen Kreissegmentbögen vermauert.

IX. Nordostturm
(Abb. 4; 5)

Der quadratische Turm auf einer Grundfläche von 6 x 6 m läßt äußerlich zwei Bauphasen unmittelbar erkennen:

Phase 1: Nach den oben vorgestellten Bilddokumenten hatte der Turm ursprünglich die gleiche Höhe und Form wie der Nordwestturm. Dieser alte Teil ist in dem Befund *876* erhalten, welcher sich von der jüngeren Aufmauerung *877* durch eine etwas dunklere Farbe der Sandsteine und Nuancen im Mauergefüge unterscheidet. Der ältere Turm besaß zwei übereinanderliegende Fenster an jeder Seite.

Phase 2: Bei der 1878 vorgenommenen Umgestaltung der Fassade zur Ruhrstraße wurde das dritte Stockwerk, wel-

Abb. 26   Keller 7, Westwand. ▶

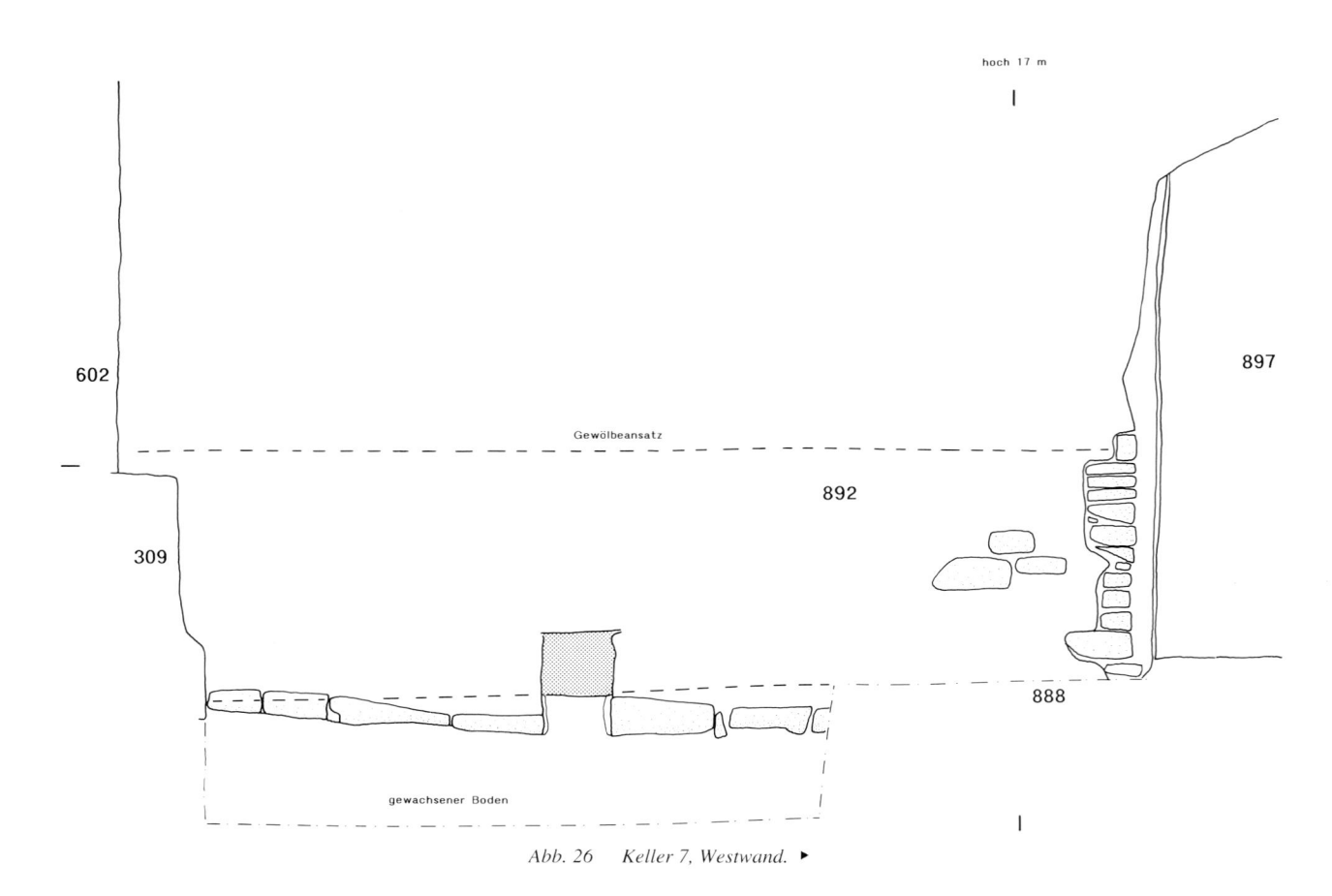

ches mit einem Zinnenkranz endet, aufgemauert, die Fensterrahmen aus Kunstsandsteinmaterial erneuert und ein Erker nach Osten angebracht. Die beiden nach Nordwesten gehenden Fenster wurden zugemauert.

X. Kellerräume unter dem Erweiterungsbau
(Abb. 25; 26)

Der Grundriß der Kellerräume 6 und 7 (innen: 8 x 7,2 m) deckt sich nicht mit dem der darüberliegenden Erweiterung des Palas, so daß diese als eigenständiger Baukörper zu betrachten sind. Wie die archäologische Untersuchung zeigte, sind in diesen beiden Kellern die Fundamente eines Wohnturms verarbeitet, welcher dem Erweiterungsbau des Palas vorausgegangen ist.

Die beiden Räume werden von Nord-Süd orientierten Tonnengewölben überdeckt. In der Südwand befindet sich auf halber Höhe ein vorspringendes Bankett *(309)*, gegen das das (jüngere) Auflager des Tonnengewölbes gesetzt ist.

In der Nordost-Ecke der Nordwand des Kellers geht eine Treppe *(315)* aufwärts nach Norden, die nach 3 m blind vor dem Fundament der Palaserweiterung endet (Abb. 25). Neben der Treppe befindet sich eine zugemauerte Fensteröffnung (Abb. 25, *398*[66]). Im Raum 7 beginnt etwa in der Mitte der Wand der bogenförmige Ausgang zum ehemaligen Industriebereich *(237)*. An der Kante befinden sich Meißelspuren, die darauf hindeuten, daß der Durchgang nachträglich eingeschlagen worden ist.

Die Westwand des Kellers weist folgende Einzelheiten auf (Abb. 26): ganz rechts befindet sich ein Loch in der Wand, hinter dem eine ältere Mauer *(893)* zum Vorschein kommt. In der Mitte befindet sich ein Durchgang, der mit Backsteinen vermauert ist *(897)*. Weitere 1,7 m nach Süden erscheint am Boden die Öffnung (20 x 20 cm) eines mehr als 2 m tiefen Schachtes unbekannter Funktion. Auf der Wand sind Reste eines Verputzes aus Lehm-Häcksel-Gemisch erhalten; ferner finden sich hier Rußflecken. Die Südmauer besitzt einen Durchgang in den Keller 5.

---

66   Vermauerung: *Bef. Nr. 310.*

Backsteine

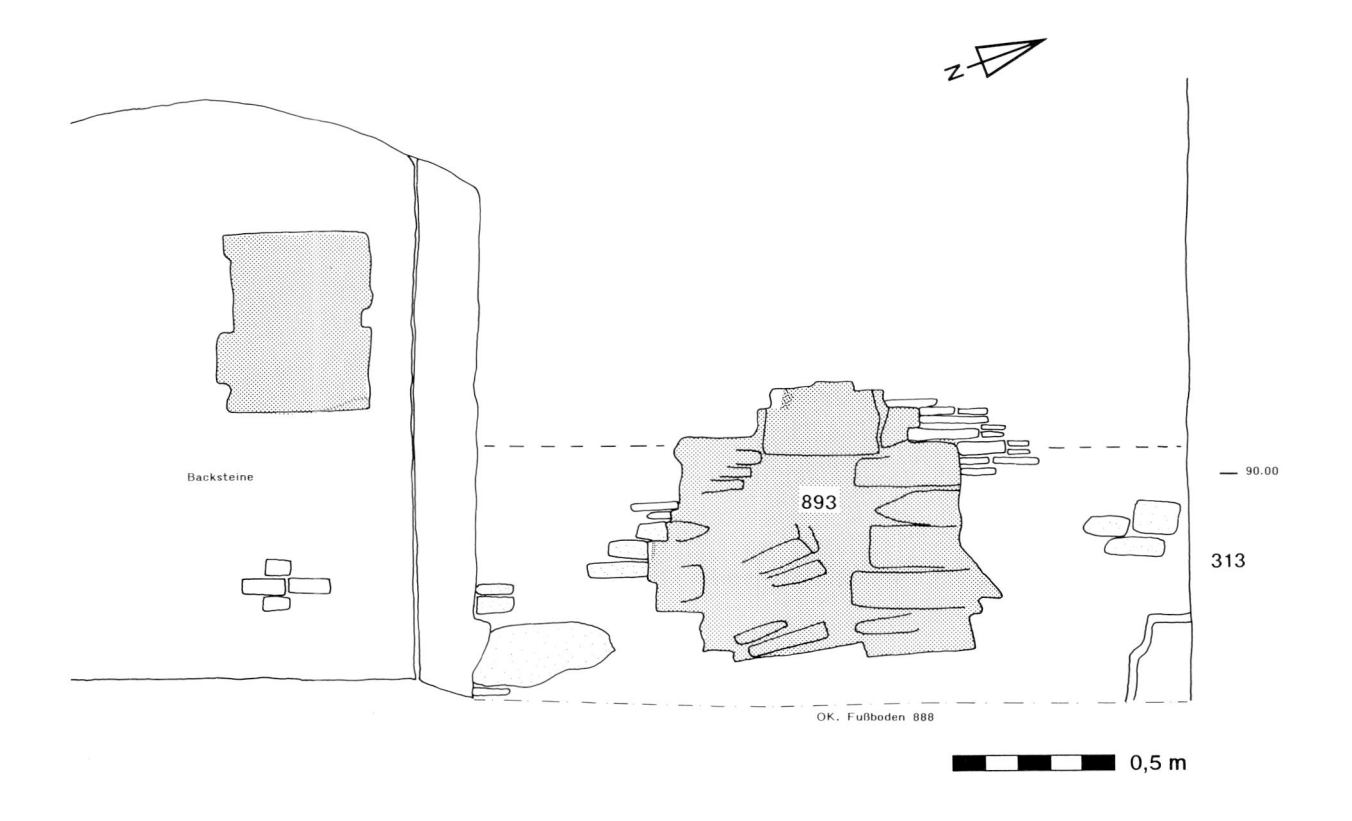

893

— 90.00

313

OK. Fußboden 888

0,5 m

XI. Außenanlagen
(Abb. 15; 19 XI a-h; Taf. 3,1; 3,2; 7,2)

Diese Bauelemente gehören nicht zum eigentlichen Untersuchungsgebiet von Haus Witten. Der Vollständigkeit halber sei jedoch die folgende Übersicht hier angeschlossen:

a) Zu den zwei Torpfeiler vor dem Burgtor (Taf. 3,1) s. die Beschreibung im Befundkatalog zu *362*. Sie sind datiert durch die Inschrift: „Anno 1702".

b) Die beiden Pfeiler (Br. 1,15 m; H. 5,25 m) zum westlichen Außengelände (Taf. 3,2) bilden ein 3,28 m breites Tor. Sie sind durch die Wappen in die Zeit der Ehe des G.W. von der Recke II. mit Anna Maria von Gymnich (1718-1747) datiert.

c) Die Grabeneinfassung wurde im Zuge der Restaurierung um 1985 erneuert.[67]

d) Die niedrige Terrassenmauer *(246)* vor der Nordseite von Haus Witten wurde nicht näher untersucht. Das erste Mal erschien sie auf dem Katasterblatt von 1883 (Abb. 15). Wie die Grabeneinfassung wurde sie im Zuge der Restaurierung um 1985 erneuert.

e) Die beiden Torpfeiler aus Sandstein zur Ruhrstraße entstanden nach 1932. Auf einer Fotographie von 1932 stehen an dieser Stelle noch Zaunpfeiler aus Gußeisen.[68]

f) Die Böschungsmauer zur Ruhrstraße wurde nach den Katasterunterlagen nach 1885 angelegt (Abb. 15).

g) Vom prächtigen Tor zum Schloßgarten finden sich in der Böschungsmauer auf der anderen Seite der Ruhrstraße noch geringe Reste (Taf. 7,2).

h) Die Mauer, die den westlichen Außenbezirk nach Süden begrenzt, ist in ihrer heutigen Form ebenfalls ein Produkt der Restaurierungsarbeiten von 1985. Der älteste Nachweis ist der Eintrag auf der Karte vom Ruhrtal (1798; Abb. 12). Am verfallenen Westende der Mauer liegen noch umgestürzte Reste von Tor- oder Fensterbögen.

---

67 Vgl. *Bef. Nr. 1000*.

68 SOBOTKA 1991, 91 Abb. 120.

Bauperioden

Die Baugeschichte von Haus Witten konnte weitgehend geklärt werden. Sowohl im Innenhof als auch im Westflügel hatte sich eine aussagekräftige Stratigraphie erhalten, die sich von der älteren römischen Kaiserzeit bis hin zur Zerstörung im Zweiten Weltkrieg aufbaute. Die Schichten enthielten zahlreiche Kleinfunde, die zusammen mit den Daten aus der historischen Überlieferung auch eine absolute Datierung der Bauphasen ermöglichten:

Periode 1   mesolithischer Lagerplatz (?); germanische Siedlung; zwei Gebäude in Pfostenbauweise. Datierung: 1. Jahrhundert n. Chr.

Periode 2   landwirtschaftlicher Gutshof (?); mit Zäunen umgrenztes Areal und ein Nebengebäude in Pfostenbauweise. Stratigraphie: Die Einsatzgräben der Zäune schneiden die Pfostengruben der Periode 1. Datierung: 15. Jahrhundert (?).

Periode 3   Herrenhaus (Palas) und Nebengebäude. Stratigraphie: Die Baugrube des Palas schneidet den Zaungraben der Periode 2; die Mauer eines Nebengebäudes zieht über den Zaungraben. Datierung: urkundlich kurz vor 1489 gegründet.

Periode 4   Herrenhaus (Palas) und Nebengebäude. Stratigraphie: Das Hofpflaster überdeckt die abgebrochenen Fundamente von Nebengebäuden der Periode 3. Datierung: Anlage des Hofpflasters nach einem Brand um 1600.

Periode 5   Vierflügelanlage und Garten. Stratigraphie: Die Baugruben und Gerüstpfosten der Flügelbauten stören das Hofpflaster der Periode 4. Der Innenhof wird waagerecht angeschüttet. Datierung: 1671 (1. Bauabschnitt); 1702 (2. Bauabschnitt).

Periode 6   Aufteilung in Einliegerwohnungen; Ausbau des westlichen Außengeländes in eine Fabrik. Stratigraphie: Der Fußboden der Fabrikhalle im Westflügel überdeckt die Reste der Innenwände aus der Periode 5. Brunnen und Brunnenstube der Periode 5 werden verfüllt. Innenhof und ehemaliger Schloßteich der Periode 5 werden einplaniert und gärtnerisch angelegt. Der Ostflügel wird teilweise unterkellert. Datierung: nach 1824 umfassender Ausbau der Fabrikanlagen; nach 1847 Umbau des Westflügels in eine Fabrikhalle; nach 1867 Verfüllung der Brunnenstube; 1878 Umgestaltung des Ostflügels; vor 1798, Beginn des Ausbaus des westlichen Außengeländes in eine Fabrik.

Die Bau-, Abbruch- und Restaurierungsaktivitäten nach der Zerstörung im Zweiten Weltkrieg (1945) sind nicht bearbeitet worden.

Periode 1
(Beil. 1)

Mesolithische Funde

Der älteste Fund von Haus Witten ist ein dreieckiger Mikrolith aus dem Mesolithikum. Das Fundstück stammt aus dem oberen Bereich der sandigen Lehmschicht *839*.[69] Weitere in gleicher Art patinierte Feuersteinabschläge aus demselben Ausgrabungsabschnitt legen nahe, daß es sich hierbei nicht um einen zufälligen Streufund handelt, sondern daß mit einem Lagerplatz in der Nähe gerechnet werden kann.[70]

Vorgeschichtliche Siedlungsreste

Echte Siedlungsspuren, Gebäudereste oder Gruben, stammen erst aus der älteren Römischen Kaiserzeit, d.h. jener Periode der Vorgeschichte, der in Westfalen die ältesten germanischen Hinterlassenschaften zugeteilt werden. Die Funde dieser Zeit konzentrieren sich deutlich im Abschnitt des südwestlichen Innenhofs und des Westflügels zwischen den Höhenlinien 90,50 bis 92,00 m ü.NN, dort also, wo der sandige Lehmboden ansteht (Abb. 2). Obwohl die Siedlung durch den späteren Bau der Burg, insbesondere durch die Kellerräume im Süden und die Fabrikbauten im Westen, weitgehend zerstört worden ist, und für die Erforschung nur noch ein sehr begrenzter Raum zur Verfügung stand, ließen sich zumindest die Standspuren von zwei Gebäuden teilweise erfassen.

Gebäude I

Von dem ersten Gebäude *(1)* war zunächst ein Teil der westlichen Wandpfostenreihe erkennbar, die in Nord-Süd Richtung verlief (Beil. 1, *855, 785, 840, 791, 826, 827, 843*). Die Pfostengruben, die im Abstand zwischen 0,8 und 1,2 m standen, waren alle gleich gebaut: der Umriß der Grube ist rund, die Seiten ziehen etwas schräg nach unten, der Boden ist waagerecht. Die Unterkanten der Pfostengruben lagen zwischen 90,66 und 90,83 m ü.NN. In der Pfostengrube *827* wurde ein flachliegender, 25 cm breiter Kieselstein gefunden, der als Keilstein oder Unterlegstein des Pfostens gedient haben könnte. Die Pfosten selbst waren nicht mehr erhalten. Ihre Spur deutete sich durch eine graue, diffuse Verfärbung in der Mitte der Grube an.

---

69   *Fd. Nr. 556.*
70   Weitere Funde dieser Art: *Kat. Nr. 558, 559.*

Ungefähr im rechten Winkel zu dieser Wandpfostenreihe standen zwei weitere Pfostenreihen, die in östliche Richtung verliefen und die wohl einen kleinen Vorraum abtrennten (Beil. 1, *855, 875, 861, 742, 741, 833*). Bei dem in 3 m Abstand zur westlichen Wandreihe liegenden Pfosten *833* könnte es sich um einen Firstpfosten gehandelt haben, wofür die große Baugrube (Dm. 0,85 m) sprechen würde. Die Form und Einfüllung der Gruben entspricht der der westlichen Wandpfostenreihe.

Das Gebäude wurde durch Brand zerstört; was übrig blieb wurde abgetragen und möglicherweise an anderer Stelle neu errichtet. Für den Brand sprechen die zahlreichen Holzkohleflitter, die verziegelten Lehmstückchen und die verkohlten Samenkörner, die in die Hohlräume der bei den Aufräumarbeiten gezogenen (wahrscheinlich nicht ganz verbrannten und zum Teil wiederverwendeten) Holzpfosten gelangt sind.

Der Befund läßt sich wegen der spärlichen Spuren nicht sicher einem Haustyp zuweisen. Ein fortschrittlicher Grundriß vom Typ Soest-Ardey[71] ist wegen des Fehlens der charakteristischen, an die Wandpfosten gekoppelten Jochpfosten, nicht anzunehmen. Mehr Übereinstimmungen finden sich beim Vergleich mit den traditionellen Hausformen der jüngeren vorrömischen Eisenzeit[72] und einigen Grundrissen der älteren römischen Kaiserzeit.[73]

In der Frage, ob es sich um ein Wohn- oder Wirtschaftsgebäude – etwa einen Speicher – handelte, geben die sehr reichhaltigen organischen Funde Auskunft, die an den Stellen der herausgezogenen Pfosten gemacht wurden.[74] Es handelt sich ausschließlich um Samen von pisum sativum L. (Erbse) und hordeum vulgare L. (Gerste) in einer solchen Menge, wie sie nur dann zu erwarten ist, wenn unmittelbar über dem Befund ein Vorratsspeicher für diese Bodenerzeugnisse gelegen hat.

Mit diesen Funden ist eine der Ernährungsgrundlagen der germanischen Siedler angesprochen. Eine weitere Komponente wäre die tierische Nahrung. Dazu sind allerdings nur zwei Funde anzuführen, nämlich ein Zahn vom Schwein, welcher ebenfalls in einer der Pfostengruben gefunden wurde *(838)*, und das Fragment der scapula eines Huhns aus der Grube *916*.

Gebäude II

Von einem zweite Gebäude *(II)* zeugte der Teil einer weiteren Wandpfostenreihe, die im Westflügel gefunden wurde (Beil. 1, *617, 616, 667-669)*. Sie wies ebenfalls eine Orientierung in Nord-Süd-Richtung auf. Die Abstände der Pfosten betrugen 1 m bis 1,3 m. Wie bei Gebäude *I* lagen die Unterkanten der Gruben bei 90,80 m ü.NN. Auch die Einfüllung aus grauem, mit Holzkohle und verziegelten Lehmstücken durchsetztem, sandigem Lehm, entsprach dem Befund bei Gebäude *I*, so daß von einer Gleichzeitigkeit beider Bauten ausgegangen werden kann. Auch hier wird es sich eher um ein Speicher- als um ein Wohngebäude gehandelt haben.[75]

Abfallgruben

Ferner sind noch zwei Abfallgruben zu erwähnen, die unter dem Fundament der Westmauer des Westflügels bzw. der Erweiterung des Palas entdeckt wurden (Beil. 1, *639, 916)*.

Grube *639* hat einen unregelmäßig-ovalen Grundriß und läuft spitz nach unten zu. Die Tiefe beträgt 45 cm. Die Verfüllung erfolgte in drei Lagen (Abb. 27): zunächst wurde steriler, graubrauner Lehm eingebracht. Die nächste Schicht bestand aus grauem, sandigem Lehm mit schlieriger Struktur, in dem sich zahlreiche, bis zu 1 cm große Holzkohlestücke, Holzkohleflitter, einzelne 2 bis 3 cm große Flußkiesel, verbrannte Feldspatstücke, Knochen(?)-asche und Keramik befanden. Die Fundschicht war mit gelbbraunem Lehm abgedeckt.

Die Keramik (Taf. 25,1-9) entspricht Formen, die in der jüngeren vorrömischen Eisenzeit und in der älteren römischen Kaiserzeit im rheinweser-germanischen Kreis hergestellt wurden.[76] Genauer zuordnen lassen sich die Randstücke der Form Uslar IV,[77] wobei die facettierte Randausbildung eine besonders frühe Stellung innerhalb der Zeitstufe B1 anzeigt.[78] Auch die Schalen der Form Uslar V-VI sind in der Grube mit einem Exemplar vertreten; ferner liegt ein Wandscherben mit Kammstrichverzierung vor (Taf. 25,1).[79]

Die zweite Grube *916* wurde unter dem Fundament 761 der Palaserweiterung angeschnitten (Abb. 31, *916*). Die Grube enthielt Keramik, die durch den Druck der darüberliegenden Mauer waagerecht verdrückt war. Die Einfüllung bestand aus grauem, sandigem Lehm, der zum Teil orangerot verziegelt war. Dazwischen befanden sich Holzkohle, weiß verbrannte Asche, calcinierte Knochen, das Bruchstück der scapula eines Huhns, ein Stück Eisenschlak-

---

71 REICHMANN 1981, 51 ff.
72 Ders. 1979, 561 ff.
73 Warburg-Daseburg: GÜNTHER 1983, 54.86.216.
74 Zur Analyse s. Anhang 1.
75 Materialproben aus Gebäude II: *857*, s. Anhang 1.
76 s. Beitrag B. DAHMEN, *Kat. Nr. 1-4*.
77 VON USLAR 1938.
78 PESCHEL 1981, 652. – GÜNTHER 1983, 24 f.
79 Auch in Warburg-Daseburg vertreten: ebd. Abb. 13,15.

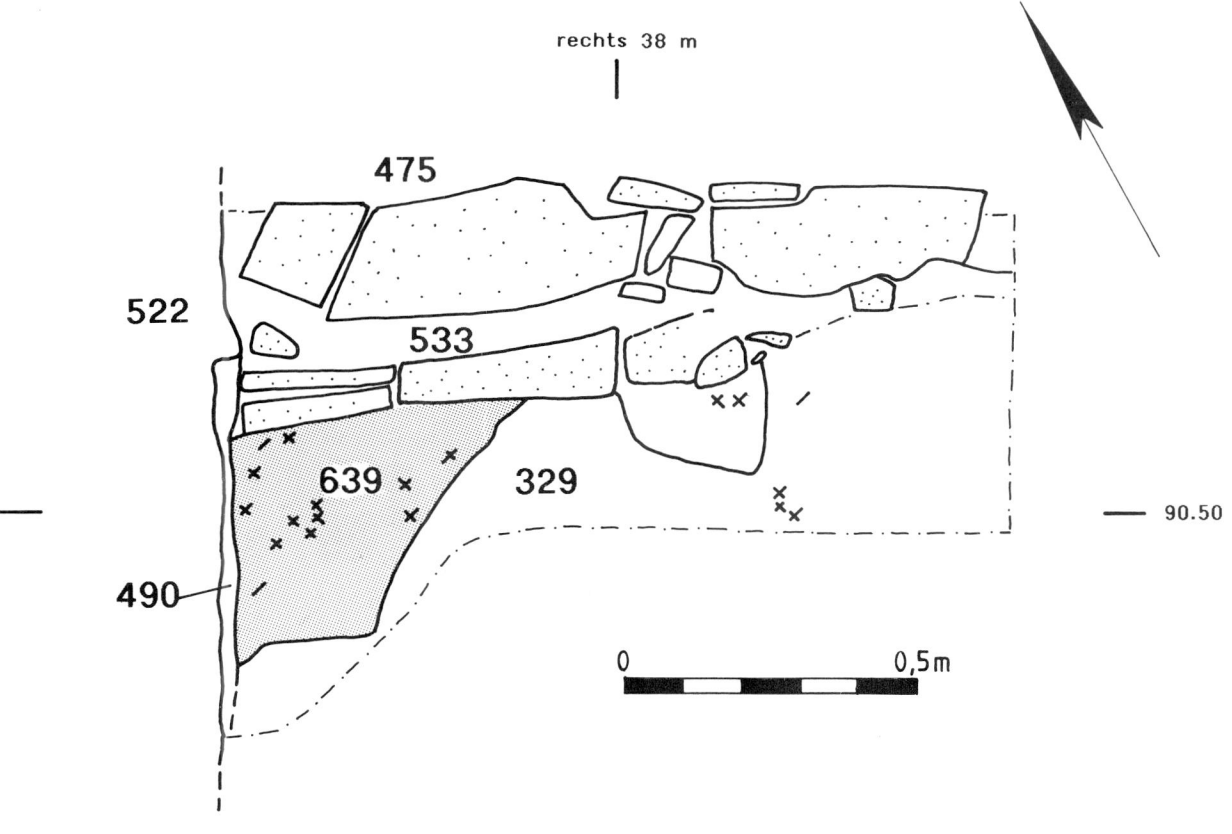

Abb. 27   Querschnitt durch die Grube 639.

ke und ein gebogener Eisengegenstand. Wegen der ungünstigen Lage konnte nur ein Teil der Funde geborgen werden. Das Inventar unterschied sich von dem aus der Grube *639* durch das Vorkommen von Formen mit grob geschlickter Oberfläche. Sonst waren ähnliche Formen vorhanden, so daß die beiden Gruben offensichtlich gleichzeitig sind.[80]

Ofen 735

Östlich des Pfostengebäudes *I* wurde der Bodenrest einer Feuerstelle aufgedeckt (Taf. 7,3). Der Befund wies einen annähernd kreisrunden Umriß (Dm. 96 cm) auf und war etwas in den gewachsenen Lehmboden *733* eingetieft, so daß der Querschnitt die Form eines Kreissegments aufwies (T. 43 cm). Der Rand und auch Teile des Bodens waren bis in eine Tiefe von 10 cm schwach rot-orange verziegelt. In der Eintiefung befanden sich kleinteilige Holzkohle (Dm. bis 2 cm) und kiesiger Lehm. Bei der Analyse der entnommenen Materialprobe[81] wurden noch folgende

Inhaltsstücke gefunden, die einen deutlichen Hinweis auf die Funktion als Eisenschmelzofen geben:
– gebogenes Eisenobjekt (L. 4,4 cm; Br. 1,9 cm);
– acht Fragmente Eisenschlacke; Farbe dunkelbraun/rotbraun; brüchige, blasige Struktur (Dm. max. 2 cm).

Über den Ofentyp sind keine weiteren Aussagen zu machen. Es ist jedoch anzunehmen, daß das Aufgehende ehemals aus Lehm bestand, da eine Steinsetzung um die Stelle nicht vorhanden war.[82] Die Datierung in die Periode 1 ergab sich aus der stratigraphischen Lage.[83]

Im Abschnitt d/5, unter dem rezenten Toiletteneinbau zwischen West- und Nordflügel und halb angeschnitten durch die Mauer *651*, wurde noch ein zweiter Ofenrest gleicher Bauart gefunden (Taf. 23,1, *821*), der jedoch stratigraphisch nicht mehr eindeutig der Periode 1 zugeordnet werden konnte.

---

80   s. Beitrag B. Dahmen, *Kat. Nr. 7-9*.
81   *Fd. Nr. 528.*
82   Zur vor- und frühgeschichtlichen Eisenverarbeitung: Archäologische Eisenforschung in Europa (Symposion Eisenstadt 1975). Wissenschaftliche Arbeiten aus dem Burgenland 59 (1977). – Wilhelmi 1982, 217 ff.
83   Unter *736*. S. *735*.

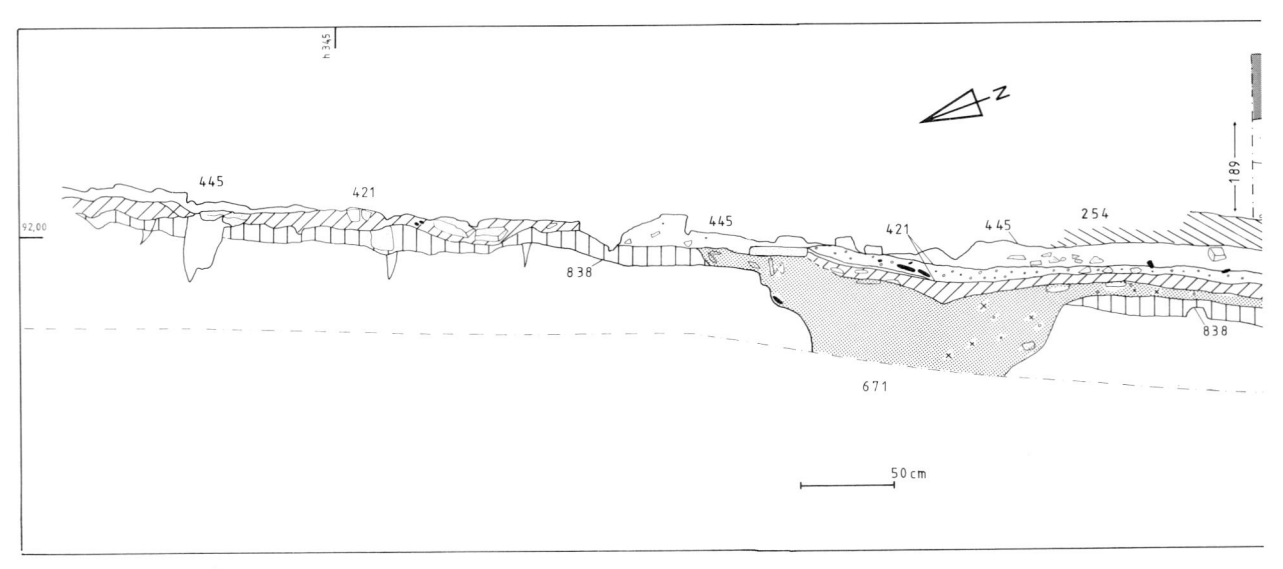

Abb. 28   Querschnitt durch den Innenhof. ▶

Das Zusammenwirken von Wohnbereich, Viehzucht, Ackerbau und Metallverarbeitung an einer Stelle, wie es hier in Witten offenkundig der Fall ist, unterstreicht die von K. GÜNTHER aufgrund der ganz ähnlichen Grabungsbefunde in Warburg-Daseburg, Kr. Höxter, gemachte Beobachtung, daß die Metallverarbeitung, oder die Landwirtschaft bei den Germanen auch als Nebenerwerbsquelle diente, durch die saisonale Engpässe überbrückt werden konnten.[84]

Periode 2
(Beil. 2)

Für den Anfang der Neubesiedlung am Übergang vom Spätmittelalter zur frühen Neuzeit[85] standen Befunde, die an der Westseite von Haus Witten gemacht wurden (Beil. 2). Dabei handelte es sich um Reste von einem Nebengebäude und Einsatzgräben von leichten Umzäunungen. Ein Befund, der als Haupt- oder Wohngebäude interpretiert werden könnte, wurde nicht entdeckt, doch gab es Anzeichen dafür, daß dieses im Bereich des späteren Wohnturms in der Südwestecke der späteren Burg gelegen hatte. Ein befestigter Adelssitz konnte aus den vorhandenen Spuren nicht rekonstruiert werden; die Befunde deuteten vielmehr auf eine bäuerliche Ansiedlung hin.

Die Zaungräben 422 und 658

Als erstes wurden zwei parallel verlaufende Gräben, die nach Abnahme der Schicht *421* in der Südwestecke des Innenhofs und nach dem Abtragen der Schichten *545* und *546* im Westflügel sichtbar wurden, entdeckt (Beil. 2, *422*, *658*).

Durch Befundüberschneidungen waren beide Gräben deutlich von der älteren Bauperiode 1 wie auch von der jüngeren Bauperiode 3 zu trennen (Abb. 28). Überschneidungen mit Befunden der älteren Periode wurden an folgenden Stellen festgestellt: Graben *422* lag über den Pfosten *742* und *833* der Periode 1; beide Gräben waren in die Schichten *664* und *665* eingetieft, welche ausschließlich[86] prähistorisches Fundmaterial der Periode 1 erbrachten. Überschneidungen mit Befunden der nächstfolgenden Periode 3 ergaben sich an folgenden Stellen: der Graben *422* lag unter der Mauer *510* und unter dem Treppenturm *401* der Periode 3; beide Gräben lagen unter der Schicht *421*, dem untersten Laufboden des Innenhofs der Periode 3. Der Verlauf der beiden Gräben jenseits der Westmauer von Haus Witten wurde bei der Abtiefung des Niveaus beim Bau der Fabrikanlagen (Periode 6) zerstört. Die Fußböden lagen dort ca. 70 cm unter der Unterkante der Gräben.

Der äußere Graben *658*, der als Einsatzgraben für einen Flechtzaun diente, verlief von Nordwest nach Südost durch

---

84   GÜNTHER 1983, 26 ff. – BIELENIN 1977, 127 ff. - Eine ganz andere Art der kaiserzeitlichen Eisenproduktion wurde z.B. im polnischen Heiligkreuzgebirge (Swietokryskie-Gebirge) betrieben. Ganze Serien von mehr als 4000 Rennöfen nebeneinander zeugen von einer fabrikmäßigen Massenproduktion: ebd. 135 ff.
85   Spätmittelalter: 14.-15. Jahrhundert; Frühe Neuzeit: 1500-1789.

86   *Fd. Nr. 419*, die während der Ausgrabung irrtümlich der Schicht *664* zugeordnet wurde, enthielt ein Bruchstück Steinzeug mit rotbrauner Lehmglasur, ein Randbruchstück weißer Irdenware mit gelber Glasur und ein Stück Fensterglas des 16. Jahrhunderts.

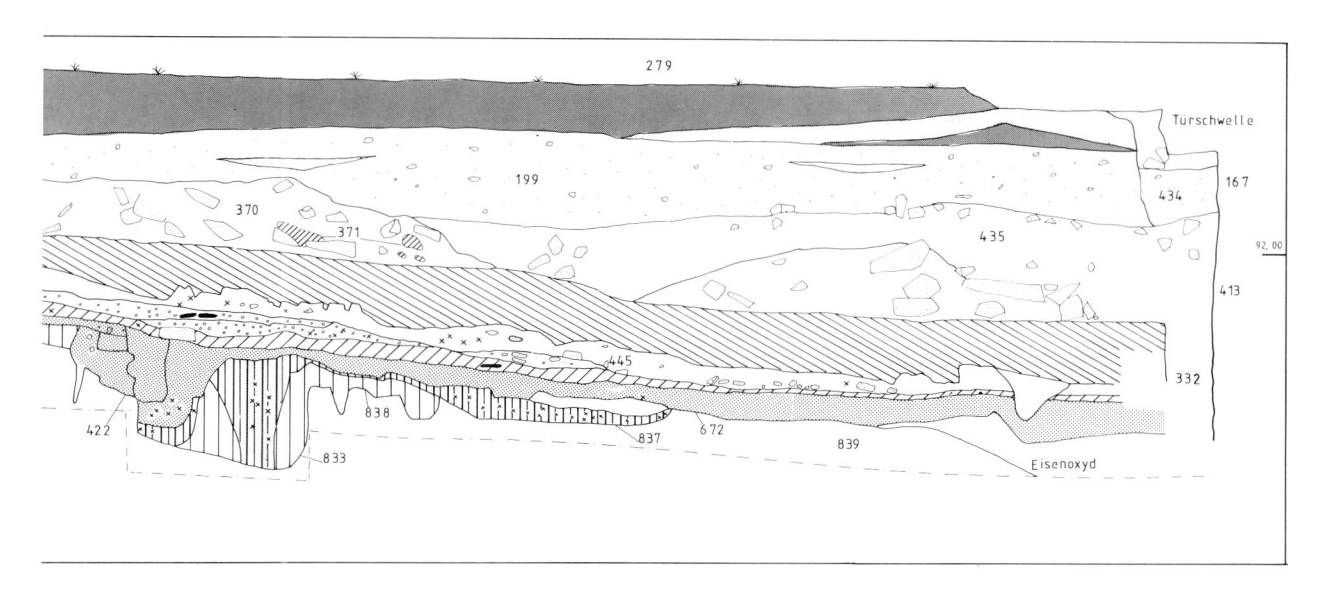

den Innenhof und knickte bei r 55 m, h 31 m (Grabungskoordinaten) nach Südwesten ab. Im Westflügel war er durch die jüngere Mauer 475 (Periode 5) zerstört. Nach Süden schnitt ihn die Baugrube 732 der Mauer 413, so daß sich die südliche Ausdehnung nicht feststellen ließ. Im Westen war der Befund durch Industriebauten (Periode 6) ebenfalls zerstört.

Die Rekonstruktion als Einsatzgraben für einen Flechtzaun ergab sich aus der Beobachtung einer dunklen, 5 bis10 cm starken, wellenförmigen Verfärbung in der Grabenmitte (Taf. 8,1). An einigen Stellen waren noch die runden Verfärbungen der senkrechten Staken zu sehen.[87] In unregelmäßigen Abständen (2 bis 5,6 m) waren in den Graben Pfosten eingesetzt, die nach ihrer Lage an den Eck- und Endpunkten zur Stabilisierung dienten (Beil. 2, 659, 671, 740, 731). Eine 1 m breite Lücke im Flechtzaun, wahrscheinlich ein Durchgang, wurde zwischen Pfosten 659 und 671 festgestellt. Die Sohle des Grabens fiel in Ost-West-Richtung von 91,67 auf 90,94 m ü.NN.

Der innere Graben 422 verlief im Abstand von 2,2 m parallel zu 658 und folgte auch dem Knick an der Nordostecke. Wie bei dem äußeren, wurden auch bei dem inneren Graben eingelassene Pfosten beobachtet (Beil. 2, 453, 662, 792, 783). Zwischen Pfosten 453 und 662 befand sich offenbar ein weiterer Durchgang, der um 3,5 m nach Westen versetzt war. Wie bei Graben 658 wurde auch bei 422 die Spur eines Flechtzauns als feiner, braungrauer Streifen festgestellt. In der Mitte des Grabens zeigten sich ferner sehr feinkörnige, graue, tonige Linsen, kleine Holzreste (Abb. 28, 422) und Holzkohleflitter. Die Unterkante des Grabens 422 fiel von Osten nach Westen von 90,93 auf 90,63 m ü.NN ab.

Beide Zäune bestanden gleichzeitig. So schloß an den Befund 658 nach Süden eine 10 bis 30 cm starke Schicht aus grauem, mit Schluff durchsetztem Sandlehm an, die nach unten von einem dünnen Eisenoxydband begrenzt war (Abb. 28, 672). Diese Schicht lag über den Befunden der Periode 1 (Abb. 28, 837-839) und unter der Schicht 421, welche bereits der Periode 3 angehört. Sie stellte vermutlich den Laufboden dieser Zeit dar. Das nördliche Ende von 672 überlappte den Graben 422 bis zur Verfärbung des ehemaligen Flechtzauns. Im Westflügel wurde ein ähnlicher Befund unter der Nummer 572 erfaßt. In diesem Bereich befanden sich halbmondförmige Verfärbungen (L. 10-15 cm), die als Spuren von Spatenstichen gedeutet werden können.[88] Sowohl die Schicht 672 als auch 572 wurden im Verlauf der Ausgrabung erst bei der Auswertung der Zeichnungen erkannt und in der Flächengrabung zunächst nicht als Bestandteile der Periode 2 bemerkt.

Auf alten Darstellungen und im archäologischen Kontext erscheinen Flechtzäune als Einfriedung von Grundstücken sowie Hof- und Dorfanlagen des Mittelalters und der Neuzeit; sie dienten der Abgrenzung des Grundstücks zu den Nachbarn, verhinderten das Weglaufen des Viehs und boten sicherlich auch einen gewissen Schutz nach außen. Alle diese Beispiele finden sich allerdings eher im landwirtschaftlich-handwerklichen Umfeld.[89] Im Burgenbau wurden Flechtkonstruktionen dagegen vielfach als zusätzliche Unterkonstruktion zur Befestigung des Baugrunds im moorigen Gelände eingesetzt.[90] Dies war allerdings in

---

87 Vgl. REICHMANN 1984, 81 mit Anm. 30.

88 Vgl. Befund in Lübeck, Schüsselbuden 8: DUMITRYHE u.a. 1987, Taf. 69,2.

89 Ebd. 81. – BRÜNING 1932. – KOSCHORRECK 1976, 112 Nr. 120; 124 Nr. 135. – KASPAR 1985, 137 f.

90 z.B. Bedburg Alt-Königshoven, Erftkreis, Bonner Jahrb. 190, 1990, 502 f. – PIEPERS 1987, 247 mit Anm. 28. – WEGNER 1991, Abb. 14.

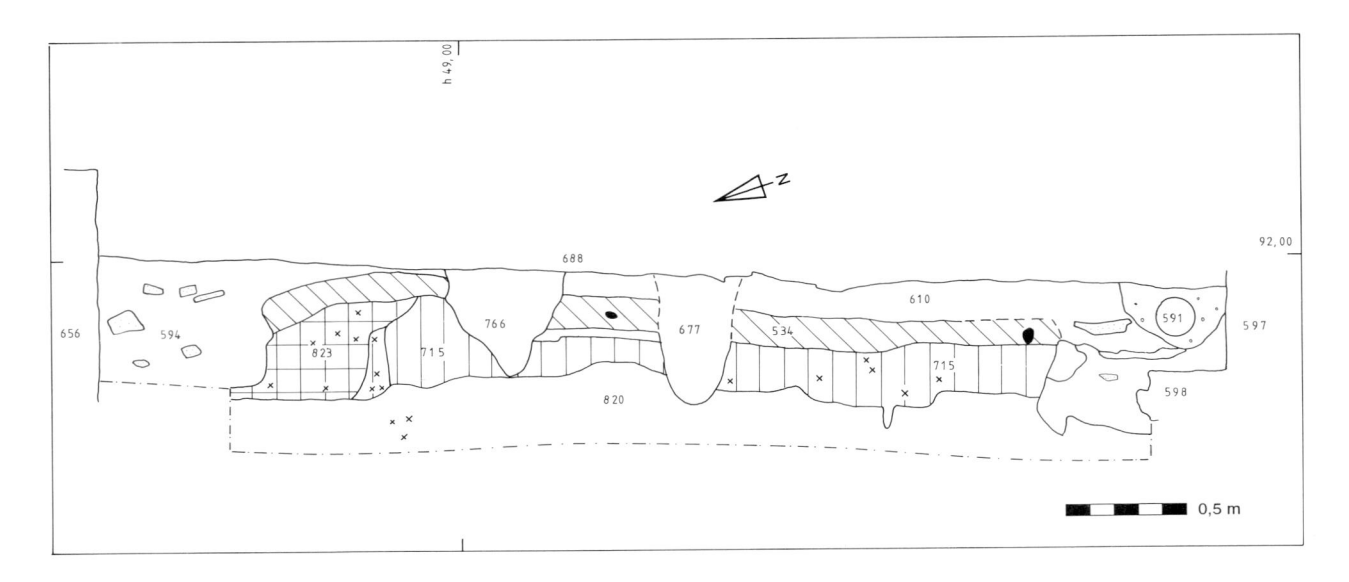

Abb. 29   Untersuchungsgebiet 3, Abschnitt c/3, Ostprofil.

Witten nicht notwendig; selbst der Lehmuntergrund war hier sehr fest und bedurfte keiner besonderen Unterkonstruktion aus Holz oder Flechtwerk. Als eigentliche Befestigung waren Flechtzäune im Burgenbau nicht üblich. Somit tendiert der Befund der Periode 2 mehr in den landwirtschaftlich-handwerklichen Bereich als in den Burgenbau. Auch die im Befund *572* festgestellten Spateneinstiche weisen auf eine derartige Nutzung hin.

Das umhegte Zentrum lag dem Verlauf der Zäune zufolge im Bereich der späteren Kellerräume *6* und *7* (Abb. 19 X). Über die Form der Innenbebauung kann jedoch nur spekuliert werden. In dem Befundplan der Periode 2 (Beil. 2) wurde an dieser Stelle, unter der Annahme einer Kontinuität, der Grundriß des Wohnturms über dem Keller X (Periode 3) eingetragen. Wegen der unterschiedlichen Orientierung des Kellers X und der Zaungräben liegt eine unmittelbare Entwicklung aus der Periode 2 sicher nicht vor. Es besteht darüber hinaus auch die Möglichkeit, daß während der Periode 2 innerhalb der Zäune überhaupt kein Gebäude gestanden hat.

Nebengebäude

In der Nordostecke der Burg sind die Reste eines Pfostengebäudes mit einer Breite von 6 m und einer Länge von mindestens 13 m freigelegt worden (Beil. 2, *822-824, 828, 829, 831, 860?*). Aufgrund der Stratigraphie, der Ausrichtung sowie der Bauweise gehört es möglicherweise der Periode 2 an.

An der Nordseite der Burg wurden während der Ausgrabung zwei Pfostengruben (Beil. 2, *822, 824*) mit Spuren des herausgezogenen Pfostens freigelegt und eine weitere Pfostengrube wurde bei der späteren Auswertung der Zeichnungen festgestellt. Eine vierte Grube könnte sich unter dem stehengelassenen Profilsteg befunden haben. Die Abstände betrugen 1,5 bis 2 m. Zwischen den Pfosten verlief ein 40 cm breites und 40 cm tiefes Gräbchen. Spuren einer Flechtwand wurden nicht entdeckt. Der weitere Verlauf des Befundes nach beiden Seiten hin ist unklar. Im Westen störte die Baugrube *554*. Nach Osten hin fand sich in der Verlängerung des Wandgrabens keine weitere Spur. Die Stratigraphie verdeutlicht der Profilschnitt (Abb. 29): der Graben schneidet die Schicht *715* (Periode 1); er wird überdeckt von dem Fußboden *534* (Periode 4). Befunde der Periode 3 waren in diesem Bereich nicht erhalten.

Die Südwand bestand ebenfalls aus einer Pfostenreihe mit einem dazwischenliegenden Wandgräbchen. Die zugehörigen Befunde wurden ca. 1 m südlich der Südmauer des Nordflügels unter einer Fundschicht der Periode 3 freigelegt (Beil. 2, *828*). Das Wandgräbchen war in einer Länge von 5,5 m unter dem Innenhof der Bauperiode 3 als braune Verfärbung im gewachsenen Lehmboden *832* erkennbar. Die Unterkante stieg – im Gegensatz zu dem anderen Gräbchen – nach Osten hin von 91,43 auf 91,77 m ü.NN an (Abb. 30). Die Pfostengruben lagen zum Teil in der Flucht des Gräbchens (Beil. 2, *829, 860?*), zum Teil südlich davor (Beil. 2, *830, 831*). Bei sämtlichen Pfosten wurde eine vierkantige Pfostenspur erkannt. Die Zuweisung der Grube *860* zu diesem System ist hypothetisch, da der Schichtverband in diesem Abschnitt durch einen Rohrgraben gestört war.

Ebenfalls unsicher ist die Zuweisung einer Gruppe von kleineren Pfählen zur Periode 2, die um die mit Steinschutt

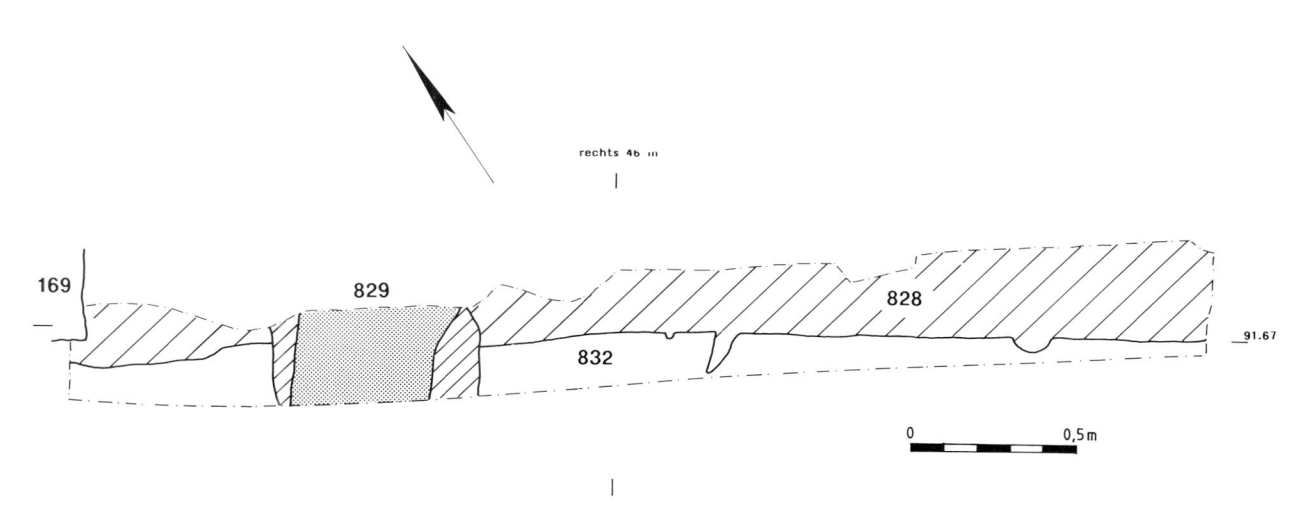

Abb. 30   Längsschnitt durch den Graben 828.

gefüllte Grube *721* herum lagen (Beil. 2, *710, 711, 719, 720, 817, 818).* Die im Durchmesser 8 bis 10 cm breiten, rundstabigen, teilweise angespitzten Pfähle, trennten möglicherweise einen Verschlag oder einen Stall innerhalb des Gebäudes ab.

Eine Rekonstruktion des Gebäudes ist wegen der spärlichen Anhaltspunkte nicht möglich. Die Tatsache, daß eine Pfostenbauweise vorliegt, sei aber besonders vermerkt, da es sich um eine für die Zeit (15. Jahrhundert) altertümliche und wenig haltbare Bauform handelte.[91]

Periode 2, jüngere Bautätigkeit

Anzeichen für eine jüngere Bauphase in der Periode 2 ergaben sich aus der Überschneidung des Grabens *658* mit einem zweiten Gräbchen *(588),* das – nach der leider etwas unklaren Überschneidungsstelle – jünger als *658* sein dürfte. Das ca. 20 cm breite Gräbchen (Beil. 2, *588;* Taf. 8,2) beginnt im Westflügel beim Pfosten *606.* Nach 5,4 m in südöstliche Richtung, wobei es unter der Ostmauer des späteren Westflügels durchzieht, knickt das Gräbchen nach Südwesten ab, schneidet den Graben *658,* wird nach einigen Metern von dem runden Treppenturmfundament der Periode 3 unterbrochen und endet dann an der Baugrube des Pfostens *453* (Taf. 8,2). Danach wurde das Gräbchen in der südöstlichen Verlängerung nicht mehr eindeutig festgestellt; ob eine vage Verfärbung im Inneren des zweiten Treppenturms *402* als solche gelten kann, bleibt unklar. Ein Abknicken in nordöstliche Richtung kommt nicht in Betracht. In diesem Verlauf befinden

sich zwei Pfostenlöcher: *557* und *599*[92] in gleicher stratigraphischer Lage. Sie bilden eine nordost-südwestliche Flucht, die in einem Abstand von ungefähr 3 m zum Gräbchen *588* parallel verläuft. Die übrigen Einsatzgräben *(422, 658)* sind etwas anders orientiert; sie sind stärker nach Südsüdwest geneigt, so daß es denkbar wäre, daß die beiden Pfosten zusammen mit dem Wandgraben *588* eine jüngere Phase innerhalb der Periode 2 darstellen. Die Funktion dieser Befunde ist aufgrund von Störungen, die beim Bau der breiten Innenwand *475* der Periode 5 entstanden waren, nicht mehr sicher zu rekonstruieren. Bei dem Gräbchen kann an einen Graben für eine leichte Wand gedacht werden; eine stärkere aufgehende Konstruktion, wie sie z.B. für ein größeres Gebäude erforderlich wäre, ist wegen der fehlenden zusätzlichen Bauelemente (z.B. Grundschwellen, Unterlegsteine) nicht zu erschließen.

Datierung

Zur Datierung der Periode standen nur einige wenige Gefäßscherben aus den Gräben und den Pfostengruben zur Verfügung. Da sich an den älteren Gräben *422* und *658* keine Ausbruchspuren fanden, war davon auszugehen, daß das Fundmaterial hieraus bei der Anlage der Zäune in den Boden gelangt war. Die wenigen Scherben grauer Irdenware aus *422* und *658* ließen sich allerdings weder zeitlich noch typologisch näher im Zeitabschnitt Mittelalter/ frühe Neuzeit bestimmen.[93] Auch eine negative Aus-

---

91   REICHMANN 1984, 92 ff.

92   In der Pfostengrube befanden sich Eierschalen. Zu Eiern als Bauopfer s. BAHNSCHULTE 1961. – Als Hexenmittel: SPRENGER/ INSTITORIS 1982, Teil 2, 127. – Handwörterbuch des Deutschen Aberglaubens 2 (1929/30) 617 f. (BÄCHTOLD-STÄUBLI).

93   Graben *422 - Fd. Nr. 234*: Eisen, Tierknochen. *Fd. Nr. 266;* Graue

sage, das Fehlen von Steinzeug des Typs „Jakobakanne" etwa, war bei der geringen Fundanzahl nicht zulässig.[94] Die Tatsache, daß überhaupt mittelalterliche Funde auftraten, zeigte aber immerhin, daß bereits vor der Anlage der Zaungräben die Stelle besiedelt war.

Die Keramik aus der Ausbruchgrube des Pfostens *671* stellte Fundmaterial aus der Zeit der Periode 2 dar und hätte zur Bestimmung des Zeitpunktes der Aufgabe der Zaunanlage dienen können, wenn eine typologische Bestimmung möglich gewesen wäre. Dies war ebenfalls nicht der Fall.[95]

Zur Datierung der Periode bleibt dann noch das Verhältnis zu der diese Zeit betreffenden urkundlichen Überlieferung zu untersuchen. Nach den Keramikfunden aus den beiden Gräben *422* und *658* sprach nichts dagegen, den Beginn der Periode 2 noch vor der überlieferten Gründung des Herrensitzes (1489) durch Rötger von Witten anzusetzen. Damit könnten die Befunde der Periode 2 in die Zeit der ältesten Erwähnung (1479) des „gude gna(n)t uppen berge"[96] gehören, könnten aber auch noch älter sein.

Aufgrund der Keramikfunde aus dem jüngeren Wandgraben *588* ist weiterhin nicht auszuschließen, daß Bestandteile des älteren Gutshofs noch in der Gründungsphase (1489) des Herrensitzes unter Rötger von Witten weitergenutzt wurden. Leider sind auch diese Funde ohne Eigenschaften, die eine genauere zeitliche oder typologische Ansprache erlauben würden. Im Gegensatz zu dem Inhalt der beiden älteren Gräben *422* und *658* fällt aber dennoch in dem Inventar von *588* das Vorkommen von Scherben mit fleckiger Bleiglasur und das Auftreten von voll entwickeltem Steinzeug auf. Daraus ergibt sich für die Verfüllung des Wandgrabens *588* ein Zeitansatz von frühestens Anfang des 16. Jahrhunderts.[97]

Irdenware, *Fd. Nr. 476*: Wandbruchstück glasierte Irdenware. - Graben 658 - *Fd. Nr. 463*; graue Irdenware, 2 Wandbruchstücke dünner grauweißer Scherben mit heraustretender Sandmagerung. Scherben wie: SOMMER 1987, 262 Nr. 7 (Neuss, Mitte 13. Jahrhundert). *Fd. Nr. 472*; graue Irdenware, Scherben wie *Fd. Nr. 463*; glasierte Irdenware, Wandbruchstück; Glas, Eisen Knochen. *Fd. Nr. 477*; prähistorische Irdenware *Fd. Nr. 482*; Randbruchstück graue Irdenware; Wandbruchstück weiße Irdenware, gelb glasiert, craqueliert; Eisen; Tierknochen. *Fd. Nr. 620*; Bodenbruchstück graue Irdenware mit Wellenfuß; vgl. PEINE 1988, 152 (Form 45); in Verbindung mit grauer Irdenware: SOMMER 1987, Taf. 69, 15-16 (Mitte 13. Jahrhunderts).

94 s. Beitrag B. DAHMEN.
95 *Fd. Nr. 632*: Steinzeug, Köln/Frechen, braun .
96 KRÄTZIG 1989, 135 ff.
97 s. Katalog der Befunde *Bef. Nr. 588, Fd. Nr. 429, 433, 478, 480, 496*.

Periode 3
(Beil. 3a; 3b)

Die Entwicklung des Herrensitzes in dem folgenden, etwa 100 Jahre umfassenden Zeitabschnitt, in dem für die meiste Zeit die Familie von Brembt auf Haus Witten herrschte,[98] vollzieht sich in drei Stufen. Am Beginn steht das in der Periode 3 neu errichtete Herrenhaus (Palas), neben dem vielleicht bereits bestehenden Wohnturm in der Südwestecke des Geländes. Die Wirtschaftsgebäude gruppierten sich zunächst offen im Vorbereich. Nach einigen Jahren erschien es dann erforderlich, einen Turm an die Westseite zu setzen; er wurde nur provisorisch ausgeführt und erhielt auch später keine besondere Festigkeit. Am Ende der Periode war die Befestigung zu einem geschlossenen System verstärkt worden.

Die Orientierung der Gebäude fächert sich bereits in die drei Symmetrieachsen auf, die im Verlauf der weiteren Geschichte den Grundriß von Haus Witten bestimmen: der Nordflügel nach Nordwest-Südost, der Westflügel nach Nordnordost-Südsüdwest, der Ost- und Südflügel nach Nord-Süd bzw. Ost-West.

Ausgrabungstechnisch ergab sich die gleiche Schwierigkeit wie in der vorausgegangenen Periode, nämlich die fragmentarischen Befunde im Fundament des Südflügels und im Kellerbereich, unter dem sich die Hauptgebäude der Anlage befanden, mit den stratigraphisch gesicherten Befunden im Innenhofbereich und im West- und Nordflügel zu verknüpfen, denn durch den späteren umfassenden Umbau der Burg zu einer Schloßanlage in der Periode 5 sind die Schichtanschlüsse zum Zentralbereich durch die Baugruben der ungefähr an gleicher Stelle errichteten Neubauten gestört worden.

Wohnturm

An der Stelle des in der vorherigen Bauperiode innerhalb der doppelten Umzäunung vermuteten Gebäudes in der Südwestecke von Haus Witten konnten nun einige Befunde nachgewiesen werden. Es handelt sich hierbei um einen Keller mit annähernd quadratischem Grundriß von ca. 11 x 11 m lichter Weite (Beil. 3a, *906, 911, 1069, 309, 893*). Den Abmessungen und dem quadratischen Grundriß zufolge könnte es sich um ein Gebäude vom Typ „Wohnturm" gehandelt haben. Dieser Gebäudetyp bildete seit dem 12. Jahrhundert häufig die Keimzelle kleinerer Adelssitze, z.B. von Wasserburgen in Niederungen, war aber auch auf dem flachen Land anzutreffen.[99] Für die Hanglage, wie in Witten der Fall, ist derzeit allerdings noch keine Parallele bekannt.

---

98 SOBOTKA 1991, 28 f.
99 UNTERMANN 1987, 322 mit Anm. 83 u. 84.

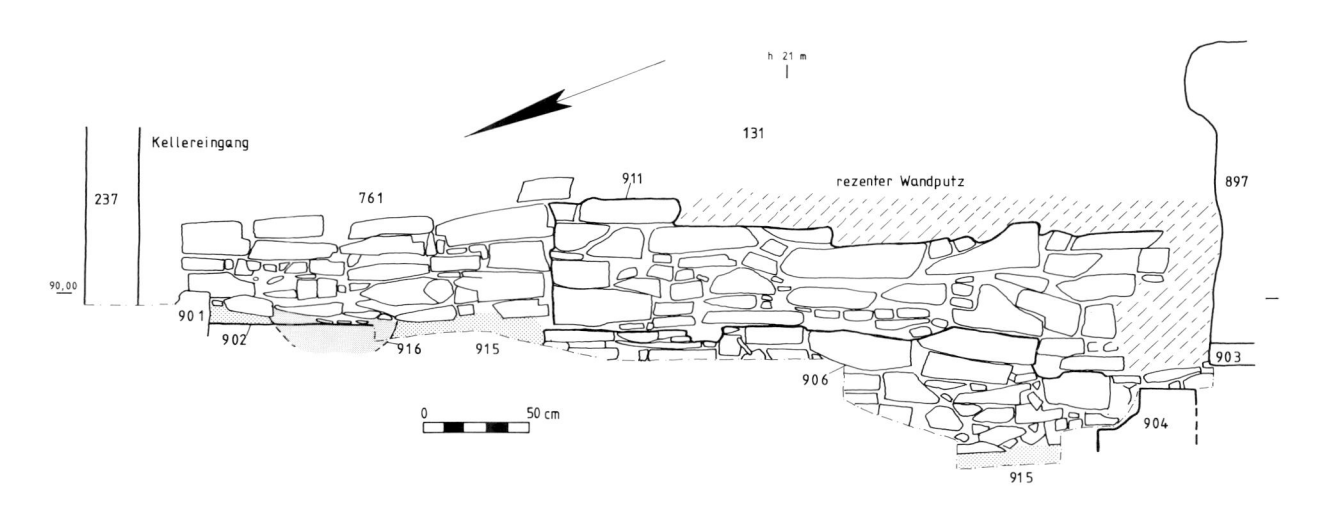

Abb. 31   Fundament des Wohnturms von Westen.

Reste des Gebäudes – im folgenden als Wohnturm bezeichnet – wurden im Südwesten von Haus Witten im Fundament der späteren Palaserweiterung (Bauperiode 5) freigelegt. Der älteste Befund im Profil der Westmauer (Abb. 31) war das in einer Höhe von bis zu 60 cm erhaltene Fundament *906* und ein Stück des Aufgehenden *911*. Beide Befunde bestanden aus Sandstein, der in den Lehm mit etwas Kalkzusatz gesetzt war. Der Verband war sehr ungleichmäßig, mit unregelmäßigen, nach oben enger werdenden Abtreppungen. Die Unterkante von Fundament *906* lag bei 89,20 m ü.NN. Im Kellerraum *7* entsprach der Mauer *906/911* der Befund *893*, der hinter dem Auflager des in einer späteren Bauperiode eingezogenen Tonnengewölbes *(892)* in einem Wanddurchbruch sichtbar war (Abb. 26). Daraus ergab sich eine Mauerbreite von 1,4 m.

Im Südprofil war ebenfalls das Fundament des Gebäudes über die gesamte Länge erhalten: *1069* (Taf. 9). Die Mauer glich in Beschaffenheit, Mauertechnik und dem Niveau der Fundamenttiefe dem Befund auf der Westseite. Die Abtreppungen waren hier besonders stark ausgebildet und die Mauer war dementsprechend dicker. Innerhalb des Kellers korrespondierte mit dem Befund auf der Außenseite das Mauerstück *309*.

Der Verlauf der Ostwand ergab sich aus der Ecke, die der Befund *1069* am östlichen Ende ausbildete. Die Flucht der Nordwand war durch die Ecke, die der Befund *906/911* am nördlichen Ende gegenüber dem angesetzten jüngeren Maueransatz *761* bildete, gegeben.

Die relative Datierung in die Periode 3 resultierte aus der Gliederung des Profils (Abb. 31): An die Mauer *911* sieß der jüngere Befund *761* an, der der Periode 4 zugeordnet wurde. Im Keller ergab sich die gleiche Situation: Das Mauerstück *309* lag unter bzw. hinter den Auflagern des Tonnengewölbes *321*, *322* und *892*, welches in der Bauperiode 5 eingesetzt wurde. Das stratigraphische Verhältnis zur Bauperiode 2 konnte dagegen nicht geklärt werden, da Überschneidungen mit den Zaungräben *658* und *422* nicht bestanden (vgl. Beil. 2).

Die Mauern 1025 und 1026

Unter der 1985 gegossenen Betonplatte, zwischen der jüngeren Kellermauer *376* und der Nordwand der Palaserweiterung *(413)*, wurde ein weiterer Befund freigelegt, der aufgrund der Bauweise und stratigraphischen Überschneidungen der Bauperiode 3 zugeordnet werden konnte (Beil. 3a, *1025*, *1026*). In einer Höhe um 91,60 m ü.NN (Unterkante um 90,87 m ü.NN) zeigte sich die Mauerecke *1025/1026* aus Sandsteinbruchstücken in einem lehmigen mit etwas Kalk zugesetzten Mörtel. Diese Ecke wurde im Norden abgeschnitten durch die Baugrube *1021*, der späteren Erweiterung der Palasnordwand *413*, im Süden durch die Baugrube der Kellerwand *376* und im Westen durch den Wasserkanal *1031/1030*, der in der Nordwand der Palaserneuerung (Bauperiode 5) eine eingearbeitete Austrittsöffnung besitzt und mit dieser gleichzeitig ist. Nach dem Kanal brach die Mauer *1026* mit dem quer dazu liegenden Kellerhals *1032/1033* (= *314*) ab. Der Kellereingang führte auf die Schwelle *273* zum Innenhof der Periode 4, dessen Steinbelag deutlich an diese Schwelle heranzog. Somit war die Mauer älter als die Periode 4. Da sich der Befund unter dem Pflaster der Periode 4 *(254)* nicht fortsetzte, war davon auszugehen, daß die Mauer *1025* an

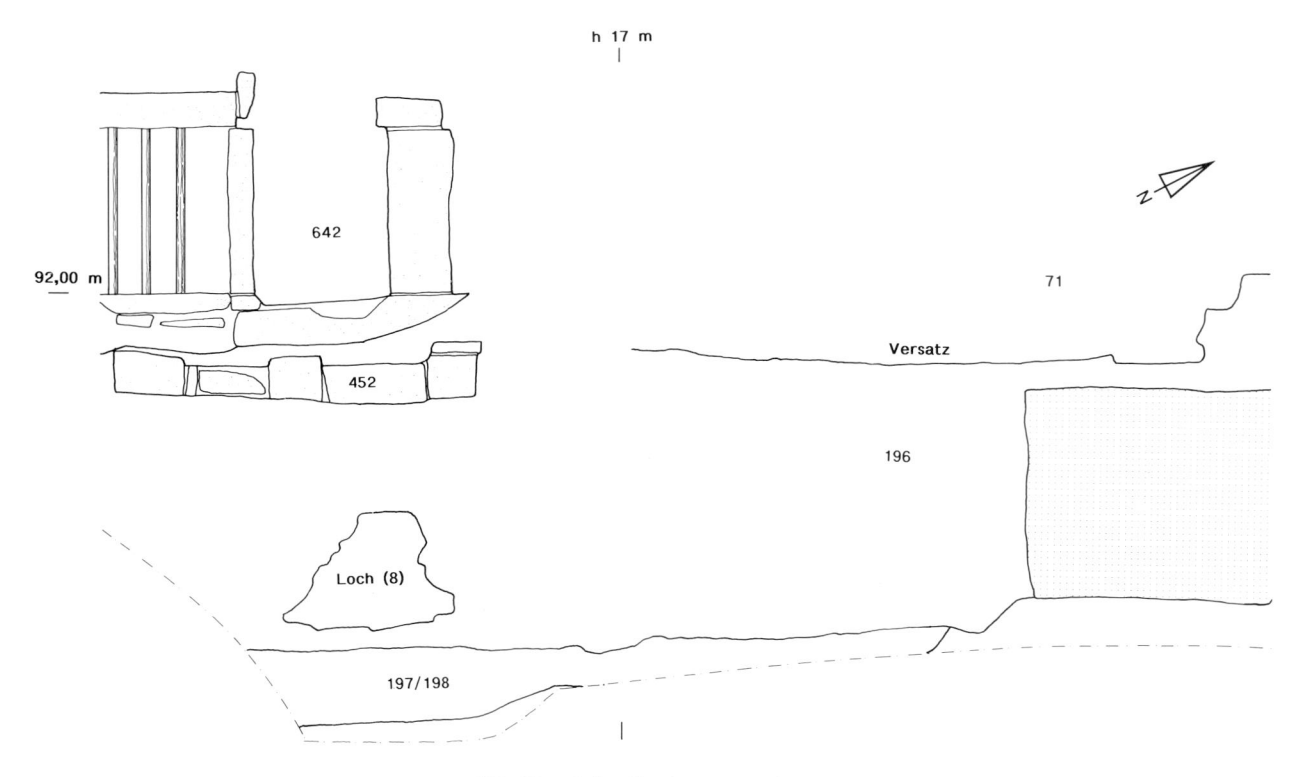

Abb. 32   Palas, Fundament von Osten. ▶

an der Stelle, wo später die Erweiterung der Palaswand errichtet wurde, nach Westen abknickte. Unter dieser Voraussetzung erschloß sich an dieser Stelle ein rechteckiges, schwaches Fundament von ca. 2,5 x mindestens 3,5 m. Im Zentrum des Mauerrechtecks befand sich eine runde Grube *(1065, 1067)* mit einem Durchmesser von 1 m und einer Tiefe von mehr als 30 cm (Taf. 10,1). Die konzentrischen Verfüllungen bestanden aus dunkelbraunem Lehm, gefleckt mit Holzkohle, verziegeltem Lehm, Steinschutt und Dachziegeln sowie sehr vielen Keramikscherben.[100] Beim Tiefergehen zeigte sich eine braune, kreisrunde Verfärbung aus verwitterten Holzfasern. Der obere Rand war mit senkrecht stehenden Steinen abgesetzt; als Abdeckung dienten Sandsteinplatten. Eine Funktionszuweisung ist bislang nicht möglich.

Palas

Das Repräsentationsgebäude von Haus Witten, der Palas, ist in einigen Teilen noch obertägig sichtbar.[101] Die östliche Stirnwand steht bis auf den Giebel sowie die ganze Nordostecke, die im südlichen Zimmer des Ostflügels hinter

---

100   Kat. Nr. 93, 117, 187, 188, 204,.
101   s.o. S. 26 ff.

dem Wandverputz freigelegt wurde (Abb. 20). Das Fundament der Südwest- bzw. Nordwestecke des Gebäudes wurde im Innenhof und in dem schmalen Abschnitt zwischen Haus Witten und Bahndamm festgestellt (Taf. 10,2). Die Abmessungen betrugen nach den ergrabenen Befunden 17,6 m x 13 m lichter Weite, wodurch das Verhältnis von Breite zu Länge merkwürdig unproportioniert wirkt.

Das Fundament der östlichen Giebelwand wurde auf dem gewachsenen Fels errichtet, der an dieser Stelle aus Sandstein und Kohleflöz besteht. Spalten im Felsuntergrund wurden durch eine Stickung aus Sandsteinbruchstücken, denen etwas sandiger Kalkmörtel beigegeben war, ausgeglichen (Abb. 32). Während des Aufbaus wurde die Orientierung der Ostwand einmal geringfügig korrigiert, was im Bereich der Nordostecke zu einem Versprung von 15 cm nach innen führte. Der Versatz wurde mit schmalen, eng aufeinandergeschichteten Sandsteinstücken und einzelnen großen Platten (1,05 x 0,5 m; 1,1 x 0,86 m) verblendet, so daß ein einheitliches Sichtmauerwerk entstand (Abb. 32, *17*)

Die Südmauer war ebenfalls bis in den Fundamentbereich als Sichtmauerwerk gestaltet. An der Sohle des Fundamentes befanden sich Austrittsöffnungen von in der Wand ausgesparten Abwasserschächten (Beil. 3a, *808, 1062, 1063*).

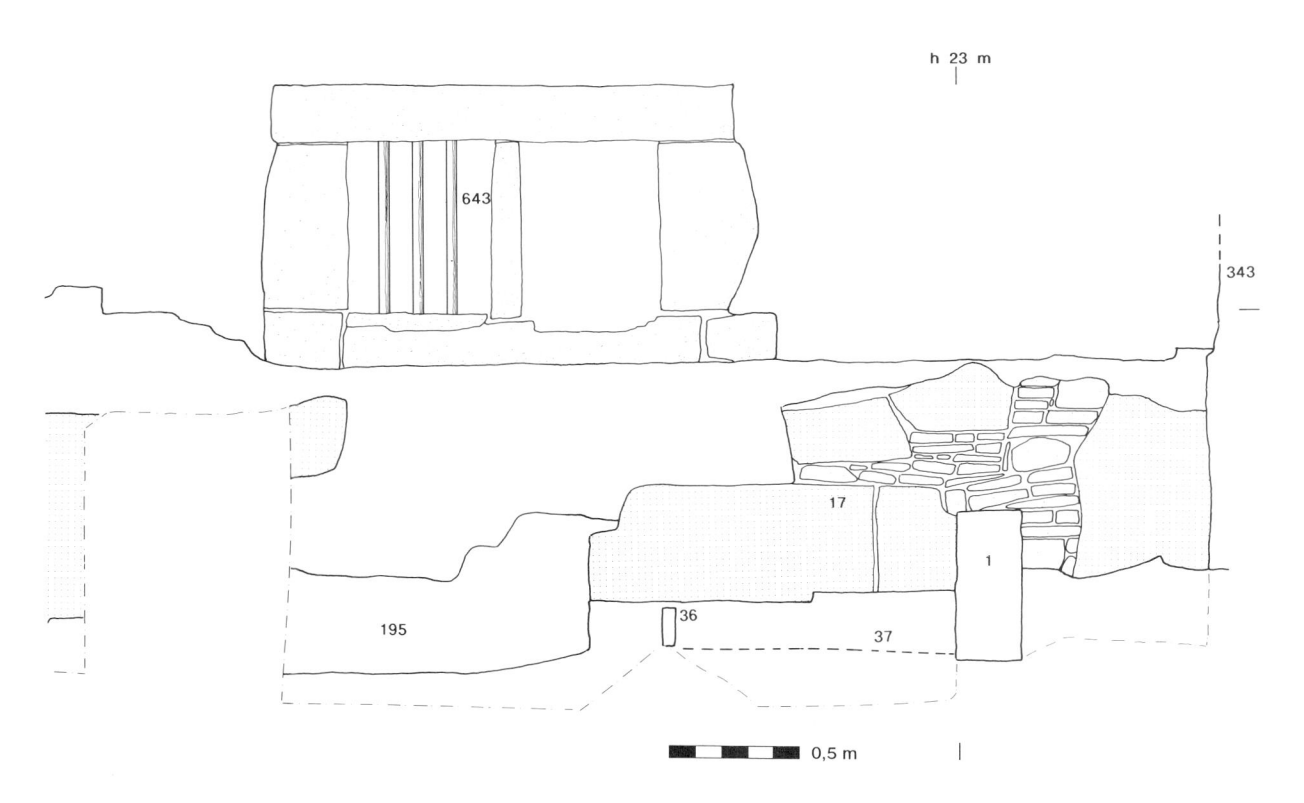

Die Kleinfunde aus der Einfüllung von *808*, darunter auch Schlacken und Kohle, weisen auf eine Benutzung bis in das 18./Mitte 19. Jahrhundert hin.[102] Wie im Fundament der östlichen Giebelwand (vgl. Abb. 32, *197, 198),* trat auch hier stellenweise eine Stickung aus Sandsteinbruchstücken in Mörtel auf (Beil. 3a, *810a).*

Der Verlauf der westlichen Giebelwand des Palas war durch die Verbindungslinie zwischen der im Innenhof freigelegten Nordwestecke *728* und dem ältesten Befund in der Südwestecke *(810a)* gegeben. Im Keller deckte sich diese Linie ungefähr mit dem Befund *298,* der die Trennwand zwischen den Räumen *3/4* und *5* bildete. In *298* dürfte das ursprüngliche Fundament der Giebelwand vorliegen. Diese mit 1,7 m sehr breite Mauer trug nicht den Charakter eines Sichtmauerwerks. Vor allem waren es einige stark vorspringende Sandsteine, die darauf hinwiesen, daß dieses jetzt im Keller offenliegende Stück ursprünglich als unterirdisches Fundament konzipiert war. Auch der Durchgang zwischen den Kellerräumen *4* und *5* schien den Meißelspuren an den Kanten zufolge nachträglich durchbrochen worden zu sein. *298* lief durch die Südwand des Kellers *5,* die später dagegengesetzt worden war *(293, 294).* Der Austritt von Mauer *298* wurde im Abschnitt f unter Befund *810* erfaßt. *810* ragte einige Zentimeter aus der Südmauer heraus und war danach abgeschlagen (Taf. 10,2). Wider Erwarten bildete sich der Befund an dieser Stelle nicht zu einer Ecksituation aus. Die westliche Giebelwand hatte somit eine Fortsetzung über die eigentliche Breite des Palas hinaus besessen. Das Aufgehende dürfte im Kern der jetzt noch erhaltenen Mauer zwischen Palas und Palaserweiterung (Abb. 6, *59)* enthalten sein.

Die Nordwestecke wurde im Befund *728* bei den Ausgrabungen im Innenhof erfaßt. Das Fundament war ca. 10 cm gegenüber dem Aufgehenden nach Norden vorgezogen; vom Aufgehenden hatte sich nur ein kurzes Stück von 1,2 m bis zum rezenten Betonboden, welcher den gesamten Südtrakt abdeckte, erhalten. Auf einem um 1930 aufgenommenen Foto war die ehemalige Palasecke jedoch deutlich als vertikale Fuge unmittelbar östlich des Südeingangs sichtbar.[103] Die Baugrube *718* war vom Niveau des gelben Lehmbodens *716* (91,41 m ü.NN) aus 60 cm eingetieft worden, so daß die Unterkante auf dem gewachsenen Felsboden aufsaß.

Der Anschluß an die Stratigraphie des Innenhofs war nur bei dem Befund *728* gegeben: Die Baugrube schnitt den Pfosten *731* der Bauperiode 2, und die Kulturschichten *716, 717* und *725.* Sie wurde überdeckt von der Planierschicht *448,* welche als Stickung des Innenhofpflasters *254* (Bauperiode 4) diente, und *708,* dem Laufboden der Periode 3 (Abb. 33).

---

102 Weiße Irdenware, bemalt, Pfeife, Steingut, Glas, Knochen; *Fd. Nr. 594.*

103 SOBOTKA 1991, 94 Abb. 128.

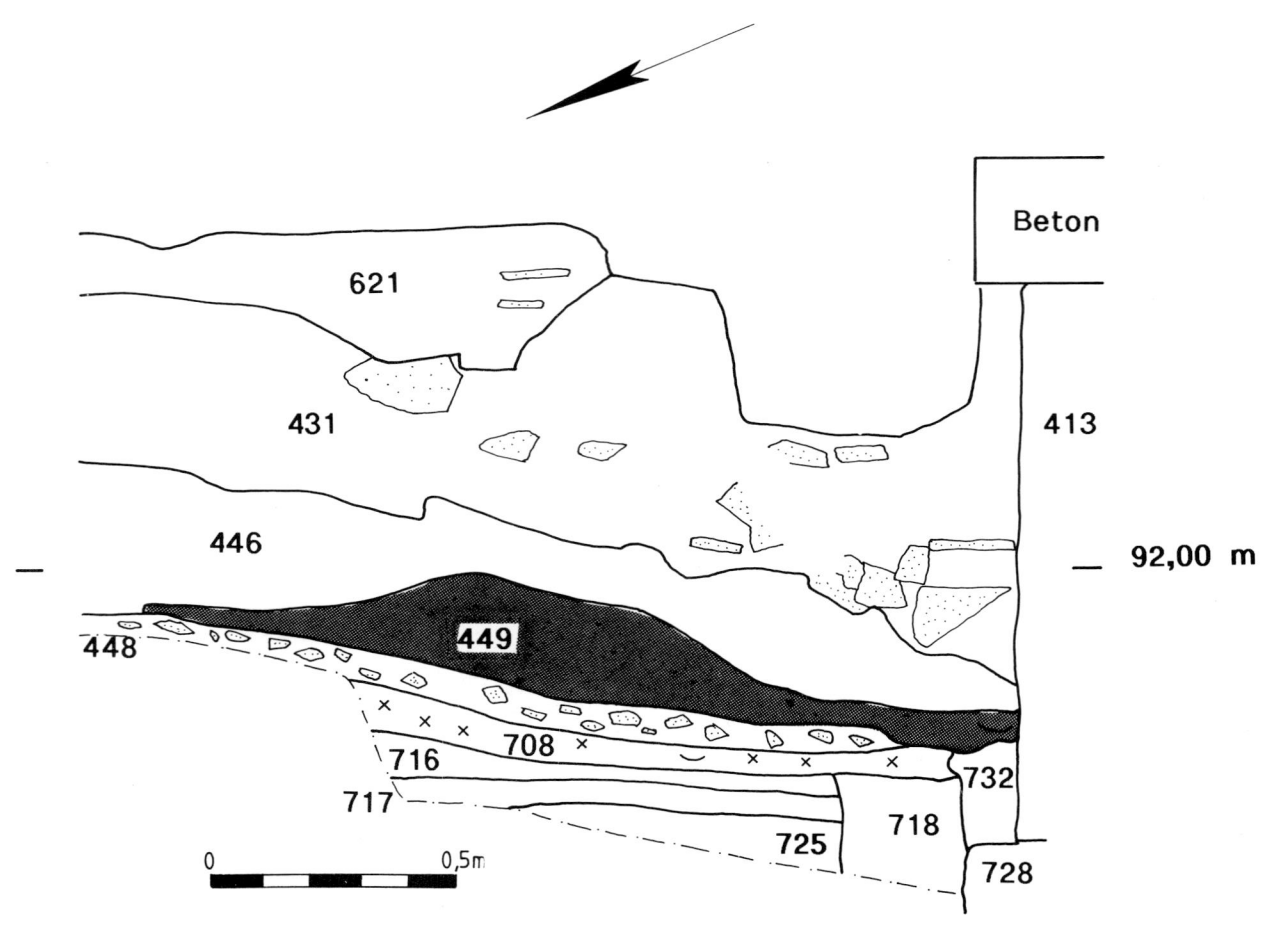

Abb. 33   Innenhof, Profil an den Palas.

Auch der vorliegende Keller gehörte in seinen wesentlichen Elementen zum ältesten Bestand des Palas. Mit dem Fundament der westlichen Giebelwand *(298, 810, 388)* im Verband stand der Kamin *114* (Abb. 22). Vor und in dem Kamin lag noch der Rest eines älteren Spicksteinbodens *(112;* Taf. 4,2). Mit dem rechten Seitenteil des Kamins ist das Auflager des zweischiffigen Tonnengewölbes im Verband gesetzt *(98, 99, 103).* Im Profil (Abb. 32) war ferner von der Außenseite her die Bank eines älteren, zweigeteilten Kellerfensters zu erkennen *(452),* welches von dem jetzt noch vorhandenen jüngeren Kellerfenster *642* überschnitten wurde.

Stratigraphische Beziehungen zwischen dem Keller und dem Außenbereich gab es kaum. Ein später in der Bauperiode 5 angelegtes Kanalsystem *(180)* zur Bewässerung des Schloßteiches berücksichtigte den Durchgang zwischen Kellerraum *3b* und *4,* woraus gefolgert werden konnte, daß das Gewölbe und die Raumaufteilung im Keller älter als die Bauperiode 5 waren. Der Fußboden aus Sandsteinplatten *(85, 96)* stammte aus jüngster Zeit (= Bauperiode 6). Auch die wenigen Funde,

welche unter den Platten gemacht wurden, wiesen auf diese Periode hin.[104] Die Kellertreppe *389* datiert ebenfalls in die Periode 6 und zwar aufgrund des charakteristischen Mörtels mit Schlackezuschlägen.[105]

Anbauten an der Südseite des Palas

In der Südwestecke des Palas standen im Fundamentbereich die Süd- und die Westmauer äußerlich betrachtet nicht im Verband (Taf. 10,2). Es erschien zunächst so, als würde gegen das aus dem Keller kommende Fundament der Giebelmauer *810* die Südwand des Palas *809* anstoßen. Später erwies sich der Befund *810* als Vermauerung der Lücke, die beim Herausbrechen der Eckquader entstanden war, als in der Periode 5 die Erweiterung des Palas nach

---

104   Aus *89:* Steinzeug, braun engobiert, Steinzeug, grau, Türgriff, Glas, Eisen, Knochen; Steinzeug Westerwälder Art, Dachziegel, Knochen *(Fd. Nr. 58, 60).*

105   Mörtel *4:* s.o. S. 26.

Westen vorgenommen wurde. Der gleiche Befund lag auf der Nordseite des Palas vor.[106]

An der Anstoßstelle knickte die Mauer *809* nach Süden ab und lief einige Zentimeter weiter, bis sie dann abgeschlagen und mit einer dicken Mörtelschicht überdeckt war (Taf. 10,2). Der Befund saß auf der Schotter-Stickung *810a* und stellte offenbar den Rest des Ansatzes eines mit dem Palas im Verband gemauerten Anbaus dar. Reste der Fortsetzung dieser Mauer, die eine Breite von 80 cm besessen haben muß, wurden bei der Neugestaltung des Bereiches in der Periode 5 durch Befund *811* zerstört. Unklar waren somit die Funktion und Abmessungen dieses hypothetischen Anbaus, denn ein Pendant zu der Mauer, mit dem sich der Anbau an der Südwestecke des Palas rekonstruieren ließe, wurde nicht gefunden. Da sich unmittelbar neben *809* der Austritt eines Abwasserschachtes befand *(808)*, dürfte der Außenbereich hier im Osten und der Innenbereich zwischen Wohnturm und Palas gelegen haben. Zur Erklärung des Befundes trägt vielleicht die Ansicht des Hauses Berge auf dem Plan der Ruhrweiden von 1620 bei; dort ist ungefähr an der entsprechenden Stelle ein Anbau (Torhaus?) zu erkennen (Abb. 10).[107]

Ein Zusammenhang mit diesem möglichen Anbau an der Südwestecke des Palas könnte ferner noch bei den Befunden *293, 296* und *297* bestehen, die in der Südwand des Kellers 5 (Abb. 24) enthalten waren. Ihre Funktion in diesem Gebäude ist zwar nicht klar, dennoch seien sie hier erwähnt. Das älteste ist das nur wenige Zentimeter hohe Mauerstück *293*. Es besteht aus sehr ungleichmäßig in Lehm gesetzte, kleinformatige Sandsteinbruchstücke und ähnelt dem Fundament des Wohnturms *906* an der Westseite. Darauf sitzen, jeweils an den Enden der Wand (Abstand 4,7 m), die pfeilerartigen Mauerstümpfe *296* und *297*. Befund *297* wies den Grundriß eines Viertelkreises auf, wie es sich beim teilweisen Abbruch herausstellte. Er war stumpf gegen das Palasfundament *298* gesetzt. *296* wurde nicht in dieser Weise untersucht. Auf den älteren Befunden wurde erst in Periode 5 die Mauer *294* errichtet.

Wirtschaftsgebäude

Im Westen des Burgbereiches wurden Grundmauern eines Wirtschaftsgebäudes freigelegt, das etwa eine Länge von 16 m und eine Breite von 6 m besaß (Beil. 3a, *533, 563, 510, 540)*. Die Bauweise war schlicht und auf das Nötigste beschränkt. Bei der Errichtung wurde das nach Osten abschüssige Gelände nicht planiert, sondern die Ostwand wurde mit nur geringer Fundamenttiefe gegen die 90,50 m Höhenlinie gesetzt. Die quer dazu laufenden Mauern *533* und *563* lagen unmittelbar auf der abschüssigen Oberfläche des gewachsenen Bodens auf und bildeten dadurch eine keilförmige Unterkante. Die Außenmauern besaßen eine Breite von 50 cm. Der Mörtel zwischen den rohen Sandsteinplatten und Bruchsteinen bestand, im Gegensatz zu dem harten Kalkmörtel, der am Palas verwendet wurde, aus Lehm mit etwas Kalkzusatz. Das Gebäude erhielt zunächst einen Fußbodenbelag aus einer dünnen Sandschüttung mit Dachziegelbruchstücken und Sandsteinsplitt (Abb. 34, *596)*. Später wurde der Fußboden mehrmals erneuert und dabei um ca. 10 cm auf ein Niveau um 91,40 m ü.NN höhergelegt. Einige vage Holzverfärbungen könnten dabei als Bretterbelag interpretiert werden. Die geringe Mauerstärke und die schwache Fundamentierung deuten auf ein eingeschossiges Aufgehendes, wohl in Fachwerktechnik, hin. Dies und die Lage abseits vom Wohn- und Repräsentationstrakt sprechen für einen freistehenden Stall oder eine Scheune.

Die relative Datierung ergab sich aus der im Westflügel erfaßten Startigraphie (Abb. 34). An die Mauer *563* reichen die Laufböden *596, 595* und *553* heran. Die Mauer wird oben abgeschnitten von Fußboden *534*, dem Hofpflaster der Periode 4.

Weitere Mauern südlich des Wirtschaftsgebäudes

Im gleichen stratigraphischen Kontext wie das Wirtschaftsgebäude befand sich die Mauer *393*, die 4 m südlich davon lag (Beil. 3a, *393;* Taf. 11,2). Beide Enden des Befundes waren gestört: Auf der einen Seite durch die Baugrube der Ostwand des späteren Westflügels (Periode 5), auf der anderen Seite durch die Baugrube des Gerüstpfostens *407* (Periode 5) und das Ofenfundament *489* (Periode 4). Die Hälfte der Längsseite wurde von der Mauer *406* überdeckt, die der jüngeren Ausbauphase der Periode 3 angehörte. Die Zuordnung zu einem Gebäudegrundriß war nicht möglich. Ebenso war der Mauerrest *524*, der im Durchgang vom Innenhof zum Westflügel unter dem Hofpflaster der Periode 4 zutage kam, in der Zuweisung unklar (Beil. 3a, *524)*.

Innenhof

Reste einer Hofbefestigung wurden im heutigen Innenhof unter dem Hofpflaster der Periode 4 und der darunterliegenden Stickung freigelegt *(421, 405, 654)*. Die Schicht war besonders stark in der Südwestecke des Innenhofs ausgeprägt (Abb. 28, *421)*. Der Untergrund bestand aus grauem Sand mit Flächen aus Schieferton-Schotter. Darüber lagen flachgelegte Sandsteine, grober Sand oder Kies-

---

[106] s.o. S. 49 und SOBOTKA 1991 94 Abb. 128.
[107] Anbauten an der Außenwand z.B.: Oberhausen, Burg Vondern: Bonner Jahrb. 188, 1988, 477 f. Abb. 43 (Remise). – Witten, Haus Herbede: ISENBERG in SOBOTKA (Hrsg.) 1988, 224 (Küchenanbau).

schüttungen; streckenweise kamen große graue Flußkiesel vor (Taf. 12,2) Das Hofniveau folgte der Kontur des gewachsenen Bodens mit einem Gefälle von Nordost nach Südwest. Auffällig war eine leicht gebogene Steinsetzung (Beil. 3a, *654*) aus Sandsteinplatten, welche auf den späteren Kellereingang zulief. Der Bodenbelag wurde mehrfach ausgebessert. Die ältesten Funde aus der Schicht *421* stammen aus der Zeit um 1500; es sind dies Steinzeuggefäße mit Trichterrand.[108]

Periode 3, jüngere Bautätigkeit
(Beil. 3b)

In dem langen Zeitraum von mehr als 100 Jahren, der zwischen der Aufgabe der Zäune (Periode 2) und dem Zerstörungshorizont, der die Periode abschloß, liegt, wurden die anfangs erstellten Gebäude nach und nach ausgebaut und in ein geschlossenes Befestigungssystem integriert. Da diese Befunde an verschiedenen Stellen des archäologischen Untersuchungsgebietes ohne stratigraphische Verknüpfungen zu den kennzeichnenden Baubefunden der Periode 3 auftraten, seien sie hier gesondert vorgestellt.

Bergfried (?)

Die südliche Mauer des Wirtschaftsgebäudes *533* und die singuläre Querwand *393* wurden im Verlauf der Periode bis auf die letzten Lagen der Grundmauern abgebrochen. An gleicher Stelle entstand in etwas geringerem Umfang, jedoch in gleicher Mauerstärke von 50 cm ein Neubau (Beil. 3b, *406, 408, 510, 532* Ausbruchgrube; Taf. 11,2). Das ungefähr 5 x 5,5 m lichter Weite messende Gebäude erhielt an seiner Ostseite zwei runde Treppentürmchen (Beil. 3b, *401, 402;* Taf. 11,1), welche auf mehrere über die Treppen erreichbare Stockwerke schließen lassen, so daß es in diesem Zeitabschnitt offenbar eine herausgehobene, turmartige Funktion bekam. Es ist denkbar, daß der auf der Karte von 1620 dargestellte zweigeschossige Turm (Abb. 10) – von dem sich sonst nirgends Spuren fanden – mit diesem archäologischen Befund identisch ist. Allerdings läßt die im Vergleich zu anderen Turmbauten auffällig dürftige Mauerstärke weiterhin Zweifel an der zutreffenden Deutung des Befundes bestehen.

Die beiden Treppentürme stehen miteinander im Mauerverband und bestehen aus Sandsteinbruchstücken in einem Mörtel aus Lehm, dem etwas Kalk zugesetzt ist. Die Baugrube der Türme, die wegen des Geländeanstiegs nach Westen zur Einhaltung einer einheitlichen Mauerunterkante etwas in den gewachsenen Lehmboden eingetieft werden mußten, war nicht zu erkennen. Die übrigen Mauern des Gebäudes sind beim Bau des Westflügels in der Periode 5 abgeschnitten worden und deswegen nicht direkt stratigraphisch verknüpft.

Der zugehörige Fußboden, dessen Niveau sich in einer Höhe um 91,14 m ü.NN befand, bestand aus eng verlegten Sandsteinstücken (Beil. 3b, *546*) mit abgerundeter Oberkante in einer Stickung aus hartem, graugrünem Sand. Der Fußboden war weitgehend zerstört.

Backofen (?)

Auf einen Backofen (?) wies ein Bereich mit verziegeltem Lehm hin (Abb. 34, *392*). Die Deutung als Ofen erfolgte lediglich aufgrund der Annahme einer Kontinuität, weil in der darauffolgenden Periode unmittelbar darüber ein zweiter Ofen errichtet worden war.[109] Die verziegelte Lehmschicht des jüngeren Bodens setzte sich deutlich von dem älteren verziegelten Bereich ab.

Entlang der Mauer *510* bis zur Ecke *510/406*, also innerhalb des vermuteten Bergfrieds, wurde ein 54 cm breiter Graben aufgedeckt, der mit Brandschutt (verziegelter Wandlehm) verfüllt war (Beil. 3b, *547*). Er führte auf den durch den in der Bauperiode 5 angelegten Abflußkanal *336* allerdings vollkommen zerstörten Ofen *504/392* zu, mit dem er vielleicht zusammenhing. Die Eintiefung des Grabens erfolgte vom Niveau des Fußbodens *546* aus. Die Einfüllung war gleichzeitig mit der Anlage der Planierschicht *394* vorgenommen worden.

Runder Eckturm

Mit dem Bau der runden Treppentürme *401* und *402* wurden auch Veränderungen an der West-, Süd- und Nordfront der Burg durchgeführt. In der Nordwestecke, an der Stelle, wo später der noch erhaltene quadratische Eckturm errichtet wurde, entstand ein runder Turm mit einem Radius von ca. 5 m (Beil. 3b, *856, 1012;* Taf. 12,1). Die Bauweise entspricht den Treppentürmen *401* und *402*. Als Mörtel wurde ebenfalls Lehm mit einem schwachen Zusatz von Kalk verwendet. Das Fundament, das keine Baugrube aufweist, liegt auf dem gewachsenen Lehmboden auf und wird von zwei jüngeren Mauern überdeckt: Zum einen von dem jüngeren quadratischen Turm *(577)*, zum anderen von dem verbreiterten Bankett der Nordwand des Nordflügels *(656)*. Den abgebrochenen Mauerring überdeckt die Fundschicht *850,* die einige wenig aussagekräftige Kleinfunde enthielt, die

---

108 *Kat. Nr. 81.*

109 s. Beitrag S. SOMMER.

am ehesten mit den Funden aus der Planierschicht *189*, welche zu Beginn der Periode 5 zur Höherlegung des Innenhofniveaus aufgebracht wurde, vergleichbar sind. Demnach hätte der Turm noch bis in die Periode 4 hinein bestanden.

Umfassungsmauern

Zusammen mit dem runden Eckturm *856* wird auch die zunächst offene Anlage mit einer Umfassungsmauer befestigt worden sein, die an den Turm ansetzte. Davon waren keine Spuren erhalten, da die spätere Umfassungsmauer der Vierflügelanlage (Periode 5) ungefähr die gleichen Fluchten einnahm.

Beginn des Ausbaus

In die Zeit nach dem Bau des Bergfrieds (?) gehört die Schicht *545*. Sie lag unter der rot verziegelten Brandschicht *394*, die die Zerstörungsphase markiert, und über dem Laufniveau *546*. Die Funde waren allerdings nicht aussagekräftig genug, um eine genaue Datierung, die weiter als über die allgemeine Angabe „16. Jahrhundert" hinausging, vorzunehmen.[110]

Zerstörungshorizont

Die Burg der Periode 3 endete in einem großen Brand, der sich in einer Schicht mit großen Feldern aus rot verziegeltem Lehm und verkohlten Holzresten, Asche und verbranntem Bauschutt archäologisch auswies *(394, 284, 497)*. Der Brandschutt, in dem sich große verkohlte Holzstücke, verziegelte Teile von Lehmwänden, Dachziegel und Steinschutt zusammen mit verbranntem Hausrat befanden, wurde nach dem Brand in der Planierschicht *445* für die Stickung des Fußbodens *254* verwendet (Abb. 28, *445*). Die Schicht *445* bestand, abgesehen von der Brandschuttkomponente, aus dunkelbraunem, stark mit humosen und organischen Stoffen sowie mit sehr vielen Scherben und sonstigen Funden durchsetztem Material.

Der Zeitpunkt des Brandes und damit des Endes der Periode 3, läßt sich anhand der im Schutt der Planierschicht *445* gefundenen Keramik näher eingrenzen (z.B. Taf. 25, 10-12; 26,18). Der größte Teil der Funde ist in das 16. Jahrhundert einzuordnen. Das Fundmaterial umfaßt auch eine Anzahl von figürlich verzierten Steinzeuggefäßen Siegburger und Kölner Provenienz mit jüngsten Formen aus der Zeit des 3. Viertels des 16. Jahrhunderts.[111] Auf nur wenige Exemplare beschränken sich dagegen Scherben mit blauer oder violetter Bemalung, welche gegen Ende des 16. Jahrhunderts mit dem Aufblühen der Westerwälder Steinzeugproduktion einsetzte. Neuerungen des 17. Jahrhunderts sind schließlich in der Schicht *445* überhaupt nicht vertreten, so Steinzeug Westerwälder Art mit Red- und Knibisdekor, welches in der zweiten Hälfte des 17. Jahrhunderts in Mode kam, oder chinesisches Porzellan, welches zwischen 1604 und 1656 von den Holländern in größerem Umfang importiert wurde. Soweit ergibt sich also anhand der Keramik eine Näherung an die Entstehung der Brandschicht in die Jahrzehnte um 1600.

Anhand der Darstellung des Hauses Witten von 1620 (Abb. 10) könnte der Brand nach 1620 stattgefunden haben, denn auf dieser Abbildung erscheint nämlich noch der Bergfried, der mit den Befunden *401, 402, 406, 408, 510* und *532* gleichgesetzt wurde. Auch diese Befunde waren mit der charakteristischen Brandschuttschicht bedeckt.

Nach der historischen Überlieferung kommen für die Zerstörung mehrere Ereignisse, die kurz hintereinander liegen, in Betracht;[112] eine Festlegung ist nicht möglich.

Die von dem Chronisten VON STEINEN erwähnte Zerstörung des Hauses im Jahre 1651 durch lothringische Truppen kommt dagegen aufgrund des Fehlens typischer Keramik der ersten Hälfte des 17. Jahrhunderts in der Fundschicht *445* nicht mehr in Frage.[113]

Periode 4
(Beil. 4)

Die beschädigten Teile der Burg wurden nach dem Brand, der sich möglicherweise in den Jahren um 1600 ereignet hatte, auf dem alten Grundriß nach und nach instandgesetzt. Impulse in eine neue architektonische Richtung hat es im Zeitalter des dreißigjährigen Krieges hier nicht gegeben.[114] Der damalige Eigentümer des Herrensitzes, Lübbert von Brembt,[115] ließ die notwendigen Reparaturen vornehmen und den Innenhof neu pflastern; die Gebäude im Westteil wurden abgerissen. Neu hinzu kam ein rechteckiges Stallgebäude im Norden der Burganlage.

Das Hofpflaster erwies sich, insbesondere aufgrund der großflächigen Erhaltung, als besonders aussagekräftig für

---

110 *Fd. Nr. 271;* Grauware, glatt; *Fd. Nr. 273;* orangefarbene Irdenware, blaßgrün glasiert; *Fd. Nr. 276;* orangefarbene Irdenware, gelbbraun gefleckt glasiert.

111 s. Beitrag B. DAHMEN.

112 s.o. S. 13 – In dieser Zeit wurde eine ganze Anzahl von Burgen zerstört: UNTERMANN 1987, 337. – Herbede, schwerer Brand im 16. Jahrhundert: QUEDNAU in: SOBOTKA (Hrsg.) 1988, 260.

113 VON STEINEN 1760, 692.

114 HOTZ 1970, 143 ff.

115 SOBOTKA 1991, 29.

54 Bauperioden

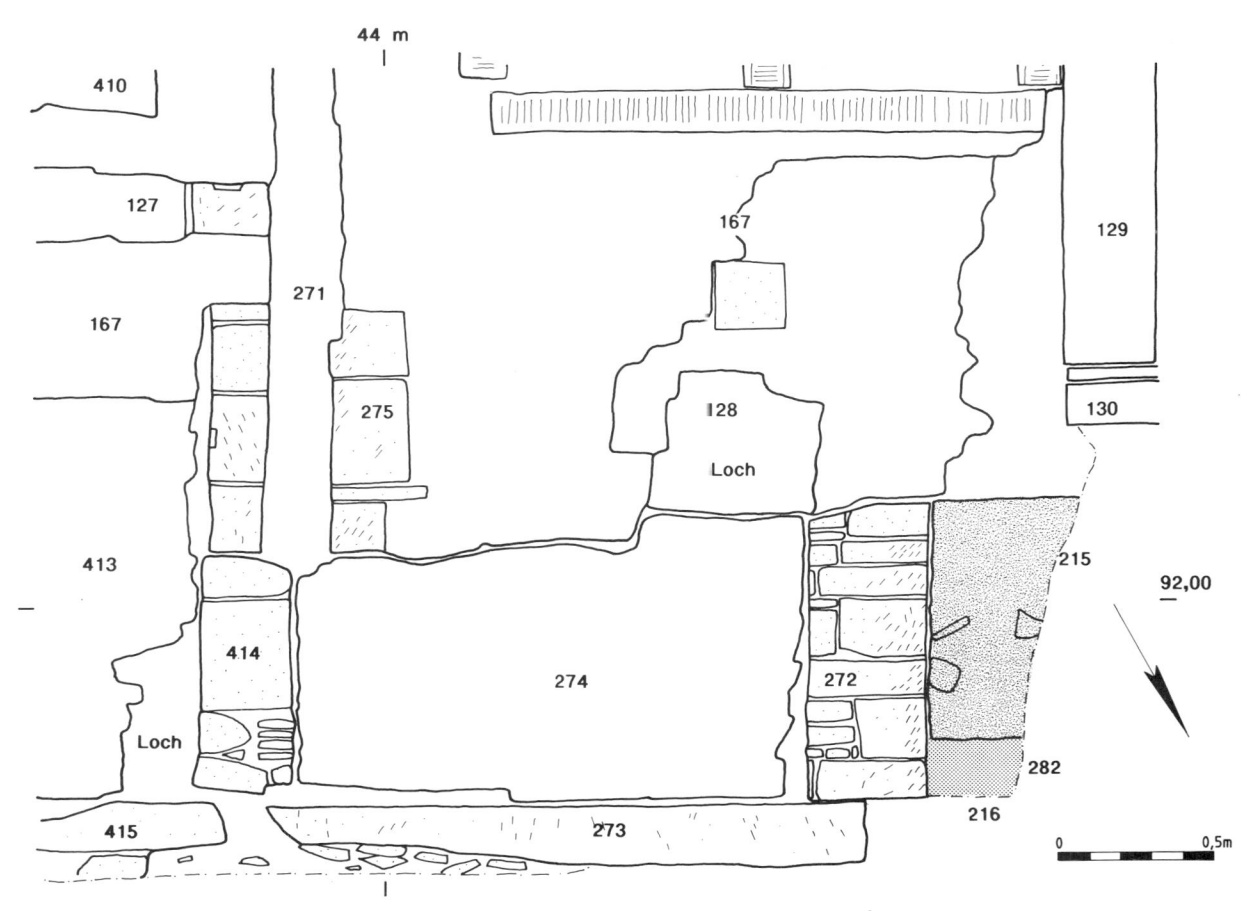

Abb. 35   Eingang zum Wohnturm.

die stratigraphische Gliederung der Bauperioden 3, 4 und 5 (vgl. Abb. 28), und zwar als Zäsur zwischen den Bauperioden 3 und 5. Die Mauern und die Kleinfunde aus den Schichten unter dem Hofpflaster konnten dadurch in die Zeit vor 1600 datiert werden. Durch die Baugruben der Gebäude der 5. Bauperiode, durch die das Pflaster über weite Strecken aufgerissen wurde, konnte ferner die Unterscheidung von Befunden der 4. von der 5. Bauperiode vorgenommen werden.

Wohnturm

Der Wohnturm, welcher der Verteilung der Brandspuren zufolge um 1600 stark beschädigt worden war, wurde unter Verwendung einiger noch intakter Mauerpartien instandgesetzt. In dem Innenhof der Burg wurde eine Treppe angelegt.

Kellereingang und Treppe

Der 1,6 m breite Kellereingang, mit der Schwelle *(273)* und den unteren Resten der Eingangsseiten aus Sandsteinquadern *(272, 414)* wurde in der Südwestecke des Innenhofs in der Nordwand der späteren Palaserweiterung aufgedeckt (Abb. 35). An die Treppenschwelle stieß das Innenhofpflaster *254* in einer Höhe von 91,30 m ü.NN. Die Treppe *(315)* war im Kellerraum 6 erhalten (Abb. 25). Das westliche Seitenteil *(314)* stand im Verband mit der Innenwand *(313)* des Kellers. Das östliche Seitenteil[116] störte die Mauer *1026* aus der Periode 3. Die in einer Höhe von 1 m erhaltenen Eingangsseiten *(272, 414)* waren als Sichtmauerwerk gestaltet und an den Schauseiten mit Meißelschlägen geglättet. Daraus ging hervor, daß sich die Treppe in einem Vorbau zum Wohnturm befand und nicht in einem Treppenschacht. Entlang der östlichen Kante von *414* verlief der Abwasserkanal *1031* aus der Periode 5.

---

116   Im Abschnitt K 5 unter Nr. *1032, 1033*.

Kellerfenster

Hinter einer jüngeren Vermauerung aus Sandsteinen und Ziegeln *(310)* befand sich in *313* ein schmales, mit senkrecht stehenden Eisenstäben vergittertes Fenster (Abb. 25, *398)*. Die Fenster nach Süden in der Mitte der Räume 6 und 7 standen im Verband mit der jüngeren Aufmauerung *1068* und gehören somit nicht in diesen Zusammenhang. Weitere Fenster könnten sich allerdings an den Stellen, an denen in späterer Zeit Eingänge durchgebrochen wurden, befunden haben.

Kellerräume

Die Mauer *313*, die mit dem Treppenhaus *272/314* und dem Fenster *398* im Verband stand, setzte sich weiter nach Westen fort. In Raum 7 wies sie durch den später (Periode 6) eingeschlagenen Eingang (237) im oberen Bereich eine 1,2 m breite Öffnung auf; das Fundament *(891)* der Mauer *313* war jedoch unter dem Plattenfußboden erhalten. Die übrigen Wände des Kellers wurden nicht verändert.

Fußboden

Der Fußboden des Kellers lag dem Niveau der Treppe zufolge in einer Höhe um 89,37 m ü.NN, das heißt in gleicher Höhe wie der rezente Fußboden *308*, der nach einem Münzfund zwischen 1941 und 1945 verlegt wurde.[117] Ein stark zerstörter Rest des ursprünglichen Fußbodens wurde im Keller 7 unter der Befundnummer *896* erfaßt (89,21 m ü.NN; Abb. 70, *896)*. Hier waren es flach verlegte Sandsteinplatten auf einer Unterlage aus braunem Lehm, welche in der Konsistenz und hinsichtlich der Funde der Stickung des Innenhofpflasters *445* glich.

Außenansicht

Westwand. Von außen waren der alte Bestand des Wohnturms und die jüngeren Veränderungen an der senkrechten Fuge zwischen den Befunden *906/911* auf der einen und *761* auf der anderen Seite deutlich zu trennen (Abb. 31). Die Mauer *761* setzte an der nordwestlichen Ecke des Wohnturms an und bildete den Anfang einer Schildmauer, die sich bis zum runden Eckturm *856*, der in der Periode 4 vermutlich weiter genutzt wurde, spannte (Beil. 4, *761-763)*.

Südwand. Die südliche Außenseite des Wohnturms blieb wohl wie sie war. Die auf dem älteren Sockel *1069/309* ruhende Mauer *1069/602* entstand später im Zusammenhang mit der Palaserweiterung nach Westen.[118]

Nordwand. Sie ist durch die jüngere Erweiterung des Palas (Periode 6) verdeckt.

Ostwand. Im Verlauf der Mauer *295* zwischen Keller 5 und 6 befand sich die Ostwand des Wohnturms. Der Befund *295* selbst war ein Blendmauerwerk und erst bei der Eintiefung des Kellers 5 in der Periode 6 entstanden. Auch der Durchgang wurde nachträglich durchgeschlagen.

Der Ofen 890

Der Schmelzofen *890* wurde in der Nordostecke des Kellerraums 7 entdeckt (Beil. 4, *890*; Abb. 36.37; Taf. 13,1). Der Grundriß des Ofens war birnenförmig (noch 1,6 x noch 1,4 m). Die Wand (Abb. 36b,a), von der maximal 20 cm erhalten waren, war außen mit Backsteinen gemauert, innen mit Sandsteinbruchstücken (Br. insgesamt 46 cm). Als Mörtel wurde gelber Lehm verwendet, der vom Brennraum ausgehend bis zu einer Tiefe von 20 cm orangerot verziegelt war. Der Ofenboden (Abb. 36b,b) bestand aus hochkant gelegten Sandsteinplatten. Sie waren so über einen 23 cm breiten und 30 cm tiefen Schacht (Abb. 36b,d) gelegt, daß sie darüber ein Rost (Abb. 36b,c) mit Öffnungen im Abstand von 10 bis 15 cm bildeten. Auf dem Steinrost befand sich eine dicke Ascheschicht, mit Steinkohle, Holzkohle, Wandteilen der Innenauskleidung aus Lehm und Kalkklümpchen.[119] An dem unter dem Rost gelegenen Schacht (Abb. 36b,d) setzte ein Windkanal (Abb. 36, *890e)* an, dessen Seiten und Boden mit Sandsteinplatten gemauert waren. Nach 5,2 m in Richtung Süden mündete der Kanal in eine Öffnung in der Mauer *309*. Die Breite des Kanals vergrößerte sich von Süden nach Norden von 24 cm auf 56 cm; eine Abdeckung fehlte.

Typologisch gehört der Befund in die Gruppe der Windöfen, bei denen sich Feuer und Tiegel oberhalb einer gelochten oder geschlitzten Platte befanden. Durch diese Löcher erhielt das Feuer von unten her einen „weichen" Zug, so daß besonders Edelmetalle und Messing, welche auf Überhitzung empfindlich reagieren, in diesen Öfen geschmolzen werden konnten.[120] Da an der Lehmauskleidung des Wittener Ofenraums stellenweise rostroter Anflug von Eisenspritzern vorkam, muß in diesem Fall aber von einer Eisenverarbeitung ausgegangen werden.[121]

Die Stratigraphie um den Ofen herum erlaubt eine Datierung der Befunde in die Periode 4. Der Ofen befand sich

---

117 s. Beitrag P. ILISCH Nr. 16.

118 Periode 5.

119 Einfüllung: s. Anhang 2.

120 Dazu ausführlich: DRESCHER 1987, 201 ff.

121 s. Anhang 2.

Bauperioden

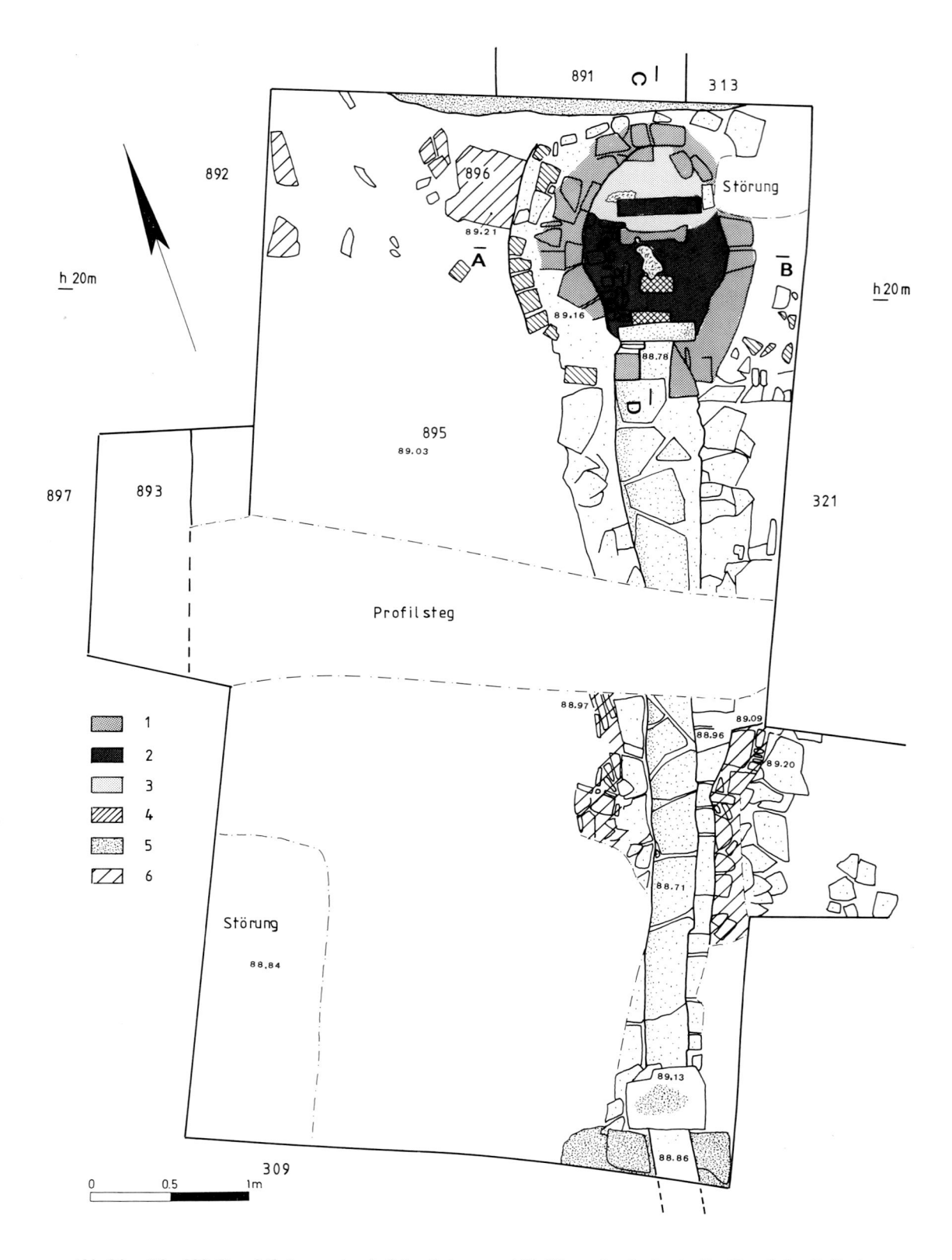

Abb. 36a   Ofen 890, Grundriß. 1 = verziegelt; 2.3 = Steinrost und Einfüllung; 4 = Backstein; 5 = Mörtel; 6 = Fußboden.

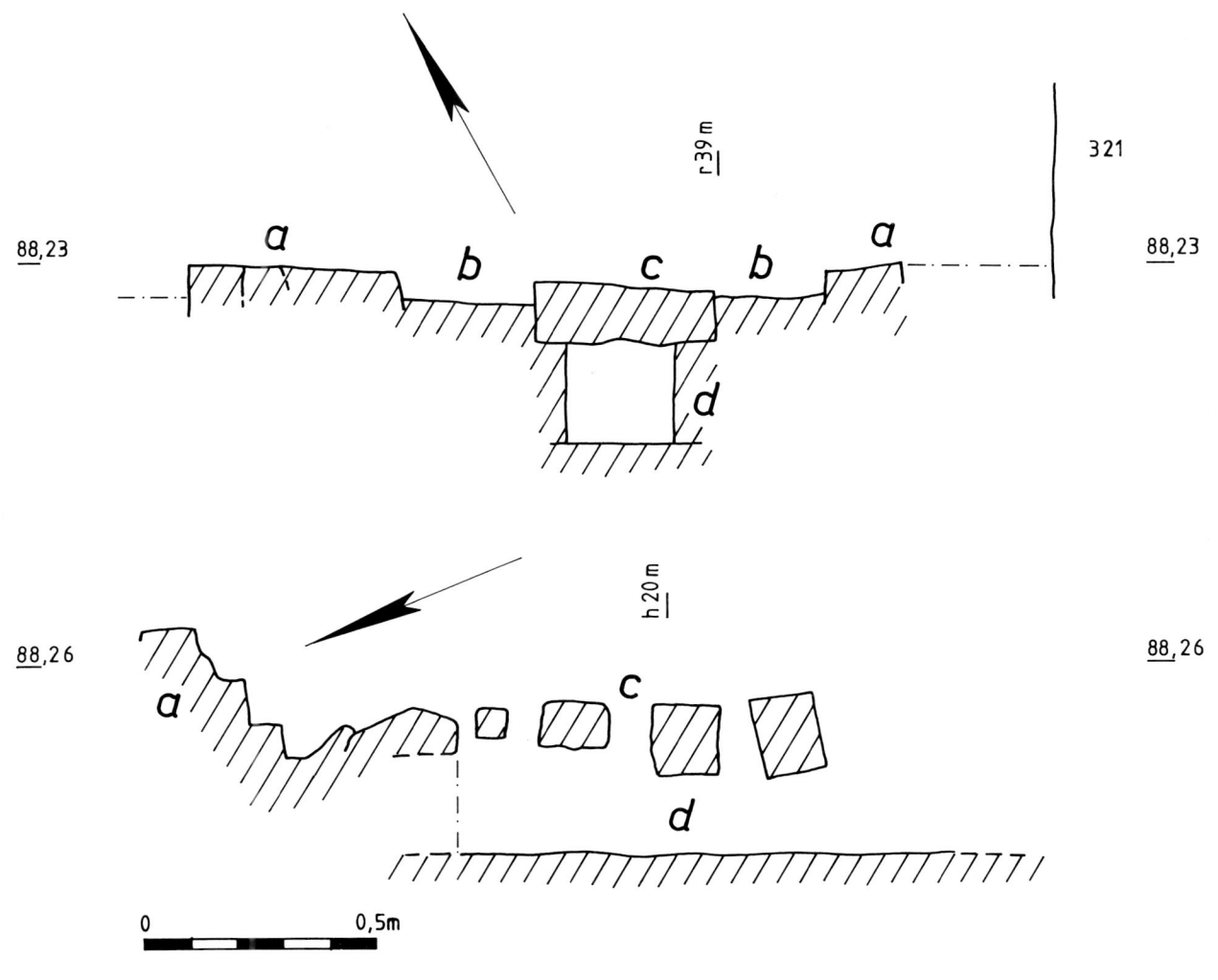

Abb. 36b   Querschnitte A-B, C-D; a = Ofenwand; b = Ofenboden; c = Steinrost; d = Windschacht.

sich unter dem rezenten Plattenfußboden *888* (Periode 6) und der dazugehörigen Planierschicht *889*, mit Funden des 16. Jahrhunderts.[122] An den Ofen reichten die Reste des sehr stark zerstörten Fußbodens *896* und eine humose Planierschicht heran, die ebenfalls Funde des 16. Jahrhunderts enthielt.[123]

Der Windkanal (Abb. 37, *890)* war in den gewachsenen Boden *895* eingetieft. Er führte zu einer Öffnung in der Mauer *309* (Periode 3), war aber damit nicht im Verband gemauert. Die Ostseite wurde von dem Auflager des Tonnengewölbes *321* gestört. Die Abdeckplatten fehlten. Die Einfüllung bestand aus den Schichten *894* (untere Einfüllung) und *900* (obere Einfüllung). *894* stammte aus der Zeit, als der Ofen aufgegeben wurde und enthielt große Steinkohlestücke, Kalk und schwarze bis blaugraue Asche. *900* wurde später beim Abbruch der Kanalabdeckung eingebracht. Die Funde konnten dem 18. Jahrhundert zugewiesen werden.[124]

Palas

Der Grundriß des Palas veränderte sich in dieser Periode nicht mehr.

---

122   Steinzeug, braune Engobe, Rand; graue Irdenware; weiße Irdenware, gelb/gefleckt glasiert; Steinzeug, braune Engobe mit vegetabilem Ornament; aus *Fd. Nr. 664*.

123   Weißes Steinzeug (Siegburg); Steinzeug grau/braune Engobe; Eisen; aus *Fd. Nr. 668*.

124   *Bef. Nr. 900; Fd. Nr. 670:* graues Steinzeug; Flaschenglas; Knochen. – *Fd. Nr. 675:* braunes Steinzeug; rote Irdenware, gelb glasiert; Flaschenglas; Eisenschlacke.

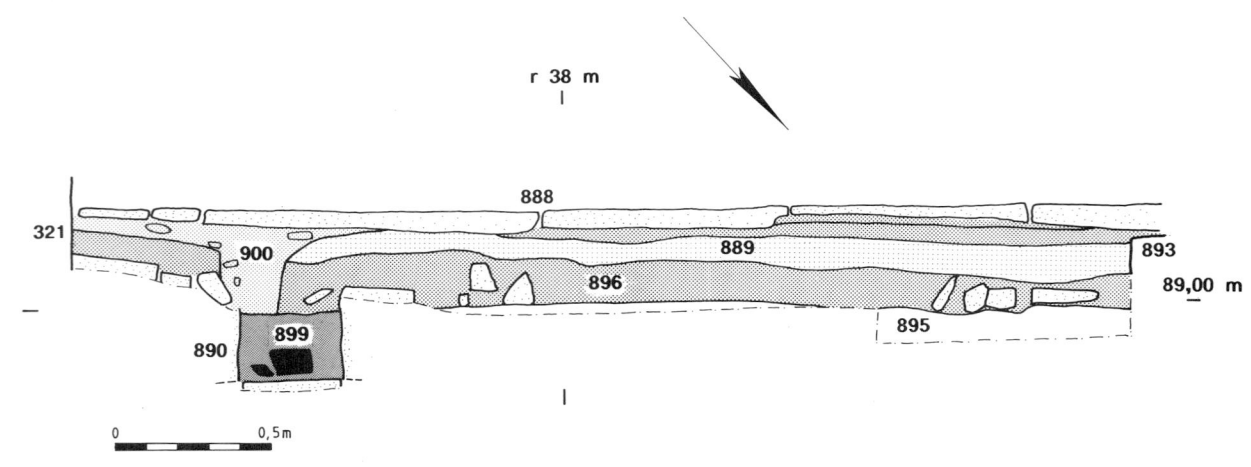

Abb. 37   Querschnitt durch den Keller 7.

Befunde im Bereich des Bergfrieds (?)

Die alte Bebauung nördlich des Wohnturms verschwand in der Periode 4, und die Schicht aus stark verziegeltem Lehm und Brandschutt *(394)* wurde über die Reste des Bergfrieds (?) und der runden Treppentürme *401* und *402* planiert (Abb. 34). Welche Art von Gebäude an die Stelle des Bergfrieds trat, wurde nicht sofort deutlich. Zunächst schien der Bereich als Trümmerstelle offengelegen zu haben. Eine schmale, nur lose an den Seiten mit Sandsteinen abgesetzte Abflußrinne *(531)* ohne Deck- und Bodenplatten, die über diese Zone und die Mauer *510* zog, leitete vermutlich während dieser Zeit das sich im Innenhof sammelnde Wasser ab. Die Drainage wurde nach der Planierung des Brandschutts anlegt, da sie in die Brandschichten *391, 394* und *508* eingegraben war.

Der Ofen 489

An der gleichen Stelle wie Ofen *392* wurde ein neuer Backofen errichtet (Beil. 4, *489;* Taf. 13,3).[125] Er befand sich nicht innerhalb eines Gebäudes, sondern unter freiem Himmel. Der Arbeitsbereich war allerdings durch einen Zaun von dem Burghof abgetrennt.

Der Fußboden aus flachen Sandsteinplatten *(488)* wurde in einer Höhe von 91,33 m ü.NN verlegt. Er war bis auf einen kleinen Rest zerstört und stark mit Brandmaterial geschwärzt. Unmittelbar oberhalb des Fußbodens *488* lag ein zweiter Fußboden aus flachliegenden Sandsteinplatten (Beil. 4, *353;* Taf. 14,1). Er stieß im Innenhof an das Hofpflaster *254*[126] und bildete zu diesem eine deutliche Grenzlinie.

Entlang der Linie, eingetieft in das Hofpflaster *254,* befand sich eine Reihe aus 4 Pfosten, welche vermutlich einen Zaun abstützten, mit dem der Wirtschaftsbereich vom übrigen Burghof abgetrennt war. Die Reihe hatte an der östlichen Kante des Kellereingangs *(414)* ihren Ursprung und setzte sich bis zum Ende des Fußbodens *353* fort (Beil. 4, *440, 674, 436, 438).* Der Querschnitt der Gruben war U-förmig. An den Kanten und auf dem Boden der Gruben befanden sich Keilsteine. Spuren der Pfosten wurden nicht gefunden.

Am Profil (Abb. 38) läßt sich die Stratigraphie im Westen der Burg sehr gut verdeutlichen. Der älteste Befund ist die Mauer *510,* welche die Westmauer des Wirtschaftsflügels in der Bauperiode 3 bildete. Über den abgebrochenen Resten sitzt der Ofen *489* mit der Aussparung für die Ofenkuppel *(573)* und der daran ansetzenden Schildmauer *178.* Diese Befunde gehören in die Bauperiode 4. Die Mauer *510,* der Ofen *489* und die Aussparung der Ofenkuppel werden gestört durch den Durchbruch des Abwasserkanals *336.* Dieser Kanal wurde in der Bauperiode 5 angelegt, da er im Gegenprofil mit der Ostmauer des Westflügels *(169)* im Verband steht, dessen Baugrube das Hofpflaster der Periode 4 stört (Taf. 13,2). Die Aussparung der Ofenkuppel wird zu einem Viertel überdeckt von *166.* Diese Mauer steht auf der Planierschicht, die über dem Abwasserkanal aufgetragen wurde. Somit ist diese Mauer der Bauperiode 6 zuzuordnen.

Stallgebäude

Im Bereich des späteren Nordflügels entstand ein rechteckiges Stallgebäude, von dem noch Reste der untersten Steinlage erhalten waren (Beil. 4, *738, 709, 714, 685).* Die 50 cm breiten, in Lehm gesetzten Mauern waren ohne jeg-

---

125   Zur Beschreibung des Befundes s. Beitrag von S. SOMMER.
126   Hier unter *Bef. Nr. 333.*

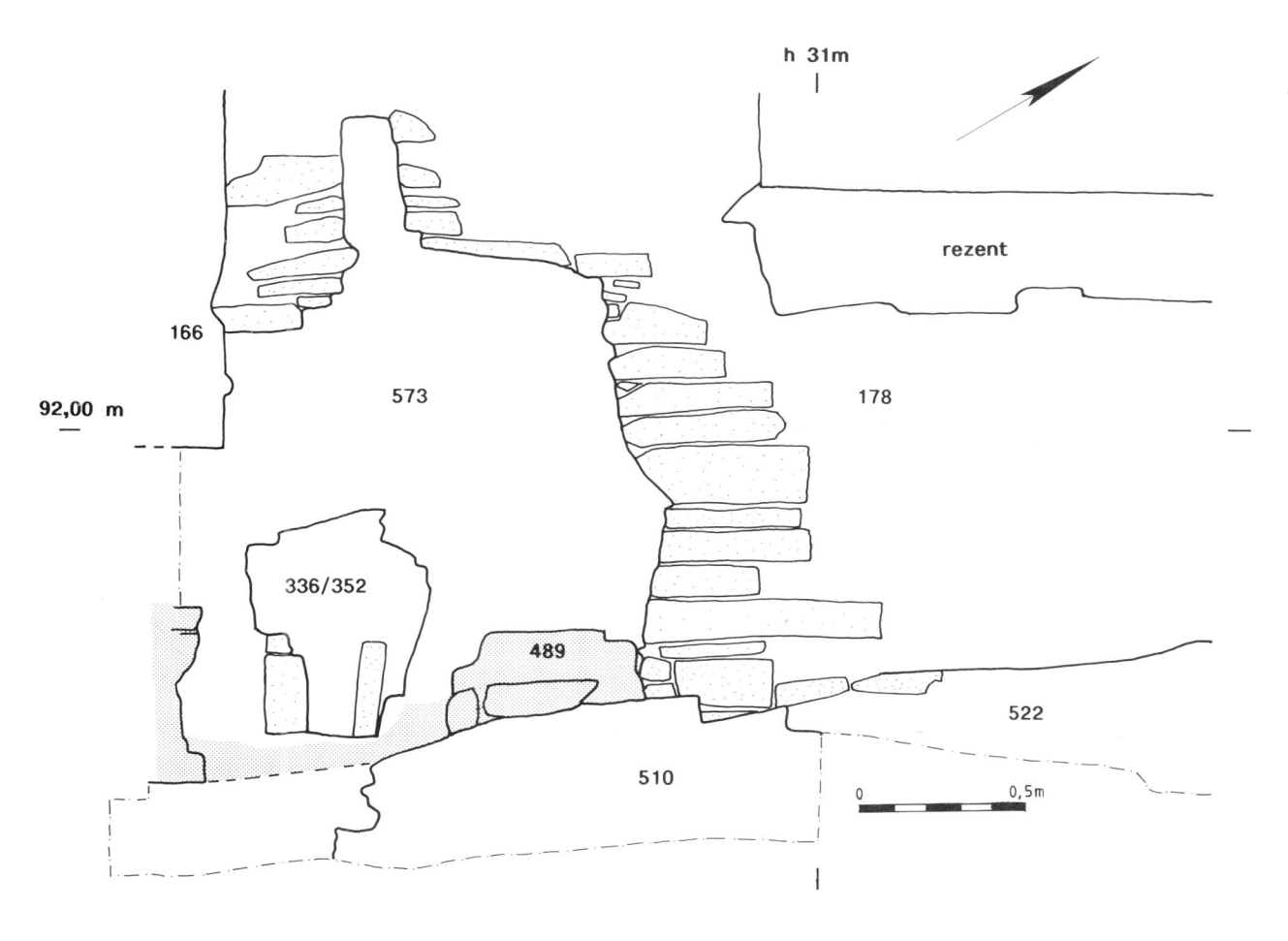

Abb. 38   Untersuchungsgebiet 3, Abschnitt a/1; Westprofil.

liche Fundamentierung auf den gewachsenen Lehmboden gestellt. Die südliche Mauer des Gebäudes *709* war am Ostende vollkommen abgetragen, zeichnete sich aber durch die gerade abschließende Kante des zum Innenraum gehörenden Fußbodens *685* noch deutlich ab (Taf. 14,2). Auch der weitere Verlauf der Mauer in westliche Richtung war etwa ab der 46 m Linie (Ausgrabungskoordinaten) nur durch die bündig ansetzende Kante des Fußbodens *685* gegeben. Durch die angearbeitete Fußbodenkante war die östliche Querwand auf der Höhe des späteren Treppenhauses *614* an der Seite des Torhauses zu erschließen.

Eine zweite Querwand *738* wurde im Abstand von 6 m nachgewiesen. Nach einer Störung durch den jüngeren Pfosten *737* war die Mauer zwar nicht mehr erhalten, der weitere Verlauf ließ sich aber auch hier anhand des angearbeiteten Fußbodens bis zur Baugrube *594* der späteren Nordmauer des Torflügels verfolgen. Unklar war der Verlauf der Nordwand des Gebäudes. Durch den Standort des runden Eckturms *856* ist jedoch der Bereich der späteren Außenmauer vorgegeben.

Der Fußboden *685* bestand aus überwiegend flach verlegten, rohbelassenen Sandsteinplatten. Größere Zwischenräume und die Anschlüsse an die umgebenden Mauern wurden mit kurzen hochkantgestellten Sandsteinplatten und abgerundeten Flußkieseln zugesetzt. Die Höhe des Fußbodens war östlich und westlich der Mauer *738* unterschiedlich. Östlich von *738* lag das Niveau um 92,30 m ü.NN, westlich davon um 92,00 m ü.NN. Durch das unterschiedliche Niveau war im Durchgang der Fußboden im höhergelegenen Teil entsprechend stark abgetreten. Der östliche Bereich, der den eigentlichen Stall darstellte, wurde in Längsrichtung von einem Wandgraben unterteilt, aus dem sich die eingelassene Grundschwelle als braune, torfige Verfärbung erhalten hatte *(714)*; die Wand diente als Abtrennung der Tierboxen. Der Bereich westlich von *738* war wohl nicht überdacht und Teil des Innenhofs.

Für die chronologische Einordnung der Befunde liegen folgende stratigraphische Anhaltspunkte vor: An zwei Stellen überdeckt die Mauer *709* Pfosten der Periode 2 *(719, 720)*. Der Plattenfußboden *534* zieht über die Ecke des älteren Wirtschaftsgebäudes *540* (Periode 3) sowie über den

Graben *823* und den Pfosten *822* der Periode 2. Zur jüngeren Periode bestehen Beziehungen durch zahlreiche Übermauerungen und Störungen. Die Mauer *709* wird durch die Baugrube der Mauer *651*, die zur Bauperiode 5 zählt, an der ganzen Südkante gestört. Weitere jüngere Einschnitte in die Bausubstanz erfolgten durch die Pfosten *712* und *713* sowie den Wandgräaben *653* und *684* mit den zugehörigen Pfosten.

Innenhof

Der Innenhof (Beil. 4, *254, 534;* Taf. 15,1) wurde mit einem Belag aus hochkantgestellten Sandsteinplatten *(254)* gepflastert, ohne dabei größere Veränderungen an der vorgegebenen, natürlichen Bodenkontur vorzunehmen. Lediglich im Südwesten des Hofs wurde Brand- und Haushaltsschutt *(445)* als Stickung aufplaniert. Von Norden nach Süden bestand somit weiterhin das natürliche Gefälle von 1 m, welches in der Südwestecke des Innenhofs an der Schwelle zum Wohnturm seinen tiefsten Punkt erreichte. Die Pflastersteine lagen in ca. 1,2 m breiten Bahnen, die durch rechtwinklig dazu gestellte Kantsteine begrenzt und von den anschließenden Bahnen abgesetzt wurden. Durch die unterschiedliche Lage – Nordost nach Südwest, West nach Ost – von Gruppen mehrerer nebeneinanderliegenden Bahnen ergab sich großräumig ein Flechtmuster ungefähr in der Form eines großen „Z". An mehreren Stellen waren die Platten flach verlegt, so vor allem im Bereich der ehemaligen Treppentürme *401* und *402* und im Umkreis des Backofens *489*.[127]

Das Hofpflaster war im tiefergelegenen Teil gut erhalten. An den höhergelegenen Stellen des Innenhofs war es dagegen weitgehend zerstört. Auffällig war eine stark abgetretene Kante im Bereich der Grabungskoordinaten 50-55 m, an die sich eine sehr harte Packung aus Sandsteinschotter anschloß *(448;* Taf. 15,2). Am Nordende des Innenhofs fanden sich noch einige der Kantsteine in situ (Schnitt d/3) sowie Abdrücke im Lehmboden.[128] Im Osten, Abschnitt e, wurden keine Spuren des Hofpflasters gefunden. Hier war offenbar in jüngerer Zeit eine Abtragung vorgenommen worden. Der Abnutzungsgrad war unterschiedlich, was darauf schließen ließ, daß bestimmte Wege, z.B. die Diagonale von Nordost nach Südwest, stärker begangen wurde als andere Querverbindungen.

Das Hofpflaster erwies sich als die besondere Leitlinie bei der relativen chronologischen Gliederung der Ausgrabungsbefunde. Die stratigraphischen Verhältnisse im eigentlichen Hofbereich verdeutlicht das Profil (Abb. 28): die Pflastersteine *(254)* und ihre Stickung *(445)* sind über dem Laufboden *421* der Periode 3 verlegt. Das Pflaster wird geschnitten von der Baugrube *413*, welche zur Nordmauer der Palaserweiterung gehört, die in der Periode 5 errichtet wurde. Darüber liegen verschiedene Planierschichten *(189, 199, 370, 371, 435)*, durch die der schräg abfallende Innenhof später in der Periode 5 waagerecht ausgerichtet wurde. Das Pflaster der Periode 4 begegnet auch im späteren Westflügel (Abb. 34)[129] und im Nordflügel (Abb. 29).

Anbauten an der Südwestecke des Palas

In diesem Bereich ließ sich keine stratigraphische Verbindung mit gesicherten Befunden der Periode 4 herstellen.

Befestigungen, Türme, Tor

Es ist anzunehmen, daß Teile der älteren Außenbefestigung, wie der runde Eckturm und die (vermuteten) Außenmauern, weiterbestanden, da an diesen Stellen Befunde der Periode 5 unmittelbar über denen der Periode 3 lagen (vgl. Taf. 12,1). Der Fußboden *353* zog an einer Stelle an die westliche Schildmauer *178* heran; auch dieser Befund sprach für eine Gleichzeitigkeit bzw. ein Weiterbestehen älterer Grundmauern.

Burggraben

Die Böschungsmauer einer älteren Grabeneinfassung wurde im Nordostturm endeckt (Beil. 4, *878;* Taf. 16,1). Die Flucht der Böschung entsprach genau der Orientierung der Mauer *343*, die in der Periode 5 auf diesen Sockel aufgesetzt wurde. Der Nordostturm wurde dann in die alte Böschung hineingebaut. Im Gegensatz zum Schloßteich der Periode 5 hat der (hypothetische) Graben der Periode 4 kein Wasser geführt; dazu fehlen die charakteristischen Einfüllungssedimente.

Datierung

Zur absoluten Datierung der Bauperiode sind zunächst die Funde aus den Ritzen des Innenhofpflasters *254* heranzuziehen, die während der Nutzungszeit verlorengegangen sind. Die Funde gewähren auch einen gewissen Einblick in das tägliche Leben auf Haus Witten zu dieser Zeit. Die Bearbeitung der Keramik hat ergeben, daß der Fundkomplex Formen aus dem Zeitraum zwischen dem letzten Drittel des 16. Jahrhunderts und dem Anfang des 18. Jahrhunderts (nach

---

127 Hier unter *Bef. Nr. 333, 353.*
128 *Bef.Nr. 786.*

129 Hier: *Bef. Nr. 534.*

1690) enthält.[130] Ferner waren die Funde aus der Planierschicht *189,* die über dem Fußboden *254* lag und mit der der stark nach Süden abschüssige Innenhof für die folgende Periode waagerecht ausgeglichen wurde, zu betrachten. Diese Funde bestätigten den oben gegebenen Ansatz.

Als fixes Datum ist außerdem die Jahreszahl 1671 zu diskutieren, welche als Balkenanker an die Nordseite des späteren Marstalls (Nordflügels) angebracht ist (Abb. 4) und die den Beginn der folgenden Bauperiode 5 anzeigen könnte. 1671 als Jahr der Vollendung der Bauperiode 5 scheint allerdings zu früh angesetzt, da im Inventar der Schicht *189,* die als Anschüttung des Innenhofs den Abschluß der Bautätigkeit zur Periode 5 bildete, Gefäßformen auftraten, die kaum vor 1700 in den Boden gelangt sein können. Es waren dies insbesondere die Humpen Duinger Machart (Taf. 52.53.54,351), die nach der Bearbeitung von H. LÖBERT erst seit Ende des 17. Jahrhunderts hergestellt wurden.[131] Es ist folglich anzunehmen, daß eine Überschneidung der Periode 4 mit der Bauphase der Periode 5 im Zeitraum zwischen 1671 und 1702[132] bestand und der Innenhof (Hofpflaster *254)* erst nach Abschluß sämtlicher Bauarbeiten aufgefüllt worden ist.

Brandhorizont

Auch im Zusammenhang mit Befunden der Periode 4 sind deutliche Spuren eines Brandes nachweisbar, der jedoch, im Gegensatz zum Zerstörungshorizont der Periode 3, nicht zu einem Abbruch der Periode geführt hat und auch keine Bauspuren nach sich zog.

In den Fugen des Hofpflasters *254* lagen Holzkohleflitter und Holzkohlestückchen. Die Konzentration der Brandpartikel nahm nach Süden hin, d.h. zum Palas und zum Wohnturm, deutlich zu. Es zeigte sich aber keine durchgehende Brandschicht.

Es liegt zwar nahe, diesen Brand mit dem von VON STEINEN erwähnten, 1651 durch lothringische Soldateska verursachten Feuer zu verbinden,[133] einen archäologischen Beweis dafür gibt es allerdings nicht.

Periode 5
(Abb. 39; Beil. 5)

Unter Gerhard Wennemar von der Recke I. (1634-1703) entstand aus Haus Berge ein für die frühe Neuzeit typisches Schloß der Form „Vierflügelanlage".[134] Ein umfassender Neubau wurde nicht vorgenommen, sondern die älteren Strukturen fanden weitgehende Berücksichtigung. Der bereits in den älteren Bauperioden abgesteckte Grundriß, zusammen mit der schiefwinkligen Ausrichtung der Flügelbauten, wurde beibehalten. Auch einige der vorhandenen Gebäude, vor allem der Palas und der Wohnturm, blieben teilweise erhalten, wurden aber zu einem einzigen, geschlossenen Komplex vereinigt. Neu errichtet wurden die Flügelbauten, zum Teil unter Verwendung der älteren Umfassungsmauern der Burg. Tradition wurde ferner bei der Nutzung einiger Gebäudeteile gewahrt. So blieb der Backofen ungefähr an der gleichen Stelle im Westen der Anlage und der Marstall war nach wie vor im Nordtrakt untergebracht.

Den Endzustand gibt das im Märkischen Museum von Witten aufbewahrte Ölgemälde wieder, das zwischen 1702 und 1718 entstanden sein dürfte (Abb. 11).[135] Es zeigt, trotz der recht verzerrenden Malweise, einige Details, wie die Lage der Anbauten, die Fassade des Torhauses und die Zusammenführung des Palas und des Wohnturms zu einem einzigen rechteckigen Gebäudekomplex. Einige offenkundige Fehler in der Darstellung, wie z.B. der gewalmte Ostgiebel des Südflügels, müssen nicht unbedingt dem unbekannten Maler zur Last gelegt werden, sondern könnten auch durch unsachgerechte, nachträgliche Ausbesserungen, von denen das Bild zahlreiche Spuren aufweist, entstanden sein. Besonderen Wert legte der Maler auf die Darstellung der im französischen Stil gehaltenen Gartenanlage am östlich vom Schloß gelegenen Hang des Helenenberges. SOBOTKA wies ferner auf das auffällige, maßstabswidrige Zusammenziehen von Gebäuden aus den „Zubehörungen" hin: Ruhrfähre, Mühle, Sundermühle und Dorf Witten, welche alle auf dem Gemälde zu sehen sind. Die Gesamtheit dieser Einzelheiten zeugt von dem Stolz des Schloßherrn über seinen Besitz und seine standesgemäße Lebensweise. Die Ergebnisse der Ausgrabung haben die Richtigkeit der Gebäudedarstellung im Ganzen bestätigt.

Diese sicherlich glanzvollste Zeit des Hauses währte allerdings nicht allzu lange, denn schon nach weniger als 50 Jahren, mit dem Tod des Erben Gehard Wennemar von der Recke II. (1747), verließen die adeligen Bewohner das Haus und überließen es bürgerlichen Pächtern. Das hieß zwar nicht, daß Haus Witten von da an dem Verfall anheim gegeben wurde, das prächtige Gartentor mit den Wappen derer von Mirbach und von Bentinck (1762) zeugt noch von beachtlichen baulichen Aktivitäten, doch waren damit der tragende Geist, die unmittelbare Verantwortung für den Erhalt und die lebendige Entwicklung des

---

130 s. Beitrag von B. DAHMEN.
131 LÖBERT 1977, 29 ff.
132 1702: Abschluß der Bautätigkeit, s.u. S. 62.
133 VON STEINEN, 1760, 692.

134 Zur Entwicklungsgeschichte: HOTZ 1970, 14 ff.
135 Es sind lediglich die Torpfeiler von 1702 dargestellt. Die jüngeren nach Westen (1718-1747) und zum Garten (1762) fehlen noch.

62   Bauperioden

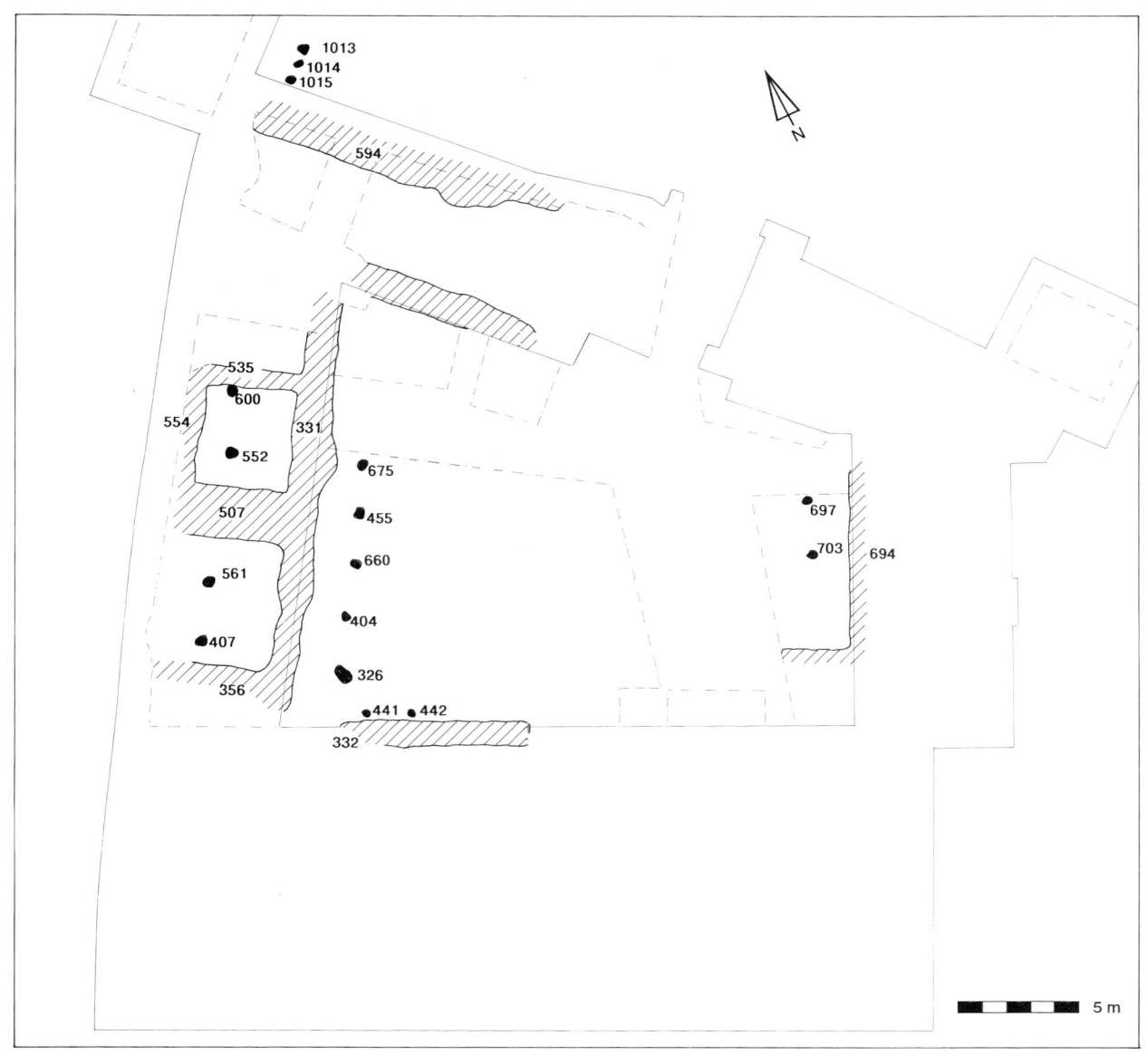

Abb. 39   Periode 5, Bauphase; Baugruben und Gerüstpfosten.

Schlosses verschwunden. Besonders deutlich zeigte sich dies in der im zweiten Viertel des 18. Jahrhunderts einsetzenden Verwendung des Schloßteiches als Abfallgrube.

Befunde der Erbauungsphase

Eine ganze Anzahl von Hinweisen sprachen dafür, daß der Umbau der Burg in ein Schloß planmäßig und in zwei Bauabschnitten unter dem Bauherrn Gerhard Wennemar von der Recke I. vonstatten ging.

In einem ersten Bauabschnitt wurden der Nordflügel (Marstall), die Ecktürme und wohl auch das Torhaus errichtet.

Bis auf eine Reihe von drei Pfostengruben am Nordwestturm *(1013-1015),* hat dieser Baubetrieb keine Spuren hinterlassen. Als Anhaltspunkt zur Datierung dient die Jahreszahl 1671, welche als Balkenanker an der Nordseite des Stalls angebracht ist (Abb. 4).

Der zweite Bauabschnitt umfaßte den Westflügel, das Corps de Logis und die Erweiterung des Palas. Die alten Fußböden und das Hofpflaster waren als Baustellenbefestigung liegengeblieben. Nachdem die Baugruben für die Fundamente ausgehoben worden waren, wurden im Abstand von 2 m zu den geplanten Mauern alle 2 bis 2,5 m Gerüstpfosten aus Eichenholz aufgestellt, wobei die bis zu

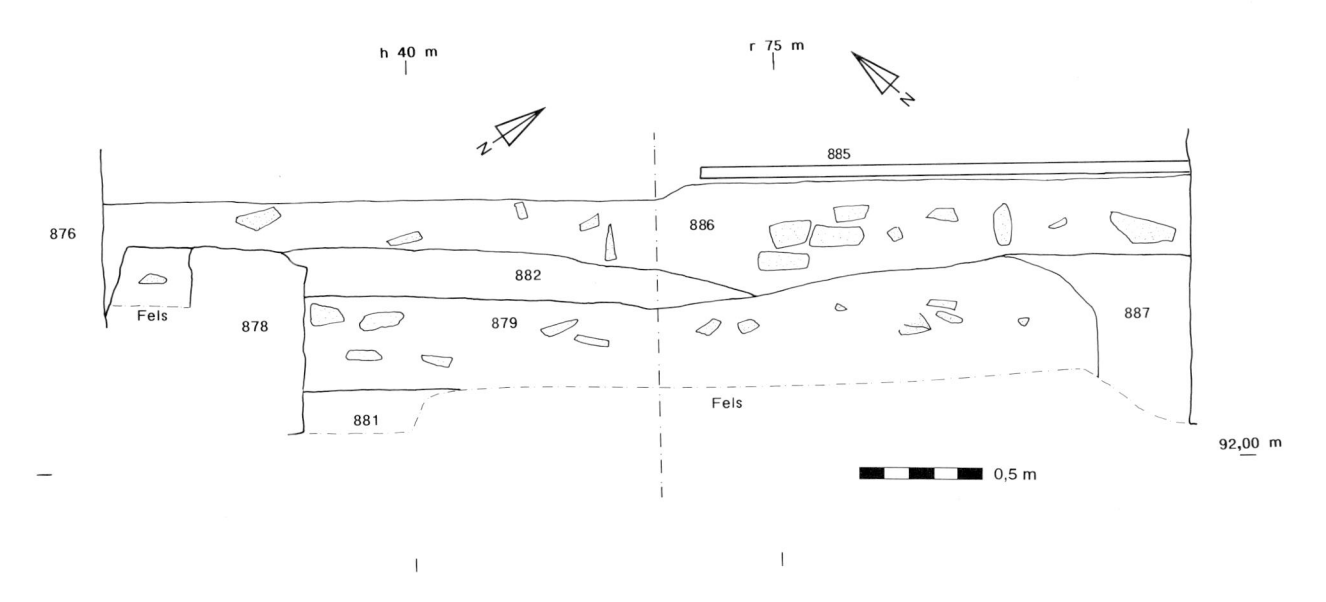

Abb. 40   Untersuchungsgebiet 6, Nordostturm, Profil.

80 cm tiefen Pfostengruben des Baugerüstes durch den alten Plattenbelag des Innenhofs *(254)* bzw. der Gebäude durchgegraben wurden (Abb. 39). An der Ostseite des Westflügels konnten fünf Pfostengruben freigelegt werden: *326, 404, 660, 455, 697.* Im Inneren des Westflügels wurden vier solcher Gruben beobachtet: *600, 552, 561, 407.* Der Erweiterung des Palas sind die Pfostengruben *441* und *442* zuzuordnen. Am Ostflügel wurden zwei derartige Gruben festgestellt: *697, 703.* Im Querschnitt weisen die Gruben gerade, senkrechte Kanten und einen annähernd waagerechten Boden auf. Zur Stabilisierung der Pfähle wurden senkrecht Sandsteinkeile eingeschlagen.

Der Bauplan sah vor, daß der Innenhof, der bis dahin entsprechend der Geländekontur ein starkes Gefälle nach Südwesten aufwies, waagerecht werden sollte, so daß die Eingangsschwellen und die Türen vom Innenhof in die zukünftigen Gebäude gleich in der entsprechenden Höhe um 92,48 m ü.NN. eingesetzt wurden (Abb. 9).

Übriggebliebene Sandsteinstücke und Mörtelreste blieben auf der Baustelle liegen (Abb. 28, *370, 371*). Nachdem die Bauarbeiten abgeschlossen waren, wurden zunächst die Gerüstpfosten entfernt. Anschließend wurden die Zwischenwände eingezogen und der Innenhof und der stark abschüssige Westflügel waagerecht angeschüttet (Planierschichten-Hof: *189, 199, 370, 371, 435* = Abb. 28; Planierschichten-Westflügel: *175, 206, 207, 339, 341, 484, 513* = Abb. 34; Planierschichten Nordostturm: *879, 882, 886* = Abb. 40). Das Anschüttungsmaterial dürfte aus dem unmittelbaren Umkreis der älteren Burg hergenommen worden sein; sicherlich wurde auch der Aushub der Baugruben mitverwendet. So gelangte auch eine Anzahl von älterer Keramik in die Schichten, die insgesamt den Zeitraum vom 16. bis zum Ende des 17. Jahrhunderts abdeckten.[136] Die jüngsten Funde aus dem Laufboden des Innenhofs *254* waren Humpen Duinger Provenienz (Taf. 53,350) mit verschliffenem Adlerdekor, welche in der Zeit um 1700 hergestellt wurden.[137]

Der Abschluß der Palaserweiterung ist dann noch genauer bestimmbar in die Jahre vor 1702, da auf dem Ölgemälde (Abb. 11) die Palaserweiterung bereits mit dem Torpfeiler (Taf. 3,1; Jahreszahl 1702) vergesellschaftet ist. Dieser frühe Ansatz deckt sich mit dem Baudatum, welches durch die Keramik aus der Anschüttung des Innenhofs gegeben ist.

Wohnturm

Der Wohnturm wurde aufgegeben und an der Ost- und Südseite niedergelegt. Die übrigen Mauerteile wurden in den Erweiterungsbau des Palas einbezogen (Beil. 4, *313, 272*). Der Keller erhielt jetzt wohl das zweischiffige Tonnengewölbe, dessen Mittelstütze *(321)* stumpf gegen die Mauern *602* und *313* gesetzt wurde.

Corps de Logis (Ostflügel)

Ihr Wohngebäude (Corps de Logis)[138] ließen Gerhard Wennemar von der Recke I. und seine Gattin Helene unter Beach-

---

136   s. Beitrag B. DAHMEN, S. 212 f.
137   *Kat. Nr. 342, 350.*
138   Als Bestandteil der Schloßarchitektur, s. HOTZ 1970, 40 ff.

tung der damals zeitgemäßen Vorstellungen hinsichtlich Lage, Ausstattung und Komfort als Anbau an die Nordostecke des Palas errichten. Das Gebäude, das später nicht mehr wesentlich verändert wurde und im Zweiten Weltkrieg vergleichsweise nur geringen Schaden genommen hat, liegt heute noch in seiner ursprünglichen Form vor und wurde bereits oben ausführlich behandelt.[139] Archäologische Ausgrabungen erübrigten sich, da der gesamte Ostflügel und der östliche Teil des Nordflügels in der folgenden Bauperiode (Bauperiode 6, um 1878) unterkellert wurden. Nur im Turm und an den Fundamenten wurden Schnitte angelegt. Untersuchungen am Mauerwerk wurden an drei Stellen vorgenommen: Öffnung der Vermauerung 744 des Abortes (Taf. 16,2), Freilegung der Fuge zwischen dem alten Palas und dem Anbau (Abb. 20), Freilegung der Ecken zwischen Torhaus 481 und Mauer 148 bzw. 693. Die Untersuchungen ergaben, daß die Grundmauern, einschließlich des Turmes und des Torhauses, miteinander im Mauerverband stehen und gleichzeitig sind. Sie wurden auf dem anstehenden Sandsteinfels aufgesetzt. Das relative zeitliche Verhältnis zu den älteren Bauperioden ist durch die Mauerfuge 342/396 (Abb. 20) und die Überschneidung des Nordostturms mit der älteren Böschungsmauer 878 (Beil. 4) gegeben.

Von der ursprünglichen Ausstattung der Räume ist so gut wie nichts erhalten geblieben, da in der Bauperiode 6 vor allem die Innenausstattung großzügig abgeräumt und durch Stilelemente der Gründerzeit ersetzt wurde. Im Corps de Logis sind die beiden in die Wand 743 eingelassenen Kamine die einzigen schmucktragenden Teile (Taf. 2).[140]

Licht in die hygienischen Verhältnisse des frühen 18. Jahrhunderts brachte die Entdeckung der vollständig erhaltenen Toilette 744, welche sich hinter einer Vermauerung im Südzimmer des Corps de Logis befand (Taf. 16,2). In der halbrunden Kammer war ein Toilettensitz aus Eichenholz mit schlüssellochförmigem Ausschnitt eingebaut. Darunter öffnete sich ein Schacht, durch den die Fäkalien in den Schloßteich gelangten (1051). In die Wand der Kammer waren Nischen eingelassen, in die Licht gestellt oder ggf. auch Reinigungsmaterial gelegt werden konnte. Weitere Abortnischen dürften sich hinter den an der gleichen Stelle vorkommenden Vermauerungen im Obergeschoß und im Nordflügel befunden haben. An der Außenwand war die Lage der Aborte an einem vorgesetzten Mauerpfeiler zu erkennen (Beil. 5, 148, 150).

Über die Funktion der Räume ist sonst kaum Aussagen zu machen. Gewiß dienten die beiden Kaminstuben dem längeren Aufenthalt. Auch die vier Aborterker gehören in den Wohnbereich. Für eine Küche gibt es keine Anzeichen, so ließ sich vor allem eine Herdstelle nicht nachweisen.

Palas

Wie der Wohnturm wurde auch der Palas dem neuen Bauplan unterworfen und an der westlichen Giebelwand im Zusammenhang mit seiner Erweiterung nach Westen verändert. Der westliche Giebel – zumindest die Ecken – wurde, mit Ausnahme der Kellerwand 298, abgerissen, wahrscheinlich um optisch ein einheitliches Bild herzustellen. Entfernt wurden dazu an beiden Ecken die großen, zugerichteten Sandsteinquader, die entsprechend dem Befund 396 an der Nordostecke (Abb. 20) auch an den übrigen Kanten des Palas eingelassen gewesen sein dürften. Im Profil (Abb. 41) war die Fuge zwischen dem Palas und dem Erweiterungsbau unter der Betonplatte zwar nicht mehr klar zu erkennen; deutlich sichtbar war sie aber auf einem um 1930 aufgenommenen Foto vom Eingang zum Erweiterungsbau des Palas.[141] Auf dem Foto zeigte sich auch deutlich, daß die Ecksteine ausgebrochen und die entstandene Lücke danach mit kleineren Sandsteinen, die der Steingröße der gesamten Wand entsprachen, ausgefüllt worden war. Dadurch erklärte sich die zweite vertikale Fuge auf dem Foto etwa 1 m östlich der Fuge, die unmittelbar neben dem Eingang 146 verlief. An der Südseite wurde die Abbruchstelle der Eckquader im Befund 810 erfaßt (Taf. 10,2).

Die westliche Erweiterung des Palas

Unter Einbeziehung der Fundamente des Wohnturms (309, 313, 906, 911, 1069) und der ehemaligen Giebelwand des Palas (298) wurde ein Anbau über die gesamte Breite der Südfront geschaffen, durch den der ehemalige Palas nun um das Doppelte verlängert wurde. Er sei im folgenden als Palaserweiterung bezeichnet.

Die Südmauer der Palaserweiterung zeigte sich deutlich abgesetzt vom älteren Bestand in den Befunden 1068, 602 und 294. Der Wohnturm war bis auf halbe Kellerhöhe abgebrochen worden. Die neue Wand war erheblich schmaler, so daß sowohl im Keller, als auch im Außenbereich ein deutlich hervortretender Mauerversprung entstanden war (vgl. Taf. 9). Ein Verbund der Mauer mit dem Palas, welcher sich nach dem Ausbruch der Eckquader bautechnisch anbot, wurde nicht hergestellt. Im Keller und an der Außenwand zeigte eine 2 bis 3 cm breite Fuge, daß die Mauer 1068 bzw. 294 stumpf gegen den Palas gesetzt worden war.

---

139 s.o. S. 31 ff.
140 Die ehemalige Ausstattung mit „Delfter" Kacheln ist durch eine Anzahl von Funden belegt; s. Beitrag B. DAHMEN, *Kat. Nr. 487, 490, 491, 492.* – SOBOTKA 1991, 162.164
141 SOBOTKA 1991, 128; zwei parallele vertikale Fugen links neben dem Eingang.

Die Westmauer der Palaserweiterung entsprach dem Befund *131* (Abb. 7). Sie stand wie die Südmauer auf den Resten des abgebrochenen Wohnturms (Abb. 31).

Im Profil der Nordwand des Südflügels (Abb. 41) konnten der Palaserweiterung die Befunde *413* und die Kanalöffnung *1031* zugeordnet werden. Anders als auf der Südseite endet die Mauer an der rechten Eingangsseite der ehemaligen Kellertreppe *(272)*, da im anschließenden Bereich die Brunnenstube um den Brunnen *218*, zwischen dem ehemaligen Wohnturm und dem Westflügel, neu angelegt worden war. Eine gerade Weiterführung des Fundaments war deswegen nicht möglich.

Auf dem Ölgemälde eines unbekannten Malers um 1710 (Abb. 11) ist das Ende der Wand allerdings nicht zu erkennen. Hier ist eine durchgehende, gerade Wand dargestellt, an die das Dach des Westflügels heranzieht. Diese Darstellung widerspricht natürlich nicht nur dem Verlauf der Fundamente und der Tatsache, daß der Brunnen in dieser Weise mit einer aufwendigen Bogenkonstruktion hätte überspannt werden müssen, sondern läßt sich auch nicht mit der Lage der Schießscharte *779* vereinbaren. Diese befindet sich genau an der hypothetischen Anschlußstelle an die Westwand *131* (Abb. 7). Erst in der Bauperiode 6 wurde diese Lösung mit der Aufgabe des Brunnens und der Einfüllung der Brunnenstube *(167, 215, 212)* verwirklicht. Eine zweifelsfreie Erklärung des Widerspruchs zwischen der zeichnerischen Darstellung und dem archäologischen Befund gibt es nicht. Es könnte aber an eine Fachwerkkonstruktion gedacht werden, mit der eine Überbrückung des Brunnens und ein Zugang zur Schießscharte bautechnisch möglich gewesen wäre.[142] Direkte Hinweise auf die Art der Nutzung der Palaserweiterung liegen nicht vor. Bei der Größe der Räume könnte an einen Festsaal gedacht werden.

Brunnenstube

In den Wirtschaftsbereich nördlich des ehemaligen Wohnturms gehörte ein Wasserbrunnen (Beil. 5, *218*; Abb. 41; Taf. 17,1),[143] der in dem Winkel zwischen dem ehemaligen Wohnturm und dem Westflügel angelegt worden war. Die Zuweisung in die Periode 5 erschien problematisch, da sich die Lage des Brunnens nicht aus dem Bauplan der Periode 5 ergab. So behinderte er geradezu die Erweiterung des Palas zu einem geschlossenen, rechteckigen Bauwerk; eine Verlagerung 1 bis 2 m nach Norden hätte eine Umgehung bzw. Überbrückung des Brunnens überflüssig gemacht. So lag die Vermutung nahe, daß der Brunnen zum alten Bestand gehörte und in der Bauperiode 5 darauf entsprechend Rücksicht genommen wurde. Dieser Gedanke ließ sich allerdings stratigraphisch nicht belegen, so daß als Bauzeit die Periode 5 angenommen werden muß.

Der Brunnen bestand aus zwei Teilen: einem quadratischen Oberteil *(218)* und dem runden Brunnenschacht *(486)*; beides gemauert aus Sandsteinbruchstücken. Der Innendurchmesser betrug 1 m, die lichte Weite genau 2 m. Das Oberteil wies, entsprechend dem Verlauf der ehemaligen Oberfläche, eine keilförmige Unterkante auf.

Der Fußboden *(236)* aus flach verlegten Sandsteinplatten schloß bündig an den Brunnenrand *218* und die danebenliegende Mauer *165* in einer Höhe von 91,19 bis 91,29 m ü.NN an. In östliche Richtung war der Fußboden zunächst an die Reste des noch erhaltenen alten Hofpflasters *254* angearbeitet. Später wurden auch hier noch einmal flache Sandsteinplatten aufgelegt und ein Kanal zur Ableitung des Regenwassers eingezogen (Abb. 41, *266*). Da sich, im Gegensatz zu dem gleichzeitig errichteten Westflügel, dem Innenhof und der Erweiterung des Palas, die Brunnenstube in einem Halbkellerniveau befand, mußte die Differenz von 1,2 m durch eine Treppe ausgeglichen werden (Beil. 5, *186*; Taf. 17,2). Die Seitenwände der Treppe wurden gleichzeitig mit Schicht *189* angelegt.

In der Mauer zum Westflügel *(165)* befanden sich jeweils eine nach Süden und eine nach Norden angelegte Nische (35 x 50 cm) bei 91,60 m ü.NN (Taf. 18,1), deren Funktion nicht deutlich wurde. Der Durchgang nach Westen bestand weiterhin und wurde sogar durch eine Schießscharte gesichert (Abb. 7, *779)*.

Die stratigraphische Situation um den Brunnen zeigt das Profil (Abb. 41): Die Baugrube des Brunnens *(253, 499)* störte den Fußboden der Bauperiode 4, die darunterliegende Planierschicht *445*, das Innenhofniveau der Bauperiode 3 *(421)* und setzte sich dann in den gewachsenen Boden *329* fort. Gleichzeitig mit dem Brunnen wurde die Mauer *165* mit ihrem stark abgetreppten Fundament angelegt und ihre Baugrube mit dem gleichen Material wie die des Brunnens verfüllt *(365)*. Über der verfüllten Baugrube wurden verschiedene Materialien angeschüttet *(252, 284, 300)*, so daß der ehemals abschüssige Durchgang zum westlichen Außengelände eine waagerechte Lage bekam.

---

142 Fachwerk an Haus Witten. Stelle 1: die Innenwand zwischen Ostflügel und Nordflügel östlicher Teil. Stelle 2: Obergeschoß Nordflügel; SOBOTKA 1991, 95 Abb. 132. – Zur Mischbauweise im Burgenbau s.UNTERMANN 1987, 317 f. mit Anm. 72.

143 Der Brunnen war leider ausgrabungstechnisch sehr schwer erreichbar, da er mitten unter der hoch aufragenden Nordmauer der letzten Palaserweiterung lag und mit einem sehr schweren Sandsteinblock abgedeckt war. Außerdem verlief schon 70 cm nördlich des Brunnens die Mauer *165* und halb über die westliche Kante der industriezeitliche Kellereingang *237*. Der Grund des Brunnens konnte nicht erreicht werden.

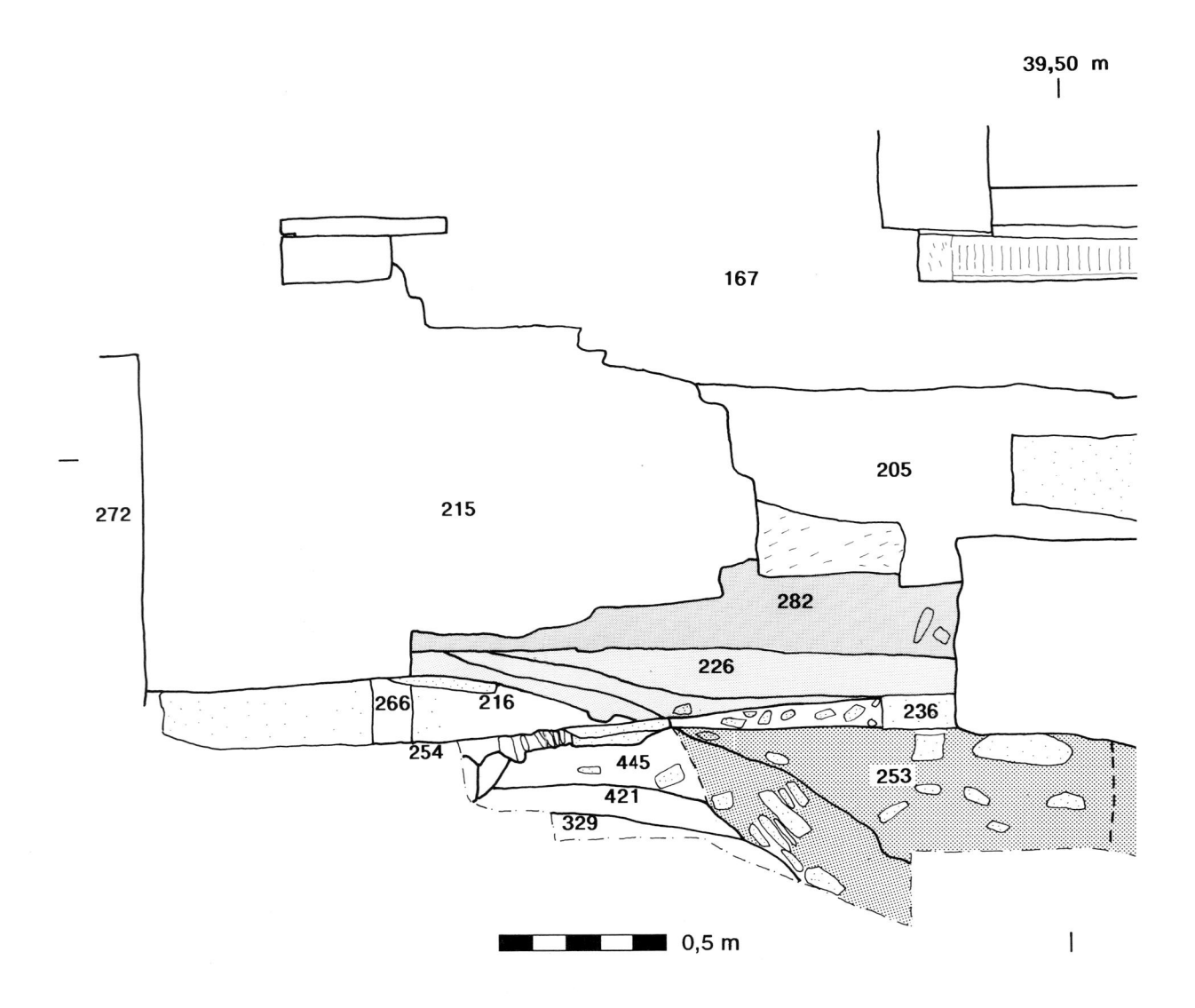

Abb. 41   Querschnitt durch die Brunnenstube; Ansicht von Norden. ▶

Wirtschaftsgebäude (Westflügel)

Der Westflügel wurde unter Verwendung der vorhandenen Schildmauer *178* in dem zweiten Bauabschnitt zwischen 1700 und 1702 errichtet. Die hofseitige Mauer *169* stößt stumpf gegen die Mauer des Nordflügels (Stall), der bereits im ersten Bauabschnitt in den siebziger Jahren des 17. Jahrhunderts errichtet worden war. Er hat in seinem Kern die Fabrikzeit und den Zweiten Weltkrieg überstanden. Der jüngste Zustand wurde bereits oben ausführlich behandelt (vgl. Abb. 9). Das Innere wurde in der Bauperiode 6 vollkommen verändert, die Innenwände wurden zur Schaffung einer zusammenhängenden Werkhalle abge-

brochen. Der ältere Zustand war unter dem Fußboden der Werkhalle erhalten (Abb. 34).

Das Fundament der östlichen Außenwand *(169)* stieg entsprechend dem Verlauf der ursprünglichen Geländeoberfläche nach Nordosten an. Die größte Tiefe erreichte es am Südende, wo es zusätzlich durch das verbreiterte Bankett *255* gesichert war (Unterkante Süd: 90,70 m ü.NN; Unterkante Nord: 91,63 m ü.NN).

Mit der Außenwand *169* im Verband stand die Südwand *165*, die ebenfalls ein verbreitertes Bankett zur Stärkung des Fundaments aufwies (Unterkante: 90,70 m ü.NN). Ebenfalls im Verband mit der Mauer *169* stand der Abwasserkanal *336*, für den eine 0,4 x 1 m große Öffnung ausgespart wurde (Taf. 13,2). Der Austritt des Kanals wurde durch die bereits bestehende Schildmauer *178* geschlagen. Dabei wurde die durch den älteren Ofen *489* vorgegebene Einwölbung der Mauer *(573)* ausgenutzt (Abb. 38).

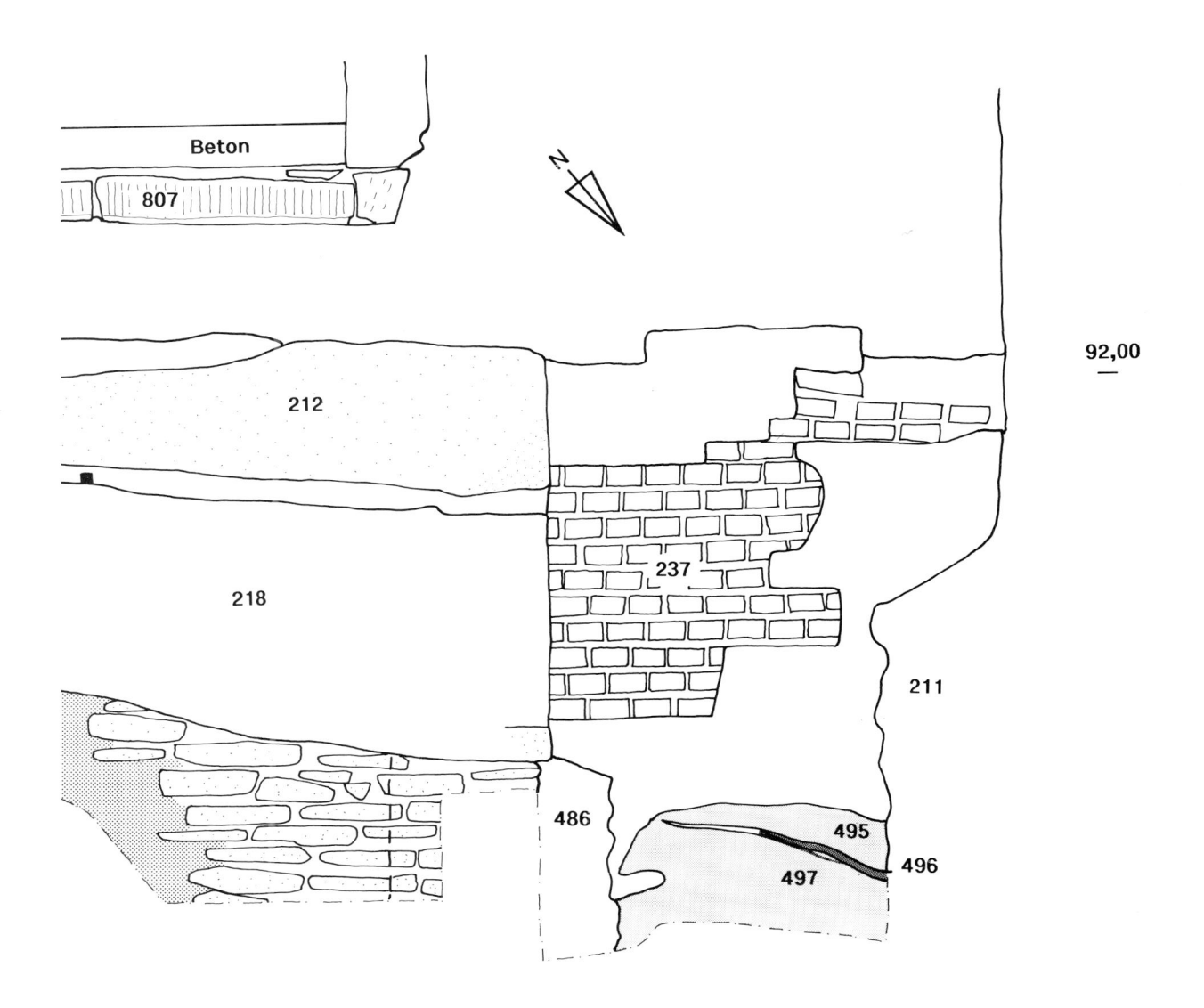

Vom Fußboden waren nur wenige Reste des Belages aus Sandsteinplatten erhalten (Beil. 5, *514*). Die Höhe lag zwischen 92,13 und 92,30 m ü.NN. Als Unterlage wurden folgende Planierschichten aufgebracht: *175, 338, 206, 339, 207, 341, 339, 513, 484*.

Bei den Zwischenwänden *(511, 475)* des Westflügels bestand kein Mauerverband mit den Außenwänden. Sie teilten den Flügel in drei etwa gleichgroße Räume auf. Der Eingang befand sich jeweils in der Mitte und wurde in den Vermauerungen *628/629, 625/627* und *631* der mehrfach versetzten Eingangstüren erfaßt (Abb. 9). Der Eingang führte in einen quadratischen Raum mit einem winkelförmigen Einbau (Treppe?) in der Südwestecke *(476;* Taf. 18,2). Von dort aus gelangte man in die Backstube.

Der Backofen 477

Dieser Befund wird im Beitrag von S. SOMMER (s.u. S. 203) ausführlich besprochen, so daß an dieser Stelle darauf verzichtet werden kann.

Der Marstall (Nordflügel)[144]

Im Nordflügel westlich des Torhauses deutete ein archäologischer Befund darauf hin, daß hier – wie auch in der Zeit davor – die Pferde des Hausherren untergebracht waren. Entsprechend der neuen Ausrichtung des Flügelgebäudes verlief der Wandgraben für die Abtrennung der Pferdeboxen nun parallel zu den Außenmauern *656* und *578*. Der Wandgraben *684*, der nun mit maximal 60 cm deutlich breiter als der vorhergehende war, wurde in den älteren Graben *714* eingetieft. Im Abstand von 1,2 m waren hier insgesamt sieben Pfosten eingesetzt. Zwischen dem Graben, der Pfostenreihe und der Nordwand *848* befanden sich weitere Pfostensetzungen im rechten Winkel dazu: *766* (neben *677*), *737*, *724*, *723* (zwischen *739* und *727*) und *818?* (zwischen *722* und *683*). Es deutet sich somit eine Einteilung in mindestens drei Boxen an. Der Bodenbelag dieser Stallphase bestand aus im Schachbrettmuster verlegten Sandsteinen in einem Lehmbett *(681)*, die aber größtenteils nur noch als Abdruck in der Lehmschicht vorhanden waren (Taf. 19,1).

Ein Bodenbelag aus Sandsteinen befand sich auch im Stallteil nördlich des Wandgrabens, also dort, wo die Pferde gestanden haben; an einer Stelle befand sich der Bodenbelag über der Baugrube von Mauer *656 (594)* und reichte bis an diese Mauer heran (Taf. 19,2). Im übrigen fand sich nördlich der Pfostenreihe eine dünne, durch Fäkalien rötlich-braun gefärbte Sandschicht *(657)*.

Die Bauzeit des Nordflügels ist sowohl relativ als auch absolut genau zu datieren. Im Querschnitt durch das Gebäude (Abb. 29) wird deutlich, wie die 70 cm breite Baugrube des Mauersockels *656*, auf dem das etwas schmalere Aufgehende *848* ruht, den Fußboden der Bauperiode 4 *(685)* stört. Über beide Befunde zieht dann die Mauer *688* der Bauperiode 6. Den Fußboden *685* schneiden ferner die Pfostengruben *766* und *677*, die zu der Abgrenzung der Pferdeboxen im Wandgraben *684* gehörten. Der Fußboden *685* überdeckte die Kante der Baugrube von Mauer *598*, die der Bauperiode 4 zuzurechnen ist. Darüber ist der Schichtverband durch das Abwasserrohr *591* gestört. Die Schichten *823* und *715* zeichnen sich im Profil deutlich als die ältesten ab, da sie prähistorisches Fundmaterial enthielten. Die Balkenanker zum Obergeschoß *(848)*, die als Jahreszahl 1671 gestaltet sind, dienen als terminus post quem.

Innenhof

Von der Pflasterung des Innenhofs waren nur geringe Reste erhalten (Beil. 5, *788;* 92,64 m ü.NN). Der größte Teil wurde in der nachfolgenden Bauperiode, in der der Innenhof gärtnerisch umgestaltet wurde, zerstört. Erhalten ist allerdings ein Paket von Planierschichten, mit der der Innenhof, der ehemals (Bauperiode 4: *254)* ein starkes Gefälle in südwestliche Richtung aufwies, eingeebnet wurde[145]. Das Niveau des Innenhofs ließ sich auch an der Höhe der Türschwellen zum Innenhof erkennen (Abb. 9).

Im Westflügel und im Keller wurden mehrere aus Sandstein gemauerte Kanäle beobachtet, durch die das Regenwasser aus dem Innenhof nach Westen und nach Süden abgeleitet wurde *(590, 516, 336, 1031)*. Über die weitere Ableitung des Wassers außerhalb der Gebäude wurde durch die archäologische Untersuchung nichts bekannt.

Anbauten an der Südwestecke des Palas

An die ehemalige Südwestecke des Palas wurde ein Anbau aus mächtigen, 1,6 m breiten Sandsteinmauern gesetzt (Taf. 20,1). Der Ansatz an die Palassüdwand war in beiden Fällen durch eine kräftige Mörtelschicht gekennzeichnet. Die Mauern standen in einem Abstand von 6 m; die Enden waren durch die Baugrube des Bahndamms gestört, doch war eine turmartige, quadratische Bauform zu rekonstruieren, die in den Abmessungen den Ecktürmen ungefähr entsprochen haben dürfte.

Das Fundament *1060* umgab an seiner Westseite den brunnenartigen Schacht *1061*, der Bestandteil der Bewässerungsanlage des Schloßteiches war.[146] Über die Funktion des Anbaus können keine Aussagen gemacht werden. Eine Darstellung findet sich auf dem Ölgemälde von 1710 in Form eines Anbaus mit zwei Fenstern und einem Satteldach (Abb. 11); ferner sind mehrere Schornsteine zu erkennen.

Befestigungen, Türme

Die langen Fensterachsen an den Außenseiten des Schlosses zeigten schon äußerlich an, daß mit dem Bau der Periode 5 nicht mehr der Zweck der Wehrhaftigkeit verfolgt wurde. Auch die beiden Ecktürme *(577, 876)*, von denen der Nordwestturm sogar einen Durchgang nach außen aufwies (Abb. 4), sind wohl eher architektonisch zu begründen, aufgrund der Bauform der Vierflügelanlage als fortifikatorisch.

Schießscharten

Lediglich das Tor besaß Verteidigungscharakter und wurde mit vier spindelförmigen Schießscharten für großkalibrige (ca. 10 cm) Feuerwaffen (Bombarden) ausgestattet, von denen heute noch die beiden an der Ostseite erhalten sind (Abb. 4, *862)*. Zum Einhängen der Waffe wiesen die Schießscharten an den Seiten winkelförmige Führungs-

---

144 Als Element der Schloßarchitektur: HOTZ 1970, 110.

145 Vgl. Abb. 28, *Bef. Nr. 189, 199, 370, 371, 435*.

146 s.u. S. 68 f.

kerben auf, an denen eine horizontale Bewegung des Laufs möglich war. Es ist bereits darauf hingewiesen worden, daß der Torpfeiler mit der Jahreszahl 1702 in der Schußlinie der Schießscharte *862* liegt. Das bedeutet, daß nach 1702 kein Schuß mehr daraus abgefeuert worden sein kann. Demnach besaßen wohl auch die Schießscharten nur Zierfunktion. Schießscharten des gleichen Typs befanden sich ehemals auch an der Westfront von Haus Witten, wie es die Darstellung von 1620 (Abb. 10) zeigt.

Ein zweiter Typ von Schießscharten *(779, 780)* befand sich in der Mauer zwischen dem westlichen Torpfeiler sowie dem Nordwestturm und am Eingang zur Brunnenstube (Taf. 20,2). Die Öffnung war schlitzförmig-gerade und 8 cm breit. In die Rückseite war als Auflager für den Lauf der Waffe ein eiserner Querbügel eingelassen. Die Konstruktion läßt darauf schließen, daß es sich um eine Scharte für leichte Handwaffen (Muskete) handelte.

Spuren von Kampfhandlungen

Wenn auch die fortifikatorischen Elemente von Haus Witten in Periode 5 eher einen Ziercharakter haben, muß doch mit Kampfhandlungen auf der Burg gerechnet werden. Hinweise darauf geben zum einen die historischen Quellen, zum anderen die beachtliche Anzahl von Gewehrkugeln und Flintensteinen, die in der Einfüllung des Schloßteichs gefunden wurden.[147]

Torhaus

Das Torhaus (Beil. 5, *481, 803*) stand im Verband mit der Mauer *343* und gehörte damit zum Bestand der Bauperiode 5. Eine Beschreibung der vorhandenen Bausubstanz von der östlichen Torseite ist bereits oben gegeben.[148]

Das Fundament der im Zweiten Weltkrieg zerstörten westlichen Torseite wurde unter einer Schuttschicht, in der sich noch große Bruchstücke von Sprengbomben befanden, freigelegt *(803)*. Es zeigte sich dabei, daß auch die westliche Wange des Tores im Verband mit der anschließenden Außenmauer, d.h. mit der Außenmauer des Nordflügels *(847, 848)*, stand. Der äußere Pfeiler des Tores, in dem ehemals die gleichen Schießscharten wie auf der Ostseite eingelassen waren,[149] war auf der Außenseite bis auf den gewachsenen Sandsteinfels heruntergeführt (Höhe: 91,38 m ü.NN), da er gleichzeitig als Verblendung der Böschung zum anschließenden Schloßgraben diente. Die Innenseite des Tores *(803)* lag dagegen auf dem über

147 s. Beitrag Dahmen Kat. Nr. *575-578, 585*.
148 s.o. S. 34 f.
149 SOBOTKA 1991, 94 Abb. 127; 95 Abb. 131.

dem Fels liegenden Lehmboden auf und endete schon bei 92,56 m ü.NN.

Am südlichen Ende knickte die Mauer *803* nach Nordwesten ab und ging dort nach 5,5 m in die etwas schmalere Mauer *614* über, welche wieder im rechten Winkel abknickte und an die Mauer *847* anstieß. Dadurch entstand neben dem Tor ein annähernd quadratischer Innenraum von 3,2 m x 3,7 m, der vielleicht als innenliegendes Treppenhaus interpretiert werden könnte.

Zugbrücke

Vor dem Tor, ausgehend von den äußeren Torpfeilern, setzte ein U-förmiger Vorbau an, der als Auflager für die hölzerne Zugbrücke diente (Beil. 5, *360, 462, 463;* Taf. 21,1). Die Quermauer *462*, auf der dann das obere Ende der Zugbrücke aufsetzte, wurde als erstes gebaut. Sie war 4,5 m vom Tor entfernt, so daß damit die maximale Höhe der Zugbrücke festgelegt war. Diese Höhe korrespondierte mit dem Niveau des im östlichen Torpfeiler erhaltenen Kettenschlitzes (Abb. 4; H. ca. 4,55 m). Zu dieser Zeit waren die Gräben östlich und westlich des Tores miteinander verbunden. Diese Lösung bewährte sich allerdings nicht, so daß wahrscheinlich noch während der Bauzeit an der Schloßanlage der Periode 5 die Mauern zwischen Torpfeilern und Quermauer *(360, 463)* eingezogen wurden. Der Wassereinlauf für den Schloßteich wurde dann in einem Winkel in den östlichen Abschnitt verlegt *(636, 464, 482)*. Innerhalb des Mauerrechtecks befand sich eine flache Grube (UK. 91,99 m ü.NN; OK. Auflager, 92,63 m ü.NN), die später in der Periode 5 bzw. 6 verfüllt wurde *(461)*.

Schloßteich

Für die Anlage und Bewässerung des Schloßteiches an der Nordostseite wurde ein besonders großer Aufwand getrieben. Da in der felsigen Hanglage, die die Nordostseite von Haus Witten bestimmt, kein natürlicher Wasserzufluß vorhanden war, mußte das Wasser über ein kompliziertes Kanalsystem aus dem Brunnen *1061* von der Südseite hergeleitet werden. Dazu wurde unter das Fundament der Palassüdwand *1064* ein unterirdischer Gang *(797)* durch den Fels zum Schacht *181* getrieben, der sich im Keller des Palas befand. Durch den damals höher liegenden Grundwasserspiegel, floß nun das Wasser durch diesen Gang in den Schacht *181* (Unterkante: 86,49 m ü.NN). Durch den Schacht wurde das Wasser, entweder mit Eimern oder über eine mechanische Pumpvorrichtung, in den Kanal *180* befördert, der durch den Keller in Richtung Norden verlief. Im Bereich der jüngeren Kellertreppe *389* muß sich eine zweite Pumpvorrichtung befunden haben, die

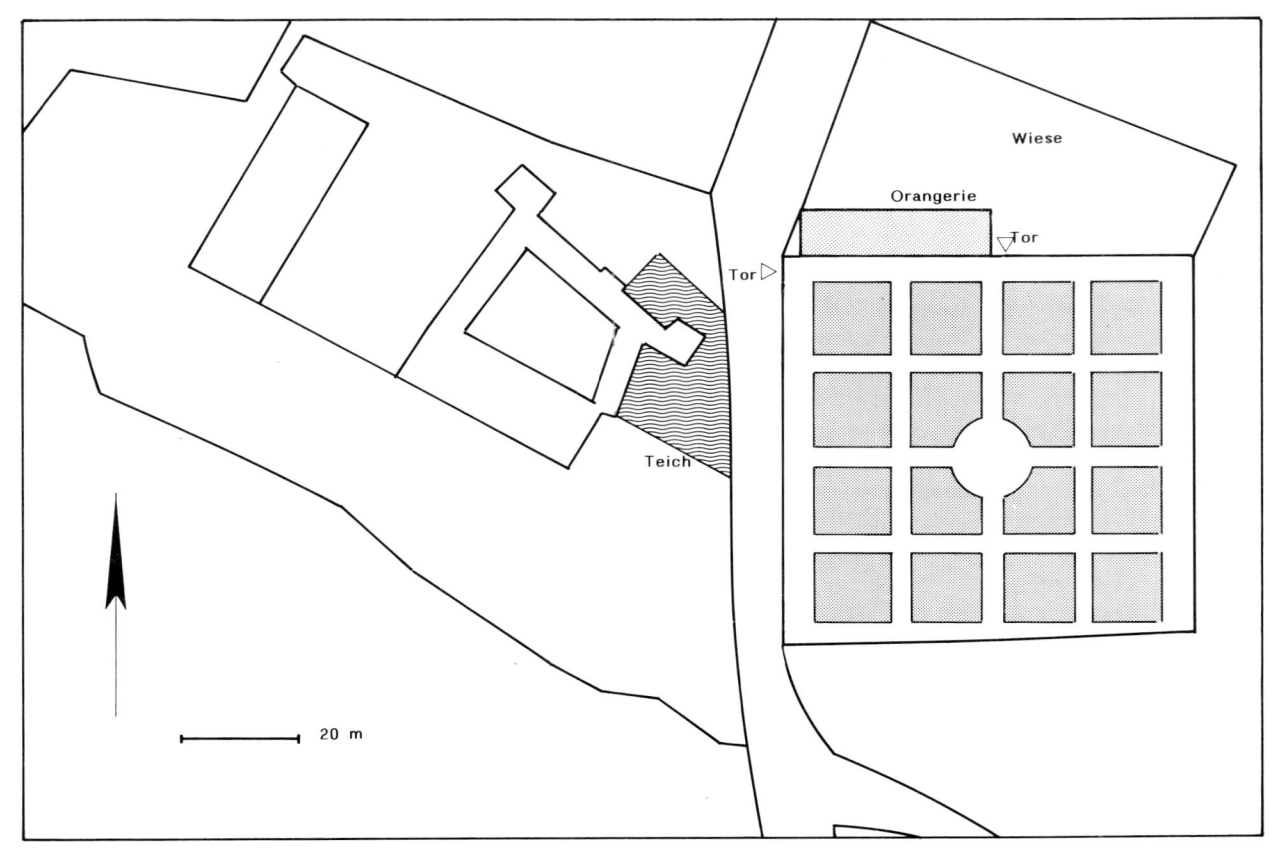

Abb. 42   Rekonstruktion des Schloßgartens.

das Wasser auf die nächste Ebene des Kanals *636* im Innenhof anhob (Unterkante: 92,17 m ü.NN). Von dort floß es zum Tor in einen Durchlaß in der Mauer *360,* der in den Schloßteich mündete. Vom Schacht *181* bis zum Ausfluß in *360* wurde ein Höhenunterschied von 5,4 m überwunden. Nach der Höhe der Ausflußöffnung hat sich der Wasserspiegel im Teich unterhalb von 91,87 m ü.NN befunden. Demnach schwankte die Tiefe zwischen 1 m und 0,8 m.

Die Ränder des Teiches waren mit Mauern *(358, 1007)* eingefaßt. Die Mauer *358* verlief ursprünglich bis in den Bereich der heutigen Ruhrstraße wie es noch im Kataster von 1883 eingezeichnet ist (Abb. 15) und knickte dann nach Süden ab.

Genau an der Südostecke des Corps de Logis (Ostflügel) setzte die südliche Begrenzung des Teiches an, die im Befund *84* erfaßt wurde (Beil. 5). Hier befand sich an der Unterkante der Mauer die Ausflußöffnung, die mit senkrechtstehenden Steinplatten verschlossen vorgefunden wurde. Der weitere Verlauf des Abflusses war zunächst durch die Baugruben der industriezeitlichen Gewächshäuser gestört; an der Südseite des Palas zeigte sich dann

wiederum ein gemauerter Abflußkanal (Beil. 5, *1082*) mit einem starken Gefälle in Richtung des Brunnens *1061* (Taf. 21,2). So wurde über den Ausfluß *84* und den Kanal *1082* das Abwasser des Teiches wieder in den Brunnen und damit in den Kreislauf zurückgeführt.

Auf der westlichen Seite des Tores und des Auflagers der Zugbrücke, befand sich ein weiterer Graben mit eingefaßten Kanten *(1007),* der vor dem Einbau der Zwischenstücke *(360, 463)* im Torbereich mit dem östlichen Schloßteich verbunden war. Da hier kein Wasserzufluß festgestellt wurde und nach dem Einbau der Zwischenwände auch keine Verbindung zum östlichen Schloßteich mehr bestand, ist anzunehmen, daß er trocken gelegen hat.

Schloßgarten

Bis auf einen schmalen Streifen entlang der Westfront wurden keine Ausgrabungen außerhalb des Gebäudes durchgeführt. Die Kenntnis von der Entwicklung der Außenanlagen beruht auf den alten Ansichten der Burg. Für diese Periode sei noch einmal der Schloßgarten als elementarer Bestandteil besonders erwähnt, welcher auf dem Ölgemälde von

1710 (Abb. 11) erstmalig auftrat. Der Garten unterstreicht die fortschrittliche Sicht der von der Reckes, die sich offenbar – im Gegensatz zu vielen ihrer adeligen Zeitgenossen – ganz einer „modernen" Lebensweise geöffnet hatten.[150]

Der Umriß des Gartens ist auf dem Urkataster von 1823 deutlich als annähernd quadratische Fläche (ca. 72 x 68 m) östlich von Haus Witten erkennbar (Abb. 3; 42). Am nordwestlichen Ende ist die ca. 33 m lange und 9,4 m breite Orangerie eingetragen. Die Aufteilung der Beete ist sowohl aus dem zeitgenössischen Ölgemälde (Abb. 11) als auch aus einer vor 1865 entstandenen Fotografie (Abb. 14) ersichtlich und läßt sich anhand der Proportionen der Orangerie annähernd maßstabsgerecht auf die Fläche übertragen (Abb. 42). Danach war der Garten schachbrettartig in 4 x 4, das heißt insgesamt 16 Beete aufgeteilt. Zwischen den Beeten verliefen Wege, an denen Spaliere, Statuen und Säulen aufgestellt waren. Die Mitte war als Rotunde angelegt. Dort befand sich möglicherweise ein Brunnen. Typologisch ist der Garten gewiß dem französischen Stil zuzuordnen, auch wenn hier die geometrischen Figuren nur auf zwei Formen, nämlich Quadrat und Kreis, beschränkt waren.[151]

Datierung/Verfüllung des Schloßteiches

Die Bauphase erstreckte sich, wie oben gezeigt, von 1671 (Nordflügel) bis 1702 (Erweiterung des Palas) und verlief damit zeitweilig parallel zur Periode 4, die mit der Anschüttung des Innenhofs und der Aufgabe des Pflasters *254* nach dem letzten Jahrzehnt des 17. Jahrhunderts abschloß.

Die einzige geschlossene Fundschicht mit Gegenständen aus der Periode 5 stellte die Einfüllung des Schloßteichs dar, die bis zur Umgestaltung in einen Ziergarten (Fundschicht *335*, Periode 6) stattfand (Abb. 43).[152] Die Fundschichten erbrachten Keramik, Glas, Münzen und sonstige Kleinfunde in großer Menge (z.B. Taf. 42,216.217.219). Der Beginn der Einfüllung kann anhand der Münzfunde im ersten Viertel des 18. Jahrhunderts angesetzt werden. Abgesehen von zwei stark abgenutzten bzw. gelochten Altstücken aus dem 17. Jahrhundert (Münzliste Nr. 9 und 17) setzt die Münzreihe im ersten Viertel des 18. Jahrhunderts ein und erreicht mit Prägungen aus dem zweiten Viertel des 18. Jahrhunderts den Höhepunkt. Die unter *Bef. Nr. 845* erfaßten Stücke aus diesem Zeitabschnitt (Münzliste Nr. 5.7) wurden zusammen in einem Haufen gefunden, so daß hier der Inhalt einer Geldbörse vorliegen dürfte. Die jüngste Münze stammt aus dem letzten Viertel des 18. Jahrhunderts *(Bef. Nr. 461)*. Den Abschluß fanden die Einfüllungen im Schloßteich um die Mitte des 19. Jahrhunderts. Eine Schale Frechener Art mit der Jahreszahlinschrift „1830" *(Kat. Nr. 477)* gibt einen enstprechenden terminus post quem; das Fehlen von sog. stranggepreßten Wasserflaschen, die erst ab 1880 hergestellt wurden, mag als terminus ante quem gelten.[153]

Das Ende der Periode ist markiert durch die Überbauung des Brunnens *181*, der Ausbau des Westflügels in eine Fabrikhalle sowie der Umbau des Marstalls und des Corps de Logis in Einliegerwohnungen in der Periode 6 im Laufe des 19. Jahrhunderts.

Periode 6
(Beil. 6)

In diese Periode gehören die letzten baulichen Aktivitäten im Bereich von Haus Witten vor der Zerstörung im Zweiten Weltkrieg.

Die Funktion, die das Gebäude im späten 18. und 19. Jahrhundert innehatte, wurde durch die Änderung der Nutzung, die mit einem weiteren Eigentümerwechsel verbunden war, bestimmt. Der Herrensitz, einstmals konzipiert als Verwaltungszentrum und Repräsentanz eines adeligen Grundherrn, wurde nun zum Stützpunkt eines Pioniers der Industriealisierung: 1788 pachteten die Gebrüder Friedrich und Heinrich Lohmann aus Schwelm, beide Unternehmer und Erfinder, das Haus Witten, um von dort aus unternehmerisch tätig zu werden. Die ehemalige Burg, die seit geraumer Zeit nicht mehr von den adeligen Eigentümern bewohnt wurde, stand in diesem Jahr zur Disposition, weil der Vertrag mit dem vorherigen Pächter, dem Rentmeister Voss, abgelaufen war. 1815 kaufte Friedrich Lohmann das gesamte Anwesen, einschließlich der damit verbundenen Privilegien.[154]

Der Besitzerwechsel hat äußerlich zunächst keine größeren Veränderungen an Haus Witten hervorgerufen. Der einzige Neubau, der mit der Übernahme in Verbindung gebracht werden könnte, lag an der Westkante der Parzelle. Dieser Neubau trat erstmalig auf der „Charte vom Ruhrstrohmthale" von 1798 (Abb. 12) in Erscheinung, d.h. also zehn Jahre nach der Pacht, aber noch vor dem Kauf. Hier war er zusammen dargestellt mit einer langen Mauer, die es mit der Südwestecke von Haus Witten verband. Die Dimensionen des Gebäudes, die sich aus dem Urkataster (Abb. 15)

---

150   Zum geistigen Hintergrund des Hochbarock und der Wiederaufbaustimmung nach dem Westfälischen Frieden: BRAUBACH in: GEBHARD 1974, 13 ff. – RÖSSLER 1965.

151   Zu diesem Gartentyp: Nordkirchen, Kr. Lüdinghausen; MUMMENHOFF 1980, 264 Abb. 8. – Heidelberg, hortus palatinus; HOTZ 1970, 86 Abb. 44.

152   *Bef. Nr.: 60, 61, 68, 106, 222, 240, 280, 387, 390, 399, 400, 461, 467, 501, 520, 845, 1003, 1004, 1006, 1010.*

153   s. Beitrag B. Dahmen u. S. 213.

154   KRÄTZIG 1989, 157 ff. – SOBOTKA 1991, 32 ff.

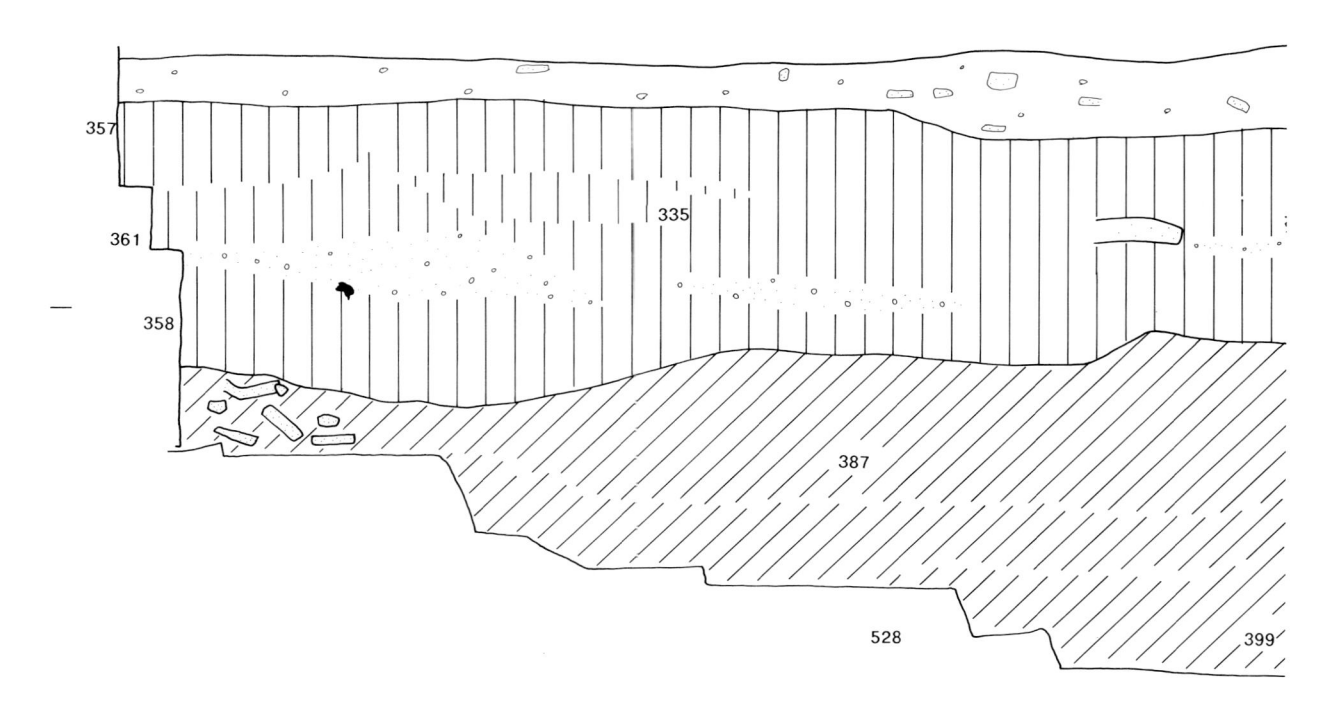

Abb. 43   Einfüllung des Schloßteiches. ▶

ergaben, waren mit 37 x 15 m recht groß. Dem Plan der Betriebsgebäude (Abb. 16) zufolge war darin eine Schmelzerei untergebracht. Bei diesem Zustand blieb es die nächsten 70 Jahre. Erst um 1870 kam es zu einem regelrechten Boom in der Entwicklung der Fabrik und in wenigen Jahren wurden auf der ganzen Parzelle zwischen Hüstenbach und Haus Witten Fabrikbauten hochgezogen, selbst der Westflügel der Burg wurde in die Produktionsanlagen integriert (Abb. 15).[155]

Eine ebenfalls erst spät wirkende Ursache für bauliche Veränderungen in der Periode 6, war der Fortschritt in der Haustechnik und Hygiene: So erlaubte der Anschluß an die zentrale Wasserversorgung die Aufgabe des ungünstig liegenden Wasserbrunnens *218*,[156] mit dem Anschluß an die Kanalisation wurden Gräben und Abwasserleitungen verlegt und Waschräume und Toiletten eingebaut. Haus Witten erhielt einen Gas- und einen Stromanschluß sowie eine Zentralheizung. Die Aufteilung der Räume in einzelne abgeschlossene Wohnungen, über die 1847 berichtet wird, mag zu weiteren Veränderungen im Inneren der Burg geführt haben.[157]

---

155   s. dazu: SCHOPPMEYER 1989, 26 ff.
156   1867 Wasserwerk in der Borbecke, 1881 Wasserwerk am heutigen Standort. SOBOTKA 1991, 138 f.
157   s.o. S. 14 f.

Palaserweiterung/Brunnenstube

Der Brunnen *218* wurde aufgegeben. Dadurch war es möglich, die nördliche Außenmauer der Palaserweiterung, die bis dahin um den Brunnen herum einen Knick machte, in gerader Linie zu verlängern (Beil. 6, *167, 211, 212*). Vermutlich wurden bei dieser Gelegenheit die Räume des erweiterten Palas noch einmal überholt bzw. überarbeitet. So wurden im Kriegsschutt, der zwischen der Palaserweiterung und dem Bahndamm eingefüllt war, Werkstücke aus Sandstein entdeckt, die denen bei der Umgestaltung des Nordostturms (1878) verwendeten entsprachen (Taf. 23,2). Von dieser jüngsten Ausstattung stammen auch Eichenbalken der ehemaligen Geschoßdecke, die nach 1724 gefällt worden sind.[158]

---

158   Dendrochronologisches Gutachten von L. Verlage, Bielefeld. Es standen drei Balkenquerschnitte aus Eichenholz zur Verfügung. Die Proben weisen weder Splintholz auf noch lassen sie eine unmittelbare Nähe der Splintholzgrenze erkennen. Daher kann bei allen drei Proben unter Anwendung einer aktuellen Splintholzstatistik nur ein frühest möglicher Fällzeitpunkt angegeben werden. Die Datierungsergebnisse liegen jedoch so dicht zusammen, daß ein gemeinsames Fälldatum nicht auszuschließen ist. Balken 1: Fällung um oder nach 1724; Balken 2: Fällung um oder nach 1718; Balken 3: Fällung um oder nach 1714.

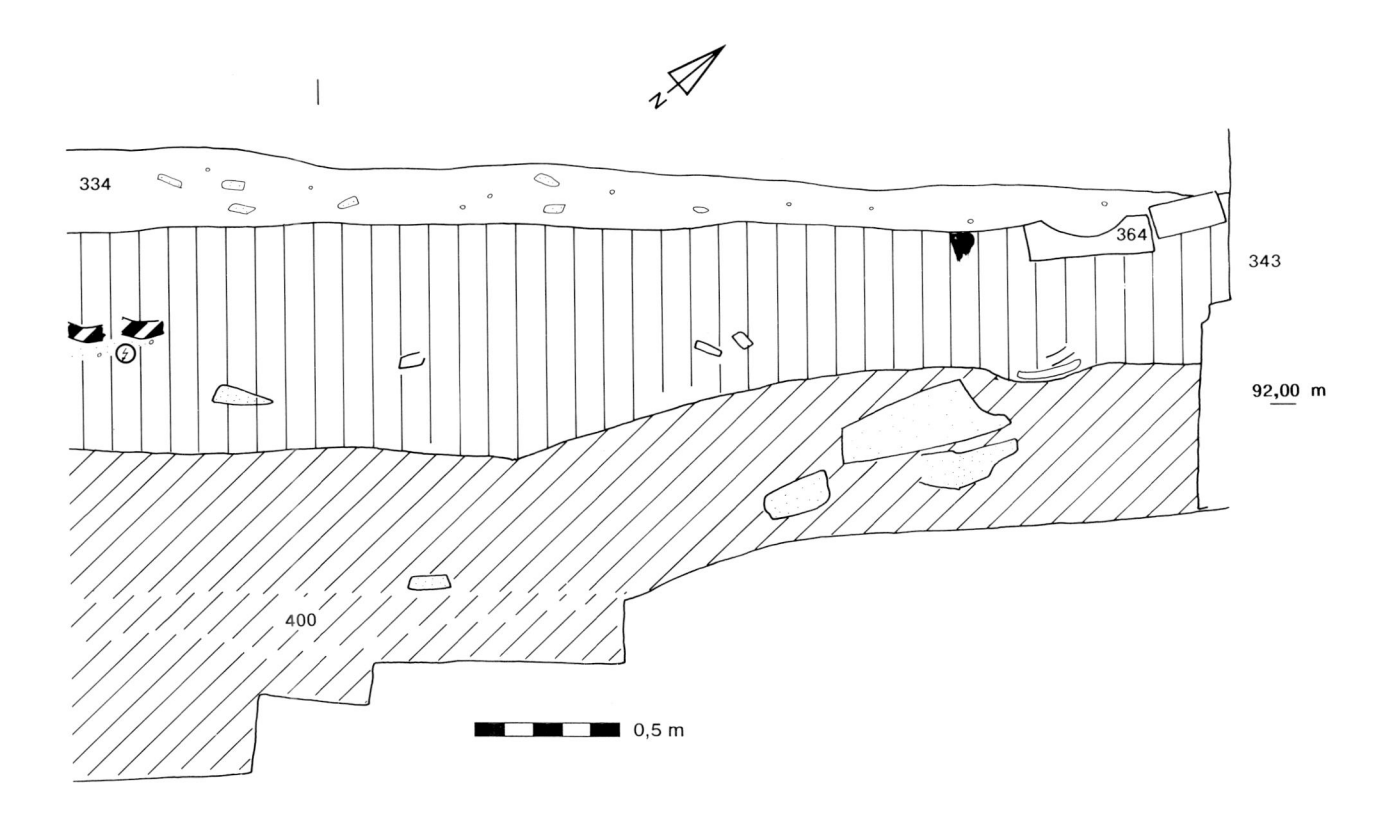

Der Brunnen wurde mit Schutt verfüllt und die Öffnung zusätzlich durch einen Sandsteinmonolithen (Abb. 41, *212*) und vierkantige Eisenstangen gesichert. Der ehemalige Durchgang nach Westen wurde zum Teil zugesetzt (Abb. 34, *211*), zum Teil über einen gewölbten Gang (Abb. 41, *237*) mit dem Keller 7 verbunden. Die Treppe zur Brunnenstube *(217)* wurde zugeschüttet, so daß das Fundament des Westflügels über die ehemalige Brunnenstube hinweg an die Palaserweiterung heran verlängert werden konnte.

Der Gang in den Keller 7 (Abb. 41, *237*) bestand, im Gegensatz zu den übrigen Mauern in diesem Bereich, aus Backsteinen, die in einen dunkelgrauen, mit Asche und gemahlener Schlacke gemagerten Mörtel verlegt waren. Dieser auffällige Mörtel trat an mehreren Stellen im Bereich von Haus Witten auf, so an dem Gewächshaus *1*, welches nach den Aufzeichnungen in den Katasterunterlagen zwischen 1870 und 1883 entstanden ist.[159]

Das Fundament über dem Brunnen errichtete man aus Sandsteinbrocken, die regellos in Mörtel zusammengeworfen waren (Abb. 41, *215*). Darauf wurde dann die Mauer *167* hochgezogen. Über dem Eingang *807*, der genau über dem ehemaligen Brunnen lag, wurde zur Entlastung der Wand ein weitgespannter Kreissegmentbogen eingelassen (Abb. 23).

Mit dem gleichen Material und unter Anwendung der gleichen Technik wurden auch der ehemalige Treppeneingang zum Innenhof und der untere Teil des Durchgangs nach Westen verschlossen (Abb. 34, *211*).

Als Abgrenzung zum Westflügel wurde die Mauer *166* halb über den teilweise abgebrochenen Mauer *165* errichtet. Diese Mauer war dreieckig, so daß der stumpfe Winkel zwischen Palaserweiterung und Westflügel ausgeglichen war.

Die ehemalige Brunnenstube wurde nach Fertigstellung der Mauern verfüllt *(209, 235)* und der Boden mit Sandsteinplatten bündig an das umgebende Laufniveau angepaßt *(176)*. Dadurch war ein Flur geschaffen, von dem aus man vom Innenhof in den westlichen Fabrikbereich (vgl. Taf. 20,1 *135*), den Westflügel und den erweiterten Palas (Abb. 23, *807*) gelangen konnte. Zur Fabrik führte dann eine Treppe hinab.

Die Kleinfunde, die zur Datierung des Umbaus dienen könnten, so z.B. aus der Verfüllung der Brunnenstube, des Brunnenschachtes und der Treppe *186*, waren nicht aussagekräftig für eine genaue zeitliche Bestimmung.[160] Die Einfüllschichten *209, 190, 282* und *214* waren fundleer.

---

159   Vgl. Abb. 15.

160   *235* weiße Irdenware, hellgrün glasiert *(Fd. Nr. 92)*; *459* Steinzeug, grau, Siegburger Art *(Fd. Nr. 281)*; *226* rote Irdenware *(Fd. Nr. 89)*.

Die Aufgabe des Brunnens stand vermutlich im Zusammenhang mit dem Anschluß von Haus Witten an die städtische Wasserversorgung. Das Wasser wurde danach zunächst in einen zentralen Brunnen im Innenhof geleitet *(582)* und von dort aus an die Verbrauchstellen verteilt. Der Bau der Wittener Wasserwerke in den Jahren 1867 und 1881[161] bildete die Grundlage für diese Neuerung.

Keller unter dem Südtrakt

In diesem Bereich wurden eine ganze Anzahl von Veränderungen zu verschiedenen Zeiten vorgenommen. Durch die in dieser Periode erfolgte Eintiefung des Kellers *5* und Durchbrüche zum alten Palas- bzw. Wohnturmkeller entstand ein zusammenhängendes Gewölbesystem über die gesamte Breite des Südflügels. Weitere Mauerdurchbrüche wurden durch die Westseite geschlagen, wodurch eine Verbindung mit dem Fabrikbereich hergestellt wurde. Die Art der industriellen Nutzung dieser Räume konnte allerdings nicht geklärt werden. Im Zweiten Weltkrieg wurden im ganzen Keller die Spuren der industriellen Nutzung beseitigt und ein neuer, einheitlicher Fußboden verlegt. Wahrscheinlich dienten die Räume in dieser Zeit als Luftschutzbunker.

Für die Eintiefung des Kellers *5* in der Periode 6 sprach die Tatsache, daß der Abwasserkanal *1031*, der mit der Nordmauer der ersten Palaserweiterung im Verband stand (Beil. 5, *413, 1031*) und daher in die Periode 5 datiere, durch die Verblendung der Baugrube des Kellers *(376)* abgeschnitten wurde. Besonders bemerkenswert war dabei, daß sich dieses junge Tonnengewölbe in nichts von den älteren Gewölben im Südtrakt unterschied, wohingegen die Keller, die etwa zur gleichen Zeit (1878) unter dem Ostflügel eingegraben wurden, mit Stahlträgern und Betondecke konstruiert waren.

In den Keller *7* führten zwei Eingänge von Westen her. Ein Zugang erfolgte über den Gang *237*. Dabei wurden offenbar der alte Durchgang von der Brunnenstube zum westlichen Außengelände und vielleicht ein altes Kellerfenster im Wohnturm ausgenutzt. Der Gang *237* bestand aus Backsteinen in dem charakteristischen, mit Schlacke gemagerten Mörtel, welcher um 1883 verwendet wurde.[162]

Der zweite Eingang befand sich in der Mitte des Westwand, nur wenige Meter von dem ersten Eingang entfernt. Er wurde häufig begangen, worauf ein sehr stark abgetretener Fußboden auf der anderen Seite hinwies (Beil. 6, *903*). Später wurde er vermauert.[163]

In den Kellerräumen *3* und *4* wurden der Graben *180* und der Förderschacht *181* der ehemaligen Bewässerungsanlage des Schloßteiches teilweise abgebrochen und mit Schutt verfüllt, in dem sich eine Menge von Kleinfunden befanden (z.B. Taf. 36,140; 39,171; 41,206; 75,478).[164]

Nach den datierbaren Gegenständen dieses Fundkomplexes war die Einfüllung nach 1829 erfolgt[165] und ist damit ebenfalls im Zusammenhang mit der Errichtung der umfangreichen Fabrikanlagen im Westen von Haus Witten zwischen 1823 und 1883 zu sehen. Interessant waren vor allem die Funde von Gußtiegeln, Werkzeugen und Rohmaterialien, die offenbar zu der älteren Lohmann'schen Betriebsausstattung gehört haben. Sie vermittelten einen Eindruck von der Produktionsweise vor dem fabrikmäßigen Ausbau des westlichen Außengeländes und könnten auch als Hinweis für die betriebliche Nutzung der Kellerräume gelten. Erstaunlicherweise besaßen die Gußtiegel noch die altbewährte Form, die schon G. AGRICOLA 1556 in seinem siebten Buch vom Berg- und Hüttenwesen abbildet und beschreibt: *Andere Tiegel haben eine dreieckige Form; sie besitzen größere Wandstärke und größere Fassung, nämlich 5,6 oder mehr Unzen. In ihnen wird Kupfer geschmolzen, so daß man es ausgießen, breitschlagen und mit Feuer probieren kann. In ihnen wird auch meist das Kupfererz geschmolzen.*[166]

Mit der Aufgabe der Bewässerung des Schloßteiches wurde auch der (vermutete) zweite Pumpschacht im Bereich der Kellertreppe *389* überflüssig. Die Kellertreppe *389* wurde an dessen Stelle angelegt. Auch sie wies den für die Zeit charakteristischen grauen Mörtel mit Zuschlägen aus zerkleinerter Schlacke auf.

Der Fußboden aus unregelmäßig verlegten Sandsteinplatten war im gesamten Keller einheitlich und gehörte, da er die Einfüllungen überdeckt, in die Zeit nach 1850. Ein unter dem Plattenboden in Raum 6 gefundener Pfennig von 1941 würde sogar für eine ganz junge Entstehungszeit sprechen.[167]

In Raum *4* wurde der Fußboden von den Überresten des rechteckigen Ofens einer Zentralheizungsanlage gestört (Beil. 6, *201*). Das Gewölbe über dem Ofen und der gewachsene Boden darunter waren rot verbrannt und verziegelt.

Neben dem Durchgang von Raum *2* in Raum *4* befand sich ein Steinklotz mit einer rund ausgeschliffenen Öffnung (Dm. 48 cm) in der Mitte *(97)*. Es könnte sich um das Auflager eines Torscharniers handeln, allerdings macht die Interpretation an dieser Stelle keinen Sinn. Möglicherweise liegt eine sekundäre Verwendung vor.

---

161 SOBOTKA 1991, 138 f.
162 Mörtel *4*, s.o. S. 26.
163 Vermutlich im Rahmen der Restaurierung um 1985.

164 *Bef. Nr. 180, 183, 286*.
165 *Kat. Nr. 478* mit Jahreszahl 1829 aus *183, 286*.
166 AGRICOLA 1977, 195, 196 Abb. B.
167 s. Beitrag von P. ILISCH Nr. 16.

Ostflügel (ehemaliges Corps de Logis)

Der ehemalige Wohntrakt des Schlosses wurde mit großem Aufwand unterkellert, weil die Räume dabei in den gewachsenen Fels geschlagen werden mußten. Die Keller erhielten eine Betondecke mit einer Armierung aus eisernen T-Trägern. Über einem Fehlboden aus runden Schamottesteinen, bei denen es sich um Abfallprodukte der Gießerei handelte, wurden Fliesen der Firma Villeroy verlegt. Den Keller pflasterte man mit quadratischen Schamotteziegeln. Ferner wurde ein Weinregal errichtet. Dieses und eine Anzahl von Wursthaken an der Decke deuteten darauf hin, daß in dem Bereich des ehemaligen Corps de Logis nun eine Küche eingerichtet worden war. Die Aborte wurden vermauert und einer der zugehörigen Mauervorsprünge *(148)* an der Nordwand *343,* abgeschlagen. Der Turm *(876)* erhielt ein weiteres Stockwerk *(877)* mit einer Zinnenkrone im historistischen Stil. Zur Ruhrstraße hin wurde ein Erker angesetzt. Der Fußboden im Erdgeschoß bestand aus Eichendielen. Darunter befand sich in der Südostecke ein aus Ziegeln gemauerter Wartungsschacht für den Wasseranschluß *(880).*

Die Datierung dieser Veränderungen war durch die Bauinschrift „1878" im Sturz des Eingangs gegeben (Taf. 4,1).

Fabrikhalle (ehemaliger Westflügel)

Der nach Westen hin gelegene Flügel wurde in den Fabrikbereich einbezogen und zu einer Werkhalle umgebaut. Sämtliche Innenwände wurden dazu bis auf eine Höhe um 92,20 m ü.NN abgerissen.

Zur Abgrenzung des Flures, der durch die Aufgabe und Einfüllung der Brunnenstube entstanden war, wurde dann die Mauer *166* eingezogen. Sie wies eine dreieckige Form auf, so daß der im Westflügel befindliche Knick ausgeglichen wurde. Im Profil (Abb. 34) wurde deutlich, daß die Baugrube der Mauer in die zu Beginn der Periode 5 eingebrachte Planierschicht *175* und in Schicht *456,* welche an den Backofen *473* der Periode 5 heranlief, eingetieft war. Über die Baugrube zogen mehrere Planierschichten an die Mauer *166* heran: *338* (evtl. älteres Laufniveau), *174, 337.* Sie dienten als Unterlage für den Fußboden *173.* Vorher wurden noch an mehreren Stellen Abwasserrohre verlegt.

Am Nordende der Halle führte eine Treppe aus Backsteinen nach Westen in den Fabrikbereich (Beil. 6, *492).* Die Treppe wies einen dichten Zementputz auf. Daneben lag ein schiefwinklig angelegtes Becken (Beil. 6, *587)* aus Backsteinen, ebenfalls mit einem sehr harten Zementverputz. In der Mitte des Beckens befand sich der runde Sockel einer Drehvorrichtung unbekannter Funktion. In der Nordwestecke lag ein U-förmiger Einbau aus Backsteinen mit einem Boden aus Eisenblech. Auch hier war eine Deutung nicht möglich.

Im Süden der Halle stand der Rest einer Backsteinmauer (Beil. 6, *468),* die mitten durch den ehemaligen Backofen *473* führte. Die Baugrube *469* schnitt Schicht *338,* welche wegen des Befundes im Profil ebenfalls der Periode 6 zuzuweisen war, so daß es sich bei der Mauer *468* offenbar um einen ganz jungen, nachträglichen Einbau in der Werkhalle handelt.

Über den erwähnten Planierschichten wurde der Fußboden aus Sandsteinplatten und quadratischen Schamottesteinen, die denen im Keller des Ostflügels entsprachen, verlegt *(173).* Darin waren Schienen für eine schmalspurige Kipplore eingelassen *(424).* Die Schienen verliefen zunächst in Nord-Süd Richtung durch die Länge des Gebäudes. Am südlichen Ende befand sich eine quadratische Drehbühne auf einer Eisenplatte, auf der die Wagen zu einem zweiten Schienenstrang umgesetzt werden konnten, der in Ost-West Richtung verlief. Der Befund brach an der Westmauer des Gebäudes ab. Ursprünglich führten die Schienen wahrscheinlich weiter über eine Rampe in den Fabrikbereich westlich von Haus Witten. Der Fußboden *173* war an mehreren Stellen mit einer Schicht aus Eisensud überdeckt, was darauf schließen läßt, daß in der Werkhalle auch Schmelzarbeiten stattgefunden haben.

Zur Datierung des Umbaus des Westflügels reichen die wenigen Kleinfunde aus den Planierschichten *(174, 337, 338)* unter dem Fußboden *173* nicht aus. Da die industrielle Nutzung des Westflügels in der Taxe von 1847[168] nicht erwähnt ist, ist jedoch davon auszugehen, daß der Ausbau nach diesem Zeitpunkt, in der zweiten Hälfte des 19. Jahrhunderts, erfolgte.

Nordflügel (ehemaliger Marstall)

Das Gutachten zur Prüfung der Bewirtschaftungsweise von Haus Witten, welches 1847 von der Familie Lohmann in Auftrag gegeben worden war, erwähnt einen Stall für acht Pferde.[169] Im Pachtvertrag war ursprünglich festgelegt, daß Stallungen für Pferde, die der Freiherr von Ritz und das Gericht benötigten, sowie für zwei Kühe und zwei Schweine, einschließlich Futter, freizuhalten waren.[170] Der Stall konnte archäologisch an derselben Stelle wie in der vorausgegangenen Periode nachgewiesen werden (Taf. 22,1).

Für den Stall der Bauperiode 6 wurden der alte Fußboden *(681)* und die Wand, mit der die Boxen abgetrennt waren *(684),* noch einmal erneuert. Der alte Fußboden wurde zum

---

168 s.o. S. 14 f.
169 s.o. S. 14 Abschnitt c.
170 KRÄTZIG 1989, 157.

Teil herausgenommen – und zwar so, daß die Abdrücke der Bodenplatten sichtbar blieben – und zunächst mit einer Stickung aus Schlacke *(649)* und darüber mit einer festen Lehmtenne *(648)* bedeckt. Der Wandgraben *(653)* verlief in derselben Flucht wie der vorherige, hatte aber nur noch eine Breite von 30 cm. In der Wand waren, im Gegensatz zu der vorausgehenden Konstruktion, keine Pfosten eingesetzt.

Erst nach 1847, also im Zuge des umfassenden Ausbaus der Fabrikanlagen und der Umgestaltung des Osttraktes, wurde der Stall aufgegeben und offenbar zu einer Wohnung ausgebaut (Beil. 6, *612, 613, 641*). Dazu wurden zunächst Rohre verlegt, die Frischwasser von einem im Innenhof errichteten Verteiler (Beil. 6, *586*) heranführten. Ein Rohr aus Blei verlief entlang der Südmauer des ehemaligen Stalls in einen Wasch- und Toilettenraum an der Ecke von Westflügel und Nordflügel *(778)*. Ein weiteres Rohr aus Gußeisen führte durch eine herausgebrochene Öffnung im Fundament der Mauer *578* durch den Flügel in den ehemaligen Grabenbereich. Innerhalb des Gebäudes schützte das Rohr ein mit Ziegelsteinen gemauerter Graben (Beil. 6, *647*).

Eine Mauer mit einem Fundament aus Sandsteinbruchstücken (Beil. 6, *641*) teilte die Wohnung in einen großen und einen kleinen Raum. Den kleineren Raum begrenzte nach Süden eine Doppelmauer (Beil. 6, *688/613*). Ferner wurden von diesem Raum die Toiletten abgetrennt. Das dazugehörige Abwasserrohr *(591)* führte in den westlichen Fabrikbereich. Wie die Wohnung im Ostflügel erhielten die Räume einen Unterboden aus runden Schamottesteinen *(607)*, die auf einer Isolierschicht aus Kohle, Sand, Ziegelsplitt und Kalk verlegt waren *(624)*.

Innenhof

Der ältere Belag des Innenhofs wurde zum Teil abgenommen und an dessen Stelle eine 20 bis 30 cm dicke Schicht aus Humus, vermischt mit Schlacke, Kohle, Ziegelsplitt und Lehmklumpen angeschüttet (Abb. 28, *279*). Die Eingänge verbanden mit Sandsteinplatten gepflasterte Wege (Beil. 6, *412, 579*). Im Torbereich wurde Kopfsteinpflaster verlegt *(363)* und entlang den Hauswänden führte eine Rinne aus U-förmig gegossenen Fertigelementen das Regenwasser ab *(185)*. Zur Begrünung der Wände mit rankenden Gewächsen wurden an den Hauswänden mit Humus gefüllte Gruben angelegt *(188, 369, 432)*.[171] In der Mitte des Innenhofs entstanden ferner ein rundes Wasserreservoir (Beil. 6, *582*) und rechteckige, aus Ziegelsteinen gemauerte Verteiler für Frischwasser (Beil. 6, *585, 586*), von denen Rohre ausgingen. Der Boden des Reservoirs *582* war mit den gleichen runden Schamottesteinen ausgelegt, die auch im Ostflügel und im ehemaligen Pferdestall als Fußbodenunterlage dienten. Vorraussetzung für diese Anlagen war der Bau des Wittener Wasserwerkes im Jahre 1867 und 1881.[172]

Aus der jüngsten Planierschicht *(279)* im Innenhof stammt eine Reihe von wenig aussagekräftigen Kleinfunden, zum Teil aus aufgegrabenen, älteren Schichten. Die jüngsten Funde waren ein Fragment aus Bakelit, einem Kunstharzprodukt, das von dem Amerikaner L.H. Bakeland (1863-1944) erfunden worden ist,[173] und ein Naziabzeichen.[174] Die Begehbarkeit des Innenhofs endet dann mit der Zerstörung der Burg im Zweiten Weltkrieg und der Ablagerung von Kriegsschutt. Dabei wurde auch das Wasserreservoir *582* mit Schutt verfüllt *(583)*. Die Funde daraus entstammen der Zeit unmittelbar vor 1945: Gasmaskenfilter,[175] Elektroteile, Blumentöpfe, Blechdose, Stanzrest.

Befestigungen, Torhaus, Ecktürme

Auf die Aufstockung des Ostturms und die Ausgestaltung der Krone mit einem Zinnenkranz im historischen Stil, ist bereits oben im Zusammenhang mit den Baumaßnahmen am Ostflügel im Jahre 1878 hingewiesen worden.[176] Bei dieser Maßnahme wurde auch das Fenster im Torhaus mit einem profilierten Sturz versehen und dadurch dem Aussehen des Turms angeglichen.[177] Mit der Änderung der Nutzung und selbstverständlich als Konsequenz der Fortschritte in der Waffentechnik, hatten die Befestigungselemente an Haus Witten längst ihren Zweck verloren. Als Beispiel dafür sei die Vermauerung der Schießscharte *779* angeführt, die durch die Errichtung der Mauer *167* an der Stelle der aufgegebenen Brunnenstube entstanden war; schon 1702 wurden die barocken Torpfeiler direkt in die Schußlinie der Schießscharten im Torhaus gesetzt.

Schloßteich

Der ehemalige Schloßteich, der seit der ersten Hälfte des 18. Jahrhunderts als Abfallgrube diente, wurde gleichzeitig mit der Umgestaltung des Innenhofs in eine Grünanlage umgewandelt.[178] Entlang der Traufkante des Daches wurden ebenfalls U-förmig gegossene Fertigelemente ver-

---

171 Vgl. SOBOTKA 1991, 95 Abb. 132.

172 Ebd. 138 f.
173 *Kat. Nr. 598.*
174 *Kat. Nr. 595.*
175 *Kat. Nr. 594.*
176 s.o. S. 75.
177 SOBOTKA 1991, 91 Abb. 120.
178 Vgl. ebd. 90 Abb. 117.

legt (Abb. 43, *364*). An mehreren Stellen führten Kabel- und Rohrgräben durch die älteren Befunde *(465)*. Die Umgrenzung *(357, 1000)* bleib, mit Ausnahme des nach Osten gelegenen Stücks, welches zwischen 1883 und 1885 nach Westen an das Haus herangezogen wurde, erhalten. Das Versetzen der Mauer stand im Zusammenhang mit dem Ausbau der Ruhrstraße und der Errichtung der neuen Ruhrbrücke von Witten nach Bommern 1881/82 (vgl. Abb. 15).[179]

Gewächshäuser

Im Abschnitt zwischen Ruhrstraße und Haus Witten entstanden zwischen 1870 und 1883 zwei langgestreckte Gewächshäuser aus Backstein mit Fußböden aus Sandsteinplatten (Abb. 15; Beil. 6, *1, 31*). Das an die Palaswand angebaute Gebäude *1* besaß eine Kohleheizung *(35; Taf. 22,2)*.

Das zweite Gewächshaus, das unmittelbar neben dem beheizten Gebäude stand, wurde an seiner Ostseite mehrfach verändert. Zum ursprünglichen Bestand gehörten die Mauern *31, 62, 34* und der Fußboden *28*. Die Mauer *34* wurde später abgerissen und um einen halben Meter nach Westen versetzt *(10)*. Die zunächt offene Terrasse östlich der Mauer *10* wurde mit Sandsteinplatten belegt. Im letzten Stadium des Gewächshauses wurde auf die Kante der ehemaligen Terrasse eine Backsteinmauer hochgezogen *(164, 2)*, so daß schließlich ein 4 m breites und 10 m langes Gebilde entstanden war. Zahlreiche Scherben von Blumentöpfen, die in diesem Bereich gefunden wurden *(Fd. Nr. 1, 12, 15, 16, 19)*, wiesen auf die Funktion des Gebäudes hin.

Bei dem rechteckigen Fundament *16* (Beil. 6), das aus Bruchziegelsteinen und Schamotte gemauert war, könnte es sich um einen Schuppen gehandelt haben. Über die Südkante des Befundes wurde später eine Böschungsmauer aus Sandstein gelegt (Beil. 6, *15*) sowie eine in den Südteil des Gartens führende Treppe. Durch den Garten führte ein mit Schamottesteinen eingefriedeter Weg, der mit Kies und Asche belegt war *(4, 224, 225)*.

Fabrik

Der Industriebereich erstreckte sich im westlichen Vorfeld von Haus Witten bis zum ehemaligen Hüstenbach. Die Entwicklung der Fabrikanlagen ist im Kapitel zu den Bildquellen anhand der Katasterunterlagen bereits umrissen und nachgewiesen worden. Dabei hat sich gezeigt, daß ein umfassender Ausbau des Betriebes erst in der Zeit nach 1824 einsetzte. In die Fabrikationsstätten wurde auch der Westflügel einbezogen. Zahlreiche zeitgenössische Abbildungen der Fabrikgebäude lagen vor (vgl. Abb. 13-17). Die archäologische Untersuchung des Fabrikbereiches konnte sich somit auf einige Schnitte im Gelände und etwas umfangreichere Sondierungen entlang der Westwand der Burg (Untersuchungsgebiet 4) beschränken. Alle Befunde lagen unter einer rezenten Schutt- und Humusdecke *(244)*. Die Ansprache der Betriebsgebäude beruht auf der Handskizze aus dem Werksarchiv der Firma Lohmann (Abb. 16).

Lagergebäude

Die 1 m starke Umfassungsmauer des 1883 errichteten Lagergebäudes, das nach den Katasterunterlagen eine Länge von ungefähr 43,5 m und eine Breite von 18 m besaß, bestand aus Sandsteinplatten und einzelnen Ziegelbruchsteinen in einem weißen, festen, sandigen Mörtel. Die Eingangsstufen waren im Fundament ausgespart und mit einer Rollschicht aus Ziegelsteinen gemauert. Die Baugrube *(231)* lief spitz zu und war mit Sand, Ziegel- und Sandsteinsplitt verfüllt (UK. 90,92 m ü.NN). Im östlichen Teil des Gebäudes wurden Fundamente von Anlagen freigelegt, die nach den Funden zu urteilen der Besteckproduktion dienten.

In der Südostecke befand sich ein mächtiges Maschinenfundament (?) aus Backsteinen, die in einem weißen, sehr sandigen Mörtel, verlegt waren *(227)*. Parallel zur Umfassungsmauer verlief ein 40 cm breiter Graben *(228)*, der mit gelbschwarzem Sand, Schlacke, Zieglbruch und Kohle verfüllt war. Die Grabensohle war ebenfalls mit Ziegelsteinen ausgekleidet (UK. 91,39 m ü.NN). Die Tiefe betrug 30 cm. Der darüberliegende Fußboden aus Ziegelsteinen *(229)* war nur noch an der Südostecke erhalten. Er war auf einem Mörtelbett und Sperrschicht aus braunroter Schlacke verlegt *(243; OK. 91,68 m ü.NN)*.

Im Abschnitt 3, der nördlich von Abschnitt 1 angelegt wurde, wurden die Reste eines Fabrikofens angeschnitten, der an die Ostmauer des Lagergebäudes angesetzt war. Der rechteckige Ofen stand auf einem aus Ziegelsteinen gemauerten Podest *(373)*. Die 60 cm breiten Ofenwände *(374)* bestanden ebenfalls aus Ziegelsteinen; die Brennkammer (Br. 40 cm) war mit Schamottesteinen ausgekleidet *(375)*, in die der Buchstabe „A" eingestempelt war. Die Fortsetzung des Befundes nach Norden wird durch die einplanierten Abraumhalden der Zeche Franziska überdeckt, auf denen derzeit ein Rasen zwischen Saalbau und Haus Witten angepflanzt ist. In der Planierschicht über den Befunden *(244)* wurde eine Anzahl von Stanzabfällen aus der Besteckproduktion gefunden *(Kat. Nr. 596)*.[180] Unter

---

179 Ebd. 139.

180 *Fd. Nr. 97, 107* aus *244*.

den tief angelegten Maschinen und Ofenfundamenten konnten ältere Befunde nicht festgestellt werden.

Innerhalb des Gebäudes *1* wurde ein zweiter Schnitt zwanzig Meter weiter westlich angelegt (Schnitt 2). An dieser Stelle zeigte sich die Fortsetzung der Mauer *230* mit einem Eingang und einer Schwelle *(247)* in den Lagerschuppen *2*. Der Fußboden bestand hier aus Sand *(248)* mit Spuren von sehr dünnen Holzbrettern und Korbmaterial, die als Reste von Kisten und Verpackungen gedeutet werden können. Darunter waren fünf Schichten zum Ausgleich einer natürlichen Bodenvertiefung an die Mauer *230* angeschüttet worden: *258, 259, 262, 268-270*. Wenige Meter nordöstlich dieser Befunde befand sich eine 70 cm breite, Nord-Süd verlaufende Mauer aus Ziegeln und Sandsteinbruchstücken *(344)*, die das Lagergebäude in zwei Hälften trennte; denkbar wäre eine Trennung zwischen Lagerbereich (westlich der Mauer) und Werkbereich (östlich der Mauer). Von *344* gingen zwei Querwände ab *(345, 347)*. Der Fußboden bestand auch hier aus Ziegeln *(348; OK. 91,58 m ü.NN)* auf einer Schotterunterlage aus Schlacke und Asche *(258)*. Zwischen den Mauern *345* und *347* befand sich ein Einbau aus Ziegeln und Schamottesteinen unbekannter Funktion. Durch die Ecke der Mauern *347/344* führte ein gemauerter Kanal mit Sandsteinabdeckung.

Lagerschuppen

Von dem nach 1883 errichteten Anbau an das Lagergebäude *1*, das nach den Katasterunterlagen Abmessungen von 11 x 2,5 m aufwies, wurde nur ein kleiner Ausschnitt untersucht. Die Außenmauer *(250)* bestand aus Sandsteinbruchstücken. Von dem in der Außenmauer des Lagergebäudes *1* festgestellten Eingang *247* ging eine mit Ziegelsteinen und Sandsteinplatten gepflasterte Fläche aus, die nach Westen von einer schmalen Zwischenwand *(256)* begrenzt wurde. Unter den Sandsteinplatten befand sich ein Architekturfragment in Zweitverwendung, ein Werkstück mit profiliertem Sims *(Fd. Nr. 168)*. Westlich der 14 m Linie (Grabungskoordinaten) störte eine tiefe Grube, die mit rezentem Abfall verfüllt war, den Befund *(257)*.

Südlich des Lagergebäudes *1* wurden Teile des Fabrikhofs freigelegt, der mit Kopfsteinen gepflastert war (Beil. 6, *233*). Der Untergrund bestand aus gemahlener Schlacke und einer dunkelbraunen bis schwarzen, sandigen, zum Teil verziegelten Schicht *(232, 241)*, die einige Funde, vor allem Fensterglas, enthielt.[181] Diesen Bereich schloß nach Süden eine eineinhalb-Stein starke Ziegelmauer ab (Beil. 6, *234*).

Die östlich an das Lagergebäude *1* anschließende Einfriedung einer Ziergartenfläche (Abb. 19 XId), bestehend aus einer Sandsteinmauer, wurde nicht näher untersucht *(245, 246)*.

Bei den Sondierungen entlang der Westmauer wurden Teile der Alten Schmelzerei *5*, der Schmelzerei *7*, des Labors *9* und der im Katasterblatt von 1883 aufgeführten Einbauten in der Ecke von Nordwestturm und Westmauer von Haus Witten freigelegt.

Alte Schmelzerei

Das Gebäude wurde zwischen 1823 und 1870 unter Einbeziehung der schon vorhandenen Mauer *905* errichtet. Die 52 cm breite Nordwand *(901)* setzte unterhalb der Unterkante der Burgmauer *761* an. Sie bestand aus im Blockverband verlegten Ziegelsteinen in einem grauen, mit Asche versetzten Mörtel. Daran schloß sich ein Fußboden aus Sandsteinplatten auf einer Stickung aus Asche und Schlacke an *(902)*, welcher ein älteres Mauerrechteck aus Sandstein (Beil. 6, *907*) überdeckte (Periode 5?). Den heute vermauerten, zur Nutzungszeit der Alten Schmelzerei aber noch offenen Kellereingang *897*, begrenzten nach zwei Seiten Mauern *(908, 904)*. Dazwischen fanden sich die Reste eines sehr stark abgetretenen Fußbodens aus Ziegelsteinen (Beil. 6, *903*). An der Außenwand *905* befand sich schließlich ein Becken (1,7 m x 1,2 m), das mit Kalk gefüllt war (Beil. 6, *912*). Kalk wird als Flußmittel bei der Eisenherstellung verwendet. Die Höhe und die Dachneigung der Alten Schmelzerei ergibt sich aus dem Befund *133* (Abb. 7).

Schmelzerei

Die Nordmauer der zwischen 1870 und 1883 entstandenen Schmelzerei wurde in dem Befund *760* erfaßt. Die Verlängerung dieser eineinhalb-Stein starken Ziegelmauer bildete nach dem Plan in der Bauakte Zeche Franziska (Abb. 44) gleichzeitig die Abschlußmauer des Fabrikhofs.

Dem Innenbereich zuzuordnen ist der Fußboden *768* aus Sandsteinplatten, der an einer Stelle tiefer lag als die Unterkante des Burgfundaments (OK. Fußboden 89,80 m ü.NN). Der Fußboden wurde von einer 36 cm breiten, Nord-Süd verlaufenden Ziegelmauer gestört, zu der eine auffällig breite Baugrube (1,4 m) gehörte. Im Nordteil des Abschnitts K12 fand sich ein von zwei Beton-Backsteinfundamenten eingerahmtes Pflaster, das starke Risse und Brandspuren aufwies. Die Brandspuren *(1041)* waren bis unter das Pflaster in den gewachsenen Lehmboden eingedrungen.

---

181 *Fd. Nr. 98, 141 aus 241.*

Anbauten in der Ecke Nordwestturm/ westliche Burgmauer

Sie wurden in der Handskizze der Betriebsgebäude Haus Witten (Abb. 16) und in der Bauakte Zeche Franziska (Abb. 44) nicht aufgeführt, fanden sich jedoch als Eintragung im Katasterblatt von 1883/86 (Abb. 15). Ihnen ließen sich die Befunde *751* und *752* zuordnen. Der im Katasterblatt als Nachtrag aufgenommene Einbau *752* erwies sich auch stratigrahisch als jünger, da er den älteren Befund *751* am Nordende überdeckt. Zum jüngeren Befund kamen noch eine weitere Nord-Süd verlaufende Backstein/Schamottemauer *753* und zwei mit Zementputz abgedichtete Becken *(755)*. *751* bestand aus Sand-, *752* aus Backsteinen. Den Boden im älteren Anbau bildeten runde Schamottesteine, die bereits als Fehlboden im Ostflügel und im ehemaligen Pferdestall (Nordflügel) begegneten und dort mit dem Umbau von 1878 in Verbindung gebracht werden konnten. *752* war wie *755* mit einem dichten Zementputz überzogen, was auf eine Funktion als Abfallbehälter hinweist. In der Einfüllung befanden sich Gebrauchs- und Ziergegenstände aus der Deutschen Kaiserzeit:[183] eine Porzellanpfeife, eine Büste Kaiser Wilhelm I. und eine Büste Kaiser Wilhelm II. als Kronprinz, aus Bisquitporzellan (Taf. 85,588), sowie Glasperlen und Murmeln.

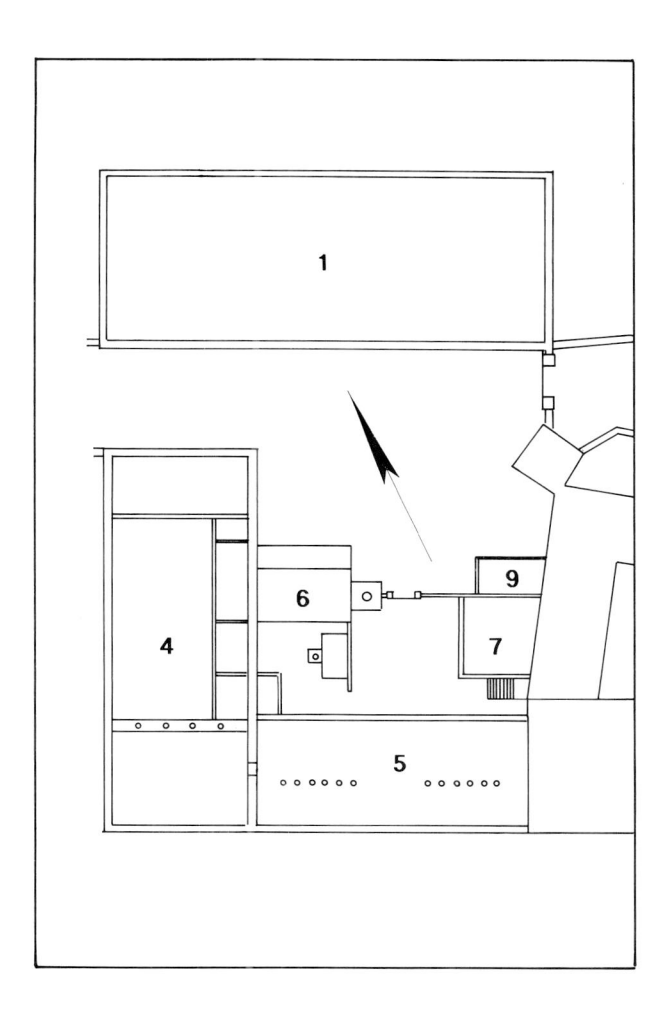

Abb. 44 Plan der Fabrikgebäude (Stadt Witten, Hochbauamt, Bauakte Zeche Franziska; Nummern der Gebäude wie Abb. 16).

Labor

Das 1870 erstmalig in den Katasterplänen erscheinende Labor *9* hatte die Südwand mit der Schmelzerei *7* gemeinsam *(760)*. Die Südwand war nicht eindeutig einem Befund zuzuordnen. In Betracht kommen die Backsteinmauern *756, 757* und die Sandsteinmauer *835*. Der Bodenbelag aus Ziegelsteinen war weitgehend zerstört. Darunter befand sich ein System aus Abwasserrohr und Sammelbecken, in dem verschiedene medizinisch/chemische Gefäße, eine große Menge von 2 mm großen Glaskügelchen und ein Haarkamm gefunden wurden.[182]

---

182 *Fd. Nr. 543 aus 764.*

183 *Kat. Nr. 522a, Fd. Nr. 436 aus 638.*

Ergebnisse

Der unterste westliche Ausläufer des Helenenberges erwies sich als ein Siedlungsplatz, welcher schon in prähistorischer Zeit, und zwar im Mesolithikum und in der älteren römischen Kaiserzeit, die Menschen angezogen hatte. Während sich die älteste Besiedlung nur in Einzelfunden ausdrückte, ließ sich die ältere römische Kaiserzeit in zwei Gebäudegrundrissen, Abfallgruben und einem Schmelzofen erfassen *(Periode 1)*.

Das ganze Mittelalter über blieb die Stelle unbesiedelt. Erst ganz am Ende dieser Epoche, im 15. Jahrhundert, ließen sich wieder Siedlungsaktivitäten nachweisen. Ein Gutshof, welcher mit Flechtzäunen eingehegt war, aber archäologisch nicht mehr erfaßt werden konnte, und ein Nebengebäude in Pfostenbauweise bildeten die Spuren dieses neuen Besiedlungsabschnittes *(Periode 2)*.

Am Ende des Jahrhunderts wählte Rötger II. von Witten den Ort als Wohnsitz und ließ hier ein Herrenhaus (Palas) mit Nebengebäuden errichten. Haus Witten oder Haus Berge, wie es zuerst hieß, ist eine Neugründung des späten 15. Jahrhunderts. Eine kontinuierliche Entwicklung aus dem etwas älteren Gutshof konnte nicht nachgewiesen werden. Die Nachfolger Rötgers bauten dann die Anlage mit einem Turm (?) und Befestigungen aus *(Periode 3)*.

Ein schwerer Brand kurz vor Ausbruch oder zu Beginn des dreißigjährigen Krieges (1599?) leitete neue Bauaktivitäten zur Instandsetzung ein. Von besonderer Bedeutung war die Erneuerung des Hofpflasters, welches sich als geeignete stratigraphische Leitlinie zur Gliederung der Fundschichten erwies. Ein weiterer Brand, der sich 1651 ereignete, war zwar archäologisch nachweisbar, hatte jedoch keinen Abbruch zur Folge und leitete keine neue Bauperiode ein *(Periode 4)*.

Erst unter Gerhard Wennemar von der Recke I. setzte im Zuge der Restaurierung nach dem dreißigjährigen Krieg, neue Bautätigkeit ein. Sie führte in zwei archäologisch gut faßbaren Bauphasen zu der Vierflügelanlage, die bis heute die Grundform von Haus Witten bestimmt. Unter der Herrschaft des Geschlechtes von der Recke erlebte Haus Witten sicherlich seine glanzvollsten Jahre *(Periode 5)*.

Der Übergang in den bürgerlichen Besitz der Familie Lohmann (1815), welcher im Zusammenhang mit der allgemeinen wirtschaftlichen Evolution des Ruhrgebietes gesehen werden muß, führte erst allmählich zur Abkehr von den traditionellen Aufgaben des Hauses. Baulich änderte sich bis zum letzten Drittel des 19. Jahrhunderts fast nichts. Erst in den Jahren zwischen 1870 und 1885 fand mit deutlichen Merkmalen einer konjunkturellen Boomphase der Ausbau des westlichen Außengeländes, des Westflügels und des Kellers in eine Fabrik statt. Das Gebäude selbst wurde in Einliegerwohnungen parzelliert.

Dieser massive Ausbau fand im letzten Drittel des 19. Jahrhunderts statt, der Schlußstrich wurde mit der Zerstörung im Zweiten Weltkrieg (1945) gezogen *(Periode 6)*.

Mit Ausnahme des Schloßteiches und zwei Befunden der Periode 1 fanden sich keine Abfallgruben oder Kloaken, welche an anderen Fundstellen immer reiches und vor allem gut erhaltenes Fundmaterial erbrachten.[184] Hier in Witten waren es hauptsächlich Planierschichten und Auffüllungen, denen die Funde entstammten. Wenn auch die Funde an sich nicht besonders spektakulär waren, so hatten sie doch den Vorteil, daß bei ihnen in der Regel ein stratigraphischer Zusammenhang mit den Gebäuden der verschiedenen Perioden bestand. Das Material ermöglichte eine Betrachtung der keramischen Formenentwicklung vom Ende des 15. bis hin zum 20. Jahrhundert.

Ein weiteres Resultat war der Nachweis einer breiten Palette ökonomischer Funktionen. Metallverarbeitung war durch den Rennfeuerofen *735 (Periode 1)*, den Windofen *890 (Periode 4)* und den Industrieofen *374 (Periode 6)* angezeigt. Ferner lagen einige Kleinfunde dazu vor: z.B. Schmelztiegel aus den Schichten *399* und *286* (13 Exemplare; *Periode 5-6*) sowie Stanzabfälle aus *673 (Periode 6)*. Für den Backbetrieb standen die Ofenfunde *392 (Periode 3?)*, *489 (Periode 4)* und *477* mit einer Backstube *(Periode 5)*. Bruchstücke von Mühlsteinen fanden sich in den Schichten *832* und *461*. Tierhaltung ergab sich aus dem mehrperiodigen Stallgebäude im Norden der Burg *(Periode 2?, 4-6)*. Hauswirtschaftliche Textilverarbeitung belegen Spinnwirtel aus Steinzeug, die aus den Schichten *687, 254* und *338* geborgen wurden. In Verbindung mit den Ergebnissen der historischen Forschung, welche den Betrieb des Braugewerbes,[185] des Kohlenbergbaus,[186] des Mühlengewerbes und der Wald- und Forstwirtschaft[187] belegen, kann festgehalten werden, daß sich auf Haus Witten im Laufe der Zeit ein vielfältiges wirtschaftliches Leben entfaltet hatte.[188]

---

184 z.B. Bloemersheim Nr. 189 und 132; UNTERMANN 1987, 391. – Burg Brüggen (Fäkaliengrube am Nordost-Turm); Bonner Jahrb. 179, 1979, 580 ff.

185 SOBOTKA 1991, 29.

186 SOBOTKA 1980, 26 ff.

187 Junge Kastanien im Eichelkamp: KRÄTZIG 1989, 158. – Kühe, Schweine, Pferde: Ebd. 157.

188 Zu diesem Aspekt des Adels vgl. TREUE 1974, 33 ff. 48 ff. 16 ff. 111 ff. – Anzeichen für handwerklich/technische Nutzung auch in Haus Herbede: ISENBERG in: SOBOTKA 1988, 226 Abb. 226 (Feuerstelle und Becken); 227 Abb. 229 (Ofenanlage); 229 (Schmiedekohle).

Summary

Between 1988 and 1990, an archaeological study of the ruined Haus Witten (Haus Berge) on the foot of a spur on the bank of the Rhine was carried out, preceding its being converted into a civic cultural centre. A history of settlement was established, stretching from the prehistoric period into the modern age. The period of settlement can be divided into individual phases *(period 1-6)*.

The earliest sporadic signs of settlement *(period 1)* on the site of Haus Witten originate from the mesolithic period. Somewhat more evidence is available from the early Roman Imperial period *(suppl. 1)*

The site remained unpopulated throughout the entire Middle Ages. The next evidence of settlement is not until the end of this era, in the 15th century. The evidence is clear that a manor with an outhouse of vertical post construction existed at this time *(period 2; suppl. 2)*.

The next settlement phase *(period 3)* denotes the documented period of the manor of Rötger II von Witten, beginning at the end of the 15th century *(suppl. 3a)*, and its subsequent expansion into an imposing knight's castle (with great hall, residential tower, keep (?) and outhouses) under his successors from the Brempt family *(suppl. 3b)*. Following a catastrophic fire shortly before the Thirty Years' War broke out, repairs were carried out on Haus Witten, the inner courtyard was plastered, and a new stall was constructed *(period 4; suppl. 4)*. Between 1671 and 1702, following a change in ownership, it was converted into a four-wing construction *(period 5; suppl. 5)*. In 1825 the Lohmann brothers bought the building and converted it in part into a steel plant *(period 6; suppl. 6)*. Haus Witten and the steel plant were both destroyed in the Second World War.

These periods, which were defined mainly from traces on the ground *(for the catalogue of ground traces see page 89 ss.)* could be verified to a very large extent by the finds of mainly ceramic objects *(for the catalogue of finds see the article by B. DAHMEN on pages 203 ss.)*. A form progression was identifiable from the late 15th century up to the 20th century *(plate 25-85)*.

In addition to this, the archaeological studies into Haus Witten have produced important information on various areas of commercial and other economic activity. Metal processing was carried out throughout the entire settlement period, as illustrated by the oven 735 from *period 1 (plate 7,3)*, the wind oven 890 from *period 4 (ill. 36, plate 13,1)*, and the industrial oven 374 from *period 6 (suppl. 6)*. Evidence of baking activity is provided by the ovens 392 *(period 3?; ill. 34)* and 489 *(period 4; suppl. 4, plate 13,3)* as well as 477 with its bakehouse *(period 5; ill. 46, plate 14,1; 24)(for further information on the ovens see the article by S. SOMMER on pages 277-279)*. Evidence of livestock is provided by the traces of stall buildings in the north of the castle *(period 2?, 4-6; suppl. 4)*. Domestic textile processing is evident from the stone spinning whorls *(plate 80,572-574)*. In conjunction with the historical research, which provides evidence of brewing, milling, coal mining and forestry in the Haus Witten region, it can be said that the studies have found that a variety of economic activities developed over the years at Haus Witten.

Translation: Richard Brightbart

Résumé

Les ruines de la Maison Witten (Haus Berge), situées à Witten sur le contrefort d'un éperon en bordure de la Ruhr, ont été fouillées dans les années 1988-1990 avant le début des travaux de réfection qui devaient en faire un centre de la culture municipal. L'occupation du sol ainsi révélée va des temps préhistoriques jusqu'à l'époque moderne en plusieurs étapes *(périodes 1-6)*.

Les traces les plus anciennes décelées sur le terrain de la Maison Witten *(période 1)* datent, rarement, du mésolithique et, plus souvent, du début de l'époque romaine *(suppl. 1)*.

Pendant tout le moyen-âge, le site est demeuré inoccupé. Ce n'est qu'à la fin de cette époque, au XV° siècle, qu'on relève les premiers indices d'habitat. De toute évidence il y avait ici une ferme et sa dépendance construites sur poteaux *(période 2, suppl. 2)*.

Le niveau d'occupation suivant *(période 3)* correspond au manoir de Rötger II von Witten, mentionné par les sources à la fin du XVe siècle *(suppl. 3a)* et agrandi en château plus représentatif (logis, tour d'habitat, donjon (?) et communs) par ses successeurs de la famille von Brempt *(suppl. 3b)*. Après un incendie survenu peu avant le début de la guerre de trente ans, on répara la Maison Witten, pava la cour et construisit une nouvelle écurie *(période 4; suppl. 4)*. A la suite d'un changement de propriétaire fut entreprise entre 1671 et 1702 la transformation en construction à quatre ailes *(période 5; suppl. 5)*. En 1815, les frères Lohmann achetaient le château pour le transformer partiellement en aciérie *(période 6; suppl. 6)*. La Maison Witten et l'usine furent détruites au cours de la deuxième guerre mondiale.

La définition des périodes, effectuée principalement à partir des structures excavées *(cf. catalogue des structures p. 89 ss.)*, a pu être confirmée en grande partie par le mobilier, constitué surtout de céramiques *(cf. catalogue du mobilier B. DAHMEN p. 203 ss.)*. Il fut ainsi possible de suivre l'évolution des formes de la fin du XVe jusqu'au début du XXe siècle *(pl. 25-85)*.

L'enquête archéologique de la Maison Witten a, de plus, livré des informations importantes sur les différents domaines de l'activité industrielle et de l'utilisation économique. La métallurgie est bien représentée pendant toute la durée d'occupation comme le montrent le four à loupe 735 de la *période 1 (pl. 7,3)*, le fourneau à souflerie 890 de la *période 4 (fig. 36, pl. 13,1)* et le fourneau industriel et 374 de la *période 6 (suppl. 6)*. Les fours 392 *(période 3?; fig. 34)* et 489 *(période 4; suppl. 4, pl. 13,3)* ainsi que le four 477 avec fournil *(période 5; fig. 46, pl. 14,1; 24)* attestent la cuisson *(cf. sur les fours à cuisson l'article de S. SOMMER p. 277-279)*. L'élevage est prouvé par les traces d'étables dégagées au nord du château *(période 2? et 4-6; suppl. 4)*. Le travail domestique du textile est mis en évidence par des fusaïoles en grès *(pl. 80,572-574)*. Du point de vue de la recherche historique, qui atteste la brasserie, la meunerie, une mine de charbon ainsi que de l'économie forestière aux alentours de la Maison Witten, on pourra retenir que sur le site fouillé s'est épanouie au cours des années une vie économique très diversifiée.

Traduction: Daniel Bérenger

Anhang 1

Organische Funde

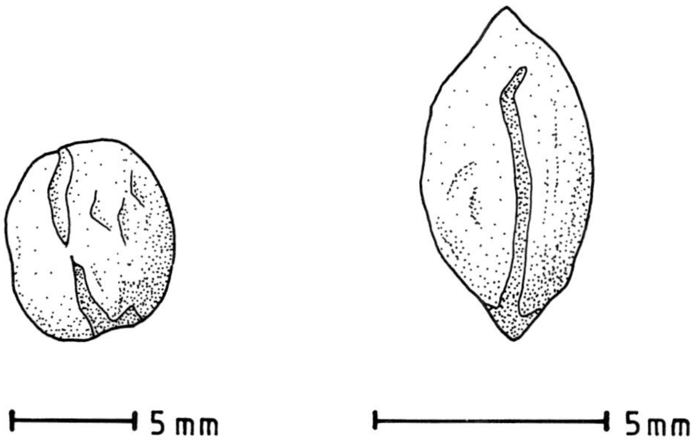

Abb. 45   Samenfunde: 1 = Erbse; 2 = Gerste.

Da in den Einfüllungen der kaiserzeitlichen Gruben, die durch das Herausziehen der Pfosten nach einem Brand entstanden waren, bereits mit bloßem Auge eine große Menge von verkohlten Samen erkennbar war, wurde der Grubeninhalt aus 9 Befunden zum Teil als Bodenprobe genommen, zum Teil zuerst durchgeschlämmt (Maschenweite: 10 und 2,5 mm), bis es zu Klümpchen von 1-2 cm Durchmesser aufgelöst war. Es fanden sich ausschließlich die Samen von zwei Pflanzenarten:

pisum sativum L., Erbse (Abb. 45,1)
Menge: mehr als 200 Samen; sehr viele Bruchstücke.
Dm. 4-8 mm
Sämtliche Samen sind verkohlt und dabei blasig aufgebläht, so daß die Samenschale (testa) überall aufgeplatzt ist. Das hilum wurde nicht beobachtet. Auffällig ist die Größe der Samen, die weit über die von K.-H. KNÖRZER gemessenen Dimensionen hinausgeht.[189]

hordeum vulgare L., Gerste (Abb. 45,2)
Menge: mehr als 100 Körner; sehr viele Bruchstücke.
L. 4,2-7 mm; Br. 2-3,75 mm.

Die Körner sind verkohlt. Der charakteristische spindelförmige Umriß ist deutlich ausgeprägt. Das hilum liegt frei. Auch hier ist wiederum die besondere Größe der Stücke auffällig.[190]

Tabellarische Übersicht über die organischen Funde[191]

Bef.Nr.	Gewicht (g)	pisum sativum L. (Stück)	hordeum vulgare L. (Stück)	Holzkohle (Splitter)	Tierknochen (Stück)
742	350	>50	27	<10	
791	80	25	1		
825	380			38	
826	410	>50	>50	21	
827	220	6	2	3	
837	75			38	
838	1000	21	34	6	1 p3 sus
840	620	>50	>50	>50	
857	7000	>5	>5	>5	1 calc.
916	916			>50	1 scapula gallus, <10 calc. Frgm.

---

189 KNÖRZER 1984, 302.
190 Ebd. 300.
191 Die Bestimmung der Tierknochen erfolgte nach: SCHMID 1968.

Anhang 2

Bodenproben

Bef. Nr: 890 (südlicher Teil)

Gewicht: 2900 g
1. Sandsteinsplitt (viel);
2. Ziegelsplitt (wenig);
3. Kalkbröckchen; Dm. 0,5-3,8 cm (wenig);
4. Eierschalen (wenig);
5. Bruchstücke von der Abdichtung der Ofenwand (viel);
   - harter Sand/Lehm mit Blattabdruck, Ränder zum Teil orangefarben verziegelt;
6. Bruchstücke von der Innenauskleidung der Ofenwand (wenig);
   - grau/schwarzer (geschmaucht) Lehm mit Häckselzuschlag;
   - tuffartig durchgeglühter, zum Teil angesinterter Lehm mit Blattabdrücken, Häcksel und Abdrücken der Ofenwand.
7. Steinkohlestücke (wenig) Dm 2-3 cm;
8. Schlacke (2 Bruchstücke); Dm. 0,5 cm; blasige, sehr brüchige Struktur; Farbe: grün, glänzend, wie Kupferoxyd;
9. Schlacke (2 Bruchstücke); Dm 2,5 cm; blasige Struktur; Farbe: schwarz, glänzend.

Bef.Nr. 890 (nördlicher Teil)

Gewicht: 2700 g
1. Bruchstücke von der Abdichtung der Ofenwand (viel);
   - Lehm, rot verziegelt, mit Häckselzuschlag;
   - Lehm mit Kohlezuschlag;
2. calcinierte Knochensplitter (wenig);
3. Eierschalen (wenig).

Bef. Nr. 899 (Eintrittsöffnung des Windschachtes)

Gewicht: nicht gemessen
1. Steinkohle (8 große Stücke).

Bef.Nr. 917 (Aschekammer unter dem Feuerrost)

Gewicht: 7750 g
1. Bruchstücke von der Innenauskleidung der Ofenwand und Ofeneinbau (?);
   - tuffartig durchgeglühter, völlig durchgesinterter, poröser Lehm (?); sehr leicht (schwimmt auf dem Wasser); sehr viel; die Teile besitzen sehr unterschiedliche Formen: dünn (0,8 cm) und lang (7 cm) mit zipfeligen Enden; bogenförmig; klumpig mit deutlichen Fingerabdrücken und Knet- oder Formungsspuren (Dm. bis 8 cm); astförmig;
   - wie oben mit rostroter Eisenoxydablagerung;
   - wie oben allseitig abgerundet. Diese Fragmente dienten nicht zur Abdichtung des Ofenraums; sie könnten eine Zwischendecke oder einen Einsatz im Ofen gebildet haben.
2. Schlacke (1 Bruchstück); Dm. 1,5 cm; blasige, sehr brüchige Struktur; Farbe: grün, glänzend, wie Kupferoxyd.

Anhang 3

Stammbaum des Adelsgeschlechts von Witten vom 14. bis zum 16. Jahrhundert[192]

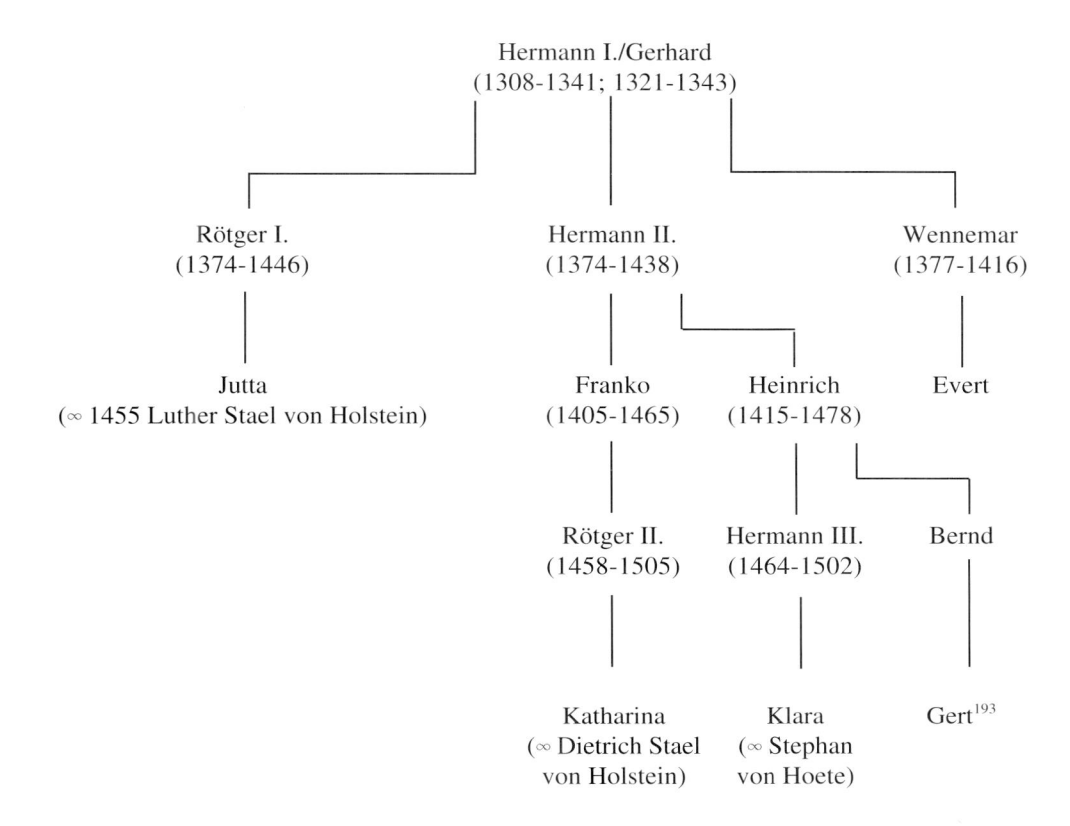

```
                        Hermann I./Gerhard
                    (1308-1341; 1321-1343)
            ┌───────────────┼───────────────┐
        Rötger I.        Hermann II.      Wennemar
        (1374-1446)      (1374-1438)      (1377-1416)
            │           ┌─────┴─────┐         │
          Jutta       Franko      Heinrich   Evert
   (∞ 1455 Luther    (1405-1465)  (1415-1478)
    Stael von Holstein)  │           │   ┌─────┘
                      Rötger II.  Hermann III.  Bernd
                     (1458-1505)  (1464-1502)    │
                         │           │           │
                      Katharina    Klara       Gert[193]
                    (∞ Dietrich   (∞ Stephan
                      Stael         von Hoete)
                     von Holstein)
```

---

192 Die Jahreszahlen beziehen sich auf die urkundliche Erwähnung – Namen und Daten nach: SOBOTKA 1991, 25 ff. – Ders. 1983, 8 ff.

193 Gert zieht nach Livland, wo sich das Geschlecht bis ca. 1930 nachweisen läßt.

Befundkatalog

1   Mauer

Untersuchungsgebiet 1; Abschnitt 3; Abb. 32, Beil. 6
Ost-West, Nord-Süd; Backsteine (26,5 x 12 cm). Mauerverband: Binder. Mörtel: graublau mit Asche und Schlacke gemagert. Innenseite der Mauer verputzt, Material entspricht in der Konsistenz dem Mörtel.
OK.: 91,26 m ü.NN
UK.: 90,63 m ü.NN

schneidet/stört: **23, 24, 37**
gesetzt/geschüttet gegen: **17**
überdeckt/liegt über: **23, 44**
dagegengesetzt/geschüttet ist: **13, 18, 20, 26, 36, 44, 45, 46, 47, 55, 56, 238**
überdeckt von: **14, 24**
im Verband mit: **26, 283**
zugehörig: **18, 20, 36, 38, 39, 41, 42, 43, 45, 46**
Zuweisung: Gartengebäude I. Periode 6.

2   Mauer

Untersuchungsgebiet 1; Abschnitt 3
Mauer aus Schamotteziegeln (11 x 25 cm), Nord-Süd. Blockverband. Mörtel: graublau mit Asche gemagert.
OK.: 91,10 m ü.NN
UK.: 90.75 m ü.NN

überdeckt/liegt über: **3**
geschnitten/gestört von: **8**
dagegengesetzt/geschüttet ist: **12, 93, 94**
überdeckt von: **9, 14, 95**
im Verband mit: **164**
zugehörig: **3, 9, 10, 11, 62**
Zuweisung: Gartengebäude II. Periode 6.

3   Bodenbelag

Untersuchungsgebiet 1; Abschnitt 3; Beil. 6
Sandsteinbruchplatten, unregelmäßig verlegt. Farbe graubraun.
OK.: 90,82 m ü.NN
UK.: 90,70 m ü.NN

gesetzt/geschüttet gegen: **10, 163**
überdeckt/liegt über: **19, 27, 30, 34, 126**
geschnitten/gestört von: **8**
dagegengesetzt/geschüttet ist: **12**
überdeckt von: **2, 94, 164**
zugehörig: **2, 10, 11, 30, 31**
Zuweisung: Gartengebäude II. Periode 6.

4   Mauer

Untersuchungsgebiet 1; Abschnitt 3
Beet- oder Wegeinfassung aus Kunstsandstein (Br. 14 cm). Kante abgeschrägt, Seiten strukturiert.
OK.: 91,34 m ü.NN
UK.: 91,19 m ü.NN

überdeckt/liegt über: **8, 11, 12**
dagegengesetzt/geschüttet ist: **14**
zugehörig: **9, 50, 224**
Zuweisung: Zur Gartenanlage. Periode 6.

5   Einfüllschicht

Untersuchungsgebiet 1; Abschnitt 3
Fester, gelbbrauner, sandiger Lehm.
OK.: 91,05 m ü.NN
UK.: 90,62 m ü.NN

gesetzt/geschüttet gegen: **10**
überdeckt/liegt über: **6, 29, 80**
überdeckt von: **81**
zugehörig: **10**
Zuweisung: Verfüllung: Gartengebäude II. Periode 6.
Fd. Nr. 11: Irdenware, Steingut, Metall, Tierknochen, Sonstiges: Schlachtabfälle.

6   Einfüllschicht

Untersuchungsgebiet 1; Abschnitt 3
Humoser, lehmiger Sand; sehr locker, dunkelbraun.
OK.: 90,85 m ü.NN
UK.: 90,66 m ü.NN

gesetzt/geschüttet gegen: **10, 31**
überdeckt/liegt über: **28**
überdeckt von: **5**
zugehörig: **10, 31**
Zuweisung: In Gartengebäude II. Periode 6.
Fd. Nr. 12: Irdenware, Glas, Metall, Tierknochen, Sonstiges: Terrakotta mit Applikation **Kat. Nr. 571**, Dachziegel, Schlacke.

7   entfällt

8   Graben

Untersuchungsgebiet 1; Abschnitt 3; Beil. 6
Schmaler Rohrgraben (Br. 70 cm) in Nordost-Südwest-Richtung. Füllung des Grabens mit vermischtem Grabenaushub. Das Rohr besteht aus Gußeisen; es führt in einen Durchbruch in Mauer **196**. Im Bereich des Kellerraums **2** ist es abgebrochen.
OK.: 90,51 m ü.NN
UK.: 90,42 m ü.NN

schneidet/stört: **11, 12, 19, 30, 32, 34, 52, 94, 196**
überdeckt von: **4, 9, 14, 95**
Zuweisung: Rohrgraben. Periode 6.

9   Mauer

Untersuchungsgebiet 1; Abschnitt 3
Beeteinfassung: eine Lage Kunstsandstein (188 x 16 x 18 cm) und Schamotteziegel; z.T. lose verlegt, z.T. in grauem Mörtel mit Aschezuschlägen.
OK.: 91,45 m ü.NN
UK.: 91,25 m ü.NN

gesetzt/geschüttet gegen: **12**
überdeckt/liegt über: **2, 8, 10, 31, 48, 62, 163, 164**
dagegengesetzt/geschüttet ist: **14, 81, 91, 92, 95, 239**
zugehörig: **2, 4, 10, 62**
Zuweisung: Beet-/Wegeinfassung. Periode 6.

10 Mauer

Untersuchungsgebiet 1; Abschnitt 3
Mauer aus Backsteinen (Br. 25 cm). Blockverband. Gelbgrauer, schwacher Mörtel, der unten etwas aus den Fugen quillt.
OK.: 91,10 m ü.NN
UK.: 90,66 m ü.NN

gesetzt/geschüttet gegen: **62**
überdeckt/liegt über: **28**
dagegengesetzt/geschüttet ist: **3, 5, 6, 19, 80, 81**
überdeckt von: **9, 48, 81**
zugehörig: **2, 3, 5, 6, 9, 62**
Zuweisung: Gartengebäude II. Periode 6.

11 Wegbelag

Untersuchungsgebiet 1; Abschnitt 3
Gelbbrauner, schwach sandiger Lehm mit wenigen kleinen Kieselsteinen. Wegbelag.
OK.: 90,80 m ü.NN
UK.: 90,75 m ü.NN

überdeckt/liegt über: **27**
geschnitten/gestört von: **8**
überdeckt von: **4, 12**
zugehörig: **2, 3, 164**
Zuweisung: Gartengebäude II. Periode 6.

12 Gartenboden

Untersuchungsgebiet 1; Abschnitt 3
Dunkelbrauner, humoser, schwach lehmiger Sand mit Lehmflecken; viele Mörtelklumpen, wenig Holzkohle, Kieselsteine.
OK.: 91,10 m ü.NN
UK.: 90,75 m ü.NN

gesetzt/geschüttet gegen: **2, 3**
überdeckt/liegt über: **11, 27, 52**
geschnitten/gestört von: **8, 90, 93**
dagegengesetzt/geschüttet ist: **9**
überdeckt von: **4, 14, 90, 93**
Zuweisung: Garten zwischen Haus Witten und Ruhrstraße. Periode 6.
Fd. Nr. 7: Irdenware, **Kat. Nr. 464**, Steinzeug, Porzellan, Pfeife.
Fd. Nr. 10: Irdenware, **Kat. Nr. 132, 439**, Steinzeug, Steingut, Pfeife, Glas, Tierknochen.
Fd. Nr. 14: Irdenware, Steinzeug, Porzellan, Fayence, Pfeife, Glas.
Fd. Nr. 20: Irdenware, **Kat. Nr. 346**, Porzellan, Pfeife, Glas, Tierknochen, Sonstiges: Dachziegel, Tintenfaß.
Fd. Nr. 26: Irdenware, **Kat. Nr. 212, 255**, Steinzeug, **Kat. Nr. 400**, Porzellan, Fayence, Pfeife, Kachel, Glas, Metall, Tierknochen.
Fd. Nr. 27: Irdenware, **Kat. Nr. 128, 148, 453, 460**, Steinzeug, Porzellan, Fayence, Pfeife, Glas, Metall, Tierknochen, Sonstiges: Inschrift: „....falsche...".

13 Wegbelag

Untersuchungsgebiet 1; Abschnitt 3
Lockeres, schwarzes bis dunkelbraunes, schotterartiges Material mit sehr viel Mörtelklumpen und verglaster, stark poriger Schlacke und Asche in kleinen Nestern. Sandsteinbruchstücke. Wenige Kieselsteine.

OK.: 90,90 m ü.NN
UK.: 90,38 m ü.NN

gesetzt/geschüttet gegen: **1, 16, 17, 62**
überdeckt/liegt über: **65, 76**
überdeckt von: **14**
Zuweisung: Garten zwischen Haus Witten und Ruhrstraße. Periode 6.
Fd. Nr. 21: Irdenware, Steinzeug, Porzellan, Pfeife, Tierknochen, Sonstiges: Dachziegel.

14 Oberfläche/Gartenboden

Untersuchungsgebiet 1; Abschnitt 3
Dunkelbraun bis schwarzer, stark humoser Sand, sehr locker. Mit Wurzeln. Steinkohleschotter, Schlacken.
OK.: 91,64 m ü.NN
UK.: 91,24 m ü.NN

gesetzt/geschüttet gegen: **4, 9, 15, 16, 17, 50, 150**
überdeckt/liegt über: **1, 13, 51, 56, 57, 58, 59, 105, 106, 222, 238, 280**
geschnitten/gestört von: **54**
Zuweisung: Garten zwischen Ruhrstraße und Haus Witten. Periode 6.
Fd. Nr. 5: Irdenware, **Kat. Nr. 438, 465**, Steinzeug, **Kat. Nr 359**, Porzellan, Fayence, Steingut, Kachel, Glas, **Kat. Nr 536**, Metall, Tierknochen, Sonstiges: Knopf, Muschel, Schlacke, Wandputz, Dachziegel.
Fd. Nr. 23: Irdenware, **Kat. Nr. 465**, Steinzeug, Porzellan, Fayence, Pfeife, Glas, Metall, Tierknochen.
Fd. Nr. 28: Irdenware, **Kat. Nr. 150, 249**, Steinzeug, **Kat. Nr 420**, Porzellan, Pfeife, Glas, Tierknochen, Sonstiges: Medizintopf; Pfeifenmarke: „GOUDA".
Fd. Nr. 34: Irdenware, Steinzeug, Porzellan, Fayence, Metall, Tierknochen, Sonstiges: Murmel, **Kat. Nr. 584**.

15 Mauer

Untersuchungsgebiet 1; Abschnitt 4; Beil. 6
Ost-West. Aus Sandsteinbruchplatten (L 4,5 m; Br. 30 cm). Eine gerade Kante weist nach Süden. Ohne Mörtel verlegt. Böschungsmauer einer Gartenanlage.
OK.: 91,72 m ü.NN
UK.: 91,25 m ü.NN

gesetzt/geschüttet gegen: **17**
überdeckt/liegt über: **16, 49, 51, 58**
dagegengesetzt/geschüttet ist: **14, 59**
im Verband mit: **50**
zugehörig: **50**
Zuweisung: Zur Gartenanlage. Periode 6.

16 Mauer

Untersuchungsgebiet 1; Abschnitt 4; Beil. 6
Nord-Süd. Backsteine und wiederverwendete Bodenplatten (L. 3,44 m; Br. 40 cm). Wilder Verband. Grauer, mit Asche gemagerter Mörtel. Sehr hart.
OK.: 91,25 m ü.NN
UK.: 91,01 m ü.NN

überdeckt/liegt über: **61, 77**
dagegengesetzt/geschüttet ist: **13, 14**
überdeckt von: **15, 49, 51**

zugehörig: **49, 51**
Zuweisung: Gartengebäude III. Periode 6.

17 Mauerverblendung

Untersuchungsgebiet 1; Abschnitt 3; Beil. 3a, Abb. 32
Schmale Sandsteinbruchstücke (ca. 40 x 6 cm) und wenige große Sandsteinplatten (1,05 x 0,5 m; 1,1 x 0,86 m). Mörtel weiß-grau, sehr hart. Im Bereich von Gebäude 1 Wandputz aus weichem, grauem, mit Asche gemagertem Mörtel.
OK.: 91,80 m ü.NN
UK.: 90,53 m ü.NN

gesetzt/geschüttet gegen: **196**
überdeckt/liegt über: **88, 197, 198**
dagegengesetzt/geschüttet ist: **13, 14, 15, 36, 37, 39, 47, 55, 56, 59, 195**
im Verband mit: **71**
zugehörig: **71, 196**
Zuweisung: Ausgleich eines Versprungs in der Ostwand des Palas. Periode 3.

18 Podest

Untersuchungsgebiet 1; Abschnitt 3
Quadratisches Treppenpodest aus Schamottesteinen um einen Kern aus Sandstein- und Backsteinbruchstücken (68 x 64 cm). Mörtel grau, mit Asche gemagert.
OK.: 91,07 m ü.NN
UK.: 90,10 m ü.NN

gesetzt/geschüttet gegen: **1**
dagegengesetzt/geschüttet ist: **47**
im Verband mit: **20**
zugehörig: **1, 35**
Zuweisung: Treppe in den Heizungsraum des Gartengebäudes I. Periode 6.

19 Ausbruchgraben

Untersuchungsgebiet 1; Abschnitt 3
Zu Mauer **34** gehörig. Nord-Süd. Dunkelbrauner, lehmiger Sand, sehr locker. An der Ostkante regelmäßig gesetzte Backsteine. In der Mitte zerbrochene Fußbodenplatten aus Sandstein. Kiesel, etwas gelbweißer Mörtel. Kleine Holzstücke, etwas Ziegelsplitt.
OK.: 90,77 m ü.NN
UK.: 90,50 m ü.NN

gesetzt/geschüttet gegen: **10**
geschnitten/gestört von: **8**
überdeckt von: **3, 95**
zugehörig: **34**
Zuweisung: Ausbruchgrube einer älteren Mauer im Gartengebäude II. Periode 6.
Fd. Nr. 16: Irdenware, Steinzeug, **Kat. Nr. 359**, Porzellan, Metall, Sonstiges: Marke: „Rols...o Mineral".
Fd. Nr. 19: Irdenware, Steinzeug, Porzellan, Glas, Metall, Sonstiges: Dachziegel, Holzkohle.
Fd. Nr. 90: Irdenware, Steinzeug, Porzellan, Glas, Metall.

20 Treppe

Untersuchungsgebiet 1; Abschnitt 3
Schamotteziegel (23 x 9,5 x 11,5 cm), stark geschwärzt, mit abgetretener Kante.
OK.: 91,18 m ü.NN
UK.: 90,60 m ü.NN

gesetzt/geschüttet gegen: **1**
dagegengesetzt/geschüttet ist: **38**
im Verband mit: **18**
zugehörig: **1, 35**
Zuweisung: Stufe in den Heizungsraum des Gartengebäudes I. Periode 6.
Fd. Nr. 3: Glas, Metall, Sonstiges: Schlacke.

21 Maueranker

Untersuchungsgebiet 1; Abschnitt 3
Plattenförmiger Maueranker aus Eisen (35 x 12 cm). In der Mitte Schraube (Dm. 4,5 cm).

im Verband mit: **62**
zugehörig: **31**
Zuweisung: Gartengebäude II. Periode 6.

22 Gewachsener Boden

Untersuchungsgebiet 1; Abschnitt 2
Sehr harter, gelb-, hellbrauner sandiger Lehm, mit sehr vielen Sandsteinbruchstücken.
OK.: 90,54 m ü.NN

geschnitten/gestört von: **1, 25**
überdeckt von: **55**
zugehörig: **23, 24**

23 Gewachsener Boden

Untersuchungsgebiet 1; Abschnitt 2
Steinkohle, stark verwittert.
OK.: 90,54 m ü.NN

überdeckt von: **1, 26**
zugehörig: **22, 24, 329**
Fd. Nr. 13: Sonstiges: Bodenprobe.

24 Gewachsener Boden

Untersuchungsgebiet 1; Abschnitt 2
Sehr harter, trockener, sandiger Lehm mit wenigen kleinen Sandsteinbruchstücken.
OK.: 90,07 m ü.NN

überdeckt/liegt über: **1**
überdeckt von: **283**
zugehörig: **22, 23, 329**

25 Grube

Untersuchungsgebiet 1; Abschnitt 2
Kleine ovale Grube, gefüllt mit dunkelbraunem, stark humosem, lockerem Sand. In der Mitte ein Backstein mit abgeschrägter Kante. In den gewachsenen Boden eingetieft.
OK.: 90,20 m ü.NN

schneidet/stört: **22**
Zuweisung: Nach der Einfüllung des Gartengebäudes I entstanden. Periode 6.

26 Mauer

Untersuchungsgebiet 1; Abschnitt 1
Ost-West/Nord-Süd. U-förmig an Mauer **196** gesetzt. Sandsteinbruchstücke, sehr harter, weißer Mörtel.
OK.: 91,14 m ü.NN
UK.: 90,72 m ü.NN

gesetzt/geschüttet gegen: **1, 196**
überdeckt/liegt über: **23**
im Verband mit: **1**
Zuweisung: Einbau im Gartengebäude I. Periode 6.

27 Sonstige Schicht

Untersuchungsgebiet 1; Abschnitt 3
Dunkelbrauner, stark humoser Sand; locker, vereinzelt gelbbraune Lehmflecken; sehr viel Kalkkrümel.
OK.: 90,77 m ü.NN
UK.: 90,69 m ü.NN

überdeckt/liegt über: **32, 52, 53, 63, 78**
geschnitten/gestört von: **8, 29, 34, 126**
überdeckt von: **3, 11, 12, 28, 30, 223**
zugehörig: **52**
Zuweisung: Garten? Periode 5.
Fd. Nr. 19: Porzellan, Tierknochen, Sonstiges: Steinkohle, Holzkohle, Dachziegel.
Fd. Nr. 22: Irdenware, Steinzeug.

28 Bodenbelag

Untersuchungsgebiet 1; Abschnitt 3; Beil. 6
Sandsteinplatten. Unregelmäßig auf dünnem Mörtelbett verlegt.
OK.: 90,65 m ü.NN
UK.: 90,63 m ü.NN

gesetzt/geschüttet gegen: **31, 34**
überdeckt/liegt über: **27**
geschnitten/gestört von: **29**
überdeckt von: **6, 10, 80**
zugehörig: **31, 34, 62, 163**
Zuweisung: Gartengebäude II. Periode 6.

29 Grube

Untersuchungsgebiet 1; Abschnitt 3
Dunkelbrauner Sand, sehr locker, sehr viel Asche und Papierreste. Backsteinbruchstücke.
OK.: 90,82 m ü.NN
UK.: 90,55 m ü.NN

schneidet/stört: **27, 28, 63, 80**
überdeckt von: **5**
Zuweisung: Nach der Verfüllung des Gartengebäudes II eingegraben. Periode 6.
Fd. Nr. 18: Sonstiges: Bodenprobe.

30 Fußbodenstickung

Untersuchungsgebiet 1; Abschnitt 3
Feste, dichte Lehmschicht (T./H. 2 cm).
OK.: 90,72 m ü.NN
UK.: 90,70 m ü.NN

überdeckt/liegt über: **27**
geschnitten/gestört von: **8**
überdeckt von: **3**
zugehörig: **3**
Zuweisung: Gewächshaus (Gartengebäude II). Periode 6.
Fd. Nr. 1: Irdenware, Porzellan, Glas, Tierknochen.

31 Mauer

Untersuchungsgebiet 1; Abschnitt 3; Beil. 6
Nord-Süd. Backsteine (Br. 22 cm). Blockverband. Mörtel grau, mit Asche gemagert. Südlich von 18,40 m zerstört.
OK.: 91,35 m ü.NN
UK.: 90,62 m ü.NN

überdeckt/liegt über: **66**
dagegengesetzt/geschüttet ist: **6, 28, 80, 81, 239**
überdeckt von: **9**
im Verband mit: **62**
zugehörig: **3, 6, 21, 28, 34, 48, 163**
Zuweisung: Gewächshaus (Gartengebäude II). Periode 6.

32 Kulturschicht

Untersuchungsgebiet 1; Abschnitt 3
Dunkelbrauner, humoser Sand, feste Konsistenz, sehr viel Kalk- und Mörtelklümpchen. Holzkohle, etwas Ziegelsplitt.
OK.: 90,52 m ü.NN
UK.: 90,25 m ü.NN

überdeckt/liegt über: **63**
geschnitten/gestört von: **8, 126**
überdeckt von: **27, 34, 52, 61**
zugehörig: **52, 53**
Zuweisung: Garten? Periode 5.
Fd. Nr. 29: Irdenware, Steinzeug, Porzellan, Steingut, Glas, **Kat. Nr. 537**, Tierknochen.
Fd. Nr. 35: Steinzeug, Porzellan, Fayence, Pfeife, Glas, Metall, Tierknochen, Sonstiges: glasierter Dachziegel.
Fd. Nr. 38: Irdenware, Steinzeug, Porzellan, Pfeife, Glas, Metall, Tierknochen, Sonstiges: Fensterglas.

33 Bodenbelag

Untersuchungsgebiet 1; Abschnitt 3
Sandsteinbruchplatten.

Zuweisung: Periode 6.

34 Mauer

Untersuchungsgebiet 1; Abschnitt 3
Nord-Süd, Backsteine. Blockverband. Mörtel: grau, fleckig, mit Asche gemagert.
OK.: 90,78 m ü.NN
UK.: 90,56 m ü.NN

schneidet/stört: **27**
überdeckt/liegt über: **32**
geschnitten/gestört von: **8**
dagegengesetzt/geschüttet ist: **28, 126, 164**
überdeckt von: **3, 163**
zugehörig: **19, 28, 31, 62, 126**
Zuweisung: Gewächshaus (Gartengebäude II). Periode 6.

35 Ofen

Untersuchungsgebiet 1; Abschnitt 3
Sammelnummer für **18, 20, 36, 38, 39-46**.

geschnitten/gestört von: **55**
dagegengesetzt/geschüttet ist: **45**
überdeckt von: **47**
zugehörig: **37-46, 195**
Zuweisung: Heizungsanlage des Gewächshauses (Gartengebäude I). Periode 6.

36 Mauer

Untersuchungsgebiet 1; Abschnitt 3; Abb. 32
Nordost-Südwest. Aus Backsteinbruchstücken (L. 1,15 m; Br. 12 cm). Mörtel: grau, mit Asche gemagert.
OK.: 90,66 m ü.NN
UK.: 90,50 m ü.NN

gesetzt/geschüttet gegen: **1, 17**
dagegengesetzt/geschüttet ist: **37, 38**
überdeckt von: **47**
zugehörig: **1, 35**
Zuweisung: Abtrennung des Kohlevorrats im Gewächshaus (Gartengebäude I). Periode 6.

37 Kohlevorrat

Untersuchungsgebiet 1; Abschnitt 3; Abb. 32
OK.: 90,70 m ü.NN
UK.: 90,60 m ü.NN

gesetzt/geschüttet gegen: **17, 36**
überdeckt von: **47**
zugehörig: **1, 35**
Zuweisung: Kohlevorrat im Gewächshaus (Gartengebäude I). Periode 6.

38 Bodenbelag

Untersuchungsgebiet 1; Abschnitt 3; Taf. 22,2
Sandsteinplatten. Unregelmäßig verlegt.
OK.: 90,56 m ü.NN
UK.: 90,40 m ü.NN

gesetzt/geschüttet gegen: **20, 36, 43**
dagegengesetzt/geschüttet ist: **47**
zugehörig: **1, 35, 57**
Zuweisung: Fußboden im Heizungsraum des Gewächshauses (Gartengebäude I). Periode 6.
Fd. Nr. 24: Irdenware, **Kat. Nr. 230**.

39 Baugrube

Untersuchungsgebiet 1; Abschnitt 3
Ost-West. Für ausgebrochene Mauer (Br. 10 cm).
OK.: 90,52 m ü.NN
UK.: 90,42 m ü.NN

schneidet/stört: **44**
gesetzt/geschüttet gegen: **17, 43**
überdeckt von: **47**
zugehörig: **1, 35**
Zuweisung: Einbau im Gewächshaus (Gartengebäude I). Periode 6.

40 Schacht

Untersuchungsgebiet 1; Abschnitt 3
Zur Entnahme der Asche aus dem Ofen **35**. Gefüllt mit sehr lockerer, durchgebrannter Asche und Eisenschrott.
OK.: 90,56 m ü.NN
UK.: 89.96 m ü.NN

schneidet/stört: **44**
dagegengesetzt/geschüttet ist: **47**
zugehörig: **1, 35**
Zuweisung: Heizungsanlage des Gewächshauses (Gartengebäude I). Periode 6.

41 Feuerkammer

Untersuchungsgebiet 1; Abschnitt 3
Rest der Feuerkammer mit Schüttelrost aus Eisen. Seitenwände aus Schamottesteinen (L. 60 cm; Br. 30 cm; T./H. 13 cm). Ein Stein mit eingestempeltem „S". Innenseiten geschwärzt, leicht verglast. Grauer mit Asche gemagerter Mörtel. Rost: vierkantig, rot gestrichen. Liegt auf zwei eisernen Querplatten.
OK.: 90,66 m ü.NN
UK.: 90,54 m ü.NN

zugehörig: **1, 35**
Zuweisung: Heizungsanlage des Gewächshauses (Gartengebäude I). Periode 6.

42 Mauergitter

Untersuchungsgebiet 1; Abschnitt 3
Gitterförmige Backsteinmauer um Feuerkammer **41**. Backsteine (25 x 12 cm). Einige der Ziegel in Lehm gesetzt.
OK.: 90,65 m ü.NN

dagegengesetzt/geschüttet ist: **45**
zugehörig: **1, 35**
Zuweisung: Heizungsanlage des Gewächshauses (Gartengebäude I). Periode 6.

43 Mauer

Untersuchungsgebiet 1; Abschnitt 3
Umfassungsmauer der Feuerkammer **41** aus Backsteinen. Mörtel grau, mit Asche gemagert.
OK.: 90,80 m ü.NN
UK.: 90,18 m ü.NN

dagegengesetzt/geschüttet ist: **38, 39**
überdeckt von: **47**
zugehörig: **1, 35**
Zuweisung: Heizungsanlage des Gewächshauses (Gartengebäude I). Periode 6.

44 Gewachsener Boden

Untersuchungsgebiet 1; Abschnitt 3
Sandiger Lehm, mit sehr viel Sandsteinschotter. Oberfläche durch Ofenfeuer verziegelt.
OK.: 90,65 m ü.NN

geschnitten/gestört von: **39, 40**
überdeckt von: **1**
zugehörig: **35, 329**
Fd. Nr. 25: Steinzeug.

45 Einfüllschicht

Untersuchungsgebiet 1; Abschnitt 3
Stark verziegelter Lehm mit Ascheeinschlüssen. Einfüllung in die Seitenkammern **42** des Ofens **35**.
OK.: 90,64 m ü.NN

gesetzt/geschüttet gegen: **35, 42**
überdeckt von: **55**
zugehörig: **1, 35**
Zuweisung: Heizungsanlage des Gewächshauses (Gartengebäude I). Periode 6.

46 Einfüllschicht

Untersuchungsgebiet 1; Abschnitt 3
Wie 45, schwächer verziegelt.
OK.: 90,64 m ü.NN

gesetzt/geschüttet gegen: **1**
überdeckt von: **55**
zugehörig: **1, 35**
Zuweisung: Periode 6.

47 Einfüllschicht

Untersuchungsgebiet 1; Abschnitt 3
Dunkelbrauner, lockerer Sand mit viel weißgrauer Asche, kleine Kiesel, etwas Mörtel und Ziegelsplitt. Im oberen Bereich Lehmlinse. Nach Aufgabe des Ofens **35** eingefüllt.
OK.: 91,10 m ü.NN
UK.: 90,64 m ü.NN

gesetzt/geschüttet gegen: **1, 17, 18, 38, 40**
überdeckt/liegt über: **35, 36, 37, 39, 43, 55**
geschnitten/gestört von: **54**
überdeckt von: **56**
Zuweisung: Verfüllung des Heizungskellers im Gewächshaus (Gartengebäude I). Periode 6.
Fd. Nr. 4: Irdenware, Steinzeug, Porzellan, Glas, Tierknochen, Sonstiges: Ofenteil.
Fd. Nr. 15: Irdenware, Steinzeug, Glas, Tierknochen.

48 Mauer

Untersuchungsgebiet 1; Abschnitt 3
Aufmauerung von **10** aus zwei Lagen Backsteinen und einer Lage 2-3 cm dicken Sandsteinplatten. Blockverband. Mörtel: nicht dokumentiert.
OK.: 91,30 m ü.NN
UK.: 91,10 m ü.NN

überdeckt/liegt über: **10**
überdeckt von: **9**
zugehörig: **31, 62**
Zuweisung: Gewächshaus (Gartengebäude II). Periode 6.

49 Mauer

Untersuchungsgebiet 1; Abschnitt 3
Nord-Süd. Backsteinbruchstücke und Schamotteziegel (Br. 30 cm). Grauer, mit Asche gemagerter Mörtel.
OK.: 91,35 m ü.NN
UK.: 91,25 m ü.NN

überdeckt/liegt über: **16, 61**

überdeckt von: **15**
zugehörig: **16, 51**
Zuweisung: Gartengebäude III. Periode 6.

50 Treppe

Untersuchungsgebiet 1; Abschnitt 3
Sandstein, dreistufig, mit spiralverzierten Wangenteilen.
OK.: 91,94 m ü.NN
UK.: 91,13 m ü.NN

dagegengesetzt/geschüttet ist: **14, 59**
im Verband mit: **15**
zugehörig: **4, 15, 224, 225**
Zuweisung: Gartentreppe. Periode 6.

51 Mauer

Untersuchungsgebiet 1; Abschnitt 3
Nord-Süd. Backsteine und Schamotteziegel. Sehr flüchtig gemacht. Mörtel: grau, mit Asche gemagert.
OK.: 91,35 m ü.NN
UK.: 91,28 m ü.NN

überdeckt/liegt über: **16, 61**
überdeckt von: **14, 15**
zugehörig: **16, 49**
Zuweisung: Gartengebäude III. Periode 6.

52 Sonstige Schicht

Untersuchungsgebiet 1; Abschnitt 3
Gelbbrauner, sandiger, stellenweise verziegelter Lehm mit sehr viel Kalkklümpchen; etwas Holzkohle und Ziegelsplitt.
OK.: 90,68 m ü.NN
UK.: 90,25 m ü.NN

überdeckt/liegt über: **32, 53, 63**
geschnitten/gestört von: **8**
überdeckt von: **12, 27**
zugehörig: **32**
Zuweisung: Garten? Periode 5.
Fd. Nr. 31: Irdenware, **Kat. Nr. 231**, Porzellan, Pfeife, Glas, Tierknochen.
Fd. Nr. 40: Irdenware, Steinzeug, **Kat. Nr. 367**, Porzellan, Fayence, Pfeife, Glas, Metall, Tierknochen, Sonstiges: Steinzeugflasche.

53 Sonstige Schicht

Untersuchungsgebiet 1; Abschnitt 3
Lehm, gelbbraun. Etwas Holzkohle und verziegelter Lehm.
OK.: 90,58 m ü.NN
UK.: 90,05 m ü.NN

überdeckt/liegt über: **63**
überdeckt von: **27, 52**
zugehörig: **32**
Zuweisung: Periode 5.
Fd. Nr. 30: Irdenware, Steinzeug, Porzellan, Pfeife, Glas, Tierknochen, Sonstiges: Deckel.
Fd. Nr. 32: Irdenware, Steinzeug, **Kat. Nr. 408**, Fayence, Steingut, Pfeife, Metall, Tierknochen.
Fd. Nr. 37: Fayence, **Kat. Nr. 480, 481**, Glas, Sonstiges: Glas mit Schliffverzierung.

54 Grube

Untersuchungsgebiet 1; Abschnitt 3
Rechteckige Form, gefüllt mit sehr lockerem Sand, schwarz-braun, mit viel Asche und neuzeitlichem Schutt.
OK.: 91,24 m ü.NN
UK.: 90,85 m ü.NN

schneidet/stört: **14, 47, 56**
Zuweisung: Periode 6.
Fd. Nr. 128: Irdenware, Steinzeug, Porzellan, Glas, **Kat. Nr 539**, Metall, Tierknochen, Sonstiges: Andenkenbecher, **Kat. Nr 590**, Taschenmesser, Knecht's Magenbitter, Auster, Schlacke; Kerzenständer.

55 Einfüllschicht

Untersuchungsgebiet 1; Abschnitt 3
Sehr lockerer, stark aschehaltiger Sand, dunkel, mit sehr viel Backsteinbruch, Schiefer, Mörtel und Sandsteinbruchstücken.
OK.: 90,96 m ü.NN
UK.: 90,50 m ü.NN

schneidet/stört: **35**
gesetzt/geschüttet gegen: **1, 17**
überdeckt/liegt über: **22, 45, 46, 57**
überdeckt von: **47**
Zuweisung: Einfüllung in den Heizungsraum des Gewächshauses (Gartengebäude I). Periode 6.

56 Einfüllschicht

Untersuchungsgebiet 1; Abschnitt 3
Dunkelbrauner bis schwarzer Sand, humos, sehr ähnlich **14** nur etwas fester.
OK.: 91,30 m ü.NN
UK.: 90,65 m ü.NN

gesetzt/geschüttet gegen: **1, 17**
überdeckt/liegt über: **47**
geschnitten/gestört von: **54**
überdeckt von: **14**
Zuweisung: Einfüllung in das Gewächshaus (Gartengebäude I). Periode 6.

57 Bodenbelag

Untersuchungsgebiet 1; Abschnitt 3
Fußboden? Eine Sandsteinplatte in Profil 4.
OK.: 90,54 m ü.NN

überdeckt von: **14, 55**
zugehörig: **38**
Zuweisung: Gartengebäude I. Periode 6.

58 Einfüllschicht

Untersuchungsgebiet 1; Abschnitt 3/4
Gelber, fettiger Lehm. Ehemalige Traufkante?
OK.: 91,10 m ü.NN

schneidet/stört: **59, 280**
überdeckt von: **14, 15**
Zuweisung: Periode 6.

59 Sonstige Schicht

Untersuchungsgebiet 1; Abschnitt 3/4
Dunkelbraun, fast schwarz, ähnlich **14**, etwas fester. Kalkbröckchen, etwas Backsteinbruch, wenige kleine Kieselsteine. Die Bef. Nr. enthält eine Anzahl von Schichten, die erst im Profil unterschieden werden konnten.
OK.: 91,23 m ü.NN

schneidet/stört: **60**
gesetzt/geschüttet gegen: **15, 17, 50, 107, 150**
überdeckt/liegt über: **61, 68, 73, 73, 74, 75, 82, 83**
geschnitten/gestört von: **58**
überdeckt von: **14, 105**
zugehörig: **280**
Zuweisung: Periode 6.
Fd. Nr. 41: Irdenware, **Kat. Nr. 155**, Steinzeug, **Kat. Nr 403**, Porzellan, Fayence, Pfeife, Glas, Sonstiges: Muschel, Blumentopf.
Fd. Nr. 44: Irdenware, Porzellan, Steingut, Pfeife, Tierknochen.
Fd. Nr. 50: Irdenware, Steinzeug, Porzellan, Pfeife, Tierknochen, Sonstiges: Griffel, Kohle, Blumentopf.
Fd. Nr. 81: Irdenware, Sonstiges: Blumentopf.

60 Planierschicht

Untersuchungsgebiet 1; Abschnitt 4
Gelbbrauner Lehm mit Sandsteinbruchstücken.
OK.: 91,23 m ü.NN
UK.: 91,03 m ü.NN

überdeckt/liegt über: **240**
geschnitten/gestört von: **59, 280**
überdeckt von: **106**
zugehörig: **61**
Zuweisung: Einfüllung des Schloßteiches. Periode 5.

61 Sonstige Schicht

Untersuchungsgebiet 1; Abschnitt 3/4
Künstliches Stratum unter **16**. Gliedert sich im Profil in mehrere Schichten: **60, 222, 240** (s. dort). Funde vermischt.
OK.: 91,10 m ü.NN
UK.: 90,73 m ü.NN

überdeckt/liegt über: **32, 84**
überdeckt von: **16, 49, 51, 59, 222**
zugehörig: **60, 222, 240**
Zuweisung: Einfüllung des Schloßteiches. Periode 5.
Fd. Nr. 39: Irdenware, Steinzeug, Porzellan, Glas, Sonstiges: Kalk, Dachziegel.
Fd. Nr. 43: Irdenware, **Kat. Nr. 293**, Steinzeug, **Kat. Nr 370**, Porzellan, **Kat. Nr 506**, Pfeife, Glas, **Kat. Nr 537**, Metall, Tierknochen.
Fd. Nr. 45: Irdenware, Steinzeug, Porzellan, Pfeife.
Fd. Nr. 47: Irdenware, Steinzeug, Porzellan, Pfeife, Glas, Tierknochen.
Fd. Nr. 51: Irdenware, Steinzeug, Porzellan, Pfeife, Tierknochen, Sonstiges: Pfeifenmarke: Krone, darunter „46".
Fd. Nr. 54: Irdenware, Steinzeug, Fayence, Pfeife, Metall, Tierknochen, Sonstiges: Dachziegel glasiert, Muschel, **Kat. Nr. 590**.
Fd. Nr. 55: Irdenware, Steinzeug, Porzellan, Fayence, Pfeife, Glas, Metall.

Fd. Nr. 56: Irdenware, **Kat. Nr. 311**, Steinzeug, **Kat. Nr 408**, Porzellan, Steingut, Pfeife, Kachel, Glas, Metall, Tierknochen, Sonstiges: Dachziegel, Schlacke, Muschel (Auster).
Fd. Nr. 57: Irdenware, Steinzeug, **Kat. Nr. 352**, Porzellan, Steingut, Pfeife, Glas, Sonstiges: Muscheln (Jakobsmuschel, Auster).
Fd. Nr. 509: Irdenware, Steinzeug, Porzellan, Fayence.

62 Mauer

Untersuchungsgebiet 1; Abschnitt 3
Ost-West. Backsteine (25 x 11 x 6 cm). Blockverband. Grauer, mit Asche gemagerter Mörtel.
OK.: 91,38 m ü.NN
UK.: 90,62 m ü.NN

überdeckt/liegt über: **65**
dagegengesetzt/geschüttet ist: **10, 13, 163**
überdeckt von: **9**
im Verband mit: **21, 31, 34**
zugehörig: **2, 9, 10, 28, 34, 48, 163**
Zuweisung: Gewächshaus (Gartengebäude II). Periode 6.

63 Sonstige Schicht

Untersuchungsgebiet 1; Abschnitt 3
Schotter aus Tonschieferbruchstücken, vermischt mit gelbbraunem sandigem Lehm. Einige große Dachziegel und etwas Holzkohle. Lockere und feste Partien wechseln ab.
OK.: 90,61 m ü.NN
UK.: 90,02 m ü.NN

überdeckt/liegt über: **64, 65**
geschnitten/gestört von: **29, 78**
überdeckt von: **27, 32, 52, 53**
Zuweisung: Periode vor 6.
Fd. Nr. 42: Irdenware, **Kat. Nr. 309**, Steinzeug, Fayence, **Kat. Nr 480, 481**, Pfeife, Glas.
Fd. Nr. 48: Pfeife.

64 Gewachsener Boden?

Untersuchungsgebiet 1; Abschnitt 3
Gelbbrauner, nasser, sandiger Lehm.
OK.: 90,35 m ü.NN

überdeckt von: **63**

65 Gewachsener Boden

Untersuchungsgebiet 1; Abschnitt 3
Schotter aus Sandsteinbruch, mit humosem Material vermengt. Sehr hart. Alte Oberfläche?
OK.: 90,59 m ü.NN

geschnitten/gestört von: **77**
überdeckt von: **13, 62, 63**
zugehörig: **329**

66 Gewachsener Boden

Untersuchungsgebiet 1; Abschnitt 3
Verwitterter Sandsteinfels.
OK.: 90,62 m ü.NN

überdeckt von: **31**
zugehörig: **329**

67 Gewachsener Boden

Untersuchungsgebiet 1; Abschnitt 3
Schotter aus Tonschiefer, wie **65**, aber noch fester und ohne humose Beimengungen.
OK.: 90,65 m ü.NN

zugehörig: **329**

68 Planierschichten

Untersuchungsgebiet 1; Abschnitt 4
Dunkelbrauner, fast schwarzer, humoser Sand. Ziegelsplitt, Holzkohle, etwas Mörtel oder Kalkklümpchen. Im Profil gliedert sich 68 in die Schichten **280** und **240**. Die Funde wurden vermischt.
OK.: 90,87 m ü.NN
UK.: 90,83 m ü.NN

überdeckt/liegt über: **69, 70**
überdeckt von: **59**
zugehörig: **240, 280**
Zuweisung: Einfüllung des Schloßteiches. Periode 5.
Fd. Nr. 46: Steinzeug, Pfeife, Glas.

69 Gewachsener Boden

Untersuchungsgebiet 1; Abschnitt 4
Verwitterter Sandsteinfels.
OK.: 91,25 m ü.NN

überdeckt von: **68**
zugehörig: **329**

70 Gewachsener Boden

Untersuchungsgebiet 1; Abschnitt 4
Verwitterter Tonschiefer. Streichrichtung: Nordwest-Südost. Liegendes: **72**.
OK.: 90,89 m ü.NN

geschnitten/gestört von: **75, 77, 82, 83**
überdeckt von: **68, 72**
zugehörig: **329**

71 Mauer

Untersuchungsgebiet 1; Abschnitt 3; Abb. 5.33
Nord-Süd. Aus Sandsteinbruchplatten. Ostmauer des Palas. Nördliche Ecke durch angesetzten Ostflügel verdeckt. Südliche obere Hälfte zerstört, Mauerkronen rezent betoniert. Sandsteine überwiegend mittelgroß (40 x 20 cm), orangefarben bis rotbraun. Ecken aus scharrierten Sandsteinquadern. Oberhalb der Fenster waagerechter Streifen aus grauem Sandstein; nachträglich abgearbeitet. Sitzt auf dem um 10 cm zurückspringenden Fundament **196**. Unter südlichem Kellerfenster älterer, vermauerter Fensterrest **452**. Kellerfenster rechteckig, stark verwaschen. Darüber zwei große rechteckige Fenster, Rahmen aus Sandsteinspolien (um 1985 ergänzt). Südliche Brüstung zerstört. Unterkante für Auflager der modernen Fußgängerbrücke betoniert. Darunter Bank eines älteren Fensters. Oberer Fensterabschluß als Kreissegmentbogen;

darüber Fensterpaar wie unten; südliches Fenster bis auf Rest der nördlichen Zarge zerstört. Im Dachgeschoß niedriges Fensterpaar; südliches Fenster bis auf nördliche Zarge zerstört.
OK.: 104,50 m ü.NN
UK.: 91,60 m ü.NN

überdeckt/liegt über: **196**
dagegengesetzt/geschüttet ist: **342**
im Verband mit: **196, 298, 396, 452**
zugehörig: **17, 298, 452, 642, 643, 644, 728, 809, 1064**
Zuweisung: Östliche Giebelwand des Palas. Periode 3.

72 Gewachsener Boden

Untersuchungsgebiet 1; Abschnitt 4; Taf. 1,1
Steinkohle, stark verwittert. Liegendes: **70**.
OK.: 90,82 m ü.NN

überdeckt/liegt über: **70**
geschnitten/gestört von: **107**
zugehörig: **329**
Fd. Nr. 53: Sonstiges: Bodenprobe.
Fd. Nr. 59: Sonstiges: Bodenprobe.

73 Gewachsener Boden

Untersuchungsgebiet 1; Abschnitt 4
Sand, sehr hart.
OK.: 90,85 m ü.NN

überdeckt von: **59**
zugehörig: **329**

74 Gewachsener Boden

Untersuchungsgebiet 1; Abschnitt 4
Verwitterter Sandstein.
OK.: 90,99 m ü.NN

geschnitten/gestört von: **1051, 1052**
dagegengesetzt/geschüttet ist: **1050**
überdeckt von: **59, 1053**
zugehörig: **329**

75 Pfosten

Untersuchungsgebiet 1; Abschnitt 4; Beil. 5
Grube mit Resten des Holzpfostens, der mit einem Sandstein festgekeilt ist. Die Füllung besteht aus Sandsteinbruch mit starken humosen Anteilen. Grau, locker. In den gewachsenen Boden eingetieft.
OK.: 90,96 m ü.NN

schneidet/stört: **70**
überdeckt von: **59**
zugehörig: **82, 83, 107**
Zuweisung: Pfostenreihe läuft auf den Ausfluß des Schloßteiches zu. Steg? Periode 5.
Fd. Nr. 52: Metall.

76 Gewachsener Boden

Untersuchungsgebiet 1; Abschnitt 3
Verwitterter Sandstein.
OK.: 90,97 m ü.NN

überdeckt von: **89**
zugehörig: **329**

77 Kanal

Untersuchungsgebiet 1; Abschnitt 3
Sandsteinplatten unter Mauer **84** (L. 1,4 m; Br. 70 cm). Ohne Mörtel. Füllung mit dunkelbraun-schwarzem stark humosem Sand. Locker. Einzelne Kalkbröckchen. Gefälle nach Süden. Das Nordende ist durch hochkantgestellte Sandsteinplatten verschlossen. Sohle: 90,41 (Nord) 90,36 (Süd) m m ü.NN.
OK.: 90,78 m ü.NN
UK.: 90,41 m ü.NN

schneidet/stört: **65, 70**
gesetzt/geschüttet gegen: **342, 343**
dagegengesetzt/geschüttet ist: **86**
überdeckt von: **16, 84**
im Verband mit: **84**
zugehörig: **84, 86, 181, 358, 360, 464, 797, 1061, 1082**
Zuweisung: Ausfluß in Schloßteichstaumauer. Periode 5.

78 Gewachsener Boden

Untersuchungsgebiet 1; Abschnitt 3
Verwitterter Sandstein. Sand. Obere Schicht etwas verziegelt.
OK.: 90,55 m ü.NN

überdeckt von: **27, 771**
zugehörig: **329**

79 Gewachsener Boden

Untersuchungsgebiet 1; Abschnitt 3
Schwaches Steinkohleband.
OK.: 90,45 m ü.NN

zugehörig: **329**

80 Einfüllschicht

Untersuchungsgebiet 1; Abschnitt 3
Wie **5**, eine Nuance dunkler.
OK.: 90,81 m ü.NN
UK.: 90,65 m ü.NN

gesetzt/geschüttet gegen: **10, 31**
überdeckt/liegt über: **28**
geschnitten/gestört von: **29**
überdeckt von: **5**
Zuweisung: Einfüllung im Gewächshaus (Gartengebäude II). Periode 6.

81 Einfüllschicht

Untersuchungsgebiet 1; Abschnitt 3
Dunkelbrauner bis schwarzer, lockerer Sand. Sehr homogen. Etwas Sandsteinsplitt, wenige Kalkspritzer.
OK.: 91,50 m ü.NN
UK.: 90,95 m ü.NN

gesetzt/geschüttet gegen: **9, 10, 31**
überdeckt/liegt über: **5**
Zuweisung: Oberste Verfüllung des Gewächshauses (Gartengebäude II). Periode 6.

82 Pfosten

Untersuchungsgebiet 1; Abschnitt 4; Beil. 5
Grube mit rundem Umriß und Spur des stark verwitterten Holzpfostens (T./H. 37 cm). Der Pfosten ist mit einem Sandstein verkeilt. Füllung aus dunkelbraunem bis schwarzem Sand, der sehr viele Sandsteinbruchstücke, etwas Holzkohle, Lehmklümpchen und Mörtelklümpchen enthält.
OK.: 90,90 m ü.NN
UK.: 90,73 m ü.NN

schneidet/stört: **70**
überdeckt von: **59**
zugehörig: **75, 83, 107**
Zuweisung: Steg? Periode 5.

83 Pfostenloch

Untersuchungsgebiet 1; Abschnitt 4; Beil. 5
Ovales Pfostenloch (T./H. 34 cm). Holzpfosten vergangen oder herausgezogen. Zwei Sandsteinbruchstücke als Keile. Füllung wie **82**.
OK.: 90,78 m ü.NN
UK.: 90,40 m ü.NN

schneidet/stört: **70**
überdeckt von: **59**
zugehörig: **75, 82, 107**
Zuweisung: Steg? Periode 5.
Fd. Nr. 69: Porzellan.

84 Mauer

Untersuchungsgebiet 1; Abschnitt 3/4; Beil. 5
Ost-West. Sandsteinplatten (L. 2,75 m; Br. 70 cm). Ohne Mörtel verlegt.
OK.: 90,91 m ü.NN
UK.: 90,61 m ü.NN

gesetzt/geschüttet gegen: **342**
überdeckt/liegt über: **77**
überdeckt von: **61**
im Verband mit: **77**
zugehörig: **77, 86, 180, 208, 360, 1076, 1078, 1081**
Zuweisung: Südliche Schloßteichstaumauer. Periode 5.

85 Bodenbelag

Untersuchungsgebiet 2; Abschnitt 1; Beil. 6
Sandsteinbruchplatten.
OK.: 90,27 m ü.NN
UK.: 90,03 m ü.NN

gesetzt/geschüttet gegen: **98, 103, 806**
überdeckt/liegt über: **89**
überdeckt von: **306, 307**
zugehörig: **96, 109, 290, 306, 308, 382, 888**
Zuweisung: Jüngster Kellerfußboden. Periode 6.

86 Absperrung

Untersuchungsgebiet 1; Abschnitt 4
Verschließt den Graben **77** am Nordende. Sandsteinbruchplatten.
OK.: 90,83 m ü.NN
UK.: 90,41 m ü.NN

gesetzt/geschüttet gegen: **77**
zugehörig: **77, 84**
Zuweisung: Verschluß des Ausflußlochs in der Staumauer des Schloßteiches. Periode 5.

87 entfällt

88 Gewachsener Boden

Untersuchungsgebiet 1; Abschnitt 3
Verwitterter Sandstein.
OK.: 90,95 m ü.NN

überdeckt von: **17**
zugehörig: **329**

89 Bauhorizont/Gewachsener Boden

Untersuchungsgebiet 2; Abschnitt 1; Beil. 3a
Rotbrauner sandiger Lehm; vereinzelt Sandsteinbruchstücke und Mörtelnester; locker.
OK.: 90,20 m ü.NN

überdeckt/liegt über: **76**
überdeckt von: **85**
Zuweisung: Stickung des Fußbodens **85**.
Fd. Nr. 58: Steinzeug, **Kat. Nr. 47**, Sonstiges: Türgriff.
Fd. Nr. 60: Steinzeug, Tierknochen, Sonstiges: unter Fußboden, Dachziegel.

90 Einfüllschicht

Untersuchungsgebiet 1; Abschnitt 3
Dunkelbrauner, fast schwarzer Sand mit Ziegelbruch, etwas Mörtel oder Kalk, sehr stark durchmischt, locker.
OK.: 91,30 m ü.NN
UK.: 90,75 m ü.NN

schneidet/stört: **12, 91, 92, 93**
überdeckt/liegt über: **12**
Zuweisung: Kriegsschutt. Periode 6.

91 Sonstige Schicht

Untersuchungsgebiet 1; Abschnitt 3
Dunelbrauner bis schwarzer Sand, stark humos, Steinkohlestaub, locker, sehr viele Wurzeln.
OK.: 91,20 m ü.NN
UK.: 90,77 m ü.NN

gesetzt/geschüttet gegen: **9**
überdeckt/liegt über: **92**
geschnitten/gestört von: **90**
Zuweisung: Wegbelag im Gartenbereich. Periode 6.

92 Sonstige Schicht

Untersuchungsgebiet 1; Abschnitt 3
Feines graues Ascheband.
OK.: 91,09 m ü.NN

gesetzt/geschüttet gegen: **9**
überdeckt/liegt über: **93**
geschnitten/gestört von: **90**

überdeckt von: **91**
Zuweisung: Wegbelag im Gartenbereich. Periode 6.

93 Einfüllschicht
Untersuchungsgebiet 1; Abschnitt 3
Füllt eine flache Mulde. Dunkelbraun, nach unten zunehmend schwarz, humos, gebändert. Sandsteinbruchstücke.
OK.: 91,05 m ü.NN
UK.: 90,77 m ü.NN

schneidet/stört: **12**
gesetzt/geschüttet gegen: **2**
überdeckt/liegt über: **12**
geschnitten/gestört von: **90**
überdeckt von: **92**
Zuweisung: Wegbelag (?) im Gartenbereich. Periode 6.

94 Einfüllschicht
Untersuchungsgebiet 1; Abschnitt 3
Dunkelbraun bis schwarzer stark humoser Sand, etwas Holzkohle.
OK.: 91,00 m ü.NN
UK.: 90,75 m ü.NN

gesetzt/geschüttet gegen: **2**
überdeckt/liegt über: **3**
geschnitten/gestört von: **8**
überdeckt von: **95**
Zuweisung: Einfüllung im Gewächshaus (Gartengebäude II). Periode 6.

95 Einfüllschicht
Untersuchungsgebiet 1; Abschnitt 3
Dunkelbraun bis schwarzer, stark humoser Sand. Sehr dunkel.
OK.: 91,30 m ü.NN
UK.: 90,75 m ü.NN

gesetzt/geschüttet gegen: **9**
überdeckt/liegt über: **2, 8, 19, 94**
Zuweisung: Oberste Einfüllschicht im Gewächshaus (Gartengebäude II). Periode 6.
Fd. Nr. 8: Irdenware, Steinzeug, Porzellan, **Kat. Nr. 507**, Pfeife.

96 Bodenbelag
Untersuchungsgebiet 2; Abschnitt 2; Beil. 6
Sandsteinbruchplatten; ohne Verlegeschema. In der Südwestecke befindet sich eine Einsenkung.
OK.: 90,08 m ü.NN
UK.: 89.84 m ü.NN

gesetzt/geschüttet gegen: **97, 98, 99, 100, 101, 125, 806**
überdeckt/liegt über: **104**
geschnitten/gestört von: **302**
zugehörig: **85, 306**
Zuweisung: Jüngster Kellerboden im Palas. Periode 6.

97 Steintrog
Untersuchungsgebiet 2; Abschnitt 2
Runder Steintrog aus Sandstein (60 x 60 cm; Dm 48 cm).
Rand stark abgestoßen.
OK.: 89.75 m ü.NN

gesetzt/geschüttet gegen: **100, 125**
dagegengesetzt/geschüttet ist: **96, 302**
Zuweisung: Unklar. Periode 6.

98 Gewölbe
Untersuchungsgebiet 2; Abschnitt 2
Ost-West. Auflager für Tonnengewölbe. Sandsteinbruchplatten.
OK.: 92.43 m ü.NN
UK.: 90,35 m ü.NN

dagegengesetzt/geschüttet ist: **85, 96, 100, 109, 111, 307, 382, 384**
im Verband mit: **388, 806**
zugehörig: **99**
Zuweisung: Keller des Palas. Periode 3.

99 Gewölbe
Untersuchungsgebiet 2; Abschnitt 2; Abb.24, Beil. 3a
Ost-West. Auflager für Tonnengewölbe. Sandsteinbruchplatte und quaderförmig zugerichtete Sandsteine. Mörtel gelb-weiß.
OK.: 92.43 m ü.NN
UK.: 89.71 m ü.NN

schneidet/stört: **102**
gesetzt/geschüttet gegen: **122**
überdeckt/liegt über: **303, 304**
geschnitten/gestört von: **181, 305**
dagegengesetzt/geschüttet ist: **96, 101, 109, 120, 181, 208, 305**
zugehörig: **98, 103, 196**
Zuweisung: Keller des Palas. Periode 3.

100 Mauer
Untersuchungsgebiet 2; Abschnitt 2; Beil. 5
Mauer aus Sandsteinblöcken. Am südlichen Ende ein quaderförmig zugerichteter Sandstein. Am Nordende Durchbruch (50 x 50 cm). Mörtel gelb-weiß. In der Fuge zwischen **98** und **100** befindet sich Wandputz.
OK.: 90,36 m ü.NN
UK.: 89.71 m ü.NN

gesetzt/geschüttet gegen: **98**
dagegengesetzt/geschüttet ist: **96, 97, 109, 111, 125**
zugehörig: **101**
Zuweisung: Zwischenwand im Keller des Palas. Periode 5.

101 Mauer
Untersuchungsgebiet 2; Abschnitt 2; Beil. 5
Wie **100**. Nord- Süd. Sandsteinbruchplatten und einzelnen Backsteinen. Oberes Ende ausgebrochen. Mörtel gelb-weiß.
OK.: 90,58 m ü.NN

gesetzt/geschüttet gegen: **99**
überdeckt/liegt über: **303**
dagegengesetzt/geschüttet ist: **96, 109, 125, 181**
zugehörig: **100, 125**
Zuweisung: Zwischenwand im Keller des Palas. Periode 5.

102 Gewachsener Boden

Untersuchungsgebiet 2; Abschnitt 1
Sandsteingeschiebe.
OK.: 89.95 m ü.NN

geschnitten/gestört von: **99**
zugehörig: **125, 329**

103 Gewölbe

Untersuchungsgebiet 2; Abschnitt 1; Beil. 3a
Ost-West. Auflager eines Tonnengewölbes aus Sandsteinbruchplatten. Sehr wenige quaderförmig zugerichtete Sandsteine. Mit Fensterschacht **108**.
OK.: 92.43 m ü.NN
UK.: 90,05 m ü.NN

dagegengesetzt/geschüttet ist: **85, 306, 382, 383, 386, 389**
im Verband mit: **108, 388, 805, 806**
zugehörig: **99**
Zuweisung: Keller des Palas. Die Periodenzuweisung ist hypothetisch. Periode 3.

104 Bauhorizont/gewachsener Boden

Untersuchungsgebiet 2; Abschnitt 2
Gelbbrauner sandiger Lehm. Gewachsener Boden mit einigen eingelagerten Mörtelklümpchen und Sandsteinbruchstücken.
OK.: 90,00 m ü.NN

geschnitten/gestört von: **302**
überdeckt von: **96**
Zuweisung: Periode vor 6.

105 Planierschicht

Untersuchungsgebiet 1; Abschnitt 4
Flache Linse aus verglaster Schlacke, roter Asche und etwas Steinkohle.
OK.: 91,50 m ü.NN

überdeckt/liegt über: **59**
überdeckt von: **14**
Zuweisung: Kriegsschutt. Periode nach 6.
Fd. Nr. 82: Glas, Sonstiges: Gußglas mit Preßmarke: „50", Schlacke.

106 Sonstige Schicht

Untersuchungsgebiet 1; Abschnitt 4
Dunkelbraun-schwarzer mit viel Steinkohlestücken und Asche durchsetzter Sand; z.T. schwarz glänzende, verglaste Schlacke.
OK.: 91,43 m ü.NN
UK.: 91,20 m ü.NN

überdeckt/liegt über: **60**
geschnitten/gestört von: **280**
überdeckt von: **14**
Zuweisung: Einfüllung des Schloßteiches. Periode vor 6.

107 Grube oder Pfosten

Untersuchungsgebiet 1; Abschnitt 4
Kleine spitz zulaufende Grube, gefüllt mit Sandsteinbruchstücken und dunkelbraunem bis schwarzem Sand.
OK.: 91,00 m ü.NN
UK.: 90,79 m ü.NN

schneidet/stört: **72**
dagegengesetzt/geschüttet ist: **59**
überdeckt von: **280**
zugehörig: **75, 82, 83**
Zuweisung: Steg? Periode 5.

108 Fenster

Untersuchungsgebiet 2; Abschnitt 1
Fensterschacht (2,1 x 0,9 m) im Tonnengewölbe **103**, verschlossen mit einer Betonplatte.
OK.: 92.75 m ü.NN
UK.: 90,56 m ü.NN

im Verband mit: **103**
Zuweisung: Periodenzuweisung ist hypothetisch. Periode 4.

109 Bodenbelag

Untersuchungsgebiet 2; Abschnitt 4; Abb. 22, Beil. 6
Sandsteinbruchplatten. An mehreren Stellen gestört. Diagonal durch den Raum ist der Fußboden eingesenkt (**110**).
OK.: 89.97 m ü.NN
UK.: 89.69 m ü.NN

gesetzt/geschüttet gegen: **9, 99-101, 112, 114, 117, 118, 121-123, 125, 208, 301**
überdeckt/liegt über: **180, 181, 182, 194, 202**
geschnitten/gestört von: **119, 120, 124**
überdeckt von: **111**
zugehörig: **85, 110, 112, 117, 118, 121, 301, 306, 308, 382**
Zuweisung: Keller des Palas. Periode 6.

110 Graben

Untersuchungsgebiet 2; Abschnitt 4
Einsenkung in Fußboden **109** über Graben **180**.
OK.: 89.89 m ü.NN

überdeckt/liegt über: **180**
zugehörig: 109, 382
Zuweisung: Einsenkung über Graben **180**. Periode 6.

111 Podest

Untersuchungsgebiet 2; Abschnitt 4
Vor Mauer **100**; Kalksandstein; Mörtel weiß, sehr hart.
OK.: 90,19 m ü.NN
UK.: 89.97 m ü.NN

gesetzt/geschüttet gegen: **98, 100**
überdeckt/liegt über: **109**
Zuweisung: Experiment im Rahmen der Restaurierung. Periode nach 6.

112 Bodenbelag

Untersuchungsgebiet 2; Abschnitt 4; Abb. 22, Taf. 4,2, Beil. 3a
Fischgrätenartig verlegte, hochgestellte Sandsteinplatten in schachbrettartiger Rahmung, Steine stark abgetreten und geschwärzt.

OK.: 89.92 m ü.NN
gesetzt/geschüttet gegen: **114, 115**
dagegengesetzt/geschüttet ist: **109**
überdeckt von: **113**
zugehörig: **109, 113, 114**
Zuweisung: Bodenbelag am Kamin **114** im Keller des Palas. Periode vor 6.

113 Kamin

Untersuchungsgebiet 2; Abschnitt 4; Abb. 22
Einbau in Kamin **114** aus stark verbrannten Backsteinen (28-29,5 cm; 13,2-15 cm; 5,6-7,7 cm). In Lehm gesetzt. Lehm verziegelt. Sehr brüchig.
OK.: 91,43 m ü.NN
UK.: 89.87 m ü.NN
gesetzt/geschüttet gegen: **114, 115**
überdeckt/liegt über: **112**
zugehörig: **112, 114**
Zuweisung: Keller des Palas. Periode 3.

114 Kamin

Untersuchungsgebiet 2; Abschnitt 4; Abb. 22, Taf. 4,2, Beil. 3a
Sandsteinbruchplatten in Mauer **123/388** (1,47 x ,15 m). Der Sturz besteht aus einem großen, nachträglich gebrochenen Sandsteinquader (L. größer 1,7 m). Über der Feuerstelle ist ein 3 x 3 cm großes Loch eingeschlagen.
OK.: 90,65 m ü.NN
UK.: 89,76 m ü.NN
dagegengesetzt/geschüttet ist: **109, 112, 113, 116, 117, 301**
zugehörig: **112, 113, 115, 123, 388**
Zuweisung: Keller des Palas. Periode 3.

115 Kamin

Untersuchungsgebiet 2; Abschnitt 4; Abb. 22
Stark verwaschene Sandsteinplatten im unteren Bereich von Kamin **114**. Ausgespült?
OK.: 90,60 m ü.NN
dagegengesetzt/geschüttet ist: **112, 113**
zugehörig: **114**
Zuweisung: Periode 3.

116 Türzarge

Untersuchungsgebiet 2; Abschnitt 4
Sandstein oder Kunststein, waagerecht scharriert. Br. der Tür 1,25 m; H. 1,86 m.
gesetzt/geschüttet gegen: **114**
überdeckt/liegt über: **301**
dagegengesetzt/geschüttet ist: **117**
zugehörig: **117, 118, 121, 301**
Zuweisung: Tür zwischen Keller **4** und **5**. Periode 6.

117 Ausflickung

Untersuchungsgebiet 2; Abschnitt 4
Beschädigung in Mauer **114**, die durch den nachträglichen Einbau des Eingangs von Raum **4** zu Raum **5** entstanden ist. Dünne Sandsteinbruchplatten und sehr viel weißer, bröseliger Mörtel. Im oberen Bereich einige Dachziegel.
gesetzt/geschüttet gegen: **114, 116**
dagegengesetzt/geschüttet ist: **109**
zugehörig: **109, 116, 118, 121, 290, 301**
Zuweisung: Tür zwischen Keller **4** und **5**. Periode 6.

118 Türzarge

Untersuchungsgebiet 2; Abschnitt 4; Abb. 24
Wie **116**.
OK.: 91,63 m ü.NN
UK.: 89.86 m ü.NN
gesetzt/geschüttet gegen: **123, 301**
dagegengesetzt/geschüttet ist: **109, 121**
zugehörig: **109, 116, 117, 121, 290, 301**
Zuweisung: Tür zwischen Keller **4** und **5**. Periode 6.

119 Einfüllschicht

Untersuchungsgebiet 2; Abschnitt 4
Orangerot verziegelter Sandlehm mit sehr viel Kalkflecken, zerkleinerten Sandsteinplatten, Ziegelbruch und Kieselsteinen.
OK.: 89.87.
schneidet/stört: **109**
gesetzt/geschüttet gegen: **179**
überdeckt/liegt über: **179**
Zuweisung: Verfüllung des abgerissenen Ofens **201**. Periode 6.
Fd. Nr. 63: Irdenware, Steinzeug, Porzellan, Pfeife, Glas, Metall, Tierknochen, Sonstiges: Telefongabel, **Kat. Nr. 597**, Bohrkern aus Sandstein.
Fd. Nr. 71: Irdenware, **Kat. Nr. 304**, Steinzeug, **Kat. Nr. 382**, Porzellan, Pfeife, Metall, Tierknochen.

120 Einfüllschicht

Untersuchungsgebiet 2; Abschnitt 4
Sehr lockerer, nasser, schmutzigbrauner Sand mit viel Ziegelbruch, Kalk/Mörtelbröckchen, Holzkohle in Bändern und Sandsteinbruch. Fäulnisgeruch.
OK.: 89.94 m ü.NN
UK.: 89,90 m ü.NN
schneidet/stört: **109**
gesetzt/geschüttet gegen: **99, 183**
überdeckt/liegt über: **181, 183**
Zuweisung: Sondierung im Rahmen der Restaurierung um 1985. Periode nach 6.

121 Ausflickung

Untersuchungsgebiet 2; Abschnitt 4; Abb. 24
An Türzarge **118**, wie **117**.
OK.: 91,80 m ü.NN
UK.: 89,67 m ü.NN
schneidet/stört: **123, 298**
gesetzt/geschüttet gegen: **118, 123**
überdeckt/liegt über: **182**
dagegengesetzt/geschüttet ist: **109, 203**
zugehörig: **109, 116, 117, 118, 290, 301**
Zuweisung: Tür zwischen Keller **4** und **5**. Periode 6.

122 Mauer

Untersuchungsgebiet 2; Abschnitt 4; Abb. 24, Beil. 3a
Ost-West/Nord-Süd. Vorsprung aus Sandsteinbruchplatten.
Mörtel sehr hart, weiß-grau, trocken. Verputzt, so daß die
Steine z.T. nicht sichtbar sind. Die Kante ist abgerundet.
OK.: 91,23 m ü.NN
UK.: 89,72 m ü.NN

überdeckt/liegt über: **194**
dagegengesetzt/geschüttet ist: **99, 109, 123**
Zuweisung: Zum Palasfundament. Die Periodenzuweisung
ist unklar. Periode 3.

123 Tür/Mauerdurchbruch

Untersuchungsgebiet 2; Abschnitt 4; Abb. 22.24
Sandsteinbruchplatten. Sekundärer Durchbruch durch Mauer
298/388 in Kellerraum **5**. Meißelspuren. Zum Einbau der
Türzargen **118** sind Flickstellen aus kleineren Sandsteinen
angearbeitet. Harter, weiß-grauer Mörtel.
UK.: 89,74 m ü.NN

gesetzt/geschüttet gegen: **122**
geschnitten/gestört von: **121**
dagegengesetzt/geschüttet ist: **109, 118, 121, 182, 301**
zugehörig: **114, 298**
Zuweisung: Durchbruch der Palasmauer zwischen Keller **4**
und **5**. Periode 6.

124 Grube

Untersuchungsgebiet 2; Abschnitt 4
Störung in Fußboden **109**. Sondierung zur Feststellung der
Fundamenttiefe im Rahmen der Sicherungsarbeiten um
1985.
UK.: 89,58 m ü.NN

schneidet/stört: **109**
Zuweisung: Sondierung des Hochbauamtes. Periode nach 6.

125 Schwelle

Untersuchungsgebiet 2; Abschnitt 2,4
Sandstein, an allen Seiten bearbeitet. Abgebrochen.
OK.: 89,95 m ü.NN

gesetzt/geschüttet gegen: **100, 101**
dagegengesetzt/geschüttet ist: **96, 97, 109, 302**
zugehörig: **101, 102**
Zuweisung: Tür zwischen Keller **2** und **4**. Die Periodenzuweisung ist unsicher. Periode 5.

126 Baugrube

Untersuchungsgebiet 1; Abschnitt 3
Von **34**, gefüllt mit dunkelbraunem bis schwarzem Sand,
gemischt mit hellen gelbbraunen Lehmflecken, Sandsteinbruch und Mörtelbröckchen.
UK.: 90,64 m ü.NN

schneidet/stört: **27, 32**
gesetzt/geschüttet gegen: **34**
überdeckt von: **3**
zugehörig: **34**
Zuweisung: Gewächshaus (Gartengebäude II). Periode 6.

127 Fensterbank

Untersuchungsgebiet 3; Abschnitt b; Abb. 35
Schwere gelbbraune Sandsteinquader, stark verwaschen.
OK.: 93.48 m ü.NN
UK.: 93,21 m ü.NN

geschnitten/gestört von: **410**
im Verband mit: **167**
Zuweisung: Periode 5.

128 Mauerdurchbruch

Untersuchungsgebiet 3; Abschnitt b; Abb. 35
Unregelmäßiger Umriß (L. 50 cm; Br. 45 cm); gefüllt mit
dunkelbraunem, feinem, stark humosem Sand aus Schicht
279.
OK.: 92.75 m ü.NN
UK.: 92.30 m ü.NN

schneidet/stört: **167**
überdeckt/liegt über: **274**
dagegengesetzt/geschüttet ist: **184, 279**
zugehörig: **184**
Zuweisung: Eintrittsöffnung eines Wasserrohrs. Periode 6.

129 Türzarge

Untersuchungsgebiet 3; Abschnitt b; Abb. 23.35
Großer verwitterter Sandsteinquader (T./H. 30 cm), gelbbraun.
UK.: 92,80 m ü.NN

gesetzt/geschüttet gegen: **167**
zugehörig: **130, 167, 192**
Zuweisung: Tür zwischen Innenhof und Westflügel, nach
der Verfüllung der Brunnenstube. Periode 6.

130 Türschwelle

Untersuchungsgebiet 3; Abschnitt b; Abb. 9.23.35
Großer Sandsteinquader (L. 1,1 m; Br. 15 cm), grau, Au-
ßenseite diagonal behauen.
OK.: 92.73 m ü.NN
UK.: 92.58 m ü.NN

gesetzt/geschüttet gegen: **167**
überdeckt/liegt über: **169, 215**
überdeckt von: **192**
zugehörig: **129**
Zuweisung: Tür zwischen Innenhof und Westflügel nach
Aufgabe der Brunnenstube. Periode 6.

131 Mauer

Untersuchungsgebiet 4; Abschnitt 9; Abb. 7.23.21, Beil. 5
Westwand der Palaserweiterung. Drei übereinanderliegende
Fensterpaare. Die ganze Wand ist rezent überarbeitet. Es
wurde keine detaillierte Dokumentation vorgenommen.
OK.: 104,90 m ü.NN
UK.: 90,47 m ü.NN

überdeckt/liegt über: **761, 911**
dagegengesetzt/geschüttet ist: **132, 133, 135, 139, 167, 905**
im Verband mit: **138, 779, 913**
Zuweisung: Westwand der Palaserweiterung. Abgrenzung
zu älteren Befunden nicht erkennbar. Periode 5 und jünger.

132 Vermauerung

Untersuchungsgebiet 4; Abschnitt 9; Abb. 7
Sandsteine, Backsteine. Nicht weiter dokumentiert.

gesetzt/geschüttet gegen: **131**
dagegengesetzt/geschüttet ist: **133**
zugehörig: **133, 901**
Zuweisung: Ansatz des Fabrikgebäudes **5**. Periode 6.

133 Dachanschluß

Untersuchungsgebiet 4; Abschnitt 9; Abb. 7
Dachanschluß der Alten Schmelzerei **5**. Nicht weiter dokumentiert.

gesetzt/geschüttet gegen: **131, 132**
zugehörig: **132, 901**
Zuweisung: Ansatz des Fabrikgebäudes **5**. Periode 6.

134 Türschwelle

Untersuchungsgebiet 4; Abschnitt 9; Abb. 7.23, Taf. 6,1
Sandsteinquader. Nicht weiter dokumentiert.
OK.: 92.68 m ü.NN

überdeckt/liegt über: **136**
überdeckt von: **135**
zugehörig: **135, 177**
Zuweisung: Tür vom Westflügel zum Fabrikbereich.

135 Tür

Untersuchungsgebiet 4; Abschnitt 9; Abb. 7.23, Taf. 6,1
Sandsteinquader. Nicht weiter dokumentiert.

gesetzt/geschüttet gegen: **131**
überdeckt/liegt über: **134**
zugehörig: **134**
Zuweisung: Tür vom Westflügel zum Fabrikbereich. Periode 6.

136 Türschwelle

Untersuchungsgebiet 4; Abschnitt 9; Abb. 7, Taf. 6,1
Sandsteinquader; nicht weiter dokumentiert.
OK.: 92.28 m ü.NN

geschnitten/gestört von: **237**
überdeckt von: **134**
Zuweisung: Ältere Schwelle im Durchgang zwischen Westflügel und Fabrik. Periode 6.

137 Mauerfuge

Untersuchungsgebiet 4; Abb. 7
In der Westseite des Westflügels zwischen **138** und **139**.
Stark rezent überarbeitet. Nicht näher dokumentiert.

überdeckt/liegt über: **178**
überdeckt von: **138**
zugehörig: **138**
Zuweisung: Aufmauerung des Westflügels. Periode 5.

138 Mauer

Untersuchungsgebiet 4; Abb. 7, Beil. 5

Abgesetzt vom übrigen Mauerwerk durch fast ausschließlich gelbe und gelbgraue Sandsteinquader. Nicht weiter dokumentiert.
OK.: 100.20 m ü.NN

überdeckt/liegt über: **137, 178**
im Verband mit: **131, 577**
zugehörig: **137**
Zuweisung: Aufmauerung der westlichen Schildmauer. Periode 5.

139 Vermauerung

Untersuchungsgebiet 4; Abschnitt 9; Abb. 7
Schräg, mit Backsteinen zugesetztes Fenster in **131**, am Ansatz des Fabrikgebäudes **7**. Nicht weiter dokumentiert.

gesetzt/geschüttet gegen: **131**
zugehörig: **760, 768**
Zuweisung: Ansatz des Fabrikgebäudes **7**. Periode 6.

140 Vermauerung

Untersuchungsgebiet 4; Abb. 7
Sandstein. Nicht weiter dokumentiert.

geschnitten/gestört von: **141**
im Verband mit: **178**
Zuweisung: Vermauertes Fenster/Schießscharte. Periode 4.

141 Fenster

Untersuchungsgebiet 4; Abb. 7
Rahmen aus Backsteinen. Nicht weiter dokumentiert.
UK.: 94,18 m ü.NN

schneidet/stört: **140, 178**
Zuweisung: Zum Umbau des Westflügels in eine Fabrikhalle. Periode 6.

142 Mauerdurchbruch

Untersuchungsgebiet 4; Abb. 7
Durch rezente Überarbeitung der Wand ist der Befund verschwunden. Eingezeichnet in Bestandsaufnahme von M. Bonnenberg u.a. 1977.
OK.: 91,88 m ü.NN

schneidet/stört: **178**
zugehörig: **491, 516**
Zuweisung: Austritt eines Abwasserkanals?

143 Mauerfuge

Untersuchungsgebiet 3; Abschnitt b; Abb. 9
Zwischen **635** und **169**. Nicht weiter dokumentiert.
OK.: 96.86 m ü.NN

überdeckt/liegt über: **169**
überdeckt von: **635**
zugehörig: **635**
Zuweisung: Obergeschoß des Westflügels. Periode 5.

144 Türschwelle

Untersuchungsgebiet 3; Abschnitt c

Sandsteinquader. Nicht weiter dokumentiert.
OK.: 92,47 m ü.NN

gesetzt/geschüttet gegen: **178**
zugehörig: **577**
Zuweisung: Tür zwischen Westflügel und Nordwest-Turm. Periode 5.

145 Kamin

Untersuchungsgebiet 3; Abschnitt a
Mit Backsteinen vermauerter Kaminzug in **169**. Gestört von Fenster **626**? Nicht weiter dokumentiert.

schneidet/stört: **169**
gesetzt/geschüttet gegen: **626**
Zuweisung: Nachträglicher Einbau eines Kamins. Periode 6.

146 Tür

Untersuchungsgebiet 3; Abschnitt b; Beil. 5, 23
Glatt zugerichtete Sandsteinquader (Br. 2,27 m; H. 65 cm). Die Schwelle und die Basen der seitlichen Pilaster wurden aus einem einzigen Sandsteinblock herausgeschlagen. Nicht weiter dokumentiert.
OK.: 92,76 m ü.NN

gesetzt/geschüttet gegen: **413**
dagegengesetzt/geschüttet ist: **412**
überdeckt von: **167**
zugehörig: **167, 413**
Zuweisung: Hauptportal zum Erweiterungsbau des Palas. Periode 5-6.

147 Vermauerung

Untersuchungsgebiet 3; Abschnitt
Sandstein. Von der Außenseite rezent überarbeitet und nicht zu erkennen. Nicht weiter dokumentiert.

im Verband mit: **693**
Zuweisung: Vermauerte Tür zum Ostflügel. Periode 5.

148 Aborterker

Untersuchungsgebiet 5; Abb. 4, Beil. 5
Abgeschlagener Mauervorsprung wie **150**. Die ehemals integrierten Aborte **149** sind rezent mit Kalksandstein vermauert. Die Abbruchstelle wurde rezent überarbeitet.

dagegengesetzt/geschüttet ist: **334, 335, 387, 1074**
im Verband mit: **343**
zugehörig: **149, 150, 342, 343, 693, 744, 866, 1073, 1075**
Zuweisung: Mauervorsprung mit eingebauten Aborten. In Periode 6 abgeschlagen. Periode 5.

149 Abort

Untersuchungsgebiet 6; Beil. 5
Abgebrochen und rezent mit Kalksandstein vermauert. Der Abbruch erfolgte in der Periode 6, im Zusammenhang mit der Umgestaltung der Straßenfront (um 1878).

zugehörig: **148**
Zuweisung: Abort im Ostflügel (Corps de Logis). Periode 5.

150 Aborterker

Untersuchungsgebiet 1; Abb. 5, Beil. 5
Mauervorsprung (26 cm x 1,82 m). Sandstein. Wie **148**. Dahinter Abort **747** integriert.

überdeckt/liegt über: **1051**
dagegengesetzt/geschüttet ist: **14, 59**
im Verband mit: **343, 744**
zugehörig: **148, 342, 693, 744**
Zuweisung: Mauervorsprung mit eingebauten Aborten im Ostflügel (Corps de Logis). Periode 5.

151-162 entfallen

163 Ausflickung

Untersuchungsgebiet 1; Abschnitt 3; Abb. 34
An Mauer **62**. Backsteine überwiegend gebrochen.
UK.: 91,00 m ü.NN

gesetzt/geschüttet gegen: **62**
überdeckt/liegt über: **34**
dagegengesetzt/geschüttet ist: **3, 164**
überdeckt von: **9**
zugehörig: **28, 31, 62**
Zuweisung: Gewächshaus (Gartengebäude II). Periode 6.

164 Mauer

Untersuchungsgebiet 1; Abschnitt 3
Ost-West. Aus Schamotteziegeln (16 x 9 cm). Viele Ziegel zerbrochen und an der Oberfläche verwittert (sekundär vermauert). Verlängerung der Mauer **62** nach Osten.
OK.: 91,20 m ü.NN
UK.: 90,80 m ü.NN

gesetzt/geschüttet gegen: **34, 163**
überdeckt/liegt über: **3**
überdeckt von: **9**
im Verband mit: **2**
zugehörig: **11**
Zuweisung: Gewächshaus/Gartenbeet (Gartengebäude II). Periode 6.

165 Mauer

Untersuchungsgebiet 3; Abschnitt a; Abb. 34, Taf. 11,2; 17,1; 18,1, Beil. 5
Ost-West. Aus Sandsteinbruchplatten. Sehr viel harter, weißgelber Mörtel. Die Mauer (L. 4,6 m; Br. 64 cm) verbreitert sich stufenförmig nach unten. Zwei Nischen im Abstand von 2,68 m (35 x 50 cm, T. 45 cm; 35 x 36 cm, T. 80 cm). Östliche Nische an der Südseite vermauert; westliche Nische im Norden durch Mauer **165** verdeckt. Im Bereich des östlichen Fensters einige zugerichtete Quader mit gerader Außenkante; sonst unbearbeitete, überwiegend kleinformatige Sandsteinbruchplatten (orangefarben, rotbraun), die z.T. bis 10 cm aus der Wand herausragen. Die Mauer ist an zwei Stellen mit **169** und **255** verzahnt.
OK.: 92.39 m ü.NN
UK.: 90,76 m ü.NN

schneidet/stört: **285, 353, 392, 394**
gesetzt/geschüttet gegen: **178, 365**

dagegengesetzt/geschüttet ist: **175, 175, 176, 206, 207, 209, 211, 226, 235, 236, 252, 253, 300, 367**
überdeckt von: **166, 171, 174, 204**
im Verband mit: **169, 255**
zugehörig: **365**
Zuweisung: Südmauer des Westflügels mit besonders starker Fundamentierung. Periode 5.

166 Mauer

Untersuchungsgebiet 3; Abschnitt a; Abb. 34.38, Taf. 11,2, Beil. 6
Ost-West. Keilförmig zulaufend und Mauerverblendung Nord-Süd. Nordkante parallel zu **165** aus Sandsteinbruchplatten; sehr schwere Stücke. Obertägig sichtbar. Gelber, viel Sand enthaltender Mörtel (Br. 1,2-1,4 m; L. 4,7-5 m).
OK.: 93.08 m ü.NN
UK.: 91,78 m ü.NN

schneidet/stört: **175**
gesetzt/geschüttet gegen: **169, 178, 573**
überdeckt/liegt über: **165, 206**
dagegengesetzt/geschüttet ist: **173, 174, 177, 338, 456**
überdeckt von: **168, 171**
zugehörig: **168, 456**
Zuweisung: Trennwand eines Flurs zwischen Palaserweiterung, Hof, Fabrikbereich und Westflügel nach Aufgabe des Brunnens 218. Periode 6.

167 Mauer

Untersuchungsgebiet 3; Abschnitt a, b; Abb. 23.28.34.35.41, Beil. 6
Ost-West. Aus Sandsteinbruchplatten; überwiegend mittleres Format; Farbe grauorange, graugelb. Nordwestecke bis in Höhe Oberkante Westflügel mit großen zugerichteten Sandsteinquadern; Farbe: grau. Ostende über Portal 146 zerstört. Obergeschoß um 1979 hochgezogen und auf der Mauerkrone betoniert. Im Abschnitt östlich des Westflügels jeweils zwei rechteckige Fenster mit Kunstsandsteinrahmung im Erd- und ersten Geschoß. Fenster im zweiten Geschoß bei Restaurierung ergänzt. Im Abschnitt des Westflügels Türen zum Erd- und zum ersten Geschoß. Neben der oberen Tür vermauerte Nische. Tor zum Erdgeschoß nachträglich verkleinert. Über den Fenstern und Durchgängen Kreissegmentbögen. Zwei S-förmige Maueranker.
OK.: 104,70 m ü.NN
UK.: 92,10 m ü.NN

schneidet/stört: **272**
gesetzt/geschüttet gegen: **131, 275, 368, 779**
überdeckt/liegt über: **146, 212, 215, 218, 237, 272, 274, 413, 414**
geschnitten/gestört von: **128**
dagegengesetzt/geschüttet ist: **129, 130, 170, 172, 174, 188, 205, 367**
im Verband mit: **127, 807**
zugehörig: **129, 146, 271, 367, 410**
Zuweisung: Hofseite der Palaserweiterung. Periode 6.

168 Mauer

Untersuchungsgebiet 3; Abschnitt a
Fast vollständig abgebrochene Mauer (L. 4 m; Br. 24 cm) auf

166 aus Sandsteinbruchplatten. Am Ostende eine 1,42 m lange, stark abgetretene Sandsteinschwelle (OK. 92.73 m ü.NN).
OK.: 92.73 m ü.NN
UK.: 92.29 m ü.NN

gesetzt/geschüttet gegen: **169**
überdeckt/liegt über: **166**
zugehörig: **166**
Zuweisung: Aufgehendes der Mauer 166 und Türschwelle. Periode 6.

169 Mauer

Untersuchungsgebiet 3; Abschnitt a; Abb. 9.30.46, Taf. 13,2, Beil. 5
Ostmauer des Westflügels. Bis zur unteren Fensterlinie überwiegend schwere, in Quaderform zugerichtete Sandsteine; Farbe orange, rotbraun. Zwischenräume mit kleineren Bruchsteinen ausgefüllt. In den Fugen: gelber Lehm; sonst weißgrauer, sparsam aufgebrachter Mörtel. Oberhalb der unteren Fensterlinie Horizontalfuge des Obergeschosses **635**. Eingang **129** am Südende mit Sandsteinschwelle **130**. Drei rechteckige Fenster mit Mittelstütze **634, 626, 633**. Fenster **626** ersetzt ältere Eingänge **627, 625** und **628, 629**. Fenster **633** zu drei Viertel mit Backsteinen vermauert; ersetzt ältere Fenster **631** und **632**. Sitzt auf Fundament **255**. Im Verband steht **165**.
OK.: 100,20 m ü.NN
UK.: 91,39 m ü.NN

schneidet/stört: **254, 329, 353, 394, 422, 445, 546**
gesetzt/geschüttet gegen: **331**
überdeckt/liegt über: **255, 597**
geschnitten/gestört von: **145**
dagegengesetzt/geschüttet ist: **166, 172, 173, 186, 191, 192, 215, 226, 299, 426, 451, 468, 475, 484, 493, 511, 578, 630, 771, 777**
überdeckt von: **130, 143, 635**
im Verband mit: **165, 336, 418, 625, 626**
zugehörig: **628, 630, 631**
Zuweisung: Periode 5.

170 Bodenbelag

Untersuchungsgebiet 3; Abschnitt a; Abb. 34
Rechteckige Platten aus Schamotte (40 x 40 und 20 x 20 cm), diagonal verlegt; Fugen offen.
OK.: 92,62 m ü.NN
UK.: 92.54 m ü.NN

gesetzt/geschüttet gegen: **167**
überdeckt/liegt über: **174, 367**
zugehörig: **173**
Zuweisung: Jüngster Bodenbelag im Westflügel. Periode 6.

171 Bodenbelag

Untersuchungsgebiet 3; Abschnitt a
Betonplatte.
OK.: 92,60 m ü.NN
UK.: 92,51 m ü.NN

überdeckt/liegt über: **165, 166**
Zuweisung: Restaurierung des Hochbauamtes um 1985. Periode nach 6.

172 Bodenbelag

Untersuchungsgebiet 3; Abschnitt a
Platten aus Schamotte, sehr leicht, porös (30 x 30 cm).
OK.: 92,77 m ü.NN
UK.: 92,73 m ü.NN

gesetzt/geschüttet gegen: **167, 169**
überdeckt/liegt über: **204**
zugehörig: **173**
Zuweisung: Bodenbelag im Flur zwischen Hof und Fabrik.

173 Bodenbelag

Untersuchungsgebiet 3; Abschnitt a; Abb. 34, Beil. 6
Schwere Sandsteinbruchplatten, rechteckig behauen. Das Fußbodenniveau fällt von Ost nach West von 92,69 auf 92,62 m ü.NN. In den Fensternischen kleine quadratische Platten aus porösem Kunststein (Schamotte; 20 x 20 cm). Südlich von **426** mit einer Schicht Eisensud überdeckt.
OK.: 92,69 m ü.NN
UK.: 92,58 m ü.NN

schneidet/stört: **468**
gesetzt/geschüttet gegen: **166, 169, 178, 426, 468, 492, 587**
überdeckt/liegt über: **337, 428, 479, 484, 491, 515, 597**
geschnitten/gestört von: **424, 427**
überdeckt von: **451**
zugehörig: **170, 172**
Zuweisung: Fußboden in der Fabrikhalle des ehemaligen Westflügels. Periode 6.

174 Planierschicht

Untersuchungsgebiet 3; Abschnitt a; Abb. 34
Kohle, Schlacke und Asche, sehr locker, schwarz bis violett. Diese Schicht wurde heiß aufgetragen, da die darunterliegende Lehmschicht **204** verziegelt ist.
OK.: 92,56 m ü.NN
UK.: 92,46 m ü.NN

schneidet/stört: **338, 456**
gesetzt/geschüttet gegen: **166, 167, 169, 178**
überdeckt/liegt über: **165, 204, 338**
geschnitten/gestört von: **427**
überdeckt von: **170, 337**
Zuweisung: Fußbodenstickung der Fabrikhalle im Westflügel. Periode 6.
Fd. Nr. 68: Pfeife, Metall, Sonstiges: Eisenbügel.
Fd. Nr. 78: Irdenware, Steingut, Pfeife.
Fd. Nr. 229: Irdenware, **Kat. Nr. 330**, Steinzeug, Steingut, Pfeife.
Fd. Nr. 351: Steinzeug, Steingut, Pfeife.
Fd. Nr. 360: Steingut, Pfeife.

175 Planierschicht

Untersuchungsgebiet 3; Abschnitt a; Abb. 34, Taf. 18,1
Sand, weiß-rötlich, grob vermischt mit gelbbraunem, lehmigem Sand; wenig Sandsteinbruch; schwach kiesig; locker.
OK.: 92,15 m ü.NN
UK.: 91,78 m ü.NN

gesetzt/geschüttet gegen: **165**
überdeckt/liegt über: **206**
geschnitten/gestört von: **166, 456, 490**
überdeckt von: **456**
zugehörig: **189, 338**
Zuweisung: Planierschicht zur Auffüllung des Westflügels. Periode 5.
Fd. Nr. 67: Steinzeug, Metall, Sonstiges: Fossilien.
Fd. Nr. 74: graue Irdenware, Metall, Tierknochen, Sonstiges: Dachziegel.
Fd. Nr. 130: Irdenware, graue Irdenware, Steinzeug, Glas, Metall, Tierknochen.
Fd. Nr. 380: Irdenware, Glas, Metall, Tierknochen, Sonstiges: Radnabe?

176 Bodenbelag

Untersuchungsgebiet 3; Abschnitt a
Sehr schwere Sandsteinbruchplatten (Stärke bis 30 cm) in Mörtel verlegt. An Kanten und in Zwischenräumen kleinere hochkantgestellte Sandsteinbruchplatten. Stark abgetreten.
OK.: 92,28 m ü.NN
UK.: 92,18 m ü.NN

gesetzt/geschüttet gegen: **165, 544**
überdeckt/liegt über: **209**
geschnitten/gestört von: **205**
dagegengesetzt/geschüttet ist: **204**
überdeckt von: **204**
Zuweisung: Gestört durch **205**, daher älter als die Überbauung des Brunnens durch **167**. Periode 5-6.

177 Fenstereinfassung

Untersuchungsgebiet 3; Abschnitt a
Ausflickung eines durchgebrochenen Fensters mit kleinen waagerecht gemauerten Sandsteinbruchplatten; Farbe: orange/grau. Maße nicht dokumentiert.
UK.: 91,92 m ü.NN

gesetzt/geschüttet gegen: **166**
dagegengesetzt/geschüttet ist: **367**
zugehörig: **134, 368**
Zuweisung: Tür Westflügel-Fabrikbereich. Periode 6.

178 Mauer

Untersuchungsgebiet 3; Abschnitt a; Abb. 7.23.38.46, Beil. 4
Nord-Süd. Aus Sandsteinbruchplatten (Br. 96 cm). Westseite: Mittel- und kleinformatige Sandsteinbruchstücke. Stark rezent überarbeitet; rezent verfugt. Im unteren Bereich (**178**) überwiegen Steine mit bunter Färbung: rot, rötlichgelb, gelb, graugelb. Es wurden mehrere Stücke konglomeratischer Sandstein vermauert. Im oberen Bereich (**138**) überwiegen Steine mit gelbgrauer Färbung. Rezent verfugt.
OK.: 95,88.

schneidet/stört: **422, 510**
gesetzt/geschüttet gegen: **178**
überdeckt/liegt über: **522, 598, 761, 762**
geschnitten/gestört von: **141, 142, 336, 491, 492, 516**
dagegengesetzt/geschüttet ist: **165, 166, 173, 174, 178, 337, 339, 341, 353, 426, 468, 473, 475, 476, 477, 493, 511, 587, 597, 611**
überdeckt von: **137, 138**
im Verband mit: **140**
zugehörig: **490, 522, 761**
Zuweisung: Westliche Schildmauer; in der Periode 5 aufge-

stockt (**136**); in der Periode 6 stark überarbeitet (**141, 756**).
Periode 4.

179 Grube

Untersuchungsgebiet 2; Abschnitt 4
Rechteckige Grube, gefüllt mit sehr lockerem, rot bis violettem Sand, der mit sehr viel Schlacke, Sandsteinbruch, Kohle und weißem Fensterglas vermischt ist.
OK.: 89,83 m ü.NN
UK.: 89,59 m ü.NN

schneidet/stört: **180, 194**
überdeckt/liegt über: **201**
dagegengesetzt/geschüttet ist: **119**
zugehörig: **201**
Zuweisung: Einfüllung des abgerissenen Ofens 201. Periode 6.
Fd. Nr. 64: Glas, Metall, Sonstiges: Radnabe.

180 Graben

Untersuchungsgebiet 2; Abschnitt 4; Beil. 5
Verläuft von Eingang Raum **4** zu Brunnen **181**; in den gewachsenen Boden eingetieft. Querschnitt wannenförmig. Enthielt einen jetzt ausgebrochenen Kanal aus Sandsteinplatten. Füllung aus graubraunem Sand, mit etwas Lehm, sehr vielen Sandsteinbruchstücken, Knochen, etwas Mörtel, Eisenschrott und Tonscherben. Locker, trocken. Gefälle vom Brunnen weg: Süd nach Nord.
OK.: 89,92 m ü.NN
UK.: 89,58 m ü.NN

schneidet/stört: **194**
gesetzt/geschüttet gegen: **181**
überdeckt/liegt über: **220**
geschnitten/gestört von: **179**
überdeckt von: **109, 110, 382**
zugehörig: **84, 181, 183, 220, 359, 464, 797, 1061, 1076, 1077, 1078, 1081, 1082**
Zuweisung: Zum Bewässerungssystem des Schloßteiches. Die Verfüllung mit den angegebenen Fundnummern erfolgte in der Periode 6. Periode 5.
Fd. Nr. 61: Irdenware, **Kat. Nr. 140**, Steinzeug, Pfeife, Glas, Metall, Tierknochen.
Fd. Nr. 65: Irdenware, **Kat. Nr. 206**, Steinzeug, **Kat. Nr. 382**, Glas, Metall, Münze (ILISCH Nr. 17), Tierknochen, Sonstiges: Steinkohle, Kalk, Radnabe.
Fd. Nr. 350: Irdenware, Steinzeug, Porzellan, Pfeife, Glas, Metall, Tierknochen, Sonstiges: Radnabe aus Eisen.

181 Brunnen

Untersuchungsgebiet 2; Abschnitt 4; Beil. 5
Tropfenförmiger Brunnenkranz aus Sandsteinbruchplatten (T./H. 2 m), verlegt in braunem, stark humosem Sand. Auf der Sohle geht die Mauer in den gewachsenen Sandsteinfels über. Nach Süden: Öffnung zu Gang **797**, der zu dem außerhalb des Palas liegenden Schacht **1061** führt.
OK.: 89,93 m ü.NN
UK.: 86,49 m ü.NN

schneidet/stört: **99, 194**
gesetzt/geschüttet gegen: **99, 101, 208, 305**
dagegengesetzt/geschüttet ist: **180, 183, 286, 287**
überdeckt von: **109, 120**
im Verband mit: **797**
zugehörig: **77, 180, 208, 220, 359, 464, 798, 1061, 1076-1078, 1081, 1082**
Zuweisung: Zum Bewässerungssystem des Schloßteiches. Periode 5.
Fd. Nr. 139: Irdenware, Steinzeug, Pfeife, Glas, Metall, Tierknochen.

182 Grube

Untersuchungsgebiet 2; Abschnitt 4
Flache in gewachsenen Boden eingetiefte Grube mit sehr viel Holzkohle, Mörtel und verziegeltem Lehm. Feuerstelle?
OK.: 89,69 m ü.NN
UK.: 89,63 m ü.NN

schneidet/stört: **194**
gesetzt/geschüttet gegen: **123**
überdeckt von: **109, 121, 301**
Zuweisung: Periode vor 6.
Fd. Nr. 70: Steinzeug, Pfeife.

183 Einfüllschicht

Untersuchungsgebiet 2; Abschnitt 4
Große Fußbodenplatten aus Sandstein, lockerer schwarzer Sand mit viel Holzkohle, Mörtelklümpchen und Sandsteinbruchstücken.
OK.: 89,67 m ü.NN
UK.: 89,37 m ü.NN

gesetzt/geschüttet gegen: **181**
überdeckt/liegt über: **286**
dagegengesetzt/geschüttet ist: **120**
zugehörig: **180, 286, 335**
Zuweisung: Einfüllung der Bewässerungsanlage des Schloßteiches. Periode 5-6.
Fd. Nr. 66: Irdenware, **Kat. Nr. 140, 478**, Steinzeug, Steingut, Glas, Metall, **Kat. Nr. 555-557**, Sonstiges: Fensterglas, Eisenwerkzeuge, Bronzegußkuchen.

184 Graben

Untersuchungsgebiet 3; Abschnitt b; Beil. 6
Nordost-Südwest. Schmaler Rohrgraben (Br. 50 cm) für ein Bleirohr. Füllung mit dunkelbraunem, steinigem Sand und Lehm; vermischtes Material aus Schicht **189** und **279**; kastenförmiger Querschnitt.
OK.: 92,47 m ü.NN
UK.: 92,14 m ü.NN

schneidet/stört: **186, 189, 190, 191, 193, 199**
gesetzt/geschüttet gegen: **128, 585**
geschnitten/gestört von: **430**
überdeckt von: **279**
zugehörig: **128, 213, 585, 586**
Zuweisung: Wasserzuleitung in Palaserweiterung. Periode 6.

185 Regentraufe

Untersuchungsgebiet 3; Abschnitt b
Regenwasserabflußrinne aus sattelförmigen Kunstsandsteinelementen (Br. 40 cm).
OK.: 92,63 m ü.NN

UK.: 92,31 m ü.NN

gesetzt/geschüttet gegen: **279, 579**
überdeckt/liegt über: **189, 199**
zugehörig: **364**
Zuweisung: Wasserrinne am Innenhofrand. Periode 6.

186 Mauer

Untersuchungsgebiet 3; Abschnitt b; Beil. 5, Taf. 17,2
Ost-West. Aus Sandsteinbruchplatten (L. 3,2 m; Br. 50 cm); gerade Kante nach Süden; in Lehm gesetzt; Nordseite in Schicht **189** übergehend.
OK.: 92,47 m ü.NN
UK.: 91,33 m ü.NN

gesetzt/geschüttet gegen: **169, 274, 414**
überdeckt/liegt über: **254**
geschnitten/gestört von: **184, 188**
dagegengesetzt/geschüttet ist: **190, 213, 217**
überdeckt von: **279**
im Verband mit: **189**
zugehörig: **187, 216, 217, 218, 266**
Zuweisung: Treppenschacht zum Brunnenkeller und Keller 6. Periode 5.
Fd. Nr. 120: Irdenware, Sonstiges: Scherbe Irdenware als Mörtelzuschlag.

187 Treppe

Untersuchungsgebiet 3; Abschnitt b
S. **217** (L. 1,31 m; Br. 22 cm).
OK.: 92,31 m ü.NN

zugehörig: **186, 217**
Zuweisung: Periode 5.

188 Grube

Untersuchungsgebiet 3; Abschnitt b
Rechteckiger Umriß (80 x 60 cm), verfüllt mit schwarzem, stark humosem Sand, sehr weich.
OK.: 92,67 m ü.NN
UK.: 92,06 m ü.NN

schneidet/stört: **186, 189**
gesetzt/geschüttet gegen: **167**
dagegengesetzt/geschüttet ist: **279**
überdeckt von: **411**
zugehörig: **279**
Zuweisung: Pflanzgrube für ein Rankgewächs. Periode 6.
Fd. Nr. 176: Irdenware, **Kat. Nr. 265**, Steinzeug, Porzellan, Steingut, Pfeife, Kachel, Metall.

189 Planierschicht

Untersuchungsgebiet 3; Abschnitt b
Gelbbrauner, fleckiger Sandlehm mit Bruchsteinen und humosen Bändern, waagerecht geschichtet. Der Befund zerfällt in mehrere Einzelschichten, die in der Flächengrabung nicht erkannt wurden. Der obere Bereich, der unmittelbar unter **279** liegt, ist sehr hart und mit Mergelschotter vermischt. Darin sind dünne, lehmige Sandstreifen waagerecht eingelagert. Sie könnten einem älteren Hofniveau zugeordnet werden. Die darunterliegenden Einfüllungen folgen dem Gefälle des Hofpflasters der Periode 4 (**254**). Unmittelbar auf dem Pflaster Bereiche mit sehr starkem Holzkohleanteil. Andere Partien sind stark mit Kalk, großen Sandsteinplatten und Dachziegelbruchstücken durchmischt. Kriegsschutt?
OK.: 92,36 m ü.NN
UK.: 91,28 m ü.NN

gesetzt/geschüttet gegen: **169, 413, 433, 438**
überdeckt/liegt über: **251, 326, 327, 331, 332, 332, 333, 404, 435-442, 455, 660, 674, 675**
geschnitten/gestört von: **184, 188, 369, 372, 429, 430, 434, 582, 584, 585, 586**
überdeckt von: **185, 199, 279, 622**
im Verband mit: **186**
zugehörig: **175, 199, 200, 206, 207, 338, 339, 341, 370, 371, 435, 484, 513, 878**
Zuweisung: Auffüllung des Innenhofs zu einer waagerechten Fläche; Funde: Periode 4 und älter. Periode 5.
Fd. Nr. 75: Irdenware, Metall, Tierknochen.
Fd. Nr. 84: Metall, Sonstiges: Bronzekugel, zerbrochen, schwer; innen Eisen.
Fd. Nr. 88: Metall, Sonstiges: schwerer Haken mit Putzrest.
Fd. Nr. 113: Irdenware, Steinzeug, Fayence, Pfeife, Sonstiges: Dachziegel.
Fd. Nr. 116: Steinzeug, Pfeife.
Fd. Nr. 131: Metall, Sonstiges: Balkenschuh.
Fd. Nr. 195: Irdenware, **Kat. Nr. 197**, 210, Steinzeug.
Fd. Nr. 202: Irdenware, **Kat. Nr. 185**, 242, 328, 329, Steinzeug, **Kat. Nr. 77, 114, 116**.
Fd. Nr. 210: Steinzeug, Sonstiges: Wasserflasche.
Fd. Nr. 295: Irdenware, **Kat. Nr. 213**, 262, Steinzeug, Steingut, Pfeife, Glas.
Fd. Nr. 506: Steinzeug.

190 Einfüllschicht

Untersuchungsgebiet 3; Abschnitt b
Hellbrauner Sand, stark lehmig, nass. Sehr viel Sandstein-, Ziegelbruch und Mörtel.
OK.: 92,35 m ü.NN
UK.: 91,31 m ü.NN

gesetzt/geschüttet gegen: **186, 217, 272, 274**
überdeckt/liegt über: **216, 217**
geschnitten/gestört von: **184**
überdeckt von: **279**
Zuweisung: Einfüllung des Treppenschachtes zum Brunnenkeller. Periode 6.

191 Mauerstickung

Untersuchungsgebiet 3; Abschnitt b
Grobe Sandsteinpackung in Mörtel. Mörtel: weißer, klumpiger Kalk, etwas Kies, etwas Sand; sehr brüchig.
OK.: 92,40 m ü.NN
UK.: 91,60 m ü.NN

gesetzt/geschüttet gegen: **169, 272**
geschnitten/gestört von: **184**
Zuweisung: Einfüllung der Treppe **186**. Periode 6.

192 Schwelle

Untersuchungsgebiet 3; Abschnitt b
Durchgang vom Westflügel zum Hof aus Kunststeinfliesen.

Trittkante mit Eisenschiene.
OK.: 92,80 m ü.NN

gesetzt/geschüttet gegen: **169**
überdeckt/liegt über: **130**
zugehörig: **129**
Zuweisung: Nach Einfüllung der Brunnenstube. Periode 6.

193 Mauerstickung

Untersuchungsgebiet 3; Abschnitt b

geschnitten/gestört von: **184**
Zuweisung: s. **215**. Periode 6.

194 Bauhorizont/Gewachsener Boden

Untersuchungsgebiet 2; Abschnitt 4
Gelber, sandiger Lehm, mit Mörtelnestern.
OK.: 90,01 m ü.NN

geschnitten/gestört von: **179, 180, 181, 182, 201, 202, 203, 220, 303, 304, 305, 797**
überdeckt von: **109, 122**
Zuweisung: Zur Auflage des Fußbodens eingeebneter gewachsener Boden.

195 Wandputz

Untersuchungsgebiet 1; Abschnitt 3; Abb. 32
Graublauer, weicher Wandputz, mit Asche gemagert.

gesetzt/geschüttet gegen: **17, 196**
zugehörig: **35**
Zuweisung: Gewächshaus (Gartengebäude I). Periode 6.

196 Mauer

Untersuchungsgebiet 1; Abschnitt 3; Beil. 3a, Abb. 32
Nord-Süd. Sandsteinbruchstücke überwiegend kleinformatig. Farbe: rotbraun, gelbbraun. Formate insgesamt kleiner als bei Mauer **71** und unregelmäßiger gesetzt. Mörtel ausgewaschen; nicht dokumentiert. Die Flucht ist gegenüber **71**, angefangen bei r. 17 m (Grabungskoordinaten), etwas nach Westen (max. 10 cm) verschoben. Der Versprung ist mit **17** verblendet.
UK.: 91,50 m ü.NN

überdeckt/liegt über: **197, 198**
geschnitten/gestört von: **8**
dagegengesetzt/geschüttet ist: **17, 26, 195**
überdeckt von: **71**
im Verband mit: **71**
zugehörig: **17, 99**
Zuweisung: Ostmauer des Palas. Periode 3.

197 Mauerstickung

Untersuchungsgebiet 1; Abschnitt 3; Abb. 32
Mit einem Lehm-Mörtelgemisch zugerichter Sandsteinschotter (gewachsener Boden) als Stickung des Fundaments **196**.
OK.: 90,60 m ü.NN

überdeckt/liegt über: **198**
überdeckt von: **17, 196**
Zuweisung: Periode 3.

198 Mauerstickung

Untersuchungsgebiet 1; Abschnitt 3; Abb. 32
Wie **197**, mit dunkelbraunen, humosen Bestandteilen.
OK.: 90,40 m ü.NN

überdeckt von: **17, 196, 197**
Zuweisung: Periode 3.

199 Planierschicht

Untersuchungsgebiet 3; Abschnitt b; Abb. 28
Dunkelbrauner Sandlehm mit vielen kleinen gelben Lehmflecken und sehr viel Mergelschotter. Viele Holzkohlestückchen und Dachziegelsplitter. Im oberen Teil Nester mit weißen und grauen Flußkieselsteinen eines abgebrochenen Fußbodens (vgl. **775**).
OK.: 92,67 m ü.NN
UK.: 92,04 m ü.NN

gesetzt/geschüttet gegen: **169**
überdeckt/liegt über: **189, 370, 371**
geschnitten/gestört von: **184, 434**
überdeckt von: **185, 279, 581, 775**
zugehörig: **189**
Zuweisung: Zur waagerechten Ausrichtung des Innenhofs. Periode 5.
Fd. Nr. 73: Glas, Metall, Tierknochen, Sonstiges: grüne Flasche.
Fd. Nr. 544: Irdenware, Steinzeug, Porzellan, Kachel, Tierknochen, Sonstiges: Funde vermischt mit **782**.
Fd. Nr. 545: Irdenware, Steinzeug, Fayence, Glas, Metall, Tierknochen, Sonstiges: Funde vermischt mit **782**.

200 Planierschicht

Untersuchungsgebiet 3; Abschnitt b
Humoses, stark mit Sandsteinbruchstücken durchsetztes Band in **189** (T./H. 30 cm).
OK.: 92,47 m ü.NN

zugehörig: **189**
Zuweisung: s. **189**.

201 Ofen

Untersuchungsgebiet 2; Abschnitt 4; Beil. 6
Ost-West. Reste und verziegelte Abdrücke von zwei parallelen Mauern (L. 1,84 m; Br. 1,04 m) aus Backsteinen; grauer mit Asche gemagerter Mörtel; in gewachsenen Boden eingetieft. Das Gewölbe über dem Herd ist rot verbrannt und weist beim Eingang zu Raum **5** eine Ausbesserung aus Backsteinen auf.
OK.: 89,81 m ü.NN
UK.: 89,59 m ü.NN

schneidet/stört: **194**
überdeckt von: **179**
zugehörig: **179**
Zuweisung: Reste vom Fundament einer Zentralheizung. Periode 6.

202 Bauhorizont

Untersuchungsgebiet 2; Abschnitt 4
Kleine Nester mit Mörtel und Sandsteinbruchstücken auf

dem gewachsenen Boden **194**.
OK.: 89,72 m ü.NN

schneidet/stört: **194**
überdeckt von: **109**
zugehörig: **203**
Zuweisung: Ausgleich für den Fußboden **109**.

203 Einfüllschicht

Untersuchungsgebiet 2; Abschnitt 4; Abb. 24
Graubrauner Sand mit Lehm, sehr viel weißer Kalkmörtel, etwas Holzkohle und Sandsteinbruchstücke.
OK.: 89,17 m ü.NN
UK.: 89,09 m ü.NN

schneidet/stört: **194**
gesetzt/geschüttet gegen: **121**
geschnitten/gestört von: **301**
zugehörig: **202, 304**
Zuweisung: s. **202**.

204 Planierschicht

Untersuchungsgebiet 3; Abschnitt a; Abb. 34
Sandiger Lehm in den oberen 3 cm stark verziegelt.
OK.: 92,46 m ü.NN
UK.: 92,15 m ü.NN

gesetzt/geschüttet gegen: **169, 176**
überdeckt/liegt über: **165, 176, 205, 211, 456**
überdeckt von: **172, 174**
Zuweisung: Planierschicht für einen Fußboden. Durch heiß aufgetragene Schicht **174** oben rot verziegelt. Periode 6.

205 Bodenbelag

Untersuchungsgebiet 3; Abschnitt a; Abb. 34.41
Weißer, bröseliger Mörtel mit großen Kalkklumpen.
OK.: 92,24 m ü.NN

schneidet/stört: **176**
gesetzt/geschüttet gegen: **167, 212**
überdeckt/liegt über: **209, 210, 212, 218, 219**
überdeckt von: **204**
zugehörig: **211**
Zuweisung: Einfüllung einer nachträglichen Aufgrabung über dem verschlossenen Brunnenschacht. Periode 6.
Fd. Nr. 77: Metall.

206 Planierschicht

Untersuchungsgebiet 3; Abschnitt a; Abb. 34
Braungelber, sehr lockerer lehmiger Sand mit viel Mörtel, Sandsteinbruchstücken, Holzkohlestücken und Tierknochen.
OK.: 92,11 m ü.NN
UK.: 91,40 m ü.NN

gesetzt/geschüttet gegen: **165**
überdeckt/liegt über: **336, 487, 489, 561**
überdeckt von: **166, 175**
zugehörig: **189, 207, 340**
Zuweisung: Einfüllung des Westflügels zum Ausgleich des Gefälles. Periode 5.
Fd. Nr. 76: Pfeife, Metall, Tierknochen.

Fd. Nr. 238: Irdenware, **Kat. Nr. 277, 319**, Steinzeug, **Kat. Nr. 55**, Tierknochen.

207 Sonstige Schicht

Untersuchungsgebiet 3; Abschnitt a
Brauner, fleckiger, lehmiger Sand. Locker. Helle gelbe Lehmflecken. Sehr viel Holzkohle, Sandsteinbruchstücke, etwas Mörtelklümpchen, vereinzelt verziegelte Lehmstücke.
OK.: 91,51 m ü.NN

gesetzt/geschüttet gegen: **165**
überdeckt von: **339**
zugehörig: **189, 206**
Zuweisung: Einfüllung des Westflügels zum Ausgleich des Gefälles. Funde: Periode 4 und älter. Periode 5.
Fd. Nr. 149: Irdenware, Steinzeug, **Kat. Nr. 65**, Tierknochen.
Fd. Nr. 151: Irdenware, graue Irdenware, **Kat. Nr. 14**, Steinzeug, Glas, Metall, Tierknochen.

208 Mauerausflickung

Untersuchungsgebiet 2; Abschnitt 4
Sandsteinbruchstücke, kleinformatig, braungrau, gelbgrau. Sehr lockerer weißer Mörtel.
OK.: 90,30 m ü.NN
UK.: 89,74 m ü.NN

gesetzt/geschüttet gegen: **99**
dagegengesetzt/geschüttet ist: **109, 181**
zugehörig: **84, 181, 305, 359, 464, 797, 1061**
Zuweisung: Reparatur der Mauer **99** nach Durchbruch des unterirdischen Gangs **797**. Periode 5.

209 Planierschicht

Untersuchungsgebiet 3; Abschnitt a
Gelber Lehm, etwas sandig mit braunen, humosen Flecken.
OK.: 92,15 m ü.NN
UK.: 91,24 m ü.NN

gesetzt/geschüttet gegen: **165**
überdeckt/liegt über: **235, 236, 282**
geschnitten/gestört von: **210, 215**
überdeckt von: **176, 205**
Zuweisung: Einfüllung der Brunnenstube. Periode 6.

210 Grube

Untersuchungsgebiet 3; Abschnitt a
Rechteckige Grube. Weißer Mörtel mit Sandsteinbruchstücken, Dachziegel und am Südrand sehr schwere, große Sandsteinquader. Sehr locker.
OK.: 92,00 m ü.NN
UK.: 91,67 m ü.NN

schneidet/stört: **209**
gesetzt/geschüttet gegen: **212**
überdeckt/liegt über: **218, 219**
überdeckt von: **205**
zugehörig: **211**
Zuweisung: Verfüllung einer Aufgrabung des Brunnens **218**. Periode 6.
Fd. Nr. 79: Metall, Sonstiges: Kohle.

211 Mauer oder Mauerstickung

Untersuchungsgebiet 3; Abschnitt a; Abb. 34.41, Beil. 6
In weißen mit etwas Kies und Holzkohle gemagerten Mörtel geworfene, teilweise geschichtete Sandsteinbruchstücke und Sandsteinbruchplatten.
OK.: 92,12 m ü.NN
UK.: 91,87 m ü.NN

schneidet/stört: **226, 236, 300, 494**
gesetzt/geschüttet gegen: **165**
überdeckt/liegt über: **226**
geschnitten/gestört von: **237**
überdeckt von: **204, 367**
zugehörig: **205, 210, 212, 215**
Zuweisung: Verfüllung der Brunnenstube und Fundament der Mauer **368** und **167**. Periode 6.
Fd. Nr. 144: Sonstiges: Mörtelprobe.

212 Brunnenabdeckung

Untersuchungsgebiet 3; Abschnitt a; Abb. 41
Schwere Sandsteinquader und Sandsteinbruchplatten (L. 2 m). Ein Monolith (180 x 25 x 60 cm).
OK.: 92,09 m ü.NN
UK.: 91,67 m ü.NN

überdeckt/liegt über: **218, 219, 459**
dagegengesetzt/geschüttet ist: **205, 210**
überdeckt von: **167, 205**
zugehörig: **211, 215**
Zuweisung: Mauerstickung für **167** und Abdeckung für **218**. Periode 6.

213 Mauer

Untersuchungsgebiet 3; Abschnitt b
Sandsteinbruchstücke und -bruchplatten, kleine und mittlere Größe (L. 1,49 M; Br. 60 cm); Farbe: graubraun, graugelb.
OK.: 92,47 m ü.NN
UK.: 91,31 m ü.NN

gesetzt/geschüttet gegen: **186**
überdeckt/liegt über: **216**
dagegengesetzt/geschüttet ist: **214, 221**
überdeckt von: **279**
zugehörig: **184**
Zuweisung: Quermauer im Treppenschacht **186**. Periode 6.

214 Einfüllschicht

Untersuchungsgebiet 3; Abschnitt b
Dunkelbrauner, humoser Sand, mit vielen Mörtelklümpchen und Sandsteinbruch. Locker.
OK.: 92,02 m ü.NN
UK.: 91,30 m ü.NN

gesetzt/geschüttet gegen: **213**
überdeckt/liegt über: **221**
Zuweisung: Einfüllung des Treppenschachtes **186**. Periode 6.

215 Mauerstickung

Untersuchungsgebiet 3; Abschnitt b; Abb. 35.41, Beil. 6
Sandsteinbruchplatten und Sandsteinbruchstücke unregelmäßig in weißgrauem, mit viel Kalkklumpen, etwas Kies und Holzkohle durchsetztem Mörtel zusammengeworfen.
OK.: 92,40 m ü.NN

schneidet/stört: **209, 216**
gesetzt/geschüttet gegen: **169, 272, 282**
überdeckt/liegt über: **218, 235, 282**
überdeckt von: **130, 167**
zugehörig: **211, 212**
Zuweisung: Verfüllung der Brunnenstube und Mauerstickung für **167**. Periode 6.

216 Bodenbelag

Untersuchungsgebiet 3; Abschnitt b; Abb. 35.41, Beil. 5
Sandsteinbruchplatten, graubraun. NO-Ecke gestört von darunterliegendem Abflußkanal (Nordost-Südwest; ca. 10 x 10 cm).
OK.: 91,31 m ü.NN
UK.: 91,27 m ü.NN

gesetzt/geschüttet gegen: **255**
überdeckt/liegt über: **266**
geschnitten/gestört von: **215**
überdeckt von: **190, 213, 221, 226**
zugehörig: **186, 217, 218, 236, 266**
Zuweisung: Fußboden im Kellerschacht **186**. Periode 5.

217 Treppe

Untersuchungsgebiet 3; Abschnitt b
Sandsteinbruchplatten (L. 2 m; Br. 1,34 m), graubraun; eine Stufe mit roter Sandsteinplatte geflickt. Sechs Stufen, verlegt auf gelbweißem, fleckigem Mörtel. Die Stufen sind mit Sandsteinbruchstücken unterfüttert. Die Treppe ist in einen aus Bruchsteinen gemauerten Schacht gesetzt: **186**.
OK.: 92,51 m ü.NN
UK.: 91,31 m ü.NN

gesetzt/geschüttet gegen: **186**
überdeckt/liegt über: **254**
dagegengesetzt/geschüttet ist: **190**
überdeckt von: **190**
zugehörig: **186, 187, 216, 218, 266**
Zuweisung: Treppe zur Brunnenstube. Periode 5.

218 Brunnen

Untersuchungsgebiet 3; Abschnitt a; Beil. 5, Abb. 41, Taf. 17,1
Ost-West/Nord-Süd. Aus Sandsteinbruchplatten und -stücken (L. 2 m; Br. 46 cm), graubraun, bildet einen kastenförmigen Grundriß. Schauseiten sehr unruhig mit hervorstehenden und zurückspringenden Steinen. Nach unten hin breiter werdend. Harter Mörtel: weiß, fast nur Kalk, etwas Kies-/Sandzuschlag.
OK.: 91,67 m ü.NN
UK.: 90,87 m ü.NN

überdeckt/liegt über: **486**
geschnitten/gestört von: **237**
dagegengesetzt/geschüttet ist: **226, 235, 236, 282, 459**
überdeckt von: **167, 205, 210, 212, 215, 219**
zugehörig: **186, 216, 217, 459, 486**
Zuweisung: Brunnenrand. Periode 5.

219 Eisenstangen

Untersuchungsgebiet 3; Abschnitt a
Zwei stark verrostete Eisenstangen auf **218**. Quadratischer Querschnitt (3 x 3 cm).
OK.: 91,70 m ü.NN
UK.: 91,67 m ü.NN

überdeckt/liegt über: **218**
überdeckt von: **205, 210, 212**
Zuweisung: Auflager der Brunnenabdeckung **212**. Periode 6.

220 Einfüllschicht

Untersuchungsgebiet 2; Abschnitt 4
Feiner, weißgrauer Sand.
OK.: 89,76 m ü.NN
UK.: 89,67 m ü.NN

schneidet/stört: **194**
überdeckt von: **180**
zugehörig: **106, 1082**
Zuweisung: Zum Bewässerungssystem des Schloßteiches. Periode 5.

221 Einfüllschicht

Untersuchungsgebiet 3; Abschnitt b
Mörtel, Mauerschutt und Dachziegelbruch.
OK.: 91,81 m ü.NN
UK.: 91,56 m ü.NN

gesetzt/geschüttet gegen: **213**
überdeckt/liegt über: **216**
überdeckt von: **214**
Zuweisung: Einfüllung des Treppenschachtes zur Brunnenstube. Periode 6.

222 Sonstige Schicht

Untersuchungsgebiet 1; Abschnitt 3
Dunkelbrauner, fast schwarzer, stark humoser Sand.
OK.: 90,95 m ü.NN
UK.: 90,83 m ü.NN

überdeckt/liegt über: **61**
überdeckt von: **14**
zugehörig: **61**
Zuweisung: Einfüllung im Bereich des ehemaligen Schloßteiches. Periode 5.

223 Sonstige Schicht

Untersuchungsgebiet 1; Abschnitt 3
Dunkelbrauner, fast schwarzer Sand, mit sehr viel Kohlestücken und Schlackeschotter. Sehr locker.
OK.: 91,13 m ü.NN
UK.: 91,03 m ü.NN

überdeckt/liegt über: **27**
überdeckt von: **225**
Zuweisung: Wegbelag im Gartenbereich östlich von Haus Witten. Periode 6.

224 Sonstige Schicht

Untersuchungsgebiet 1; Abschnitt 3
Dünnes Band sehr feiner weißgrauer Asche, mit schwarzgrauem Sand. In der Fläche nicht erkannt.
OK.: 91,23 m ü.NN

überdeckt/liegt über: **225**
zugehörig: **4, 50**
Zuweisung: s. **223**. Periode 6.

225 Wegbelag

Untersuchungsgebiet 1; Abschnitt 3
Dunkelbrauner, stark humoser Sand mit Lehmanteilen, durchmischt mit vielen Wurzeln. Nach unten stark sandig.
OK.: 91,63 m ü.NN
UK.: 91,13 m ü.NN

überdeckt/liegt über: **223**
überdeckt von: **224**
zugehörig: **50**
Zuweisung: Wegbelag im Gartenbereich östlich von Haus Witten. Periode 6.

226 Planierschicht

Untersuchungsgebiet 3; Abschnitt b; Abb. 34.41
Ca. 10 cm starke Lehmschicht, sehr fleckig, mit rötlichem Sand und dunkelbraunen humosen Bändern.
OK.: 91,30 m ü.NN
UK.: 91,20 m ü.NN

gesetzt/geschüttet gegen: **165, 169, 218**
überdeckt/liegt über: **216**
überdeckt von: **211, 235, 282**
Zuweisung: Einfüllung der ehemaligen Brunnenstube (Periode 5). Periode 6.
Fd. Nr. 89: Irdenware, **Kat. Nr. 279**.

227 Podest

Untersuchungsgebiet 4; Abschnitt 1; Beil. 6
Backsteine (22 x 10 cm), stark verwittert. Auf der Oberfläche Linsen mit Kohlestaub. Weißer, sehr sandiger Mörtel.
OK.: 91,75 m ü.NN

gesetzt/geschüttet gegen: **230**
überdeckt von: **229, 243**
im Verband mit: **242**
Zuweisung: Maschinenfundament. Periode 6.

228 Graben

Untersuchungsgebiet 4; Abschnitt 1; Beil. 6
In Podest **227** integrierter, gemauerter Graben mit rechteckigem Querschnitt; gefüllt mit gelbschwarzem Sand, mit Schlacke, Ziegelbruch und Kohle.
OK.: 91,67 m ü.NN
UK.: 91,36 m ü.NN

gesetzt/geschüttet gegen: **242**
Zuweisung: Fabrikbereich. Periode 6.

229 Bodenbelag

Untersuchungsgebiet 4; Abschnitt 1
Ziegelsteine (22 x 10 cm) in grauem Mörtel.
OK.: 91,86 m ü.NN
UK.: 91,75 m ü.NN

gesetzt/geschüttet gegen: **230**
überdeckt/liegt über: **227, 243**
überdeckt von: **244**
Zuweisung: Fabrikbereich, Lagergebäude **1**. Periode 6.

230 Mauer

Untersuchungsgebiet 4; Abschnitt 1; Beil. 6
Ost-West. Aus Sandsteinbruchplatten und gebrochenen Ziegelsteinen (Br. 1 m). Weißer, fester, sandiger Mörtel.
OK.: 92,20 m ü.NN
UK.: 90,92 m ü.NN

schneidet/stört: **241**
überdeckt/liegt über: **263**
dagegengesetzt/geschüttet ist: **227, 229, 231, 243, 245, 247, 248, 256, 345, 373, 374**
überdeckt von: **244**
zugehörig: **231, 247**
Zuweisung: Umfassungsmauer von Lagergebäude **1**. Periode 6.

231 Baugrube

Untersuchungsgebiet 4; Abschnitt 1
Spitzzulaufende Baugrube mit braungrauem Sand, sehr viel Mörtel (weißgelb, viel Sand) etwas Ziegelsplitt, Ziegelsteine und kleine Sandsteinbruchstücke.
OK.: 91,49 m ü.NN
UK.: 90,92 m ü.NN

schneidet/stört: **241, 264**
gesetzt/geschüttet gegen: **230**
überdeckt/liegt über: **232**
überdeckt von: **244**
zugehörig: **230**
Zuweisung: Zu Lagergebäude **1** (230). Periode 6.
Fd. Nr. 94: Irdenware, Steinzeug, Porzellan.
Fd. Nr. 96: Irdenware, Steinzeug, Porzellan, Glas, Metall, Sonstiges: Wasserflasche.
Fd. Nr. 103: Irdenware, Steinzeug, **Kat. Nr. 423, 424**, Steingut, Sonstiges: Schrift?.

232 Planierschicht

Untersuchungsgebiet 4; Abschnitt 1
Schwarz, Steinkohlestaub, Ziegelsteinbruch, Asche und verglaste, blasige Schlacke; sehr viel Fensterglas.
OK.: 91,55 m ü.NN
UK.: 91,40 m ü.NN

gesetzt/geschüttet gegen: **234**
überdeckt/liegt über: **241, 265**
überdeckt von: **231, 233**
Zuweisung: Stickung der Einfahrt zur Fabrik. Periode 6.
Fd. Nr. 95: Irdenware, Porzellan.

233 Bodenbelag

Untersuchungsgebiet 4; Abschnitt 1; Beil. 6
Kopfsteinpflaster aus Basalt (Katzenköpfe).
OK.: 91,80 m ü.NN
UK.: 91,55 m ü.NN

überdeckt/liegt über: **232**
dagegengesetzt/geschüttet ist: **241**
überdeckt von: **244**
zugehörig: **263, 363**
Zuweisung: Pflasterung der Zufahrt zur Fabrik. Periode 6.

234 Mauer

Untersuchungsgebiet 4; Abschnitt 1; Beil. 6
Ost-West. Aus Ziegelsteinen (Br. 42 cm). Grauer mit Asche gemagerter Mörtel.
OK.: 91,90 m ü.NN
UK.: 90,47 m ü.NN

gesetzt/geschüttet gegen: **577**
dagegengesetzt/geschüttet ist: **232**
Zuweisung: Zum Fabrikgebäude **8**. Periode 6.

235 Einfüllschicht

Untersuchungsgebiet 3; Abschnitt a
Starkes Gefälle von Ost nach West. Brauner bis gelber, flekkiger Sand/Lehm mit viel abgerundeten Sandsteinbruchplatten. Sehr fest.
OK.: 91,94 m ü.NN
UK.: 91,24 m ü.NN

gesetzt/geschüttet gegen: **165, 218**
überdeckt/liegt über: **226, 236**
überdeckt von: **209, 215**
Zuweisung: Einfüllung in die ehemalige Brunnenstube (Periode 5). Periode 6.
Fd. Nr. 92: Irdenware, Metall.

236 Bodenbelag

Untersuchungsgebiet 3; Abschnitt a; Abb. 34.41, Taf. 17,1, Beil. 5
Sandsteinbruchplatten.
OK.: 91,30 m ü.NN
UK.: 91,09 m ü.NN

gesetzt/geschüttet gegen: **165, 218**
überdeckt/liegt über: **252, 499**
geschnitten/gestört von: **211**
überdeckt von: **209, 235**
zugehörig: **216, 333**
Zuweisung: Fußboden der Brunnenstube. Periode 5.
Fd. Nr. 150: Irdenware, Metall.

237 Mauer

Untersuchungsgebiet 3; Abschnitt a; Abb. 7.31.34.41, Taf. 6,1, Beil. 6
Backsteine, bogenförmiger Verlauf. Grauer, nasser mit Asche gemagerter Mörtel.

OK.: 92,08 m ü.NN
UK.: 89,88 m ü.NN

schneidet/stört: **136, 211, 218, 252, 284, 486, 496, 891**
dagegengesetzt/geschüttet ist: **367**
überdeckt von: **167**
Zuweisung: Kellereingang vom Fabrikbereich nach der Vermauerung von **897**. Periode 6.

238 Baugrube

Untersuchungsgebiet 1; Abschnitt 3
Dunkelbrauner, lockerer Sand/Lehm mit wenigen Sandsteinbruchstücken. An der Kante zu Mauer 1 herausgequollener Mörtel.
OK.: 91,10 m ü.NN
UK.: 90,63 m ü.NN

schneidet/stört: **239**
gesetzt/geschüttet gegen: **1**
überdeckt von: **14**
im Verband mit: **1**
Zuweisung: Baugrube vom Gewächshaus (Gartengebäude I). Periode 6.

239 Baugrube

Untersuchungsgebiet 1; Abschnitt 3
Dunkelbrauner bis schwarzer, stark humoser Sand, sehr viele Sandsteinbruchstücke.
OK.: 91,10 m ü.NN
UK.: 90,62 m ü.NN

gesetzt/geschüttet gegen: **9, 31**
geschnitten/gestört von: **238**
Zuweisung: Anschüttung zwischen Gewächshaus **1** und **31**. Periode 6.

240 Sonstige Schicht

Untersuchungsgebiet 1; Abschnitt 3
Dunkelbrauner bis schwarzer, stark humoser Sand, mit sehr viel Kalkklümpchen; Dachziegelbruchstücke, wenige Kieselsteine. In der Fläche nicht erkannt.
OK.: 91,03 m ü.NN
UK.: 90,83 m ü.NN

überdeckt von: **60**
zugehörig: **61, 68**
Zuweisung: Einfüllung in den ehemaligen Schloßteich (?). Periode vor 6.

241 Planierschicht

Untersuchungsgebiet 4; Abschnitt 1
Fester, dunkelbrauner bis schwarzer Sand, mit helleren und dunkleren Schlieren. Sehr viele Scherbenfunde. Verziegelter Lehm. Eingelagert sind dünne Lehmbänder und Lehmflecken.
OK.: 91,36 m ü.NN

gesetzt/geschüttet gegen: **233**
überdeckt/liegt über: **264**
geschnitten/gestört von: **230, 231**
überdeckt von: **232**
Zuweisung: Planierschicht im Eingangsbereich zur Fabrik.

Periode 6.
Fd. Nr. 98: Irdenware, Steinzeug, **Kat. Nr. 423**, Porzellan, Steingut, Pfeife, Glas, Tierknochen.
Fd. Nr. 141: Irdenware, Steinzeug, **Kat. Nr. 350**, Porzellan, Steingut, Pfeife, Glas, Metall, Sonstiges: Marke: „WERGWOOD".

242 Graben

Untersuchungsgebiet 4; Abschnitt 1
Ziegelsteine (22 x 8 cm).
OK.: 91,36 m ü.NN

dagegengesetzt/geschüttet ist: **228**
im Verband mit: **227**
Zuweisung: Gemauerte Vertiefung in **227**, Lagergebäude **1**. Periode 6.

243 Planierschicht

Untersuchungsgebiet 4; Abschnitt 1
Mörtelbett für Fußboden 229 und ca. 10 cm starke Planierschicht aus braunroter Schlacke.
UK.: 91,75 m ü.NN

gesetzt/geschüttet gegen: **230**
überdeckt/liegt über: **227**
überdeckt von: **229**
Zuweisung: Zum Fußboden in Lagergebäude **1**. Periode 6.

244 Oberfläche

Untersuchungsgebiet 4; Abschnitt 1
Schwarzbrauner Sandlehm. Viel Schlacke und Kohlestaub. Sandsteinbruchstücke. Dachziegelbruchstücke. Fensterglas.
OK.: 92,04 m ü.NN
UK.: 91,96 m ü.NN

überdeckt/liegt über: **247-250, 256, 344, 345, 347-351, 373-375, 751, 768, 901, 902, 903**
zugehörig: **673**
Zuweisung: Rezente Oberfläche. Periode nach 6.
Fd. Nr. 80: Steinzeug, Porzellan, Glas, Metall, Sonstiges: Industrieabfall, Medizinröhrchen, Plastik, Nachttopf, Eimerhenkel.
Fd. Nr. 83: Steinzeug, Steingut, Metall, Sonstiges: beschnittenes Blechstück.
Fd. Nr. 85: Steinzeug, Metall.
Fd. Nr. 86: Steinzeug, Porzellan, Steingut, Kachel, Metall, Tierknochen.
Fd. Nr. 91: Metall.
Fd. Nr. 97: Steinzeug, Porzellan, Pfeife, Glas, Metall, Tierknochen, Sonstiges: Keramikstöpsel „HERWI"; Messergriff; Rohstück; Löffel; Pfeifenmarke: Krone, darunter „46".
Fd. Nr. 107: Irdenware, Steinzeug, Porzellan, Fayence, Glas, Metall, Sonstiges: gestanzte Löffel; Marke: „OPAQUE DE SARREGUEMINES".
Fd. Nr. 109: Irdenware, **Kat. Nr. 456**, **457**, Porzellan, Pfeife, Glas, Metall.
Fd. Nr. 136: Kachel, Glas, Metall, Sonstiges: bunte Kacheln, Löffel.
Fd. Nr. 137: Steinzeug, **Kat. Nr. 406**, Porzellan, Fayence, Steingut, Kachel, Sonstiges: Sanitärkeramik; Fayencekachel mit Pferdeschweif.
Fd. Nr. 140: Steinzeug, Porzellan, Steingut, Sonstiges: Sanitärkeramik, DAB-Bier.

Fd. Nr. 159: Steinzeug, Porzellan, Kachel, Glas, Metall, Sonstiges: Keramikstopfen, Porzellanisolator, Steinhägerflasche.
Fd. Nr. 553: Steinzeug, Porzellan, Kachel, Sonstiges: Porzellanmarke: „ANDEN...CONFI...".

245 Sonstige Schicht

Untersuchungsgebiet 4; Abschnitt 1
Gelbbrauner Sand/Lehm mit Sandsteinbruchstücken; hart. Bearbeitung wegen geschützter Bäume nicht möglich.
OK.: 92,04 m ü.NN

gesetzt/geschüttet gegen: **230, 246**
überdeckt von: **244**
Zuweisung: Periode 6.

246 Mauer

Untersuchungsgebiet 4; Abschnitt 1
Nord-Süd. Sandsteinbruchplatten, mittlere Größe. Farbe: graubraun, grau.

dagegengesetzt/geschüttet ist: **245**
Zuweisung: Gartenmauer. Periode 6.

247 Türschwelle

Untersuchungsgebiet 4; Abschnitt 2
Ost-West. Aus Backsteinen (25,2-28 x 8,3-12,2 x 8,4-13 cm.). Heller, weißgrauer Mörtel. Sehr hart.
OK.: 91,72 m ü.NN

gesetzt/geschüttet gegen: **230**
dagegengesetzt/geschüttet ist: **249**
überdeckt von: **244**
zugehörig: **230**
Zuweisung: Schwelle zwischen Lagergebäude **1** und Schuppen **2**. Periode 6.

248 Kulturschicht

Untersuchungsgebiet 4; Abschnitt 2
Gelber, feiner Sand, mit vielen dünnen, vermoderten Holzresten (Kisten, Körbe?). Kieselsteine, etwas Ziegelbruch.
OK.: 91,57 m ü.NN
UK.: 91,48 m ü.NN

gesetzt/geschüttet gegen: **230**
überdeckt/liegt über: **258**
überdeckt von: **244**
Zuweisung: Fabrik; im Lagergebäude **1**. Periode 6.

249 Bodenbelag

Untersuchungsgebiet 4; Abschnitt 2; Beil. 6
Hochkantgestellte Ziegelsteine und Sandsteinbruchplatten (20,5-27 x 6,6-8,5 x 11-12,6 cm).
OK.: 91,66 m ü.NN
UK.: 91,55 m ü.NN

gesetzt/geschüttet gegen: **247, 250, 256**
überdeckt/liegt über: **395**
überdeckt von: **244**
Zuweisung: Fabrik; Lagerschuppen **2**. Periode 6.
Fd. Nr. 168: Sonstiges: Architekturfragment.

250 Mauer

Untersuchungsgebiet 4; Abschnitt 2; Beil. 6
Ost-West. Sandsteinbruchstücke (Br. 42 cm). Westliches Ende gestört. Mörtel nicht dokumentiert.
OK.: 91,70 m ü.NN

dagegengesetzt/geschüttet ist: **249, 260, 261**
überdeckt von: **244**
im Verband mit: **256**
Zuweisung: Fabrik; zum Schuppen **2**. Periode 6.

251 Sonstige Schicht

Untersuchungsgebiet 3; Abschnitt b
Brauner, sandiger Lehm mit sehr viel Sandsteinbruch, sehr nass. Etwas Holzkohle, verziegelter Lehm, faustgroße Flußkiesel, Tierknochen.
OK.: 91,33 m ü.NN
UK.: 91,29 m ü.NN

gesetzt/geschüttet gegen: **254**
überdeckt/liegt über: **276, 278**
geschnitten/gestört von: **331**
überdeckt von: **189**
zugehörig: **333**
Zuweisung: Störung im Fußboden **333**. Periode nach 4.
Fd. Nr. 99: Irdenware, Steinzeug, Pfeife, Glas, Metall, Tierknochen.
Fd. Nr. 105: Steinzeug, Metall, Tierknochen.

252 Sonstige Schicht

Untersuchungsgebiet 3; Abschnitt a; Abb. 34
Gelbbrauner Lehm/Sand, nicht überall ausgebildet.
OK.: 91,16 m ü.NN
UK.: 91,11 m ü.NN

gesetzt/geschüttet gegen: **165**
überdeckt/liegt über: **253, 284**
geschnitten/gestört von: **237**
überdeckt von: **236, 300**
zugehörig: **366**
Zuweisung: Laufniveau (?) unter **236**. Periode 5.
Fd. Nr. 93: Metall, Tierknochen, Sonstiges: Knopf.

253 Baugrube

Untersuchungsgebiet 3; Abschnitt a; Abb. 41
Rotbrauner, sandiger Lehm mit Holzkohle, sehr viel Sandsteinbruch, verziegeltem Lehm, zerbrochenen Dachziegeln und Tierknochen. Teils sehr hart, teils locker. Z.T. in einen darunterliegenden Hohlraum eingebrochen.
OK.: 91,80 m ü.NN

schneidet/stört: **254, 329, 421, 445**
gesetzt/geschüttet gegen: **165, 486**
überdeckt/liegt über: **253, 329, 354**
überdeckt von: **252, 253, 284**
zugehörig: **366, 459, 499**
Zuweisung: Baugrube des Brunnens; Funde stammen aus Inventar der Periode 4 und älteren Schichten. Periode 5.
Fd. Nr. 110: Irdenware, graue Irdenware, **Kat. Nr. 20**, Steinzeug, Sonstiges: Dachziegel.
Fd. Nr. 115: Glas, Metall, Sonstiges: Nähnadel.
Fd. Nr. 118: Irdenware, graue Irdenware, **Kat. Nr. 15**, 35,

Steinzeug, Metall, Tierknochen, Sonstiges: Dachziegel facettiert.
Fd. Nr. 129: Glas, Metall, Sonstiges: Fensterglas.
Fd. Nr. 132: Irdenware, graue Irdenware, Steinzeug, Metall, Tierknochen, Sonstiges: Dachziegel.
Fd. Nr. 134: Metall, Sonstiges: Steinkohle.
Fd. Nr. 245: Steinzeug.

254 Bodenbelag

Untersuchungsgebiet 3; Abschnitt b; Abb. 28.41, Taf. 11,1; 12,2; 15,1.2, Beil. 4
Innenhofpflaster aus hochkant verlegten Sandsteinplatten; wenige waagerecht. Vereinzelt faustgroße Flußkiesel. Starkes Gefälle von Nordost nach Südwest: 92.24-91,20 m ü.NN. Im Osten mehrere parallel liegende Bahnen, Nordost-Südwest (Br. 1,4 m). Diese stoßen im Süden auf eine querliegende Bahn. Daraus ergibt sich ein Flechtbandornament in Form eines großen „Z". In den Fugen: sehr viel Holzkohle, verziegelte Lehmklümpchen (infolge eines Brandes?).

schneidet/stört: **708**
gesetzt/geschüttet gegen: **273, 401**
überdeckt/liegt über: **401, 421, 443, 445, 524, 525, 702, 736, 796**
geschnitten/gestört von: **326, 327, 331, 377, 404, 433, 436-439, 441, 442, 455, 486, 582, 660, 674, 675, 689, 707**
dagegengesetzt/geschüttet ist: **251, 333, 448**
überdeckt von: **186, 189, 217, 266, 370, 371, 433, 435, 446, 680**
zugehörig: **333, 353, 534**
Zuweisung: Hofpflaster der Periode 4. Periode 4.
Fd. Nr. 112: Steinzeug, **Kat. Nr. 350**, Glas, Metall, Tierknochen.
Fd. Nr. 121: Irdenware, **Kat. Nr. 165**, Steinzeug, **Kat. Nr. 342**, Tierknochen.
Fd. Nr. 162: Sonstiges: Bronzeschelle, Pferdegeschirr (?), **Kat. Nr. 541**.
Fd. Nr. 184: Steinzeug, Metall, **Kat. Nr. 545**, Sonstiges: Münzgewicht.
Fd. Nr. 189: Metall, Sonstiges: Silberplättchen, Münze?
Fd. Nr. 199: Irdenware, graue Irdenware, Steinzeug, Metall, **Kat. Nr. 549, 552**, Tierknochen, Sonstiges: Bronzegefäß, Kupferbarren.
Fd. Nr. 200: Irdenware, Steinzeug, Glas, Metall, **Kat. Nr. 542, 543, 544**, Tierknochen, Sonstiges: Schuhnägel, Bronzebeschläge.
Fd. Nr. 214: Metall, Sonstiges: gewölbtes Bronzeblech.
Fd. Nr. 227: Steinzeug, Metall.
Fd. Nr. 289: Steinzeug, Metall, **Kat. Nr. 547, 550, 551**, Sonstiges: Bronzeschnalle, versilbert; Eisenschlüssel.
Fd. Nr. 313: Irdenware, **Kat. Nr. 183, 259, 301**, Steinzeug, **Kat. Nr. 67**, Sonstiges: Spinnwirtel, **Kat. Nr. 573**.
Fd. Nr. 408: Irdenware, Steinzeug, Porzellan, Steingut, Metall, Tierknochen.

255 Mauer

Untersuchungsgebiet 3; Abschnitt b; Beil. 5
Nord-Süd (Br. 1,2 m). Große und mittelgroße Sandsteinquader und -bruchstücke; gelb- bzw. rotbraun; in Lehm gesetzt.
OK.: 91,36 m ü.NN
UK.: 90,65 m ü.NN

schneidet/stört: **401, 402, 422**
gesetzt/geschüttet gegen: **331**
dagegengesetzt/geschüttet ist: **216, 330**
überdeckt von: **169**
im Verband mit: **165**
Zuweisung: Starkes Fundament am Südende des Westflügels. Periode 5.

256 Mauer

Untersuchungsgebiet 4; Abschnitt 2; Beil. 6
Nord-Süd. Aus Backsteinen, Sandsteinbruchplatten und -quadern; mittelgroß; graubraun. Gerade Kante im Westen. Grauer harter, mit viel Sand und etwas Asche gemagerter Mörtel (Br. 22 cm).
OK.: 91,74 m ü.NN

gesetzt/geschüttet gegen: **230**
dagegengesetzt/geschüttet ist: **249, 257**
überdeckt von: **244**
im Verband mit: **250**
Zuweisung: Fabrik; zum Lagerschuppen **2**. Periode 6.

257 Grube

Untersuchungsgebiet 4; Abschnitt 2
Unregelmäßige Grube, gefüllt mit Schutt und neuzeitlichem Müll.
OK.: 91,44 m ü.NN
UK.: 90,69 m ü.NN

schneidet/stört: **260**
gesetzt/geschüttet gegen: **256**
überdeckt/liegt über: **261**
Zuweisung: Deponie für Kriegsschutt und rezente Abfälle. Periode nach 6.
Fd. Nr. 108: Steinzeug, **Kat. Nr. 360**, Porzellan, Steingut, Sonstiges: Marmor, Pissoir, Plastik.
Fd. Nr. 153: Porzellan, Steingut, Sonstiges: Marmor.

258 Planierschicht

Untersuchungsgebiet 4; Abschnitt 2
Schwarzer Schotter aus zerkleinerter Ofenschlacke. Locker.
OK.: 91,46 m ü.NN
UK.: 90,92 m ü.NN

gesetzt/geschüttet gegen: **344, 345, 347, 350, 351**
überdeckt/liegt über: **259**
überdeckt von: **248, 348**
Zuweisung: Fabrik; Stickung für den Fußboden des Lagergebäudes **1**. Periode 6.

259 Planierschicht

Untersuchungsgebiet 4; Abschnitt 2
Gelbgrauer Lehm/Sand mit viel Sandsteinbruch, Ziegelsplitt, Mörtelklümpchen. Sehr hart.
OK.: 91,48 m ü.NN

gesetzt/geschüttet gegen: **344, 345, 347, 350**
überdeckt/liegt über: **262, 268**
geschnitten/gestört von: **346**
überdeckt von: **258**
Zuweisung: Fabrik; zum Lagergebäude **1**. Periode 6.
Fd. Nr. 156: Tierknochen, Sonstiges: Verziegelter Tonabdruck.

260 Mauer

Untersuchungsgebiet 4; Abschnitt 2; Beil. 6
Nord-Süd. Backsteine (26 x 12 x 6 cm). Grauer mit Asche gemagerter Mörtel (Br. 40 cm).
OK.: 91,34 m ü.NN

gesetzt/geschüttet gegen: **250**
geschnitten/gestört von: **257**
dagegengesetzt/geschüttet ist: **261**
Zuweisung: Fabrik; zum Lagerschuppen **2**. Periode 6.

261 Planierschicht

Untersuchungsgebiet 4; Abschnitt 2
Schutt und moderner Hausmüll mit schwarzbraunem Mutterboden vermengt. Sehr locker.
OK.: 91,46 m ü.NN
UK.: 91,00 m ü.NN

gesetzt/geschüttet gegen: **250, 260**
überdeckt von: **257**
Zuweisung: Rezente Abfalldeponie. Periode nach 6.

262 Planierschicht.

Untersuchungsgebiet 4; Abschnitt 2
Sehr gelber Sand/Lehm mit wenigen Sandsteinbruchstücken. Nass und klebrig.

überdeckt/liegt über: **269**
dagegengesetzt/geschüttet ist: **259**
überdeckt von: **259**
Zuweisung: Fabrik; Einfüllung in Lagergebäude **1**. Periode 6.

263 Mauer

Untersuchungsgebiet 4; Abschnitt 1; Beil. 6
Ost-West. Aus Sandsteinbruchplatten. Mörtel nicht dokumentiert.
OK.: 90,89 m ü.NN
UK.: 90,75 m ü.NN

überdeckt von: **230**
zugehörig: **233**
Zuweisung: Fabrik; verstärktes Fundament der Mauer **230**. Periode 6.

264 Planierschicht

Untersuchungsgebiet 4; Abschnitt 1
Dunkelbrauner, humoser Sand. Homogen. Etwas Tonschieferschotter. Gefälle nach Norden.
OK.: 91,32 m ü.NN
UK.: 90,72 m ü.NN

gesetzt/geschüttet gegen: **265**
geschnitten/gestört von: **231**
überdeckt von: **241, 265**
Zuweisung: Fabrik; Einfüllung einer Böschung nach Norden. Periode 6.
Fd. Nr. 101: Irdenware, Steinzeug, Porzellan, Fayence, Glas, Tierknochen, Sonstiges: Porzellanmarke: Anker, dahinter „Davenport".
Fd. Nr. 114: Irdenware, Steinzeug, Porzellan, Glas.

265 Bodenbelag

Untersuchungsgebiet 4; Abschnitt 1
Straßenpflaster aus hochkantgestellten Sandsteinbruchplatten, stark abgetreten.
OK.: 91,40 m ü.NN

überdeckt/liegt über: **264**
dagegengesetzt/geschüttet ist: **264**
überdeckt von: **232**
Zuweisung: Wegbefestigung, vgl. **254**. Periode vor 6.

266 Kanal

Untersuchungsgebiet 3; Abschnitt b; Abb. 41
Schmaler Abflußkanal (Br. 96 cm, T./H. 12 cm), gefüllt mit schwarzgrauem, nassem, schlammigem Sand.
OK.: 91,38 m ü.NN
UK.: 91,20 m ü.NN

überdeckt/liegt über: **254**
überdeckt von: **216**
im Verband mit: **267**
zugehörig: **186, 216, 217**
Zuweisung: Wasserabfluß im Treppenschacht zur Brunnenstube. Periode 5.

267 Kanal s. **266**

Untersuchungsgebiet 3; Abschnitt b
Einfassung des Kanals **266** aus Sandsteinbruchplatten. Rechteckiger Querschnitt (16 x 13 cm).

im Verband mit: **266**
Zuweisung: s. **266**. Periode 5.

268 Grube

Untersuchungsgebiet 4; Abschnitt 2
Gerade Kante, parallel zu **230**. Gefüllt mit dunkelbraunem, lockerem Sand/Lehm mit viel Sandsteinbruch, Ziegelbruch und weiß-gelben Mörtelklümpchen.
OK.: 91,02 m ü.NN
UK.: 90,55 m ü.NN

überdeckt/liegt über: **269**
überdeckt von: **259**
Zuweisung: Unter Lagergebäude **1**. Periode vor 6.
Fd. Nr. 104: Irdenware, graue Irdenware, Steinzeug, Glas, Tierknochen.

269 Planierschicht

Untersuchungsgebiet 4; Abschnitt 2
Gelbbrauner, nasser Sand/Lehm. Eine Kante parallel zu **230**.
OK.: 90,92 m ü.NN
UK.: 90,83 m ü.NN

überdeckt/liegt über: **270**
überdeckt von: **262, 268**
Zuweisung: s. **268**. Periode vor 6.

270 Planierschicht

Untersuchungsgebiet 4; Abschnitt 2

Gelbgrauer Sand/Lehm mit etwas Holzkohle, Ziegelsplitt und Mörtelklümpchen.
OK.: 91,11 m ü.NN

überdeckt von: **269**
Zuweisung: s. **268**. Periode vor 6.

271 Vermauerung

Untersuchungsgebiet 3; Abschnitt b; Abb. 35
Vermauerung eines Schlitzes in **167**. Sandsteinbruchplatten und Sandsteinbruchstücke (Br. 20 cm; H. 1,74cm; T. 27,5-30 cm.), rotbraun, grau.
OK.: 93,79 m ü.NN
UK.: 92,20 m ü.NN

schneidet/stört: **414**
gesetzt/geschüttet gegen: **275**
überdeckt/liegt über: **274, 604**
zugehörig: **167, 275**
Zuweisung: Unklar. Periode 5-6.

272 Mauer

Untersuchungsgebiet 3; Abschnitt b; Abb. 35.41, Beil. 4
Mauer Nord-Süd mit halbrund abgearbeiteter Westkante. Sandsteinquader mittlerer Größe, grau-rotbraun, ein Bruchstück roter Buntsandstein, ein Backstein.
OK.: 92,35 m ü.NN
UK.: 91,34 m ü.NN

gesetzt/geschüttet gegen: **415**
überdeckt/liegt über: **273**
geschnitten/gestört von: **167**
dagegengesetzt/geschüttet ist: **190, 191, 215, 274**
zugehörig: **273, 313, 315, 414, 1032**
Zuweisung: Tür zum Keller **6**. Periode 4.

273 Türschwelle

Untersuchungsgebiet 3; Abschnitt b; Abb. 35, Beil. 4
Keilförmiger Sandsteinquader (L. 1,95 m; Br. 12-22 cm).
OK.: 91,29 m ü.NN
UK.: 91,06 m ü.NN

gesetzt/geschüttet gegen: **415**
überdeckt/liegt über: **445**
dagegengesetzt/geschüttet ist: **254**
überdeckt von: **272, 274, 414**
zugehörig: **272, 313, 315, 414, 1032**
Zuweisung: Türschwelle der Treppe zum Keller des Wohnturms. Periode 4.

274 Vermauerung

Untersuchungsgebiet 3; Abschnitt b; Abb. 35
Sandsteinplatten. Nicht weiter dokumentiert.
OK.: 92.20 m ü.NN
UK.: 91,30 m ü.NN

gesetzt/geschüttet gegen: **272, 414**
überdeckt/liegt über: **273**
dagegengesetzt/geschüttet ist: **186, 190**
überdeckt von: **128, 167, 271, 275**
zugehörig: **316**

Zuweisung: Vermauerung des Eingangs zum Keller des Wohnturms. Periode nach 4.

275 Mauerschlitz

Untersuchungsgebiet 3; Abschnitt b; Abb.: 69
Einschnitt in Mauer **167**, eingefaßt mit mittelgroßen, grauen Sandsteinquadern, in Zweitverwendung (Br. 20 cm). Der Mauerschlitz wurde nachträglich verschlossen: **271**. OK.: 93,79 m ü.NN
UK.: 92,17 m ü.NN

schneidet/stört: **414**
gesetzt/geschüttet gegen: **413**
überdeckt/liegt über: **274, 414**
dagegengesetzt/geschüttet ist: **167, 271, 413**
zugehörig: **271**
Zuweisung: Jünger als die Vermauerung des Kellereingangs **274**. Periode 6.

276 Planierschicht

Untersuchungsgebiet 3; Abschnitt b
Sandiger Lehm, braun, mit sehr viel Sandsteinbruchstücken. Dunkelbraune, humose Flecken mit etwas verziegeltem Lehm; grauer, harter Tonschiefer-Schotter.
OK.: 91,19-91,33 m ü.NN

gesetzt/geschüttet gegen: **654**
überdeckt/liegt über: **281, 420**
geschnitten/gestört von: **326, 331, 670, 750**
überdeckt von: **251, 421, 445**
zugehörig: **281, 421, 457, 596, 654**
Zuweisung: Anschüttung im Hofbereich. Periode 3.
Fd. Nr. 500: Irdenware, Steinzeug, **Kat. Nr. 49**, **106**, Tierknochen.

277 Bodenbelag

Untersuchungsgebiet 3; Abschnitt b
Stark gestört, Sandsteinplatten.
OK.: 91,29-91,33.

zugehörig: **278, 488, 654**
Zuweisung: Wirtschaftsbereich von Backofen **489**. Periode 4.

278 Bodenbelag

Untersuchungsgebiet 3; Abschnitt b
Stark gestört, aus Sandsteinbruchplatten.
OK.: 91,45 m ü.NN
UK.: 91,30 m ü.NN

überdeckt von: **251**
zugehörig: **277**
Zuweisung: S. **277**. Periode 4.

279 Bodenbelag

Untersuchungsgebiet 3; Abschnitt b; Abb. 28
Schwarzer Sand/Lehm homogen vermischt mit Kohlestaub, Kohlestücken, Schlackeschotter, etwas Ziegelsplitt. Vereinzelt sandig/lehmige Flecken. Konsistenz: hart.
OK.: 92,83 m ü.NN
UK.: 92,53 m ü.NN

gesetzt/geschüttet gegen: **128, 169, 188, 578**
überdeckt/liegt über: **184, 186, 189, 190, 199, 213, 429, 432, 434, 581, 582, 584-586, 690, 771, 774, 775, 778, 782**
dagegengesetzt/geschüttet ist: **185, 579**
überdeckt von: **411, 412**
zugehörig: **188**
Zuweisung: Jüngste Gestaltung des Innenhofs als Ziergarten. Periode 6.
Fd. Nr. 62: Irdenware, Steinzeug, Porzellan, Steingut, Glas, Metall, Sonstiges: Perfümflasche.
Fd. Nr. 102: Irdenware, Porzellan, Steingut, Sonstiges: Plastik.
Fd. Nr. 122: Irdenware, Steinzeug, **Kat. Nr. 70**, Porzellan, Fayence, Kachel, Metall, Tierknochen.
Fd. Nr. 211: Glas, Metall, Tierknochen, Sonstiges: glasierter, weißer Backstein.
Fd. Nr. 212: Irdenware, Steinzeug, **Kat. Nr. 70**, Porzellan, Fayence, Steingut, Pfeife, Metall, Tierknochen.
Fd. Nr. 264: Münze (1/4 Stüber, 1783, nicht auffindbar).
Fd. Nr. 299: Irdenware, Steinzeug, Porzellan, **Kat. Nr. 499**, Fayence, Kachel, Glas.
Fd. Nr. 489: Irdenware, Steinzeug, Porzellan, Glas, Metall.
Fd. Nr. 490: Irdenware, Steinzeug, Porzellan, Pfeife, Sonstiges: Bakelit, **Kat. Nr. 598**.
Fd. Nr. 495: Irdenware, **Kat. Nr. 144, 444**, Steinzeug, Porzellan.

280 Einfüllschicht

Untersuchungsgebiet 1; Abschnitt 4
Flache, unregelmäßige Grube, verfüllt mit mit dunkelbraunen/schwarzen Sand, stark humos, locker. Auf der Sohle sehr viele Dachziegelbruchstücke, Kalkklümpchen. Befund erst im Profil erkannt. Funde unter **59** gesammelt.
OK.: 91,50 m ü.NN
UK.: 90,90 m ü.NN

schneidet/stört: **106, 60**
gesetzt/geschüttet gegen: **343**
überdeckt/liegt über: **107**
geschnitten/gestört von: **58**
überdeckt von: **14**
zugehörig: **59, 68**
Zuweisung: Einfüllung des ehem. Schloßteiches. Periode 5.

281 Planierschicht

Untersuchungsgebiet 3; Abschnitt b
Lockeres, stark zerkleinertes Tonschiefermaterial mit sehr viel Holzkohlestücken, rot verziegeltem Sandsteinbruch, weißen Feldspat(?)-stücken, calcinierten Tierknochen, Sandsteinbruch. Sehr locker und nass.
OK.: 91,30 m ü.NN

überdeckt von: **276**
zugehörig: **276**
Zuweisung: Schüttung im Burghof. Periode 3.
Fd. Nr. 111: graue Irdenware, Steinzeug, Glas, Metall, Tierknochen, Sonstiges: Dachziegel.
Fd. Nr. 167: graue Irdenware.

282 Sonstige Schicht

Untersuchungsgebiet 3; Abschnitt b; Abb. 35.41
Dunkelbrauner, humoser Sand mit etwas Holzkohle, Mörtelklümpchen und Sandsteinbruch. Hellbraune Lehmflecken, hart.
OK.: 92,10 m ü.NN
UK.: 91,34 m ü.NN

gesetzt/geschüttet gegen: **218**
überdeckt/liegt über: **226**
dagegengesetzt/geschüttet ist: **215**
überdeckt von: **209, 215**
Zuweisung: Einfüllung der ehem. Brunnenstube. Periode 6.

283 Schwelle

Untersuchungsgebiet 1; Abschnitt 2
Langrechteckiger Sandsteinquader, südliches Ende abgebrochen. Auf den gewachsenen Boden gesetzt.
OK.: 90,62 m ü.NN

überdeckt/liegt über: **24**
im Verband mit: **1**
Zuweisung: Zum Gartengebäude I. Periode 6.

284 Brandschicht

Untersuchungsgebiet 3; Abschnitt a; Abb. 34
Holzkohle, Asche, sehr locker. Schwarz.
OK.: 91,14 m ü.NN
UK.: 90,80 m ü.NN

überdeckt/liegt über: **253, 366**
geschnitten/gestört von: **237**
überdeckt von: **252**
zugehörig: **366**
Zuweisung: Periode 5.
Fd. Nr. 133: Glas, **Kat. Nr. 539**, Sonstiges: Stengelglas mit Fadenauflage und tordiertem Stiel.
Fd. Nr. 135: Irdenware.
Fd. Nr. 186: Irdenware, **Kat. Nr. 435**, graue Irdenware, Glas, Metall.

285 Sonstige Schicht/gewachsener Boden

Untersuchungsgebiet 3; Abschnitt a
Lockerer gelbbrauner Sand/Lehm. Die Schicht fällt nach Westen steil ab.
OK.: 90,48 m ü.NN

geschnitten/gestört von: **165**
zugehörig: **329**
Zuweisung: Periode 3.
Fd. Nr. 155: Irdenware, Steinzeug, Glas, **Kat. Nr. 540**, Metall, Tierknochen.

286 Einfüllschicht

Untersuchungsgebiet 2; Abschnitt 4
Gelbbrauner Sand/Lehm. Sehr locker, sehr viele Backsteinbruchstücke, Sandsteinbruchstücke und Mörtelklümpchen.
OK.: 89,37 m ü.NN

gesetzt/geschüttet gegen: **181, 287**
überdeckt von: **183**
zugehörig: **183**
Zuweisung: Untere Einfüllung in **181**. Periode 6.
Fd. Nr. 124: Sonstiges: Kamm aus Horn.

Fd. Nr. 125: Irdenware, **Kat. Nr. 478, 591**, Steinzeug, Porzellan, Steingut, Glas, Metall, Sonstiges: Inschrift auf Irdenware: „....1829...ein...".
Fd. Nr. 126: Irdenware, **Kat. Nr. 171, 305, 314**, Steinzeug, **Kat. Nr. 395, 396**, Porzellan, Fayence, Steingut, Pfeife, Kachel, Glas, Metall, Sonstiges: große Eisenplatte; Irdenware Inschrift: „....mich allein .."; Steinzeug Marke: „B 187", Schmelztiegel, **Kat. Nr. 568, 569**.

287 Einfüllschicht

Untersuchungsgebiet 2; Abschnitt 4
Dunkelbrauner, humoser Sand/Lehm mit Backstein- und Sandsteinbruchstücken.
OK.: 89,37 m ü.NN

gesetzt/geschüttet gegen: **181**
dagegengesetzt/geschüttet ist: **286**
Zuweisung: S. 286. Periode 6.

288 entfällt

289 Gewachsener Boden

Untersuchungsgebiet 2; Abschnitt 5
Dünne Kohleschicht.
OK.: 89,73 m ü.NN
UK.: 89,65 m ü.NN

überdeckt/liegt über: **292**
geschnitten/gestört von: **295**
überdeckt von: **291**

290 Bodenbelag

Untersuchungsgebiet 2; Abschnitt 5; Beil. 6
Sandsteinplatten.
OK.: 89,83-89,87 m ü.NN
UK.: 89,63 m ü.NN

gesetzt/geschüttet gegen: **293-295, 298, 301, 324, 376**
überdeckt/liegt über: **291**
zugehörig: **85, 117, 118, 121, 301, 306, 308**
Zuweisung: Fußboden in Kellerraum **5**. Periode 6.

291 Bauhorizont

Untersuchungsgebiet 2; Abschnitt 5
Gelber, stark lehmiger Sand mit viel Sandsteinmbruch, Mörtel (weiß, klumpig), faustgroße Stücke. Schluffbrocken, grau, etwas Holzkohle, Dachziegelbruchstücke. Sehr locker.
OK.: 89,84 m ü.NN
UK.: 89,63 m ü.NN

gesetzt/geschüttet gegen: **298**
überdeckt/liegt über: **289**
überdeckt von: **290**
Zuweisung: Stickung des Fußbodens **290**, Periode vor 6.
Fd. Nr. 106: Irdenware, Steinzeug, Metall.
Fd. Nr. 142: Irdenware, **Kat. Nr. 164**, graue Irdenware, Steinzeug, Pfeife, Glas, Tierknochen, Sonstiges: Fensterglas, Dachziegel.

292 Gewachsener Boden

Untersuchungsgebiet 2; Abschnitt 5; Abb. 24
Gelber, weicher, sandiger Lehm. Im oberen Bereich eingetretenes Material aus **291**,
OK.: 89,73 m ü.NN

geschnitten/gestört von: **294, 295, 301, 376, 1021, 1025, 1026**
überdeckt von: **289, 1024**
zugehörig: **329**

293 Mauer

Untersuchungsgebiet 2; Abschnitt 5; Abb. 24, Beil. 3a
Ost-West aus Sandsteinbruchstücken und -platten, mittel und großformatig. Farbe gelbbraun, rotbraun. In Lehm gesetzt. Wilder Verband (L. 5,5 cm; Br. 20-30 cm). Gesetzt gegen den gewachsenen Boden **291**.
OK.: 89,95 m ü.NN
UK.: 89,55 m ü.NN

dagegengesetzt/geschüttet ist: **290**
überdeckt von: **294, 296, 297**
Zuweisung: Periode 3.

294 Mauer

Untersuchungsgebiet 2; Abschnitt 5; Abb. 24, Beil. 5
Ost-West Aus Sandsteinbruchplatten, sehr großen Quadern und Spolien in Zweitverwendung. Weißer, harter Kalkmörtel. Gesetzt auf den gewachsenen Boden **292**, die nördliche Kante sitzt z.T. auf der abgebrochenen Mauer **293**. An beiden Enden der Kellerwand befinden sich 70 cm hohe, viertelkreisförmige Mauerreste (?) unbekannter Funktion (**296, 297**). Beide Befunde sind an der Außenseite (**1068**) nicht ablesbar. Eine Spolie (L. 0,5 m) weist einen Riefendekor auf; sie könnte von einem abgebrochenen Portal oder einem Fensterrahmen stammen. Ein weiteres Werkstück von 70 cm Breite ist an der Kante dreifach gekerbt. Sofern die Einordnung des Befundes in die Bauperiode 5 zutrifft, könnten die hier vermauerten Werkstücke von dem abgebrochenen Wohnturm der Periode 3 stammen.
UK.: 89,85 m ü.NN

schneidet/stört: **292**
gesetzt/geschüttet gegen: **296, 297, 298**
überdeckt/liegt über: **293**
dagegengesetzt/geschüttet ist: **290, 295**
im Verband mit: **311, 447**
zugehörig: **602, 1068**
Zuweisung: Fundament der Außenmauer zwischen Wohnturm und Palas unter Einbeziehung der älteren Mauerstücke **293, 296** und **297**. Periode 5.

295 Mauer

Untersuchungsgebiet 2; Abschnitt 5; Abb. 24
Nord-Süd. Mittelgroße Sandsteinbruchplatten. Weißer, kalkhaltiger Mörtel.
UK: unter 89,66 m m ü.NN.

schneidet/stört: **289, 292**
gesetzt/geschüttet gegen: **294, 296, 323**
dagegengesetzt/geschüttet ist: **290, 324, 376, 377**
überdeckt von: **379**

296 Mauer

Untersuchungsgebiet 2; Abschnitt 5; Abb. 24
Sandsteinbruchstücke, kleinformatig, gelbbraun, rotbraun. Gelber, stark sandiger, bröseliger Mörtel mit wenigen kleinen Kalkklümpchen. Die Ecke zu **295** ist abgerundet.
OK.: 90,80 m ü.NN
UK.: 90,00 m ü.NN

überdeckt/liegt über: **293**
dagegengesetzt/geschüttet ist: **294, 295, 311**
zugehörig: **297**
Zuweisung: Unklar. Periode 3.

297 Mauer

Untersuchungsgebiet 2; Abschnitt 5; Abb. 24
In Form einer Viertelsäule aus unregelmäßig gesetzten, kleinformatigen Sandsteinbruchstücken. Radius ca. 44 cm. Weißer, bröseliger Kalkmörtel. In der Fuge zu **298** brauner, humoser Sand. Aufgesetzt auf die bis auf eine Steinlage abgebrochene Mauer **293**. Gesetzt gegen Mauer **298** (Fundament West des Palas). Mauer **294** ist entsprechend der Biegung angesetzt (H. 70 cm). Befund an der Außenseite nicht erkennbar. Zusammenhang mit **810** ist unklar.
OK.: 90,60 m ü.NN
UK.: 89,88 m ü.NN

gesetzt/geschüttet gegen: **298**
überdeckt/liegt über: **293**
dagegengesetzt/geschüttet ist: **294, 447**
zugehörig: **296**
Zuweisung: Deutung unklar. Periode vor 4.

298 Mauer

Untersuchungsgebiet 2; Abschnitt 5; Beil. 3a
Nord-Süd. Sandsteinplatten; Farbe: graubraun; Format: mittel; Mörtel: weiß, mit mäßig viel Sand gemagert. Starke, graue Sinterablagerung an unregelmäßiger Oberfläche.
UK.: 89,92 m ü.NN

geschnitten/gestört von: **121**
dagegengesetzt/geschüttet ist: **106, 290, 291**
überdeckt von: **379**
im Verband mit: **71**
zugehörig: **71, 123, 388, 396, 728, 809, 810, 1064**
Zuweisung: Fundament der westlichen Giebelwand des Palas. Periode 3.

299 Mauerausbesserung

Untersuchungsgebiet 3; Abschnitt a
Sandsteinbruchstücke, kleinformatig, Spolien. Harter Zement

gesetzt/geschüttet gegen: **169**
Zuweisung: Rezente Ausbesserung in **169**. Periode nach 6.

300 Einfüllschicht

Untersuchungsgebiet 3; Abschnitt a; Abb. 34
Dunkelbrauner, lehmiger Sand mit Holzkohlestücken, Dachziegeln, Sandsteinbruch; weiße Kalkmörtelklumpen. Sehr locker.
OK.: 91,04 m ü.NN
UK.: 90,95 m ü.NN

gesetzt/geschüttet gegen: **165**
überdeckt/liegt über: **252, 365**
geschnitten/gestört von: **211, 499**
zugehörig: **366**
Zuweisung: Periode 5.
Fd. Nr. 117: Irdenware, Steinzeug, Tierknochen.
Fd. Nr. 119: Irdenware, Steinzeug, **Kat. Nr. 50**, Tierknochen, Sonstiges: Dachziegel.

301 Schwelle

Untersuchungsgebiet 2; Abschnitt 4; Abb. 24
Zerbrochener Sandsteinquader; abgetreten.
OK.: 89,89 m ü.NN

schneidet/stört: **203, 292**
gesetzt/geschüttet gegen: **114, 123**
überdeckt/liegt über: **182**
dagegengesetzt/geschüttet ist: **109, 116, 118, 290**
zugehörig: **109, 116, 117, 118, 121, 290**
Zuweisung: Türschwelle zwischen Keller **4/5**. Periode 6.

302 Grube

Untersuchungsgebiet 2; Abschnitt 2
Störung in Fußboden **96**. Brauner, sandiger Lehm. Wenige Mörtelklümpchen.
OK.: 89,89 m ü.NN
UK.: 89,84 m ü.NN

schneidet/stört: **96, 104**
gesetzt/geschüttet gegen: **97, 125**
Zuweisung: Moderne Störung. Periode nach 6.

303 Graben?

Untersuchungsgebiet 2; Abschnitt 2
Flache Eintiefung; Ost-West, gefüllt mit sehr lockerem, stark humosem Sand mit sehr viel Sandsteinbruchstücken.
OK.: 89,84 m ü.NN

schneidet/stört: **194**
überdeckt von: **99, 101**
Zuweisung: Unklar; evtl. Ausläufer der Baugrube **305**, dann Periode 5. Periode 3?
Fd. Nr. 148: Irdenware, Steinzeug.
Fd. Nr. 163: Sonstiges: Anhänger aus Bronze mit Öse.

304 Sonstige Schicht

Untersuchungsgebiet 2; Abschnitt 4
Flache Linse unter Mauer **99** (T./H. 7 cm) aus braunem Sand mit wenigen Kalkklümpchen.
OK.: 89,68 m ü.NN
UK.: 89,59 m ü.NN

schneidet/stört: **194**
überdeckt von: **99**
zugehörig: **203**
Zuweisung: Mauerstickung. Periode vor 3.

305 Mauerdurchbruch

Untersuchungsgebiet 2; Abschnitt 4
Störung in Mauer **99**. Dunkelbrauner, stark humoser,

weicher Sand mit viel Mörtelklümpchen, Sandsteinbruchstücken und Mauerfragmenten.
OK.: 89,88 m ü.NN
UK.: 89,90 m ü.NN

schneidet/stört: **99, 194**
gesetzt/geschüttet gegen: **99**
überdeckt/liegt über: **797**
dagegengesetzt/geschüttet ist: **181**
zugehörig: **208**
Zuweisung: Baugrube für unterirdischen Gang **797**. Bestandteil der Bewässerungsanlage für Schloßteich. Periode 5.
Fd. Nr. 143: Irdenware, Steinzeug, Metall, Tierknochen.

306 Mauer

Untersuchungsgebiet 2; Abschnitt 1,3; Beil. 6
Nord-Süd. Sandsteinbruchplatten, weißer, harter Mörtel.
OK.: 92,40 m ü.NN
UK.: 90,15 m ü.NN

gesetzt/geschüttet gegen: **103**
überdeckt/liegt über: **85, 382**
zugehörig: **85, 96, 109, 290, 307, 308, 888**
Zuweisung: Jüngere Trennwand zwischen den Kellern **1** und **3**. Periode 6.

307 Mauer

Untersuchungsgebiet 2; Abschnitt 1,3; Beil. 6
Wie **306**.
OK.: 92,40 m ü.NN
UK.: 90,15 m ü.NN

gesetzt/geschüttet gegen: **98**
überdeckt/liegt über: **85, 382**
zugehörig: **306**
Zuweisung: Periode 6.

308 Bodenbelag

Untersuchungsgebiet 2; Abschnitt 6; Abb. 25, Beil. 6
Sandsteinbruchplatten. Verlegung zwischen den Eingängen von Raum **5** zu **7**. Im Eingang zu Raum **5** rampenartig. Ungestört.
OK.: 89,59 m ü.NN

gesetzt/geschüttet gegen: **309, 313-315, 317, 321, 322, 324, 325, 603**
überdeckt/liegt über: **355**
zugehörig: **85, 109, 290, 382, 888**
Zuweisung: Fußboden in Keller **6**. Periode 6.
Fd. Nr. 123: Münze (ILISCH Nr. 16).

309 Mauer

Untersuchungsgebiet 2; Abschnitt 6; Abb. 26.36
Ost-West. Sandsteinbruchplatten. Mörtel: Lehm mit schwachem Kalkzusatz. Identisch mit **293**.
OK.: 90,03 m ü.NN
UK.: 89,02 m ü.NN

dagegengesetzt/geschüttet ist: **107, 889**
überdeckt von: **602**
zugehörig: **1069**
Zuweisung: Südliches Wohnturmfundament. Periode 3.

310 Vermauerung

Untersuchungsgebiet 2; Abschnitt 6
Sandsteinbruchplatten und Backsteine. Mörtel: hart, weißgrau, Kalkklumpen.
OK.: 91,55 m ü.NN
UK.: 90,21 m ü.NN

gesetzt/geschüttet gegen: **313, 398**
Zuweisung: Vermauerung des Kellerfensters **398**. Entstanden nach der Verfüllung der Brunnenstube. Periode 6.

311 Wandnische

Untersuchungsgebiet 2; Abschnitt 5; Abb. 24
Westliche Kante schräg abgearbeitet. Ostkante durch **296** zerstört. Die Kanten sind bearbeitet. Abdeckung und Boden aus durchgehender Sandsteinplatte (Br. 25 cm; T/H. 90 cm).
OK.: 90,53 m ü.NN
UK.: 90,20 m ü.NN

gesetzt/geschüttet gegen: **296**
im Verband mit: **294**
Zuweisung: Bedeutung unklar. In der Außenseite befindet sich keine Öffnung. Periode 4.

312 Balkenloch

Untersuchungsgebiet 2; Abschnitt 6; Abb. 25
Quadratisches Balkenloch, verschlossen mit kleinen Sandsteinen und Lehm (L. 10 cm; Br. 10 cm).
OK.: 91,33 m ü.NN
UK.: 91,20 m ü.NN

schneidet/stört: **317**
zugehörig: **317, 318**
Zuweisung: Periode 6.

313 Mauer

Untersuchungsgebiet 2; Abschnitt 6; Abb. 25.26.36, Beil. 4
Ost-West. Aus Sandsteinbruchplatten; überwiegend kleinformatig; Farbe: grau-graugelb. Mörtel: grau, sandig, sparsam verwendet. Auf Steinen und in Fugen gelbbrauner Lehm.
OK.: 91,66 m ü.NN
UK.: 89,08 m ü.NN

überdeckt/liegt über: **891**
geschnitten/gestört von: **317, 318, 325**
dagegengesetzt/geschüttet ist: **308, 310, 321, 888-890, 896, 761**
im Verband mit: **398, 891, 314, 272**
zugehörig: **272, 273, 314, 315, 398, 414, 602, 761, 891, 1068**
Zuweisung: Nordmauer des Wohnturms. Periode 4.

314 Türrahmen/Verblendung

Untersuchungsgebiet 2; Abschnitt 6; Abb. 25, Beil. 4
Kleinformatige Sandsteinbruchplatten und Backsteine. Mörtel: weiß-grau. In den Fugen eingeschwemmter Lehm; graugelb.
OK.: 91,49 m ü.NN
UK.: 89,50 m ü.NN

dagegengesetzt/geschüttet ist: **308, 315, 316**
zugehörig: **313**

Zuweisung: Hals der Kellertreppe vom Hof zum Wohnturm. Periode 4.

315 Treppe

Untersuchungsgebiet 2; Abschnitt 6; Abb. 25, Beil. 4
Sandsteinquader und Absatz aus Sandsteinbruchplatten (H. d. Stufen 22 cm; Br. 96 cm).
OK.: 90,27 m ü.NN
UK.: 89,58 m ü.NN

gesetzt/geschüttet gegen: **314**
dagegengesetzt/geschüttet ist: **308**
überdeckt von: **316**
zugehörig: **272, 273, 313, 398, 414, 1032**
Zuweisung: Zugang zum Keller des Wohnturms. Periode 4.

316 Vermauerung

Untersuchungsgebiet 2; Abschnitt 6; Abb. 25
Sandsteinbruchplatten, harter, weiß-grauer Mörtel.
UK.: 90,28 m ü.NN

gesetzt/geschüttet gegen: **314**
überdeckt/liegt über: **315**
geschnitten/gestört von: **320**
zugehörig: **274**
Zuweisung: Vermauerung vor Errichtung der jüngeren Treppe **186** zur Brunnenstube. Periode 5.

317 Vermauerung

Untersuchungsgebiet 2; Abschnitt 6
Sandsteinbruchplatten, kleinformatig. Die Einarbeitung in **313** ist sehr sorgfältig hergestellt. 1,14 m über dem Fußboden befindet sich ein Loch für einen Türriegel.
OK.: 91,35 m ü.NN

schneidet/stört: **313**
geschnitten/gestört von: **312**
dagegengesetzt/geschüttet ist: **308**
zugehörig: **312, 318, 325**
Zuweisung: Umbau des ehem. Kellereingangs. Periode 6.

318 Türbogen

Untersuchungsgebiet 2; Abschnitt 6; Abb. 25
Kreissegment; Backsteine. Mörtel: grau, mit Asche gemagert.
OK.: 91,60 m ü.NN
UK.: 91,49 m ü.NN

schneidet/stört: **313**
zugehörig: **312, 317**
Zuweisung: Umbau des ehemaligen Kellereingangs zum Wohnturm. Periode 6.

319 entfällt

320 Mauerdurchbruch

Untersuchungsgebiet 2; Abschnitt 6; Abb. 25
Unregelmäßig (T. 1 m).
OK.: 91,35 m ü.NN
UK.: 90,89 m ü.NN

schneidet/stört: **316**
Zuweisung: Sondierung im Rahmen der Restaurierung um 1985. Periode nach 6.

321 Mauer

Untersuchungsgebiet 2; Abschnitt 6; Abb. 25.36.37, Beil. 5
Nord-Süd. Tonnengewölbe und Auflager aus Sandsteinbruchplatten. Auflager mit großformatigen Sandsteinquadern. Farbe: grau, graubraun. Stellenweise anhaftender Lehmverputz.
OK.: 91,67 m ü.NN

gesetzt/geschüttet gegen: **309, 313**
dagegengesetzt/geschüttet ist: **308, 888, 889**
zugehörig: **322, 603**
Zuweisung: Auflager des Tonnengewölbes. Periode 5.

322 Mauerverblendung

Untersuchungsgebiet 2; Abschnitt 6; Beil. 5
Kleinformatige Sandsteine. Nicht weiter dokumentiert.
OK.: 91,50 m ü.NN
UK.: 89,51 m ü.NN

gesetzt/geschüttet gegen: **323, 325**
dagegengesetzt/geschüttet ist: **308**
zugehörig: **321**
Zuweisung: Auflager des Tonnengewölbes im Keller 6. Periodenzuweisung unklar. Periode 5.

323 Mauer

Untersuchungsgebiet 2; Abschnitt 6
Nord-Süd. Sandsteinbruchplatten. Sichtbar in einer Nische in Mauer **322**. Nicht weiter dokumentiert.

dagegengesetzt/geschüttet ist: **295, 322**
Zuweisung: Ostmauer des Wohnturms? Periode vor 5.

324 Türschwelle

Untersuchungsgebiet 2; Abschnitt 6
Nord-Süd. Grauer Sandsteinquader (L. 1,1 m; Br. 44 cm).
OK.: 89,81 m ü.NN

gesetzt/geschüttet gegen: **295**
dagegengesetzt/geschüttet ist: **290, 308, 355**
Zuweisung: Jüngste Ausstattung des Kellers. Eingesetzt nach der Eintiefung des Kellers **5**. Periode 6.

325 Vermauerung

Untersuchungsgebiet 2; Abschnitt 6; Abb. 25
Pendant zu **317**. 1,28 m über Fußboden keilförmige Öffnung.
OK.: 91,50 m ü.NN
UK.: 89,51 m ü.NN

schneidet/stört: **313**
dagegengesetzt/geschüttet ist: **308, 322**
zugehörig: **317**
Zuweisung: Umbau des ehemaligen Kellereingangs in Raum **6**. Periode 6.

326 Pfosten

Untersuchungsgebiet 3; Abschnitt b; Abb. 39
Eichenholzkern ist erhalten. Querschnitt: rund (Dm. 35 cm; T. 60 cm).
OK.: 91,35 m ü.NN
UK.: 89,86 m ü.NN

schneidet/stört: **254, 276**
gesetzt/geschüttet gegen: **327**
überdeckt von: **189**
zugehörig: **327, 404, 407, 455, 552, 561, 600, 660, 675**
Zuweisung: Gerüstpfosten zum Weszflügelbau. Periode 5.

327 Pfostengrube

Untersuchungsgebiet 3; Abschnitt b
U-förmiger Querschnitt. Einfüllung: gelbbrauner Sand/ Lehm; darunter grauer Schluff. Um den Pfosten **326** haben sich Hohlräume gebildet.
OK.: 91,50 m ü.NN
UK.: 8986 m ü.NN

schneidet/stört: **254**
dagegengesetzt/geschüttet ist: **326**
überdeckt von: **189**
zugehörig: **326**
Zuweisung: Grube für Baugerüstpfosten **326**. Periode 5.
Fd. Nr. 177: Irdenware, Steinzeug, Metall, Tierknochen, Sonstiges: Schieferplatte.

328 Planierschicht

Untersuchungsgebiet 3; Abschnitt b
Dunkelbrauner, humoser Sand/Lehm, locker, schmierig. Sehr viele waagerecht liegende Sandsteinplatten. Gelbe Lehmflekken; Holzkohle, etwas Dachziegelsplitt, verziegelter Lehm, Sandsteinbruch, etwas Schluff.
OK: 91,61-91,55 m m ü.NN

gesetzt/geschüttet gegen: **401, 419**
überdeckt/liegt über: **329, 401-403, 405, 453**
geschnitten/gestört von: **331**
überdeckt von: **333, 457**
zugehörig: **445**
Zuweisung: Variante der Stickung des Hofpflasters bei **333**. Periode vor 4.
Fd. Nr. 201: Irdenware, graue Irdenware, Steinzeug, **Kat. Nr. 74**, Metall, Tierknochen.
Fd. Nr. 204: Irdenware, Steinzeug, Tierknochen.
Fd. Nr. 216: Irdenware, **Kat. Nr. 152, 157**, Steinzeug, **Kat. Nr. 51, 113**, Tierknochen, Sonstiges: Dachziegel, Schleifstein.
Fd. Nr. 225: Irdenware, **Kat. Nr. 273**.
Fd. Nr. 231: Irdenware, **Kat. Nr. 176, 197, 198, 207**, graue Irdenware, Steinzeug, Metall, Tierknochen,
Fd. Nr. 353: Irdenware, **Kat. Nr. 192, 201, 261, 281, 286, 318, 322**, Steinzeug, **Kat. Nr. 60, 74, 78**, Glas, Tierknochen.

329 Gewachsener Boden

Untersuchungsgebiet 3; Abschnitt b; Abb. 27.34, Beil. 5
Gelber sandiger Lehm, graue, rostbraune Flecken. Wurzelspuren, Tiergänge. Gefälle Ost-West 91,09-90,70 m ü.NN.

geschnitten/gestört von: **169, 253, 331, 354, 365, 401, 409, 422, 423, 438, 443, 453, 486, 498, 500, 524, 525, 547, 559,**

639
überdeckt von: **253, 328, 366, 393, 420, 421, 497, 505, 510, 546**
zugehörig: **44, 65, 66, 67, 69, 70, 72-74, 76, 78, 79, 88, 102, 292, 420, 466, 528, 529, 691**
Zuweisung: Alte Oberfläche. Periode vor 3.

330 Rinne

Untersuchungsgebiet 3; Abschnitt b
Einlaßöffnung für Abwasserkanal **336**. Steht 10 cm aus der Wand **169** heraus.
OK.: 91,51 m ü.NN
UK.: 91,47 m ü.NN

gesetzt/geschüttet gegen: **255**
überdeckt/liegt über: **331**
Zuweisung: Einlaß in den Kanal **336**. Periode 5.

331 Baugrube

Untersuchungsgebiet 3; Abschnitt b; Abb. 39
Br. 40-50 cm. Verfüllt mit gelbbraunem Sand/Lehm, Sandsteinbruch, humose Flecken, vereinzelt rot verbrannte, craquelierte Sandsteine. Oberkante entsprechend Gefälle des Fußbodens **254**: 91,85-91,17 m ü.NN. UK nicht dokumentiert.

schneidet/stört: **328, 329, 333, 401-403, 419, 420, 422, 457, 524, 646, 658, 772, 781, 786, 796, 828, 859, 890**
dagegengesetzt/geschüttet ist: **169, 255**
überdeckt von: **189, 330**
zugehörig: **332**
Zuweisung: Baugrube des Westflügels. Periode 5.
Fd. Nr. 178: Irdenware, Steinzeug, Glas.
Fd. Nr. 196: Sonstiges: ringförmiger Gegenstand aus schwach gebranntem Ton.
Fd. Nr. 203: graue Irdenware.
Fd. Nr. 358: Irdenware, **Kat. Nr. 184, 194, 207, 299**, graue Irdenware, Steinzeug, Glas, **Kat. Nr. 534**, Tierknochen, Sonstiges: Flügelbecher, Glas.

332 Baugrube

Untersuchungsgebiet 3; Abschnitt b; Abb. 28.39
Br. 40-50 cm. Verfüllt mit gelbbraunem Sand/Lehm, humose Flecken, Sandsteinschotter, Kalkbröckchen.
OK: 91,48-91,68 m m ü.NN.
UK: größer 90,95-91,30 m m ü.NN

schneidet/stört: **254, 750, 843**
dagegengesetzt/geschüttet ist: **413, 435**
überdeckt von: **189, 435**
zugehörig: **331**
Zuweisung: Baugrube der Mauer **413**. Periode 5.
Fd. Nr. 179: Irdenware, Steinzeug, **Kat. Nr. 76**, Metall, Tierknochen,
Fd. Nr. 194: Steinzeug, **Kat. Nr. 107**.
Fd. Nr. 197: Irdenware, Steinzeug, Glas, Metall, Tierknochen, Sonstiges: Bronzegefäß.
Fd. Nr. 339: Irdenware, **Kat. Nr. 238**, Steinzeug.

333 Bodenbelag

Untersuchungsgebiet 3; Abschnitt b; Beil. 4
Waagerecht verlegte Sandsteinbruchplatten, gelbbraun, grau;

einige rot verbrannt. Sehr unregelmäßig. In den Fugen etwas Ziegelsplitt und Holzkohle. Zwischen den Platten Felder mit hochkant gestellten Sandsteinstücken, Steine fehlen zum Teil.
OK.: 91,46-91,85 m m ü.NN
UK.: 91,45-91,64 m m ü.NN

gesetzt/geschüttet gegen: **254**
überdeckt/liegt über: **328, 401**
geschnitten/gestört von: **331**
überdeckt von: **189**
zugehörig: **236, 251, 254, 353, 436**
Zuweisung: Fußboden im Bereich des Backofens **489** und innerhalb der Pfostenreihe **438, 436, 674, 440**. Periode 4.
Fd. Nr. 208: Irdenware, Pfeife, Metall, Sonstiges: Schuhnägel; Fingerhut aus Bronze.

334 Gartenboden

Untersuchungsgebiet 5; Abschnitt 1; Abb. 43
Dunkelbrauner bis schwarzer Sand, stark humos mit sehr viel Schutt, abgebrochenen Sandsteinen, Ziegelbruchstücken. Sehr locker. Schlacke, Steinkohlenstaub.
OK.: 92,93 m ü.NN
UK.: 92,59 m ü.NN

gesetzt/geschüttet gegen: **148, 343, 357, 360**
überdeckt/liegt über: **335, 336, 364**
Zuweisung: Rezente Oberfläche im Bereich des ehemaligen Schloßteiches. Periode nach 6.
Fd. Nr. 154: Irdenware, **Kat. Nr. 253, 331, 437**, Steinzeug, Porzellan, Steingut, Pfeife, **Kat. Nr. 522**, Kachel, Glas, Metall, Tierknochen, Sonstiges: Türangel, Gitterverzierung, 10 Pfennig 1950, Murmel, Noppenschale, **Kat. Nr. 586**, Gaslampe.

335 Einfüllschicht

Untersuchungsgebiet 5; Abschnitt 1; Abb. 43
Dunkelbraun bis schwarzer Sand, stark durchmischt, locker. Mörtelklümpchen, etwas Ziegelsplitt.
OK.: 92,70 m ü.NN
UK.: 91,60 m ü.NN

gesetzt/geschüttet gegen: **148, 343, 357, 358, 360, 361, 390**
überdeckt/liegt über: **387**
überdeckt von: **334, 364**
zugehörig: **183, 849, 1002**
Zuweisung: Obere Einfüllung im ehemaligen Schloßteich als Anbaufläche für einen Ziergarten. Periode 6.
Fd. Nr. 152: Irdenware, **Kat. Nr. 225, 260, 264, 315, 336**, Steinzeug, **Kat. Nr. 378, 379, 391, 398, 404, 419, 421, 425**, Porzellan, Steingut, Pfeife, Glas, Metall, Sonstiges: Marke: „WEDGWOOD N"; Marke: Adler, darunter „K P M"; Hornkamm; Puppengeschirr.
Fd. Nr. 183: Irdenware, **Kat. Nr. 173, 217, 315**, Steinzeug, Porzellan, **Kat. Nr. 497**, Steingut, Glas, Metall, Tierknochen, Sonstiges: Weinflasche, geschliffenes Glas m. Hirsch, Empire Tasse.
Fd. Nr. 185: Steinzeug, Steingut, **Kat. Nr. 509**, Glas, Metall, Sonstiges: Steingut bedruckt.
Fd. Nr. 1020: Pfeife, Glas, Metall, Münzen (unbestimmt, nicht auffindbar), Tierknochen.

336 Kanal

Untersuchungsgebiet 3; Abschnitt a/1; Abb. 34.38, Taf. 11,2; 13,2.3; 18,1, Beil. 5
Abdeckung eines Wasserkanals aus Sandsteinbruchplatten, Ost-West; Gefälle nach Westen (92.14-91,82 m ü.NN). Kastenförmiger Querschnitt; Innenseiten gerade, Außenseiten unregelmäßig mit in die umgebenden Planierschichten ein geflossenem Mörtel. Mörtel: weiß, überwiegend Kalk, etwas Sand und Kohle- Zuschlägen (T. 45-67 cm).

schneidet/stört: **178, 353, 391, 392, 394, 406, 489, 510, 573**
überdeckt/liegt über: **356**
dagegengesetzt/geschüttet ist: **339, 340, 352**
überdeckt von: **206**
im Verband mit: **169, 418**
zugehörig: **352**
Zuweisung: Abwasserkanal für Regenwasser vom Hof, durch den Westflügel zum Gelände westlich von Haus Witten. Periode 5.
Fd. Nr. 175: Steinzeug, Sonstiges: Keramik (Mörtelzuschlag).
Fd. Nr. 369: Metall, Sonstiges: Eisenbarren?

337 Planierschicht

Untersuchungsgebiet 3; Abschnitt a/1; Abb. 34
Kies-Sand Gemisch.
OK.: 92,66 m ü.NN
UK.: 92,44 m ü.NN

gesetzt/geschüttet gegen: **169, 178**
überdeckt/liegt über: **174, 471**
überdeckt von: **173**
Zuweisung: Stickung für Fußboden **173**. Periode 6.
Fd. Nr. 364: Irdenware, Glas, Metall.

338 Bodenbelag?

Untersuchungsgebiet 3; Abschnitt a/1; Abb. 34
Gelbbrauner, festgestampfter Lehm. Hart.
OK. 92,23-92,37 m m ü.NN.
UK. 92,10-92,30 m m ü.NN.

gesetzt/geschüttet gegen: **166**
überdeckt/liegt über: **339, 456, 477**
geschnitten/gestört von: **174, 426, 468, 469, 471**
überdeckt von: **174**
zugehörig: **175, 189**
Zuweisung: Älteres Laufniveau (?) unter **173**. Da der Befund die Baugrube zu **166** überdeckt und an **166** heranzieht: Periode 6.
Fd. Nr. 158: Steinzeug, Metall, Tierknochen, Sonstiges: Spinnwirtel, konisch, **Kat. Nr. 574**.
Fd. Nr. 361: Irdenware, Pfeife, **Kat. Nr. 520**, Glas.

339 Einfüllschicht

Untersuchungsgebiet 3; Abschnitt a/1; Abb. 34.46
Brauner, stark lehmiger Sand mit sehr viel Sandsteinbruchstücken, Ziegelbruchstücken, Holzkohle und gelben Lehmflecken; locker. Ein Architekturfragment. Etwas weiter nördlich: Mörtelnester, Linsen mit verziegeltem Lehm, Kohleflitter.
OK.: 92,20 m ü.NN
UK.: 91,37 m ü.NN

gesetzt/geschüttet gegen: **169, 178, 336**
überdeckt/liegt über: **207, 341, 483**
geschnitten/gestört von: **473, 479**
überdeckt von: **338**
zugehörig: **189**
Zuweisung: Anschüttung des Westflügels. Funde: Periode 4 und älter. Periode 5.
Fd. Nr. 157: Irdenware, Kachel, Glas, Metall, Tierknochen, Sonstiges: Fliese bemalt.
Fd. Nr. 160: Sonstiges: Architekturfragment.
Fd. Nr. 345: Steinzeug, **Kat. Nr. 96, 427**, Pfeife, Glas.
Fd. Nr. 348: Steinzeug, Pfeife, Glas, Metall, Tierknochen.
Fd. Nr. 383: Steinzeug, Pfeife, Metall.

340 Planierschicht

Untersuchungsgebiet 3; Abschnitt a/1
Brauner, humoser Sand, viel Holzkohle, Sandsteinbruchstücke, Ziegelbruchstücke, rot verbrannter Sandstein. Von der Drainage **336** eingedrungener Mörtel.
OK. Gefälle Ost-West: 91,90-91,20 m m ü.NN

gesetzt/geschüttet gegen: **169, 178, 336**
überdeckt/liegt über: **353, 380, 407, 523, 561**
überdeckt von: **341**
zugehörig: **206**
Zuweisung: Auffüllung des Westflügels. Funde: Periode 4. Periode 5.
Fd. Nr. 145: Irdenware, graue Irdenware, **Kat. Nr. 31**, Steinzeug, **Kat. Nr. 73, 111**.
Fd. Nr. 146: Irdenware, **Kat. Nr. 186, 240**, Steinzeug, Sonstiges: Ofenkachel figürlich verziert, **Kat. Nr. 445**.
Fd. Nr. 363: Irdenware, **Kat. Nr. 226, 227**, Steinzeug, **Kat. Nr. 61, 101**, Porzellan, Pfeife, Metall, Tierknochen.
Fd. Nr. 370: Steinzeug.

341 Planierschicht

Untersuchungsgebiet 3; Abschnitt a/1; Abb. 34
Gelbbrauner Lehm. S. **207**.
OK.: 92,00 m ü.NN
UK.: 91,37 m ü.NN

gesetzt/geschüttet gegen: **169, 178**
überdeckt/liegt über: **340, 521**
geschnitten/gestört von: **473**
überdeckt von: **339**
zugehörig: **189**
Zuweisung: Auffüllung des Westflügels. Periode 5.
Fd. Nr. 165: Irdenware.

342 Mauer

Untersuchungsgebiet 1; Abschnitt 3; Abb. 6.20, Beil. 5
Mauer aus mittelgroßen und kleinen Sandsteinbruchplatten in Verlängerung der Palasnordwand, Ost-West. Orange bis rotbraun. Im Fundamentbereich Mauerverblendung und vorspringende Ecksteine mit zugerichteter Oberfläche. Übereinander zwei zugemauerte Fenster mit Segmentbogen (Br. 80 cm) zum Erdgeschoß und ersten Stockwerk. F-förmige Maueranker. Im Giebel rechteckiges Fenster. Südostkante aus Sandsteinbruchplatten. Am Dachansatz profilierter Sims.
UK.: 91,60 m ü.NN

gesetzt/geschüttet gegen: **71, 396**

dagegengesetzt/geschüttet ist: **77, 84, 397**
im Verband mit: **343**
zugehörig: **148, 150, 481, 693, 700, 744, 773, 876, 898**
Zuweisung: Südlicher Ansatz des Corps de Logis an die Nordostecke des Palas. Periode 5.

343 Mauer

Untersuchungsgebiet 1; Abschnitt 3/4; Abb. 4.5.33.43, Beil. 5
Nord-Süd. Ostmauer des Ostflügels. Orangefarbene und rotbraune Sandsteinbruchplatten mittlerer und kleiner Größe. Unten im Fundamentbereich Mauerverblendung **17**. Im Kellergeschoß zwei rechteckige Fenster mit Rahmen aus Kunststein. Im Erdgeschoß und ersten Stock jeweils zwei rechteckige Fenster mit Kunststeinrahmen. Zwischen den Stockwerken F-förmige Maueranker. Vermauerungen älterer Fenster. Die Mauer gliedert der vorgesetzte Pfeiler **150** in zwei Hälften. Die gesamte Oberfläche ist rezent überarbeitet und frisch verfugt. UK. ansteigend von Süden nach Norden: 90,91-91,23 m ü.NN, entsprechend Sandsteinfels (**74**).

dagegengesetzt/geschüttet ist: **77, 280, 334, 335, 743, 747, 748**
im Verband mit: **148, 150, 342, 481, 744**
zugehörig: **148, 481, 693, 744, 876, 898**
Zuweisung: Ostmauer des Wohngebäudes (Corps de Logis). Identische Bauweise wie **148**. Periode 5.

344 Mauer

Untersuchungsgebiet 4; Abschnitt 2/Erw.
Nord-Süd. Bruchsteine aus Sandstein (Br. 50 cm). Orangefarben, mittelgroß. Einzelne Backsteine. Mörtel gelbgrau mit weißen, körnigen Kalkflecken.
OK.: 91,67 m ü.NN

geschnitten/gestört von: **346**
dagegengesetzt/geschüttet ist: **258, 259, 345, 347, 348**
überdeckt von: **244**
zugehörig: **345, 347, 349**
Zuweisung: Einbau im Lagergebäude **1**. Periode 6.

345 Mauer

Untersuchungsgebiet 4; Abschnitt 2/Erw.; Beil. 6
Ost-West, wie **344**. Mehr Backsteinbruchstücke (Br. 64 cm).
OK.: 91,65 m ü.NN

gesetzt/geschüttet gegen: **230, 344**
dagegengesetzt/geschüttet ist: **258, 259, 349**
überdeckt von: **244**
zugehörig: **344, 347**
Zuweisung: Einbau im Lagergebäude **1**. Periode 6.

346 Grube

Untersuchungsgebiet 4; Abschnitt 2/Erw.
Schuttgrube mit unregelmäßigem Umriß. Weiß grauer Sand mit viel verwittertem Mörtel, Sandstein- und Ziegelbruch, Mörtelklumpen. Sehr locker, mit Hohlräumen.
OK.: 91,38 m ü.NN

schneidet/stört: **259, 344, 347, 350**
Zuweisung: Rezente Schuttgrube. Periode nach 6.

347 Mauer

Untersuchungsgebiet 4; Abschnitt 2/Erw.; Beil. 6
Ost-West, wie **345** (Br. 55 cm).
OK.: 91,64 m ü.NN

gesetzt/geschüttet gegen: **344**
geschnitten/gestört von: **346**
dagegengesetzt/geschüttet ist: **258, 259, 349, 350, 351**
überdeckt von: **244**
zugehörig: **344, 345**
Zuweisung: Einbau in Lagergebäude **1**. Periode 6.

348 Bodenbelag

Untersuchungsgebiet 4; Abschnitt 2/Erw.; Beil. 6
Ziegelsteine, grauer, mit Asche gemagerter Zement, hart.
OK.: 91,58 m ü.NN

gesetzt/geschüttet gegen: **344**
überdeckt/liegt über: **258**
überdeckt von: **244**
Zuweisung: Fußboden in Lagergebäude **1**. Periode 6.

349 Podest/Kanal

Untersuchungsgebiet 4; Abschnitt 2/Erw.; Beil. 6
Backsteine (23,6-24,2 x 8,8-12 x 11-13 cm) und Schamotteziegel. Im Norden eine Steinlage höher als im Süden des Befundes. Eingelassener Kanal Ost-West mit dunkelbraunem Sand, Lehmklumpen, Ziegelbruch, Mörtelklumpen und Steinkohle gefüllt. Am westlichen Ende schräg in den Kanal hineinlaufende Ziegelsteine. Mörtel grau, sehr sandig. Im Süden ist das Podest (Br. 32 cm) mit einer blaugrauen, mit Asche gemagerten Mörtelschicht überdeckt.
OK.: 91,69 m ü.NN

gesetzt/geschüttet gegen: **345, 347**
überdeckt von: **244**
zugehörig: **344**
Zuweisung: Einbau in Lagergebäude **1**. Periode 6.

350 Kanal

Untersuchungsgebiet 4; Abschnitt 2/Erw.
Kanalabdeckung aus Sandsteinbruchplatten. Befund nicht weiter dokumentiert.
OK.: 91,49 m ü.NN

gesetzt/geschüttet gegen: **347**
geschnitten/gestört von: **346**
dagegengesetzt/geschüttet ist: **258, 259**
überdeckt von: **244**
zugehörig: **351**
Zuweisung: Einbau in Lagergebäude **1**. Periode 6.

351 Kanal

Untersuchungsgebiet 4; Abschnitt 2/Erw.
Kanalabdeckung aus Sandsteinplatten. Mörtel: grau, mit Asche gemagert. Kanalwangen aus Backsteinen (25,2-29,5 x 5,8-7,2 x 11-12,5 cm; T. 20 cm; Br. (innen) 14 cm; Br. (außen) 38 cm). Kanalsohle aus Sandsteinplatten.
OK.: 91,61 m ü.NN
UK.: 91,40 m ü.NN

gesetzt/geschüttet gegen: **347**
dagegengesetzt/geschüttet ist: **258**
überdeckt von: **244**
zugehörig: **350**
Zuweisung: Einbau in Lagergebäude **1**. Periode 6.
Fd. Nr. **181**: Steinzeug, Glas, Sonstiges: Gußglas.

352 Einfüllschicht

Untersuchungsgebiet 3; Abschnitt a/1; Abb. 34.38, Taf. 13,2
Dunkelbrauner bis schwarzer Sand mit viel Kohle, gelben Lehmflecken, wenigen Mörtelklumpen; sehr homogen; locker.
OK. 91,55-92.02 m m ü.NN.
UK: kleiner 91,11-91,33 m m ü.NN. Gefälle nach Westen

gesetzt/geschüttet gegen: **336, 418**
zugehörig: **336**
Zuweisung: Einfüllung im Abwasserkanal **336**. Periode 5 und nach 5.
Fd. Nr. **147**: Irdenware, Steinzeug, Porzellan, Pfeife, Glas, Metall, Tierknochen, Sonstiges: Eisenspitze; Eisenring; Butzenscheibe.
Fd. Nr. **173**: Steinzeug, **Kat. Nr. 350**.
Fd. Nr. **218**: Steinzeug, **Kat. Nr. 350**, Pfeife, Glas, **Kat. Nr. 525**, Tierknochen, Sonstiges: Flintenstein, **Kat. Nr. 561**.
Fd. Nr. **366**: Steinzeug, **Kat. Nr. 410**.
Fd. Nr. **379**: Glas, Metall.

353 Bodenbelag

Untersuchungsgebiet 3; Abschnitt a/1; Abb. 34, Taf. 13,2; 14,1, Beil. 4
Sandsteinplatten. Kleinformatig; in Zwischenräumen hochkant gestellte Sandsteinstücke und vereinzelt stark verwitterte Dachziegel, zugerichtete Sandsteinquader und Werkstücke von abgebrochenem Gebäude. Gestört entlang den Mauern **165, 169**. Im Abschnitt a/2 befand sich eine Sandsteinplatte mit rechteckig herausgearbeiteter Vertiefung als Pfostenlager?
OK.: 91,42 m ü.NN

gesetzt/geschüttet gegen: **178, 522**
überdeckt/liegt über: **381, 408, 510, 560**
geschnitten/gestört von: **165, 169, 336, 356, 407, 475, 487, 507, 521, 561**
überdeckt von: **340, 380**
im Verband mit: **523**
zugehörig: **254, 333, 436, 489**
Zuweisung: Fußbodenbelag neben **254** im Bereich westlich der Pfostenreihe **438, 436, 674, 440**. Periode 4.
Fd. Nr. **263**: Sonstiges: drei Architekturfragmente.
Fd. Nr. **329**: Steinzeug, **Kat. Nr. 392**.
Fd. Nr. **352**: Steinzeug.
Fd. Nr. **456**: Metall.

354 Grube?

Untersuchungsgebiet 3; Abschnitt a
Grauer/hellbrauner, sehr feiner Sand/Lehm, Holzkohleflitter, Sandsteinbruchstücke. Fleckig verziegelt. T. 12 cm.
OK.: 90,80 m ü.NN
UK.: 90,68 m ü.NN

schneidet/stört: **329**
überdeckt von: **253**
Zuweisung: Bedeutung unklar. Periode 3.

Fd. Nr. 138: Irdenware, **Kat. Nr. 32-34, 241**, Steinzeug, Metall, Tierknochen, Sonstiges: Silex.

355 Planierschicht

Untersuchungsgebiet 2; Abschnitt 6
Keilförmige Anschüttung an Schwelle 324 zum Ausgleich eines Höhenunterschieds zwischen Raum 5 und 6. Steinkohleschotter (Partikel Dm. 1-2 cm), sehr locker. Darunter Packung aus Sandsteinbruchstücken.
OK.: 89,65 m ü.NN

schneidet/stört: **524**
gesetzt/geschüttet gegen: **324**
überdeckt von: **308**
Zuweisung: Periode 6.

356 Baugrube

Untersuchungsgebiet 3; Abschnitt a/1; Abb. 39
Ca. 20 cm breite Baugrube, gefüllt mit Lehmklumpen, Sandsteinbruchstücken, die z.T. gegen die Mauer gekeilt sind, verziegeltem Lehm (wenig). Fest.
OK.: 91,30-91,50 m m ü.NN
UK.: um 90,68 m m ü.NN

schneidet/stört: **353, 381, 391, 408, 409, 532, 538, 545, 556**
überdeckt/liegt über: **678**
überdeckt von: **336**
Zuweisung: S. 331. Periode 5.
Fd. Nr. 29: Sonstiges: Silex, retouschiert, **Kat. Nr. 537**.
Fd. Nr. 164: Steinzeug.
Fd. Nr. 170: Irdenware, Glas, Tierknochen, Sonstiges: Schleifstein; Dachziegel; Butzenscheibe.
Fd. Nr. 239: Irdenware, Steinzeug, Kachel.
Fd. Nr. 242: Irdenware, Steinzeug.

357 Mauer

Untersuchungsgebiet 5; Abschnitt 1; Abb. 43
Ost-West. Graue/graugelbe Sandsteinbruchstücke; klein- bis mittelformatig. Fugen rezent verschmiert. Auf der Mauerkrone rechteckige Abdeckplatten aus Sandstein (58 x 80 cm) mit profilierten Außenkanten.
OK.: 93,59 m ü.NN
UK.: 92,45 m ü.NN

gesetzt/geschüttet gegen: **362**
überdeckt/liegt über: **361**
dagegengesetzt/geschüttet ist: **334, 335**
zugehörig: **359, 361, 1000**
Zuweisung: Böschungsmauer des Schloßteiches. Jüngere Aufmauerung, Oberseite modern ergänzt. Periode nach 6.

358 Mauer

Untersuchungsgebiet 5; Abschnitt 1; Beil. 5, Abb. 43
Ost-West. Sandsteinbruchstücke und Bruchplatten; mittleres Format; Farbe: gelbgrau. Mörtel: nicht dokumentiert.
OK.: 92,67 m ü.NN
UK.: 91,30 m ü.NN

gesetzt/geschüttet gegen: **360**
überdeckt/liegt über: **528**
dagegengesetzt/geschüttet ist: **335, 387**
überdeckt von: **359, 361, 362**
zugehörig: **1007**
Zuweisung: Stößt stumpf gegen das Auflager der Zugbrücke 360. Älteste Böschungsmauer des Schloßteiches. Unter Pfeiler 362. Periode 5.

359 Mauer

Untersuchungsgebiet 5; Abschnitt 1
Nord-Süd. Sandsteinplatten und Bruchsteine; unterschiedliche Formate; graugelb. Grauer mit Asche gemagerter Mörtel.
OK.: 93,02 m ü.NN
UK.: 92,57 m ü.NN

gesetzt/geschüttet gegen: **362, 481**
überdeckt/liegt über: **358, 360**
dagegengesetzt/geschüttet ist: **363, 460**
zugehörig: **180, 181, 208, 357, 1000**
Zuweisung: Brüstung an den Torzufahrtseiten. Periode 6.

360 Mauer

Untersuchungsgebiet 5; Abschnitt 1; Beil. 5, Taf. 21,1
Nord-Süd. Aus Sandsteinplatten (Br. 1,2 m); Format: mittel; Farbe: gelbgrau. Weißer Kalkmörtel, stark sandig; grabenseitige Fugen ausgewaschen. Unruhige Grabenseite mit mehreren Löchern. Öffnung für Wassereinlauf 482.
OK.: 92,65 m ü.NN
UK.: 91,50 m ü.NN

gesetzt/geschüttet gegen: **481**
überdeckt/liegt über: **528**
dagegengesetzt/geschüttet ist: **334, 335, 358, 387, 400, 461, 464, 520**
überdeckt von: **359, 460**
im Verband mit: **462, 463**
Zuweisung: Vorbau zum Tor; Auflager der Zugbrücke. Die ansetzende Böschungsmauer 358 verläuft unter dem Torpfeiler 362 mit Jahreszahl „1702". Periode 5.

361 Mauer

Untersuchungsgebiet 5; Abschnitt 1; Abb. 43
Ost-West. Aus Sandsteinbruchplatten; Format: mittel; Farbe graugelb. Grauer, mit Asche gemagerter Mörtel.
OK.: 92,50 m ü.NN
UK.: 92,20 m ü.NN

überdeckt/liegt über: **358**
dagegengesetzt/geschüttet ist: **335, 390**
überdeckt von: **357**
zugehörig: **357**
Zuweisung: Ausbesserung der Mauer 358. Der Mörtel entspricht dem der Gewächshäuser (vgl. **Bef. Nr. 1**), die nach 1883 erbaut wurden. Periode 6.

362 Pfeiler

Untersuchungsgebiet 5; Abschnitt 1; Taf. 3,1, Beil. 5
Sorgfältig zugerichtete Sandsteinquader; Farbe: grau, graurot; profilierte Basis mit eingearbeitetem Radabstandhalter (T. 52 cm). doppelt profilierter Sims mit pyramidenförmigem Aufsatz und Zierkugel. Inschrift in vegetabilem Zierschild: Anno (auf dem gegenüberliegenden, nicht näher dokumentierten

Pfeiler: 1702). Basis: 1,32 x 1,06 m; Pilaster: 1,16 x 1,06 cm.
OK.: 96,55 m ü.NN
UK.: 92,76 m ü.NN

überdeckt/liegt über: **358**
dagegengesetzt/geschüttet ist: **357, 359, 363**
Zuweisung: Zierpfeiler an Toreinfahrt zur Burg. Periode 5.

363 Bodenbelag

Untersuchungsgebiet 5; Abschnitt 1
Kopfsteinpflaster aus Grauwacke.
OK.: 93,05 m ü.NN
UK.: 92,89 m ü.NN

gesetzt/geschüttet gegen: **359, 362**
überdeckt/liegt über: **460**
zugehörig: **233**
Zuweisung: Pflasterung der Toreinfahrt. Periode 6.

364 Traufrinne

Untersuchungsgebiet 5; Abschnitt 1; Abb. 43
Sattelförmiger Kunststein.
OK.: 92,69 m ü.NN
UK.: 92,55 m ü.NN

überdeckt/liegt über: **335**
überdeckt von: **334**
zugehörig: **185**
Zuweisung: Ableitung des Regenwassers nach Umgestaltung des Schloßteiches in einen Ziergarten. Periode 6.

365 Baugrube

Untersuchungsgebiet 3; Abschnitt a; Abb. 34
Unregelmäßige Kanten. Verfüllung: lockerer, brauner Sand mit Sandsteinbruchstücken und mauerartig geschichteten Sandsteinplatten.
OK.: 91,02 m ü.NN
UK.: 90,66 m ü.NN

schneidet/stört: **329, 366**
dagegengesetzt/geschüttet ist: **165**
überdeckt von: **300**
zugehörig: **165**
Zuweisung: Zur Südmauer des Westflügels. Periode 5.

366 Einfüllschicht

Untersuchungsgebiet 3; Abschnitt a; Abb. 34
Sehr harter, gelbbrauner Sand. Lehmanteil: hoch, z.T. verziegelt. Holzkohlestücke und Flitter. Sandsteinbruchstücke fehlen.
OK.: 90,86 m ü.NN
UK.: 90,66 m ü.NN

überdeckt/liegt über: **329, 494**
geschnitten/gestört von: **365**
überdeckt von: **284**
zugehörig: **252, 253, 284, 300**
Zuweisung: Bestandteil der Einfüllungen zur Anlage der Brunnenstube. Funde: Periode 4. Periode 5.
Fd. Nr. 365: Irdenware, Steinzeug, Metall, Tierknochen, Sonstiges: Backstein, Kalk.

367 Mauer

Untersuchungsgebiet 3; Abschnitt a
Niedrige Brüstung; Nord-Süd; Sandsteinbruchplatten, klein- und mittelformatig; Farbe: gelbgrau, ein roter Sandstein.
OK.: 92,10 m ü.NN
UK.: 91,75 m ü.NN

gesetzt/geschüttet gegen: **165, 167, 177, 237**
überdeckt/liegt über: **211**
überdeckt von: **170**
zugehörig: **167**
Zuweisung: Jüngste Ausstattung der Tür zum westlichen Fabrikbereich. Periode 6.

368 Mauerverblendung

Untersuchungsgebiet 3; Abschnitt a
Kleine Sandsteinbruchplatten, gelbgrau. Mörtel ausgewaschen.
UK.: 92,10 m ü.NN

dagegengesetzt/geschüttet ist: **167**
zugehörig: **177**
Zuweisung: Jüngste Ausstattung der Tür zum westlichen Fabrikbereich. Periode 6.

369 Grube

Untersuchungsgebiet 3; Abschnitt b/1
Flache, quadratische Grube (60 x 60 cm), verfüllt mit schwarzem, stark humosem Sand. Sehr locker.
OK.: 92,41 m ü.NN
UK.: 92,35 m ü.NN

schneidet/stört: **189**
Zuweisung: Pflanzgrube für ein Rankgewächs. Periode 6.

370 Planierschicht

Untersuchungsgebiet 3; Abschnitt b/1; Abb. 28
Stark humoser und sehr steiniger, dunkelbrauner Sand.
OK.: 92,30 m ü.NN
UK.: 91,70 m ü.NN

überdeckt/liegt über: **254**
überdeckt von: **199**
zugehörig: **189**
Zuweisung: Bestandteil der Einfüllungen zur Höherlegung des Innenhofs. Periode 5.

371 Planierschicht

Untersuchungsgebiet 3; Abschnitt b/1; Abb. 28
Wie **370**, sehr viel weißgelber, sandiger Kalkmörtel.
OK.: 92,14 m ü.NN
UK.: 91,98 m ü.NN

überdeckt/liegt über: **254**
überdeckt von: **199**
zugehörig: **189**
Zuweisung: wie **370**. Periode 5.

372 Steinsetzung

Untersuchungsgebiet 3; Abschnitt b/1

Im Rechteck gesetzte Sandsteinplatten.
OK.: 92,42 m ü.NN
UK.: 92,24 m ü.NN

schneidet/stört: **189**
überdeckt von: **411**
zugehörig: **429**
Zuweisung: Gerüstpfosten vom letzten Umbau der Hofseite des Palas/Palaserweiterung. Periode 6.

373 Sockel

Untersuchungsgebiet 4; Abschnitt 3; Beil. 6
Rechteckiger Sockel aus Backsteinen. Stärke nicht festgestellt; mindestens drei Steinlagen.
OK.: 91,89 m ü.NN

gesetzt/geschüttet gegen: **230, 374**
überdeckt von: **244**
Zuweisung: Maschinenfundament in Lagergebäude **1**. Periode 6.

374 Sockel

Untersuchungsgebiet 4; Abschnitt 3; Beil. 6
Rechteckiger Sockel aus Backsteinen. Gelbroter, mit Sand und Kies gemagerter Mörtel. Ziegel: 24 x 12 x 6 cm.
OK.: 93,00 m ü.NN
UK.: 91,87 m ü.NN

gesetzt/geschüttet gegen: **230**
dagegengesetzt/geschüttet ist: **373**
überdeckt von: **244**
im Verband mit: **375**
Zuweisung: Ofenwand im Lagergebäude **1**. Periode 6.

375 Ofen

Untersuchungsgebiet 4; Abschnitt 3; Beil. 6
Rechteckige Feuerkammer aus Schamottesteinen mit eingestempeltem „A". Innenseite blasig verglast.
OK.: 93,00 m ü.NN

überdeckt von: **244**
im Verband mit: **374**
Zuweisung: Ofenkammer im Lagergebäude **1**. Periode 6.

376 Mauer

Untersuchungsgebiet 2; Abschnitt 5; Taf. 7,1, Beil. 6
Ost-West. Sandsteinbruchplatten, klein, gelbgrau; wenige Flußkiesel, abgebrochener Fußboden (?). Mörtel: weißgelb, sandig.
UK.: 90,05 m ü.NN

schneidet/stört: **292, 1022, 1030, 1031**
gesetzt/geschüttet gegen: **295, 298, 377, 730**
dagegengesetzt/geschüttet ist: **290, 379**
zugehörig: **377, 730**
Zuweisung: Nördliche Blendmauer des Kellers **5**. Periode 6.

377 Mauer

Untersuchungsgebiet 2; Abschnitt 5
Ost-West. Aus mittelgroßen Sandsteinbruchplatten; graugelb. In Lehm und Mörtel gesetzt. Format: überwiegend klein. In unregelmäßigen Abständen und Höhenlagen ist ein Verbund mit Mauer **376** durch quergestellte Sandsteinbruchplatten hergestellt. Keine Schauseite.
UK.: 90,05 m ü.NN

schneidet/stört: **254, 1022, 1024**
gesetzt/geschüttet gegen: **295, 298, 378, 730**
dagegengesetzt/geschüttet ist: **376**
zugehörig: **376, 730**
Zuweisung: Zweite Schale der Nordmauer des Kellers **5**. Periode 6.

378 Einfüllschicht

Untersuchungsgebiet 2; Abschnitt 5
Lockerer, gelbroter bis brauner Sand, stark lehmig, schwach humos mit Sandsteinbruchstücken, Fischknochen, etwas Holzkohle, etwas Mörtelklümpchen.
OK.: 91,02 m ü.NN

dagegengesetzt/geschüttet ist: **377**
Zuweisung: In die breiten Fugen der Mauer **377** eingedrücktes Material von Schicht **1022**. Periode 6.
Fd. Nr. 166: Irdenware, Tierknochen, Sonstiges: Fischgräten.

379 Gewölbe

Untersuchungsgebiet 2; Abschnitt 5
Tonnengewölbe aus Sandsteinbruchplatten. Format: mittel; Farbe graugelb. H. Scheitel: 92,32 m ü.NN; Beginn der Wölbung: 90,82 m ü.NN

gesetzt/geschüttet gegen: **376**
überdeckt/liegt über: **295, 29**
Zuweisung: Keller **5**. Periode 6.

380 Einfüllschicht

Untersuchungsgebiet 3; Abschnitt a/1
Auf dem Fußboden **353** flachliegende Sandsteinplatten.
OK.: 91,47 m ü.NN
UK.: 91,30 m ü.NN

überdeckt/liegt über: **353**
überdeckt von: **340**
Zuweisung: Bestandteil der Einfüllung des Westflügels. Periode 5.

381 Planierschicht?

Untersuchungsgebiet 3; Abschnitt a/1; Abb. 34
Dunkelbrauner, stark humoser Sand, lehmig. Etwas Holzkohle (Dm 2 cm), verziegelter Lehm und Kies; locker; Sandsteinschotter; Dachziegelbruchstücke; Kalkklümpchen.
OK.: 91,23 m ü.NN
UK.: 91,17 m ü.NN

überdeckt/liegt über: **391, 488, 508, 510, 531, 532**
geschnitten/gestört von: **356, 475, 561**
überdeckt von: **353**
Zuweisung: Einbettung des Fußbodens **353**. Funde: vor Periode 4. Periode 4.
Fd. Nr. 171: Irdenware, Steinzeug, **Kat. Nr. 63, 94**, Metall, Tierknochen.
Fd. Nr. 172: Irdenware, Steinzeug.

Fd. Nr. 244: Irdenware, Steinzeug.
Fd. Nr. 246: Steinzeug.
Fd. Nr. 252: Irdenware, **Kat. Nr. 297**, Steinzeug.
Fd. Nr. 371: Irdenware, graue Irdenware, Steinzeug, Metall, Tierknochen.

382 Bodenbelag

Untersuchungsgebiet 2; Abschnitt 3; Beil. 6
Sandsteinbruchplatten. Regellos verlegt. Zwischen den größeren Platten sind kleinere Sandsteinbruchstücke eingefügt. In der Mitte des Raumes Einsenkung durch darunterliegenden Graben **180**.
OK.: 90,10 m ü.NN

gesetzt/geschüttet gegen: **98, 103, 383, 384, 388**
überdeckt/liegt über: **180**
geschnitten/gestört von: **385**
überdeckt von: **306, 307, 386**
zugehörig: **85, 109, 110, 308**
Zuweisung: Fußboden im Keller **3**. Überdeckt den verfüllten Graben **180**. Periode 6.

383 Mauer

Untersuchungsgebiet 2; Abschnitt 3; Beil. 5
Nord-Süd aus Sandsteinbruchstücken und -platten; kleinformatig. In der Mitte Durchgang von Raum **3a** zu Raum **3b**. In der Türlaibung große wiederverwendete Sandsteinquader und Architekturteile; stark verwaschen. Südliche Türzarge aus Backsteinen (23 x 12 x 7 cm); Reste eiserner Türangeln. Grauer mit sehr viel Sand gemagerter Mörtel; große Kalkklumpen, etwas Holzkohle.

gesetzt/geschüttet gegen: **103**
dagegengesetzt/geschüttet ist: **382**
zugehörig: **384**
Zuweisung: Abtrennung einer Abseite in Keller **3**. Periode 5.

384 Mauer

Untersuchungsgebiet 2; Abschnitt 3; Beil. 5

gesetzt/geschüttet gegen: **98**
dagegengesetzt/geschüttet ist: **382**
zugehörig: **383**
Zuweisung: Abtrennung einer Abseite in Keller **3**. Periode 5.

385 Grube

Untersuchungsgebiet 2; Abschnitt 3
Unregelmäßige Störung in Fußboden **382**. Bodenplatten fehlen. Sehr harter, braun-schmutziger Sand mit Mörtelklumpen.
OK.: 90,02 m ü.NN

schneidet/stört: **382**
Zuweisung: Störung im Fußboden. Periode nach 6.
Fd. Nr. 187: Irdenware, Steinzeug, **Kat. Nr. 362**, Porzellan, Steingut, Glas, Metall, Sonstiges: Weinflasche, Gußtiegel.

386 Treppe

Untersuchungsgebiet 2; Abschnitt 3
Stufen aus schweren Sandsteinquadern; behauen. Lose auf Fußboden **382** gelegt.

OK.: 90,39 m ü.NN
UK.: 90,10 m ü.NN

gesetzt/geschüttet gegen: **103, 389**
überdeckt/liegt über: **382**
zugehörig: **389**
Zuweisung: Untere Stufe der Treppe in Keller **3**; aufgelegt auf den Fußboden **382**. Periode 6.
Fd. Nr. 198: Irdenware, Steinzeug, Porzellan, Glas, Metall, Tierknochen, Sonstiges: Flasche, Fensterglas.

387 Einfüllschicht

Untersuchungsgebiet 5; Abschnitt 1; Abb. 43
Schwarzer, stark humoser Sand wie **335**, mit großen Sandsteinbruchstücken und Architekturteilen. Kalklinsen, Lehmlinsen. Sehr viel große Holzkohle- und Schlackestücke.
OK.: 91,70 m ü.NN
UK.: 91,60 m ü.NN

gesetzt/geschüttet gegen: **148, 358, 360**
überdeckt/liegt über: **400**
überdeckt von: **335, 390**
Zuweisung: Einfüllung des Schloßteiches. Periode 5.
Fd. Nr. 161: Irdenware, **Kat. Nr. 131, 216, 217, 219, 221, 260, 325, 335, 336, 454**, Steinzeug, **Kat. Nr. 355, 358, 363, 413, 415**, Porzellan, **Kat. Nr. 503**, Steingut, **Kat. Nr. 509, 511**, Pfeife, **Kat. Nr. 521**, Glas, **Kat. Nr. 539**, Metall, Tierknochen, Sonstiges: Murmel, **Kat. Nr. 579**; Schloßbeschlag; geschliffenes Glas; Empireporzellan; Flaschenmarke: „Schellenberg 3/4 Quart".
Fd. Nr. 182: Irdenware, **Kat. Nr. 129, 168, 214, 266, 443, 470, 472, 473, 475**, Steinzeug, **Kat. Nr. 390, 394, 402, 413-415, 429**, Porzellan, Steingut, Pfeife, Glas, Metall, Tierknochen, Sonstiges: Messergriff; Hufeisen; Spielstein; Sieb; Marke: „WEDGWOOD", Marke: „R"; Irdenw. Schrift: „1830".
Fd. Nr. 219: Steinzeug, Steingut, Pfeife, Glas, Sonstiges: Nachttopf.
Fd. Nr. 349: Irdenware, Steinzeug, **Kat. Nr. 372**, Porzellan, Fayence, Steingut, Pfeife, Glas, **Kat. Nr. 527**, Metall, Tierknochen, Sonstiges: Murmel; Marke „Y" (Volkstedt-Rudolstadt).

388 Mauer

Untersuchungsgebiet 2; Abschnitt 3; Beil. 3a
Nord-Süd aus Sandsteinquadern und Sandsteinbruchplatten; mittelgroß, gelbgrau. Überdeckt mit z.T. sehr hartem Putz. Mörtel: gelbgrau, sehr sandig. Im Scheitelpunkt läuft das Tonnengewölbe über **388**. Im Gewölbe sind mehrere Eisenhaken eingelassen.
UK.: 90,25 m ü.NN

dagegengesetzt/geschüttet ist: **382**
im Verband mit: **98, 103**
zugehörig: **114, 298**
Zuweisung: Kellerseite der Westwand des Palas. Periode 3.

389 Treppe

Untersuchungsgebiet 2; Abschnitt 3; Beil. 6
Unterschiedlich große Sandsteinquader, die durch kleine Bruchsteine auf eine Höhe gebracht sind. Grauer, mit Asche gemagerter Mörtel (H. der Stufen 20 cm; T. 20 cm). Sehr steil und unbequem. Kaum abgelaufen. Abgedeckt durch eine moderne Betonplatte.

gesetzt/geschüttet gegen: **103, 701**
dagegengesetzt/geschüttet ist: **386**
zugehörig: **386**
Zuweisung: Treppe vom Hof in Keller **3**. Periode 6.

390 Einfüllschicht

Untersuchungsgebiet 5; Abschnitt 1
Gelbbrauner Lehm, sehr viele Mörtelklümpchen, Backsteine, vermodertes Holz, etwas Kies, wenig Sandsteinbruch.
OK.: 92,17 m ü.NN

gesetzt/geschüttet gegen: **361**
überdeckt/liegt über: **387**
dagegengesetzt/geschüttet ist: **335**
Zuweisung: Einfüllung in ehem. Schloßteich. Periode 6.

391 Brandschicht

Untersuchungsgebiet 3; Abschnitt a/1; Abb. 34
Schwarz-dunkelbraune Holzasche mit schmierig-lehmigem Sand vermischt. Etwas verziegelter Lehm, wenige kleine Kieselsteine.
OK.: um 91,27 m ü.NN

gesetzt/geschüttet gegen: **408, 498, 510, 532**
überdeckt/liegt über: **394, 533, 547**
geschnitten/gestört von: **169, 336, 356, 521, 531, 532, 560, 561**
überdeckt von: **381, 508**
Zuweisung: Planierter Brandschutt mit Funden der Periode 3 als Unterlage für den Fußboden Periode 4.
Fd. Nr. 174: Irdenware, **Kat. Nr. 163**, Tierknochen.
Fd. Nr. 247: Irdenware, Steinzeug.
Fd. Nr. 251: Steinzeug, Sonstiges: rautenförmiger Tongegenstand, gelb glasiert, gesintert (Ofen?).
Fd. Nr. 596.

392 Ofen

Untersuchungsgebiet 3; Abschnitt a/1; Abb. 34
Ovaler Umriß (?), nur an einer Ecke erfaßt. Rand sehr stark verziegelt. In der Füllung Backsteinbruchstücke (13 x 6,8 cm), Lehm, Sand, Flußkiesel, Holzkohlestücke und dunkelbraune mit Sand vermischte organische Substanz. Nur am Rand schwache horizontale Schichtung sonst regellos zusammengeworfen.
OK.: 91,05 m ü.NN
UK.: 90,70 m ü.NN

schneidet/stört: **393, 406**
geschnitten/gestört von: **165, 336**
dagegengesetzt/geschüttet ist: **548, 549**
überdeckt von: **488**
zugehörig: **394, 407, 504, 548, 549**
Zuweisung: Älterer Backofen unter **489**. Periode 3.
Fd. Nr. 327: Glas, Sonstiges: Backstein, Noppenbecher.

393 Mauer

Untersuchungsgebiet 3; Abschnitt a/1; Beil. 3a, Abb. 34, Taf. 11,2
Ost-West aus Sandsteinbruchstücken und Platten (Br. 54 cm); mittel- bis kleinformatig. Etwas stark ausgewaschener weißer Kalkmörtel. Zwei Steinlagen sind erhalten. An der Nordkante überdeckt von Mauer **406**. Westende unter Mauer **166**, nicht untersucht. Ostende durch Baugrube **356** zerstört. Unter **394**.
OK.: 91,11 m ü.NN
UK.: 90,96 m ü.NN

überdeckt/liegt über: **329, 505**
geschnitten/gestört von: **392, 498**
dagegengesetzt/geschüttet ist: **406, 502**
überdeckt von: **394, 489**
Zuweisung: Ältere Mauer unter **406**. Teil des Wirtschaftsgebäudes **540, 533**? Periode 3.

394 Planierschicht

Untersuchungsgebiet 3; Abschnitt a/1; Abb. 34
Gelbbrauner, plattig brechender, sandiger Lehm; fleckig. Verziegelte Flecken und Flächen. Holzkohle in Stücken gleichmäßig verteilt. Dachziegel. Wandlehm fleckig rot/orange verziegelt. Sandsteinschotter (Dm. 2-3 cm), z.T. rot verbrannt und craqueliert.
OK.: 91,16 m ü.NN

gesetzt/geschüttet gegen: **406, 504, 510, 556**
überdeckt/liegt über: **393, 406, 409, 509, 533, 545-547, 556, 557, 559, 620**
geschnitten/gestört von: **165, 169, 336, 532, 560, 561**
überdeckt von: **391, 531**
zugehörig: **392, 403, 547**
Zuweisung: Planierter Brandschutt als Unterlage für Fußboden **488**. Funde aus Inventar der Periode 3. Periode 4.
Fd. Nr. 169: Irdenware.
Fd. Nr. 282: Irdenware.
Fd. Nr. 283: Irdenware, Tierknochen.

395 Einfüllschicht

Untersuchungsgebiet 4; Abschnitt 2
Violett-brauner, sehr lockerer Schotter aus zerkleinerter Schlacke.

überdeckt von: **249**
Zuweisung: Planierschicht im Lagergebäude **1**. Periode 6.
Fd. Nr. 180: Steinzeug.

396 Mauer

Untersuchungsgebiet 6; Abschnitt; Abb. 8.20. Beil. 3a
Nordostecke des Palas (westliche Hälfte der Südwand des Ostflügels). Kante aus großen, behauenen Sandsteinquadern; abwechselnd lange und kurze Stücke. Farbe: gelbgrau, braungrau. Sonst mittelgroße und einige kleine Sandsteinbruchstücke. Weißgrauer, harter Kalkmörtel, mit Sand und wenig Kohlestücken gemagert. Knapp oberhalb der Geschoßdecken eine Lage grauer Sandsteinplatten mit 15 cm vorspringender, abgerundeter Kante; im ersten Geschoß abgearbeitet. Hinter dem ersten Geschoßbalken Wandputz aus Lehm-Häckselgemisch erhalten (zum Ostflügel). Sonst überdeckt von ca. 3 cm starken Kalkputz mit etwas Kohle und Sand gemagert; grob. Darüber sandiger Feinputz, der mit orangefarbenen Farbspritzern verziert ist (zum Kaminzimmer, Ostflügel).

geschnitten/gestört von: **745**
dagegengesetzt/geschüttet ist: **342, 693, 701, 746, 865**
im Verband mit: **71, 728**

zugehörig: **298**
Zuweisung: Nordostecke des Palas. Periode 3.

397 Vermauerung

Untersuchungsgebiet 6; Abb. 6.20
Backsteine (25 x 7 cm), Backsteinbruchstücke; wilder Verband. Mörtel: weiß, locker.

gesetzt/geschüttet gegen: **342**
Zuweisung: Vermauerung eines Fensters. Periode 6.

398 Fenster

Untersuchungsgebiet 2; Abschnitt 6; Abb. 25, Beil. 4
Kleine quadratische Fensteröffnug (58 x 58 cm; T. 86 cm) in 54 cm tiefen Nische (H. 2 m). Die Seiten der Nische bzw. des Fensters laufen schräg nach Innen. Im Fenstersturz drei Bohrlöcher (Dm.: 2 cm) zur Aufnahme eines Eisengitters.
OK.: 92,06 m ü.NN
UK.: 91,50 m ü.NN

dagegengesetzt/geschüttet ist: **310**
im Verband mit: **313**
zugehörig: **313, 315**
Zuweisung: Kellerfenster im Wohnturm nach N. Verschüttet durch Einfüllung Brunnenstube (Periode 6). Periode 4.

399 Einfüllschicht

Untersuchungsgebiet 5; Abschnitt 1; Abb. 43
Grau-schwarzer Sand mit etwas Holzkohle, Ziegelsplitt, Kalkbröckchen; locker, nach Norden hin fester werdend. Gelbe bandförmige Lehmlinsen; sehr lockere rotbraune Sandflecken.
OK.: 90,90 m ü.NN
UK.: 90,60 m ü.NN

überdeckt/liegt über: **528**
überdeckt von: **400**
Zuweisung: Unterste Schloßteicheinfüllung. Periode 5-6.
Fd. Nr. 220: Irdenware, **Kat. Nr. 127, 129, 130, 317, 332, 333, 473**, Steinzeug, **Kat. Nr. 357, 397, 426**, Porzellan, **Kat. Nr. 500**, Steingut, **Kat. Nr. 511**, Pfeife, Glas, **Kat. Nr. 538**, Metall, Tierknochen, Sonstiges: Messergriff, Knochen; Steinkugel, **Kat. Nr. 581**; Marke: "NEWCASTLE".
Fd. Nr. 222: Irdenware, **Kat. Nr. 168, 169, 172, 254, 332, 458, 471, 473-476**, Steinzeug, **Kat. Nr. 387, 389, 394, 417**, Porzellan, **Kat. Nr. 496, 498, 501**, Steingut, **Kat. Nr. 508-510**, Pfeife, Glas, Metall, Tierknochen, Sonstiges: Blumentopf, **Kat. Nr. 592**; Tonvogel, **Kat. Nr. 587**; Tonkugel, **Kat. Nr. 577**; Marken: Volkstedt, Wedgwood, Davenport; Fensterglas.
Fd. Nr. 367: Irdenware, **Kat. Nr. 218, 220, 317, 332**, Steinzeug, **Kat. Nr. 397**, Steingut, Pfeife, Glas, **Kat. Nr. 538**, Metall, Tierknochen, Sonstiges: geschliffenes Glas; Tiegel, **Kat. Nr. 567**, Blumenvase, **Kat. Nr. 589**.
Fd. Nr. 368: Irdenware, Steinzeug, **Kat. Nr. 397**, Porzellan, Steingut, **Kat. Nr. 512**, Glas, **Kat. Nr. 523, 526**, Metall, Tierknochen, Sonstiges: Würfel.
Fd. Nr. 372: Irdenware, **Kat. Nr. 267, 445, 477**, Steinzeug, **Kat. Nr. 354**, Porzellan, Steingut, Glas, **Kat. Nr. 537**, Metall, Tierknochen, Sonstiges: Perfumfläschchen.

400 Einfüllschicht

Untersuchungsgebiet 5; Abschnitt 1; Abb. 43
Sehr lockerer, schwarzer Sand mit sehr viel zerkleinerter Ofenschlacke durchsetzt. Zerkleinerte Steinkohle; Bruchstücke von Architekturteilen, Backsteinbruchstücke.
OK.: 91,30 m ü.NN
UK.: 90,90 m ü.NN

gesetzt/geschüttet gegen: **360**
überdeckt/liegt über: **399**
überdeckt von: **387**
Zuweisung: Einfüllung des Schloßteiches. Periode 5-6.
Fd. Nr. 188: Metall, Sonstiges: Messergriff aus Bronze mit vegetabiler Verzierung.
Fd. Nr. 190: Tierknochen, Sonstiges: Knochenbürste mit Griff.
Fd. Nr. 191: Metall, Sonstiges: vergoldeter Bronzeknopf.
Fd. Nr. 206: Irdenware, **Kat. Nr. 174, 218, 260, 283, 333, 461**, Steinzeug, **Kat. Nr. 413, 415, 431**, Porzellan, Steingut, **Kat. Nr. 511**, Pfeife, Glas, Metall, Tierknochen, Sonstiges: Empiretasse, Murmel, Schlacke, Steingut bedruckt.
Fd. Nr. 207: Irdenware, **Kat. Nr. 129, 254, 298, 334, 458, 471, 473**, Steinzeug, **Kat. Nr. 372, 428**, Porzellan, **Kat. Nr. 497**, Steingut, **Kat. Nr. 508, 509**, Pfeife, Glas, Metall, Tierknochen, Sonstiges: Empiretasse, Pfeife mit Wappen und Hercules, **Kat. Nr. 518**.
Fd. Nr. 221: Irdenware, **Kat. Nr. 220, 260, 333, 336**, Steinzeug, **Kat. Nr. 415**, Porzellan, Steingut, Glas, Metall, Tierknochen, Sonstiges: Tonkugel, **Kat. Nr. 576**, Fensterglas, geschliffenes Glas; Porzellan mit Pferdekopf.
Fd. Nr. 375: Sonstiges: Architekturfragmente.
Fd. Nr. 485: Sonstiges: Textilrest.

401 Mauer

Untersuchungsgebiet 3; Abschnitt b; Beil. 3b, Taf. 11,1
Ringförmig, aus kleinen und mittelgroßen Sandsteinbruchplatten; in Lehm gesetzt; etwas stark verwaschener weißer Kalkmörtel. Der Durchmesser verbreitert sich nach unten um 5 cm (Dm. innen 2,8 m; Dm. außen 3,45 m; Wandstärke 0,65 m). Westseite durch Baugrube **331** zerstört.
OK.: 91,68 m ü.NN
UK.: 91,18 m ü.NN

schneidet/stört: **329, 405, 422, 662, 664, 785**
geschnitten/gestört von: **255, 331**
dagegengesetzt/geschüttet ist: **254, 328, 403, 405, 421**
überdeckt von: **254, 328, 333**
im Verband mit: **402**
zugehörig: **402, 510**
Zuweisung: Treppenturm. Periode 3.

402 Mauer

Untersuchungsgebiet 3; Abschnitt b; Beil. 3b, Taf. 11,1
Ringförmig, aus kleinen und mittelgroßen Sandsteinbruchplatten. In Lehm gesetzt (Dm. innen 1 m). Westl. Teil durch Mauer **255** bzw. Baugrube **331** zerstört. Verband mit **401**.
OK.: 91,48 m ü.NN

geschnitten/gestört von: **255, 331**
dagegengesetzt/geschüttet ist: **419, 421**
überdeckt von: **328**
im Verband mit: **401**
zugehörig: **401, 510**
Zuweisung: Treppenturm. Funde (**193**) stammen aus der Einfüllung **328**. Periode 3.
Fd. Nr. 193: graue Irdenware, Steinzeug, Metall.

403 Planierschicht

Untersuchungsgebiet 3; Abschnitt b
Rotbrauner, schwach verziegelter Lehm/Sand; fleckig. Bis 20 cm große Holzkohlestücke; humose Sandflecken; Dachziegelbruchstücke; etwas Kies; wenige Mörtelklümpchen.
OK.: 91,50 m ü.NN

gesetzt/geschüttet gegen: **401**
geschnitten/gestört von: **331**
überdeckt von: **328**
zugehörig: **394**
Zuweisung: Planierte Brandschicht mit Funden der Periode 3; vor Verlegung der Hofpflaster **254, 333**. Periode 4.
Fd. Nr. 217: Irdenware, Steinzeug, Metall, Tierknochen.
Fd. Nr. 278: Irdenware, Steinzeug.
Fd. Nr. 425.
Fd. Nr. 499: graue Irdenware.
Fd. Nr. 501: Irdenware, Steinzeug, Pfeife.

404 Grube

Untersuchungsgebiet 3; Abschnitt b; Abb. 39
Kleine dreieckige Grube in der Ecke zwischen **401** und **254**. Querschnitt: U-förmig. Gefüllt mit Material aus Schicht **328**. Brauner, humoser Sand; Kalkklümpchen; etwas Holzkohle; Sandsteinbruchstücke. Locker, durchmischt.
OK.: 91,26 m ü.NN
UK.: 90,99 m ü.NN

schneidet/stört: **254, 405**
überdeckt von: **189**
zugehörig: **326, 455, 552, 561, 600**
Zuweisung: Zum Baugerüst des Westflügels. Periode 5.

405 Sonstige Schicht

Untersuchungsgebiet 3; Abschnitt b
Olivbrauner, fleckiger Sand; viele Kieselsteine (Dm. bis 20 cm); Mörtelflecken (weiß, sandig); wenige Holzkohleflitter; geringer Lehmanteil; Dachziegelbruchstücke (Mönch/Nonne). Die sandige Komponente wird nach unten dünner und es überwiegt stark humoser, dunkelbrauner Sand.
OK.: 91,31 m ü.NN
UK.: 91,11 m ü.NN

gesetzt/geschüttet gegen: **401**
überdeckt/liegt über: **420**
geschnitten/gestört von: **404**
überdeckt von: **328**
zugehörig: **421**
Zuweisung: Hofniveau der Periode 3 unter dem planierten Brandschutt **328**. Periode 3.
Fd. Nr. 344: Irdenware, **Kat. Nr. 162**, Steinzeug, Metall, Tierknochen, Sonstiges: verziegelter Lehmklumpen.

406 Mauer

Untersuchungsgebiet 3; Abschnitt a/1; Beil. 3b, Taf. 11,2
Ost-West. Sandsteinbruchplatten (mittel- und kleinformatig; Br. 54 cm); rotbraun, z.T. rot verbrannt; in Lehm gesetzt; leicht in den gewachsenen Boden eingetieft. Eine bis zwei Steinlagen sind erhalten. Südkante über Mauer **393**. Ostende durch Baugrube **356** gestört. Südende durch Pfosten **407** gestört. Zu Mauer **310**. Zugehörigkeit zu Befund **489** unklar.

OK.: 91,36 m ü.NN
gesetzt/geschüttet gegen: **393**
überdeckt/liegt über: **505**
geschnitten/gestört von: **336, 392, 407**
dagegengesetzt/geschüttet ist: **394**
überdeckt von: **394**
zugehörig: **510**
Zuweisung: Südmauer des Bergfrieds? Periode 3.

407 Pfostengrube

Untersuchungsgebiet 3; Abschnitt a/1; Abb. 39
Klein, oval, verfüllt mit Material aus Schicht **394**. Am Rand großes Sandsteinbruchstück als Keilstein.
OK.: 90,89 m ü.NN
UK.: 90,65 m ü.NN

schneidet/stört: **353, 406**
überdeckt von: **340**
zugehörig: **326, 392, 552, 561, 600**
Zuweisung: Gerüstpfosten des Westflügels. Periode 5.
Fd. Nr. 267: graue Irdenware.

408 Mauer

Untersuchungsgebiet 3; Abschnitt a/1
Nord-Süd. Sandsteinbruchstücken; Farbe: grau; Format: mittel. In Lehm gesetzt. Eingetieft in den gewachsenen Boden.
OK.: 91,28 m ü.NN

überdeckt/liegt über: **718**
geschnitten/gestört von: **356**
dagegengesetzt/geschüttet ist: **391**
überdeckt von: **353**
zugehörig: **498, 510**
Zuweisung: Zum Bergfried (?). Periode 3.

409 Grube

Untersuchungsgebiet 3; Abschnitt a/1; Abb. 34
Klein, oval. Einfüllung: grauer, schwach humoser Sand.
OK.: 90,78 m ü.NN

schneidet/stört: **329**
geschnitten/gestört von: **356**
überdeckt von: **394**
Zuweisung: Zur Planierschicht des Brandschutts mit Funden aus dem Inventar der Periode 3. Periode 4.
Fd. Nr. 250: Steinzeug.

410 Fenster

Untersuchungsgebiet 3; Abschnitt b; Abb. 23.35
Rahmen aus Kunstsandstein. Nur bis Unterkante Fensterbank dokumentiert. Ersetzt älteres Fenster **127** in Mauer **167**.
OK.: 93,79 m ü.NN

schneidet/stört: **127**
zugehörig: **167**
Zuweisung: Periode 6.

411 Planierschicht

Untersuchungsgebiet 3; Abschnitt b/2

Gelbbrauner, lehmiger Sand, stark kiesig, Sandsteinbruchstücke.
OK.: 92,87 m ü.NN

gesetzt/geschüttet gegen: **412**
überdeckt/liegt über: **188, 279**
Zuweisung: Rezenter Schotter im Innenhofbereich. Periode nach 6.
Fd. Nr. 205: Steinzeug, Porzellan, Steingut, Pfeife, Kachel, Glas, Metall, Tierknochen, Sonstiges: DAB-Flasche, Schuhbeschlag.

412 Bodenbelag

Untersuchungsgebiet 3; Abschnitt b/4; Beil. 6
Schwere Sandsteinplatten und wiederverwendete Architekturteile über einer Sand- und Schlackeschotterschüttung.
OK.: 92,96 m ü.NN

gesetzt/geschüttet gegen: **146**
überdeckt/liegt über: **279**
dagegengesetzt/geschüttet ist: **411**
zugehörig: **434**
Zuweisung: Periode 6.
Fd. Nr. 192: Sonstiges: Architekturteil.

413 Mauer/Baugrube

Untersuchungsgebiet 3; Abschnitt b; Abb.28.32.35, Beil. 5
Ost-West. Kleinformatige Sandsteinplatten zwischen großen -bruchstücken; rotbraun, gelbgrau. Fleckig aus den Fugen quellender Mörtel: wechselnd weiß, mit Kalkklümpchen und grob sandigen bis lehmigen Partien. In Höhe Oberkante Baugrube fest anhaftender, sehr harter Lehm. Das Mauerschema ähnelt dem Befund **294** an der Südseite.
OK.: 92,80 m ü.NN
UK.: 91,00 m ü.NN

schneidet/stört: **1022, 1025**
gesetzt/geschüttet gegen: **275, 298, 332, 414, 728, 1021**
dagegengesetzt/geschüttet ist: **146, 189, 275, 431, 433, 435, 446, 448, 485**
überdeckt von: **167**
im Verband mit: **1030**
zugehörig: **146, 441, 442, 1021, 1031**
Zuweisung: Palaserweiterung. Periode 5.

414 Mauer

Untersuchungsgebiet 3; Abschnitt b; Abb. 35, Beil. 4
Nord-Süd. Aus gepickten Sandsteinquadern. Nordwestkante leicht abgerundet. Steine sehr eng gesetzt und mit weißem Kalkmörtel überzogen. Zu **274** Ausflickungen aus kleinen Sandsteinbruchstücken und Backsteinbruch.
OK.: 92,16 m ü.NN
UK.: 91,34 m ü.NN

gesetzt/geschüttet gegen: **415**
überdeckt/liegt über: **273, 445**
geschnitten/gestört von: **271, 275**
dagegengesetzt/geschüttet ist: **186, 274, 413**
überdeckt von: **167, 275**
im Verband mit: **1032, 1034**
zugehörig: **272, 273, 313, 315**
Zuweisung: Periode vor 5.

415 Mauerstickung

Untersuchungsgebiet 3; Abschnitt b; Abb. 35
Sandsteinschotter. Nicht näher dokumentiert.
OK.: 91,20 m ü.NN

dagegengesetzt/geschüttet ist: **272, 273, 414**
zugehörig: **445**

416-417 entfallen

418 Mauerschlitz

Untersuchungsgebiet 3; Abschnitt b
In **169**. Einfassung des Kanalausgangs **352/336**. Oben an beiden Seiten der Öffnung 10 cm herausstehende Sandsteinzapfen. Darunter auf der Südseite 10 cm herausstehende Sandsteinquader; mittelgroß; rotbraun (Br. 37 cm; H. 1,05 m).
OK.: 92,85 m ü.NN
UK.: 91,52 m ü.NN

dagegengesetzt/geschüttet ist: **352**
im Verband mit: **169, 336**
Zuweisung: Periode 5.

419 Einfüllschicht

Untersuchungsgebiet 3; Abschnitt b
Gelbbrauner, schwach humoser, lehmiger Sand; Sandsteinschotter; locker.
OK.: 91,26 m ü.NN

gesetzt/geschüttet gegen: **402**
geschnitten/gestört von: **331**
dagegengesetzt/geschüttet ist: **328**
Zuweisung: Teil der Planierschicht unter **333, 254**. Periode 4.

420 Sonstige Schicht/Gewachsener Boden

Untersuchungsgebiet 3; Abschnitt b
Sehr feinkörniger lehmiger Sand; grauweiß; mittelhart; darunter wenige cm starkes Eisenoxydband.
OK.: 91,04 m ü.NN
UK.: 90,99 m ü.NN

überdeckt/liegt über: **329**
geschnitten/gestört von: **331**
überdeckt von: **276, 405**
zugehörig: **329, 664**

421 Brandschicht

Untersuchungsgebiet 3; Abschnitt b; Abb. 28.41, Taf. 12,2, Beil. 3a
Grauer/violetter Sand; in Nestern viel Holzkohle; Flecken mit stark rot/orange verziegelten Lehmklumpen; viele faustgroße, flachliegende Kieselsteine; Stellen mit vermoderten Holzresten; Tonschiefer-Schotter; in Abschnitt d/1 Flecken mit vielen Tierknochen; Dachziegelsplitt; große Dachziegelfragmente (Mönch/Nonne) mit facettierter Oberseite. OK. entsprechend Verlauf des gewachsenen Bodens: 92,30-91,33 m ü.NN.
OK.: 91,13 m ü.NN

gesetzt/geschüttet gegen: **401, 402, 654, 858**
überdeckt/liegt über: **276, 422, 658, 659, 662, 664, 665, 671, 672, 791-793, 828-831, 838, 855, 861, 875**

geschnitten/gestört von: **253, 443, 486, 790**
überdeckt von: **254, 445, 702, 772, 781, 789, 796**
zugehörig: **276, 405, 457, 654, 708**
Zuweisung: Hofbefestigung der Periode 3. Periode 3.
Fd. Nr. 398: Irdenware, graue Irdenware.
Fd. Nr. 412: Glas, Sonstiges: Flachglas.
Fd. Nr. 415: Irdenware, Steinzeug.
Fd. Nr. 424: Steinzeug.
Fd. Nr. 430: Irdenware, Steinzeug, Tierknochen.
Fd. Nr. 494: Irdenware, Metall.
Fd. Nr. 497: graue Irdenware.
Fd. Nr. 513: Glas.
Fd. Nr. 522: Irdenware, Tierknochen, Sonstiges: Funde vermischt mit **445**.
Fd. Nr. 527: Steinzeug, **Kat. Nr. 81**, Metall.
Fd. Nr. 548: Irdenware, **Kat. Nr. 246**, graue Irdenware, Steinzeug, Metall, Tierknochen.
Fd. Nr. 608: graue Irdenware, Metall, Tierknochen, Sonstiges: Eisenmesser.
Fd. Nr. 627: graue Irdenware, Steinzeug, Sonstiges: Silex Klinge.
Fd. Nr. 633: graue Irdenware.
Fd. Nr. 644.

422 Graben

Untersuchungsgebiet 3; Abschnitt b; Beil. 2, Abb. 28
Ost-West. Steile, gerade Kante ohne Erosionsspuren; Querschnitt U-förmig (T. 45-60 cm; Br. 30-38 cm); Oberfläche kaum abgesetzt von **572, 664**; viele Wurzelspuren; Einfüllung: Sand/Lehm, grau/graugrün; feine Streifen der vermoderten Flechtwand, rötlich-braun; dunkle, humose Partien, darin Kies (Dm. 3 cm). In unregelmäßigen Abständen schmierige, graue Schluffbatzen; etwas Holzkohle.
UK.: 90,96-90,68 m ü.NN

schneidet/stört: **329, 618, 619, 664, 741, 833, 838**
geschnitten/gestört von: **169, 178, 255, 331, 401, 510, 662**
überdeckt von: **421, 547**
zugehörig: **453, 658, 661, 792**
Zuweisung: Standgraben für einen Flechtzaun um den Bereich des späteren Wohnturms. Periode 2.
Fd. Nr. 234: Metall, Tierknochen.
Fd. Nr. 266: graue Irdenware.
Fd. Nr. 476: Sonstiges: Schlämmrückstände.
Fd. Nr. 479: Metall, Tierknochen, Sonstiges: Schlämmrückstände.
Fd. Nr. 658: Sonstiges: Bodenprobe.

423 Pfostengrube

Untersuchungsgebiet 3; Abschnitt b
Umriß: rechteckig; Querschnitt: birnenförmig. Füllung: dunkelbraun-schwarzer, sehr lockerer Sand. Keine Spur des Holzpfostens (T. 45 cm; Br. 35 cm).
OK.: 91,60 m ü.NN

schneidet/stört: **329**
Zuweisung: Periode nach 6.
Fd. Nr. 209: Kachel, Glas.

424 Schienen

Untersuchungsgebiet 3; Abschnitt a; Beil. 6
Bahnschienen (Br. 65 cm) Ost-West, Nord-Süd mit Kreuzung. Z.T. mit Beton überdeckt. Holzschwellen, die mit Eisenblech abgedeckt sind; Befestigung mit rundköpfigen Nieten; Kreuzung auf einer Eisenplatte (95 x 95 cm.) Querschnitt der Schiene T-förmig (Br. oben 2,5 cm; Br. unten 4,5 cm; H. 6,5 cm). Die abgebrochenen Schienen abgegeben an den Förderverein Bergbauhistorischer Stätten Ruhrrevier e.V. Verbleib: Vereinsgebäude Nachtigallstraße 31.
OK.: 92,69 m ü.NN

schneidet/stört: **173**
überdeckt/liegt über: **428**
dagegengesetzt/geschüttet ist: **425**
Zuweisung: Ausstattung des Westflügels nach Umbau in eine Fabrikhalle. Periode 6.

425 Bodenbelag

Untersuchungsgebiet 3; Abschnitt a
Betonabdeckung der Eisenbahnschwellen **424**. Ergänzt den Fußboden **173**.
OK.: 92,69 m ü.NN

gesetzt/geschüttet gegen: **424**
Zuweisung: Jüngere Ausflickung zwischen den Schienen **424**. Periode nach 6.

426 Mauer

Untersuchungsgebiet 3; Abschnitt a/2
Ost-West; Backsteine in grauem, sandigem Mörtel (Br. 40 cm); hart. Nordkante überdeckt von **425**.
OK.: 92,62 m ü.NN
UK.: 92,00 m ü.NN

schneidet/stört: **338, 470**
gesetzt/geschüttet gegen: **169, 178, 469**
überdeckt/liegt über: **473, 477, 478**
dagegengesetzt/geschüttet ist: **173, 428, 454**
zugehörig: **468**
Zuweisung: Zwischenwand im zur Fabrikhalle umgebauten Westflügel. Periode 6.

427 Störung

Untersuchungsgebiet 3; Abschnitt a/2
In **173**. Schwarzer Kohleschotter/Schlacke.
OK.: 92,61 m ü.NN

schneidet/stört: **173, 174**
Zuweisung: Kriegsschaden? nach Periode 6.

428 Störung

Untersuchungsgebiet 3; Abschnitt a/2; Abb. 34
In **173**. Zerschlagene Sandsteinplatten, brauner lehmiger Sand; Sandsteinbruchstücke; locker.
OK.: 92,56 m ü.NN

gesetzt/geschüttet gegen: **426**
überdeckt/liegt über: **454, 480**
überdeckt von: **173, 424**
Zuweisung: Kriegsschaden? nach Periode 6.

429 Sockel

Untersuchungsgebiet 3; Abschnitt b/2

Hochkantgestellte Sandsteinplatten bilden ein Quadrat (40 x 40 cm). In **198**.
OK.: 92,44 m ü.NN

schneidet/stört: **189**
überdeckt von: **279**
zugehörig: **372, 430**
Zuweisung: Gerüstpfosten? Periode 6.

430 Sockel

Untersuchungsgebiet 3; Abschnitt b
Wie **429**.
OK.: 92,20 m ü.NN

schneidet/stört: **184, 189**
zugehörig: **429**
Zuweisung: Gerüstpfosten? Periode 6.
Fd. Nr. 382: Irdenware, Tierknochen.

431 Einfüllschicht

Untersuchungsgebiet 3; Abschnitt b/2; Abb. 32
Brauner, humoser Sand mit viel kleinformatigem Schiefertonschotter; locker; einzelne Sandsteinbruchstücke; Südgefälle.
OK.: 92,58 m ü.NN

gesetzt/geschüttet gegen: **413, 433**
überdeckt/liegt über: **446**
geschnitten/gestört von: **432, 433**
überdeckt von: **621, 637**
Zuweisung: Unklar. Periode nach 5.
Fd. Nr. 215: Kachel.
Fd. Nr. 413: Steinzeug, Pfeife.
Fd. Nr. 442: Irdenware, Steinzeug, Porzellan, Pfeife.

432 Grube

Untersuchungsgebiet 3; Abschnitt b/2
Quadratische Grube (L. 52 cm). Einfüllung: Dunkelbraun bis schwarzer, humoser Sand.
OK.: 92,44 m ü.NN

schneidet/stört: **431**
überdeckt von: **279**
Zuweisung: Pflanzgrube für ein Rankgewächs. Periode 6.

433 Mauer

Untersuchungsgebiet 3; Abschnitt b/2
Nordost-Südwest. Kleinformatige Sandsteinbruchstücke (Br. 40 cm). Farbe graubraun, in Lehm gesetzt. Außenkanten sehr unregelmäßig; Westseite etwas ruhiger (Außenkante). Leichter Knick in Mauermitte. Südlicher Teil stört Fußboden **254**. Nördlicher Teil läuft schräg auf die Schicht **446**.
OK.: 92,44-92,45 m ü.NN
UK.: (Süd-Nord) 91,90-92,36 m ü.NN

schneidet/stört: **254**
gesetzt/geschüttet gegen: **413**
überdeckt/liegt über: **254, 448**
dagegengesetzt/geschüttet ist: **189, 431**
überdeckt von: **621**
Zuweisung: Periode nach 4.
Fd. Nr. 232: Steinzeug, Pfeife.

434 Graben

Untersuchungsgebiet 3; Abschnitt b/2; Abb. 28, Beil. 6
Rohrgraben Nordost-Südwest in **189** (Br. 30 cm). Material wie **189**, mit dunkelbraunen Steinkohlestaubschlieren.
OK.: 92,21 m ü.NN

schneidet/stört: **189, 199**
überdeckt von: **279**
zugehörig: **412, 465, 867**
Zuweisung: Periode 6.
Fd. Nr. 311: Metall.

435 Planierschicht

Untersuchungsgebiet 3; Abschnitt b; Abb. 28, Taf. 7,3
Dunkelbrauner, humoser Sand mit sehr viel Sandsteinbruchstücken; gelbe Lehmflecken.
OK.: 91,85 m ü.NN

gesetzt/geschüttet gegen: **413**
überdeckt/liegt über: **254, 332**
überdeckt von: **189**
zugehörig: **189**
Zuweisung: Steinige Ausprägung der Planierschicht über **254**. Periode 5.

436 Grube

Untersuchungsgebiet 3; Abschnitt b; Beil. 4
(Br. 32 cm); grauschwarzer Schluff, Sandsteinbruchstücke, ein großer Eisennagel, Dachziegelbruchstücke, Holzmull des verwitterten Pfostens (20 x 35 cm).
OK.: 91,36 m ü.NN
UK.: 91,00 m ü.NN

schneidet/stört: **254, 784, 785**
überdeckt von: **189**
zugehörig: **333, 353, 438, 440, 489, 674**
Zuweisung: Zur Abtrennung des Wirtschaftsbereichs am Backofen **489**. Periode 4.
Fd. Nr. 213: Irdenware, Steinzeug, **Kat. Nr. 337**, Metall.
Fd. Nr. 657: Sonstiges: Holzrest.

437 Grube

Untersuchungsgebiet 3; Abschnitt b
Rechteckiger Umriß (Br. 55 cm); Füllung: dunkelbrauner, humoser, etwas lehmiger Sand. Senkrecht stehende Steinkeile; nach unten spitz zulaufend.
OK.: 91,30 m ü.NN
UK.: 90,88 m ü.NN

schneidet/stört: **254**
überdeckt von: **189**
zugehörig: **455**
Zuweisung: Zum Baugerüst des Westflügels. Periode 5.

438 Grube

Untersuchungsgebiet 3; Abschnitt b; Beil. 4
Unregelmäßig/rechteckiger Umriß (Br. 32 cm). Füllung: dunkelbrauner, humoser Sand/Lehm; locker; Sandstein- und Dachziegelbruchstücke. Boden waagerecht.
UK.: 91,29 m ü.NN

schneidet/stört: **254, 329, 664**

dagegengesetzt/geschüttet ist: **189**
überdeckt von: **189**
zugehörig: **436, 440, 674**
Zuweisung: s. **436**. Periode 4.
Fd. Nr. 421: Sonstiges: Kalkklumpen.

439 Pfostengrube

Untersuchungsgebiet 3; Abschnitt b
Ovaler Umriß (Br. 14 cm); Füllung: dunkelbrauner, humoser Sand; locker; Sandsteinbruchstücke. Senkrechte Steinkeile.
OK.: 91,70 m ü.NN
UK.: 91,25 m ü.NN

schneidet/stört: **254, 445, 672**
überdeckt von: **189**
Zuweisung: Gerüstpfosten? Periode 5.

440 Pfostengrube

Untersuchungsgebiet 3; Abschnitt b; Beil. 4
Rechteckiger Umriß (Br. 38 cm). Füllung: dunkelbrauner, humoser Sand, Sandsteinbruchstücke, Eisenteil; senkrechte Steinkeile.
OK.: 91,20 m ü.NN
UK.: 90,70 m ü.NN

schneidet/stört: **254**
überdeckt von: **189**
zugehörig: **436, 438, 674**
Zuweisung: s. **436**. Periode 4.

441 Pfostengrube

Untersuchungsgebiet 3; Abschnitt b; Abb. 39
Rechteckiger Umriß (L. 48 cm; Br. 40 cm); z.T. mit Sandsteinplatten abgedeckt. Füllung: gelbbrauner, lehmiger Sand.
OK.: 91,37 m ü.NN
UK.: 90,95 m ü.NN

schneidet/stört: **254**
überdeckt von: **189**
zugehörig: **413, 442, 455**
Zuweisung: Gerüstpfosten. Periode 5.

442 Grube

Untersuchungsgebiet 3; Abschnitt b; Abb. 39
Rechteckiger Umriß (L. 41 cm; Br. 40 cm); z.T. mit Sandsteinplatten gedeckt. Füllung gelbbrauner, lehmiger Sand, hart.
OK.: 91,54.

schneidet/stört: **254**
überdeckt von: **189**
zugehörig: **413, 441, 455**
Zuweisung: Gerüstpfosten. Periode 5.

443 Grube

Untersuchungsgebiet 3; Abschnitt b
Quadratischer Umriß (L. 22 cm). In der Mitte dunkelbrauner, brüchig zerfallender, humoser Sand/Schluff, als Auffüllung des gezogenen Holzpfostens. Füllung der Pfostengrube: graubraun/grünlicher Sand. Querschnitt: trichterförmig.
OK.: 91,21 m ü.NN
UK.: 90,91 m ü.NN

schneidet/stört: **329, 421, 444**
dagegengesetzt/geschüttet ist: **445**
überdeckt von: **254**
Zuweisung: Unklar. Periode 3.

444 Planierschicht

Untersuchungsgebiet 3; Abschnitt b
Gelbbrauner, dunkelbraun gefleckter, lehmiger Sand; Stärke nach Norden abnehmend.
OK.: 91,24 m ü.NN
UK.: 91,10 m ü.NN

gesetzt/geschüttet gegen: **445**
geschnitten/gestört von: **443**
Zuweisung: Lehmige Ausprägung in **445**. Periode 4.
Fd. Nr. 431: Irdenware, Steinzeug, **Kat. Nr. 42, 79**, Pfeife, Glas, Metall, Tierknochen, Sonstiges: Vermischung mit Baugrube möglich (**444/445**).

445 Planierschicht.

Untersuchungsgebiet 3; Abschnitt b; Abb. 28, Beil. 5
Nach Abnahme des Hofpflasters: große Flecken und Bereiche mit Schieferton-Schotter (**276**), Sandsteinplatten (**654**), graugrüner Sand, lehmiger gelbbrauner Sand/Lehm, verziegelte Lehmklumpen, Holzkohle, Kies, grober Sand, sehr viele Tierknochen. Konsistenz: locker; Spitzen des darüberliegenden Hofpflasters haben sich z.T. bis durch diese Schicht (T./H. 20 cm) gedrückt. Trennung des Befundes zu der darunterliegenden Schicht **421** häufig unklar; Hofpflaster **421** wurde wohl beim Aufbringen von **445** eingeebnet und zerstört.
OK.: 92,30-91,22 m ü.NN

gesetzt/geschüttet gegen: **443, 646**
überdeckt/liegt über: **276, 421, 458, 654, 662, 664, 670, 750, 792**
geschnitten/gestört von: **169, 253, 439, 582**
dagegengesetzt/geschüttet ist: **444**
überdeckt von: **254, 273, 414**
zugehörig: **328, 415, 702**
Zuweisung: Stickung des Pflasters **254**. Die Funde stammen aus dem Inventar der Periode 3. Periode 4.
Fd. Nr. 226: Irdenware, **Kat. Nr. 198**.
Fd. Nr. 241: Irdenware, **Kat. Nr. 236**, Metall, **Kat. Nr. 554**, Sonstiges: bronzener Grapenfuß; Tonkugel.
Fd. Nr. 306: Tierknochen, Sonstiges: z.T. kalziniert.
Fd. Nr. 307: Metall, Sonstiges: Fensterfassung aus Blei; Dachziegel.
Fd. Nr. 308: Glas, **Kat. Nr. 533, 534**, Sonstiges: Glas mit eingeritzter Inschrift: „HU/\o WC"?
Fd. Nr. 309: prähistorische Irdenware, Steinzeug, **Kat. Nr. 64, 68, 74, 91, 98, 100, 117, 121**, Sonstiges: Bruchstück einer Sandsteinskulptur.
Fd. Nr. 310: Irdenware, **Kat. Nr. 10, 12, 24-26, 39, 159, 175, 181, 182, 251, 289, 324**.
Fd. Nr. 312: Steinzeug, **Kat. Nr. 105**, Sonstiges: Bernsteinplättchen, von einer Intarsie?
Fd. Nr. 317: Irdenware, Steinzeug, **Kat. Nr. 112**, Tierknochen.
Fd. Nr. 319: Irdenware, graue Irdenware, Tierknochen.
Fd. Nr. 320: graue Irdenware, **Kat. Nr. 18, 40**, Metall, Tierknochen.
Fd. Nr. 323: Metall, Tierknochen.
Fd. Nr. 338: Irdenware, graue Irdenware, Steinzeug, Glas,

Tierknochen, Sonstiges: Fensterglas.
Fd. Nr. 395: Irdenware, **Kat. Nr. 320, Kat. Nr. 99**, Steinzeug, Metall, Tierknochen.
Fd. Nr. 407: Irdenware, **Kat. Nr. 181, 190, 199, 223, 252, 270, 272**, graue Irdenware, **Kat. Nr. 11**, Steinzeug, Glas, **Kat. Nr. 529**, Metall, Tierknochen.
Fd. Nr. 409: Irdenware, **Kat. Nr. 175, 200, 247, 323**, Steinzeug, Glas, Metall, Tierknochen.
Fd. Nr. 410: **Kat. Nr. 16, 191, 319**; Sonstiges: Fadenglas, **Kat. Nr. 531**.
Fd. Nr. 422: Irdenware, **Kat. Nr. 145**, Metall, Tierknochen.
Fd. Nr. 427: Irdenware, **Kat. Nr. 248**, Steinzeug, Sonstiges: Dachziegel.
Fd. Nr. 428: graue Irdenware, Steinzeug, **Kat. Nr. 90**, Metall, Tierknochen, Sonstiges: Dachziegel.
Fd. Nr. 437: Irdenware, **Kat. Nr. 271, 276**, Steinzeug, Metall, Tierknochen.
Fd. Nr. 438: Irdenware, **Kat. Nr. 143, 321**, graue Irdenware, Tierknochen.
Fd. Nr. 439: Irdenware, **Kat. Nr. 201**, Steinzeug, **Kat. Nr. 97**, Glas, Metall, Tierknochen.
Fd. Nr. 443: Irdenware, Steinzeug, Glas, Tierknochen.
Fd. Nr. 444: Steinzeug, **Kat. Nr. 118**.
Fd. Nr. 446: Steinzeug, **Kat. Nr. 82**, Metall, **Kat. Nr. 553**, Tierknochen, Sonstiges: Randbruchstück vom Bronzegefäß, Fensterfassung aus Blei.
Fd. Nr. 448: Irdenware, **Kat. Nr. 222, 224, 235, 316**, graue Irdenware, Steinzeug, **Kat. Nr. 75, 87, 89, 112**, Glas, **Kat. Nr. 528**, Metall, **Kat. Nr. 546**, Sonstiges: Bleiplättchen; Flachglas.
Fd. Nr. 450: Steinzeug, **Kat. Nr. 115**, Tierknochen.
Fd. Nr. 451: Irdenware, Steinzeug, Glas, Metall, Tierknochen, Sonstiges: Beutelbecherfragm. um 1600; Flachglas.
Fd. Nr. 452: Irdenware, graue Irdenware, Tierknochen.
Fd. Nr. 470: Irdenware, graue Irdenware, Steinzeug, Metall, Tierknochen, Sonstiges: Bleiblech.
Fd. Nr. 488: Irdenware, **Kat. Nr. 296**, Steinzeug, **Kat. Nr. 87**, Metall.
Fd. Nr. 503: Irdenware, **Kat. Nr. 158, 199, 202**, graue Irdenware, **Kat. Nr. 38**, Steinzeug, **Kat. Nr. 53, 90**, Glas, **Kat. Nr. 530, 532**, Metall, Tierknochen, Sonstiges: Eisennagel.
Fd. Nr. 508: Irdenware, graue Irdenware, Steinzeug, Metall, Tierknochen.

446 Planierschicht

Untersuchungsgebiet 3; Abschnitt b/2; Abb. 33
Gelbbrauner, sandiger Lehm, mit feinen humosen Schlieren durchzogen. Gefälle nach Süden.
OK.: 92,24 m ü.NN
UK.: 91,86 m ü.NN

gesetzt/geschüttet gegen: **413, 680, 701**
überdeckt/liegt über: **254, 448, 449, 485, 732**
überdeckt von: **431**
Zuweisung: Unklar. Periode nach 5.
Fd. Nr. 502: Steinzeug, Tierknochen.
Fd. Nr. 505: Irdenware, Steinzeug, Fayence, Pfeife, **Kat. Nr. 519**, Metall, Tierknochen.

447 Mauerkante

Untersuchungsgebiet 2; Abschnitt 5
Westkante von **294**; schräg nach Südsüdost bearbeitet. Angearbeitete Kante von **294** an Befund **297**.
OK.: 90,60 m ü.NN

gesetzt/geschüttet gegen: **297**
im Verband mit: **294**
Zuweisung: Mauerkante **294** zu Befund **297**. Periode 4.

448 Sonstige Schicht

Untersuchungsgebiet 3; Abschnitt b/2; Abb. 33, Taf. 15,2
Brauner, humoser Sand, fleckig hellbraun (stärker sandig) etwas kiesig; Holzkohle, Sandsteinbruchstücke, vermischt; Ziegelsplitt und Mörtelklümpchen; fest. Der unter bzw. in die Schicht ziehende Fußboden **254** an der Kante stark abgetreten.
OK.: 91,85 m ü.NN

gesetzt/geschüttet gegen: **254, 413, 728**
überdeckt/liegt über: **708, 718**
dagegengesetzt/geschüttet ist: **449**
überdeckt von: **433, 446, 485, 701**
zugehörig: **449**
Zuweisung: Unklar. Periode nach 3.
Fd. Nr. 341: Irdenware, Steinzeug, Porzellan, Pfeife.
Fd. Nr. 514: Irdenware, **Kat. Nr. 161, 237**, Steinzeug, Glas.
Fd. Nr. 518: Irdenware, **Kat. Nr. 59, 84, 103**, Fayence, Glas, Metall, Tierknochen.
Fd. Nr. 521: Irdenware, graue Irdenware, Steinzeug, Sonstiges: Funde vermischt mit Schicht **708**.

449 Sonstige Schicht

Untersuchungsgebiet 3; Abschnitt b/2; Abb. 33
Sehr lockerer, dunkelbrauner bis schwarzer Sand; sehr viel Holzkohle.
OK.: 91,98 m ü.NN
UK.: 91,70 m ü.NN

gesetzt/geschüttet gegen: **448, 485**
überdeckt von: **446**
zugehörig: **448**
Zuweisung: Unklar. Periode nach 4.
Fd. Nr. 342: Irdenware, **Kat. Nr. 434**, Steinzeug, **Kat. Nr. 337**, Steingut, Pfeife, Metall, Tierknochen.
Fd. Nr. 346: Metall, Tierknochen.

450 entfällt

451 Verblendung

Untersuchungsgebiet 3; Abschnitt a/2
Backsteine und Beton.

gesetzt/geschüttet gegen: **169**
überdeckt/liegt über: **173**
Zuweisung: Rezente Reparatur an Mauer **169**. Periode nach 6.

452 Fenster

Untersuchungsgebiet 1; Beil. 3a, Abb. 32
Reste der zweiteiligen Bank mit Mittelstütze (L. 1,4 m). Sandsteinquader, stark verwaschen.
OK.: 91,80 m ü.NN
UK.: 91,60 m ü.NN

geschnitten/gestört von: **642**
dagegengesetzt/geschüttet ist: **806**
im Verband mit: **71**

zugehörig: **71**
Zuweisung: Älteres Fenster im Keller des Palas. Periode 3.

453 Einfüllschicht

Untersuchungsgebiet 3; Abschnitt b; Beil. 2
Ovale, im Querschnitt U-förmige Einfüllung in **422**. Dunkelbrauner, brüchiger Schluff. Auf der Sohle kleine Sandsteinplatte. Etwas Holzkohle, Tierknochen.
OK.: 90,61 m ü.NN
UK.: 90,39 m ü.NN

schneidet/stört: **329**
überdeckt von: **328**
zugehörig: **422**
Zuweisung: Pfosten am Graben **422**. Torpfosten? Periode 2.

454 Planierschicht

Untersuchungsgebiet 3; Abschnitt a/2
Rotbrauner, lehmiger Sand mit sehr viel Kalkklümpchen, Backsteinbruchstücken, verbrannt, weich, etwas Holzkohle.

gesetzt/geschüttet gegen: **426**
überdeckt/liegt über: **474-476**
überdeckt von: **428**
Zuweisung: Unklar. Periode 6.
Fd. Nr. 224: Steinzeug, Metall.
Fd. Nr. 233: Irdenware, Steinzeug, Porzellan, Metall.

455 Pfostengrube

Untersuchungsgebiet 3; Abschnitt b/3; Abb. 39
Rechteckiger Umriß (Br. 29 cm); Querschnitt: U-förmig; senkrecht stehende Steinkeile; Sand/Lehm, dunkelbraun, humos. Flecken verziegelter Lehm.
OK.: 92,03 m ü.NN
UK.: 91,22 m ü.NN
schneidet/stört: **254**
überdeckt von: **189**
zugehörig: **326, 404, 437, 441, 442, 552, 561, 600, 660, 675**
Zuweisung: Gerüstpfosten vom Westflügelbau. Periode 5.

456 Laufhorizont/Baugrube

Untersuchungsgebiet 3; Abschnitt a; Abb. 34
Schwarzer Sand/Lehm; stark mit Steinkohleschotter vom anstehenden Flöz (? vgl. **72**) durchsetzt; Holzkohle, Mörtelklümpchen.
OK.: 92,10 m ü.NN
UK.: 92,00 m ü.NN

schneidet/stört: **175**
gesetzt/geschüttet gegen: **166**
überdeckt/liegt über: **175**
geschnitten/gestört von: **174**
überdeckt von: **204, 338**
zugehörig: **166, 473, 479**
Zuweisung: Baugrube zu **166** und anschließender Laufhorizont. Verhältnis zum Backofen **478** ist unklar. Periode 5.

457 Sonstige Schicht

Untersuchungsgebiet 3; Abschnitt b/3
Fleckig ausgebildeter, graugelber, lehmiger Sand. Dachziegel; Sandsteinbruchstücke; fein verteilte Holzkohle; Tierknochen; etwas Kies; wenige große längliche Flußkiesel. Nach unten härter werdend. Abgebrochener Fußboden?
OK.: 91,48 m ü.NN

überdeckt/liegt über: **328**
geschnitten/gestört von: **331**
überdeckt von: **458**
zugehörig: **276, 421**
Zuweisung: Zur Hofbefestigung der Periode 3. Periode 3.
Fd. Nr. 230: Irdenware, graue Irdenware, Glas, **Kat. Nr. 534**, Metall.
Fd. Nr. 538: Irdenware, graue Irdenware.
Fd. Nr. 588: graue Irdenware, Steinzeug, Tierknochen, Sonstiges: Silex.

458 Sonstige Schicht

Untersuchungsgebiet 3; Abschnitt b/3
Gelbbrauner, stark lehmiger Sand. Oberfläche sehr wellig. Nach Osten dünner werdend; Holzkohleflitter; Dachziegelbruchstücke.
OK.: 91,96 m ü.NN
UK.: 91,89 m ü.NN

überdeckt/liegt über: **457**
überdeckt von: **445**
Zuweisung: Hofniveau. Periode 3.
Fd. Nr. 318: Irdenware, graue Irdenware, Steinzeug, Metall.
Fd. Nr. 332: Steinzeug, **Kat. Nr. 58**.
Fd. Nr. 335: graue Irdenware, Tierknochen.

459 Einfüllschicht

Untersuchungsgebiet 3; Abschnitt a
Grauweißer, sehr lockerer, staubiger Sand mit Kalkstaub und etwas Sandsteinbruch. Nach unten zunehmend größere Sandsteinbruchstücke.
OK.: 91,46 m ü.NN
UK.: 90,70 m ü.NN

gesetzt/geschüttet gegen: **218, 486**
überdeckt/liegt über: **686**
überdeckt von: **212**
zugehörig: **218, 253, 486**
Zuweisung: Verfüllung des Brunnens vor der Überbauung durch **212, 167**. Periode 6.
Fd. Nr. 281: Steinzeug.

460 Planierschicht

Untersuchungsgebiet 5; Abschnitt 2
Kiesschüttung, locker.
OK.: 92,80 m ü.NN

gesetzt/geschüttet gegen: **359**
überdeckt/liegt über: **360, 461, 462, 463, 464, 465**
überdeckt von: **363**
Zuweisung: Stickung des Kopfsteinpflasters **363**. Periode 6.
Fd. Nr. 359: Irdenware, Steinzeug, Steingut, Kachel.

461 Einfüllschicht

Untersuchungsgebiet 5; Abschnitt 2
Dunkelbrauner bis schwarzer Sand mit sehr viel Steinkohle-

staub vermischt; etwas Ziegelsplitt, etwas Holzkohle, Sandsteinbruchstücke, Mörtelklümpchen. Gelbe Lehmflecken.
OK.: 92,42 m ü.NN
UK.: 91,29 m ü.NN

gesetzt/geschüttet gegen: **360, 462, 463, 464**
überdeckt/liegt über: **467, 501, 520, 526, 527**
geschnitten/gestört von: **464, 465**
überdeckt von: **460**
Zuweisung: Einfüllung des Schloßteiches; vor der Anlage des Ziergartens. Periode 5.
Fd. Nr. 223: Münze (1/4 Stüber, 1783, nicht auffindbar).
Fd. Nr. 228: Steinzeug.
Fd. Nr. 236: Irdenware, Steinzeug, Fayence, Pfeife, Kachel, Metall, Tierknochen.
Fd. Nr. 343: Irdenware, Steinzeug, Porzellan, Steingut, Pfeife, Glas, Metall, Tierknochen, Sonstiges: Eisenschlüssel.
Fd. Nr. 354: Steinzeug, Glas, Metall, Tierknochen, Sonstiges: Murmel.
Fd. Nr. 384: Irdenware, Steinzeug, Porzellan, Pfeife, Metall, Sonstiges: Murmel, **Kat. Nr. 580**.
Fd. Nr. 390: Irdenware, **Kat. Nr. 268**, Steinzeug, Pfeife, Metall, Tierknochen.
Fd. Nr. 391: Irdenware, Steinzeug, Pfeife, Glas, Metall, Tierknochen.
Fd. Nr. 393: Sonstiges: Bruchstück eines Mühlsteins.
Fd. Nr. 486: Sonstiges: Holzrest.

462 Mauer

Untersuchungsgebiet 5; Abschnitt 2; Beil. 5, Taf. 21,1
Ost-West (Br. 1,2 m); Sandsteinbruchstücke, meist klein; Farbe: grau. Weicher, gelber, sehr sandiger Mörtel; fleckig mit Kohle vermischt. Undeutliches Zweischalenmauerwerk.
OK.: 92,70 m ü.NN
UK.: 91,50 m ü.NN

gesetzt/geschüttet gegen: **466**
überdeckt/liegt über: **528, 529**
geschnitten/gestört von: **465**
dagegengesetzt/geschüttet ist: **461, 467, 527**
überdeckt von: **460**
im Verband mit: **360, 463**
Zuweisung: Anbau am Torhaus; Auflager der Zugbrücke und Böschungsmauer des Schloßteiches. Periode 5.

463 Mauer

Untersuchungsgebiet 5; Abschnitt 2; Beil. 5
Nord-Süd; wie **462**.
OK.: 92,65 m ü.NN

gesetzt/geschüttet gegen: **847**
überdeckt/liegt über: **528, 529**
dagegengesetzt/geschüttet ist: **461, 467, 501**
überdeckt von: **460**
im Verband mit: **360, 462**
Zuweisung: wie **462**. Periode 5.

464 Kanal

Untersuchungsgebiet 5; Abschnitt 2
Sandsteinplatten (Br. 26 cm). Das Ost-West verlaufende Endstück von **363** wurde nachträglich in den im Bereich des Tores bereits verfüllten Schloßteich eingesetzt und an eine Öffnung in Mauer **360** herangeführt.
OK.: 92,21 m ü.NN
UK.: 91,75 m ü.NN

schneidet/stört: **528**
gesetzt/geschüttet gegen: **360**
geschnitten/gestört von: **482**
dagegengesetzt/geschüttet ist: **461**
überdeckt von: **460**
zugehörig: **77, 180, 181, 208, 220, 636, 1076-1078, 1081**
Zuweisung: Zum Bewässerungssystem des Schloßteiches. Periode 5.

465 Graben

Untersuchungsgebiet 5; Abschnitt 2
Nord-Süd für ein Wasserrohr (Br. 36 cm).
OK.: 92,42 m ü.NN
UK.: 92,06 m ü.NN

schneidet/stört: **461, 462, 466, 467**
überdeckt von: **460**
zugehörig: **434**
Zuweisung: s. **434**. Periode 6.
Fd. Nr. 356: Irdenware, Fayence, Pfeife, Glas, Tierknochen, Sonstiges: Kachel mit Pferdedarstellung, **Kat. Nr. 492**.

466 Gewachsener Boden

Untersuchungsgebiet 5; Abschnitt 2
Nordwest-Südost streichender, gebänderter Sandstein; verschiefert. Schieferton Kohlebändern.
OK.: 92,35 m ü.NN

geschnitten/gestört von: **465**
dagegengesetzt/geschüttet ist: **462, 467**
zugehörig: **329**

467 Einfüllschicht

Untersuchungsgebiet 5; Abschnitt 2
Rotbrauner Sand mit sehr viel kleinteiligem Sandsteinbruch, Steinkohlestaub (aufgegrabener gewachsener Boden **466**).
OK.: 92,45 m ü.NN
UK.: 91,61 m ü.NN

gesetzt/geschüttet gegen: **462, 463, 466**
geschnitten/gestört von: **465**
überdeckt von: **461**
Zuweisung: Einfüllung des Schloßteiches im Bereich der Zugbrücke. Periode 5.

468 Mauer

Untersuchungsgebiet 3; Abschnitt a/2; Abb. 7.34, Beil. 6
Ost-West (Br. 40 cm). Backsteine und behauene Sandsteinquader; hellgrauer, kalkhaltiger Mörtel, sandig mit etwas Asche. Nordkante gleichmäßiger als Südkante. Am Nordende vorspringende Sandsteinquader. S. **426**.
OK.: 92,62 m ü.NN
UK.: 92,00 m ü.NN

schneidet/stört: **338, 470, 473, 478**
gesetzt/geschüttet gegen: **169, 178, 469**
geschnitten/gestört von: **173**

dagegengesetzt/geschüttet ist: **173, 471**
zugehörig: **426, 469**
Zuweisung: Zwischenwand im zur Fabrikhalle umgebauten Westflügel. Periode 6.

469 Baugrube

Untersuchungsgebiet 3; Abschnitt a/2; Abb. 34
Von **468** (Br. 10 cm); Kante gerade. Verfüllt mit lockerem Sand/Mörtelgemisch. Grau.
OK.: 92,25 m ü.NN
UK.: 92,00 m ü.NN

schneidet/stört: **338, 470**
geschnitten/gestört von: **471**
dagegengesetzt/geschüttet ist: **426, 468**
zugehörig: **468**
Zuweisung: Baugrube der Mauer **468**. Periode 6.

470 Einfüllschicht

Untersuchungsgebiet 3; Abschnitt a/2; Abb. 34
S. 338.

gesetzt/geschüttet gegen: **473**
überdeckt/liegt über: **473, 477, 478**
geschnitten/gestört von: **426, 468, 469, 471**
Zuweisung: Backofeneinfüllung **478/473/477**. Periode 6.
Fd. Nr. 237: Steinzeug, Pfeife, Metall, Tierknochen.

471 Grube

Untersuchungsgebiet 3; Abschnitt a/2
Rechteckiger Umriß und Querschnitt (L. 84 cm; Br. 83 cm). Verfüllt mit Material aus **174**.
OK.: 92,33 m ü.NN

schneidet/stört: **338, 469, 470**
gesetzt/geschüttet gegen: **468**
überdeckt von: **337**
Zuweisung: Unklar; jünger als **468**. Periode 6.
Fd. Nr. 357: Irdenware, **Kat. Nr. 327**, Pfeife, Sonstiges: Schlacke.

472 entfällt

473 Ofen (Bodenbelag)

Untersuchungsgebiet 3; Abschnitt a/2; Abb. 34.46
Bodenbelag des Ofens **477** (Br. 1,3 m). Sandsteinplatten ungleichmäßig verlegt. Unmittelbar über den Platten befand sich eine dünne Ascheschicht (**474**). Auf den Platten eiserner Feuerbock. Platten sekundär verbrannt und zerbrochen. Gefälle (Ost-West) 92,03-91,83 m ü.NN.
OK.: 92,02 m ü.NN

schneidet/stört: **339, 341**
gesetzt/geschüttet gegen: **178, 475, 477, 479**
geschnitten/gestört von: **468**
dagegengesetzt/geschüttet ist: **470**
überdeckt von: **426, 470, 474**
im Verband mit: **477, 478**
zugehörig: **456**
Zuweisung: Zum Backofen. Befund ist eingetieft in die Anschüttung des Westflügels über dem Fußboden **353** (Periode 4); geschnitten von Mauer **468** (Periode 6). Periode 5.
Fd. Nr. 373: Metall, Sonstiges: Feuerbock? (L. 1 m).

474 Brandschicht

Untersuchungsgebiet 3; Abschnitt a/2
Graubraunes, sehr feinkörniges Gemisch aus Asche und Lehm im Ofen **477/473/479**.
OK.: 92,02 m ü.NN

gesetzt/geschüttet gegen: **477, 479**
überdeckt/liegt über: **473**
überdeckt von: **454**
zugehörig: **477, 479**
Zuweisung: Einfüllung im Backofen. Periode 5.
Fd. Nr. 235: Steinzeug, Pfeife, Glas, Metall, Tierknochen.

475 Mauer

Untersuchungsgebiet 3; Abschnitt a/2; Abb. 27.34.46, Taf. 18,2; Beil. 5
Ost-West (Br. 1,6 m); Sandsteinbruchstücke; die einzelnen Steinlagen schichtweise mit Kalk/Sandmörtelschicht bedeckt. Die Außenkanten sind unruhig; Format: überwiegend klein; Farbe graugelb. Obere Steinlage am Ostende gestört. Stößt gegen einen 2-3 cm tiefen Vorsprung in Mauer **169**.
OK.: 92,36 m ü.NN
UK.: 90,95 m ü.NN

schneidet/stört: **353, 381, 532, 533, 534, 540, 588, 658**
gesetzt/geschüttet gegen: **169, 178, 522, 570**
überdeckt/liegt über: **543**
dagegengesetzt/geschüttet ist: **473, 476, 477, 484, 518, 532, 542**
überdeckt von: **454**
Zuweisung: Innenwand im Westflügel der Periode 5. Stört den Fußboden der Periode 4 (**353**). Periode 5.

476 Mauer

Untersuchungsgebiet 3; Abschnitt a/2; Beil. 5, Taf. 18,2
Nord-Süd (L. 2,6 m; Br. 2,5 m); Sandsteinbruchstücke; Format: überwiegend klein; Farbe: graugelb; Unruhige Außenkanten. Mörtel: Kalk/Sandgemisch, grauweiß.
OK.: 92,19 m ü.NN
UK.: 91,57 m ü.NN

gesetzt/geschüttet gegen: **178, 475, 483, 537**
überdeckt/liegt über: **534, 540, 541, 542, 570**
dagegengesetzt/geschüttet ist: **480, 484, 513, 515, 518**
überdeckt von: **454**
zugehörig: **483**
Zuweisung: Treppenhaus im Westflügel der Periode 5. Periode 5.

477 Ofen (Ofenwand)

Untersuchungsgebiet 3; Abschnitt a/2; Abb. 34.46, Taf. 14,1, Beil. 5
Ost-West (L. 3,4 m; Br. 2,2 m). Sandsteinplatten; Format: klein; Farbe: braun, verbrannt; in Lehm gesetzt; Lehm rot/orange verziegelt. Zum birnenförmigen Ofen in der Ecke von Mauer **475** und **175**. Feuerraum eiförmig mit mondförmiger Bank. Fußboden (**473**) aus Sandsteinplatten. S. 478.
OK.: 92,08 m ü.NN

UK.: 91,67 m ü.NN

gesetzt/geschüttet gegen: **178, 475**
dagegengesetzt/geschüttet ist: **473, 474**
überdeckt von: **338, 426, 470**
im Verband mit: **473**
zugehörig: **474**
Zuweisung: Backofen; vgl. 473. Periode 5.

478 Ofen

Untersuchungsgebiet 3; Abschnitt a/2; Abb. 34
Ost-West; kleinformatige Sandsteinbruchplatten; in Lehm gesetzt. Gerade Kante nach Norden Steine und Lehm verbrannt, bzw. rot verziegelt.

geschnitten/gestört von: **468**
überdeckt von: **426, 470**
im Verband mit: **473**
Zuweisung: Backofen; s. 473/477. Periode 5.

479 Baugrube

Untersuchungsgebiet 3; Abschnitt a/2; Abb. 46
Zu 473 (Br. 22 cm); verfüllt mit lockerem, mit Mörtel vermischtem Sand.
OK.: 92,11 m ü.NN

schneidet/stört: **339**
dagegengesetzt/geschüttet ist: **473, 474**
überdeckt von: **173**
zugehörig: **456, 474**
Zuweisung: Baugrube des Backofens? Periode 5.

480 Grube

Untersuchungsgebiet 3; Abschnitt a/2
An Mauer 476 (Br. 50 cm). Querschnitt trichterförmig; mit Sandsteinplatten ausgekleidet. Verfüllt mit gelbem, sandigem Lehm; in der Mitte humoser, mit Steinkohlestaub vermengter Lehm; Flußkiesel.
OK.: 92,29 m ü.NN
UK.: 91,50 m ü.NN

schneidet/stört: **483, 484**
gesetzt/geschüttet gegen: **476**
überdeckt von: **428**
zugehörig: **515**
Zuweisung: Unklar. Periode nach 5.

481 Torbogen

Untersuchungsgebiet 5; Abschnitt 1, 2; Abb. 4.8 Beil. 5
Östliche Seite des Hauptors zur Burg (Br. 1,8 m). Überwiegend kleinformatige Sandsteinbruchplatten; Farbe: gelbbraun, rotbraun. Oberhalb Oberfläche frisch verfugt. Die Kante zum Durchgang ist mit zugerichteten Sandsteinquadern eingefaßt. Fundamentbereich mit kleinformatigen Sandsteinbruchplatten verblendet. Spindelförmige Schießscharten aus gelben, stark verwitterten Sandsteinplatten (**862, 863**). Oberhalb der Torkrümung Einschnitt für Zugbrückenkette.
UK.: 91,45 m ü.NN

überdeckt/liegt über: **878**
dagegengesetzt/geschüttet ist: **359, 360, 1078**

im Verband mit: **343, 862, 863**
zugehörig: **342, 343, 847, 1080**
Zuweisung: Toranlage; Verband mit Ostflügel. Periode 5.

482 Kanal

Untersuchungsgebiet 5; Abschnitt 2; Abb. 21,1
Trichter in Wasserkanal 464 (L. 1 m); dunkelbrauner, humoser Sand/Lehm; sehr viele Tierknochen; Sandsteinschotter.
OK.: 92,41 m ü.NN
UK.: 91,75 m ü.NN

schneidet/stört: **464**
Zuweisung: Reparaturöffnung? Periode nach 5.
Fd. Nr. 392: Irdenware, Steinzeug, **Kat. Nr. 426**, Porzellan, **Kat. Nr. 502**, Glas, Tierknochen, Sonstiges: Porzellanmarke: „R" und liegendes „Y" (Volkstedt-Rudolstadt).

483 Baugrube?

Untersuchungsgebiet 3; Abschnitt a/2
Zu Mauer 476 (Br. 80 cm). Verfüllt mit Material aus Schicht 484 und 339. Angeschnitten von Grube 480. Nicht weiter dokumentiert.

geschnitten/gestört von: **480**
dagegengesetzt/geschüttet ist: **476**
überdeckt von: **339, 484**
zugehörig: **476**
Zuweisung: Baugrube? Periode 5.
Fd. Nr. 340: Irdenware, Steinzeug.
Fd. Nr. 355: Steinzeug, Metall, Tierknochen.

484 Einfüllschicht

Untersuchungsgebiet 3; Abschnitt a/2; Abb. 34
Sand, Lehm, gelbbraun mit sehr viel kleinen schotterartig zerkleinerten Sandsteinbruchstücken. Mörtelklümpchen, etwas Ziegelsplitt. Gefälle nach Norden; 10 cm dickes, hartes Lehmband mit Dachziegelbruchstücken auf einer lockeren Schotterschicht aus Sandsteinbruchstücken; etwas Holzkohle; etwas Kalk; Kies; reichlich Hohlräume.
OK.: 92,10 m ü.NN
UK.: 92,01 m ü.NN

schneidet/stört: **518**
gesetzt/geschüttet gegen: **169, 475, 476**
überdeckt/liegt über: **483, 541, 552, 570, 600**
geschnitten/gestört von: **480**
überdeckt von: **173**
zugehörig: **189**
Zuweisung: Einfüllung des Westflügels. Periode 5.
Fd. Nr. 243: Irdenware, Steinzeug, Metall.
Fd. Nr. 291: Steinzeug, Metall, Tierknochen.

485 Einfüllschicht

Untersuchungsgebiet 3; Abschnitt b/?
Gelbbrauner Sand/Lehm; Dachziegelbruchstücke (Mönch, Nonne); Holzkohleflitter; lockere Konsistenz.
OK.: 91,69 m ü.NN
UK.: 91,62 m ü.NN

gesetzt/geschüttet gegen: **413**
überdeckt/liegt über: **448**

dagegengesetzt/geschüttet ist: **449**
überdeckt von: **446**
Zuweisung: Unklar. Periode nach 5.
Fd. Nr. 347: Irdenware, graue Irdenware.
Fd. Nr. 362: Steinzeug.

486 Brunnen

Untersuchungsgebiet 3; Abschnitt a; Abb. 41
Kleine gelbgraue Sandsteinbruchplatten, gesetzt in dunkelbraunen, humosen, körnigen Sand mit Mörtelklümpchen, Holzkohlestücken, verziegeltem Lehm, einer älteren (angeschnittenen) Kulturschicht (Dm. innen 1,3 m; Dm. außen 2,4 m); die Unterkante wurde nicht festgestellt (T./H. 2,4 m).
OK.: 91,00 m ü.NN

schneidet/stört: **254, 329, 421**
gesetzt/geschüttet gegen: **499**
geschnitten/gestört von: **237**
dagegengesetzt/geschüttet ist: **253, 459, 686**
überdeckt von: **218**
zugehörig: **218, 499**
Zuweisung: Da unter der Mauer **167, 212** älter als Periode 6. Baugrube schneidet den Fußboden **254**: jünger als Periode 4. Periode 5.
Fd. Nr. 386: graue Irdenware, Tierknochen.

487 Pfostengrube

Untersuchungsgebiet 3; Abschnitt a/1; Abb. 34
Rund. Verfüllt mit sehr lockerem, humosem Sand. Einzelne großformatige Backsteine (Br. 53 cm).
OK.: 91,40 m ü.NN
UK.: 91,01 m ü.NN

schneidet/stört: **353, 488, 489**
überdeckt von: **206**
Zuweisung: Gerüstpfosten? Periode 5.

488 Bodenbelag

Untersuchungsgebiet 3; Abschnitt a/1; Abb. 34, Taf. 13,3
Sandsteinplatten; vollkommen zersplittert und in darunterliegende Hohlräume (Tiergänge) eingebrochen; auf den Platten Holzkohle.
OK.: 91,33 m ü.NN

überdeckt/liegt über: **392, 531**
geschnitten/gestört von: **487**
überdeckt von: **381**
zugehörig: **277, 547**
Zuweisung: Älterer Fußboden unter **353**. Zu Backofen **489**? Periode 4.

489 Backofen

Untersuchungsgebiet 3; Abschnitt a/1; Abb. 38, Taf. 13,3, Beil. 4
Kleinformatige Sandsteinbruchstücke bilden eine Halbkreis in einer Aussparung der Wand **178** (**573**; Br. 46 cm). Verlegt in Lehm; stark verziegelt. Der Befund ist erheblich gestört durch den Abwasserkanal **336**.
OK.: 91,33 m ü.NN
UK.: 91,13 m ü.NN

schneidet/stört: **510**
gesetzt/geschüttet gegen: **178, 502, 503, 573**
überdeckt/liegt über: **393**
geschnitten/gestört von: **336, 487**
überdeckt von: **206**
zugehörig: **353, 436, 573**
Zuweisung: Zusammenhang mit Fußboden **353** ist unklar. Periode 4.

490 Baugrube

Untersuchungsgebiet 3; Abschnitt a/1; Abb. 27
Zu Mauer **178** (Br. 12 cm). Verfüllt mit dunkelbraunem sehr lockeren, stark humosen Sand, etwas Kies; Material aus **381**?
OK.: 91,60 m ü.NN
UK.: 90,80 m ü.NN

schneidet/stört: **175, 503, 510, 533, 639**
zugehörig: **178**
Zuweisung: Periode 4.
Fd. Nr. 274: Steinzeug.

491 Kanal

Untersuchungsgebiet 3; Abschnitt c; Abb. 7.34, Taf. 18,2, Beil. 6
Ost-West. Bogenförmig aus Sandsteinbruchstücken und Backsteinen. Grauer, mit Asche gemagerter Mörtel. Verfüllt mit Steinkohleschotter und Material aus **493**. Läuft durch rezent vermauerten Durchbruch in **178**. Liegt z.T. offen, z.T. unter Fußboden **173** (Br. innen 24 cm; Br. außen 80 cm).
OK.: 92,53 m ü.NN
UK.: 92,34 m ü.NN

schneidet/stört: **178, 511, 513**
überdeckt/liegt über: **536**
geschnitten/gestört von: **512**
dagegengesetzt/geschüttet ist: **493**
überdeckt von: **173**
zugehörig: **142**
Zuweisung: Abwasser vom Ostflügel (vgl. **691**). Periode 6.

492 Treppe

Untersuchungsgebiet 3; Abschnitt c; Abb. 7, Beil. 6
Backsteine, verputzt. Graublauer, mit Asche gemagerter Mörtel. Führt auf einen rezent vermauerten Durchbruch in **178**. Verfüllt mit modernem Müll (L. 2,44 m; Br. 1 m; H. der Stufen 22 cm).
OK.: 92,59 m ü.NN
UK.: 90,68 m ü.NN

schneidet/stört: **178**
dagegengesetzt/geschüttet ist: **173, 493**
im Verband mit: **587**
Zuweisung: Treppe vom Westflügel zur Fabrik. Periode 6.

493 Planierschicht

Untersuchungsgebiet 3; Abschnitt c
Gelbbrauner, schmutziger Sand, lehmig, vermischt mit Material aus **174** und **337**.
OK.: 92,60 m ü.NN
UK.: 92,55 m ü.NN

gesetzt/geschüttet gegen: **169, 178, 491, 492**
überdeckt/liegt über: **511**
Zuweisung: rezente Ausflickung. Periode nach 6.
Fd. Nr. 374: Sonstiges: Metallknopf, Öse abgebrochen, Dm. 2 cm.
Fd. Nr. 389: Irdenware, Steinzeug, **Kat. Nr. 368**, Pfeife.

494 Sonstige Schicht

Untersuchungsgebiet 3; Abschnitt a
Brauner, etwas humoser und lehmiger Sand mit Holzkohlestückchen, Kalkbröckchen und etwas Sandsteinschotter.
OK.: 90,70 m ü.NN
UK.: 90,65 m ü.NN

überdeckt/liegt über: **495**
geschnitten/gestört von: **211**
überdeckt von: **366**
Zuweisung: Unklar. Periode vor 4.

495 Sonstige Schicht

Untersuchungsgebiet 3; Abschnitt a; Abb. 41
Gelbbrauner Sand/Lehm, sehr homogen; wenige verziegelte Flecken. Gefälle nach Süden.
OK.: 90,60 m ü.NN
UK.: 90,42 m ü.NN

überdeckt/liegt über: **496**
geschnitten/gestört von: **499**
überdeckt von: **494**
Zuweisung: Unklar. Periode vor 4.

496 Brandschicht

Untersuchungsgebiet 3; Abschnitt a; Abb. 41
Graubrauner, lehmiger Sand mit viel Holzkohlestücken und verziegelten Lehmflecken.
OK.: 90,41 m ü.NN
UK.: 90,38 m ü.NN

überdeckt/liegt über: **497**
geschnitten/gestört von: **237, 499**
überdeckt von: **495**
Zuweisung: Unklar. Periode 3.
Fd. Nr. 385: graue Irdenware, Steinzeug, Tierknochen, Sonstiges: Backstein, Holzkohle.

497 Sonstige Schicht

Untersuchungsgebiet 3; Abschnitt a; Abb. 41
Graubrauner, stark lehmiger, schmieriger Sand. Im oberen Bereich etwas verziegelt; etwas Sandsteinschotter, fein verteilte Holzkohleflitter; mehrere Backsteine, gelb, eine Seite etwas konkav (Br. 6,05-6,5 cm; Ofensteine?).
OK.: 90,40 m ü.NN
UK.: 90,19 m ü.NN

überdeckt/liegt über: **329, 500**
geschnitten/gestört von: **499**
überdeckt von: **496**
Zuweisung: Unklar; wohl Zerstörungshorizont der Periode 3 Periode 3.

498 Baugrube?

Untersuchungsgebiet 3; Abschnitt a/1
Zu Mauer **408** (Br. 3 cm). Verfüllt mit braunem, humosem Sand, locker. Befund fraglich.
OK.: 91,17 m ü.NN
UK.: 90,88 m ü.NN

schneidet/stört: **329, 393**
dagegengesetzt/geschüttet ist: **391**
zugehörig: **408**
Zuweisung: Periode 3.

499 Baugrube

Untersuchungsgebiet 3; Abschnitt a
Zu Brunnen **486** (Br. 10 cm). Verfüllt mit sehr lockerem, kör-nigem Sand; stark humos, viele Kalkklümpchen, Sandsteinschotter; Hohlräume.
OK.: 90,79 m ü.NN

schneidet/stört: **300, 495-497, 500**
dagegengesetzt/geschüttet ist: **486**
überdeckt von: **236**
zugehörig: **253, 486**
Zuweisung: Die Funde stammen aus dem Inventar der Periode 4 und älteren Schichten. Periode 5.
Fd. Nr. 381: Irdenware, Steinzeug, Tierknochen.

500 Grube

Untersuchungsgebiet 3; Abschnitt a
Rund, mit steilen Kanten. Verfüllt mit wechselnden Schichten aus Sandsteinschotter mit Lehm, lockerem humosen Material, Sandsteinbruchplatten und Sand.

schneidet/stört: **329**
geschnitten/gestört von: **499**
überdeckt von: **497**
Zuweisung: Unklar. Periode vor 5.

501 Einfüllschicht

Untersuchungsgebiet 5; Abschnitt 2
Nasser, matschiger, stark mit organischen Anteilen vermengter Sand/Lehm; Farbe: schwarzgrau, wenige Sandsteinbruchstücke, braune torfige Einschlüsse; etwas Steinkohlestaub.
OK.: 91,48 m ü.NN
UK.: 91,20 m ü.NN

gesetzt/geschüttet gegen: **463**
überdeckt/liegt über: **528, 529**
geschnitten/gestört von: **527**
dagegengesetzt/geschüttet ist: **526**
überdeckt von: **461**
zugehörig: **520**
Zuweisung: Unterste Einfüllung des Schloßteiches im Bereich der Zugbrücke. Periode 5.
Fd. Nr. 292: Steinzeug, **Kat. Nr. 337**, Pfeife, **Kat. Nr. 520**, Metall, Sonstiges: Türklinke.
Fd. Nr. 388: Irdenware, Steinzeug, Pfeife, Metall, Tierknochen.

502 Einfüllschicht

Untersuchungsgebiet 3; Abschnitt a/1
In einer nach Westen abfallenden Grube (?) unter Mauer **393**: lehmiger Sand (kaum Unterschied zu gewachsenem Boden) mit fleckig verteilten Holzkohleflittern, kleinen verziegelten Lehmbröckchen, kleine Nester mit Sandsteinbruchstücken; nach unten zunehmend grauer, matschiger Schluff, ebenfalls mit Holzkohleflittern.
OK.: 91,15 m ü.NN
UK.: 90,50 m ü.NN

gesetzt/geschüttet gegen: **393**
dagegengesetzt/geschüttet ist: **489**
überdeckt von: **503**
Zuweisung: Unklar Periode vor 4.
Fd. Nr. 268: Steinzeug.

503 Sonstige Schicht

Untersuchungsgebiet 3; Abschnitt a/1
Sandsteinbruchplatten nach Westen stark abfallend; überdecken die untere Einfüllung der Grube **502**. Zwischen den Steinen Lehm und plattig brechender Schluff. Zerstörte Mauer?
OK.: 91,10 m ü.NN
UK.: 90,55 m ü.NN

überdeckt/liegt über: **502**
geschnitten/gestört von: **490**
dagegengesetzt/geschüttet ist: **489**
Zuweisung: Unklar. Periode vor 4.

504 Backofen

Untersuchungsgebiet 3; Abschnitt a/1; Beil. 3b
Nord-Süd (Br. 1 m). Kleine Sandsteinbruchstücke, z.T. rot verbrannt, in Lehm gesetzt; Lehm rot verziegelt. Die Steine liegen in einer im Querschnitt flach linsenförmigen Mulde.
OK.: 90,99 m ü.NN
UK.: 90,84 m ü.NN

schneidet/stört: **505**
gesetzt/geschüttet gegen: **510**
überdeckt/liegt über: **547**
dagegengesetzt/geschüttet ist: **394**
zugehörig: **392**
Zuweisung: Jünger als **510**; zu **547**? Periode 3.

505 Sonstige Schicht/Gartenland

Untersuchungsgebiet 3; Abschnitt a/1
Harter, gelbbrauner bis gelbweißer Lehm mit Holzkohleflittern und verziegelten Lehmklümpchen. Gefälle nach Süden. Graue Flecken mit quadratischem oder halbmondförmigem Umriß (Spatenspuren). Einzelne craquelierte Sandsteine und inkohlte Samenkörner (Dm. 0,2 cm).
OK.: 91,09 m ü.NN

überdeckt/liegt über: **329**
geschnitten/gestört von: **504, 509, 559**
überdeckt von: **393, 406**
zugehörig: **509, 572**
Zuweisung: alte Oberfläche. Periode vor 3.
Fd. Nr. 659: Sonstiges: Bopenprobe.

506 Einfüllschicht

Untersuchungsgebiet 3; Abschnitt a/1
Sand/Lehm, dunkelbraun, dicht, nicht sehr hart, humos, lehmig, Holzkohleflitter, verziegelte und unverziegelte Lehmklümpchen; gut durchmischt.
OK.: 91,00 m ü.NN
UK.: 90,55 m ü.NN

Zuweisung: s. **503**.
Fd. Nr. 376: Steinzeug, **Kat. Nr. 43**.

507 Baugrube

Untersuchungsgebiet 3; Abschnitt a/2
Dunkelbrauner, lockerer Sand/Lehm (Br. 10 cm). Sandsteinschotter. Zu Mauer **475**; schneidet die Baugrube **356**.
OK.: 91,49 m ü.NN

Zuweisung: Periode 5.
Fd. Nr. 261: Irdenware, graue Irdenware, Metall.
Fd. Nr. 377: Kachel, **Kat. Nr. 493, 493**, Sonstiges: geometrische Muster.

508 Sonstige Schicht

Untersuchungsgebiet 3; Abschnitt a/1; Abb. 34
Sand/Lehm, locker, Nester mit Sandsteinschotter; nördlich des Kanals **531** zunehmend steinig; sehr viele Mörtelklümpchen; grünlicher Sand; Dachziegelbruchstücke; Holzkohle (gleichmäßig); verziegelte Lehmklumpen.
OK.: 91,33 m ü.NN
UK.: 91,10 m ü.NN

überdeckt/liegt über: **391, 510, 532, 560**
geschnitten/gestört von: **531**
überdeckt von: **381**
Zuweisung: Laufniveau (?) unter **353**; zu **444**? Periode 3-4.

509 Wurzelspur/Tiergang

Untersuchungsgebiet 3; Abschnitt a/1
V-förmige Spur aus torfig verrottetem Holz.
OK.: 91,13 m ü.NN

schneidet/stört: **505, 546**
überdeckt von: **394**
zugehörig: **505, 572**
Zuweisung: Alte Oberfläche mit Wurzelspuren. Periode vor 3.

510 Mauer

Untersuchungsgebiet 3; Abschnitt a/1; Beil. 3b, Taf. 11,3, Abb. 38
Nordost-Südwest (L. 4,49 m; Br. 50 cm). Sandsteinplatten gesetzt in schwarzgrauen, brüchigen Schluff und Lehm (obere Steinlagen) mit etwas Kalkzuschlag; nach Osten gekippt; Westkante durch Baugrube **490** gestört. Ecke bei r 36,10; h 29,20 (danach als **Bef. Nr. 406**).
OK.: 90,88 m ü.NN
UK.: 90,62 m ü.NN

schneidet/stört: **422, 572, 639**
gesetzt/geschüttet gegen: **533**
überdeckt/liegt über: **329**
geschnitten/gestört von: **178, 336, 489, 490, 521, 531**

dagegengesetzt/geschüttet ist: **391, 394, 504, 547**
überdeckt von: **353, 381, 508**
zugehörig: **401, 402, 406, 408, 532**
Zuweisung: Turmfundament? Periode 3.

511 Mauer

Untersuchungsgebiet 3; Abschnitt c; Beil. 5, Taf. 18,2
Ost-West (Br. 60 cm). Kleine Sandsteinbruchstücke. Viel weißer, sandiger Mörtel. An mehreren Stellen stark gestört: **512**. Abwechselnde Sandstein- und Mörtellagen.
OK.: 92,24 m ü.NN
UK.: 91,23 m ü.NN

schneidet/stört: **534, 540, 596, 600**
gesetzt/geschüttet gegen: **169, 178, 535**
geschnitten/gestört von: **491, 512**
dagegengesetzt/geschüttet ist: **517**
überdeckt von: **493**
zugehörig: **535**
Zuweisung: Innenwand im Westflügel. Periode 5.

512 Rohrgraben

Untersuchungsgebiet 3; Abschnitt c; Abb. 34
Stört Mauer **511**. Verfüllt mit braunem, lehmigen Sand und Steinkohlestaub. Stört eine Seite von Kanal **491**.
OK.: 92,03 m ü.NN

schneidet/stört: **491, 511**
Zuweisung: Rohrgraben. Periode 6.

513 Planierschicht

Untersuchungsgebiet 3; Abschnitt c; Abb. 34
Gelber, schwach lehmiger Sand mit Sandsteinschotter.
OK.: 92,23 m ü.NN
UK.: 91,96 m ü.NN

gesetzt/geschüttet gegen: **476, 516, 539**
überdeckt/liegt über: **536, 539**
geschnitten/gestört von: **491, 515**
überdeckt von: **514**
zugehörig: **189**
Zuweisung: Westflügelauffüllung. Funde: Periode 4. Periode 5.
Fd. Nr. 258: Irdenware, Steinzeug, Kachel, **Kat. Nr. 494**, Eisen, **Kat. Nr. 566**.
Fd. Nr. 294: Irdenware, Steinzeug, Pfeife, Kachel, Tierknochen.
Fd. Nr. 394: Münze (Hzgt. Kleve, Possedierende Fürsten, 1609-1624, Mzst. Emmerich, 1/4 Stüber).

514 Bodenbelag

Untersuchungsgebiet 3; Abschnitt c; Abb. 34, Taf. 18,2, Beil. 5
Sandsteinplatten, waagerecht verlegt; stark gestört; Platten zerbrochen; partiell sehr harter Lehm mit Kalkklümpchen und Kies; Oberfläche bedeckt mit dünnem, schwarzem Ascheband.
OK.: 92,30 m ü.NN

überdeckt/liegt über: **513**
zugehörig: **518**
Zuweisung: Rest des Fußbodens im Westflügel. Periode 5.

515 Grube

Untersuchungsgebiet 3; Abschnitt c
Nord-Süd (L. 1,7 m; Br. 80 cm); an Mauer **476**; verfüllt mit Sandsteinbruchstücken, Lehmklumpen, Sand und Backsteinbruch; humose Bestandteile, Steinkohlestaub.
OK.: 92,14 m ü.NN
UK.: 91,62 m ü.NN

schneidet/stört: **513**
gesetzt/geschüttet gegen: **476**
überdeckt von: **173**
zugehörig: **480**
Zuweisung: Graben vor Fußboden **173** (Periode 6), jünger als Treppenfundament **476** (Periode 5). Periode nach 5.

516 Kanal

Untersuchungsgebiet 3; Abschnitt c; Abb.: 7, Beil. 5
Ost-West (L. 2,8 m; Br. 86 cm). Gefälle nach Westen. Kastenförmiger Querschnitt. Boden, Seitenteile und Abdeckung aus Sandsteinbruchplatten ohne Mörtel. Abbruch bei 40,70 m.
OK.: 92,14 m ü.NN
UK.: 91,58 m ü.NN

schneidet/stört: **178**
überdeckt/liegt über: **536**
dagegengesetzt/geschüttet ist: **513**
zugehörig: **142, 530**
Zuweisung: Abwasserkanal wie **336**. Periode 5.

517 Einfüllschicht

Untersuchungsgebiet 3; Abschnitt c
Gelber, schwach lehmiger Sand; Sandsteinbruchstücke; Backsteinbruch; Plastikteile.
OK.: 92,14 m ü.NN

gesetzt/geschüttet gegen: **511**
geschnitten/gestört von: **519**
Zuweisung: Abfallgrube um 1985. Periode nach 6.
Fd. Nr. 259: Kachel, Metall, Tierknochen, Sonstiges: Isolatoren; Tonrohrfragmente.

518 Bodenbelag

Untersuchungsgebiet 3; Abschnitt c
Sandsteinbruchplatten, waagerecht verlegt. In den Fugen hochkantgestellte Sandsteinstücke. Stark gestört und nach Süden gekippt. In den Störungen Backsteinbruch und Steinkohlestücke.
OK.: 92,13 m ü.NN

gesetzt/geschüttet gegen: **475, 476**
überdeckt/liegt über: **534, 541**
geschnitten/gestört von: **484**
zugehörig: **514**
Zuweisung: Über Fußboden **534** (Periode 4). An **476** (Periode 5). Periode 5.

519 Grube

Untersuchungsgebiet 3; Abschnitt c
Ovaler Umriß, beutelförmig; verfüllt mit humosem, lehmigen Sand und Sandsteinschotter.

OK.: 92,12 m ü.NN

schneidet/stört: **517**
Zuweisung: Sondierung um 1985. Periode nach 6.

520 Einfüllschicht

Untersuchungsgebiet 5; Abschnitt 2
Sandsteinschotter; humoser Sand; braun; locker.
OK.: 91,60 m ü.NN
UK.: 91,29 m ü.NN

gesetzt/geschüttet gegen: **360**
überdeckt/liegt über: **528**
überdeckt von: **461**
zugehörig: **501**
Zuweisung: Einfüllung des Schloßteiches. Periode 5.
Fd. Nr. 387: Steinzeug, **Kat. Nr. 119**.

521 Grube

Untersuchungsgebiet 3; Abschnitt a/2
Längl. Grube entlang Mauer **178** (Br. 70 cm). Sand/Lehm, dunkelbraun, humos, locker, Sand- und Backsteinbruchstücke.
OK.: 91,24 m ü.NN
UK.: 91,13 m ü.NN

schneidet/stört: **353, 391, 510**
gesetzt/geschüttet gegen: **522**
überdeckt von: **341**
Zuweisung: Unklar. Periode nach 4.
Fd. Nr. 269: Steinzeug.

522 Mauer

Untersuchungsgebiet 3; Abschnitt a/2; Abb. 27.38
Nord-Süd; Ostseite; Sandsteinbruchstücke; Steine sehr eng in Lehm mit etwas Kalk gesetzt. Fußboden **353** läuft an einem kurzen Stück an. Unter **178** und **475**. Die Westseite entspricht den Mauerabtreppungen **761-763**.
OK.: 91,31 m ü.NN

gesetzt/geschüttet gegen: **544**
dagegengesetzt/geschüttet ist: **353, 475, 521, 544**
überdeckt von: **178**
zugehörig: **178**
Zuweisung: Verstärktes Fundament von **178**. Periode 4.

523 Ständerunterlage?

Untersuchungsgebiet 3; Abschnitt a/2
Sandsteinplatte (30 x 30 cm) mit schwacher rechteckiger Vertiefung; in Fußboden **353**. Auflager für Holzständer?
OK.: 91,38 m ü.NN

überdeckt von: **340**
im Verband mit: **353**
Zuweisung: Periode 4.

524 Mauer

Untersuchungsgebiet 3; Abschnitt a; Beil. 3a
Nordnordwest-Südsüdost (Br. 51 cm); kleinformatige Sandsteinbruchstücke; ein Sandsteinquader. In Lehm und braunen Schluff gesetzt; geringer Kalkzusatz.

OK.: 91,12 m ü.NN
UK.: 90,90 m ü.NN

schneidet/stört: **329**
gesetzt/geschüttet gegen: **525**
geschnitten/gestört von: **331, 355**
überdeckt von: **254**
zugehörig: **525**
Zuweisung: Unklar. Periode 3.

525 Baugrube

Untersuchungsgebiet 3; Abschnitt a/b
Zu Mauer **524** (Br. 20 cm). Trichterförmiger Querschnitt; verfüllt mit braunem, humosem Sand; Holzkohleflitter und rot verziegelte Lehmklümpchen. Schneidet Schicht **421**.
OK.: 90,87 m ü.NN

schneidet/stört: **329**
dagegengesetzt/geschüttet ist: **524**
überdeckt von: **254**
zugehörig: **524**
Zuweisung: Unklar. Periode 3.

526 Holzrest

Untersuchungsgebiet 5; Abschnitt 2
Runder Querschnitt, torfig verwittert; mit Sandsteinen umstellt (L. 40 cm; Br. 21 cm).
OK.: 91,48 m ü.NN

gesetzt/geschüttet gegen: **501**
überdeckt von: **461**
Zuweisung: Gerüstpfosten im Torbereich? Periode 5.

527 Graben?

Untersuchungsgebiet 5; Abschnitt 2
Nord-Süd (Br. 24 cm); in **501**. Führt in einen Schlitz in Mauer **462**. Verfüllt mit fleckigem gelbbraun/dunkelbraunen, sandigen Lehm.
OK.: 91,50 m ü.NN

schneidet/stört: **501**
gesetzt/geschüttet gegen: **462**
überdeckt/liegt über: **528**
überdeckt von: **461**
Zuweisung: Wassereinlauf? Periode 5.

528 Gewachsener Boden

Untersuchungsgebiet 5; Abschnitt 2; Abb. 43
Gelber Sandsteinfels; Fallrichtung: West; Streichrichtung: Nord-Süd. An der Linie zu **529**, rinnenartige Vertiefung in Nord-Süd-Richtung.
OK.: 91,60 m ü.NN

geschnitten/gestört von: **464, 887, 1075**
dagegengesetzt/geschüttet ist: **878**
überdeckt von: **358, 360, 399, 462, 463, 501, 520, 527**
zugehörig: **329, 529**

529 Gewachsener Boden

Untersuchungsgebiet 5; Abschnitt 2
Schotterartig und plattig verwitterter Sandsteinfels über **528**.

Streichen und Fallen wie **528**. Östlich der Schnittmitte bis auf **528** abgegraben, so daß eine Nordost-Südwest verlaufende Rinne entstanden ist, die die Sohle des Schloßteiches bildete.
OK.: 91,63 m ü.NN

überdeckt von: **462, 463, 501**
zugehörig: **329, 528**

530 Kanal

Untersuchungsgebiet 3; Abschnitt c
Sandsteinbruchstücke; Sohle: 91,58-91,77 m ü.NN.
OK.: 92,42 m ü.NN
UK.: 91,75 m ü.NN

zugehörig: **516**
Zuweisung: s. **516**. Periode 5.

531 Kanal

Untersuchungsgebiet 3; Abschnitt a/2
Schmale mit kleinformatigen Bruchsteinen eingefaßte Rinne (Br. 10 cm); bei 40,20 m (Grabungskoordinaten) y-förmig verzweigt. In diesem Bereich flache Mulde mit eingeschwemmtem Sand. Verfüllt mit Material aus **381**. Keine Abdeck- und Bodenplatten festgestellt. Gefälle nach Westen.
OK.: 91,85 m ü.NN
UK.: 91,16 m ü.NN

schneidet/stört: **391, 508, 510**
überdeckt/liegt über: **394**
geschnitten/gestört von: **560, 561**
überdeckt von: **381, 488**
Zuweisung: Unklar. Nach Abriß des Turms **510, 406, 532** (Periode 3); älter als Fußboden **353** (Periode 4). Periode 4.
Fd. Nr. 248: Steinzeug.

532 Ausbruchgrube

Untersuchungsgebiet 3; Abschnitt a/2; Beil. 3b
Ost-West (Br. 50 cm), von Mauer **533**. Verfüllt mit Sandsteinbruchstücken in lockerem, braunem, humosem Sand mit Holzkohlestückchen, etwas verziegeltem Lehm, Backsteinbruch.
OK.: 91,34 m ü.NN
UK.: 91,06 m ü.NN

schneidet/stört: **391, 394**
gesetzt/geschüttet gegen: **475**
überdeckt/liegt über: **533**
geschnitten/gestört von: **356, 475, 507**
dagegengesetzt/geschüttet ist: **391**
überdeckt von: **381, 508**
zugehörig: **510**
Zuweisung: Zum turmartigen Gebäude **510, 532, 401, 402**. Periode 3.

533 Mauer

Untersuchungsgebiet 3; Abschnitt a/2; Abb. 27, Taf. 11,3, Beil. 3a
Ost-West (Br. 70 cm). Sandsteinplatten in Lehmpackung mit etwas Kalkzusatz. Vorläufer einer etwas schmaleren Mauer, die sich in der Ausbruchgrube **532** erhalten hat. Am Westende liegen die Steine unregelmäßig; die Unterkante des Fundaments fällt nach Westen ab von 91,15 auf 90,71 m ü.NN.
OK.: 91,24 m ü.NN
UK.: 90,93 m ü.NN

schneidet/stört: **572**
geschnitten/gestört von: **475, 490**
dagegengesetzt/geschüttet ist: **510, 545, 547**
überdeckt von: **391, 394, 394, 532**
zugehörig: **540, 545**
Zuweisung: Südmauer des Wirtschaftsgebäudes (**540**). Später in das turmartige Gebäude **432, 510, 401, 402** einbezogen. Periode 3.

534 Bodenbelag

Untersuchungsgebiet 3; Abschnitt c; Abb.29.34, Beil. 4
Sandsteinplatten im Schachbrettmuster; senkrecht und waagerecht verlegt. Stark gestört durch Kanal **516, 491**. In einer Bettung aus grüngrauem Sand (**538**). Leichtes Gefälle nach Süden: 91,72-91,55 m ü.NN. Geringerer Abnutzungsgrad als Hofpflaster **254**; Überdachung?
OK.: 91,72 m ü.NN

schneidet/stört: **551, 553, 564**
gesetzt/geschüttet gegen: **541, 738**
überdeckt/liegt über: **538, 540, 550, 551, 555, 574, 601, 609, 610, 676, 734, 765, 822, 823, 824**
geschnitten/gestört von: **475, 511, 536, 537, 539, 552, 592, 594, 677, 766**
überdeckt von: **476, 518, 590, 688**
zugehörig: **254**
Zuweisung: Hofpflaster. Periode 4.
Fd. Nr. 249: Irdenware, Steinzeug, **Kat. Nr. 343**.

535 Baugrube

Untersuchungsgebiet 3; Abschnitt c/1; Abb. 39
Zu Mauer **511** (Br. 18 cm). Nicht näher dokumentiert.
OK.: 91,50 m ü.NN

schneidet/stört: **540, 544, 553, 600**
dagegengesetzt/geschüttet ist: **511**
zugehörig: **511**
Zuweisung: Periode 5.
Fd. Nr. 260: Glas, **Kat. Nr. 533**, Sonstiges: Glas mit Wellenverzierung, plastisch.

536 Bauhorizont

Untersuchungsgebiet 3; Abschnitt c
Gelber, schwach humoser, stark lehmiger Sand mit sehr vielen Kalkklümpchen; Ziegel- und Sandsteinbruchstück.
OK.: 91,50 m ü.NN

schneidet/stört: **534**
überdeckt/liegt über: **553**
überdeckt von: **491, 513, 516**
Zuweisung: Unklar. Bauhorizont des Westflügels? Periode 5.
Fd. Nr. 240: Irdenware, Steinzeug, Pfeife, Kachel, Metall.
Fd. Nr. 256: Irdenware, Steinzeug, Metall, Tierknochen.

537 Einfüllschicht

Untersuchungsgebiet 3; Abschnitt c/1
Obere Einfüllung einer flachen Grube (L. 1,1 m; Br. 90 cm). Sandsteinbruchstücke in braunem, lockerem, humosem Sand mit Dachziegelbruchstücken und vielen Tierknochen.

OK.: 91,46 m ü.NN
UK.: 91,39 m ü.NN

schneidet/stört: **534, 541, 550, 570**
dagegengesetzt/geschüttet ist: **476**
Zuweisung: Bauhorizont des Westflügels? Periode nach 4.
Fd. Nr. 257: Irdenware, Steinzeug, Metall, Tierknochen.

538 Stickung

Untersuchungsgebiet 3; Abschnitt c/1
Zu Fußboden **534**. Gelbbrauner Lehm und graugrüner Sand; grob vermischt. S. **550**.
OK.: 91,68 m ü.NN

überdeckt/liegt über: **540, 551**
geschnitten/gestört von: **356, 542**
überdeckt von: **534**
zugehörig: **550**
Zuweisung: Periode 4.

539 Gräbchen

Untersuchungsgebiet 3; Abschnitt c/1-2
Schmales Gräbchen in Fuge des Fußbodens **534**; Nord-Süd. Linsenförmiger Querschnitt; verfüllt mit Material aus **513**.
OK.: 91,57 m ü.NN
UK.: 91,48 m ü.NN

schneidet/stört: **534**
dagegengesetzt/geschüttet ist: **513**
überdeckt von: **513**
zugehörig: **541**
Zuweisung: zum Bauhorizont (?); jünger als **534** (Periode 4). Periode 5.

540 Mauer

Untersuchungsgebiet 3; Abschnitt c/1; Beil. 3a
Nordost-Südwest (Br. 52 cm). Sandsteinbruchplatten und -stücke; in Lehm. Obere Steinlage gestört und gelockert. Mehrere Unterbrechungen durch Bodeneingriffe jüngerer Perioden. Außenkanten unregelmäßig, z.T. nach Osten gekippt; leichte Abtreppung. Baugrube nicht beobachtet. Verband mit Mauer **563**. Südl. Schmalseite als **Bef. Nr. 533**. Ecke bei r 37,30 m; h 33,50 m und r 40,70; h 49,30. Bei r 38,30 m; h 38,00 m Störung durch Abflußkanal **646**. Unter Fußboden **553**.
OK. Süd-Nord: 91,38; 91,46; 91,79 m ü.NN
UK. Süd-Nord: 91,00; 91,07; 91,59 m ü.NN

schneidet/stört: **595**
gesetzt/geschüttet gegen: **567**
geschnitten/gestört von: **475, 511, 535, 544, 591, 597, 598, 601, 676, 800**
dagegengesetzt/geschüttet ist: **544, 553, 563, 611**
überdeckt von: **476, 534, 538, 609, 610**
zugehörig: **533, 563, 567**
Zuweisung: Westmauer des Wirtschaftsgebäudes. Periode 3.

541 Mauer

Untersuchungsgebiet 3; Abschnitt c/1
Ost-West, Nord-Süd (? Br. 36 cm) aus Sandsteinbruchplatten. In Lehm gesetzt. Farbe grau. Abknicken nach Süden unklar; ohne Baugrube. Unter Mauer, feiner Film aus Schluff.

OK.: 91,49 m ü.NN
UK.: 91,20 m ü.NN

überdeckt/liegt über: **551**
geschnitten/gestört von: **537, 542, 543**
dagegengesetzt/geschüttet ist: **534, 551, 553**
überdeckt von: **476, 484, 518**
zugehörig: **539**
Zuweisung: Unklar; Nordmauer Backofen-Areal? Periode 4.
Fd. Nr. 286: Irdenware, Tierknochen.

542 Grube/Baugrube?

Untersuchungsgebiet 3; Abschnitt c/1
Streifen an Mauer **475**; Sand/Lehm, dunkelbraun, humos; Sandsteinbruchstücke, Dachziegelbruchstücke; etwas Holzkohleflitter und Mörtelklümpchen; Tierknochen.
OK.: 91,52 m ü.NN

schneidet/stört: **538, 541, 551, 570**
gesetzt/geschüttet gegen: **475**
überdeckt/liegt über: **588, 606**
überdeckt von: **476**
Zuweisung: Jünger als Fußboden **534** (Periode 4); älter als Mauer **476** (Periode 5). Zum Bauhorizont? Periode 5.
Fd. Nr. 277: Irdenware, Steinzeug, **Kat. Nr. 372**.

543 Bodenbelag

Untersuchungsgebiet 3; Abschnitt c/1
Sandsteinplatten; zerbrochen; die Platten liegen sehr locker.
OK.: 91,52 m ü.NN

schneidet/stört: **541, 570**
überdeckt von: **475**
Zuweisung: s. **542**. Periode 5.

544 Grube/Baugrube

Untersuchungsgebiet 3; Abschnitt c/1
Entlang **178** und **522** (Br. 30 cm). Verfüllt mit sehr weichem, schwach lehmigem Sand mit wenigen Dachziegelbruchstücken und humosen Flecken.
OK.: 91,54 m ü.NN

schneidet/stört: **540**
gesetzt/geschüttet gegen: **540**
geschnitten/gestört von: **535**
dagegengesetzt/geschüttet ist: **176, 522**
Zuweisung: Periode 4.

545 Brandschicht/Bauhorizont

Untersuchungsgebiet 3; Abschnitt a/2
Sand/Lehm; braungrau; im Osten sehr viel Kalk; Holzkohle und graue Aschebänder; wenig verziegelter Lehm; ein rot verziegeltes Lehmband; weich.
OK.: 91,29 m ü.NN

gesetzt/geschüttet gegen: **533, 557, 599**
überdeckt/liegt über: **546, 557, 572, 599**
geschnitten/gestört von: **356, 547, 556, 560**
überdeckt von: **394, 556**
zugehörig: **533, 546, 554**
Zuweisung: Zum ältesten Boden des turmartigen Gebäudes. Periode 3.

Fd. Nr. 270: Sonstiges: verkohlte Holzäste.
Fd. Nr. 271: graue Irdenware.
Fd. Nr. 273: Irdenware.
Fd. Nr. 276: Irdenware.
Fd. Nr. 302: Metall, Sonstiges: Backsteinbruchstück.

546 Sonstige Schicht

Untersuchungsgebiet 3; Abschnitt a/2; Beil. 3b
Sand/Lehm; grüngrau mit fleckenweise sehr viel kleinen, starken, fast zu Sand verwitterten Sandsteinbruchstücken (1-2 cm); hart; etwas Holzkohleflitter und Klümpchen verziegelter Lehm. Laufhorizont?
OK.: 91,14 m ü.NN

überdeckt/liegt über: **329, 558, 618**
geschnitten/gestört von: **169, 509, 547**
überdeckt von: **394, 545**
zugehörig: **545**
Zuweisung: s. **545**. Periode 3.
Fd. Nr. 288: Sonstiges: Silexabschlag.

547 Graben

Untersuchungsgebiet 3; Abschnitt a/2; Beil. 3b, Taf. 11,3
Nord-Süd (Br. 54 cm) entlang Mauer **510**. Steiler Rand, flacher Boden. Verfüllt mit Material aus **394**. Oberer Bereich: faustgroße Lehmklumpen, rot/orange verziegelt, mit organischen Einschlüssen (Stroh?); auf der Sohle verbrannte, kleinformatige Sandsteinstücke in kaum noch verziegeltem grauen Schluff-Sandgemisch.
OK.: 91,14 m ü.NN
UK.: 90,75 m ü.NN

schneidet/stört: **329, 545, 546, 572, 618**
gesetzt/geschüttet gegen: **510, 533**
überdeckt/liegt über: **422, 639**
überdeckt von: **391, 394, 504**
zugehörig: **394**
Zuweisung: Unklar; Windschacht zu **504** (?). Periode 3.
Fd. Nr. 298: Irdenware.
Fd. Nr. 653: Sonstiges: Bodenprobe.

548 Einfüllschicht

Untersuchungsgebiet 3; Abschnitt a/1
In Grube **392** (L. 80 cm). Lehmiger Sand mit etwas Holzkohle vermischt; rötlich-gelb.
OK.: 90,75 m ü.NN

gesetzt/geschüttet gegen: **392, 549**
zugehörig: **392**
Zuweisung: zum Ofen **488**? Periode vor 4.

549 Einfüllschicht

Untersuchungsgebiet 3; Abschnitt a/1
In Grube **392**. Grauer, heller Schluff, wellige geaderte Oberfläche. Etwas Holzkohleflitter; fein verteilte, sehr kleine verziegelte Lehmklümpchen.
UK.: 90,66 m ü.NN

gesetzt/geschüttet gegen: **392**
dagegengesetzt/geschüttet ist: **548**
zugehörig: **392**
Zuweisung: s. **548**. Periode 4.

550 Stickung

Untersuchungsgebiet 3; Abschnitt c/1; Abb. 34
Für Fußboden **543**. Feiner, graugrüner Sand mit den Abdrücken des darüberliegenden Pflasters.
OK.: 91,61 m ü.NN
UK.: 91,50 m ü.NN

überdeckt/liegt über: **551**
geschnitten/gestört von: **537**
überdeckt von: **534**
zugehörig: **538, 555**
Zuweisung: Periode 4.
Fd. Nr. 255: Steinzeug, Metall, Sonstiges: Bronzestück, stark korrodiert.

551 Planierschicht

Untersuchungsgebiet 3; Abschnitt c/1
Weicher, schwach sandiger Lehm mit wenigen kleinformatigen Sandsteinbruchstücken (T./H. 22 cm). Oberfläche wellig mit Abdrücken des Fußbodens **534**; locker. Gefälle von Nord nach Süd: 91,37-91,29 m ü.NN

gesetzt/geschüttet gegen: **541**
überdeckt/liegt über: **553, 563, 564**
geschnitten/gestört von: **534, 542, 552, 600**
überdeckt von: **534, 538, 541, 550, 555**
zugehörig: **555**
Zuweisung: vor Fußboden **534**. Periode 4.

552 Pfostenloch

Untersuchungsgebiet 3; Abschnitt c/1; Abb. 39
Rund, mit Steinkeilen (L. 46 cm; Br. 50 cm). Verfüllt mit braunem, etwas humosem und lehmigem Sand; wenige Holzkohleflitter und Kalkklümpchen.
OK.: 92,50 m ü.NN
UK.: 89,90 m ü.NN

schneidet/stört: **534, 551, 553, 562, 595, 596**
überdeckt von: **484**
zugehörig: **326, 404, 407, 455, 561, 600, 660, 675**
Zuweisung: Baugerüst des Westflügels. Periode 5.

553 Einfüllschicht/Laufniveau

Untersuchungsgebiet 3; Abschnitt c/1; Abb. 34
Brauner, schwach rötlicher, lehmiger Sand mit verworfenen Sandsteinbruchstücken, Holzkohle und z.T. verziegelten Lehmflecken; gitterförmige Strukturen aus vermodertem Holz, wie Flechtwerk. Einige Stücke grauer, weicher Tonschiefer. Dunkelbraun-schwarze Schluffschlieren. Stärke nach Osten deutlich abnehmend.
OK.: 91,23 m ü.NN
UK.: 91,20 m ü.NN

gesetzt/geschüttet gegen: **540, 541, 563**
überdeckt/liegt über: **563, 564, 568, 569, 595**
geschnitten/gestört von: **534, 535, 552, 600**
überdeckt von: **536, 551**
Zuweisung: Fußboden im Innenbereich des Wirtschaftsgebäudes. Periode 3.
Fd. Nr. 253: Irdenware, graue Irdenware, Steinzeug, **Kat. Nr. 48**.
Fd. Nr. 275: graue Irdenware.

Fd. Nr. 279: prähistorische Irdenware.
Fd. Nr. 328: Steinzeug, Tierknochen.

554 Sonstige Schicht

Untersuchungsgebiet 3; Abschnitt a/2; Abb. 39

gesetzt/geschüttet gegen: **557**
zugehörig: **545**
Zuweisung: s. **545**. Periode 3.

555 Sonstige Schicht

Untersuchungsgebiet 3; Abschnitt c/1
Brauner, stark humoser, lehmiger Sand mit vielen großen Sandsteinbruchstücken; Backsteinbruchstücke, etwas Holzkohle und Mörtelklümpchen.
OK.: 91,57 m ü.NN
UK.: 91,45 m ü.NN

schneidet/stört: **725**
überdeckt/liegt über: **551, 563, 564**
überdeckt von: **534**
zugehörig: **550, 551**
Zuweisung: Stickung des Fußbodens **534**. Periode 4.

556 Planierschicht

Untersuchungsgebiet 3; Abschnitt a/2
Grauer Lehm/Sand, wellige Oberfläche; vereinzelt Holzkohleflitter, kleine Sandsteinbruchstücke, verrottete Astspuren.
OK.: 91,35 m ü.NN
UK.: 91,21 m ü.NN

schneidet/stört: **545**
überdeckt/liegt über: **545, 572**
geschnitten/gestört von: **356**
dagegengesetzt/geschüttet ist: **394**
überdeckt von: **394**
Zuweisung: Unklar; zum Fußboden im turmartigen Gebäude? Periode 3.

557 Pfostengrube

Untersuchungsgebiet 3; Abschnitt a/2; Beil. 2
Kleiner Pfosten und -grube (Br. 45 cm). Pfostenspur rund, verfüllt mit lockerem, braunem, humosem Sand; Hohlräume, etwas Holzkohle und Mörtelklümpchen. Pfostengrube quadratisch, verfüllt mit gelbbraunem lehmigen Sand. Hohlraum bei 91,19 m ü.NN (Dm. Pfostenspur 12,5 cm).
OK.: 90,75 m ü.NN

schneidet/stört: **572**
dagegengesetzt/geschüttet ist: **545, 554**
überdeckt von: **394**
zugehörig: **599**
Zuweisung: Unklar. Periode 2.
Fd. Nr. 284: Irdenware, **Kat. Nr. 302**, Tierknochen.

558 Tiergang

Untersuchungsgebiet 3; Abschnitt a/2; Beil. 2
Runder Umriß, konzentrisch verfüllt mit Kalkklümpchen, verziegeltem Lehm, Holzkohlestückchen und grauem, lehmigem Sand.

OK.: 91,08 m ü.NN

schneidet/stört: **572**
überdeckt von: **546**
zugehörig: **559, 620**
Zuweisung: Wurzelspur oder Tiergang. Periode vor 3.

559 Graben

Untersuchungsgebiet 3; Abschnitt a/2
Schmales flaches Gräbchen; linsenförmiger Querschnitt (L. 1 m; Br. 16 cm). Verfüllt mit gelbbraun-grauem, lehmigem Sand und Holzkohleflittern. Inkohlte Getreidekörner.
OK.: 90,95 m ü.NN
UK.: 90,91 m ü.NN

schneidet/stört: **329, 505**
überdeckt von: **394**
zugehörig: **558, 620**
Zuweisung: Unklar; Wurzelspur, Tiergang? Periode vor 3.
Fd. Nr. 254: Sonstiges: Silexabschlag, kalziniert.
Fd. Nr. 493: Irdenware, graue Irdenware, Metall, **Kat. Nr. 548**, Tierknochen, Sonstiges: Bronzebeschlag.

560 Pfosten

Untersuchungsgebiet 3; Abschnitt a/2; Beil. 2
Pfostengrube mit annähernd quadratischem Umriß (L. 30 cm; Br. 31 cm). Nicht genauer dokumentiert.
OK.: 91,19 m ü.NN
UK.: 90,90 m ü.NN

schneidet/stört: **391, 394, 531, 545, 618**
überdeckt von: **353, 508**
Zuweisung: Unklar. Periode unbestimmt.

561 Pfosten

Untersuchungsgebiet 3; Abschnitt a/2; Abb. 39
Pfostengrube mit eiförmigem Umriß (L. 34 cm; Br. 30 cm). In der Mitte senkrecht stehende Keilsteine.
OK.: 91,32 m ü.NN
UK.: 90,98 m ü.NN

schneidet/stört: **353, 381, 391, 394, 531**
überdeckt von: **206, 340**
zugehörig: **326, 404, 407, 455, 552, 600, 660, 675**
Zuweisung: Baugerüst des Westflügels. Periode 5.

562 Kulturschicht

Untersuchungsgebiet 3; Abschnitt c/1; Abb. 34
Ehemaliger Gartenboden? Überwiegend harter, sandiger Lehm mit grauen, schluffig nassen Flecken. Wurzelspuren. An der Oberfläche kleine rechteckige Spuren von senkrecht stehenden Holzbrettern (10 x 4 cm); quadratische bis diffuse Flecken mit grauem, sandigem Schluff oder braunschwarzem, kiesigem Sand. Abdrücke des Fußbodens **534**.
OK.: 91,48 m ü.NN

geschnitten/gestört von: **552, 564, 567-569, 588, 606, 616, 617, 667-669, 678**
überdeckt von: **596**
zugehörig: **571**
Zuweisung: alte Oberfläche mit Wurzelspuren und einge-

schlagenen Holzpfählen? (**564**). Periode 2.
Fd. Nr. 287: Sonstiges: Fossilie.
Fd. Nr. 333: prähist. Irdenware.
Fd. Nr. 414: prähist. Irdenware.
Fd. Nr. 418: prähist. Irdenware, Sonstiges: Silexklinge, **Kat. Nr. 558**; Dachziegelbruchstück.
Fd. Nr. 423: prähist. Irdenware, Sonstiges: Silexabschlag.
Fd. Nr. 469: Irdenware, Sonstiges: Backstein, Dachziegel.

563 Mauer

Untersuchungsgebiet 3; Abschnitt c/1; Beil. 3a, Abb. 34
Ost-West (Br. 42 cm); waagerecht verlegte Sandsteinbruchstücke in einem dünnen Bett aus grauem Schluff. Bis auf eine Steinlage abgetragen. In gelben Lehm gesetzt.
OK.: 91,55 m ü.NN
UK.: 91,37 m ü.NN

schneidet/stört: **596**
gesetzt/geschüttet gegen: **540**
überdeckt/liegt über: **571**
geschnitten/gestört von: **566, 601**
dagegengesetzt/geschüttet ist: **553, 595**
überdeckt von: **551, 553, 555**
zugehörig: **540**
Zuweisung: Innenwand im Wirtschaftsgebäude. Periode 3.

564 Sonstiger Befund

Untersuchungsgebiet 3; Abschnitt c/1
Oval-eiförmige Vertiefung in **562** (Dm. 0,9-1 m), darin kleine, runde Spuren von angespitzten Pfählen (Dm. 6-8 cm), die mit graubraunem oder grauschwarzem, harten Gemisch aus Schluff, Kies und groben Sand verfüllt sind. Die runden Verfärbungen liegen am Rand des Befundes eher konzentrisch, im Inneren mehr ungeordnet. Um die Grube gruppieren sich: bogenförmiges Gräbchen, ovales Gräbchen, quadratisches, flache Grube (20 x 20 cm) mit kleinen Sandsteinbruchstücken und dunkelbraunem-schwarzem Sand, etwas kiesig, quadratische, flache Grube mit verziegelten Lehmklümpchen, ovale, flache Grube mit Ziegelsteinbruchstück (L. 1,4 m; Br. 1,3 m).
OK.: 91,42 m ü.NN
UK.: 91,21 m ü.NN

schneidet/stört: **562, 571**
geschnitten/gestört von: **534**
überdeckt von: **551, 553, 555, 566, 574**
Zuweisung: Substruktion für ein abgetragenes Steinfundament? Periode vor 3.

565 Ausbruchgrube

Untersuchungsgebiet 3; Abschnitt c/1

dagegengesetzt/geschüttet ist: **563**
zugehörig: **566**
Zuweisung: s. **566**. Periode 3.

566 Ausbruchgrube

Untersuchungsgebiet 3; Abschnitt c/1
Ausbruchgrube von Mauer **563** (Br. 46 cm). Grauer, schluffiger Sand mit feinen Holzkohleflittern und rotbraunen, torfigen Holzspuren (Material aus **553**). Auf der Sohle Reste der Mauerstickung aus schluffig-lehmigem Sand.

OK.: 91,37 m ü.NN
UK.: 91,34 m ü.NN

schneidet/stört: **563**
überdeckt/liegt über: **564**
dagegengesetzt/geschüttet ist: **563**
zugehörig: **565**
Zuweisung: Periode 3.

567 Baugrube/Bruchkante

Untersuchungsgebiet 3; Abschnitt c/1
Zu **540** (Br. 4 cm). Schmal, mit unregeläßigem Umriß. Graubrauner bis gelber Sand mit Rissen, die möglicherweise durch das Kippen der Mauer nach Westen entstanden sind. Etwas Holzkohle und verziegelter Lehm.
OK.: 91,12 m ü.NN

schneidet/stört: **562**
geschnitten/gestört von: **568, 569**
dagegengesetzt/geschüttet ist: **540**
zugehörig: **540**
Zuweisung: Periode 3.

568 Grube

Untersuchungsgebiet 3; Abschnitt c/1
Kleine runde Grube (30 x 30 cm), verfüllt mit lockerem Material aus **555**; Tierknochen.
OK.: 91,12 m ü.NN
UK.: 90,97 m ü.NN

schneidet/stört: **562, 567**
überdeckt von: **553**
zugehörig: **569**
Zuweisung: Unklar. Periode vor 4.

569 Grube

Untersuchungsgebiet 3; Abschnitt c/1
Wie **568** (37 x 35 cm).
OK.: 91,13 m ü.NN
UK.: 90,98 m ü.NN

schneidet/stört: **562, 567**
überdeckt von: **553**
zugehörig: **568**
Zuweisung: Unklar. Periode vor 4.

570 Baugrube

Untersuchungsgebiet 3; Abschnitt c/1
Zu **475** (Br. 5 cm); sehr schmal; brauner, humoser, lockerer Sand.
OK.: 91,25 m ü.NN

schneidet/stört: **588, 595, 596**
geschnitten/gestört von: **537, 542, 543**
dagegengesetzt/geschüttet ist: **475**
überdeckt von: **476, 484**
zugehörig: **507**
Zuweisung: Periode 5.

571 Kulturschicht

Untersuchungsgebiet 3; Abschnitt c/1

Wie **562**, etwas mehr grau und Schlieren aus schwarzem Schluff.
OK.: 91,41 m ü.NN

geschnitten/gestört von: **564**
überdeckt von: **563, 574**
zugehörig: **562**
Zuweisung: wie **562**. Periode vor 3.

572 Kulturschicht

Untersuchungsgebiet 3; Abschnitt a/2
Grauer Sand/Lehm; blasse graue mondförmige (Dm. 12 cm) Eintiefungen; viele Wurzel- und Tiergänge.
OK.: 91,11 m ü.NN

überdeckt/liegt über: **639**
geschnitten/gestört von: **510, 533, 547, 557, 558, 599, 619**
überdeckt von: **545, 556**
zugehörig: **505, 509**
Zuweisung: alte Oberfläche; s. **505**. Periode vor 3.
Fd. Nr. 417: Sonstiges: Silex, Kernstein.

573 Störung

Untersuchungsgebiet 3; Abschnitt a/1; Abb. 38
Bogenförmig ausgebrochene Stelle unter Mauer **178** (Br. 1,3 m). Oben kaminartiger Schlitz von 30 cm Breite.
OK.: 93,00 m ü.NN
UK.: 91,20 m ü.NN

geschnitten/gestört von: **336**
dagegengesetzt/geschüttet ist: **166, 489**
zugehörig: **489**
Zuweisung: Aussparung für Backofen **489**. Periode 4.

574 Sonstige Schicht

Untersuchungsgebiet 3; Abschnitt c/1; Abb. 34
Tonschiefer-Schotter; sehr hart.
OK.: 91,61 m ü.NN
UK.: 91,50 m ü.NN

überdeckt/liegt über: **564, 571, 596**
überdeckt von: **534**
Zuweisung: Zur Fußbodenstickung von **534**. Periode 4.

575 Bodenbelag

Untersuchungsgebiet 3; Abschnitt c/4; Beil. 6
Sandsteinbruchplatten, rechteckig zugerichtet. Gefälle von Ost nach West.
OK.: 92,89 m ü.NN

gesetzt/geschüttet gegen: **577**
überdeckt/liegt über: **580**
geschnitten/gestört von: **576**
Zuweisung: Fußboden im Nordwest-Turm. Periode 6.

576 Ausflickung

Untersuchungsgebiet 3; Abschnitt c/4
In Fußboden **575**. Beton.
OK.: 92,79 m ü.NN

schneidet/stört: **575, 580**
Zuweisung: Rezente Reparatur in **575**. Periode nach 6.

577 Turm

Untersuchungsgebiet 3; Abschnitt c/4; Abb.: 47, Beil. 5
Nordwestturm (L. 6,35 m; Br. 6,2 m). Quadratischer Grundriß (Innen: 4,22 x 4,5 m). Durchgänge nach Nord und Ost. Zwei Stockwerke erhalten. Erdgeschoß (innen): kleines Fenster nach Osten mit Rahmen aus Kunstsandstein; Fenstersturz aus Holzbalken. Daneben vermauerte Nische (Tür? 0,8 x 2 m) und Balkenloch. Tür mit Betonsturz, Nordseite rezent ergänzt. Kleines Fenster (0,8 x 1,7 m) nach Süden, Rahmen aus Kunstsandstein ergänzt. Großes Fenster nach Westen (1,7 x 1,8 m); Fensterbank aus Beton, Rahmen aus Kunstsandstein ergänzt. Nordseite mit Tür (1,7 x 2 m) und Stufen. Mauerwerk aus Sandsteinquadern und -bruchplatten; meist klein- und mittelformatig. Farbe: rotbraun. Wandputzreste. Mörtel: grauweiß mit Sand. Obergeschoß nicht dokumentiert.

schneidet/stört: **856, 1012**
überdeckt/liegt über: **1016**
dagegengesetzt/geschüttet ist: **234, 575, 580, 752, 780, 850, 874, 1000, 1011, 1054-1056**
im Verband mit: **138, 138, 593, 656, 1005, 1017**
zugehörig: **144**
Zuweisung: Periode 5.

578 Mauer

Untersuchungsgebiet 3; Abschnitt d/2; Abb. 9, Taf. 14,2, Beil. 5
Ost-West (Br. 80 cm). Sandsteinbruchstücke; Mörtel unterschiedlich, am Westende: grau mit Asche gemagert; am Ostende und in der Mitte: Lehm mit Kalkklümpchen und sandiger Kalkmörtel. Steine sehr unregelmäßig gesetzt.
OK.: 92,93 m ü.NN
UK.: 92,63 m ü.NN

gesetzt/geschüttet gegen: **169**
überdeckt/liegt über: **597, 651, 776**
dagegengesetzt/geschüttet ist: **279, 579, 612, 615, 623, 641, 869**
überdeckt von: **612**
Zuweisung: Südmauer des Nordflügels. Periode 5.

579 Bodenbelag

Untersuchungsgebiet 3; Abschnitt d/2; Beil. 6
Rechteckig zugerichtete Sandsteinplatten in einem 1 m breiten Streifen entlang der Südwand des Nordflügels (Br. 1 m). Angepaßt an Traufrinne **185**. Gefälle von Ost nach West. In der Mitte gestört.
OK.: 92,94 m ü.NN

gesetzt/geschüttet gegen: **279, 578**
dagegengesetzt/geschüttet ist: **185**
Zuweisung: Jüngste Ausführung des Innenhofs. Periode 6.

580 Planierschicht

Untersuchungsgebiet 3; Abschnitt c/4
Fußbodenbett für **575**. Gemisch aus braunem, humosem Sand und Steinkohleschotter. Wenige kleine Sandsteinbruchstücke.
OK.: 92,70 m ü.NN

Befundkatalog

gesetzt/geschüttet gegen: **577**
überdeckt/liegt über: **850**
geschnitten/gestört von: **576**
überdeckt von: **575**
Zuweisung: Periode 6.
Fd. Nr.: Münze (ILISCH Nr. 1).
Fd. Nr. 300: Irdenware, Fayence, Pfeife, **Kat. Nr. 520**, Kachel, Sonstiges: Wandputz, blau bemalt.

581 Bodenbelag

Untersuchungsgebiet 3; Abschnitt b/4; Beil. 6
Abgerundete Flußkiesel. Sehr eng in Ost-West Richtung verlegt; wellige Oberfläche, einzelne spitz herausstehende Kiesel. In den Fugen sehr harter Lehmschlamm.
OK.: 92,93 m ü.NN

überdeckt/liegt über: **199, 622, 636, 689**
überdeckt von: **279**
zugehörig: **622**
Zuweisung: Jüngsten Ausführung des Innenhofs. Periode 6.
Fd. Nr. 483: Metall, Sonstiges: Knopf mit farbiger Einlage, in zwei Teile zerbrochen.

582 Wasserbehälter

Untersuchungsgebiet 3; Abschnitt d/1; Beil. 6
Runde Steinsetzung aus Ziegeln (26 x 12 cm) mit rechteckigem Einbau (Br. 2,35 m), der mit Sandsteinplatte abgedeckt ist. Harter, grauer, mit Sand und Asche vermischter Mörtel. Innen verputzt; aus Fugen quellender Mörtel.
OK.: 92,85 m ü.NN
UK.: 91,87 m ü.NN

schneidet/stört: **189, 254, 445**
gesetzt/geschüttet gegen: **584**
dagegengesetzt/geschüttet ist: **583**
überdeckt von: **279**
zugehörig: **584, 585, 586**
Zuweisung: Zur Wasserversorgung nach Aufgabe des Brunnens **218**. Periode 6.

583 Einfüllschicht

Untersuchungsgebiet 3; Abschnitt d/1
In **582**. Schwarzer, mit Steinkohlenstaub vermischter Sand; einige Lehmflecken, Backsteinsplitt, Schlacke, Dachziegelbruchstücke und etwas Kies, durchmischt, Eisenschlacke.
OK.: 92,65 m ü.NN
UK.: 92,03 m ü.NN

gesetzt/geschüttet gegen: **582**
zugehörig: **584**
Zuweisung: Einfüllung nach 1945. Periode nach 6.
Fd. Nr. 285: Glas, Metall, Sonstiges: Gasmaskenfilter, **Kat. Nr. 594**.
Fd. Nr. 457: Sonstiges: Elektroteile, Blumentopf.
Fd. Nr. 465: Glas, Metall, Sonstiges: Blumentopf, Blechdose, Stanzrest.

584 Baugrube

Untersuchungsgebiet 3; Abschnitt d/1
Zu **582** (Br. 30 cm). Durchmischtes Material aus **189** und **279**. Konzentrisch um **582**.

OK.: 92,45 m ü.NN
UK.: 91,85 m ü.NN

schneidet/stört: **189**
dagegengesetzt/geschüttet ist: **582**
überdeckt von: **279**
zugehörig: **582, 583**
Zuweisung: zu **582**. Periode 6.
Fd. Nr. 301: Steinzeug, Porzellan, Steingut.

585 Mauer

Untersuchungsgebiet 3; Abschnitt d/1; Beil. 6
Rechteck (L. 1,2 m; Br. 12 cm) aus Backsteinen (25,5 x 12 cm). Grauer mit etwas Steinkohle gemagerter Mörtel. Mit rezentem Müll verfüllt. Um die Steinsetzung 13 cm breite Baugrube.
OK.: 92,72 m ü.NN
UK.: 91,95 m ü.NN

schneidet/stört: **189**
dagegengesetzt/geschüttet ist: **184**
überdeckt von: **279**
zugehörig: **184, 582, 586**
Zuweisung: Zur Wasserversorgungsanlage **582**. Verfüllt nach 1945. Periode 6.

586 Mauer

Untersuchungsgebiet 3; Abschnitt d/1; Beil. 6
Wie **585** (L. 1,1 m).
OK.: 92,73 m ü.NN
UK.: 91,96 m ü.NN

schneidet/stört: **189**
überdeckt von: **279**
zugehörig: **184, 582, 585**
Zuweisung: wie **585**. Periode 6.

587 Mauer

Untersuchungsgebiet 3; Abschnitt c/2; Beil. 6
Trapezförmiges Bassin (L. 2,24 m; Br. 1,5 m) aus Backsteinen unter einer 1 cm starken Putzschicht. In der Südostecke Treppenstufe. In der Mitte runder Sockel mit ringförmiger Eisenrostspur, Eisenklammer und Führungsloch (Drehscheibe?). In der Nordwestecke U-förmiger Einbau, dessen Boden mit einer Eisenplatte ausgekleidet ist (Abfluß, rezent vermauert?).
OK.: 92,59 m ü.NN
UK.: 92,03 m ü.NN

schneidet/stört: **597**
gesetzt/geschüttet gegen: **178**
dagegengesetzt/geschüttet ist: **173**
im Verband mit: **492**
Zuweisung: Einbau unbekannter Funktion in dem zur Fabrikhalle umgebauten Westflügel. Periode 6.
Fd. Nr. 297: Münze (ILISCH Nr. 8), Sonstiges: Spielmarke.

588 Graben

Untersuchungsgebiet 3; Abschnitt c/1; Beil. 2, Abb. 34, Taf. 8,2
Kastenförmiger Querschnitt (L. 5,4 m; Br. 27 cm). Einfül-

lung aus dunkelbraunem, brüchigem Schluff, am Ostende übergehend in feinen, graugelben, gesprenkelten Sand; an den Rändern weißer Sand mit dünnen Schluffbändern; in der dunklen Einfüllung einige Tierknochen, Sandsteinbruchstücke und Dachziegelbruchstücke. Etwas Holzkohle, vereinzelt rot/orangefarben verziegelte Lehmklümpchen. Spuren von angespitzten Holzpfählen (Dm. 15 cm). Vermischung mit Funden aus **542** ist möglich.
OK.: 91,27 m ü.NN
UK.: 91,04 m ü.NN

schneidet/stört: **562, 658, 664, 665**
geschnitten/gestört von: **475, 570, 606**
dagegengesetzt/geschüttet ist: **596**
überdeckt von: **542, 595**
zugehörig: **606, 678**
Zuweisung: Wandgraben? Periode 2.
Fd. Nr. 429: Irdenware, graue Irdenware, Steinzeug, Tierknochen.
Fd. Nr. 433: Irdenware.
Fd. Nr. 478: Sonstiges: Bernsteinperle, zerbrochen; Schlämmrückstände.
Fd. Nr. 480: graue Irdenware, Sonstiges: Schlämmrückstände.
Fd. Nr. 496: Sonstiges: verziegelter Lehm.

598 entfällt

590 Kanal

Untersuchungsgebiet 3; Abschnitt c/3; Abb. 7, Beil. 5
Ost-West aus Sandsteinbruchplatte und Sandsteinquadern. Gefälle nach Westen. Querschnitt kastenförmig. Die Abdeckplatten fehlen. Gestört durch Tonrohr **591** und Baggerloch **592**. Über Fußboden **534**. Sohle: 93,02-92,90 m ü.NN. (Br. innen 20 cm; Br. außen 70 cm).

schneidet/stört: **800**
überdeckt/liegt über: **534**
geschnitten/gestört von: **591, 592**
zugehörig: **771, 778**
Zuweisung: Ableitung von Regenwasser aus dem Innenhof? Vgl. Befunde **771** und **778**. Periode 5.

591 Rohrgraben

Untersuchungsgebiet 3; Abschnitt c/3; Abb. 29, Beil. 6
Für ein Tonrohr, Ost-West, Gefälle nach Westen (Toilettenabfluß; Br. 50 cm)). Führt in einen Mauerdurchbruch in **178**. Stört Fußboden **534** und Kanal **590**.
OK.: 91,70 m ü.NN
UK.: 91,06 m ü.NN

schneidet/stört: **540, 590, 598**
überdeckt von: **592, 688**
Zuweisung: Abwasserrohr der Toilette. Periode 6.

592 Grube

Untersuchungsgebiet 3; Abschnitt c/3
Tiefes Baggerloch entlang Mauer **178** und **593** (Br. 1,6 m); verfüllt mit rezentem Bauschutt.
OK.: 91,76 m ü.NN

schneidet/stört: **534, 590, 611**

überdeckt/liegt über: **591, 611**
zugehörig: **608**
Zuweisung: Sondiergraben im Rahmen der Bestandsaufnahme um 1985. Periode nach 6.

593 Mauer

Untersuchungsgebiet 3; Abschnitt c/3
Ost-West; Nordmauer des Nordflügels (Stall), Innenseite (Br. 1 m). Aufgehendes im Torbereich zerstört. Zwei Geschosse mit je 5 (unten), 3 (oben) Fenstern erhalten. Die beiden westlichen Fenster weisen Sturz mit Eisenträgern auf. Fundament: 25 cm breiter als Aufgehendes. Überwiegend kleine Sandsteinbruchplatten, orange/grau. Erdgeschoß rezent verputzt; Fensterrahmen aus Kunstsandstein modern ergänzt; Obergeschoß: vier heraustehende Balkenanker für die Geschoßdecke; auf der Gegenseite Querriegel als Jahreszahl: „1671"; Fensterrahmen aus Sandstein; Mauerkrone rezent betoniert.
OK.: 100,2 m ü.NN
UK.: 92,55 m ü.NN

überdeckt/liegt über: **656**
dagegengesetzt/geschüttet ist: **612, 688**
im Verband mit: **577, 848**
zugehörig: **594, 614, 656, 847, 848, 1005**
Zuweisung: Marstall. Periode 5.

594 Baugrube/Ausbruchgrube

Untersuchungsgebiet 3; Abschnitt c/3; Abb. 29.39
Querschnitt kastenförmig. Verfüllt mit gelbbraunem, stark lehmigem Sand, der mit wenigen Sandsteinbruchstücken vermischt ist; weitere Bestandteile: Kalkflecken, Dachziegelbruchstücke, im Westen sehr sandig; Konsistenz: locker, weich. Befund wird von West nach Ost schmaler (von 60-5 cm). Kante verläuft parallel zur älteren Mauer **709**, so daß die Ausbruchgrube einer älteren, etwas anders gefluchteten Mauer, die Baugrube der Mauer **656** gebildet haben könnte.
OK.: 92,03 m ü.NN

schneidet/stört: **534, 685, 820, 823, 824**
gesetzt/geschüttet gegen: **656**
geschnitten/gestört von: **608**
überdeckt von: **611, 641, 681, 688**
zugehörig: **593**
Zuweisung: Einfüllung einer Ausbruchgrube/Baugrube. Periode 5.
Fd. Nr. 447: Glas, Metall, Tierknochen, Sonstiges: Flachglas; Vierfuß aus Eisen.

595 Sonstige Schicht

Untersuchungsgebiet 3; Abschnitt c/1; Abb. 34
Gelber, schwach rötlicher, lehmiger Sand; wellige Oberfläche. Feste, trockene Konsistenz; im Norden hart. Gefälle von Nord nach Süd. Durchzogen von Wurzelspuren und Tiergängen.
OK.: 91,38 m ü.NN

gesetzt/geschüttet gegen: **563**
überdeckt/liegt über: **588, 596**
geschnitten/gestört von: **540, 552, 570**
überdeckt von: **553**
Zuweisung: Unklar. Periode 3.
Fd. Nr. 272: graue Irdenware.

596 Sonstige Schicht

Untersuchungsgebiet 3; Abschnitt c/1; Abb. 34
Graubraunes, dünnes (2-3 cm), lehmiges Sandband; stellenweise mit organischem, torfig verwittertem Material durchsetzt. Vereinzelt, im Südostquadrant deutlich mehr, Dachziegelbruchstücke, craquelierte Sandsteinbruchstücke; leichtes Gefälle nach Westen.
OK.: 91,36 m ü.NN

gesetzt/geschüttet gegen: **588, 678**
überdeckt/liegt über: **562, 616, 617, 667, 668, 669**
geschnitten/gestört von: **511, 552, 563, 570, 601**
überdeckt von: **574, 595**
zugehörig: **276**
Zuweisung: ältestes Laufniveau im Bereich des späteren Westflügels. Periode 3.
Fd. Nr. 336: Sonstiges: Ziegelbruchstück?

597 Mauer

Untersuchungsgebiet 3; Abschnitt c/3; Beil. 5
Flaue Zweischalentechnik (Br. 1,15 m); Seiten mit kleinen und mittelgroßen Sandsteinplatten gemauert; dazwischen überwiegend kleinteiliger Sandsteinschotter in einem graubraunen, sehr sandigen Mörtel, mit etwas Kohle- und Tonschieferzuschlag; geringer Kalkanteil als Kalkklümpchen. In der Mitte der Wand verbreitet sich die Mauer um 10 cm. An dieser Stelle sind mehrere hervorspringende und senkrechtstehende Sandsteine vermauert.
OK.: 92,46 m ü.NN

schneidet/stört: **540**
gesetzt/geschüttet gegen: **178**
überdeckt/liegt über: **598**
geschnitten/gestört von: **587**
überdeckt von: **169, 173, 578, 688**
zugehörig: **651**
Zuweisung: Nordmauer des Westflügels. Periode 5.

598 Mauerstickung/Baugrube

Untersuchungsgebiet 3; Abschnitt c/3; Abb. 29
Ost-West; lose zusammengeworfene, mittelgroße, graugelbe Sandsteinbruchstücke; zwischen den Steinen etwas Lehm.
OK.: 91,70 m ü.NN

schneidet/stört: **540**
geschnitten/gestört von: **591**
überdeckt von: **178, 597**
Zuweisung: Unklar. Periode vor 5.

599 Pfostengrube

Untersuchungsgebiet 3; Abschnitt a/2; Beil. 2
Runder Umriß (Dm. 40-50 cm); Verfüllung: grau-brauner Sand/Lehm, etwas Holzkohleflitter; feine verziegelte Lehmklümpchen. Runde Pfostenspur (Dm. 23 cm), ein senkrechtstehender Sandsteinkeil. Pfosten gezogen, mit Material aus Schicht **545** vermischt; Eierschalenbruchstücke in der obersten Einfüllung (L. 40 cm; Br. 51 cm).
OK.: 91,11 m ü.NN
UK.: 90,59 m ü.NN

schneidet/stört: **572**
dagegengesetzt/geschüttet ist: **545**

überdeckt von: **545**
zugehörig: **557**
Zuweisung: s. **557**. Periode 2.
Fd. Nr. 449: Sonstiges: Schlämmrückstände.

600 Pfostengrube

Untersuchungsgebiet 3; Abschnitt c/1; Abb. 39
Runder Umriß (Br. 45 cm); senkrechtstehender Keilstein; Pfosten gezogen. Verfüllt mit schwarzbraunem, stark humosem Sand/Lehm; sehr viele Hohlräume.
OK.: 91,41 m ü.NN
UK.: 89,97 m ü.NN

schneidet/stört: **551, 553**
geschnitten/gestört von: **511, 535**
überdeckt von: **484**
zugehörig: **326, 404, 407, 455, 552, 561, 660, 675**
Zuweisung: Gerüstpfosten zum Westflügel. Periode 5.

601 Grube

Untersuchungsgebiet 3; Abschnitt c/1
Flach, oval, verfüllt mit aufgelockertem Material aus **553**. Stört Mauer **563** (L. 19 cm).
OK.: 91,40 m ü.NN
UK.: 91,20 m ü.NN

schneidet/stört: **540, 563, 596**
überdeckt von: **534**
Zuweisung: Unklar. Periode vor 4.

602 Mauer

Untersuchungsgebiet 2; Abschnitt 6; Abb. 6.26, Beil. 5
Ost-West (Br. 98 cm); Sandsteinplatten; Format: klein und mittel; im Bereich der Fenster modern repariert; Mörtel nicht dokumentiert.
OK.: 91,60 m ü.NN
UK.: 90,00 m ü.NN

überdeckt/liegt über: **309, 1069**
zugehörig: **294, 313, 1068**
Zuweisung: Südwand der Palaserweiterung in Keller **6** und **7**. Periode 5.

603-604 entfallen

605 Mauer

Untersuchungsgebiet 1; Abschnitt
Böschung zwischen Südostecke Haus Witten und Bahndamm (L. 2,9 m; Br. 66 cm). Sandsteinspolien (Fensterrahmen) und Schamottesteine.
OK.: 92,70 m ü.NN

gesetzt/geschüttet gegen: **1064**
Zuweisung: Aufgeschichteter Kriegsschutt. Periode nach 6.

606 Pfostengrube

Untersuchungsgebiet 3; Abschnitt c/1; Beil. 2
Annähernd quadratischer Umriß (Br. 69 cm), verfüllt mit grauem Schluff, der mit gelbbraunen Lehmschlieren durch-

zogen wird; wenige verziegelte Lehmklümpchen; senkrecht stehende Sandsteinkeile für den gezogenen Holzpfosten. In der Ecke von Graben **588**.
OK.: 90,95 m ü.NN
UK.: 90,50 m ü.NN

schneidet/stört: **562, 588**
überdeckt von: **542**
zugehörig: **588**
Zuweisung: Ecke in Graben **588**. Periode 2.
Fd. Nr. 475: graue Irdenware, Tierknochen, Sonstiges: Schlämmrückstände.

607 Bodenbelag

Untersuchungsgebiet 3; Abschnitt d/5; Beil. 6
Runde Schamottesteine in dünnem Mörtelbett.
OK.: 92,68 m ü.NN

gesetzt/geschüttet gegen: **612, 614, 641, 651, 652**
überdeckt/liegt über: **613, 624, 647, 648, 650, 653**
geschnitten/gestört von: **608**
zugehörig: **612**
Zuweisung: Einbau einer Wohnung im ehemaligen Pferdestall. Periode 6.

608 Grube

Untersuchungsgebiet 3; Abschnitt d/5
Unregelmäßiges Baggerloch, verfüllt mit rezentem Bauschutt. Granatensplitter.
OK.: 92,55 m ü.NN

schneidet/stört: **594, 607, 851**
überdeckt/liegt über: **614, 803**
zugehörig: **592**
Zuweisung: Rezente Störung entlang der Fundamente. Periode nach 6.

609 Sonstige Schicht

Untersuchungsgebiet 3; Abschnitt c/3
Kohle-/Ascheschüttung, oval (L. 1,2 m; Br. 1,03 m). Darunter abgerundete, kleinformatige Sandsteinbruchstücke; geschwärzt. Brandschutt?
OK.: 91,87 m ü.NN
UK.: 91,71 m ü.NN

überdeckt/liegt über: **540, 676**
überdeckt von: **534**
zugehörig: **610**
Zuweisung: Stickung des Fußbodens **534**. Periode 4.

610 Abbruchschicht

Untersuchungsgebiet 3; Abschnitt c/3; Abb. 29
Hellbrauner, weicher Sand; sehr viele Sandstein-, Dachziegelbruchstücke (Mönch/Nonne); viele Holzkohleflitter, wenige kleine Kieselsteine; braune, organisch-humose Flecken.
OK.: 91,87 m ü.NN

überdeckt/liegt über: **540, 676, 801**
überdeckt von: **534**
zugehörig: **609**
Zuweisung: Stickung des Fußbodens **534**. Periode 4.

611 Sonstige Schicht

Untersuchungsgebiet 3; Abschnitt c/3
Gelbbrauner, lehmiger Sand, sehr weich, homogen; vereinzelt Sandsteinbruchstücke und Kalkflecken; viele Holzkohleflitter, Wurzelspuren.
OK.: 91,61 m ü.NN

gesetzt/geschüttet gegen: **178, 540**
überdeckt/liegt über: **594**
geschnitten/gestört von: **592**
überdeckt von: **592**
Zuweisung: Periode 4.

612 Mauer

Untersuchungsgebiet 3; Abschnitt d/5; Beil. 6
Ost-West, Nord-Süd (Br. 25 cm). Backsteinen (25 x 12 cm), Industrieware. Grauer, mit Asche gemagerter Mörtel. Ersetzen bzw. verblenden die Bruchsteinwände des Nordflügels. Bis auf Fußbodenhöhe abgerissen.
OK.: 92,85 m ü.NN
UK.: 92,63 m ü.NN

gesetzt/geschüttet gegen: **578, 593, 614**
überdeckt/liegt über: **578, 613, 651, 652, 656**
dagegengesetzt/geschüttet ist: **607, 624**
überdeckt von: **649**
zugehörig: **607**
Zuweisung: Umbau des Pferdestalls in Wohnung. Periode 6.

613 Mauer

Untersuchungsgebiet 3; Abschnitt d/5; Beil. 6
Nord-Süd (Br. 70 cm). Aus aus Sandsteinplatten. Oberkante bildet eine Ebene; flache Sandsteinplatten eines abgebrochenen Fußbodens. Darunter in eine wannenförmige Baugrube geworfene Bruchsteine. Rotbrauner, weicher Mörtel mit Ziegelsplitt, fleckig vermischt mit grauem, aschegemagerten Mörtel. Faustgroße Kalkstücke. Stößt an **593**. Raumtrennwand im Nordflügel.
OK.: 92,63 m ü.NN

schneidet/stört: **648, 650, 653**
gesetzt/geschüttet gegen: **651, 656**
dagegengesetzt/geschüttet ist: **652**
überdeckt von: **607, 612, 624**
Zuweisung: Umbau des Pferdestalls in Wohnung. Periode 6.

614 Mauer

Untersuchungsgebiet 3; Abschnitt d/4; Abb. Taf. 14,2; 19,1, Beil. 5
Ecke, Ost-West, Nord-Süd (Br. 86 cm). Sandsteinbruchstücke; Format: mittelgroß, klein; Mauertechnik: jeweils größere Sandsteine an den Kanten, dazwischen Sandsteinbruch und Mörtel; Mörtel: braun, Lehm mit Häcksel, dazwischen gemengt Kalk mit Sand; muldenförmige Baugrube; Unterkante der Mauer liegt höher als Baugrube des Fußbodens **685**.
OK.: 92,95 m ü.NN
UK.: 92,48 m ü.NN

gesetzt/geschüttet gegen: **656, 803**
überdeckt/liegt über: **851**
dagegengesetzt/geschüttet ist: **607, 612, 615, 624, 852**
überdeckt von: **608**

Befundkatalog 159

im Verband mit: **803**
zugehörig: **593**
Zuweisung: Treppenhaus (?), seitl. des Torhauses. Periode 5.

615 Bodenbelag

Untersuchungsgebiet 3; Abschnitt d/4; Taf. 19,1, Beil. 6
Sandsteiplatten, hochkant; rechtwinklig zugerichtete, kaum abgerundete Oberkante; einzelne waagerecht verlegte Platten; in einer Stickung aus Kohleschotter verlegt.
OK.: 92,85 m ü.NN

gesetzt/geschüttet gegen: **578, 614, 803**
überdeckt/liegt über: **651, 804, 868, 870**
überdeckt von: **623**
zugehörig: **868**
Zuweisung: Eingang zur Wohnung im ehemaligen Pferdestall. Periode 6.
Fd. Nr. 577: Irdenware, **Kat. Nr. 452.**

616 Pfostengrube

Untersuchungsgebiet 3; Abschnitt c/1; Beil. 1, Abb. 34
Trapezförmiger Umriß (L. 40 cm; Br. 30 cm). Im oberen Bereich franst die Kontur aus und geht allmählich in **562** über. Gelbbrauner, lehmiger Sand. Am Rand zwei runde Flecken mit Holzkohleflittern.
OK.: 90,99 m ü.NN

schneidet/stört: **562**
überdeckt von: **596**
zugehörig: **617, 667, 668, 669**
Zuweisung: Pfostengebäude II. Periode 1.

617 Pfostengrube

Untersuchungsgebiet 3; Abschnitt c/1; Beil. 1
Eiförmiger Umriß (Br. 33 cm); am Rand feines graues Schluffband, durchzogen mit Wurzelspuren. Verfüllung: gelbbrauner, lehmiger Sand. Mittig Konzentration von Holzkohleflittern, dabei kleines aufrechtstehendes Sandsteinstück.
OK.: 90,97 m ü.NN
UK.: 90,84 m ü.NN

schneidet/stört: **562**
überdeckt von: **596**
zugehörig: **616, 667-669**
Zuweisung: Pfostengebäude II. Periode 1.

618 Bodenbelag

Untersuchungsgebiet 3; Abschnitt a/2
Laufhorizont (?). Verdichteter, harter, gelbgrauer Lehm mit wenigen Sandsteinbruchstücken; Wurzelspuren. Bestandteil von Schicht **572** und **505**.
OK.: 91,13 m ü.NN

überdeckt/liegt über: **619**
geschnitten/gestört von: **422, 547, 560, 620**
überdeckt von: **546**
Zuweisung: Periode 2.

619 Sonstige Schicht

Untersuchungsgebiet 3; Abschnitt a/2
Grauer, schmieriger, lehmiger Sand. Vereinzelt Holzkohleflitter, Sandsteinbruchstücke; Wurzelspuren. Nachträglich aus **572** ausgegliedert. Umriß des Befundes unklar. Grube?
OK.: 91,08 m ü.NN

schneidet/stört: **572**
geschnitten/gestört von: **422**
überdeckt von: **618**
Zuweisung: Unklar. Periode 2.
Fd. Nr. 304: graue Irdenware.
Fd. Nr. 399: prähistorische Irdenware.
Fd. Nr. 445: prähistorische Irdenware.

620 Pfostenspur

Untersuchungsgebiet 3; Abschnitt a/2
Runde Kontur (Br. 10 cm). Verfüllung: lockere, grobe Holzkohle; oben ein Sandsteinbruchstück. Keine Pfostengrube beobachtet.
OK.: 91,11 m ü.NN
UK.: 90,93 m ü.NN

schneidet/stört: **618**
überdeckt von: **394**
zugehörig: **558, 559**
Zuweisung: Periode 3.

621 Planierschicht

Untersuchungsgebiet 3; Abschnitt b/4; Abb. 32
Gelbbrauner, schwach lehmiger Sand mit schwarzen Steinkohlestaubflecken; weich.
OK.: 92,74 m ü.NN

überdeckt/liegt über: **431, 433**
geschnitten/gestört von: **637**
überdeckt von: **622**
Zuweisung: Anschüttung im Hofbereich; vgl. **433**. Periode nach 5.
Fd. Nr. 337: Irdenware.

622 Bodenbelag/Bombentrichter

Untersuchungsgebiet 3; Abschnitt b/4; Beil. 2
Zu **581**. Harter, verdichteter, schwarzer Sand; sehr viel Kohle/Schlacke und grober Kies; gelbbraune Sandflecken.
UK.: 92,74 m ü.NN

überdeckt/liegt über: **189, 621**
überdeckt von: **581**
zugehörig: **581**
Zuweisung: Stickung für **581**. Periode 6.
Fd. Nr. 432: Steinzeug, **Kat. Nr. 381**, Steingut, Pfeife, Glas.
Fd. Nr. 459: Irdenware, Steinzeug, Porzellan, Steingut, Pfeife, Glas, Sonstiges: Brandbombe.

623 Sonstige Schicht

Untersuchungsgebiet 3; Abschnitt d/4
Hartes Gemisch aus gelbbraunem Sandlehm, Sandsteinbruchstücken, schwarzen industriegefertigten Dachziegelbruchstücken und rot bemaltem Wandputz.
OK.: 92,72 m ü.NN

gesetzt/geschüttet gegen: **578**

überdeckt/liegt über: **615**
Zuweisung: Umbau des Pferdestalls in eine Wohnung nach 1847. Periode 6.

624 Bodenbelag

Untersuchungsgebiet 3; Abschnitt d/4
Gemisch aus Kohle/Schlacke, Sand, weißen Kalkklümpchen und Ziegelsplitt; locker, fleckig.
OK.: 92,60 m ü.NN
UK.: 92,59 m ü.NN

gesetzt/geschüttet gegen: **612, 614, 641, 651, 652**
überdeckt/liegt über: **613, 647, 648**
überdeckt von: **607**
Zuweisung: Umbau des Pferdestalls in Wohnung. Periode 6.
Fd. Nr. 434: Steingut, Pfeife, Kachel.

625 Schwelle

Untersuchungsgebiet 3; Abb. 9
Sandsteinquader, grau (L. 92 cm). Kante abgetreten; Westkante profiliert.
OK.: 92,64 m ü.NN

schneidet/stört: **628, 629**
dagegengesetzt/geschüttet ist: **627**
im Verband mit: **169**
zugehörig: **627**
Zuweisung: Eingang in den Westflügel. Periode 5.

626 Fenster

Untersuchungsgebiet 3; Abschnitt b; Abb. 9
Rechteckig (Br. 1 m). Rahmen und Mittelstütze aus Sandsteinquadern. Kreissegmentförmiger Entlastungsbogen. Quader an Maueranschlüssen grob zugerichtet; Schauseiten quer scharriert und einfach profiliert. An Außenseite je drei Haken für Fensterläden in quadratischen Zapflöchern mit Bleifutter. Innen je zwei Haken für Fenster; an der Mittelstütze Loch für Fensterriegel. An den Innenseiten je zwei große Löcher und ein kleines Loch für waagerechtes Fenstergitter.
OK.: 95.20 m ü.NN
UK.: 93,50 m ü.NN

schneidet/stört: **627, 628**
dagegengesetzt/geschüttet ist: **145**
im Verband mit: **169**
zugehörig: **633, 634**
Zuweisung: Fensterdurchbruch an Stelle der älteren Eingänge **627** und **628** in den Westflügel. Vor Umbau in eine Fabrikhalle mit Befund **145**. Periode 6.

627 Vermauerung

Untersuchungsgebiet 3; Abb. 9, Beil. 5
Vermauerung einer Tür in den Westflügel (Br. 1 m). Kleinformatige Sandsteinbruchstücke.
UK.: 92,64 m ü.NN

schneidet/stört: **628, 629**
gesetzt/geschüttet gegen: **625**
geschnitten/gestört von: **626**
zugehörig: **625**
Zuweisung: s. **625** Periode 5-6.

628 Vermauerung

Untersuchungsgebiet 3; Abb. 9, Beil. 5
An der Südkante ein scharrierter Sandsteinquader des Türrahmens erhalten (Br. 1 m).
UK.: 92,48 m ü.NN

geschnitten/gestört von: **625-627**
zugehörig: **169, 629**
Zuweisung: Ursprüngl. Eingang in Westflügel. Periode 5.

629 Schwelle

Untersuchungsgebiet 3; Abb. 9
Grauer Sandsteinquader, kaum abgetreten. Etwas keilförmig (L. 1,47 m).
OK.: 92,48 m ü.NN
UK.: 92,35 m ü.NN

geschnitten/gestört von: **625, 627**
zugehörig: **628**
Zuweisung: s. **628**. Periode 5.

630 Vermauerung

Untersuchungsgebiet 3; Abb. 9
Fenster oder Tür (Br. 1,3 m). Oben Reste des kreissegmentförmigen Entlastunsbogens. Auf der Westseite ist die obere, südl. Ecke mit industriegefertigten Backsteinen vermauert.
OK.: 95.80 m ü.NN

gesetzt/geschüttet gegen: **169**
zugehörig: **169, 632**
Zuweisung: älteres Fenster im Westflügel, wie **632**. Vermauerung Periode 6 (Fabrikhalle). Periode 5.

631 Vermauerung

Untersuchungsgebiet ; Abb. 9, Beil. 5
Durchgang zum Westflügel. Kreissegmentförmiger Entlastungsbogen. Rahmen aus aufrechtstehenden, grauen Sandsteinquadern. Schwelle bei 92,48 m ü.NN.

geschnitten/gestört von: **633**
zugehörig: **169**
Zuweisung: Ursprünglicher Eingang in den Westflügel; wie **627, 628**. Periode 5.

632 Vermauerung

Untersuchungsgebiet 3; Abb. 9
Fenster (Br. 1,2 m). Oben kreissegmentförmiger Entlastungsbogen. Zarge und Sturz aus grauen Sandsteinquadern. Vermauerung aus kleinformatigen Sandsteinbruchstücken.
OK.: 95,80 m ü.NN
UK.: 93,80 m ü.NN

geschnitten/gestört von: **633**
zugehörig: **630**
Zuweisung: Zur ursprünglichen Ausstattung des Westflügels. Vermauerung: Periode 6, vor der Umwandlung in eine Fabrikhalle. Periode 5.

633 Fenster

Untersuchungsgebiet 3; Abb. 9

Zweibahnig (Br. 1,4 m). Rahmen und Mittelstütze aus quer scharrierten Sandsteinquadern, grau. Maueranschlüsse des Rahmens grob zugerichtet. Eiserne, in Blei gefaßte Fensterladenhaken. Oben und unten je vier Löcher für senkrechtes Eisengitter. Dreiviertel zugesetzt durch Backsteinmauer, die mit grauem, aschegemagerten Mörtel verputzt ist.
OK.: 95,20 m ü.NN
UK.: 93,40 m ü.NN

schneidet/stört: **631, 632**
zugehörig: **626, 634**
Zuweisung: Das Fenster wurde vor der Umwandlung des Westflügels in eine Fabrikhalle eingesetzt (s.: Vermauerung). Periode 6.

634 Fenster

Untersuchungsgebiet 3; Abb. 9
wie **633**.
OK.: 95,36 m ü.NN

zugehörig: **626, 633**
Zuweisung: s. **633**. Periode 6.

635 Mauer

Untersuchungsgebiet 3; Abb. 9.23
Aufmauerung eines weiteren Stockwerks über **169**. Nicht weiter dokumentiert.
OK.: 100,2 m ü.NN
UK.: 96,70 m ü.NN

überdeckt/liegt über: **143, 169**
zugehörig: **143**
Zuweisung: Obergeschoß des Westflügels. Periode 5.

636 Kanal

Untersuchungsgebiet 3; Abschnitt b/4; Beil. 5
Nordost-Südwest (Br. 24 cm). Aus Sandsteinbruchplatten. In Lehm gesetzt. Kastenförmiger Querschnitt. Verfüllt mit schwarzem, schlammigem Sand, Dachziegelbruchstücken und hellen, gelben Lehmflecken. In 10 cm breiter Baugrube, die mit einem fleckigen Gemisch aus Lehm und dunkelbraunem, steinkohlehaltigem Sand verfüllt ist. Gefälle: Süd-Nord.
OK.: 92,45 m ü.NN
UK.: 92,15 m ü.NN

schneidet/stört: **637**
überdeckt von: **581**
zugehörig: **464, 1078**
Zuweisung: Zum Bewässerungssystem des Schloßteiches. Periode 5.
Fd. Nr. 331: Steinzeug.
Fd. Nr. 416: Pfeife, Glas.
Fd. Nr. 531: Steinzeug.

637 Sonstige Schicht

Untersuchungsgebiet 3; Abschnitt b/4
Gemisch aus gelbem Sand, großformatigen Holzkohlestücken, Asche und gelbbraunem Lehm. Weißgraue Ascheflecken; Brandschutt; schwach kiesig; wenige verziegelte Lehmflecken.
OK.: 92,79 m ü.NN

schneidet/stört: **621**
überdeckt/liegt über: **431, 680, 701, 707**
geschnitten/gestört von: **636, 689**
Zuweisung: Jüngste Ausstattung des Innenhofs. Periode 6.
Fd. Nr. 316: Steinzeug, **Kat. Nr. 393**, Pfeife.
Fd. Nr. 334: Steinzeug.

638 Einfüllschicht

Untersuchungsgebiet 4; Abschnitt 3
Bauschutt (Dachziegel, Fabrikware), brauner, humoser Sand; gelbbrauner Lehm mit Kalkspritzern. Grob vermischt, locker.
OK.: 90,36 m ü.NN
UK.: 90,00 m ü.NN

gesetzt/geschüttet gegen: **752**
Zuweisung: Periode 6.
Fd. Nr. 436: Pfeife, **Kat. Nr. 522**, Glas, Metall, Tierknochen, Sonstiges: Büste mit Inschrift „Wilhelm" (gestohlen), Wilhelm II. **Kat. Nr. 588** Büste mit Inschrift „Kronprinz"; Glasperle; Murmel.

639 Grube

Untersuchungsgebiet 3; Abschnitt a/2; Beil. 1, Abb. 27
Ovale Form mit schrägen Kanten; Verfüllung: a) oberer Bereich, gelbbrauner Sand/Lehm; b) gelbgrauer Sand/Lehm, Holzkohleflitter (Dm. bis 1 cm), verziegelter Lehm, einzelne Kiesel (Dm. 2-3 cm), craquelierte Feldspat-Stücke, weiße Knochenasche, Tonscherben; c) graubrauner Sand/Lehm.
OK.: 90,60 m ü.NN
UK.: 90,25 m ü.NN

schneidet/stört: **329**
geschnitten/gestört von: **490, 510**
überdeckt von: **547, 572**
Zuweisung: Abfallgrube. Periode 1.
Fd. Nr. 305: prähistorische Irdenware, **Kat. Nr. 2, 3, 4**.
Fd. Nr. 401: prähistorische Irdenware.
Fd. Nr. 405: prähistorische Irdenware.
Fd. Nr. 406: prähistorische Irdenware, **Kat. Nr. 1**.
Fd. Nr. 426: prähistorische Irdenware.

640 Einfüllschicht

Untersuchungsgebiet 4; Abschnitt 3
Bauschutt, abgestürztes Ziegelmauerwerk. Humoser, dunkelbrauner Sand, Sandsteinbruchstücke.
OK.: 90,67 m ü.NN
UK.: 89,50 m ü.NN

gesetzt/geschüttet gegen: **751, 753, 755-757, 760, 761**
überdeckt/liegt über: **751, 754, 834, 835**
Zuweisung: Rezente Aufplanierung des Kriegsschutts, vermischt mit Funden aus dem Fabrikbereich. Periode 6.
Fd. Nr. 315: Steinzeug, Porzellan, **Kat. Nr. 504**, Glas, Sonstiges: Inschrift: „Zu schonen deinen Bart/nimm diese Tasse ....Art".
Fd. Nr. 440: Porzellan, Steingut, Pfeife, Glas, **Kat. Nr. 524**, Sonstiges: Glas mit Schrift: „Albert & G... Lohm(ann)/ Eingetragen"; Pfeifenmarke: „German(y)"; Isolator.
Fd. Nr. 441: Sonstiges: zwei Lederschuhe mit Holzsohle.
Fd. Nr. 453: Irdenware, **Kat. Nr. 447**, Steinzeug, Porzellan, Steingut, Glas, Metall, Tierknochen, Sonstiges: Irdenware, Inschrift: „Kein ..."; Metallöffel, -knopf; Glasperle.

Fd. Nr. 454: Glas, Tierknochen.
Fd. Nr. 464: Steingut, Glas, Metall, Sonstiges: Petroleumlampe, Hufeisen.
Fd. Nr. 467: Metall, Sonstiges: Eisenwerkzeuge.
Fd. Nr. 546: Irdenware, Steinzeug, Porzellan, Kachel, Glas, Metall.
Fd. Nr. 549: Irdenware, Steinzeug, **Kat. Nr. 412**, Steingut, Metall.
Fd. Nr. 552: Irdenware, **Kat. Nr. 233**, **292**, **462**, **463**, Steinzeug, Porzellan, Pfeife, Kachel, Glas, Metall, Tierknochen, Sonstiges: Teller Irdenware: "1826"; Porzellanmarke: „REVAGE.PL.62"; Pfeifenmarke: preuss. Adler.

641 Mauer

Untersuchungsgebiet 3; Abschnitt d/5; Beil. 6
Nord-Süd (Br. 50 cm). Aus Sandsteinbruchstücken. Zwei bis drei Steinlagen erhalten. Rotbrauner, mit Kalk, verziegeltem Lehm, Kohlestaub und Ziegelsplitt vermischter Mörtel. Wannenförmige Baugrube.
OK.: 92,67 m ü.NN
UK.: 92,23 m ü.NN

schneidet/stört: **653, 681, 684, 709**
gesetzt/geschüttet gegen: **578, 651, 656**
überdeckt/liegt über: **594, 767**
dagegengesetzt/geschüttet ist: **607, 624, 652**
Zuweisung: Umbau von Pferdestall in Wohnung. Periode 6.

642 Fenster

Untersuchungsgebiet 1; Abb. 32
Kellerfenster; rechteckig (Br. 1,2 m). Bank, Zargen und Mittelstütze aus Sandsteinquadern, stark verwaschen; Sturz: Beton; südliche Hälfte mit drei vierkantigen Gitterstäben. Nördliche Gitterstäbe ausgebrochen.
OK.: 92,65 m ü.NN
UK.: 92,00 m ü.NN

schneidet/stört: **452**
überdeckt/liegt über: **650, 653**
zugehörig: **71, 643**
Zuweisung: Kellerfenster im Palas. Periode nach 3.

643 Fenster

Untersuchungsgebiet 1; Abb. 5.32
Kellerfenster (Br. 1,2 m). Rahmen und Mittelstütze aus Sandsteinquadern. Stark verwaschen. Sturz mit Resten von querverlaufender Scharrierung. Südliche Bahn mit drei vierkantigen Gitterstäben; nördliche Gitterstäbe ausgebrochen. Fugen und Bank rezent verputzt.
OK.: 92,66 m ü.NN
UK.: 92,00 m ü.NN

überdeckt/liegt über: **722**
zugehörig: **71, 642**
Zuweisung: Kellerfenster im Palas. Periode nach 3.

644 Fenster

Untersuchungsgebiet 1; Abb. 5
Rechteckig mit Kreissegmentbogen (L. 1,55 m). Zargen aus Sandsteinspolien eines abgebrochenen Fensters modern ergänzt. Flächen z.T. quer scharriert. Spolie mit Zapfloch und Bleifutter eines Eisengitters; Fuge an Mauer **71** mit kleinen Sandsteinstücken zugesetzt; In der nördlichen Fensterlaibung große Sandsteinquader eines zugemauerten Kamins. Sandsteine an der Westkante rot verbrannt. Vermauerung des Kamins mit Backsteinen (23 x 7 cm). Fensterbrüstung 1989 abgebrochen; jetzt Eingang der Fußgängerbrücke.
OK.: 96,81 m ü.NN
UK.: 94,21 m ü.NN

zugehörig: **71, 645**
Zuweisung: Fenster im Palas nach Osten; jetzt Ausgang zur Fußgängerbrücke. Periode nach 3.

645 Fenster

Untersuchungsgebiet 1; Abb. 5
Rechteckig mit kreissegmentförmigem Abschluß (Br. 1,55 m). Zargen aus Sandsteinspolien eines abgebrochenen Fensters wie **644**. In der südlichen Fensterlaibung vermauerte Nische (1,5 x 0,9 m) mit Backsteinen (24 x 6 cm) und Sandsteinbruchstücken; Sandsteine sind im unteren Bereich rot verbrannt (H. der Brüstung 90 cm).
OK.: 96,81 m ü.NN
UK.: 94,21 m ü.NN

zugehörig: **644**
Zuweisung: Fenster nach Osten im Palas. Periode nach 3.

646 Kanal

Untersuchungsgebiet 3; Abschnitt d/1
Ost-West aus Sandsteinbruchstücken (L. 1,24 m; Br. 40 cm; T./H. 27 cm). Trocken in braunen, humosen Sand gesetzt.
OK.: 91,92 m ü.NN
UK.: 91,65 m ü.NN

geschnitten/gestört von: **331, 675**
dagegengesetzt/geschüttet ist: **445**
überdeckt von: **796**
Zuweisung: Wasserkanal. Periode 4.

647 Kanal

Untersuchungsgebiet 3; Abschnitt d/4; Taf. 19,1, Beil. 6
Nord-Süd (Br. 40 cm; T./H. 20 cm). Aus Backsteinen für ein Rohr aus Gußeisen. Gefälle nach Norden.
OK.: 92,51 m ü.NN
UK.: 92,35 m ü.NN

schneidet/stört: **648, 649, 651, 771, 778**
überdeckt von: **607, 624, 775**
Zuweisung: Periode 6.

648 Bodenbelag

Untersuchungsgebiet 3; Abschnitt d/4
Gelbbrauner, lehmiger Sand, etwas wellig, hart; Flecken von abgebrochenem Estrich? Steinkohlestaub, Sandsteinbruchstücke, Holzkohle, organische Reste (Stroh?).
OK.: 92,61 m ü.NN

gesetzt/geschüttet gegen: **651, 653**
überdeckt/liegt über: **649, 655**
geschnitten/gestört von: **613, 647, 652**

Befundkatalog 163

überdeckt von: **607, 624**
zugehörig: **649, 650, 653, 655**
Zuweisung: Laufniveau im Pferdestall vor Umbau in eine Wohnung (vor 1847). Periode 6.

649 Planierschicht

Untersuchungsgebiet 3; Abschnitt d/4
Schwarzes Gemisch: Steinkohleschotter, Schlacke, Sandsteinbruch; locker.
OK.: 92,53 m ü.NN
UK.: 92,43 m ü.NN

gesetzt/geschüttet gegen: **651, 653, 681, 723**
überdeckt/liegt über: **612, 657, 681, 682, 683, 722, 724, 727, 737, 739, 767**
geschnitten/gestört von: **647**
überdeckt von: **648, 650, 655**
zugehörig: **648, 650, 653**
Zuweisung: Stickung der Lehmtenne 648. Periode 6.
Fd. Nr. 411: Irdenware, Metall.
Fd. Nr. 420: Sonstiges: Flintenstein.
Fd. Nr. 536: Metall.

650 Planierschicht

Untersuchungsgebiet 3; Abschnitt d/4
Rötlichbrauner, lehmiger Sand; Lehm-, Kohle- und Mörtelflecken; kleine Sandsteinbruchstücke; braune, torfige, organische Reste (Stroh?).
OK.: 92,58 m ü.NN
UK.: 92,53 m ü.NN

gesetzt/geschüttet gegen: **653**
überdeckt/liegt über: **649**
geschnitten/gestört von: **613**
überdeckt von: **607, 642**
zugehörig: **648, 649, 653**
Zuweisung: Schüttung in der Pferdebox, vor Umbau des Pferdestalls in eine Wohnung. Periode 6.
Fd. Nr. 524: Irdenware, Pfeife.

651 Mauervorsprung

Untersuchungsgebiet 3; Abschnitt d/4; Beil. 5
Ost-West (Br. 92 cm). Aus Sandsteinbruchstücken. Grauer, sehr sandiger Kalkmörtel.
OK.: 92,60 m ü.NN
UK.: 91,66 m ü.NN

schneidet/stört: **709**
geschnitten/gestört von: **647**
dagegengesetzt/geschüttet ist: **607, 613, 624, 641, 648, 649, 681, 821**
überdeckt von: **578, 612, 615**
zugehörig: **597, 776**
Zuweisung: Fundament des Stallflügels. Periode 5.

652 Mauer/Baugrube

Untersuchungsgebiet 3; Abschnitt d/5
Ost-West (Br. 34 cm). Aus Sandsteinbruchstücken zwischen **613** und **641**. Grauer mit Asche gemagerter Mörtel.
OK.: 92,64 m ü.NN

schneidet/stört: **648, 681**
gesetzt/geschüttet gegen: **613, 641**
dagegengesetzt/geschüttet ist: **607, 624**
überdeckt von: **612**
Zuweisung: Abtrennung einer Toilette. Zur Wohnung im ehemaligen Pferdestall. Periode 6.
Fd. Nr. 517: Kachel, **Kat. Nr. 491**.

653 Graben

Untersuchungsgebiet 3; Abschnitt d/5; Beil. 5, Taf. 22,1
Ost-West (Br. 23 cm). Zwischen **650** und **648**. Verfüllt mit grüngrauem Sand; in Abs. d/4 auch Steinkohlestücke; locker. Querschnitt: U-förmig.
OK.: 92,53 m ü.NN
UK.: 92,27 m ü.NN

überdeckt/liegt über: **682, 683, 684, 737, 739, 766, 767**
geschnitten/gestört von: **613, 641**
dagegengesetzt/geschüttet ist: **648, 649, 650, 655**
überdeckt von: **607, 642**
zugehörig: **648-650**
Zuweisung: Wandgraben für die Abtrennung der Pferdeboxen. Vor dem Einbau der Wohnung im Pferdestall (nach 1847). Periode 6.
Fd. Nr. 533.

654 Wegbelag

Untersuchungsgebiet 3; Abschnitt b; Beil. 3a
Große stark verwaschene Sandsteinbruchplatten. Gefälle nach Süden. Verlegt auf **421**. Die Spitzen der Platten haben sich in die unter **421** liegende Schicht **420** durchgedrückt.
OK.: 91,77 m ü.NN

überdeckt/liegt über: **672, 826, 839**
dagegengesetzt/geschüttet ist: **276, 421**
überdeckt von: **445**
zugehörig: **276, 277, 421**
Zuweisung: Hofbefestigung. Periode 3.

655 Sonstige Schicht

Untersuchungsgebiet 3; Abschnitt d/5
Rötlich-brauner, lehmiger Sand mit großen gelben Lehmbatzen.
UK.: 92,49 m ü.NN

gesetzt/geschüttet gegen: **653**
überdeckt/liegt über: **649**
überdeckt von: **648**
zugehörig: **648**
Zuweisung: Lehmtenne des Pferdestalls; vor Umbau in eine Wohnung (1847). Periode 6.
Fd. Nr. 491: Steingut, Metall, Sonstiges: Schlacke.
Fd. Nr. 550: Irdenware, Metall, Tierknochen, Sonstiges: sehr viele Knochen.

656 Mauer

Untersuchungsgebiet 3; Abschnitt c/3; Abb. 29, Taf. 19,1.2, Beil. 5
Ost-West (Br. 1,3 m). Aus mittelgroßen Sandsteinbruchplatten. Platten sehr flach, streng horizontal verlegt; Farbe: rot-

braun und rot. Die breiten Fugen sind mit weichem, gelbweißem, sandigem Kalkmörtel ausgefüllt. Sehr glatte, saubere Oberfläche. Die untersten Steinlagen etwas abgetreppt.
OK.: 92,63 m ü.NN
UK.: 91,50 m ü.NN

schneidet/stört: **856, 1012**
dagegengesetzt/geschüttet ist: **594, 613, 614, 641**
überdeckt von: **593, 612**
im Verband mit: **577**
zugehörig: **593, 848, 1005**
Zuweisung: Fundament der Nordmauer des Stallflügels. Stört das Turmfundament der Periode 3. Gesetzt in die Ausbruchgrube? **594**. Periode 5.
Fd. Nr. 583: Sonstiges: Mörtelprobe.

657 Sonstige Schicht

Untersuchungsgebiet 3; Abschnitt d/4
Dünne, rotbraune Sandschicht über Fußboden **534**.
OK.: 92,30 m ü.NN

überdeckt/liegt über: **681**
überdeckt von: **649**
zugehörig: **681**
Zuweisung: Einschüttung in die Pferdeboxen. Periode 5.
Fd. Nr. 539: Irdenware, **Kat. Nr. 278**.

658 Graben

Untersuchungsgebiet 3; Abschnitt d/1; Beil. 2, Taf. 8,1
Ost-West; Nord-Süd (Br. 40 cm). Undeutliche, stark durch Wurzelspuren verwischte Kontur. Ränder mit grüngelben Sandschlieren. Im mittleren Bereich viel grauer, schluffiger Sand mit Holzkohleflittern (viel). Spur tiefer deutlich als wellenförmige Linie; Flechtzaun. Querschnitt: U-förmig. Weitere Komponenten in der Einfüllung: Sandsteinbruchstücke, Tierknochen (oberer Bereich/Pfosten).
UK. Gefälle Ost-West: 91,37-91,16 m ü.NN
OK.: 91,55 m ü.NN

schneidet/stört: **664, 665, 725, 838**
geschnitten/gestört von: **331, 588, 659, 671, 731**
dagegengesetzt/geschüttet ist: **740**
überdeckt von: **421, 717**
zugehörig: **422, 659, 671, 672, 731, 740**
Zuweisung: Einsatzgraben für einen Flechtzaun. Periode 2.
Fd. Nr. 463: graue Irdenware, Sonstiges: Schlämmrückstände.
Fd. Nr. 472: graue Irdenware, Glas, Metall, Tierknochen.
Fd. Nr. 477: prähistorische Irdenware, Sonstiges: Schlämmrückstände.
Fd. Nr. 482: graue Irdenware, Metall, Tierknochen, Sonstiges: Schlämmrückstände.
Fd. Nr. 620: graue Irdenware, Sonstiges: Silex Kernstein, Tonklumpen.

659 Grube

Untersuchungsgebiet 3; Abschnitt d/1; Beil. 2
Am Ostende von Graben **658** (L. 60 cm; Br. 50 cm). Umriß rechteckig (0,7 x 1 m). An den Rändern senkrecht und schrägstehende Sandsteinplatten. Im Querschnitt teilt sich der Befund in zwei Abschnitte: eine Ausbruchgrube, die mit grauen, lehmigen Sand, Kies, Sandsteinbruchstücken, Holzkohle, verziegelten Lehmklümpchen und Dachziegelbruchstücken verfüllt ist (A). Dieser Teil stört Graben **658**. Darunter liegt die runde Pfostengrube (B), die grauen lehmigen Sand enthält. Hohlräume in der Mitte weisen auf den ausgegrabenen Pfosten hin.
OK.: 91,55 m ü.NN
UK.: 90,90 m ü.NN

schneidet/stört: **658, 664, 665, 838**
dagegengesetzt/geschüttet ist: **672**
überdeckt von: **421**
zugehörig: **658, 671, 731, 740, 1005**
Zuweisung: Ausbruchgrube eines Pfostens; Funde aus der Einfüllung stammen aus der Zeit des Abbruchs. Periode 2.
Fd. Nr. 325: Sonstiges: Schlämmrückstände.
Fd. Nr. 330: prähistorische Irdenware, graue Irdenware, Metall, Sonstiges: drei kleine Eisennägel.
Fd. Nr. 403: Steinzeug.
Fd. Nr. 473: Sonstiges: Schlämmrückstände.
Fd. Nr. 481: Tierknochen, Sonstiges: Schlämmrückstände.
Fd. Nr. 487: Sonstiges: Schlämmrückstände.

660 Pfostengrube

Untersuchungsgebiet 3; Abschnitt d/1; Abb. 39
Runde Umriß (Br. 30 cm); am Rand hochkantgestellte Sandsteinplatten. Pfostenspur nicht beobachtet. Verfüllt mit brüchigem graublauen Schluff; verziegelte Lehmklümpchen (wenig); Holzkohle (wenig); kastenförmiger Querschnitt.
OK.: 91,35 m ü.NN
UK.: 90,99 m ü.NN

schneidet/stört: **254, 664**
überdeckt von: **189**
zugehörig: **326, 455, 552, 561, 600**
Zuweisung: Gerüstpfosten aus der Erbauungszeit des Westflügels. Periode 5.

661 Grube

Untersuchungsgebiet 3; Abschnitt d/1
Ovale Linse am Rand von **422** (Br. 20 cm). Graublauer, brüchiger Schluff mit Sandsteinbruchstücken und etwas Holzkohle.
OK.: 91,33 m ü.NN

zugehörig: **422**
Zuweisung: s. **422**. Periode 2.
Fd. Nr. 474: Irdenware, graue Irdenware, Steinzeug, Glas, Metall, Tierknochen.

662 Grube

Untersuchungsgebiet 3; Abschnitt d/1
Pfostengrube (?), partiell erfaßt. In **422** eingetieft? Grauer lehmiger Sand, Holzkohleflitter, verziegelte Lehmklümpchen und schrägstehende Sandsteinbruchstücke.
OK.: 91,21 m ü.NN

schneidet/stört: **422**
geschnitten/gestört von: **401**
überdeckt von: **421, 445**
Zuweisung: Pfosten? Periode 2.
Fd. Nr. 404: graue Irdenware.

663 entfällt

664 Sonstige Schicht

Untersuchungsgebiet 3; Abschnitt d/1
Überwiegend hellgrauer, lehmiger Sand mit gelben Sandflecken. In den mehr grauen Abschnitten viele Holzkohleflitter; in den hellen Partien Dachziegelbruchstücke. Vereinzelt treten verziegelte Lehmflecken auf.
OK.: 91,54 m ü.NN

geschnitten/gestört von: **401, 422, 438, 588, 658-660, 671**
überdeckt von: **421, 445**
zugehörig: **420, 665, 725, 838**
Zuweisung: alte Oberfläche; Funde: Periode 1 und 2. Periode vor 3.
Fd. Nr. 324: Sonstiges: Schlämmrückstände.
Fd. Nr. 402: prähistorische Irdenware, Tierknochen, Sonstiges: Silex.
Fd. Nr. 419?: Irdenware, Steinzeug, Glas.
Fd. Nr. 492: Metall, Sonstiges: Dachziegel; Bleistück.

665 Sonstige Schicht

Untersuchungsgebiet 3; Abschnitt d/1
Hellbrauner, lehmiger Sand ähnlich **664**. Die grauen Flecken sind deutlich kleiner, weniger Holzkohle; Gefälle nach Westen; Wurzelspuren; am Ostende hart.
OK.: 91,84 m ü.NN

geschnitten/gestört von: **588, 658, 659, 663, 825**
überdeckt von: **421, 672**
zugehörig: **664**
Zuweisung: Alte Oberfläche. Periode vor 3.

666 Sonstige Schicht

Untersuchungsgebiet 3; Abschnitt d/1
Unregelmäßiger Fleck, verfüllt mit rotbraunem Sand/Lehm, Holzkohleflitter (Reisig, runder Querschnitt), etwas Kies und reichlich alte Wurzelspuren.
OK.: 91,74 m ü.NN

überdeckt von: **838**
Zuweisung: alte Oberfläche; gewachsener Boden.

667 Pfosten

Untersuchungsgebiet 3; Abschnitt c/1; Beil. 1
Konzentration von Holzkohle in **562**. Um den Befund schwache Kontur aus Eisenoxyd (Br. 22 cm).
OK.: 91,07 m ü.NN

schneidet/stört: **562**
überdeckt von: **596**
zugehörig: **616, 617, 668, 669**
Zuweisung: Zu Pfostengebäude **II**. Periode 1.

668 Pfosten

Untersuchungsgebiet 3; Abschnitt c/1; Beil. 1
Ansammlung von Holzkohle in **562**; um den Befund schwache Kontur aus Eisenoxyd (Br. 20 cm).
OK.: 91,11 m ü.NN

schneidet/stört: **562**
überdeckt von: **596**
zugehörig: **616, 617, 667, 669**
Zuweisung: Zu Pfostengebäude **II**. Periode 1.

669 Pfostengrube

Untersuchungsgebiet 3; Abschnitt c/1; Beil. 1
Wie **668** (Br. 28 cm).
OK.: 91,08 m ü.NN

schneidet/stört: **562**
überdeckt von: **596**
zugehörig: **616, 617, 667, 668**
Zuweisung: Zu Pfostengebäude **II**. Periode 1.

670 Pfostengrube

Untersuchungsgebiet 3; Abschnitt b
Senkrechtstehende Sandsteinplatten in rund-ovaler Grube (Br. 21 cm); brauner Sand/Lehm; keine Pfostenspur erkennbar.
OK.: 91,27 m ü.NN
UK.: 91,00 m ü.NN

schneidet/stört: **276**
überdeckt von: **445**
Zuweisung: Unklar. Periode vor 4.

671 Pfostengrube

Untersuchungsgebiet 3; Abschnitt d/1; Beil. 2, Abb. 28
Nördliche Kante gesichert (Br. 1,42 m); zu **659**; grauer, lehmiger Sand; sehr viele Holzkohleflitter; gelbrote Lehmflecken, schwach verziegelt; punktförmige organische Einschlüsse, braun; in der Mitte eingesunkene Sandsteinplatten; zerbrochen; ein Stein rötlich verbrannt; Ausbruchgrube eines Pfostens wie **659**; an der Kante geschnitten.
OK.: 91,75 m ü.NN
UK.: 91,33 m ü.NN

schneidet/stört: **658, 664**
überdeckt von: **421**
zugehörig: **658, 659**
Zuweisung: Zum Grabensystem **658**. Periode 2.
Fd. Nr. 632: Steinzeug.

672 Sonstige Schicht

Untersuchungsgebiet 3; Abschnitt d/1; Abb. 28
Gelbbrauner, lehmiger Sand. Sehr viele Punkte und Flecken mit organischem Material, braun. Vereinzelt graue Flecken mit Holzkohle; fließender Übergang zu **664**; kleine, abgerundete, bröselige Sandsteinstücke, verbrannt? Tierknochen (wenig); ein Stück Dachziegel.
Gefälle Nord-Süd: OK. 91,93-91,23 m ü.NN

gesetzt/geschüttet gegen: **659**
überdeckt/liegt über: **665, 741, 742, 791, 825-827, 833, 837, 840, 857**
geschnitten/gestört von: **439**
überdeckt von: **421, 654**
zugehörig: **658, 664, 838**
Zuweisung: Oberfl. zu Grabensystem **658, 422**. Periode vor 3.
Fd. Nr. 397: Metall, Tierknochen.
Fd. Nr. 435: Metall, Sonstiges: Eisennagel.

673 Schuttschicht

Untersuchungsgebiet 4; Abschnitt 4
Dunkelbrauner bis schwarzer, sehr lockerer Sand mit viel Bauschutt, Balkenresten, Dachziegeln und Mauerstücken vermischt. Wurzeln von Brombeersträuchern. Tiergänge.
OK.: 90,73 m ü.NN
UK.: 90,32 m ü.NN

geschnitten/gestört von: **750**
zugehörig: **244**
Zuweisung: Rezente Planierschicht im Fabrikbereich mit Funden aus der Periode 6. Periode nach 6.
Fd. Nr. 314: Steinzeug, Porzellan, Sonstiges: Puppenarm.
Fd. Nr. 321: Irdenware, Porzellan, Steingut, Glas, Metall, Sonstiges: Bronzeknopf.
Fd. Nr. 322: Steinzeug, **Kat. Nr. 401**, Porzellan, Steingut, Glas, Metall, Sonstiges: Uhrwerk, Löffel.
Fd. Nr. 326: Metall, Sonstiges: Stanzrest; Wandkachel; Messer, **Kat. Nr. 596**.
Fd. Nr. 396: Steinzeug, Porzellan, Steingut, Glas, Metall, Tierknochen.

674 Pfosten

Untersuchungsgebiet 3; Abschnitt b; Beil. 4
Ovale Grube mit senkrecht stehenden Sandsteinkeilen neben 326 (Br. 33 cm). Partiell gestört von dem jüngeren Pfosten 326. Zu Fußboden 254.
OK.: 91,41 m ü.NN
UK.: 90,73 m ü.NN

schneidet/stört: **254**
überdeckt von: **189**
zugehörig: **436, 438, 440**
Zuweisung: Pfosten in der Reihe, die den Wirtschaftsbereich mit Ofen **489** abtrennt. Funde aus Periode 3. Periode 4.

675 Pfosten

Untersuchungsgebiet 3; Abschnitt d/1; Abb. 39
Dunkelbrauner Sand/Lehm; Hohlräume; senkrecht stehende Sandsteinkeile (Br. 40 cm).
OK.: 92,00 m ü.NN
UK.: 91,23 m ü.NN

schneidet/stört: **254, 646, 796**
überdeckt von: **189**
zugehörig: **326, 455, 552, 561, 600**
Zuweisung: Zum Baugerüst des Westflügels. Periode 5.

676 Sonstige Schicht

Untersuchungsgebiet 3; Abschnitt c/3
Unregelmäßiger, flacher Auftrag aus vielen kleinteiligen Sandsteinbruchstücken und Tonschieferschotter; brauner, fleckig grauer Sand/Lehm; sehr hart; Dachziegelbruchstücke (rot, facettiert) und fein verteilte Holzkohleflitter.
OK.: 91,89 m ü.NN

schneidet/stört: **540**
geschnitten/gestört von: **766**
überdeckt von: **534, 609, 610**
Zuweisung: Zur Stickung des Fußbodens **534**? Periode 4.

677 Pfosten

Untersuchungsgebiet 3; Abschnitt c/3; Abb. 29
Ovale Grube und Spur des gezogenen Holzpfostens (Br. 30 cm). Gelbbrauner, weicher, lehmiger Sand. Spur (Dm. 18 cm) mit braunem, torfigem Material (organisch) und Steinkohlestückchen verfüllt.
OK.: 91,88 m ü.NN
UK.: 91,35 m ü.NN

schneidet/stört: **534**
überdeckt von: **688**
zugehörig: **681, 684**
Zuweisung: Zum Pferdestall. Periode 5.

678 Pfosten

Untersuchungsgebiet 3; Abschnitt c/1; Abb. 34
An einer Ecke angeschnittene Grube mit beutelförmigem Querschnitt (Br. 24 cm). Homogen verfüllt mit graublauem, brüchigem Schluff. Wurzelspur.
OK.: 91,49 m ü.NN
UK.: 91,02 m ü.NN

schneidet/stört: **562**
dagegengesetzt/geschüttet ist: **596**
überdeckt von: **356**
zugehörig: **588**
Zuweisung: Unklar. Periode vor 3.

679 entfällt

680 Sonstige Schicht

Untersuchungsgebiet 3; Abschnitt b/4
Schwarzer Sand; sehr viel Steinkohleschotter; Sandsteinbruchstücke; locker.
OK.: 92,48 m ü.NN

überdeckt/liegt über: **254**
dagegengesetzt/geschüttet ist: **446**
überdeckt von: **637**
Zuweisung: Anschüttung des Hofniveaus. Periode 5.

681 Bodenbelag

Untersuchungsgebiet 3; Abschnitt d/4; Taf. 14,2; 19,1.2, Beil. 5
Hochkant im Schachbrettmuster verlegte Sandsteinplatten weitgehend herausgenommen; Muster nur noch in den Abdrücken erkennbar. Mit Ascheschicht **649** bedeckt. Befund endet bei Graben **653**. Die Bettung des Fußbodens besteht aus gelbem, sandigem Lehm, der mit etwas Dachziegelbruch und Sandsteinstücken vermischt ist.
OK.: 92,43 m ü.NN
UK.: 92,29 m ü.NN

gesetzt/geschüttet gegen: **651, 684, 727, 737, 766**
überdeckt/liegt über: **594, 685, 709-714, 738, 739**
geschnitten/gestört von: **641, 652, 818, 873**
dagegengesetzt/geschüttet ist: **649**
überdeckt von: **649, 657**
zugehörig: **657, 677, 684**
Zuweisung: Pferdestall. Periode 5.
Fd. Nr. 516: Irdenware, Tierknochen.
Fd. Nr. 532: Irdenware, **Kat. Nr. 138**.

682 Pfosten

Untersuchungsgebiet 3; Abschnitt d/4
Runder Umriß (Br. 48 cm); brauner Sand/Lehm; Dachziegelbruchstück; senkrecht stehender Sandsteinkeil; Pfostenspur quadratisch (Dm. ca. 30 cm).
OK.: 92,45 m ü.NN
UK.: 92,15 m ü.NN

schneidet/stört: **684, 715**
überdeckt von: **649, 653**
zugehörig: **683, 684, 722, 727, 737, 739, 766, 767**
Zuweisung: Pferdestall; Abtrennung der Boxen. Periode 5.

683 Pfostengrube

Untersuchungsgebiet 3; Abschnitt d/4
Wie **682** (Br. 47 cm). Im oberen Bereich Flußkiesel. Auf dem Boden waagerecht liegende Sandsteinplatte; Spur des Holzpfostens (Dm. 20 cm), vierkantiger Querschnitt.
OK.: 92,53 m ü.NN
UK.: 91,93 m ü.NN

schneidet/stört: **684, 715**
überdeckt von: **649, 653**
zugehörig: **682, 722, 727, 737, 739, 767**
Zuweisung: Pferdestall; Abtrennung der Boxen. Periode 5.

684 Graben

Untersuchungsgebiet 3; Abschnitt d/4; Taf. 19,1
Ost-West (Br. 60 cm). Lagenweise verfüllt mit gelbbraunem sandigen Lehm (aufgegrabener gewachsener Boden) und schwarzem, sandigen Steinkohleschotter, der mit etwas kleinteiligem Sandsteinbruch vermischt ist. Der Graben stört Fußboden **534, 681** und die darüberliegende Abdeckung **657**. Jünger sind Graben **653** und die Pfosten **682** und **683**.
OK.: 92,45 m ü.NN
UK.: 92,27 m ü.NN

schneidet/stört: **714**
geschnitten/gestört von: **641, 682, 683, 722, 737, 739, 767**
dagegengesetzt/geschüttet ist: **681**
überdeckt von: **653**
zugehörig: **677, 681, 682, 722, 727, 737, 739**
Zuweisung: Pferdestall; Abtrennung der Boxen. Periode 5.

685 Bodenbelag

Untersuchungsgebiet 3; Abschnitt d/4; Beil. 4, Taf. 14,2; 19,1
Sandsteinplatten; Fugen mit kleinen hochgestellten Sandsteinstücken ausgefüllt.
OK.: 92,29 m ü.NN

gesetzt/geschüttet gegen: **709, 714, 738**
überdeckt/liegt über: **715, 719, 721, 823**
geschnitten/gestört von: **594, 712, 713, 723, 724, 727**
überdeckt von: **681**
zugehörig: **714**
Zuweisung: Pferdestall. Periode 4.

686 Einfüllschicht

Untersuchungsgebiet 3; Abschnitt a
In **486**. Brauner, schlammig-matschiger Sandlehm mit großen Sandsteinbruchstücken, Kies, Holzkohle, Ziegelsplitt, Kalkklümpchen, Steinkohlestücken und Ofenschlacke. In den Sandsteinen auffällig viele Fossilienabdrücke.
OK.: 88,70 m ü.NN
UK.: 86,63 m ü.NN

gesetzt/geschüttet gegen: **486**
überdeckt von: **459**
Zuweisung: Verfüllung des Brunnens **486** nach Bau der Mauer 167. Aufgabe des Brunnens erfolgte mit Anschluß an die zentrale Wasserversorgung nach 1881? Periode 6.
Fd. Nr. 455: Steinzeug.

687 Grube?

Untersuchungsgebiet 2; Abschnitt 5
OK.: 91,68 m ü.NN
UK.: 91,35 m ü.NN

geschnitten/gestört von: **727**
zugehörig: **687, 729**
Zuweisung: Funde aus dem Inventar von Periode 3; s. **729**. Periode 4.
Fd. Nr. 303: Münze (ILISCH Nr. 18).
Fd. Nr. 458: Irdenware, Steinzeug, Glas, Tierknochen, Sonstiges: Spinnwirtel, **Kat. Nr. 572**.

688 Mauer

Untersuchungsgebiet 3; Abschnitt d/5; Abb. 29, Beil. 5
Nord-Süd. Aus Backsteinen über einer breiteren Mauer aus Sandsteinbruchstücken. Parallel zu **613**. Backsteinmauerteil mit hartem, sandigem Zementmörtel, aus den Fugen quellend. Darunterliegendes Sandsteinmauerwerk sehr unregelmäßig in wannenförmiger Baugrube.
OK.: 96,37 m ü.NN
UK.: 91,90 m ü.NN

schneidet/stört: **766**
gesetzt/geschüttet gegen: **593**
überdeckt/liegt über: **534, 591, 594, 597, 677**
Zuweisung: Ausbau des Pferdestalls zur Wohnung nach 1847. Periode 6.

689 Graben

Untersuchungsgebiet 3; Abschnitt b/4
Ost-West mit unregelmäßigen Kanten; eingetieft von **637**; verfüllt mit Material aus **637**; vereinzelt gelbe Lehmflecken.
OK.: 92,55 m ü.NN

schneidet/stört: **254, 637**
überdeckt von: **581**
Zuweisung: Unklar. Periode nach 4.

690 Kulturschicht

Untersuchungsgebiet 3; Abschnitt e
Alte Oberfläche im Innenhofbereich. Gelbbrauner, lehmiger Sand mit Wurzelspuren und kleinformatigen Sandsteinbruchstücken. Sporadisch grober Sand und Holzkohleflitter. Wenige kleine Mörtelklümpchen. Grenze zu **691** unscharf.
OK.: 92,85 m ü.NN

überdeckt/liegt über: **691**

geschnitten/gestört von: **694, 695, 698, 700, 703-705**
überdeckt von: **279, 692, 706**
zugehörig: **691**
Zuweisung: Oberflächenrest vor Periode 5. Periode vor 5.

691 Gewachsener Boden

Untersuchungsgebiet 3; Abschnitt e
Verwitterter Sandsteinfels. Streichrichtung Südwest-Nordost.
OK.: 92,59 m ü.NN

geschnitten/gestört von: **693, 694, 697, 698, 700, 703, 705**
überdeckt von: **690**
zugehörig: **329, 690**
Zuweisung: alte Oberfläche. Periode vor 2.

692 Planierschicht

Untersuchungsgebiet 3; Abschnitt e
Schwarzer, etwas lehmiger Sand mit vielen Sandsteinbruchstücken.
OK.: 92,81 m ü.NN

gesetzt/geschüttet gegen: **693, 694, 700**
überdeckt/liegt über: **690, 695, 697, 698, 703-706**
geschnitten/gestört von: **696**
überdeckt von: **699**
Zuweisung: Anschüttung des Hofniveaus. Periode nach 5.
Fd. Nr. 504: Irdenware, **Kat. Nr. 144, 300, 341, 349, 444**, Steinzeug, Fayence, Pfeife, **Kat. Nr. 521**, Glas, Figur, **Kat. Nr. 570**.

693 Mauer

Untersuchungsgebiet 3; Abschnitt e; Abb. 8, Beil. 5
Nord-Süd. Westmauer des Ostflügels. Die gesamte Wand ist rezent überarbeitet und verfugt; es wurde keine Dokumentation vorgenommen.
OK.: 101,00 m ü.NN
UK.: 91,11 m ü.NN

schneidet/stört: **691**
gesetzt/geschüttet gegen: **396**
dagegengesetzt/geschüttet ist: **692, 743, 746-748**
im Verband mit: **147, 700**
zugehörig: **148, 150, 342, 343, 694**
Zuweisung: Corps de Logis. Periode 5.

694 Baugrube

Untersuchungsgebiet 3; Abschnitt e; Abb. 39
Zu **693** (Br. 10 cm); schwarzbrauner, Sand/Lehm, Sandsteinbruchstücken, locker; UK. nicht festgestellt.
OK.: 92,82 m ü.NN

schneidet/stört: **690, 691**
dagegengesetzt/geschüttet ist: **692, 699**
zugehörig: **693**
Zuweisung: Corps de Logis. Periode 5.

695 Pfosten

Untersuchungsgebiet 3; Abschnitt e
Runde Grube in **690**; dunkelbrauner Sand/Lehm; Sandsteinschotter; unten breiter als oben (Br. 35-50 cm).

OK.: 92,80 m ü.NN
UK.: 92,67 m ü.NN

schneidet/stört: **690**
überdeckt von: **692**
Zuweisung: Unklar. Periode 5.

696 Grube

Untersuchungsgebiet 3; Abschnitt e
Runde Grube (Br. 41 cm) mit schwarzbraunem Sand, Sandsteinbruchstücken, Kalkklümpchen und Ziegelsplitt verfüllt. Keine Pfostenspur.
OK.: 92,82 m ü.NN

schneidet/stört: **692**
Zuweisung: Unklar. Periode vor 6.

697 Pfostengrube

Untersuchungsgebiet 3; Abschnitt e; Abb. 39
Ovale Grube (Br. 24 cm); brauner, humoser Sand/Lehm; Sandsteinschotter; senkrecht stehende Sandsteinkeile.
OK.: 92,84 m ü.NN
UK.: 92,53 m ü.NN

schneidet/stört: **691**
überdeckt von: **692**
zugehörig: **703**
Zuweisung: Baugerüst. Periode 5.

698 Pfostengrube

Untersuchungsgebiet 3; Abschnitt e
Dunkelbrauner Sand/Lehm; sehr viel Sandsteinschotter (Br. 27 cm). Nicht näher dokumentiert.
OK.: 92,88 m ü.NN

schneidet/stört: **690**
überdeckt von: **692, 706**
Zuweisung: Unklar; Gerüstpfosten? Periode 5.

699 Abbruchschicht

Untersuchungsgebiet 3; Abschnitt e
Von Treppenturm **700**. Graubrauner, staubiger Sand, mit Sandsteinbruchstücken, Kalkklümpchen.
OK.: 92,83 m ü.NN

gesetzt/geschüttet gegen: **694**
überdeckt/liegt über: **692, 700, 705**
Zuweisung: Abbruchschutt des Treppenturms **700**; um 1985. Periode nach 6.

700 Mauer

Untersuchungsgebiet 3; Abschnitt e; Abb. 8, Taf. 6,2, Beil. 5
Ost-West, Nord-Süd. Treppenturm in der Ecke von Südflügel und Ostflügel. Abbruch des im Krieg beschädigten Turms um 1979. Zwei Schalen aus Sandsteinplatten mit Sandsteinbruchstücken und reichlich Kalk/Sandmörtel verfüllt. Mauerbreite schwankt zwischen 60 und 80 cm.
OK.: 93,20 m ü.NN

schneidet/stört: **690, 691**

gesetzt/geschüttet gegen: **705, 865**
dagegengesetzt/geschüttet ist: **692**
überdeckt von: **699**
im Verband mit: **693**
zugehörig: **342, 705, 746, 865**
Zuweisung: Treppenturm. Periode 5.

701 Mauer

Untersuchungsgebiet 3; Abschnitt b/4; Beil. 6
Nord-Süd aus Sandsteinbruchstücken (Br. 33 cm). Lose in braunen, lehmig-humosen Sand gesetzt; Verband mit **446**.
OK.: 92,35 m ü.NN
UK.: 91,90 m ü.NN

gesetzt/geschüttet gegen: **396, 728**
überdeckt/liegt über: **448**
dagegengesetzt/geschüttet ist: **389, 446**
überdeckt von: **637**
Zuweisung: Zur Treppe in den Palaskeller (**389**). Periode 6.

702 Planierschicht

Untersuchungsgebiet 3; Abschnitt b/4
Unter **254**. Identisch mit **445**. Gefälle Nord-Süd.
OK.: 92,00 m ü.NN
UK.: 91,70 m ü.NN

überdeckt/liegt über: **421**
überdeckt von: **254**
zugehörig: **445**
Zuweisung: Stickung des Hofpflasters; Funde aus der Periode 3. Periode 4.
Fd. Nr. 507: Irdenware, Steinzeug, Glas.
Fd. Nr. 525: Steinzeug.

703 Pfostengrube

Untersuchungsgebiet 3; Abschnitt e; Abb. 39
Hochkantgestellte Sandsteinplatten in einer rundovalen Grube (Br. 34 cm). Pfostenspur nicht beobachtet; brauner, humoser Sand/Lehm.
OK.: 92,69 m ü.NN
UK.: 92,37 m ü.NN

schneidet/stört: **690, 691**
überdeckt von: **692**
zugehörig: **697**
Zuweisung: Zum Baugerüst des Ostflügels. Periode 5.

704 Pfostengrube

Untersuchungsgebiet 3; Abschnitt e
Rund-ovale Grube mit senkrechtstehenden Keilsteinen (Br. 34 cm). In der dunkelbraunen Verfüllung Backsteinbruchstücke.
OK.: 92,61 m ü.NN
UK.: 92,55 m ü.NN

schneidet/stört: **690**
überdeckt von: **692**
Zuweisung: Unklar; Baugerüst? Periode 5.

705 Baugrube

Untersuchungsgebiet 3; Abschnitt e

Zu Treppenturm **700** (Br. 10 cm). Wie **694**. Unterkante nicht festgestellt.
OK.: 92,50 m ü.NN

schneidet/stört: **690, 691**
dagegengesetzt/geschüttet ist: **700**
überdeckt von: **692, 699**
zugehörig: **700**
Zuweisung: Periode 5.

706 Bodenbelag

Untersuchungsgebiet 3; Abschnitt e
Zerstörter Fußboden aus handgroßen Kieselsteinen.
OK.: 92,61 m ü.NN

überdeckt/liegt über: **690, 698**
überdeckt von: **692**
Zuweisung: Zerstörtes Hofpflaster der Periode 5? Periode 5.

707 Pfostengrube

Untersuchungsgebiet 3; Abschnitt b/4
Senkrecht gestellte Sandsteinplatten in einer runden Grube (Br. 21 cm); brauner Sand/Lehm; Holzkohleflitter.
OK.: 92,47 m ü.NN

schneidet/stört: **254, 733**
überdeckt von: **637**
Zuweisung: Unklar. Periode nach 4.

708 Planierschicht oder Laufniveau

Untersuchungsgebiet 3; Abschnitt b/4; Abb. 32
Grüngrauer Sand, etwas lehmig, mit braunen organischen Flecken; Dachziegelbruchstücke; verziegelte Lehmflecken; Holzkohleflitter (Menge: mittel) und Nester mit sehr viel Holzkohle. Vereinzelt Kies, Tierknochen und craquelierter Sandstein. Große Bruchstücke von orangefarbenen, facettierten Dachziegeln. Einige große, flachliegende Kieselsteine (Dm. 10 cm); wenige Kalkklümpchen; Wurzelspuren; Abdrücke des Fußbodens **254**.
OK.: 92,89 m ü.NN

überdeckt/liegt über: **716, 731**
geschnitten/gestört von: **254**
überdeckt von: **448**
zugehörig: **421**
Zuweisung: Dachziegelbruchstücke und Brandmaterial sprechen für Ende der Periode 3. Periode vor 4.
Fd. Nr. 501: **Kat. Nr. 21**.
Fd. Nr. 511: graue Irdenware, **Kat. Nr. 17**, Steinzeug, Glas, Tierknochen, Sonstiges: Noppenglas, **Kat. Nr. 534**.
Fd. Nr. 626: Steinzeug, **Kat. Nr. 47**, Porzellan, Glas.

709 Mauer

Untersuchungsgebiet 3; Abschnitt d/4; Beil. 4, Taf. 14,2
Ost-West (Br. 80 cm). Sandsteinbruchstücke, kleinformatig; Mörtel: Lehm, mit etwas weißgrauen Kalk; eine Steinlage ist erhalten; im Süden wird der Befund von **651** gestört.
OK.: 92,38 m ü.NN
UK.: 92,08 m ü.NN

überdeckt/liegt über: **715, 720**

geschnitten/gestört von: **641, 651**
dagegengesetzt/geschüttet ist: **685**
überdeckt von: **681**
im Verband mit: **738**
zugehörig: **714, 738**
Zuweisung: Pferdestall. Periode 4.

710 Pfostengrube

Untersuchungsgebiet 3; Abschnitt d/4; Beil. 2
Dreieckige Grube (Br. 46 cm) mit runder Pfostenspur (Dm. 15 cm). Die Spur ist mit graubraunem, fettigem Sandlehm und winzigen verziegelten Lehmflittern verfüllt. Die Grube ist mit gelbbraunem, hellem, sandigem Lehm verfüllt. Die Kanten sind scharf. Im Querschnitt zeigt sich die nur noch Pfostenspur als flache, 4 cm starke Linse. Der obere Teil der Grube ist durch Mauer **709** abgeschnitten.
OK.: 92,35 m ü.NN
UK.: 92,31 m ü.NN

schneidet/stört: **715**
überdeckt von: **681**
zugehörig: **711**
Zuweisung: Wohl ehemals unter Mauer **709** (Periode 4). Periode vor 4.

711 Pfostengrube

Untersuchungsgebiet 3; Abschnitt d/4; Beil. 2
Dreieckige Grube (Br. 45 cm) mit obenaufliegenden Sandstein. Runde Pfostenspur (Dm. 17 cm) am Nordrand der Grube. Verfüllungen wie bei **710**. In Pfostenspur deutliche konzentrische Bruchzonen. Pfosten war unten angespitzt.
OK.: 92,39 m ü.NN
UK.: 91,90 m ü.NN

schneidet/stört: **715**
überdeckt von: **681**
zugehörig: **710**
Zuweisung: s. **710**. Periode vor 4.

712 Pfostengrube

Untersuchungsgebiet 3; Abschnitt d/4
Quadratischer Umriß (Br. 60 cm); Verfüllung: brauner Sand/Lehm, Sandsteinschotter, vermoderte Holzreste. Nicht weiter dokumentiert.
OK.: 92,38. m ü.NN

schneidet/stört: **685**
überdeckt von: **681**
zugehörig: **685, 713**
Zuweisung: Zum Baugerüst, da unter **681**. Periode 5.

713 Pfostengrube

Untersuchungsgebiet 3; Abschnitt d/4
Quadratischer Umriß (L. 54 cm; Br. 50 cm): Verfüllung wie **712**.
OK.: 92,29 m ü.NN

schneidet/stört: **685, 721**
überdeckt von: **681**
zugehörig: **685, 712**
Zuweisung: s. **712**. Periode 5.

714 Grundschwelle

Untersuchungsgebiet 3; Abschnitt d/4; Beil. 4, Taf. 14,2
Vermoderter Holzbalken, Ost-West (Br. 28 cm); in zusammengesunkenen Holzmull sind Sandstein,- Steinkohlebruchstücke und Sand eingesackt; etwas rotbrauner Sand/Lehm.
OK.: 92,35 m ü.NN
UK.: 92,13 m ü.NN

schneidet/stört: **715**
geschnitten/gestört von: **684**
dagegengesetzt/geschüttet ist: **685**
überdeckt von: **681**
zugehörig: **685, 709**
Zuweisung: Abtrennung der Boxen im Pferdestall. Periode 4.

715 Sonstige Schicht

Untersuchungsgebiet 3; Abschnitt c/3; Abb. 29
Ca. 10 cm starker, lockerer, humoser, lehmiger Sand; rotbraun, sehr feine Holzkohleflitter; wenige kleine Kalkklümpchen. Unregelmäßige, wellige Unterkante mit Wurzelspuren. Der Befund zieht unter Mauer **540**.
OK.: 91,89 m ü.NN
UK.: 91,78 m ü.NN

überdeckt/liegt über: **820**
geschnitten/gestört von: **682, 683, 710, 711, 714, 719-722, 766, 800-802, 823, 824**
überdeckt von: **685, 709**
zugehörig: **820**
Zuweisung: Rest der alten Oberfläche. Periode vor 3.
Fd. Nr. 646: prähistorische Irdenware.

716 Kulturschicht

Untersuchungsgebiet 3; Abschnitt b/4; Abb. 33
Lehmiger Sandauftrag zwischen **708** und **717**; Wurzelspuren und Tiergänge; Gefälle nach Süden. Eingelagert sind größere Holzkohlestücke und verziegelter Lehm.
OK.: 91,60 m ü.NN

überdeckt/liegt über: **717**
geschnitten/gestört von: **718, 728, 732**
überdeckt von: **708**
Zuweisung: Periode vor 3.
Fd. Nr. 510: graue Irdenware, **Kat. Nr. 27, 28, 29**, Metall, Tierknochen, Sonstiges: Scherben mit Eisenoxyd bedeckt (Funde vermischt mit Schicht **717**).
Fd. Nr. 534: graue Irdenware.
Fd. Nr. 547: Irdenware, graue Irdenware, Steinzeug, **Kat. Nr. 62, 71**, Metall, Tierknochen, Sonstiges: vermischt mit Funden aus **725**.

717 Kulturschicht

Untersuchungsgebiet 3; Abschnitt b/4; Abb. 33
Grauer, schwach lehmiger Sand; leicht kiesig; handgroße Sandsteinbruchstücke; feine, größere (bis 1 cm) Holzkohlestücke.
OK.: 91,52 m ü.NN
UK.: 91,46 m ü.NN

überdeckt/liegt über: **658, 725, 740, 783**
geschnitten/gestört von: **718, 728, 732**
überdeckt von: **716**
Zuweisung: Innerhalb des Zaungrabensystems der Periode 2;

gestört von der Baugrube des Palas; Funde: Periode 2.
Periode vor 3.
Fd. Nr. 526: Irdenware, graue Irdenware, Steinzeug.
Fd. Nr. 540: Steinzeug, **Kat. Nr. 83**.

718 Baugrube

Untersuchungsgebiet 3; Abschnitt b/4; Abb. 33
Zu Mauer **728** (Br. 33 cm). Verfüllt mit Material aus **716** und **717**. Im Profil und in Fläche 6 wurde Befund nicht mehr beobachtet. Die Baugrube ist ganz eng mit Mauer **728** zugesetzt.
OK.: 91,60 m ü.NN

schneidet/stört: **716, 717, 725, 731**
dagegengesetzt/geschüttet ist: **728**
überdeckt von: **408, 448**
zugehörig: **728**
Zuweisung: Palas. Periode 3.

719 Pfostengrube

Untersuchungsgebiet 3; Abschnitt d/4; Beil. 2
Ovale Grube mit runder Pfostenspur. Grube (Dm. 45 x 28 cm; T./H. 19 cm) mit gelbbraunem, sandigem Lehm, der etwas heller als die Umgebung ist, verfüllt. Die Pfostenspur (Dm. 17 cm) enthielt fettigen Lehm mit kleinen Sandsteinbruchstücken, Kies, Holzkohle und winzigen verziegelten Lehmflittern. Am Rand Spuren des vergangenen Holzpfostens. Im Profil Spur als dünne Linse von wenigen cm Tiefe. Die Pfostengrube wurde im Profil nicht beobachtet.
OK.: 92,13 m ü.NN
UK.: 92,08 m ü.NN

schneidet/stört: **715**
überdeckt von: **685**
zugehörig: **720**
Zuweisung: Holzgebäude der Periode 2? Periode vor 4.

720 Pfosten

Untersuchungsgebiet 3; Abschnitt d/4; Beil. 2
Rund-ovale Grube, mit hellbraunem, sandigem Lehm, Kies und Holzkohle verfüllt; hart und brüchig; Wurzelspuren (Dm. 40 cm). Runde Pfostenspur mit lockerem, torfig-organischem Material des vergangenen Holzpfostens (Dm. 18 cm). Im Querschnitt flache Linse wie **719**. Oberer Teil durch Mauer **709** abgeschnitten.
OK.: 92,06 m ü.NN
UK.: 92,00 m ü.NN

schneidet/stört: **715**
überdeckt von: **709**
zugehörig: **719**
Zuweisung: Holzgebäude der Periode 2? Periode vor 4.

721 Grube

Untersuchungsgebiet 3; Abschnitt d/4; Beil. 2
Flache Grube (2 x 2 m) in **715** mit einem Gefälle von 22 cm nach Norden. Brauner, lehmiger Sand mit vielen torfig verwitterten Aststücken; verziegelte Lehmklümpchen, Sandstein- und Dachziegelbruchstücke; Tonschieferschotter; auf der Sohle zusammengeworfene Sandsteinpackung.
OK.: 92,23 m ü.NN
UK.: 91,70 m ü.NN

schneidet/stört: **715**
überdeckt/liegt über: **817, 846**
geschnitten/gestört von: **713**
überdeckt von: **685**
Zuweisung: Im Holzgebäude der Periode 2. Periode vor 4.

722 Pfosten

Untersuchungsgebiet 3; Abschnitt d/4
Rechteckige Grube (L. 62 cm; Br. 41 cm), mit schwarzem Steinkohleschotter verfüllt. In der rechteckigen Pfostenspur torfig verwitterter Holzrest, rechteckig: 30 x 20 cm.
OK.: 92,17 m ü.NN
UK.: 91,80 m ü.NN

schneidet/stört: **684, 715**
überdeckt von: **643, 649**
zugehörig: **682, 683, 684, 767**
Zuweisung: Pferdestall; Abtrennung der Boxen. Periode 5.

723 Pfosten

Untersuchungsgebiet 3; Abschnitt d/5
Undeutlicher Grubenumriß (Br. 30 cm). Runde Pfostenspur (Dm. 15 cm), verfüllt mit Sandsteinbruchstücken und sehr lockerem, dunkelbraunem, mit organischen Substanzen angereichertem Sand.
OK.: 92,18 m ü.NN
UK.: 91,82 m ü.NN

schneidet/stört: **685, 765**
dagegengesetzt/geschüttet ist: **649**
Zuweisung: Türpfosten im Pferdestall? Periode 5.
Fd. Nr. 530: Metall.

724 Pfostengrube

Untersuchungsgebiet 3; Abschnitt d/5
Quadratische Pfostengrube (26 x 25 cm), mit braunem lehmigen Sand verfüllt. In der Nordwest-Ecke undeutliche, rechteckige Holzspur; waagerechter Grubenboden.
OK.: 92,11 m ü.NN
UK.: 92,04 m ü.NN

schneidet/stört: **685, 738, 765**
überdeckt von: **649**
Zuweisung: Zum Pferdestall. Periode 5.

725 Kulturschicht

Untersuchungsgebiet 3; Abschnitt b/4
Gelbbrauner, etwas rötlicher, sandiger Lehm mit sehr vielen alten Wurzelspuren; fleckig; diffuse graue Flecken mit Holzkohleflittern. Weitere Bestandteile: Sandsteinschotter, z.T. craqueliert, verziegelte Lehmklümpchen, Silex, zerbrochene Kieselsteine, Knochen.
Gefälle Nord-Süd, OK. 92,01-91,41 m ü.NN

überdeckt/liegt über: **741, 742**
geschnitten/gestört von: **555, 658, 718, 728, 731, 740, 783, 792, 793**
überdeckt von: **717**
zugehörig: **664, 733**
Zuweisung: alte Oberfläche. Periode vor 3.
Fd. Nr. 515: graue Irdenware, Steinzeug.

Fd. Nr. 523: prähistorische Irdenware, **Kat. Nr. 5**, Irdenware, Steinzeug, Sonstiges: Silex, **Kat. Nr. 559**.
Fd. Nr. 542: Irdenware, graue Irdenware, Tierknochen, Sonstiges: Dachziegel.
Fd. Nr. 623: Porzellan, Glas, Sonstiges: Silex, verziegelter Tonklumpen.
Fd. Nr. 634: graue Irdenware.

726 Graben

Untersuchungsgebiet 3; Abschnitt d/5
Ost-West (Br. 55 cm), mit gelbbraunem, sandigem Lehm verfüllt. Sehr viele Sandsteinbruchstücke, Steinkohlestaub und etwas Kies.
OK.: 92,38 m ü.NN

Zuweisung: s. 684. Periode 5.

727 Pfosten

Untersuchungsgebiet 3; Abschnitt d/5
Runde Pfostengrube (Dm. 60 cm) mit gelbbraunem, lehmigem Sand und Sandsteinbruchstücken verfüllt. Quadratische Pfostenspur (24 x 24 cm) mit Holzmull. Auf dem Boden der Grube, flache Sandsteinplatte.
OK.: 92,38 m ü.NN
UK.: 91,86 m ü.NN

schneidet/stört: **685, 687**
dagegengesetzt/geschüttet ist: **681**
überdeckt von: **649**
zugehörig: **682, 683, 684, 739**
Zuweisung: Pferdestall. Abtrennung der Boxen. Periode 5.

728 Mauer

Untersuchungsgebiet 3; Abschnitt b/4; Beil. 3a, Abb. 33
Ost-West aus Sandsteinbruchstücken und Sandsteinplatten. Ecke bei r 54,00 h 25,30 (Grabungskoordinaten), an der die Mauer nach Süden abknickt. Unter jüngerer Mauer **413**. Sandsteine sehr unregelmäßig gesetzt; nasser, sehr sandiger, grüngrauer Kalkmörtel. Zur Ecke hin zunehmend dunkelbrauner, lockerer Sandlehm zwischen den Fugen. 10-15 cm vor Mauer **413** vorspringend. Baugrube ganz von **728** zugesetzt.
OK.: 91,48 m ü.NN
UK.: 90,08 m ü.NN

schneidet/stört: **716, 717, 725, 731**
gesetzt/geschüttet gegen: **718**
dagegengesetzt/geschüttet ist: **413, 448, 701**
im Verband mit: **396**
zugehörig: **71, 298, 718**
Zuweisung: Fundament des Palas. Periode 3.

729 Grube?

Untersuchungsgebiet 2; Abschnitt 5
Sehr lockerer Sand/Lehm, braun, humos, Sandsteinschotter, einige Fischknochen. Bestandteil der Stickung **445** für Hofpflaster **254**?
OK.: 91,68 m ü.NN
UK.: 91,35 m ü.NN

zugehörig: **687**
Zuweisung: Periode vor 4.

730 Mauer

Untersuchungsgebiet 2; Abschnitt 5
Ost-West (Br. 80 cm). Aus Sandsteinbruchplatten, in Lehm gesetzt. 80 cm hinter 377. In Durchbruch in Mauer **377** sichtbar. Gerade Kante nach Norden. Südkante unregelmäßig.
OK.: 91.00 m ü.NN

schneidet/stört: **1022**
dagegengesetzt/geschüttet ist: **376, 377**
überdeckt von: **1020**
zugehörig: **376, 377**
Zuweisung: Stützmauer des Kellers **5** nach N. Periode 6.

731 Pfostengrube

Untersuchungsgebiet 3; Abschnitt b/4; Beil. 2
Rechteckige Grube mit abgerundeten Ecken; brauner, lehmiger Sand, graue und gelbe Flecken; Wurzelspuren; Holzkohleflitter (wenig). Pfostenspur stärker grau, mit größeren Holzkohlestücken und wenigen verziegelten Lehmklümpchen.
OK.: 91,43 m ü.NN
UK.: 90,90 m ü.NN

schneidet/stört: **658, 725**
geschnitten/gestört von: **718, 728, 732**
überdeckt von: **708**
zugehörig: **658, 659**
Zuweisung: Pfosten im Zaungrabensystem. Periode 2.

732 Baugrube

Untersuchungsgebiet 3; Abschnitt b/4; Abb. 33
Stört Pfosten **731**. In der Füllung dunkelbrauner bis schwarzer, lehmiger Sand mit Sandsteinbruchstücken (Br. 10 cm).
OK.: 91,62 m ü.NN
UK.: 91,45 m ü.NN

schneidet/stört: **716-718, 731**
überdeckt von: **446, 449**
Zuweisung: Periode 5.
Fd. Nr. 529: Pfeife, **Kat. Nr. 519**.

733 Sonstige Schicht

Untersuchungsgebiet 3; Abschnitt b/4
Etwas dunkler als **725**; deutlich mehr Wurmlöcher und Wurzelspuren, die mit dunklem, schwarzgrauem Schluff verfüllt sind.
OK.: 92,32 m ü.NN

geschnitten/gestört von: **707, 735**
überdeckt von: **736**
zugehörig: **725**
Zuweisung: alte Oberfläche. Periode vor 3.
Fd. Nr. 541: prähistorische Irdenware, **Kat. Nr. 6**, Tierknochen.

734 Grube?

Untersuchungsgebiet 3; Abschnitt d/5
Grauer, lehmiger Sand mit Holzkohleflittern.
OK.: 92,20 m ü.NN

schneidet/stört: **765**
überdeckt von: **534**

Zuweisung: Unklar. Periode vor 4.
Fd. Nr. 535: Irdenware, **Kat. Nr. 326**.
Fd. Nr. 537: Sonstiges: Silex, Kernstein.

735 Feuerstelle

Untersuchungsgebiet 3; Abschnitt b/4; Beil. 1
Flacher, linsenförmiger Querschnitt, darin gelber lehmiger Sand mit sehr viel Holzkohleflittern und Holzkohlestücken. Der Rand und Boden der Grube ist rot verziegelt (L. 96 cm; Br. 80 cm).
OK.: 92,43 m ü.NN
UK.: 92,00 m ü.NN

schneidet/stört: **733**
überdeckt von: **736**
Zuweisung: Periode 1.
Fd. Nr. 528: Sonstiges: Schlämmrückstände.

736 Sonstige Schicht

Untersuchungsgebiet 3; Abschnitt b/4
Graugelber, lehmiger Sand; Tierknochen, Holzkohle, Mörtelnester, Abdrücke von **254**. Gefälle: Nord-Süd.
OK. 92,60-92,45 m ü.NN

überdeckt/liegt über: **733, 735**
überdeckt von: **254**
Zuweisung: Zum Laufniveau der Periode 3, übergehend in den gewachsenen Boden. Periode vor 4.
Fd. Nr. 512: graue Irdenware, **Kat. Nr. 27**, Steinzeug, Glas.

737 Pfostengrube

Untersuchungsgebiet 3; Abschnitt d/5
Grube mit dunkelbraunem/schwarzem Steinkohleschotter verfüllt (Dm. 65 cm). Rechteckige Pfostenspur (28 x 21 cm) mit Holzmull des verwesten Holzpfostens.
OK.: 92,57 m ü.NN
UK.: 92,27 m ü.NN

schneidet/stört: **684, 738, 765**
dagegengesetzt/geschüttet ist: **681**
überdeckt von: **649, 653**
zugehörig: **682-684**
Zuweisung: Pferdestall; Abtrennung der Boxen. Periode 5.

738 Mauer

Untersuchungsgebiet 3; Abschnitt d/5; Beil. 4
Nord-Süd (Br. 50 cm). Sandsteinquader und Bruchplatten; in den Fugen gelber, weicher Lehm mit Kieseln und Dachziegelbruchstücken. Das Nordende ist gestört und ausgebrochen.
OK.: 92,28 m ü.NN
UK.: 91,98 m ü.NN

überdeckt/liegt über: **765, 820**
geschnitten/gestört von: **724, 737**
dagegengesetzt/geschüttet ist: **534, 685**
überdeckt von: **681**
im Verband mit: **709**
zugehörig: **709**
Zuweisung: Pferdestall. Periode 4.

739 Pfosten

Untersuchungsgebiet 3; Abschnitt d/5
Grube und quadratische Pfostenspur (Br. 75 cm). Pfosten 23 x 20 cm. Nicht weiter dokumentiert.
OK.: 91,17 m ü.NN

schneidet/stört: **684**
überdeckt von: **649, 653, 681**
zugehörig: **682-684, 727**
Zuweisung: Pferdestall; Abtrennung der Boxen. Periode 5.

740 Pfosten

Untersuchungsgebiet 3; Abschnitt b/4; Beil. 2
U-förmiger Querschnitt (Br. 70 cm; T. 50 cm); rechteckiger Umriß. Übergehend in Graben **658**. Lage: in der Nordostecke des Grabens **658**. Verfüllt mit grauem, lehmigem Sand, der mit Holzkohleflittern vermischt ist. Sehr viele Wurzelspuren. Pfostenspur nicht beobachtet. Bis zum gewachsenen Felsboden eingetieft.
OK.: 92,10 m ü.NN
UK.: 91,63 m ü.NN

schneidet/stört: **725**
gesetzt/geschüttet gegen: **658**
überdeckt von: **717**
zugehörig: **658, 659**
Zuweisung: Zum Zaungrabensystem. Periode 2.

741 Pfosten

Untersuchungsgebiet 3; Abschnitt d/1; Beil. 1
Grube mit rundem Umriß und beutelförmigem Querschnitt (Br. 42 cm). Verfüllt mit weißgelbem, lehmigem Sand und bis zu 0,5 cm großen Holzkohlestücken. Am Rand der Grube Eisenoxydband. Konsistenz: mittelhart. Oberkante durch alte Wurzeln verwischt; nach unten wird Kontur schärfer.
OK.: 91,15 m ü.NN
UK.: 90,82 m ü.NN

schneidet/stört: **839**
geschnitten/gestört von: **422**
überdeckt von: **672, 725**
zugehörig: **742, 791, 826, 827, 833, 840, 843, 855, 861, 875**
Zuweisung: Zum Pfostengebäude I. Periode 1.

742 Pfosten

Untersuchungsgebiet 3; Abschnitt d/1; Beil. 1
West. von **741**. Runder Umriß, beutelförmiger Querschnitt (Br. 42 cm). Einfüllung: fleckiger grauer und rötlich gelber Sandlehm mit Holzkohleflittern, kleinen verziegelten Lehmklümpchen und Sandsteinstücken; sehr viele inkohlte Getreide- und Samenkörner. Am Rand Schluff und Eisenoxydband.
OK.: 91,13 m ü.NN
UK.: 90,82 m ü.NN

schneidet/stört: **839**
dagegengesetzt/geschüttet ist: **836, 838**
überdeckt von: **672, 725**
zugehörig: **741, 791, 826, 827, 833, 840, 843, 855, 861, 875**
Zuweisung: Zum Pfostengebäude I. Periode 1.
Fd. Nr. 600: Sonstiges: Schlämmrückstände mit Samenkörnern.

743 Mauer

Untersuchungsgebiet 6; Beil. 5
Zwischenwand im Ostflügel (Br. 1,3 m). Ost-West aus Sandsteinbruchstücken. Z.T. Trockenmauerwerk mit Lehm/Häckselgemisch, z.t. grauer Kalkmörtel mit kleinen Steinkohlestücken. Auf beiden Seiten 3-4 cm dicke Putzschicht. Rauhputz ist grau, mit Asche gemagert, darüber weißer, sandiger Feinputz. Gelbe, graue, hellblaue Farbreste. Orangefarbene mit Malhorn aufgetragene Wellenlinien. Über der Tür Backsteinvermauerung. In der Mitte befindet sich Kamin **749**.

gesetzt/geschüttet gegen: **343, 693**
dagegengesetzt/geschüttet ist: **747-749**
Zuweisung: Kaminwand im Corps de Logis. Periode 5.

744 Aborterker

Untersuchungsgebiet 6; Beil. 5, Taf. 16,2
Mit Sandsteinbruchstücken vermauert (L. 1 m; Br. 57 cm); an der Kante zugesetzt von Mauer **743**. Seiten aus sorgfältig zugerichteten Sandsteinquadern. Hinter Vermauerung halbrunde Kammer mit Toilettensitz aus Eichenholz mit schlüssellochförmigem Ausschnitt (Dm. 27 cm). Holzdecke; Wände mit Lehm/Häcksel geglättet und mit Kalk/Sand verputzt; Zugabe von Tierhaaren; an der Ost- und Südseite Nischen als Ablage (20 x 17 x 15,5 cm). Fußboden aus Sandsteinplatten.
OK.: 95,13 m ü.NN
UK.: 93,40 m ü.NN

im Verband mit: **150, 343**
zugehörig: **148, 150, 342, 343, 1051**
Zuweisung: Abort im Corps de Logis. Periode 5.

745 Vermauerung

Untersuchungsgebiet 6; Abb. 20
In **396** (Br. 1,37 m). Kalksandstein und Backsteine. Oberer Abschluß mit drei grob zugerichteten Holzbalken. Auf Backsteinen graublauer, mit Asche gemagerter Wandputz. Auf der Gegenseite im Südflügel ist nichts zu erkennen. Durchgang?
OK.: 95,21 m ü.NN
UK.: 93,55 m ü.NN

schneidet/stört: **396**
Zuweisung: Wandschrank? In Periode 6 zugemauert. Periode 6.

746 Durchgang

Untersuchungsgebiet 6; Beil. 5
In **693**; vermauert; oben Kreissegmentbogen; darunter zwei Vermauerungen einer schrittweisen Verkleinerung (Br. 0,43/1,2 m). Südlicher Teil evtl. zusammenhängend mit **745**. Tiefe größer 30 cm. Rezent überarbeitet.
UK.: 93,50 m ü.NN

gesetzt/geschüttet gegen: **396, 693**
zugehörig: **700**
Zuweisung: Durchgang zum Treppenturm **700**; vermauert um 1985. Periode 5.

747 Bodenbelag

Untersuchungsgebiet 6; Beil. 6
Industriefliesen „Villeroy", in einem sehr harten Zementbett. Jüngster Fußbodenbelag im Ostflügel.
OK.: 93,40 m ü.NN

gesetzt/geschüttet gegen: **343, 693, 743**
zugehörig: **748, 759**
Zuweisung: Fußboden der Wohnung, nach 1847. Periode 6.

748 Bodenbelag

Untersuchungsgebiet 6; Abb. 20, Beil. 6
Wie **747**.
OK.: 93,40 m ü.NN

gesetzt/geschüttet gegen: **343, 693, 743**
zugehörig: **747, 759**
Zuweisung: Zur der nach 1847 (1878) eingebauten Wohnung. Periode 6.

749 Kamin

Untersuchungsgebiet 6; Taf. 2, Beil. 5
Kamin aus Sandstein (L. 2,09 m; B3. 75 cm; T./H. 1,67 m). Konsole profiliert auf zwei Halbsäulen. Zwei Wappenschilder in Palmensträußen. Links: Wennemar von der Recke I; rechts: Helene von Dinklage (1664-1703). Sturz gebrochen. Seiten sorgfältig scharriert. Unter einer modernen, grauen Ölfarbschicht rote und grüne Farbreste. Feuerkammer mit Backsteinen verkleinert; weitgehend abgebrochen; dahinter Wandbewurf aus Lehm/Häcksel.
OK.: 95,07 m ü.NN
UK.: 93,40 m ü.NN

gesetzt/geschüttet gegen: **743**
Zuweisung: Kamin im Corps de Logis. Periode 5.

750 Grube

Untersuchungsgebiet 3; Abschnitt b
Rechteckig, mit abgerundeten Ecken (Br. 1,2 m). Schichtweise verfüllt; zur Mitte eingesunken. Oben Sandsteinbruchstücke und Mörtelklumpen; armdickes Holzkohlestück; darunter dünnes Band mit schwarzem Sand, Kies, Eierschalen und sehr vielen Tierknochen. S. **843**.
OK.: 90,82 m ü.NN

schneidet/stört: **276, 673, 839**
geschnitten/gestört von: **332**
überdeckt von: **445**
Zuweisung: Abfallgrube. Periode 3.

751 Mauer

Untersuchungsgebiet 4; Abschnitt 5; Beil. 6
Nordwest-Südost (L. 4,6 m; Br. 50 cm). Aus Sandsteinquadern (Spolien); grauer mit Schlacke und Asche gemagerter, kaum abgebundener Mörtel. Fundament ca. 20 cm vorspringend aus zusammengeworfenen Sandsteinen. Knickt nach 4,6 m nach Nordosten ab. Eingetragen im Katasterblatt von 1883.
OK.: 90,32 m ü.NN

gesetzt/geschüttet gegen: **761, 762**
geschnitten/gestört von: **752, 753**
dagegengesetzt/geschüttet ist: **640, 754, 755**
überdeckt von: **244, 640**
Zuweisung: Kloake? Periode 6.

Befundkatalog

175

752 Mauer

Untersuchungsgebiet 4; Abschnitt 4-5; Beil. 6
Backsteine, Blockverband (Br. 52 cm). Grauer mit Asche und Schlacke gemagerter Mörtel. Bildet trapezförmige Wanne in der Ecke von Nordwestturm und Westflügel. Innenwände mit Zement verputzt. Am Westende Sinkkasten aus Backsteinen.
OK.: 90,58 m ü.NN

schneidet/stört: **751, 753**
gesetzt/geschüttet gegen: **577, 761**
dagegengesetzt/geschüttet ist: **638, 754, 755**
Zuweisung: Kloake? Periode 6.

753 Mauer

Untersuchungsgebiet 4; Abschnitt 5-6; Beil. 6
Nord- Süd (Br. 24 cm). Aus Backsteinen und Schamotteziegeln (22 x 12 x 9 cm). Wilder Verband; unregelmäßige Ostkante. Grauer, mit Asche und Schlacke gemagerter Mörtel; aus den Fugen quellend. Stößt an die ältere Mauer **751**.
OK.: 90,29 m ü.NN

schneidet/stört: **751**
geschnitten/gestört von: **752**
dagegengesetzt/geschüttet ist: **640, 754**
im Verband mit: **756**
Zuweisung: Unklar; zum Lagerschuppen 8? Periode 6.

754 Bodenbelag

Untersuchungsgebiet 4; Abschnitt 5; Beil. 6
Runde Schamottescheiben (Dm. 16 cm) mit zentralem Loch (Dm. 4 cm). Wiederverwendete Rückstände aus der Eisenproduktion.
OK.: 89,94 m ü.NN

gesetzt/geschüttet gegen: **751-753**
überdeckt von: **640**
Zuweisung: Zur Kloake. Periode 6.

755 Mauer

Untersuchungsgebiet 4; Abschnitt 5; Beil. 6
Ost-West und Nord-Süd verlaufende Backsteinmauern (Br. 14 cm) bilden zwei unterschiedlich große, trapzförmige Kammern. Der Boden ist mit Ziegelsteinen ausgelegt. Die Innenseiten sind mit Zement verputzt.
OK.: 90,06 m ü.NN

gesetzt/geschüttet gegen: **751, 752**
dagegengesetzt/geschüttet ist: **640**
Zuweisung: Einbau in der Kloake **751**. Periode 6.

756 Mauer

Untersuchungsgebiet 4; Abschnitt 6; Abb. 7, Beil. 6
Ost-West (Br. 32 cm). Aus Backsteinen und Schamotteziegeln im Blockverband. Einzelne Sandsteinspolien. Nördliche Außenkante unregelmäßig. Grauer mit Asche und Schlacke gemagerter Mörtel (Br. 26-32 cm).
OK.: 90,36 m ü.NN

gesetzt/geschüttet gegen: **761**
überdeckt/liegt über: **762**
dagegengesetzt/geschüttet ist: **640**
im Verband mit: **753**
Zuweisung: Zum Labor **9**? Periode 6.

757 Mauer

Untersuchungsgebiet 4; Abschnitt 7; Beil. 6
Ost-West (Br. 66 cm). Aus Backsteinen; grauer mit Asche und Schlacke gemagerter Mörtel. Liegt über einer älteren Mauer aus Sandsteinbruchstücken (Br. 66 cm). Die Steine sind in schwarzbraunem Sand ohne Kalk/Mörtel-Zusatz verlegt. Identisch mit rechteckigem Anbau im Katasterblatt von 1870.
OK.: 90,25 m ü.NN

gesetzt/geschüttet gegen: **764**
überdeckt/liegt über: **835**
dagegengesetzt/geschüttet ist: **640**
Zuweisung: Zum Labor **9**. Periode 6.

758 entfällt

759 Bodenbelag

Untersuchungsgebiet 6; Abschnitt; Beil. 6
Wie **747**.
OK.: 93,40 m ü.NN

zugehörig: **747, 748**
Zuweisung: Zur Wohnung im ehemaligen Corps de Logis; nach 1847 (1878). Periode 6.

760 Mauer

Untersuchungsgebiet 4; Abschnitt 7; Beil. 6
Ost-West. Aus Backsteinen und Schamotteziegeln. Blockverband. Grauer mit Asche und Schlacke gemagerter Mörtel. Zu Mauer **757**.
OK.: 90,25 m ü.NN

gesetzt/geschüttet gegen: **761**
dagegengesetzt/geschüttet ist: **640**
zugehörig: **139**
Zuweisung: Zur Schmelzerei **7**. Periode 6.

761 Mauer

Untersuchungsgebiet 4; Abschnitt 5-6; Abb. 31, Beil. 4
Abtreppung unter Mauer **178**. Beginn bei 1,1 m südlich der Ecke **178**/Nordwestturm; Vorsprung 10-12 cm; kleinformatige Sandsteinbruchstücke in hartem, weißgrauem Kalkmörtel; Fugen stark ausgewaschen. Sitzt auf Abtreppung **762**. Die Mauer und das Fundament sind im Bereich des Kellereingangs **237** unterbrochen.
OK.: 90,91 m ü.NN
UK.: 90,08 m ü.NN

gesetzt/geschüttet gegen: **906, 911**
überdeckt/liegt über: **762, 916, 1042**
dagegengesetzt/geschüttet ist: **640, 751, 752, 756, 760, 901, 1036, 1037**
überdeckt von: **131, 178**
zugehörig: **178, 313, 762, 763**
Zuweisung: Verstärktes Fundament der westlichen Schildmauer **178**. Periode 4.

762 Mauer

Untersuchungsgebiet 4; Abschnitt 4-5; Beil. 4
Nord-Süd. Abtreppung unter **761**. Vorsprung: 16 cm. Kleinformatige Sandsteinbruchstücke. Mörtel ausgewaschen.
OK.: 90,08 m ü.NN
UK.: 89,41 m ü.NN

überdeckt/liegt über: **763**
dagegengesetzt/geschüttet ist: **751, 768, 834, 835**
überdeckt von: **178, 756, 761**
zugehörig: **761, 763**
Zuweisung: s. **761**. Periode 4.

763 Mauer

Untersuchungsgebiet 4; Abschnitt 5; Beil. 4
Nord-Süd. Abtreppung unter **762**. Vorsprung: 23 cm. Sandsteinplatten und Bruchstücke in gelbgrauem, sandigem Mörtel; Fugen stark ausgewaschen. In den gewachsenen Boden eingetieft. 15 cm breite Baugrube, verfüllt mit lockerem Gemisch aus Sandsteinbruchstücken, Tonschieferschotter und braunem, humosem Sand.
OK.: 89,41 m ü.NN

dagegengesetzt/geschüttet ist: **834**
überdeckt von: **762**
zugehörig: **761, 762**
Zuweisung: s. **761**. Periode 4.

764 Sinkkasten

Untersuchungsgebiet 4; Beil. 6
Backsteine, rechteckig (L. 1,2 m; Br. 1 m). Verfüllt mit rostrotem Sand, in dem kleine Glaskugeln, chemische Geräte und Backsteinsplitt festgerostet sind.
OK.: 90,24 m ü.NN

gesetzt/geschüttet gegen: **835**
dagegengesetzt/geschüttet ist: **757**
Zuweisung: Kloake. Periode 6.
Fd. Nr. 543: Glas, Sonstiges: Arzneigefäße „Dr. Trilling, Bochum"; Haarkamm.

765 Kulturschicht

Untersuchungsgebiet 3; Abschnitt d/5
Sehr harter Lehm wie **676**.
OK.: 92,19 m ü.NN

überdeckt/liegt über: **820**
geschnitten/gestört von: **723, 724, 734, 737**
überdeckt von: **534, 738**
Zuweisung: Stickung für Mauer **738**? Periode vor 4.

766 Pfosten

Untersuchungsgebiet 3; Abschnitt c/3; Abb. 29
Grube nach unten spitz zulaufend (Br. 47 cm); Spur des gezogenen Holzpfostens als Hohlraum und Einfüllung aus rostrotem Sand.
OK.: 91,97 m ü.NN
UK.: 91,50 m ü.NN

schneidet/stört: **534, 676, 715**
geschnitten/gestört von: **688**

dagegengesetzt/geschüttet ist: **681**
überdeckt von: **653**
zugehörig: **682, 767**
Zuweisung: Pferdestall; Abtrennung der Boxen. Periode 5.

767 Pfosten

Untersuchungsgebiet 3; Abschnitt d/4
Pfostenspur mit lockerem Holzmull verfüllt. Nicht weiter dokumentiert.
OK.: 92,35 m ü.NN

schneidet/stört: **684**
überdeckt von: **641, 649, 653**
zugehörig: **682, 683, 722, 766**
Zuweisung: Pferdestall; Abtrennung der Boxen. Periode 5.

768 Bodenbelag

Untersuchungsgebiet 4; Abschnitt 8; Beil. 6
Flach liegende Sandsteinplatten ohne erkennbares Verlegeschema. Stößt an Mauerabtreppung **762**. Niveau liegt unter Unterkante von Mauer **761**. Stickung aus Gemisch aus Kalk, Steinkohleschotter und Ziegelsplitt, in grauem lockeren Sand (Stärke der Stickung: 6 cm). Darunter gewachsener Boden.
OK.: 89,80 m ü.NN

gesetzt/geschüttet gegen: **762**
geschnitten/gestört von: **770**
überdeckt von: **244**
zugehörig: **139**
Zuweisung: Boden der Schmelzerei 7 (nach 1883). Periode 6.

769 Zerstörungsschicht

Untersuchungsgebiet 4; Abschnitt 8
Grober Schutt aus Sandstein-, Kalkbrocken und Ziegeln.
OK.: 90,09 m ü.NN

geschnitten/gestört von: **770**
Zuweisung: Planierter Kriegsschutt (unklar, weil geschnitten von **770**). Periode 6.
Fd. Nr. 587: Irdenware, Porzellan, Kachel, Glas, Tierknochen, Sonstiges: Miesmuschel.
Fd. Nr. 595: Irdenware, **Kat. Nr. 123, 139**, Steinzeug, **Kat. Nr. 383**, Porzellan, Steingut, Glas, Metall, Sonstiges: Puppenauge, Parfüm 4711.

770 Mauer

Untersuchungsgebiet 4; Abschnitt 8; Beil. 6
Nord-Süd (Br. 38 cm). Aus maschinell gefertigten Ziegelsteinen mit Hohlkehle.
OK.: 89,41 m ü.NN

schneidet/stört: **768, 769**
Zuweisung: Unklar. Periode 6.

771 Mauer

Untersuchungsgebiet 3; Abschnitt d/3
Ost-West. Aus kleinformatigen Sandsteinbruchstücken.
OK.: 92,17 m ü.NN

schneidet/stört: **774, 789**

gesetzt/geschüttet gegen: **169, 776**
geschnitten/gestört von: **647, 778**
überdeckt von: **279**
zugehörig: **590, 778**
Zuweisung: Abwasserkanal? Periode nach 5.

772 Mauer

Untersuchungsgebiet 3; Abschnitt d/3; Beil. 4
Ost-West (L. 3 m; Br. 55 cm). Mittelgroße Sandsteinplatten; gesetzt in braunen, humosen Lehm.
OK.: 92,21 m ü.NN
UK.: 91,92 m ü.NN

überdeckt/liegt über: **421**
geschnitten/gestört von: **331**
dagegengesetzt/geschüttet ist: **777, 781, 786, 788, 789**
überdeckt von: **774, 777, 788**
Zuweisung: Rampe vom Hof nach Westen. Periode 4.

773 Zerstörungsschicht

Untersuchungsgebiet 3; Abschnitt d/3
Dunkelbrauner, lehmiger Sand mit vielen Sandsteinbruchstücken; locker.
OK.: 92,30 m ü.NN

schneidet/stört: **781**
zugehörig: **342**
Zuweisung: s. **331**. Periode 5.

774 Bodenbelag

Untersuchungsgebiet 3; Abschnitt d/3
Sandsteinplatten.
OK.: 92,27 m ü.NN

überdeckt/liegt über: **772, 777**
geschnitten/gestört von: **771, 778**
überdeckt von: **279**
zugehörig: **788**
Zuweisung: Hofpflaster; sehr stark gestört. Periode 5.

775 Bodenbelag

Untersuchungsgebiet 3; Abschnitt d/3
Weiße und graue Kieselsteine zu einem blattförmigen Ornament zusammengesetzt. Es ist nur ein kleines Reststück von 30 x 30 cm erhalten. Stickung: gelber Sand mit Kohleschotter vermischt.
OK.: 92,64 m ü.NN

gesetzt/geschüttet gegen: **776**
überdeckt/liegt über: **199, 647**
überdeckt von: **279**
Zuweisung: Fußboden vor Umgestaltung des Hofs in einen Garten (vgl. **279, 579**). Periode 6.

776 Mauervorsprung

Untersuchungsgebiet 3; Abschnitt d/3; Beil. 5
Unter **578**; Ost-West. Sandsteinbruchplatte, 19 cm vorkragend.
OK.: 92,65 m ü.NN

dagegengesetzt/geschüttet ist: **771, 775, 778**

überdeckt von: **578**
zugehörig: **651**
Zuweisung: Fundament des Marstalls. Periode 5.

777 Planierschicht

Untersuchungsgebiet 3; Abschnitt d/3
Sehr ähnlich wie **444**. Heller, gelbbrauner, lehmiger Sand mit vielen Sandsteinbruchstücken, Kalkflecken und Abdrücken des Fußbodens **788**. Schichtstärke nimmt nach Westen zu.
OK.: 92,29 m ü.NN

gesetzt/geschüttet gegen: **169, 772**
überdeckt/liegt über: **772, 781, 786**
geschnitten/gestört von: **778, 788**
überdeckt von: **774, 788**
Zuweisung: Stickung des Hofpflasters **774, 788**; Funde Periode 4. Periode 5.
Fd. Nr. 565: Irdenware, **Kat. Nr. 154, 228**, graue Irdenware, Steinzeug, **Kat. Nr. 116, 120**, Metall, Tierknochen.
Fd. Nr. 573: Irdenware, graue Irdenware, Steinzeug, Glas.
Fd. Nr. 593: **Kat. Nr. 258**, Steinzeug, Glas, Metall, Sonstiges: Applikation aus weißem Ton mit Blütenornament.

778 Graben

Untersuchungsgebiet 3; Abschnitt d/3
Ost-West (Br. 44 cm). Verfüllt mit schwarzbraunem Sand, mit Steinkohleschotter und Sandsteinbruchstücken vermischt.
OK.: 92,33 m ü.NN
UK.: 92,13 m ü.NN

schneidet/stört: **771, 774, 777, 786, 789**
gesetzt/geschüttet gegen: **776**
geschnitten/gestört von: **647, 804, 860, 867**
überdeckt von: **279**
zugehörig: **590, 771**
Zuweisung: Abwasserkanal, ausgebrochen. Periode 6.
Fd. Nr. 628: Irdenware, Steinzeug, Porzellan, Pfeife, Metall.

779 Schießscharte

Untersuchungsgebiet 4; Abb. 7, Taf. 6,1; 20,2, Beil. 5
Sandstein mit profilierten Seiten (H. 34 cm; T. 1 m). Versperrt durch die jüngere Mauer **167**.
OK.: 93,81 m ü.NN
UK.: 93,51 m ü.NN

dagegengesetzt/geschüttet ist: **167**
im Verband mit: **131**
zugehörig: **780**
Zuweisung: Entsprechend **780** aus der Zeit des G.W. von der Recke II. (1670-1747). Periode 5.

780 Schießscharte

Untersuchungsgebiet 4; Abb. 4.7, Taf. 20,2, Beil. 5
Profilierte Sandsteinquader (36 x 31 cm). Öffnung nach Osten. Schlitzbreite 8 cm. Auflager für Gewehr in Höhe 15 cm; trichterförmige Rückseite.
OK.: 93,47 m ü.NN
UK.: 93,11 m ü.NN

gesetzt/geschüttet gegen: **577**
zugehörig: **779, 1055**

Zuweisung: Die zugehörigen Torpfeiler tragen die Wappen des G.W. Wennemar von der Recke II und seiner Frau (1670-1747). Periode 5.

781 Grube

Untersuchungsgebiet 3; Abschnitt d/3
Flach, linsenförmig. Graubrauner, lehmiger Sand mit viel Sandsteinbruchstücken, etwas Holzkohle, Dachziegelbruchstücke orangerot, etwas Steinkohleschotter.
OK.: 92,00 m ü.NN

gesetzt/geschüttet gegen: **772**
überdeckt/liegt über: **421, 790**
geschnitten/gestört von: **331, 773**
überdeckt von: **777**
Zuweisung: Unklar. Periode 4.
Fd. Nr. 575: Irdenware, Steinzeug, **Kat. Nr. 120**.
Fd. Nr. 590: Irdenware, Steinzeug, Porzellan, Glas, Metall, Sonstiges: mit Funden aus **790** und **421** vermischt.
Fd. Nr. 621: Irdenware.

782 Planierschicht

Untersuchungsgebiet 3; Abschnitt d/3
Im Innenhofbereich. Sandstein- und Steinkohleschotter mit Sand und Lehm vermischt. Dunkelbraun bis schwarz. Füllt z.T. die Abdrücke des abgebrochenen Fußbodens **788** aus.
UK.: 92,27 m ü.NN

überdeckt/liegt über: **788, 860**
überdeckt von: **279**
Zuweisung: Zur jüngsten Ausstattung des Hofs. Periode 6.
Fd. Nr. 551: Irdenware, Steinzeug, Porzellan, Fayence, Pfeife, Tierknochen, Sonstiges: mit Funden aus **199** vermischt.
Fd. Nr. 591: Irdenware, **Kat. Nr. 193, 234**, Steinzeug, **Kat. Nr. 57**, Kachel, Glas, Metall, Tierknochen, Sonstiges: Delfter Kachel.
Fd. Nr. 609: Irdenware, Porzellan, Metall.

783 Pfosten

Untersuchungsgebiet 3; Abschnitt b/4; Beil. 2
Runde Grube mit kastenförmigem Querschnitt (Br. 35 cm). Sehr blasser, gelbbrauner, lehmiger Sand. In der Mitte 8 cm breite Spur des gezogenen Holzpfostens. Darin weißgrauer lehmiger Sand. Die Konturen des Befundes sind sehr undeutlich. Im oberen Bereich ein Tiergang.
OK.: 91,50 m ü.NN
UK.: 91,00 m ü.NN

schneidet/stört: **725**
überdeckt von: **717**
Zuweisung: Zum Graben **422** oder Periode 1; in der Einfüllung fehlen aber die charakteristischen inkohlten Samenkörner. Periode vor 3.

784 Grube

Untersuchungsgebiet 3; Abschnitt b
Rand einer Pfostengrube wie **741**; heller, gelbbrauner, lehmiger Sand. Sandsteinplatten, Holzkohle und Eisenoxydkonkretionen; wenige verziegelte Lehmstückchen.
OK.: 92,26 m ü.NN
UK.: 90,70 m ü.NN

schneidet/stört: **839**
geschnitten/gestört von: **436, 785**
überdeckt von: **836**
Zuweisung: Ältere Grube im Bereich des Pfostengebäudes I. Periode 1.

785 Grube

Untersuchungsgebiet 3; Abschnitt b; Beil. 1
Im oberen Bereich gelbroter, sehr harter Lehm mit Holzkohle und verziegelten Lehmklümpchen. Darunter grauer, sandiger Lehm mit gelben Lehmflecken und Holzkohle (Br. 30 cm).
OK.: 91,26 m ü.NN
UK.: 90,80 m ü.NN

schneidet/stört: **784**
geschnitten/gestört von: **401, 436**
überdeckt von: **836**
Zuweisung: Zum Pfostengebäude I? Periode 1.
Fd. Nr. 624: prähistorische Irdenware, Irdenware.

786 Bodenbelag

Untersuchungsgebiet 3; Abschnitt d/3; Beil. 4
Waagerecht und senkrecht verlegte Sandsteinplatten. Sehr stark zerstört; gesetzt in gelbbraunen Sand/Lehm.
OK.: 92,18 m ü.NN

gesetzt/geschüttet gegen: **772**
überdeckt/liegt über: **789**
geschnitten/gestört von: **331, 778**
überdeckt von: **777**
Zuweisung: Hofpflaster, führt auf Rampe **772**. Periode 4.
Fd. Nr. 574: Irdenware, graue Irdenware, Steinzeug.
Fd. Nr. 576: Irdenware, graue Irdenware, Steinzeug.
Fd. Nr. 592: Irdenware, graue Irdenware, Steinzeug, **Kat. Nr. 52**, Metall.
Fd. Nr. 619: Steinzeug.

787 entfällt

788 Bodenbelag

Untersuchungsgebiet 3; Abschnitt d/3; Beil. 5
Hochkantgestellte Sandsteinplatten; stark abgetreten. Gefälle nach Westen. Stark zerstört.
OK.: 92,56 m ü.NN

schneidet/stört: **777**
gesetzt/geschüttet gegen: **772**
überdeckt/liegt über: **772, 777**
überdeckt von: **782**
zugehörig: **774**
Zuweisung: Rest des Hofpflasters der Periode 5. Periode 5.

789 Planierschicht

Untersuchungsgebiet 3; Abschnitt d/3
Graubrauner Tonschieferschotter. Auffüllung der Rampe **772**.
OK.: 92,08 m ü.NN

gesetzt/geschüttet gegen: **772**
überdeckt/liegt über: **421**
geschnitten/gestört von: **771, 778**

überdeckt von: **786**
Zuweisung: Periode 4.
Fd. Nr. 572: Irdenware, **Kat. Nr. 228**.

790 Pfosten

Untersuchungsgebiet 3; Abschnitt d/3
Rund/ovale Grube (Br. 41 cm); Pfostenspur nicht erkennbar; Verfüllung: gelbbrauner Sand/Lehm, schwarz/graue Flecken; frische Wurzeln; Steinkohleschotter; Dachziegelbruchstücke.
OK.: 91,81 m ü.NN
UK.: 91,51 m ü.NN

schneidet/stört: **421, 832**
überdeckt von: **781**
Zuweisung: Unklar. Periode nach 3.

791 Grube

Untersuchungsgebiet 3; Abschnitt b; Beil. 1
Rund-ovale Grube (Br. 32 cm); kastenförmiger Querschnitt; grauer, lehmiger Sand, sehr viele Holzkohlestücke (Äste mit rundem Querschnitt), vereinzelt gelborange, verziegelte Lehmklümpchen. Kieselsteine, Eisenoxydkonkretionen.
OK.: 91,15 m ü.NN
UK.: 90,80 m ü.NN

schneidet/stört: **839**
überdeckt von: **421, 672**
zugehörig: **741, 742, 826, 827, 833, 840, 843, 855, 861**
Zuweisung: Pfostengebäude I. Periode 1.
Fd. Nr. 597: prähistorische Irdenware, Sonstiges: Schlämmrückstände.

792 Pfosten

Untersuchungsgebiet 3; Abschnitt b/4; Beil. 2
Grube rund, mit beutelförmigem Querschnitt (Br. 40 cm); grauer und gelbbrauner, lehmiger Sand; Holzkohleflitter, Sandsteinbruchstücke und etwas Kies; harte Konsistenz. Pfostenspur nicht beobachtet.
OK.: 91,64 m ü.NN
UK.: 91,44 m ü.NN

schneidet/stört: **725**
überdeckt von: **421, 445**
zugehörig: **422**
Zuweisung: Pfosten im Zaungrabensystem. Periode 2.
Fd. Nr. 607: graue Irdenware.

793 Pfosten

Untersuchungsgebiet 3; Abschnitt b/4
Wie **792** (Br. 43 cm).
OK.: 91,72 m ü.NN
UK.: 91,55 m ü.NN

schneidet/stört: **725**
überdeckt von: **421**
Zuweisung: Unklar. Zum Zaungrabensystem? Periode 2.

794 Zerstörungsschicht

Untersuchungsgebiet 3; Abschnitt f
Grober Schutt. Sandsteinbruchstücke, Spolien, sehr viel weißgrauer Mörtel und Dachziegel (Farbe: schwarz und rot), grob zusammengeworfen; Kriegsschutt.
UK.: 90,88 m ü.NN

überdeckt/liegt über: **795**
Zuweisung: Periode nach 6.

795 Kulturschicht

Untersuchungsgebiet 3; Abschnitt f
Oberfläche vor Zerstörung 1945. Schwarzbrauner Sand mit viel Steinkohleschotter. Sehr viele Wurzelreste, Kalkflecken und Sandsteinbruchstücke. Harte Konsistenz.
OK.: 91,16 m ü.NN

überdeckt/liegt über: **799**
überdeckt von: **794**
Zuweisung: Periode 6.
Fd. Nr. 568: Irdenware, **Kat. Nr. 245, 250, 263, 294, 436, 446**, Steinzeug, **Kat. Nr. 371, 373, 374, 377, 380, 416, 422**, Porzellan, Steingut, Pfeife, **Kat. Nr. 317**, Glas, Metall, Tierknochen, Sonstiges: Steinkugel.
Fd. Nr. 639: Münze (ILISCH Nr. 10).
Fd. Nr. 642: Irdenware, Steinzeug, **Kat. Nr. 371**, Porzellan, Steingut, Kachel, **Kat. Nr. 489** Metall, Sonstiges: Petroleumlampe; Steinzeugflasche mit Schraubverschluß.

796 Kanal

Untersuchungsgebiet 3; Abschnitt d/1
Schwere Sandsteindeckplatten auf Seitenteilen aus Sandsteinbruchstücken und Spolien von Fenstergesims (Br. 30 cm).
OK.: 91,87 m ü.NN
UK.: 91,54 m ü.NN

überdeckt/liegt über: **421, 646**
geschnitten/gestört von: **331, 675**
überdeckt von: **254**
Zuweisung: Abwasserkanal unter Fußboden **254**. Periode 4.

797 Gang

Untersuchungsgebiet 2; Abschnitt 4; Abb. 29, Beil. 5
Unterirdischer Gang von Schacht **181** zu **798** (L. 2,5 m; Br. 65 cm; T./H. 95 cm). Trocken gemauerte Sandsteinbruchstücke als Tonnengewölbe. Nach ca. 2,5 m verstürzt.
OK.: 87,55 m ü.NN
UK.: 86,60 m ü.NN

schneidet/stört: **194**
überdeckt von: **305**
im Verband mit: **181**
zugehörig: **77, 180, 208, 798, 1076-1078, 1081**
Zuweisung: Zum Bewässerungssystem des Schloßteiches. Periode 5.
Fd. Nr. 566: Irdenware, **Kat. Nr. 314**, Steinzeug, **Kat. Nr. 395, 396**, Porzellan, Pfeife.

798 Schacht

Untersuchungsgebiet 2; Abschnitt 4
Runder, brunnenartiger Schacht aus Sandsteinbruchstücken gemauert. Wie **181**. Mit Wasser gefüllt. Untersuchung wegen Einsturzgefahr abgebrochen.

zugehörig: **181, 797, 1061**
Zuweisung: Zum Bewässerungssystem des Schloßteiches. Entspricht **1061**. Periode 5.

799 Einfüllschicht

Untersuchungsgebiet 3; Abschnitt f
Dunkelbrauner bis schwarzer Sand, vermischt mit Kalkklümpchen, Schlackeschotter, Dachziegelbruchstücken, Kies, Sandsteinbruchstücken, großen Lehmflecken und Steinkohlestücken. Lockere Konsistenz.
OK.: 90,43 m ü.NN

gesetzt/geschüttet gegen: **808, 809**
überdeckt/liegt über: **810-812, 814-816**
überdeckt von: **795**
Zuweisung: Überdeckt die abgebrochenen Fundamente aus der Zeit vor dem Bau der Eisenbahnlinie (1848). Periode 6.

800 Pfosten

Untersuchungsgebiet 3; Abschnitt c/3
Grube mit rundem Umriß und U-förmigem Querschnitt (Br. 50 cm). Verfüllung: lockerer, gelbbrauner sandiger Lehm. Die Spur des vergangenen oder gezogenen Holzpfostens ist mit gelbbraunem, sandigen Lehm, roten Dachziegelbruchstücken, Kies und Sandsteinbruchstücken verfüllt. Die Pfostengrube stört Mauer **540**. Eingegraben in **715**.
OK.: 91,64 m ü.NN
UK.: 91,24 m ü.NN

schneidet/stört: **540, 715**
geschnitten/gestört von: **590**
Zuweisung: Zum Baugerüst? Periode 5.

801 Pfosten

Untersuchungsgebiet 3; Abschnitt c/3
Grube trichterförmig, verfüllt mit gelbbraunem, sandigem Lehm, kleinen Sandsteinbruchstücken, Holzkohle und Tonschieferschotter; lockere Konsistenz; Pfostenspur nicht beobachtet (Br. 23 cm).
OK.: 91,68 m ü.NN
UK.: 91,44 m ü.NN

schneidet/stört: **715**
überdeckt von: **610**
Zuweisung: Unklar. Periode vor 5.

802 Tiergang

Untersuchungsgebiet 3; Abschnitt c/3
OK.: 91,74 m ü.NN

schneidet/stört: **715**

803 Mauer

Untersuchungsgebiet 3; Abschnitt g; Beil. 5
Nord-Süd (Br. 1,7 m). Aus Sandsteinbruchstücken; an Kanten gerade gesetzte, schwere Sandsteinplatten, dazwischen kleinere Sandsteinbruchstücke zusammengeworfen. Reichlich weicher, schwach kalkhaltiger Mörtel wie bei Mauer **847**.
OK.: 92,79 m ü.NN
UK.: 92,56 m ü.NN

überdeckt/liegt über: **851, 869**
dagegengesetzt/geschüttet ist: **614, 615, 868**
überdeckt von: **608**
im Verband mit: **614, 847**
Zuweisung: Fundament des Torhauses; wie **481**. Periode 5.

804 Pfosten

Untersuchungsgebiet 3; Abschnitt g
Haufen aus aufrechtstehenden Sandsteinplatten (Br. 42 cm). In den gewachsenen Lehmboden eingegraben.
OK.: 92,56 m ü.NN

schneidet/stört: **778, 851**
überdeckt von: **615**
Zuweisung: Zum Baugerüst des Torhauses. Periode 5.

805 Kellerfenster

Untersuchungsgebiet 2; Abschnitt 3
In **103**. Verdeckt durch eine moderne Betonplatte. Nicht näher dokumentiert.

im Verband mit: **103**
Zuweisung: s. **103**. Periode 3.

806 Mauer

Untersuchungsgebiet 2; Abschnitt 1-2
Nord-Süd. Aus Sandsteinbruchstücken. Verband mit Mauer **103**. Starke weiße Kalkputzreste, stellenweise geschwärzt. Beiderseits des Kellerfensters **643**, Balkenlöcher (16 x 10 cm; 9 x 9 cm) im Abstand von 50 und 30 cm. Fugen mit reichl. Mörtel aus Kalk mit weißen Kalkblasen verschmiert. Die Mauer sitzt auf dem gewachsenen Boden **72, 102**.
UK.: 90,15 m ü.NN

gesetzt/geschüttet gegen: **452**
dagegengesetzt/geschüttet ist: **85, 96, 103**
im Verband mit: **98, 103**
Zuweisung: Da Fenster **452** auf der Innenseite nicht sichtbar ist, jünger als **452** (Periode 3). Vor Bewässerungssystem des Schloßteiches **180, 181** (Periode 5). Periode 4.

807 Schwelle

Untersuchungsgebiet 3; Abschnitt a; Abb. 23.41
Sandstein; gepickt; in zwei Teile zerbrochen; Durchgang zum Westflügel (L. 1,66 m).
OK.: 92,67 m ü.NN
UK.: 91,53 m ü.NN

im Verband mit: **167**
Zuweisung: Zur Mauer **167** über dem aufgegebenen Brunnen **218** (Periode 5). Periode 6.

808 Maueröffnung

Untersuchungsgebiet 3; Abschnitt f; Beil. 3a, Taf. 10,2; 20,1
In **809** (Br. 60 cm; T./H. 65 cm). Als Sturz ein grauer Sandsteinquader, zerbrochen. An den Seiten zugerichtete Sandsteinquader mit abgerundeten Ecken. Sehr enge Fugen mit grauem, sandigem Kalkmörtel. Verfüllt mit sehr lockerem, stark mit Wurzeln durchwachsenem Sand, schwarzbraun, sehr viel Steinkohlestaub, blasige Ofenschlacke, Ei-

senschlacke, einige metallisch glänzende Schlacketeile, Sandstein- und Tonschieferschotter. Verband mit **809**.
UK.: 92,26 m ü.NN

gesetzt/geschüttet gegen: **810**
dagegengesetzt/geschüttet ist: **799**
im Verband mit: **809**
zugehörig: **1057, 1062, 1063**
Zuweisung: Abwasser; die Verfüllung enthält Material aus der Periode 6. Periode 3.
Fd. Nr. 594: Irdenware, Steingut, Pfeife, Glas, Tierknochen.

809 Mauer

Untersuchungsgebiet 3; Abschnitt f; Beil. 3a, Taf. 10,2; 20,1
Ost-West, Nord-Süd (Br. 80 cm). Aus Sandsteinbruchstücken. Nord-Süd-Schenkel unmittelbar an der Ecke abgeschlagen und dick mit weißem Kalk/Sandmörtel verschmiert. Verband mit **808**.
UK.: 90,52 m ü.NN

gesetzt/geschüttet gegen: **810**
geschnitten/gestört von: **811**
dagegengesetzt/geschüttet ist: **799, 810, 812, 814**
im Verband mit: **808**
zugehörig: **71, 298, 1057**
Zuweisung: Ansatz eines Anbaus an die Südwest-Ecke des Palas. Periode 3.

810 Mauerverblendung

Untersuchungsgebiet 3; Abschnitt f; Beil. 3a, Taf. 10,2; 20,1
a) Kleinteilige Sandsteine (Br. 1,06 m); oberhalb 90,74 m ü.NN abgeschlagen und dick mit weißem Kalk-Sandmörtel verschmiert. b) Darunter befindet sich eine vorspringende Steinpackung in einem lockeren Gemisch aus Sandlehm und graubraunem, humosem, lehmigem Sand mit vielen Kalkflecken und Holzkohle.
UK.: 90,19 m ü.NN

gesetzt/geschüttet gegen: **809**
geschnitten/gestört von: **811, 1087**
dagegengesetzt/geschüttet ist: **808, 809, 1068**
überdeckt von: **799**
zugehörig: **298**
Zuweisung: a) Vermauerung der abgebrochenen Südwestecke des Palas. b) Fundamentstickung des Palas (**810a**). Periode 3.
Fd. Nr. 625: Steinzeug, Steingut, Glas.

811 Mauer

Untersuchungsgebiet 3; Abschnitt f; Beil. 5, Taf. 20,1
Nord-Süd (Br. 94 cm). Kleine Sandsteinplatten in einem Gemisch aus Sandlehm mit schwachem Kalkmörtelzusatz. Die Steine sind an der Oberfläche stark verwaschen, so daß der Befund eine zeitlang offengelegen haben könnte oder in einen Bodenbelag integriert war.
OK.: 90,20 m ü.NN
UK.: 89,93 m ü.NN

schneidet/stört: **809, 810**
überdeckt/liegt über: **813**
geschnitten/gestört von: **1087**
dagegengesetzt/geschüttet ist: **816**
überdeckt von: **799**
zugehörig: **1060**
Zuweisung: Abgebrochenes Fundament von einem Anbau. Periode 5.
Fd. Nr. 636: Steingut.

812 Kanal

Untersuchungsgebiet 3; Abschnitt f
Nord-Süd (Br. 26 cm). Wangen aus trocken gesetzten Sandsteinplatten.
OK.: 90,12 m ü.NN

gesetzt/geschüttet gegen: **809, 814, 1057**
überdeckt/liegt über: **813**
geschnitten/gestört von: **1087**
überdeckt von: **799**
Zuweisung: Unklar; zum Kanal **814**? Periode 5.

813 Pfosten?

Untersuchungsgebiet 3; Abschnitt f
Unregelmäßige Grube; Verfüllung: graubrauner Sandlehm mit sehr viel Kalkklümpchen und Holzkohle. Feste Konsistenz.
OK.: 89,88 m ü.NN

geschnitten/gestört von: **814**
überdeckt von: **811, 812**
Zuweisung: Unklar. Periode vor 5.

814 zu 812

Untersuchungsgebiet 3; Abschnitt f; Taf. 20,1
Nord-Süd (Br. 82 cm). Sandsteinplatten; gesetzt in einen Graben mit steilen Kanten; zwischen den Steinen brauner Sand/Lehm mit etwas Kalkmörtelzusatz.
OK.: 89,97 m ü.NN

schneidet/stört: **813**
gesetzt/geschüttet gegen: **809, 1057, 1058**
geschnitten/gestört von: **1087**
dagegengesetzt/geschüttet ist: **812**
überdeckt von: **799**
zugehörig: **1058-1060**
Zuweisung: Abdeckung eines Abwasserkanals. Periode 5.
Fd. Nr. 618: Irdenware, Steinzeug, Glas, Tierknochen, Sonstiges: Knopf aus Glas und Knochen; Schnallenbügel Buntmetall; Murmel.
Fd. Nr. 1016: Glas.

815 Grube

Untersuchungsgebiet 3; Abschnitt f
Unregelmäßiger Umriß (Br. 33 cm). Verfüllung: Brauner Sandlehm mit gelben Lehmflecken, Kalkklümpchen, schwarzen Dachziegelbruchstücken, Sandsteinbruchstücken und glasierten Tonrohrbruchstücken. Steinkohlestaub.
OK.: 90,16 m ü.NN

schneidet/stört: **816**
überdeckt von: **799**
Zuweisung: Unklar. Periode 6.
Fd. Nr. 1037.

816 Sonstige Schicht

Untersuchungsgebiet 3; Abschnitt f
Hellbrauner Sandlehm mit Kalkklümpchen, Ziegelsplitt und Steinkohlestücken vermischt. Mäßig hart.
OK.: 89,93 m ü.NN

gesetzt/geschüttet gegen: **811**
geschnitten/gestört von: **815**
überdeckt von: **799**
Zuweisung: Unklar. Periode 5.
Fd. Nr. 629: graue Irdenware, Steinzeug.

817 Pfosten

Untersuchungsgebiet 3; Abschnitt d/4; Beil. 2
Quadratischer Umriß, U-förmiger Querschnitt (Br. 19 cm). Pfostenspur nach unten spitz zulaufend, verfüllt mit Holzmull und lehmigem Sand. Lockere Konsistenz. Grube: gelbbrauner Sandlehm mit Dachziegelsplitt.
OK.: 92,02 m ü.NN
UK.: 91,90 m ü.NN

schneidet/stört: **820**
überdeckt von: **721**
Zuweisung: Holzgebäude der Periode 2? Periode vor 3.

818 Pfosten

Untersuchungsgebiet 3; Abschnitt d/4
Grube: quadratischer Umriß, U-förmiger Querschnitt (22 x 22 cm); lockerer Sandlehm, Sandsteinbruchstücke, Holzmullflecken und Wurzelspuren. Pfostenspur nicht beobachtet.
OK.: 92,23 m ü.NN
UK.: 92,02 m ü.NN

schneidet/stört: **681, 820**
Zuweisung: Zum Pferdestall? Periode unklar.

819 entfällt

820 Sonstige Schicht

Untersuchungsgebiet 3; Abschnitt d/4-5; Abb. 29
Gelbbrauner Sandlehm, Wurzel- und Tiergänge; verkohlte Samen und Früchte; Holzkohleflitter; schwach kiesig; etwas Sandsteinsplitt; vereinzelt große Kieselplatten; Schluff-Flecken; vereinzelt schwach verziegelte Lehmflecken.
OK.: 91,98 m ü.NN

geschnitten/gestört von: **594, 817, 818, 822-824, 846**
überdeckt von: **715, 738, 765, 821**
zugehörig: **715**
Zuweisung: alte Oberfläche der Periode 2? Periode vor 4.
Fd. Nr. 631: graue Irdenware, **Kat. Nr. 41**, Sonstiges: Silex.
Fd. Nr. 651: prähistorische Irdenware.

821 Ofen

Untersuchungsgebiet 3; Abschnitt d/5
Halbkreisförmig angeschnitte Grube mit dick rot verziegelten Wänden (Br. 90 cm). Verfüllung: Im oberen Bereich grauer Sandlehm mit Asche; nach unten zunehmend Holzkohle bis 4 cm dick. Weiche Konsistenz.
OK.: 91,77 m ü.NN
UK.: 91,58 m ü.NN
überdeckt/liegt über: **820**
Zuweisung: Unklar. Periode 1?

822 Pfosten

Untersuchungsgebiet 3; Abschnitt d/5; Beil. 2
Aufsicht der Grube: rund-oval; Querschnitt: U-förmig (Br. 37 cm). Verfüllt mit grauem Sandlehm, der mit großen (Dm. um 2 cm) Holzkohlestücken, gelben Lehmflecken und craquelierten Sandsteinbruchstücken vermischt ist. Matschige Konsistenz. Nicht erkennbar, ob die Pfostengrube oder die Pfostenspur erfaßt wurde. Befund stört Graben **823**.
OK.: 92,01 m ü.NN
UK.: 91,56 m ü.NN

schneidet/stört: **820, 823**
überdeckt von: **534**
zugehörig: **823, 824, 828**
Zuweisung: Zum Holzgebäude der Periode 2. Periode 2.

823 Graben

Untersuchungsgebiet 3; Abschnitt d/5; Beil. 2, Abb. 29
Ost-West (Br. 40 cm). Steile nicht erodierte Kanten; Verfüllung: grauer und gelber Sandlehm, marmoriert; in den grauen Flecken Holzkohle, Sandsteinbruchstücke und Wurzelspuren; in den Schlämmrückständen fand sich etwas grober Sand (Kies), Steinkohlebruchstücke, Backstein- oder Dachziegelsplitt; kein Kalk.
OK.: 91,86 m ü.NN
UK.: 91,42 m ü.NN

schneidet/stört: **715, 820**
geschnitten/gestört von: **594, 822, 824**
überdeckt von: **534, 685**
zugehörig: **822, 824, 828**
Zuweisung: Wandgraben des Holzgebäudes. Periode 2.
Fd. Nr. 557: Sonstiges: Silex.
Fd. Nr. 558: Sonstiges: Schlämmrückstände.

824 Pfosten

Untersuchungsgebiet 3; Abschnitt c/3; Beil. 2
Trichterförmiger Querschnitt (Br. 38 cm); Verfüllung: Gelbbrauner, schlierig-fleckiger Sandlehm mit Holzkohle, Manganflecken und Eisenoxyd gleichmäßig durchsetzt. In der Mitte war ein Sandstein. Wurzelspuren an der Grubenkante.
OK.: 91,81 m ü.NN
UK.: 91,44 m ü.NN

schneidet/stört: **715, 820, 823**
geschnitten/gestört von: **594**
überdeckt von: **534**
zugehörig: **822, 823, 828**
Zuweisung: Pfosten am Wandgraben des Holzgebäudes. Periode 2.

825 Pfosten

Untersuchungsgebiet 3; Abschnitt d/1; Beil. 1
Runde Grube (Br. 46 cm); Verfüllung: blaßbrauner Sandlehm mit grauen Schlieren, Holzkohleflittern, craquelierten Sandsteinbruchstücken, etwas grober Sand (Kies). Die

Holzkohle ist in der Mitte des Befundes konzentriert. An der Seite befindet sich eine rechteckige Schluffspur mit einem Eisenoxydband.
OK.: 91,74 m ü.NN
UK.: 91,04 m ü.NN

schneidet/stört: **665, 829, 839**
überdeckt von: **672**
zugehörig: **841, 842**
Zuweisung: älter als Pfostengebäude I? Periode 1.
Fd. Nr. 598: Sonstiges: Schlämmrückstände.
Fd. Nr. 645: prähistorische Irdenware.

826 Pfosten

Untersuchungsgebiet 3; Abschnitt b; Beil. 1
Grube mit unregelmäßig-rundlichem Umriß (L. 50 cm; Br. 35 cm); Verfüllung: blaßgrauer, Sandlehm mit viel Holzkohleflittern; grüne und gelbe Schlieren, kleine craquelierte Sandsteinbruchstücke.
OK.: 91,07 m ü.NN
UK.: 90,68 m ü.NN

schneidet/stört: **839**
überdeckt von: **654, 672**
zugehörig: **741, 742, 791, 827, 833, 840, 843, 855**
Zuweisung: Pfostengebäude 1. Periode 1.
Fd. Nr. 554: Sonstiges: Schlämmrückstände, Samenkörner.
Fd. Nr. 602: Sonstiges: Schlämmrückstände mit Samenkörnern.

827 Pfosten

Untersuchungsgebiet 3; Abschnitt b; Beil. 1
Runde Grube (Dm 47 cm), verfüllt mit blaßgrauem Sandlehm, der schlierig mit Manganflecken und Eisenoxydbändern durchsetzt ist. Pfostenspur: im oberen Bereich oval, im unteren Bereich mehr quadratisch. Verfüllung: blaßgrauer Sandlehm mit viel Holzkohleflittern und einzelnen Sandsteinbruchstücken. Obenauf liegt ein 20 cm langer, flacher Kieselstein; Dm. 25 cm.
OK.: 91,07 m ü.NN
UK.: 89,67 m ü.NN

schneidet/stört: **839**
überdeckt von: **672**
zugehörig: **741, 742, 791, 826, 833, 840, 843, 855, 861**
Zuweisung: Pfostengebäude I. Periode 1.
Fd. Nr. 601: Sonstiges: Schlämmrückstände.
Fd. Nr. 649: Sonstiges: Schlämmrückstände, Samenkörner.

828 Graben

Untersuchungsgebiet 3; Abschnitt d/3; Beil. 2, Abb. 30
Ost-West (Br. 43 cm). Verfüllung: gelbbrauner und rötlichbrauner Sandlehm mit graubraunen Flecken; in der Mitte befindet sich ein faustgroßes, abgerundetes Sandsteinbruchstück. Die Kontur der Grube ist nach Osten ausgefranst, nach Westen klarer. Der Holzkohleanteil nimmt nach Westen deutlich zu. In den Schlämmrückständen fanden sich: Steinkohlestücke, poröse Ofenschlacke, prähistorische Keramik, Dachziegelbruchstücke. In Abständen von 90 cm wurden pfostenartige Verdickungen beobachtet (s. **829**).
OK.: 92,02 m ü.NN
UK.: 91,76 m ü.NN

schneidet/stört: **832**
geschnitten/gestört von: **331, 829, 860**
überdeckt von: **421**
zugehörig: **822-824, 829-831, 860**
Zuweisung: Wandgraben des Holzgebäudes. Periode 2.
Fd. Nr. 555: Sonstiges: Schlämmrückstände.
Fd. Nr. 622: Irdenware, Metall, Sonstiges: Schlacke, Silex, Dachziegel.
Fd. Nr. 660.

829 Pfosten

Untersuchungsgebiet 3; Abschnitt d/3; Beil. 2, Abb. 30
In Graben **828** (Br. 63 cm). Grube mit rundem Umriß, der sich durch ein Eisenoxydband absetzt. Verfüllung: Grauer, gelbbraun marmorierter Sandlehm, verziegelte Lehmflecken, Kies, Sandsteinsplitt und Tierknochen.
OK.: 92,02 m ü.NN
UK.: 91,42 m ü.NN

schneidet/stört: **828, 832**
geschnitten/gestört von: **825**
überdeckt von: **421**
zugehörig: **828, 830**
Zuweisung: Pfosten im Wandgraben des Holzgebäudes. Periode 2.
Fd. Nr. 603: Sonstiges: Schlämmrückstände.

830 Pfosten

Untersuchungsgebiet 3; Abschnitt d/3; Beil. 2
Rechteckige Grube mit abgerundeten Ecken. Verfüllung: gelbbrauner Sandlehm, Holzkohle, verziegelter Lehm (wenig); harte Konsistenz. Rechteckige Pfostenspur (30 x 20 cm). Verfüllung: Dachziegelbruchstücke, Mergelschotter, mittelbrauner Sandlehm. Weiche Konsistenz.
OK.: 91,69 m ü.NN

schneidet/stört: **832**
überdeckt von: **421**
zugehörig: **828, 829**
Zuweisung: Zum Holzgebäude. Periode 2.

831 Pfosten

Untersuchungsgebiet 3; Abschnitt d/3; Beil. 2
Rechteckige Grube (L. 40 cm; Br. 30 cm). Verfüllung: Gelbbrauner Sandlehm mit etwas Holzkohleflittern, verziegeltem Lehm und grobem Sand (Kies). In der Mitte befinden sich senkrecht stehende Sandsteine.
OK.: 92,03 m ü.NN

schneidet/stört: **832**
überdeckt von: **421**
zugehörig: **828**
Zuweisung: Zum Holzgebäude. Periode 2.

832 Sonstige Schicht

Untersuchungsgebiet 3; Abschnitt d/3; Abb. 30
Gelbbrauner, sandiger Lehm; sehr viele alte Wurzelspuren; Holzkohleflitter (viel); Flecken mit grauem Schluff und feinem weißen Sand.
OK.: 92,00 m ü.NN

geschnitten/gestört von: **790, 828-831, 858, 859**
Periode 1.
Fd. Nr. 584: Sonstiges: Bruchstück Basalt, Mahlstein, **Kat. Nr. 563**.
Fd. Nr. 605: prähistorische Irdenware, Sonstiges: Silex.

833 Pfosten

Untersuchungsgebiet 3; Abschnitt b-d/1; Beil. 1, Abb. 28, Taf. 12,2
Kastenförmige Grube mit steilen Wänden und waagerechtem Boden. Verfüllung: weicher, nasser, graubrauner Sandlehm. Sehr viel Holzkohle ist in der Mitte konzentriert (Pfostenspur). Dm. Grube: 85 cm; Dm. Pfostenspur: 15-30 cm.
OK.: 91,58 m ü.NN
UK.: 90,82 m ü.NN

schneidet/stört: **839**
geschnitten/gestört von: **422**
dagegengesetzt/geschüttet ist: **837, 838**
überdeckt von: **672**
zugehörig: **741, 742, 791, 826, 827, 837, 840, 843, 855, 861**
Zuweisung: Zum Pfostengebäude I; Firstpfosten? Periode 1.

834 Grube oder Graben

Untersuchungsgebiet 4; Abschnitt 6
Verfüllung: graublauer Schluff. Weiche Konsistenz.
OK.: 90,22 m ü.NN
UK.: 88,86 m ü.NN

gesetzt/geschüttet gegen: **762, 763**
überdeckt von: **640, 835**
Zuweisung: Einfüllschicht eines Grabens? Periode vor 6.
Fd. Nr. 606: Porzellan, Pfeife.

835 Mauer

Untersuchungsgebiet 4; Abschnitt 6; Beil. 6
Ost-West (Br. 60 cm). Sandsteinbruchtücke, in etwas sandigem Kalkmörtel.
OK.: 90,04 m ü.NN

gesetzt/geschüttet gegen: **762**
überdeckt/liegt über: **834**
dagegengesetzt/geschüttet ist: **764**
überdeckt von: **640, 757**
Zuweisung: Wand zwischen Labor **9** und Schmelzerei **7**. Periode 6.

836 Sonstige Schicht

Untersuchungsgebiet 3; Abschnitt b
Rötlichbrauner Sandlehm, stark mit Eisenoxyd gehärtet. Nach Westen auslaufend.
OK.: 91,25 m ü.NN
UK.: 91,15 m ü.NN

gesetzt/geschüttet gegen: **742**
überdeckt/liegt über: **784, 785**
überdeckt von: **838**
Zuweisung: Periode vor 1.

837 Grube

Untersuchungsgebiet 3; Abschnitt b; Beil. 1, Abb. 28
Flache Mulde; grauer, sandiger Lehm mit weißen Sandflecken, etwas Holzkohle und Sandsteinbruchstücken; partiell erfaßt; in den Schlämmrückständen ein Silex Abschlag; OK. mit Gefälle nach Süden; UK. annähernd waagerecht.
OK.: 91,33 m ü.NN
UK.: 91,10 m ü.NN

schneidet/stört: **839**
gesetzt/geschüttet gegen: **833**
überdeckt von: **672, 838**
zugehörig: **833**
Zuweisung: Rest des Laufniveaus in Pfostengebäude **I**? Periode 1.
Fd. Nr. 604: Sonstiges: Schlämmrückstände.

838 Sonstige Schicht/Pfostengrube

Untersuchungsgebiet 3; Abschnitt b; Abb. 28
Grauer, etwas gelblicher, nach Westen zunehmend hellgrauer Sandlehm, verfleckt mit mittelgrauem, schluffigen Sandlehm, etwas Holzkohle. Gefälle nach Süden.
OK.: 91,40 m ü.NN
UK.: 91,12 m ü.NN

gesetzt/geschüttet gegen: **742, 833**
überdeckt/liegt über: **666, 836, 837, 841, 842**
geschnitten/gestört von: **422, 658, 659**
überdeckt von: **421**
zugehörig: **664**
Zuweisung: Innenbereich. Periode 1-2.
Fd. Nr. 567: prähistorische Irdenware, Metall, Sonstiges: Eisennagel, Zahnfragment (Schwein), Schlämmrückstände mit inkohlten Samen.

839 Sonstige Schicht; alte Oberfläche

Untersuchungsgebiet 3; Abschnitt b; Abb. 28
Gelber rostroter Sandlehm mit sehr vielen Wurzelspuren. Eisenoxydflecken; vereinzelt Holzkohleflitter; marmorierte Struktur, feste Konsistenz; schwach grobsandig. Weiße Sandflecken. Gefälle Nord-Süd von 91,20 auf 90,23.

geschnitten/gestört von: **741, 742, 750, 784, 791, 825-827, 833, 837, 840-843, 855, 857, 861, 875**
überdeckt von: **654**
Zuweisung: Periode 1.
Fd. Nr. 556: Sonstiges: Silex (mesolithisches Dreieck).

840 Pfosten

Untersuchungsgebiet 3; Abschnitt b; Beil. 1
Wie **791** (Br. 30 cm), aber deutlich tiefer; reichlich inkohlte Getreidekörner.
OK.: 91,20 m ü.NN
UK.: 90,65 m ü.NN

schneidet/stört: **839**
überdeckt von: **672**
zugehörig: **741, 742, 791, 826, 827, 833, 861**
Zuweisung: Zum Pfostengebäude **I**. Periode 1.
Fd. Nr. 599: Sonstiges: Schlämmrückstände mit Samenkörnern.

841 Pfosten

Untersuchungsgebiet 3; Abschnitt d/1; Beil. 1
Quadratischer Umriß (Br. 45 cm), die Ecken sind abgerundet. Verfüllung: grauer fester Sandlehm mit viel feinen Holzkohleflittern, etwas grober Sand. In Schicht **838** über dem Befund befanden sich mehrere craquelierte Sandsteinstücke; waagerechter Boden.
OK.: 91,48 m ü.NN
UK.: 91,20 m ü.NN

schneidet/stört: **839**
überdeckt von: **838**
zugehörig: **825, 842**
Zuweisung: Der Befund ist keinem Gebäude zuzuweisen. Periode 1.

842 Pfosten

Untersuchungsgebiet 3; Abschnitt d/1; Beil. 1
Quadratischer Umriß mit abgerundeten Ecken (Br. 25 cm). Einfüllung: harter Sandlehm, mit weißen, trockenen Sandschlieren; etwas Holzkohle; harte Konsistenz. Etwas grober Sand (Kies). Am Rand und im unteren Bereich treten Eisenoxydbänder auf. Querschnitt nicht deutlich erkennbar. Spitz zulaufend? Pfostenspur nicht beobachtet.
OK.: 91,53 m ü.NN
UK.: 91,26 m ü.NN

schneidet/stört: **839**
überdeckt von: **838**
zugehörig: **825, 841**
Zuweisung: Der Befund ist keinem Gebäude zuzuweisen. Periode 1.

843 Grube

Untersuchungsgebiet 3; Abschnitt b; Beil. 1
Ovaler Umriß (Br. 31 cm), flach. An- und abgeschnitten durch Baugrube **332**. Eingetieft in **839**. Einfüllung: grauer Sandlehm, rostrot verfleckt; etwas Holzkohle, Tonschieferschotter. Der waagerechte Grubenboden liegt etwa in derselben Höhe wie Pfosten **827**.
OK.: 90,80 m ü.NN
UK.: 90,72 m ü.NN

schneidet/stört: **839**
geschnitten/gestört von: **332**
zugehörig: **741, 742, 791, 826, 827, 833, 861**
Zuweisung: Zum Pfostengebäude I. Periode 1.

844 entfällt

845 Einfüllschicht

Untersuchungsgebiet 3; Abschnitt d/4
Unterste Einfüllung in Wassergraben westlich der Torrampe. Schwarzer Sandlehm; Steinkohlestaub; Schlackeschotter; Ziegelsplitt; Kalkklümpchen. Konsistenz: locker. Komponenten homogen vermischt. Sehr viel Keramik. Münzen bis 1739.
OK.: 91,86 m ü.NN
UK.: 91,38 m ü.NN

gesetzt/geschüttet gegen: **847**
überdeckt von: **849**

Zuweisung: Einfüllung des ehem. Schloßteiches. Periode 5.
Fd. Nr. 559: Münze (ILISCH Nr. 13, 15, 17; eine unbestimmt).
Fd. Nr. 560: Münze (ILISCH Nr. 7, 9).
Fd. Nr. 561: Glas, **Kat. Nr. 535**.
Fd. Nr. 562: Münze (ILISCH Nr. 6).
Fd. Nr. 563: Münze (ILISCH Nr. 4, 11).
Fd. Nr. 564: Münze (ILISCH Nr. 3).
Fd. Nr. 569: **Kat. Nr. 137, 146, 151, 303, 307, 348, 371, 373, 386, 388, 411, 418, 432**, Porzellan, Glas, Metall, Tierknochen.
Fd. Nr. 570: Münze (ILISCH Nr. 5, 7 und vier korrodierte Silbermünzen, unbest.), Sonstiges: gelochte Bronzescheibe.
Fd. Nr. 571: Metall, Sonstiges: Silex, Gürtelschnalle, Ring, Schraube.
Fd. Nr. 578: Glas, **Kat. Nr. 536, 537**, Metall, Tierknochen, Sonstiges: sehr viel Keramik, zwei Tüten: **Kat. Nr. 135, 146, 151, 179, 275, 287, 303, 310, 313, 338, 348, 353, 366, 369, 371, 373, 374, 376, 399, 411, 418, 432, 440, 466, 467, 519**.
Fd. Nr. 580: Metall, Münze (ILISCH Nr. 12), Sonstiges: Murmel, Rehbock, Knopf, Messergriff.
Fd. Nr. 610: Steinzeug, **Kat. Nr. 338, 338, 339, 348, 353, 376, 385, 399**, Porzellan, Fayence, Steingut, Pfeife, Sonstiges: sehr viele Teile.
Fd. Nr. 612: Irdenware, **Kat. Nr. 166, 287, 433, 466, 467**, Kachel, Sonstiges: Silex.
Fd. Nr. 613: Fayence, **Kat. Nr. 480, 481, 484, 486**.
Fd. Nr. 614: Fayence, **Kat. Nr. 479**.
Fd. Nr. 615: Glas, Sonstiges: sehr viele Scherben, Glas (18.-19. Jh.), **Kat. Nr. 211, 287, 288, 338, 348, 353, 369, 432, 433, 467, 519**.
Fd. Nr. 637: Fayence, Pfeife, Glas, Metall, Tierknochen, Sonstiges: Silex, **Kat. Nr. 560**.

846 Pfosten

Untersuchungsgebiet 3; Abschnitt d/5; Beil. 1
Grube mit runder Aufsicht; (Br. 32 cm) Querschnitt: kastenförmig; Verfüllung: gelbbrauner, weiß verfleckter Sandlehm mit fein verteilten Holzkohleflittern; Konsistenz: mittelhart. Eine Pfostenspur wurde nicht beobachtet.
OK.: 92,15 m ü.NN
UK.: 91,86 m ü.NN

schneidet/stört: **820**
überdeckt von: **721**
Zuweisung: Keinem Gebäudegrundriß zuweisbar. Periode 1.

847 Mauer

Untersuchungsgebiet 3; Abschnitt g; Beil. 5
Südost-Nordwest (Br. 96 cm). Aus Sandsteinbruchplatten; stark nach Osten verdrückt; Sichtmauerwerk nach Nordost. Die Südwest-Seite ist stufig abgetreppt. Olivgelber Mörtel; Sandmenge: sehr stark; Kalk fleckig ausgefällt; weiche, schmierige Konsistenz.
OK.: 92,87 m ü.NN
UK.: 91,38 m ü.NN

dagegengesetzt/geschüttet ist: **463, 845**
überdeckt von: **848**
im Verband mit: **803**
zugehörig: **481, 593, 848, 1005**
Zuweisung: Zum Torhaus. Periode 5.
Fd. Nr. 582: Sonstiges: Mörtelprobe.

848 Mauer

Untersuchungsgebiet 3; Abschnitt d/4; Abb. 4, Beil. 5
Aufgehende Außenwände des Nordflügels (Br. 1 m); über **847**; undeutliches Zweischalenmauerwerk aus Sandsteinbruchstücken und Spolien. Weiß-grauer, sehr harter, muschelig brechender Kalkmörtel. In der kalkigen Grundmasse des Mörtels sind Sand, Sandsteinsplitter und Luftblasen eingeschlossen. Im Aufgehenden der nördlichen Mauer sind zwei Geschosse mit je 5 und 3 Fenstern erhalten. Die südliche Mauer des Flügels ist weitgehend zerstört. Zwischen beiden Geschossen sind Balkenanker angebracht, die die Jahreszahl 1671 bilden. Die Fugen sind frisch verfugt. In der Mitte der Wand ist ein älteres Fenster zu erkennen.
UK.: 92,62 m ü.NN

überdeckt/liegt über: **847**
im Verband mit: **593**
zugehörig: **593, 656, 847, 1005**
Zuweisung: Periode 5.
Fd. Nr. **581**: Sonstiges: Mörtelprobe.

849 Einfüllschicht

Untersuchungsgebiet 3; Abschnitt d/4
Mittlere Einfüllschicht des Wassergrabens nördl. von Haus Witten (T./H. 20 cm). Gelber Sandlehm mit großen Kalkstücken, Dachziegelbruchstücken und Flecken mit schwarzem Kohleschotter. Bauhorizont des Umbaus von 1878?
OK.: 92,06 m ü.NN
UK.: 91,86 m ü.NN

überdeckt/liegt über: **845**
überdeckt von: **866**
zugehörig: **335**
Zuweisung: Zur Umgestaltung des verfüllten Schloßteiches in einen Ziergarten. Periode 6.
Fd. Nr. **579**: Porzellan, Sonstiges: Rosenthal mit Inschrift: „3313/5 4G8".
Fd. Nr. **585**: Glas, Metall, Sonstiges: 11 Flintensteine, 2 Doppelrahmenschnallen, 9 Knöpfe, Bleibulla, Draht; Butzenscheibe; Holzknöpfe.
Fd. Nr. **611**: Irdenware, **Kat. Nr. 205**, Steinzeug, **Kat. Nr. 411**, Porzellan, Pfeife, Kachel, Glas, Metall, Tierknochen, Sonstiges: Silex, **Kat. Nr. 562**, Murmel, Knöpfe aus Metall und Knochen.
Fd. Nr. **630**: Metall, Sonstiges: Riemenzunge aus Bronze; 2 Knöpfe aus Knochen; Silex; Bleireste.
Fd. Nr. **654**: Glas.

850 Einfüllschicht

Untersuchungsgebiet 3; Abschnitt c/4
Einfüllung im nordwestl. Eckturm. Nasser Sandlehm mit sehr viel Sandsteinbruchstücken. Im oberen Bereich stärker steinig und humos. Farbe: dunkelbraun bis hellbraun.
OK.: 91,62 m ü.NN

gesetzt/geschüttet gegen: **577**
überdeckt/liegt über: **856, 874**
überdeckt von: **580**
Zuweisung: Einfüllung des Westturms. Periode 5.
Fd. Nr. **635**: Irdenware, Steinzeug, Pfeife, Metall, Tierknochen, Sonstiges: Schlacke, Murmel, **Kat. Nr. 582**.
Fd. Nr. **641**.

851 Sonstige Schicht

Untersuchungsgebiet 3; Abschnitt d/4
Sehr harter Lehm; plattig brechend mit festgetretenem Tonschiefer-, Sandstein- und Kiesschotter aus Schicht **852**.
OK.: 92,27 m ü.NN

geschnitten/gestört von: **608, 804, 852, 869-872**
überdeckt von: **614, 803**
Zuweisung: Unklar. Periode vor 5.

852 Bodenbelag

Untersuchungsgebiet 3; Abschnitt d/4
Kieselsteine, abgerundete Sandsteine und Dachziegelbruchstücke in grauem Sand. Stellenweise Holzkohle, Steinkohlestücke und Kalkklümpchen.
OK.: 92,48 m ü.NN
UK.: 92,42 m ü.NN

schneidet/stört: **851**
gesetzt/geschüttet gegen: **614**
überdeckt/liegt über: **872**
Zuweisung: Unklar. Periode nach 5.

853 entfällt

854 Sonstige Schicht

Untersuchungsgebiet 3; Abschnitt d/1
Harter Sandlehm mit Kies, craquelierten Sandsteinbruchstücken, z.T. rot verbrannt. Stark verwitterte prähistorische Keramik. Sehr viele Wurzelspuren, graue schluffige Flecken, Holzkohle, braune organische Schlieren, verziegelte Lehmklümpchen, feine weiße Sandflecken. Oberfläche der Periode 1.

schneidet/stört: **857**
Zuweisung: s. **839**. Periode 1.
Fd. Nr. **650**: prähistorische Irdenware, Sonstiges: Dachziegelbruchstück.

855 Pfosten

Untersuchungsgebiet 3; Abschnitt d/1; Beil. 1
Runde Grube (Dm. 32 cm). Verfüllung: Grauer Sandlehm; viele Holzkohleflecken. Eisenoxydschlieren, feine weiße Sandflecken. Eine Pfostenspur wurde nicht beobachtet.
OK.: 91,30 m ü.NN
UK.: 90,82 m ü.NN

schneidet/stört: **839**
überdeckt von: **421**
zugehörig: **741, 742, 791, 826, 827, 833, 861**
Zuweisung: Pfostengebäude I. Periode 1.

856 Mauer

Untersuchungsgebiet 3; Abschnitt c/4; Beil. 3b, Taf. 12,1
Turmfundament (Br. 1,04 m). Freigelegt wurde ein Kreissegment des Turmes aus Sandsteinplatten und Bruchsteinen. In Lehm gesetzt; zwei bis drei Steinlagen sind erhalten. Zweischalenmauerwerk (?); die innere Schale ist durch den Profilsteg verdeckt. Die Mauer sitzt an einem leichten Geländeabfall nach Norden.

OK.: 91,13 m ü.NN
UK.: 90,63 m ü.NN

geschnitten/gestört von: **101**
dagegengesetzt/geschüttet ist: **874**
überdeckt von: **850**
zugehörig: **1012**
Zuweisung: Eckturm. Periode 3.

857 Grube

Untersuchungsgebiet 3; Abschnitt d/1; Beil. 1
Runder, etwas unregelmäßiger Umriß (Dm. größer 40 cm). Verfüllung: grauer Sandlehm, mit Wurzelspuren gesprenkelt. Wenig Holzkohleflitter. Eisenoxydbänder, craquelierte Sandsteinbruchstücke, sehr viele stark verwitterte prähistorische Scherben, die nicht geborgen werden konnten. Abfallgrube im Gebäude der Periode 1.
OK.: 91,63 m ü.NN
UK.: 91,12 m ü.NN

schneidet/stört: **839**
geschnitten/gestört von: **854**
überdeckt von: **672**
Zuweisung: Zum Pfostengebäude I? Periode 1.
Fd. Nr. 647: prähistorische Irdenware.
Fd. Nr. 674: Sonstiges: Bodenprobe.

858 Pfosten

Untersuchungsgebiet 3; Abschnitt d/3; Beil. 1
Verfüllung: blaßgelber, leicht rötlicher Sandlehm (nicht grau) mit etwas Holzkohle; diffuse Schluff-Flecken; weiche Konsistenz. Am Rand des Befundes befindet sich ein Eisenoydband. Kastenförmiger Querschnitt (Br. 52 cm; T./H. 38 cm).
OK.: 91,53 m ü.NN
UK.: 91,18 m ü.NN

schneidet/stört: **832**
dagegengesetzt/geschüttet ist: **421**
zugehörig: **859**
Zuweisung: Pfostengebäude II. Periode 1.

859 Pfosten

Untersuchungsgebiet 3; Abschnitt d; Beil. 1
Kastenförmiger Querschnitt (Br. 20 cm; T./H. 22 cm). Waagerechter Boden. Verfüllung: grauer Sandlehm mit viel Holzkohle. Etwas verziegelte Lehmstückchen. Weiche matschige Konsistenz. Befund unter Mauer des Westflügels.
OK.: 91,60 m ü.NN
UK.: 91,41 m ü.NN

schneidet/stört: **832**
geschnitten/gestört von: **331**
zugehörig: **858**
Zuweisung: Pfostengebäude II. Periode 1.

860 Pfosten

Untersuchungsgebiet 3; Abschnitt d/3; Beil. 2
Unregelmäßige Grube, eher rund (Br. 43 cm). Verfüllung: a) im oberen Bereich (92.42 m ü.NN) grauer bis schwarzer Sandlehm mit Stein-, Holzkohlestücken, Sandsteinbruchstücken. b) Ab 92,01 m ü.NN grauer Sandlehm mit braunen Schlieren, weißen feinsandigen Flecken. Holzkohleflitter. Evtl. überlagern sich an dieser Stelle zwei Befunde.
OK.: 92,42 m ü.NN

schneidet/stört: **778, 828**
überdeckt von: **782**
Zuweisung: Unklar. Periode vor 6.

861 Pfosten

Untersuchungsgebiet 3; Abschnitt d/1; Beil. 1
Runde Grube (Dm. Oberkante 30 cm; Br. 26 cm). U-förmiger Querschnitt. Verfüllung: braungrauer, fleckiger Sandlehm mit sehr viel Holzkohle und inkohlten Samenkörnern, verziegelten Lehmklümpchen. Am Rand befinden sich Wurzelspuren, die mit hellem Sand und grauem Schluff verfüllt sind. Bei diesem Befund handelt es sich wohl um die Pfostenspur. Die Baugrube wurde nicht beobachtet.
OK.: 91,45 m ü.NN
UK.: 91,16 m ü.NN

schneidet/stört: **839**
überdeckt von: **421**
zugehörig: **741, 742, 791, 827, 833, 840, 843, 855**
Zuweisung: Pfostengebäude I. Periode 1.

862 Schießscharte

Untersuchungsgebiet 5; Abb. 4
Spindelförmiger Ausschnitt an der östlichen Torseite in Mauer **481** (Br. 17 cm; T./H. 59,5 cm). Rahmen aus zwei, im Abstand der Schlitzbreite gegeneinandergestellten, gelbbraunen Sandsteinquadern mit scharrierten Seiten; stark verwaschen. An den Innenseiten winkelförmige Einhängevorrichtung für ein Geschütz; Abnutzungsspuren. Nach den vorliegenden Maßen dürfte das Geschütz etwa 70 cm lang gewesen sein und einen Mündungsdurchmesser von ca. 10 cm gehabt haben. Die, durch die Einhängevorrichtung genau festgelegte Schußrichtung, zielt genau auf den Torpfeiler mit der Jahreszahl „Anno 1702". Daraus folgt, daß die Schießscharte älter als 1702 ist.

im Verband mit: **481**
Zuweisung: Periode 5.

863 Schießscharte

Untersuchungsgebiet 3; Abschnitt 5
Wie **862**. Schräg angelegt. Halb verdeckt durch moderne Dachrinne. Schußrichtung nach Osten (Br. 17 cm. T./H. 58.5 cm).

im Verband mit: **481**
Zuweisung: Periode 5.

864 Pfosten

Untersuchungsgebiet 3; Abschnitt d/1
Grube mit rundem Umriß (Dm. 47 cm). Verfüllung: grauer Sandlehm mit gelbem Lehm verfleckt; Holzkohle und verziegelte Lehmklümpchen. In der Mitte des Befundes, im Abstand von 30 cm, befinden sich vertikale Bruchlinien; dazwischen liegt grauer, schmieriger Schluff (Pfostenspur).
OK.: 91,75 m ü.NN

Zuweisung: s. **671**. Periode 2.
Fd. Nr. 648.

865 Mauer

Untersuchungsgebiet 3; Abschnitt e; Beil. 5
Ost-West (Br. 92 cm). Aus Sandsteinbruchstücken; Mörtel aus humosem Lehm mit dicken weißen Kalkklumpen; brüchig. Der Kalk ist mit feinen schwarzen Kohlepartikeln gemagert. Die Unterkante wurde nicht ergraben.
OK.: 92,82 m ü.NN

gesetzt/geschüttet gegen: **396**
dagegengesetzt/geschüttet ist: **700**
zugehörig: **700**
Zuweisung: Zum Treppenturm. Periode 5.

866 Einfüllschicht

Untersuchungsgebiet 3; Abschnitt d/4
Schwarzer Sand, viel Steinkohleschotter; lockere Konsistenz.
OK.: 92,78 m ü.NN

überdeckt/liegt über: **849**
zugehörig: **148**
Zuweisung: Rezente Oberfläche im Bereich des ehemaligen Schloßteiches. Periode nach 6.
Fd. Nr. 617: Sonstiges: Mörtelprobe.
Fd. Nr. 643: Irdenware, Steinzeug, Porzellan, Steingut, Glas.

867 Graben oder Ausbruchgrube

Untersuchungsgebiet 3; Abschnitt g
Verfüllung: dunkelbrauner bis schwarzer Sand mit viel Kohleschotter und Sandsteinbruchstücken.
OK.: 92,52 m ü.NN

schneidet/stört: **778**
zugehörig: **434**
Zuweisung: s. **434**. Periode 6.

868 Stickung

Untersuchungsgebiet 3; Abschnitt d/4
Für **615**. Lockerer, schwarzer Steinkohleschotter.
OK.: 92,55 m ü.NN

gesetzt/geschüttet gegen: **803, 878**
überdeckt/liegt über: **869, 871**
überdeckt von: **615**
zugehörig: **615**
Zuweisung: Periode 6.
Fd. Nr. 616: Sonstiges: Mörtelprobe.

869 Sonstige Schicht

Untersuchungsgebiet 3; Abschnitt d/4
Schwarzer, lockerer Steinkohleschotter mit Lehm vermischt; etwas Sandsteinbruch.
OK.: 92,51 m ü.NN

schneidet/stört: **851**
gesetzt/geschüttet gegen: **578**
überdeckt von: **803, 868**
Zuweisung: Unklar. Periode vor 5.

Fd. Nr. 640: Irdenware, Steinzeug, Metall, Tierknochen, Sonstiges: Eisenschlacke.

870 Schwelle

Untersuchungsgebiet 3; Abschnitt d/4
Längliches Gräbchen zwischen **614** und **578**. Verfüllung: dunkelbrauner, lockerer Sandlehm; am Rand Holzmull. Etwas Holzkohle und Sandsteinbruchstücke.
OK.: 92,51 m ü.NN

schneidet/stört: **851**
überdeckt von: **615**
zugehörig: **871**
Zuweisung: Schwelle zum Pferdestall? Periode 5.

871 Pfosten

Untersuchungsgebiet 3; Abschnitt d/4
Unregelmäßige, eher runde Grube in **851** (Br. 22 cm). In der Mitte befindet sich ein senkrechtstehender Sandsteinkeil. Verfüllung: graugelber Sandlehm; weich, matschig.
OK.: 92,42 m ü.NN

schneidet/stört: **851**
überdeckt von: **868**
zugehörig: **870**
Zuweisung: Türpfosten zum Pferdestall. Periode 5.

872 Sonstige Schicht

Untersuchungsgebiet 3; Abschnitt d/4
Runde Verfärbung in **851**; wie **851** aber ohne die rötliche Komponente. Unter **872** wird eine Pfostengrube mit senkrecht stehendem Keilstein sichtbar. Weitere Bestandteile: Holzkohleflitter, craquelierte Sandsteine; etwas Kies.
OK.: 92,47 m ü.NN

schneidet/stört: **851**
überdeckt von: **852**
Zuweisung: Unklar. Periode vor 5.
Fd. Nr. 663: Sonstiges: Silex Kernstein.

873 Pfosten

Untersuchungsgebiet 3; Abschnitt d/4
Quadratische Grube mit abgerundeten Ecken (Br. 50 cm). Verfüllung: gelber, schwach grauer Sandlehm. Dokumentation unvollständig.
OK.: 92,40. m ü.NN

schneidet/stört: **681**
Zuweisung: Zum Pferdestall? Periode 5.

874 Abbruchschicht

Untersuchungsgebiet 3; Abschnitt c/4
Große Sandsteinbruchplatten in grauem bis schwarzem, nassem Sandlehm; stark humos.
OK.: 90,60 m ü.NN

gesetzt/geschüttet gegen: **577, 856**
überdeckt von: **850**
Zuweisung: Abbruch des runden Eckturms. Periode nach 3.

875 Grube

Untersuchungsgebiet 3; Abschnitt d/1; Beil. 1
Unregelmäßige Grube zwischen Pfosten **855** und **861** (Br. 1 m). Verfüllung: weicher Sandlehm, der mit viel Holzkohle, inkohlten Samenkörnern und verziegelten Lehmklümpchen vermischt ist. In der Mitte des Befundes ist Holzkohle und verziegelter Lehm konzentriert. Firstpfosten?
OK.: 91,37 m ü.NN
UK.: 91,02 m ü.NN

schneidet/stört: **839**
überdeckt von: **421**
zugehörig: **741, 742**
Zuweisung: Zum Pfostengebäude **I**. Periode 1.

876 Turm

Untersuchungsgebiet 6; Abschnitt Turm; Abb. 4.5.40, Beil. 5
Mauer aus Sandsteinplatten. Fundament ist sehr unruhig, mit vorspringenden Steinen. Der aus den Fugen quellende Mörtel besteht aus Kalk mit etwas Sandbeigabe. UK. nicht festgestellt (tiefer 92,12 m ü.NN); OK. nicht untersucht.

gesetzt/geschüttet gegen: **887**
überdeckt/liegt über: **898**
dagegengesetzt/geschüttet ist: **885, 886**
überdeckt von: **877**
zugehörig: **342, 343, 898**
Zuweisung: Periode 5.

877 Turm

Untersuchungsgebiet 6; Abschnitt Turm; Abb. 4.5
Aufmauerung des Nordostturms im historisierenden Stil; 1878. Nicht näher untersucht.

überdeckt/liegt über: **876**
Zuweisung: Periode 6.

878 Mauer

Untersuchungsgebiet 6; Abschnitt Turm; Beil. 4, Taf. 16,1, Abb. 40
Ost-West. Sandsteinplatten und Bruchsteine. Reichlich weißer Kalkmörtel mit viel Sand in einer 20-30 cm tiefen Baugrube, die in den gewachsenen Fels eingeschlagen ist. Die Südseite ist an den abgeböschten gewachsenen Felsboden angesetzt. Die Schauseite befindet sich im Norden. Der Befund bildete die Böschungsmauer eines Grabens nach Norden, der älter als der Nordostturm ist. Läuft innen durch das jüngere Turmfundament **876**; außen wurde keine Fortsetzung festgestellt.
OK.: 92,77 m ü.NN
UK.: 92,04 m ü.NN

gesetzt/geschüttet gegen: **528**
dagegengesetzt/geschüttet ist: **868, 879, 881, 882**
überdeckt von: **481, 886**
zugehörig: **189**
Zuweisung: Periode 4.

879 Einfüllschicht

Untersuchungsgebiet 6; Abschnitt Turm; Abb. 40
Grober Sandsteinbruchschutt in dunkelbraunem, stark humosem Sandlehm. Viele Kalkklümpchen, Tierknochen, Steinkohleklumpen. Lockere Konsistenz.
OK.: 92,60 m ü.NN
UK.: 92,11 m ü.NN

gesetzt/geschüttet gegen: **878**
überdeckt/liegt über: **881**
geschnitten/gestört von: **884, 887**
überdeckt von: **882**
Zuweisung: Einfüllung eines Grabens; zu **878**. Periode 5.

880 Sinkkasten

Untersuchungsgebiet 6; Abschnitt Turm; Beil. 6
Backsteine, sehr harter Zementmörtel (L. 70 cm; Br. 64 cm).
UK.: 92,56 m ü.NN

Zuweisung: Periode 6.

881 Baugrube

Untersuchungsgebiet 6; Abschnitt Turm; Abb. 40
Zu Mauer **878** (Br. 35 cm). In den gewachsenen Felsboden eingetieft. Verfüllt mit Material aus Schicht **879**.
OK.: 92,31 m ü.NN
UK.: 92,04 m ü.NN

gesetzt/geschüttet gegen: **878**
überdeckt von: **879**
Zuweisung: Periode vor 6.

882 Sonstige Schicht

Untersuchungsgebiet 6; Abschnitt Turm; Abb. 40
Ca. 20 cm starker Lehmauftrag über **879**. Einschlüsse von bis zu 3 cm starken Kalkbändern und Linsen eines zerstörten Estrichs.
OK.: 92,77 m ü.NN
UK.: 92,60 m ü.NN

gesetzt/geschüttet gegen: **878**
überdeckt/liegt über: **879**
geschnitten/gestört von: **884, 887**
überdeckt von: **886**
Zuweisung: Oberste Einfüllung des älteren Grabens; zu **878**. Periode 5.
Fd. Nr. 662: Irdenware, Steinzeug, Metall, Tierknochen.

883 entfällt

884 Pfosten

Untersuchungsgebiet 6; Abschnitt Turm
Runde Grube (Dm. 47 cm). Verfüllung: brauner, gelbbrauner, lockerer Sandlehm; Sandsteinbruchstücke; am Rand ein senkrechtstehender Sandstein. Pfostenspur wurde nicht beobachtet.
OK.: 92,57 m ü.NN

schneidet/stört: **879, 882**
überdeckt von: **886**
Zuweisung: Baugerüst. Periode 5.

885 Bodenbelag

Untersuchungsgebiet 6; Abschnitt Turm; Abb. 40
Runde Schamottesteine in einem sehr harten Kalkzementbett.
OK.: 93.24 m ü.NN

gesetzt/geschüttet gegen: **876**
überdeckt/liegt über: **886**
Zuweisung: Fehlboden für Dielen. Periode 6.
Fd. Nr. 655: Sonstiges: Schamottestein.

886 Planierschicht

Untersuchungsgebiet 6; Abschnitt Turm; Abb. 40
Sandsteinbruchstücke in grauem, staubigem Sand; Kalkklümpchen.
OK.: 93.16 m ü.NN

gesetzt/geschüttet gegen: **876**
überdeckt/liegt über: **878, 882, 884, 887**
überdeckt von: **885**
Zuweisung: Anschüttung im Nordostturm. Periode 5.

887 Baugrube

Untersuchungsgebiet 6; Abschnitt Turm; Abb. 40
Zu Mauer **876** (Br. 40 cm). Trichterförmig eingetieft. Verfüllt mit Sandsteinbruchschutt und graubraunem, staubigem Sand.
OK.: 92,82 m ü.NN

schneidet/stört: **528, 879, 882**
dagegengesetzt/geschüttet ist: **876, 898**
überdeckt von: **886**
Zuweisung: Periode 5.

888 Bodenbelag

Untersuchungsgebiet 2; Abschnitt 7; Abb. 26.27, Beil. 6
Sandsteinbruchplatten, trocken verlegt. Es ist kein Verlegeschema erkennbar. Gefälle von Nord nach Süd.
OK.: 89,34 m ü.NN

gesetzt/geschüttet gegen: **309, 313, 321, 892, 897**
überdeckt/liegt über: **889, 900**
zugehörig: **85, 306, 308**
Zuweisung: Jüngster Fußboden in Keller **7**. Periode 6.

889 Planierschicht

Untersuchungsgebiet 2; Abschnitt 7; Abb. 37
Gelbbrauner Sandlehm mit Kalkklümpchen und braunen und grauen Flecken; Holzkohleflitter.
OK.: 89,20 m ü.NN
UK.: 89,10 m ü.NN

gesetzt/geschüttet gegen: **309, 313, 321, 892, 894**
überdeckt/liegt über: **890, 896**
geschnitten/gestört von: **900**
überdeckt von: **888**
Zuweisung: älteres Laufniveau in Keller **7**. Periode vor 6.
Fd. Nr. 664: graue Irdenware, Steinzeug, Glas, Tierknochen.
Fd. Nr. 671: Steinzeug, **Kat. Nr. 46**, Metall.

890 Ofen

Untersuchungsgebiet 3; Abschnitt 7; Beil. 4, Abb. 36.37, Taf. 13,1
Sandsteinplatten und Backsteinbruchstücke; in Lehm gesetzt (Br. 45 cm); Aufgehendes zerstört. Sandsteine und Lehm sind stark verziegelt. Innenseiten geschwärzt. Über einer langrechteckigen Aschelade befindet sich ein Rost aus Sandsteinplatten, das sich nach den Seiten hin zu einer mit Sandsteinen gepflasterten Standfläche erweitert. Am Rost sitzen festgebackene Eisenteile und Kalkflecken. Oberhalb des Rostes ist der Ofen abgebrochen. Vom Mundloch der Aschelade aus öffnet sich nach Süden eine aus Sandsteinen gebaute Arbeitsgrube, von der ein schmaler Windschacht nach Süden in eine Öffnung in Mauer **309** zieht. Der Windschacht weist ein leichtes Nord-Süd Gefälle auf. Die Seitenwände sind ebenfalls in Lehm gesetzt, der hier aber nicht verziegelt ist. Seitenwände des Kanals geschwärzt. Auf der Kanalsohle befand sich ein schmieriger, schluffiger Sand mit Kohlestücken.
OK.: 89,28 m ü.NN

schneidet/stört: **895**
geschnitten/gestört von: **331, 918**
dagegengesetzt/geschüttet ist: **894, 896, 899, 917**
überdeckt von: **889**
Zuweisung: Periode 4.
Fd. Nr. 666: Sonstiges: Bodenprobe (Anhang 2).
Fd. Nr. 666: Sonstiges: Bodenprobe. Brst. Abdichtung der Ofenwand; kalzinierte Knochen; Eierschalen (vgl. Anhang 2).
Fd. Nr. 667: Sonstiges: Bodenprobe (Anhang 2).

891 Mauer

Untersuchungsgebiet 2; Abschnitt 7; Abb. 36
Ost-West (Br. 80 cm). Sandsteinplatten, im Durchbruch des Kellereingangs **237** sichtbar; das Auflager des Tonnengewölbes stößt gegen **891**; an der Unterkante von **891** sitzt ein ca. 10 cm breiter Putzkragen; Mörtel: sehr kompaktes Kalk-Sand-Gemisch; grau mit Kalkklümpchen und etwas Kohle. Identisch mit **313**.
OK.: 89,28 m ü.NN

schneidet/stört: **890**
geschnitten/gestört von: **237**
überdeckt von: **313**
zugehörig: **313**
Zuweisung: Wohnturm. Periode 4.

892 Mauer

Untersuchungsgebiet 2; Abschnitt 7; Abb. 26.36, Beil. 5
Nord-Süd. Westwand des Kellerraums **7**; übergehend in ein Tonnengewölbe, welchem auf der Ostseite der Raum **321** entspricht; verblendet Mauer **893**. Die Nordwest-Ecke steht mit **313** im Verband. Oberfläche mit einer dicken Rußschicht bedeckt; Sandsteine z.T. rotorange verziegelt; Bereiche mit Lehm/Häcksel-Bewurf; am südlichen Ende Aussparung im Fundament in Form eines Schachtes (Br. 20 cm, H. 32 cm; T. gr. 2 m). Der Befund stößt an der Südost-Ecke mit **309** zusammen; das anschließende Gewölbe greift über den Mauervorsprung von **309**.
OK.: 91,60 m ü.NN
UK.: 89,07 m ü.NN

gesetzt/geschüttet gegen: **309, 893**
dagegengesetzt/geschüttet ist: **888, 889, 897**

Zuweisung: Stratigraphie unklar; Verblendung von Mauer **893**. Periode 5.

893 Mauer

Untersuchungsgebiet 2; Abschnitt 7; Abb. 26.36.37, Beil. 3a
Nord-Süd. Sandsteinquader und Bruchplatten. Mörtel aus gelbem, weichem Sand mit etwas Kalk. Zwischen **892** befindet sich ein Hohlraum, der teilweise mit Bruchsteinen verfüllt ist.

dagegengesetzt/geschüttet ist: **892**
zugehörig: **906**, **911**, **1069**
Zuweisung: Wohnturm. Periode 3.

894 Einfüllschicht

Untersuchungsgebiet 2; Abschnitt 7
In Ofen **890**. Nördl. Teil: grauer, rötlich und orangfarben gefleckter schmieriger Sandlehm mit viel Holzkohle, Eisenobjekten, Backsteinbruchstücken und Kalkklümpchen; Konsistenz weich. Südl. Teil (Windschacht): überwiegend schwarze bis blaugraue Asche, Steinkohle, Sandsteinbruchstücke, weiße Ascheflecken und Kalkklumpen; Konsistenz fest.
OK.: 89,13 m ü.NN

gesetzt/geschüttet gegen: **890**
dagegengesetzt/geschüttet ist: **889**
zugehörig: **899**
Zuweisung: Periode nach 4.

895 Gewachsener Boden

Untersuchungsgebiet 2; Abschnitt 7; Abb. 36.37
Harter, gelbbrauner Sandlehm.
OK.: 89,17 m ü.NN

geschnitten/gestört von: **890**
überdeckt von: **896**

896 Bodenbelag

Untersuchungsgebiet 2; Abschnitt 7; Beil. 4, Abb. 36.37
Hochkant gestellte und flach liegende Sandsteinstücke; stark gestört; brauner Sandlehm mit verziegelten Lehmstückchen, Kalkklumpen, Holzkohleflitter, Sandsteinbruchstücke.
OK.: 89,21 m ü.NN

gesetzt/geschüttet gegen: **890**
überdeckt/liegt über: **895**
geschnitten/gestört von: **900**
überdeckt von: **889**
Zuweisung: Zerstörte Arbeitsfläche zum Ofen **890**. Periode 4.
Fd. Nr. 668: Steinzeug, **Kat. Nr. 46**, **122**, Metall.

897 Vermauerung

Untersuchungsgebiet 2; Abschnitt 7; Abb. 26.31.36
Backsteine (Br. 1,45 m).
OK.: 91,25 m ü.NN
UK.: 89,33 m ü.NN

schneidet/stört: **906**, **911**
gesetzt/geschüttet gegen: **892**

dagegengesetzt/geschüttet ist: **888**, **903**
Zuweisung: Vermauerung eines Durchgangs zur Fabrik in die Alte Schmelzerei **5**. Periode 6.

898 Mauer

Untersuchungsgebiet 6; Abschnitt Turm; Beil. 5
Ost-West. Aus Sandsteinbruchplatten.
OK.: 92,42 m ü.NN
UK.: 92,12 m ü.NN

gesetzt/geschüttet gegen: **887**
überdeckt von: **876**
zugehörig: **342**, **343**, **876**
Zuweisung: Verstärktes Ostturmfundament. Periode 5.

899 Einfüllschicht

Untersuchungsgebiet 2; Abschnitt 7; Abb. 37
Im Windschacht des Ofens **890**; gelber, klumpiger Lehm mit sehr viel Steinkohlestücken, rot verziegelte Sandsteinbruchstücke, verziegelter Lehm, wenige Kalkklümpchen; locker. Im unteren Bereich wechselt die Einfüllung abrupt in schmierigen, homogenen Sandlehm, dunkelgrau bis schwarz.
OK.: 88,93 m ü.NN
UK.: 88,73 m ü.NN

gesetzt/geschüttet gegen: **890**
überdeckt von: **900**
zugehörig: **894**
Zuweisung: Ende der Nutzungszeit des Ofens. Periode 4.
Fd. Nr. 661: Irdenware, Steinzeug, **Kat. Nr. 343**.
Fd. Nr. 665: Sonstiges: Bodenprobe.

900 Grube

Untersuchungsgebiet 2; Abschnitt 7; Abb. 37
Längl. Umriß (T./H. 54 cm); Eintiefungsniveau direkt unter Fußboden **888**. Wohl nachträgliche Aufgrabung des Windkanals; Verfüllung: dunkelbrauner, fast schwarzer, klumpiger Sandlehm, Sandsteinsplitter, etwas Kalk; sehr viele Eisen.

schneidet/stört: **889**, **896**
überdeckt/liegt über: **899**
überdeckt von: **888**
zugehörig: **918**
Zuweisung: Verwendung des Windschachtes von **890** als Abfallgrube. Periode 6.
Fd. Nr. 670: Steinzeug, Glas.
Fd. Nr. 675: Steinzeug, Glas, Metall, Sonstiges: Eisenschlacke.

901 Mauer

Untersuchungsgebiet 4; Abschnitt 9; Abb. 31, Beil 6
Backsteine (Br. 54 cm); grauer mit etwas Asche und Kies gemagerter Mörtel; Blockverband.
OK.: 90,07 m ü.NN

gesetzt/geschüttet gegen: **761**
überdeckt/liegt über: **907**
dagegengesetzt/geschüttet ist: **902**
überdeckt von: **244**
zugehörig: **132**, **133**
Zuweisung: Nordwand der Alten Schmelzerei **5**. Periode 6.

902 Bodenbelag

Untersuchungsgebiet 4; Abschnitt 9; Abb. 31
Sandsteinplatten auf einer Aschestickung. Die Platten sind rechteckig zugerichtet; zerbrochen.
OK.: 89,92 m ü.NN

schneidet/stört: **910, 916**
gesetzt/geschüttet gegen: **901**
überdeckt/liegt über: **907, 910**
überdeckt von: **244**
zugehörig: **903**
Zuweisung: Fußboden in der Alten Schmelzerei **5** (nach 1870). Periode 6.

903 Bodenbelag

Untersuchungsgebiet 4; Abschnitt 9; Abb. 31, Beil. 6
Backsteine; in der Mitte rinnenartig abgetreten. Auf einer Stickung aus Bauschutt mit Lehm vermischt.
OK.: 89,85 m ü.NN

gesetzt/geschüttet gegen: **897, 904, 908**
überdeckt/liegt über: **909**
überdeckt von: **244**
zugehörig: **902**
Zuweisung: Fußboden im (später vermauerten) Durchgang von der Alten Schmelzerei **5** in Keller **7**. Periode 6.

904 Mauer

Untersuchungsgebiet 4; Abschnitt 9; Abb. 31
Ost-West (Br. 50 cm). Sandsteinbruchstücke; in Ausbruchgrube (?) einer älteren Mauer gestellt. Ausbruchgrube ist mit durcheinanderliegenden kleinteiligen Sandsteinbruchstücken, Dachziegelbruchstücken und gelbem, festem Lehm verfüllt.
OK.: 89,74 m ü.NN

schneidet/stört: **914**
gesetzt/geschüttet gegen: **906, 911**
dagegengesetzt/geschüttet ist: **903, 909**
überdeckt von: **908**
im Verband mit: **907**
Zuweisung: Einbau in der Alten Schmelzerei **5**. Periode 6.

905 Mauer

Untersuchungsgebiet 4; Abschnitt 9; Abb. 6.7, Taf. 9, Beil. 6
Sandsteinbruchstücke; um 1985 wiedererrichtet. Nicht weiter dokumentiert.
UK.: 89,59 m ü.NN

gesetzt/geschüttet gegen: **131, 911**
dagegengesetzt/geschüttet ist: **912**
Zuweisung: Mauer zwischen Haus Witten und der Schmelzerei **4**. Periode 5-6.

906 Mauer

Untersuchungsgebiet 4; Abschnitt 9; Beil. 3a, Abb. 31
Nord-Süd. Sandsteinbruchstücke; Mörtel: Lehm, mit etwas klumpigem Kalkzusatz; Steingröße nach unten abnehmend; unregelmäßiges Mauerwerk; unruhige Oberfläche mit Hohlräumen und herausstehenden Steinen; Knick bei h 22,10 (Grabungskoordinaten) nach Osten.

OK.: 89,84 m ü.NN
UK.: 89,28 m ü.NN

schneidet/stört: **915**
gesetzt/geschüttet gegen: **914**
geschnitten/gestört von: **897**
dagegengesetzt/geschüttet ist: **761, 904**
überdeckt von: **911**
zugehörig: **893, 914**
Zuweisung: Wohnturm. Periode 3.

907 Ausbruchgrube

Untersuchungsgebiet 4; Abschnitt 9; Beil. 6
Nordsüd-Ostwest (Br. 72 cm). Im unteren Bereich kommt eine noch intakte Mauer zutage. Diese besteht aus kleinteiligen Sandsteinbruchstücken in olivbraunem, sandigem Kalkmörtel mit kleinen Kalkklümpchen. Die wenige cm breite Baugrube ist ebenfalls mit Mörtel ausgefüllt.
OK.: 89,79 m ü.NN

schneidet/stört: **915**
dagegengesetzt/geschüttet ist: **908, 910**
überdeckt von: **901, 902**
im Verband mit: **904**
Zuweisung: Einbau in der Alten Schmelzerei **5**. Periode 6.

908 Mauer

Untersuchungsgebiet 4; Abschnitt 9; Beil. 6
Nord-Süd (Br. 40 cm). Backsteine; gelbbrauner mit wenig Asche gemagerter Mörtel.
OK.: 90,01 m ü.NN

schneidet/stört: **909**
gesetzt/geschüttet gegen: **907, 911**
überdeckt/liegt über: **904**
dagegengesetzt/geschüttet ist: **903**
Zuweisung: Einbau in der Alten Schmelzerei **5**. Periode 6.

909 Bodenbelag

Untersuchungsgebiet 4; Abschnitt 9
Sandsteinplatten, lose verlegt.
OK.: 89,52 m ü.NN

gesetzt/geschüttet gegen: **904**
überdeckt/liegt über: **915**
geschnitten/gestört von: **908**
überdeckt von: **903**
Zuweisung: Älterer Fußboden; vor Einbau der Alten Schmelzerei **5**. Periode 6.

910 Fundament

Untersuchungsgebiet 4; Abschnitt 9
Rechteckige Form. Am Rand ganze, in der Mitte halbe Backsteine, in einem weichen, gelblichen, stark sandigen Mörtel.
OK.: 89,78 m ü.NN

gesetzt/geschüttet gegen: **907**
geschnitten/gestört von: **902**
überdeckt von: **902**
Zuweisung: Einbau in der Alten Schmelzerei **5**. Später abgebrochen und mit **902** überdeckt. Periode 6.

Befundkatalog 193

911 Mauer

Untersuchungsgebiet 4; Abschnitt 9; Beil. 3a, Abb. 31
Nord-Süd. Sandsteinbruchstücke; rezent überarbeitet und frisch verfugt. Ecke bei h 22,10 m (Grabungskoordinaten).
OK.: 90,47 m ü.NN
UK.: 89,84 m ü.NN

überdeckt/liegt über: **906**
geschnitten/gestört von: **897**
dagegengesetzt/geschüttet ist: **761, 904, 905, 908, 912**
überdeckt von: **131**
zugehörig: **893**
Zuweisung: Wohnturm. Periode 3.

912 Becken

Untersuchungsgebiet 4; Abschnitt 9; Beil. 6
Flaches Becken aus Sandsteinbruchstücken (L. 1,72 m; Br. 1,2 m). Verfüllung: weicher, nasser Kalk.
OK.: 89,84 m ü.NN
UK.: 89,66 m ü.NN

gesetzt/geschüttet gegen: **905, 911**
Zuweisung: Behälter für Kalk, welcher beim Schmelzvorgang verwendet wird. Periode 6.

913 Maueröffnung

Untersuchungsgebiet 4; Abschnitt 2
Rechteckige Öffnung (L. 77 cm; Br. 54cm) nach Westen in Mauer **131**; innerhalb der Mauer führt von dieser Öffnung ein Schacht senkrecht nach oben. Der Schacht ist nach ca. 40 cm mit Lehm verfüllt.
OK.: 90,80 m ü.NN
UK.: 90,43 m ü.NN

im Verband mit: **131**
Zuweisung: Periode nach 3.

914 Baugrube

Untersuchungsgebiet 4; Abschnitt 9
Zu Mauer **906**. Gelber, ins graue gehender Sandlehm. Eingetieft in **915** (Br. 2-4 cm).
OK.: 89,73 m ü.NN

schneidet/stört: **915**
geschnitten/gestört von: **904**
dagegengesetzt/geschüttet ist: **906**
zugehörig: **906**
Zuweisung: Wohnturm Periode 3.

915 Sonstige Schicht, alte Oberfläche

Untersuchungsgebiet 4; Abschnitt 9; Abb. 31
Gelber Sandlehm, fleckig grün und grau mit vielen Wurzelspuren, darin Holzkohle, Kalklümpchen und abgerundete, z.T. craquelierte Sandsteinkiesel.
OK.: 89,79 m ü.NN

schneidet/stört: **915**
geschnitten/gestört von: **906, 907, 914-916, 1037, 1040**
überdeckt von: **909, 1039, 1041, 1043**

916 Grube

Untersuchungsgebiet 4; Abschnitt 9; Beil. 1, Abb. 31
Die Grube wurde am Westrand, unmittelbar unter Mauer **761** erfaßt (Br. 54 cm). Verfüllung: Grauer Sandlehm, hart, Holzkohle, verziegelter Lehm, weiß verbrannte Knochenstücke. Sehr viel horizontal verdrückte, prähistorische Keramik.
OK.: 89,85 m ü.NN
UK.: 89,70 m ü.NN

schneidet/stört: **915**
geschnitten/gestört von: **902**
überdeckt von: **761**
Zuweisung: Periode 1.
Fd. Nr. 673.

917 Einfüllschicht

Untersuchungsgebiet 2; Abschnitt 7
In Aschekammer des Ofens **890**. Grauschwarzer Schluff mit Kohleklumpen. Proben wurden entnommen.
OK.: 88,06 m ü.NN
UK.: 87,84 m ü.NN

gesetzt/geschüttet gegen: **890**
Zuweisung: Periode 4.
Fd. Nr. 672: Sonstiges: Bruchstücke von der Innenauskleidung des Ofens **890**. Ein Stück Schlacke.
Fd. Nr. 672: Sonstiges: Bodenprobe; Brst. Ofenwand **890**.

918 Störung

Untersuchungsgebiet 2; Abschnitt 7
Rechteckige Öffnung in der Abdeckung des Grabens **890** (Br. 22 cm). Einfüllung wie **900**. Proben wurden entnommen.
OK.: 89,14 m ü.NN
UK.: 88,68 m ü.NN

schneidet/stört: **890**
zugehörig: **900**
Zuweisung: Unklar. Periode nach 4.
Fd. Nr. 669: Pfeife, Glas, Metall, Sonstiges: Fensterglas.

919-999 entfallen

1000 Mauer

Untersuchungsgebiet 5; Abschnitt K 1,2,4
Äußere Grabenmauer (Br. 45 cm). Zur Nordseite ist die Mauer auf Sicht mit regelmäßigen Sandsteinen gemauert. Oberfläche mit Beton verputzt.
OK.: 93.10 m ü.NN

gesetzt/geschüttet gegen: **1001**
überdeckt/liegt über: **1007**
zugehörig: **1011**
Zuweisung: Rezente Restaurierung um 1985. Periode nach 6.

1001 Wasserleitung

Untersuchungsgebiet 5; Abschnitt K 1,2,4
OK.: 91,85 m ü.NN

schneidet/stört: **1002, 1003, 1004, 1006**
überdeckt/liegt über: **1007, 1008**

dagegengesetzt/geschüttet ist: **1000**
Zuweisung: Rezente Rohrleitung Periode nach 6.

1002 Einfüllschicht

Untersuchungsgebiet 5; Abschnitt K 1,2,4
OK.: 92,45 m ü.NN

gesetzt/geschüttet gegen: **1005**
überdeckt/liegt über: **1003**
geschnitten/gestört von: **1001**
Zuweisung: Umgestaltung des ehemaligen Schloßteiches in einen Ziergarten. Periode 6.
Fd. Nr. 1000.
Fd. Nr. 1007: Kat. Nr. 448, 468.
Fd. Nr. 1014: Kat. Nr. 345, 407.

1003 Einfüllschicht

Untersuchungsgebiet 5; Abschnitt K 1,2,4
Gelber Sand/Lehm; viel Ziegelbruch und Sandsteine.
OK.: 92,20 m ü.NN

gesetzt/geschüttet gegen: **1005**
überdeckt/liegt über: **1004**
geschnitten/gestört von: **1001**
überdeckt von: **1002**
Zuweisung: Einfüllung des Schloßteiches. Periode 5.
Fd. Nr. 1001: Kat. Nr. 167.
Fd. Nr. 1008.

1004 Einfüllschicht

Untersuchungsgebiet 5; Abschnitt K 1,2,4
Brauner Lehm, Mörtel, Ziegel und Holzkohle.
OK.: 92,00 m ü.NN

gesetzt/geschüttet gegen: **1005, 1017**
überdeckt/liegt über: **1006, 1009, 1010, 1013-1015**
geschnitten/gestört von: **1001**
überdeckt von: **1003**
Zuweisung: Einfüllung des Schloßteiches. Periode 5.
Fd. Nr. 1002: Kat. Nr. 69, 92, 133, 134, 136, 149, 170, 269, 340, 352, 364, 365, 442, 483, 487, 505.
Fd. Nr. 1009: Kat. Nr. 375.
Fd. Nr. 1010: Kat. Nr. 364.
Fd. Nr. 1011: Kat. Nr. 517.
Fd. Nr. 1012.
Fd. Nr. 1013: Münze (1/4 Stüber, 1771, nicht auffindbar).
Fd. Nr. 1015: Kat. Nr. 356, 361.

1005 Mauer

Untersuchungsgebiet 5; Abschnitt K 1,2,4; Beil. 5

dagegengesetzt/geschüttet ist: **1002-1004, 1006, 1009, 1010**
im Verband mit: **1016**
zugehörig: **659, 848**
Zuweisung: Schauseite des Schloßteiches. Periode 5.

1006 Bodenbelag

Untersuchungsgebiet 5; Abschnitt K 1,2,4
Sandsteinplatten.
OK.: 91,80 m ü.NN

gesetzt/geschüttet gegen: **1005**
überdeckt/liegt über: **1009**
geschnitten/gestört von: **1001**
überdeckt von: **1004**
Zuweisung: Unterste Einfüllung im Schloßteich. Periode 5.

1007 Mauer

Untersuchungsgebiet 5; Abschnitt K 2; Beil. 5

gesetzt/geschüttet gegen: **1008**
überdeckt von: **1000, 1001**
zugehörig: **1008**
Zuweisung: Böschung eines älteren Grabens; Periode 4? Periode vor 6.

1008 Baugrube

Untersuchungsgebiet 5; Abschnitt K 2
Gelb/brauner Sandlehm mit Sandsteinschotter.

schneidet/stört: **1009**
dagegengesetzt/geschüttet ist: **1007**
überdeckt von: **1001**
zugehörig: **1007**
Zuweisung: Periode vor 6.
Fd. Nr. 1004.

1009 Einfüllschicht

Untersuchungsgebiet 5; Abschnitt K 1,2,4
Boden des Schloßteiches westlich des Torhauses.
OK.: 91,50 m ü.NN

gesetzt/geschüttet gegen: **1005**
geschnitten/gestört von: **1008, 1013-1015**
überdeckt von: **1004, 1006, 1010, 1018**
Zuweisung: Unterste Schloßteicheinfüllung. Geschnitten von Gerüstpfosten **1013-1015** (Periode 5). Periode vor 5.
Fd. Nr. 1005.

1010 Einfüllschicht

Untersuchungsgebiet 5; Abschnitt K 1,2,4
OK.: 91,50 m ü.NN

gesetzt/geschüttet gegen: **1005**
überdeckt/liegt über: **1009**
überdeckt von: **1004**
Zuweisung: Einfüllung im Schloßteich. Periode 5.

1011 Mauer

Untersuchungsgebiet 5; Abschnitt K 4
OK.: 92,20 m ü.NN

gesetzt/geschüttet gegen: **577, 1018**
überdeckt/liegt über: **1018**
zugehörig: **1000**
Zuweisung: Rekonstruktion der Böschungsmauer um 1985. Periode nach 6.

1012 s. **856**

Untersuchungsgebiet 3; Abschnitt C/4; Beil. 3b

geschnitten/gestört von: **656**
zugehörig: **856**
Zuweisung: s. **856**. Periode 3.

1013 Pfostengrube

Untersuchungsgebiet 5; Abschnitt K 4; Abb. 39
OK.: 91,37 m ü.NN

schneidet/stört: **1009**
überdeckt von: **1004**
zugehörig: **1014, 1015**
Zuweisung: Gerüstpfosten zum Nordwestturm. Periode 5.

1014 Pfostengrube

Untersuchungsgebiet 5; Abschnitt K 4; Abb. 39
Ovaler Umriß; Sandsteinkeile.
OK.: 91,34 m ü.NN

schneidet/stört: **1009**
überdeckt von: **1004**
zugehörig: **1013, 1015**
Zuweisung: Gerüstpfosten zum Westturm. Periode 5.

1015 Pfostengrube

Untersuchungsgebiet 5; Abschnitt K 1,2,4; Abb. 39
Vierkantiger Umriß; Reste des vierkantigen Holzpfostens.
OK.: 91,30 m ü.NN

schneidet/stört: **1009**
überdeckt von: **1004**
zugehörig: **1013, 1014**
Zuweisung: Gerüstpfosten zum Westturm. Periode 5.

1016 Mauer

Untersuchungsgebiet 5; Abschnitt K 4
OK.: 91,76 m ü.NN

schneidet/stört: **856**
überdeckt von: **577**
im Verband mit: **1005**
Zuweisung: Fundament des Nordwestturms. Periode 5.

1017 Schacht

Untersuchungsgebiet 5; Abschnitt K 4
UK.: 91,85 m ü.NN

dagegengesetzt/geschüttet ist: **1004**
im Verband mit: **577**
Zuweisung: Zum Bewässerungssystem des Schloßteiches?
Periode 5.

1018 Abbruchschutt

Untersuchungsgebiet 5; Abschnitt K 4
OK.: 91,40 m ü.NN

überdeckt/liegt über: **1009**
dagegengesetzt/geschüttet ist: **1011**
überdeckt von: **1011**
Zuweisung: vom älteren Eckturm **856**. Periode 5.

1019 entfällt

1020 Einfüllschicht

Untersuchungsgebiet 2; Abschnitt 5
Brauner Lehm, Mörtel, Ziegel.
OK.: 91,80 m ü.NN

gesetzt/geschüttet gegen: **1026, 1030, 1031**
überdeckt/liegt über: **730, 1021, 1022, 1025-1028**
Zuweisung: Bezug zur Kellerwand **376** unklar. Periode 5.
Fd. Nr. 1017: Kat. Nr. 45, 54, 56, 66, 69, 86, 102, 110, 232, 257, 274, 564.

1021 Baugrube

Untersuchungsgebiet 2; Abschnitt 5
Verfüllung: dunkelbrauner Sand.
OK.: 91,10 m ü.NN

schneidet/stört: **292, 1022, 1024, 1025, 1028**
dagegengesetzt/geschüttet ist: **413**
überdeckt von: **1020**
zugehörig: **413**
Zuweisung: Erweiterung des Palas. Periode 5.

1022 Einfüllschicht

Untersuchungsgebiet 2; Abschnitt 5
Schwarzer Lehm.

gesetzt/geschüttet gegen: **1025**
geschnitten/gestört von: **376, 377, 413, 730, 1021**
überdeckt von: **1020**
Zuweisung: Fußbodenstickung für **254** (?). Periode 4.

1023 entfällt

1024 Kulturschicht

Untersuchungsgebiet 2; Abschnitt 5
Gelbbrauner Lehm, verziegelte Stellen.
OK.: 91,30 m ü.NN

überdeckt/liegt über: **292**
geschnitten/gestört von: **1021, 377,**
dagegengesetzt/geschüttet ist: **1025**
zugehörig: **1066**
Zuweisung: Unklar. Periode vor 3.

1025 Mauer

Untersuchungsgebiet 2; Abschnitt 5; Beil. 3a
Nord-Süd.
UK.: 91,25 m ü.NN

schneidet/stört: **292**
gesetzt/geschüttet gegen: **1024**
geschnitten/gestört von: **413, 1021**
dagegengesetzt/geschüttet ist: **1022, 1027, 1028**
überdeckt von: **1020**
im Verband mit: **1026**
Zuweisung: Unklar. Periode 3.

1026 Mauer

Untersuchungsgebiet 2; Abschnitt 5; Beil. 3a, Taf. 10,1
Wie **1025**, Ost-West.

schneidet/stört: **292**
geschnitten/gestört von: **1030, 1031**
dagegengesetzt/geschüttet ist: **1020, 1028**
überdeckt von: **1020**
im Verband mit: **1025**
Zuweisung: Unklar. Periode 3.

1027 Mauer

Untersuchungsgebiet 2
Ost-West.
OK.: 91,60 m ü.NN

gesetzt/geschüttet gegen: **1025**
überdeckt/liegt über: **1028, 1029**
überdeckt von: **1020**
Zuweisung: Zerstörter Fußboden? unklar. Periode 4.

1028 Einfüllschicht

Untersuchungsgebiet 2; Abschnitt 5
Schwarz-grauer Lehm mit Brandflecken. Läuft an **1025**.

schneidet/stört: **1066**
gesetzt/geschüttet gegen: **1025, 1026**
überdeckt/liegt über: **1066**
geschnitten/gestört von: **1021, 1029, 1030, 1031**
dagegengesetzt/geschüttet ist: **1044**
überdeckt von: **1020, 1027, 1031**
Zuweisung: unter Fußboden (?) **1027**, daher die Funde aus der Schicht: Periode 3. Periode 4.
Fd. Nr. 1018: Kat. Nr. 19, 22, 23, 37, 85, 88, 95, 116, 122, 177, 178, 195, 196, 203, 229, 243, 280, 282, 284, 295, 306.

1029 Einfüllschicht

Untersuchungsgebiet 2; Abschnitt 5; Taf. 10,1
Lehm.

schneidet/stört: **1028, 1066**
gesetzt/geschüttet gegen: **1044**
überdeckt/liegt über: **1044, 1065**
überdeckt von: **1027**
Zuweisung: Unklar. Periode 4.
Fd. Nr. 1019.

1030 Wasserkanal

Untersuchungsgebiet 2; Abschnitt 5
Abdeckung des Wasserkanals **1031**.
OK.: 92,00 m ü.NN

schneidet/stört: **1026, 1028**
gesetzt/geschüttet gegen: **1032, 1033**
überdeckt/liegt über: **1031**
geschnitten/gestört von: **376**
dagegengesetzt/geschüttet ist: **1020**
im Verband mit: **413**
zugehörig: **1031**
Zuweisung: Periode 5.

1031 Wasserkanal

Untersuchungsgebiet 2; Abschnitt 5; Beil. 5
Nord-Süd aus Sandsteinplatten.
OK.: 91,80 m ü.NN

schneidet/stört: **1026, 1028**
gesetzt/geschüttet gegen: **1032, 1033**
überdeckt/liegt über: **1028**
geschnitten/gestört von: **376**
dagegengesetzt/geschüttet ist: **1020**
überdeckt von: **1030**
zugehörig: **413, 1030**
Zuweisung: Im Innenhof wurde die Eintrittsöffnung beobachtet. Periode 5.

1032 Mauer

Untersuchungsgebiet 2; Abschnitt 5
Ost-West.
OK.: 91,90 m ü.NN

dagegengesetzt/geschüttet ist: **1030, 1031**
im Verband mit: **414, 1033, 1034**
zugehörig: **272, 273, 315**
Zuweisung: Zum Treppenhaus in Keller **6**. Periode 4.

1033 Kellertreppe

Untersuchungsgebiet ; Abschnitt K 2; Taf. 10,1
Gewölbeansatz der Kellertreppe **315**.
OK.: 91,95 m ü.NN

dagegengesetzt/geschüttet ist: **1030, 1031**
im Verband mit: **1032, 1034**
Zuweisung: s. **1032**. Periode 4.

1034 Eingang

Untersuchungsgebiet 2; Abschnitt 5
Eingang in die Palasnordwand.
OK.: 92,20 m ü.NN

dagegengesetzt/geschüttet ist: **1035**
im Verband mit: **414, 1032, 1033**
Zuweisung: s. **1032**. Periode 4.

1035 Schacht

Untersuchungsgebiet 2; Abschnitt 5
OK.: 91,28 m ü.NN

gesetzt/geschüttet gegen: **1034**
Zuweisung: Unklar. Periode nach 4.

1036 Mauer

Untersuchungsgebiet 4; Abschnitt K 12
Ost-West.
OK.: 90,10 m ü.NN

gesetzt/geschüttet gegen: **761, 1040**
dagegengesetzt/geschüttet ist: **1038**
überdeckt von: **1043**
Zuweisung: Zur Schmelzerei **7**, nach 1883. Periode 6.

1037 Mauer

Untersuchungsgebiet 4; Abschnitt K 12
parallel zu **1036**.

schneidet/stört: **915**
gesetzt/geschüttet gegen: **761, 1040**
dagegengesetzt/geschüttet ist: **1039**
überdeckt von: **1043**
Zuweisung: Zur Schmelzerei 7, nach 1883. Periode 6.

1038 Fußboden

Untersuchungsgebiet 4; Abschnitt K 12
Sandsteinplatten.
OK.: 90,06 m ü.NN

gesetzt/geschüttet gegen: **1036, 1040**
überdeckt/liegt über: **1039**
überdeckt von: **1043**
Zuweisung: Zur Schmelzerei 7. Periode 6.

1039 Fußboden

Untersuchungsgebiet 4; Abschnitt K 12
Backsteine.
OK.: 90,05 m ü.NN

gesetzt/geschüttet gegen: **1037, 1040**
überdeckt/liegt über: **915, 1041**
überdeckt von: **1038, 1043**
Zuweisung: Zur Schmelzerei 7, nach 1883. Periode 6.

1040 Mauer

Untersuchungsgebiet 4; Abschnitt K 12
Vorspringendes Bankett zur Westmauer des Westflügels.
OK.: 89,90 m ü.NN

schneidet/stört: **915**
dagegengesetzt/geschüttet ist: **1036-1039**
Zuweisung: Abtreppung im Fundament der Westmauer; vgl. **761-763**. Periode 4.

1041 Sonstige Schicht

Untersuchungsgebiet 4; Abschnitt K 12
Ascheablagerung.
OK.: 89,98 m ü.NN

überdeckt/liegt über: **915**
überdeckt von: **1039, 1043**
Zuweisung: Stickung von **1039**. Periode 6.

1042 Mauer

Untersuchungsgebiet 4; Abschnitt K 12
Mauerbankett zur Westwand des Westflügels, jedoch südlich davon und höher.
OK.: 90,59 m ü.NN

überdeckt von: **761, 1043**
Zuweisung: Abtreppung im Fundament; s. **761-763**. Periode 4.

1043 Einfüllschicht

Untersuchungsgebiet 4; Abschnitt K 12
Abbruchschutt der Fabrik.
UK.: 89,80 m ü.NN

überdeckt/liegt über: **915, 1036-1039, 1041, 1042**
Zuweisung: Planierter Kriegsschutt mit Funden aus Periode 6. Periode nach 6.
Fd. Nr. 1028: Kat. Nr. 312.

1044 Mauer

Untersuchungsgebiet 2; Abschnitt K 5-Nord; Taf. 10,1
Einfassung einer Grube. Sandsteinplatten und schräg gesetzte Sandsteine.
OK.: 91,48 m ü.NN

gesetzt/geschüttet gegen: **1028**
überdeckt/liegt über: **1065**
dagegengesetzt/geschüttet ist: **1029**
überdeckt von: **1029**
Zuweisung: Unklar. Periode 4.

1045-1049 entfallen

1050 Mauer

Untersuchungsgebiet 1; Abschnitt K 7
Backsteine. Anbau am östlichen Turmtrakt.
OK.: 91,70 m ü.NN

gesetzt/geschüttet gegen: **74**
dagegengesetzt/geschüttet ist: **1053**
Zuweisung: Feldkantenabböschung zum Garten. Periode 6.

1051 Ausfluß

Untersuchungsgebiet 1; Abschnitt K 8; Beil. 5
Ausfluß einer Latrine; in gewachsenen Fels eingeschlagen.
UK.: 90,70 m ü.NN

schneidet/stört: **74**
überdeckt von: **150**
zugehörig: **744**
Zuweisung: Periode 5.
Fd. Nr. 1027: Kat. Nr. 291.

1052 Abwasserrohr

Untersuchungsgebiet 1; Abschnitt K 10
Rezenter Abfluß aus Beton- und Tonrohren einer Toilette.
OK.: 91,36 m ü.NN

schneidet/stört: **74, 1053**
Zuweisung: Nach Einbau der Wohnung im ehemaligen Corps de Logis 1878. Periode 6.

1053 Einfüllschicht

Untersuchungsgebiet 1; Abschnitt K 7
OK.: 91,65 m ü.NN

gesetzt/geschüttet gegen: **1050**
überdeckt/liegt über: **74**

geschnitten/gestört von: **1052**
Zuweisung: Einfüllung in den Schloßteich und Garten. Periode 5-6.

1054 Backsteinpflaster

Untersuchungsgebiet 5; Abschnitt K 13
Angelegt nach Aufgabe und Verfüllung des Schloßteiches.
OK.: 92,60 m ü.NN

gesetzt/geschüttet gegen: **577**
überdeckt von: **1056**
Zuweisung: Pflasterung der Zufahrt zur Fabrik (vgl. **263** und **233**). Periode 6.

1055 Mauer

Untersuchungsgebiet 1; Abschnitt K 14; Beil. 5
Nord-Süd. Sandsteine; Anbau an den Norwestturm.
OK.: 91,20 m ü.NN
UK.: 90,80 m ü.NN

gesetzt/geschüttet gegen: **577**
überdeckt von: **1056**
zugehörig: **780**
Zuweisung: Brüstung zum Torpfeiler des G.W. von der Recke II. Periode 5.

1056 Einfüllschicht

Untersuchungsgebiet 1; Abschnitt K 13
Brauner Sand/Lehm mit Sandsteinschutt. Verfüllung des Schloßteiches.
UK.: 90,80 m ü.NN

gesetzt/geschüttet gegen: **577**
überdeckt/liegt über: **1054, 1055**
Zuweisung: Rezente Anschüttung vermischt mit älterem Fundmaterial. Periode 6/nach 6.
Fd. Nr. 1029.
Fd. Nr. 1030: Kat. Nr. 244.

1057 Mauer

Untersuchungsgebiet 3; Abschnitt f
Bankett aus Sandsteinen zur Palassüdwand.
OK.: 90,10 m ü.NN

dagegengesetzt/geschüttet ist: **812, 814, 1058, 1060**
zugehörig: **808, 809, 1062-1064**
Zuweisung: Palas. Periode 3.

1058 Mauer

Untersuchungsgebiet 3; Abschnitt f
Ost-West, Nord-Süd. Zu Befund Nr. **814**.
OK.: 89,88 m ü.NN

gesetzt/geschüttet gegen: **1057**
dagegengesetzt/geschüttet ist: **814**
zugehörig: **814, 1059**
Zuweisung: Unklar. Periode vor 5.

1059 Mauer

Untersuchungsgebiet 3; Abschnitt f
Ost-West, Nord-Süd. Zu Befund Nr. **814**.
OK.: 89,85 m ü.NN

dagegengesetzt/geschüttet ist: **1060**
zugehörig: **814, 1058**
Zuweisung: Unklar. Periode vor 5.

1060 Mauer

Untersuchungsgebiet 3; Abschnitt K f-Ost; Beil. 5, Taf. 20,1
Nord-Süd. Sandsteinbruchstücke; gesetzt gegen Brunnen **1061**.
OK.: 90,80 m ü.NN

gesetzt/geschüttet gegen: **1057, 1059, 1061**
geschnitten/gestört von: **1087**
zugehörig: **811, 814, 1077, 1081**
Zuweisung: Anbau an die Südwand des Palas. Periode 5.

1061 Brunnen

Untersuchungsgebiet 3; Abschnitt K f-Ost; Beil. 5, Taf. 20,1
Sandstein. Partiell umbaut von Mauer **1060**.
OK.: 90,70 m ü.NN
UK.: 88,80 m ü.NN

dagegengesetzt/geschüttet ist: **1060**
zugehörig: **77, 180, 181, 208, 220, 798, 1076-1078**
Zuweisung: Zum Bewässerungssystem des Schloßteiches. Periode 5.
Fd. Nr. 1033.

1062 Maueröffnung

Untersuchungsgebiet 3; Abschnitt K f-Ost; Beil. 3a, Taf. 20,1
Zwei Maueröffnungen über dem Fundament der Palassüdwand. Verfüllt mit schwarzem Schwemmsand.
UK.: 89,75 m ü.NN

zugehörig: **808, 1057**
Zuweisung: Abwasseröffnung im Fundament des Palas. Periode 3.

1063 Maueröffnung

Untersuchungsgebiet 3; Abschnitt K h; Beil. 3a
Öffnungen in der Palassüdwand. Verfüllt mit schwarzem Schwemmsand.
OK.: 90,30 m ü.NN

zugehörig: **808, 1057**
Zuweisung: Periode 3.

1064 Mauer

Untersuchungsgebiet 3; Abschnitt K h; Beil. 3a
Bankett zur Palassüdwand; Sandstein.

dagegengesetzt/geschüttet ist: **605, 1076, 1083**
zugehörig: **71, 298, 1057, 1086**
Zuweisung: Periode 3.

1065 Einfüllschicht

Untersuchungsgebiet 2; Abschnitt K 5-Nord; Taf. 10,1
Verfüllung einer Grube. Unter **1029**.

schneidet/stört: **1066**
gesetzt/geschüttet gegen: **1067**
überdeckt von: **1029, 1044**
Zuweisung: Periode vor 5.
Fd. Nr. 1032: Kat. Nr. 93, 104, 117, 187, 188, 204.

1066 Kulturschicht

Untersuchungsgebiet 2; Abschnitt K 5-Nord
Lehm, Holzkohle; vgl. **1024**.

geschnitten/gestört von: **1028, 1029, 1065, 1067**
überdeckt von: **1028**
zugehörig: **1024**
Zuweisung: Alte Oberfläche. Periode vor 4.

1067 Grube

Untersuchungsgebiet 2; Abschnitt K 5-Nord
Unterkante der Grube **1029**, grau-grüner Lehm.

schneidet/stört: **1066**
dagegengesetzt/geschüttet ist: **1065**
Zuweisung: Unterste Einfüllung in der Grube **1029**. Periode vor 4.

1068 Mauer

Untersuchungsgebiet 3; Abschnitt K g-Ost; Taf. 9; 10,2; 20,1, Beil. 5
Änderung im Mauerwerk der Palassüdwand-Erweiterung. Entspricht im Keller 5 der Mauer **294**, mit entsprechend großen Sandsteinquadern. Aufliegend auf dem gewachsenen Sandlehm-Boden. Unterhalb der westlichen Kante des Kellerfensters zu Raum 5, befindet sich ein Versprung des Fundaments um 40 cm nach oben. Über **1069**; läuft an **810**. Der im Keller 5 festgestellte Befund **296** und **311** ist an der Außenseite nicht ablesbar.
UK.: 89,60 m ü.NN

gesetzt/geschüttet gegen: **298, 810**
zugehörig: **294, 313, 602**
Zuweisung: Südmauer der Palaserweiterung. Periode 5.

1069 Mauer

Untersuchungsgebiet 3; Abschnitt K g; Taf. 9
Bankett aus Sandstein entlang **1027**.
OK.: 89,90 m ü.NN

dagegengesetzt/geschüttet ist: **1070-1072**
überdeckt von: **602**
zugehörig: **309, 893**
Zuweisung: Fundament des Wohnturms. Periode 3.

1070 Mauer

Untersuchungsgebiet 3; Abschnitt K g-Ost; Beil. 3a
Nord-Süd. Aus Sandstein, in Lehm gesetzt. Abschluß der Böschung **1027**.
OK.: 89,90 m ü.NN

gesetzt/geschüttet gegen: **309, 1069**
dagegengesetzt/geschüttet ist: **1071, 1072**
Zuweisung: Böschungsmauer. Periode 3.

1071 Einfüllschicht

Untersuchungsgebiet 3; Abschnitt K g
Schwarzer, humoser Sand-Lehm. Ziegelbruchstücke. Einfüllung der Böschung **1027**.
OK.: 89,90 m ü.NN

gesetzt/geschüttet gegen: **1069, 1070**
überdeckt/liegt über: **1072**
Zuweisung: Einfüllung der Böschung südlich des Wohnturms. Periode nach 3.

1072 Graben

Untersuchungsgebiet 3; Abschnitt K g
Graben oder Böschung entlang des Wohnturms nach Süden. Verfüllt mit Sandsteinschutt und festem Lehm.
UK.: 88,70 m ü.NN

gesetzt/geschüttet gegen: **1069, 1070**
überdeckt von: **1071**
Zuweisung: Einfüllung der Böschung südlich des Wohnturms. Periode nach 3.
Fd. Nr. 1035: Kat. Nr. 306, 344, 449, 480, 481.
Fd. Nr. 1036.

1073 Entlastungsbogen

Untersuchungsgebiet 5; Abschnitt K 15
Backsteine über einer Latrinenöffnung in den Schloßteich.
OK.: 92,90 m ü.NN

überdeckt/liegt über: **1074**
dagegengesetzt/geschüttet ist: **1074**
zugehörig: **148, 1074**
Zuweisung: Vermauerung der Kloake **1075**. Periode 6.

1074 Vermauerung

Untersuchungsgebiet 5; Abschnitt K 15
Verschluß einer Öffnung in den Schloßteich. Sandstein.
OK.: 92,60 m ü.NN

gesetzt/geschüttet gegen: **148, 1073**
überdeckt von: **1073**
zugehörig: **1073**
Zuweisung: Vermauerung der Kloake **1075** Periode 6.

1075 Maueröffnung

Untersuchungsgebiet 5; Abschnitt K 15; Beil. 5
Ausfluß einer Latrine in den Schloßteich. In den gewachsenen Sandsteinfels eingeschlagen.
UK.: 91,58 m ü.NN

schneidet/stört: **528, 1078**
zugehörig: **148**
Zuweisung: Ausfluß der Kloake. Periode 5.

1076 Mauer

Untersuchungsgebiet 3; Abschnitt K h; Taf. 21,2
Ost-West. Nördliche Wange eines Wasserkanals. Sandstein.
OK.: 89,30 m ü.NN
UK.: 88,50 m ü.NN

schneidet/stört: **1083**
gesetzt/geschüttet gegen: **1064**
dagegengesetzt/geschüttet ist: **1084, 1085**
im Verband mit: **1077, 1081, 1082**
zugehörig: **84, 180, 181, 464, 797, 1061, 1082**
Zuweisung: Zum Bewässerungssystem des Schloßteiches. Periode 5.

1077 Kanal

Untersuchungsgebiet 3; Abschnitt K h; Taf. 21,2
Abdeckung eines Kanals. Schwere Sandsteinplatten.
OK.: 89,63 m ü.NN

überdeckt/liegt über: **1085**
im Verband mit: **1076**
zugehörig: **180, 181, 464, 797, 1060, 1061, 1082**
Zuweisung: Zum Bewässerungssystem des Schloßteiches. Periode 5.

1078 Kanal

Untersuchungsgebiet 3; Abschnitt K 18
OK.: 92,85 m ü.NN
UK.: 92,12 m ü.NN

gesetzt/geschüttet gegen: **481**
geschnitten/gestört von: **1075**
im Verband mit: **1079**
zugehörig: **84, 180, 181, 464, 636, 797, 1061, 1082**
Zuweisung: Zum Bewässerunssystem des Schloßteiches. Periode 5.

1079 entfällt

1080 Pfeiler

Untersuchungsgebiet 3; Abschnitt K 18

zugehörig: **481**
Zuweisung: s. **481**. Periode 5.

1081 Kanal

Untersuchungsgebiet 3; Abschnitt K h
Ost-West. Südwand von **1085**. Sandsteinplatten.

schneidet/stört: **1083**
dagegengesetzt/geschüttet ist: **1085**
im Verband mit: **1076, 1082**
zugehörig: **84, 180, 181, 464, 797, 1060, 1082**
Zuweisung: Zum Bewässerungssystem des Schloßteiches. Periode 5.

1082 Kanal

Untersuchungsgebiet 3; Abschnitt K h; Beil. 5, Taf. 21,2
Ostabschluß des Befundes **1085**.
OK.: 89,35 m ü.NN
UK.: 88,50 m ü.NN

schneidet/stört: **1083**
dagegengesetzt/geschüttet ist: **1084, 1085**
im Verband mit: **1076, 1081**
zugehörig: **77, 180, 181, 220, 1076-1078, 1081**

Zuweisung: Zum Bewässerungssystem des Schloßteiches. Periode 5.

1083 Schuttschicht

Untersuchungsgebiet 3; Abschnitt K h
Lehm und Sandsteinschutt.
OK.: 89,20 m ü.NN

gesetzt/geschüttet gegen: **1064**
geschnitten/gestört von: **1076, 1081, 1082**
überdeckt von: **1088**
Zuweisung: Anschüttung an Palassüdseite. Periode vor 5.

1084 Schuttschicht

Untersuchungsgebiet 3; Abschnitt K h
Teilweiser Abbruch des Kanals **1085**. Steinschutt und Lehm.
OK.: 89,30 m ü.NN

gesetzt/geschüttet gegen: **1076, 1082**
überdeckt/liegt über: **1085**
Zuweisung: Periode nach 5.
Fd. Nr. 1034: Kat. Nr. 593.

1085 Kanal

Untersuchungsgebiet 3; Abschnitt K h
Sandsteinplatten. Verfüllt mit schwarzem, weichem Sand/Lehm.
OK.: 88,06 m ü.NN

gesetzt/geschüttet gegen: **1076, 1081, 1082**
überdeckt von: **1077, 1084**
Zuweisung: Verfüllung des Kanals **1082** am Ende der Nutzung der Bewässerungsanlage des Schloßteiches. Periode 5.
Fd. Nr. 1031: Kat. Nr. 44, 147, 285, 384, 408, 409, 441, 449, 450, 481, 483, 537.

1086 Mauer

Untersuchungsgebiet 3
S. **1064**.

zugehörig: **1064**
Zuweisung: s. **1064**. Periode 3.

1087 Versorgungsschacht

Untersuchungsgebiet 3; Abschnitt K h
Rechteck aus Backsteinen. Versorgungsschacht zu der Betondrainage entlang der Bahnlinie.

schneidet/stört: **810-812, 814, 1060**
Zuweisung: Drainage entlang Bahnlinie. Periode nach 1848.

1088 Einfüllschicht

Untersuchungsgebiet 3; Abschnitt K h
Sandsteinschutt, brauner Sand, Mörtel. Zu **1083**?
UK.: 89,15 m ü.NN

überdeckt/liegt über: **1083**
Zuweisung: Einfüllung zwischen Bahndamm und Haus Witten. Periode 6.

Literaturverzeichnis

AGRICOLA, G. 1977: Zwölf Bücher vom Berg- und Hüttenwesen (Berlin 1977).

Archäologische Eisenforschung in Europa. Symposion Eisenstadt 1975. Wissenschaftliche Arbeiten aus dem Burgenland 59 (Eisenstadt 1977).

ARORA, S.K./FRANZEN D. 1990: Bedburg. Erftkreis. Rheinisches Amt für Bodendenkmalpflege. Ausgrabungen, Funde und Befunde 1988. Bonner Jahrb. 190, 1990, 502 f.

BAHNSCHULTE, B. 1961: Eier und Zweige als Bauopfer. Rheinisch-Westfälische Zeitschr. f. Volkskunde 8 (Bonn 1961).

BIELENIN, K. 1977: Übersicht der Typen von altertümlichen Rennöfen auf dem Gebiet Polens. In: Archäologische Eisenforschung in Europa, Symposion Eisenstadt 1975. Wissenschaftliche Arbeiten aus dem Burgenland 59, 1977, 127 ff.

BRAUBACH, M. 1974: Vom Westfälischen Frieden bis zur Französischen Revolution. Gebhardt Handbuch der Deutschen Geschichte 10 (München 1974).

BRÜNING, O. 1932: Der Flechtzaun im norddeutschen Küstengebiet. Niederdtsche. Zeitschr. f. Volkskunde 10, 1932.

DAHM, H. 1966: Das marine Niveau über Flöz Finefrau Nebenbank (Obere Wittener Schichten, Westfal A) im niederrheinisch-westfälischen Steinkohlengebirge. Fortschr. Geol. Rheinld. u. Westf. 13,1, 1966, 39 ff.

DRESCHER, H. 1987: Ergänzende Bemerkungen zum Giessereifund von Bonn-Schwarzrheindorf. Rhein. Ausgr. 27, 1987, 201 ff.

DUMITRACHE, M. u.a. 1987: Zwischenbericht über die Großgrabung Alfstraße-Fischstraße-Schüsselbuden im Lübecker Altstadtkern 1985/1986. Arch. Korrbl. 17, 1987, 529 ff.

FRECKMANN, K. u.a. 1993: Dokumentation eines Bauhandwerks. Die Ofenbauer. Jahrb. für Hausforschung 41, 1993, 295 ff.

GÜNTHER, K. 1983: Eine Siedlung der älteren Römischen Kaiserzeit mit Schmiedewerkstätten bei Warburg-Daseburg, Kr. Höxter (Westfalen). Germania 61/1, 1983, 1 ff.

HOTZ, W. 1965: Kleine Kunstgeschichte der deutschen Burg (Darmstadt 1965).

HOTZ, W. 1970: Kleine Kunstgeschichte der deutschen Schlösser (Darmstadt 1970).

ISENBERG, G. 1988: Die archäologischen Untersuchungen in Haus Herbede 1986-1987. In: B.J. SOBOTKA (Hrsg.), Haus Herbede in Witten (Witten 1988) 224 ff.

KASPAR, F. 1985: Bauen und Wohnen in einer alten Hansestadt. Schriften der volkskundl. Komm. Westfalen 28. Denkmalpflege und Forschung in Westfalen 9 (Münster 1985).

KLUGE, E. 1989: Etymologisches Wörterbuch der deutschen Sprache (Berlin, New York 1989).

KNÖRZER, K.-H. 1984: Pflanzenfunde aus fünf eisenzeitlichen Siedlungen im südlichen Niederrheingebiet. Bonner Jahrb. 184, 1984, 302 ff.

KRÄTZIG, H. 1989: Ausgewählte Archivalien zur Geschichte von Haus Berge. Über 775 Jahre Witten. Beitr. Gesch. der Stadt Witten 2 (Witten 1989) 135 ff.

LÖBBERT, H. 1977: Das verzierte Steinzeug aus Duingen, Kreis Alfeld. Zeitschr. Arch. Mittelalter 5, 1977, 7 ff.

LUDORFF, A. 1910: Die Bau- und Kunstdenkmäler des Kreises Witten-Stadt. Die Bau- und Kunstdenkmäler von Westfalen (Münster 1910).

MUMMENHOFF, K.E. 1980: Frühe Burgen im Münsterland. Führer zu den vor- und frühgeschichtlichen Denkmälern 45,1 (Mainz 1980).

PEINE, H. 1988: Untersuchungen zur mittelalterlichen Keramik Mindens. Ausgrabungen in Minden 1. Denkmalpflege und Forschung in Westfalen 17 (Münster 1988).

PESCHEL, K. 1981: Frühgermanische Bodenfunde zwischen Saale und Werra und die Stammesfrage. Beitr. zur Ur- und Frühgesch. 1. Arbeits- u. Forschber. Sächs. Bodendenkmalpflege Beih. 16 (Berlin 1981).

PIEPERS, W. 1987: Archäologische Untersuchungen an Schloß Harff, Erftkreis. Rhein. Ausgr. 27, 1987, 247 ff.

QUEDNAU, U. 1988: Zur Baugeschichte des Hauses Herbede. In: B.J. SOBOTKA (Hrsg.), Haus Herbede in Witten (Witten 1988) 251 ff.

RECH, M. 1979: Ergebnisse der Ausgrabungen in Burg Brüggen, Kr. Viersen. Bonner Jahrb. 179, 1979, 565 ff.

REICHMANN, CH. 1979: Ein mittellatènezeitliches Gehöft bei Grevenbroich-Gustorf, Kreis Neuss. Rhein. Ausgr. 19, 1979, 561 ff.

REICHMANN, CH. 1980: Die Grabungen im alten Stadthaus in Bocholt. Unser Bocholt. Zeitschr. Kultur und Heimatpflege 31, H. 3/4, 1980, 49 ff.

REICHMANN, CH. 1981: Siedlungsreste der vorrömischen Eisenzeit, jüngeren römischen Kaiserzeit und Merowingerzeit in Soest-Ardey. Germania 59/1, 1981, 51 ff.

REICHMANN, CH. 1984: Eine mittelalterliche Schmiede am Bocholter Kirchhof. Ausgr. u. Funde Westfalen-Lippe 2 (Münster 1984) 69 ff.

RÖSSLER, H. 1965: Der deutsche Hochadel und der Wiederaufbau nach dem Westfälischen Frieden. Blätter für deutsche Landesgeschichte 101 (Darmstadt 1965).

SCHMID, E. 1968: Knochenatlas (Amsterdam 1968).
SCHOPPMEYER, H. 1988: Zur Siedlungsgeschichte des Raumes Witten im Mittelalter. Jahrb. Ver. Orts- und Heimatkunde in der Grafschaft Mark mit dem Sitz in Witten an der Ruhr 86, 1988, 37 ff.
SCHOPPMEYER, H. 1989: Kleine Geschichte Wittens. Über 775 Jahre Witten. Beitr. Gesch. der Stadt Witten 2 (Witten 1989) 10 ff.
SCHOPPMEYER, H. 1989: Die Siedlungsgeschichte Wittens im Spiegel historischer Karten. Über 775 Jahre Witten. Beitr. Gesch. der Stadt Witten 2 (Witten 1989) 95 ff.
SOBOTKA B.J. 1980: Witten, Wiege des Ruhrbergbaus (Witten 1980).
SOBOTKA, B.J. 1983: Herrenhäuser in Witten (Witten 1983).
SOBOTKA, B.J. 1989: Haus Berge in Witten und seine Bewohner. In: Über 775 Jahre Witten. Beitr. Gesch. der Stadt Witten 2 (Witten 1989) 115 ff.
SOBOTKA, B.J. 1991: Haus Berge zu Witten. Fünfter und letzter Gerichtsherrensitz in Witten (Witten 1991).
SOMMER, M. 1987: Der Geschirrfund des 13. Jahrhunderts aus dem Kanonissenstift in Neuss. Rhein. Ausgr. 27, 1987, 253 ff.
SOMMER, M. 1989: Die Ausgrabungen in Haus Berge. Über 775 Jahre Witten. Beitr. Gesch. d. Stadt Witten 2 (Witten 1989) 161 ff.
SOMMER, M. 1990: Haus Witten im 16. Jahrhundert. Jahrb. Ver. Orts- u. Heimatkde. in der Grafschaft Mark 88, 1990, 47 ff.
SPRENGER, J./INSTITORIS, H. 1982: Der Hexenhammer (München 1982).
STEINEN VON, J.D. 1760: Westphälische Geschichte. Das XVII. Stück Historie von den Geschichtern und Kirchspielen Mengede, Bodelschwingh, Langendreer, Witten, Castrop und Strünkede (Lemgo 1760).
TREUE, W. 1974: Wirtschaft, Gesellschaft und Technik vom 16. bis zum 18. Jahrhundert. Gebhardt Handbuch der Deutschen Geschichte 12 (München 1974).
UNTERMANN, M. 1987: Schloß Bloemersheim, Gem. Neukirchen-Vluyn, Kreis Wesel. Beitr. zur Archäologie des Rheinlandes. Rhein. Ausgr. 27, 1987, 293 ff.
USLAR VON, R. 1938: Westgermanische Bodenfunde des ersten bis dritten Jahrhunderts n. Chr. aus Mittel- und Westdeutschland. Germ. Denkmäler der Frühzeit 3 (Berlin 1938).
Von der Stirne heiß... Berufsdarstellungen aus fünf Jahrhunderten. Erwerbungen 1981-1991. Bestandskatalog Bergisches Museum für Bergbau. Handwerk und Gewerbe Bergisch Gladbach 1 (Bergisch-Gladbach1991).
WEBER, C. 1988: Oberhausen. Das Rheinische Landesmuseum Bonn/Rheinisches Amt für Bodendenkmalpflege 1986. Ausgrabungen, Funde und Befunde. Bonner Jahrb. 188, 1988, 477 ff.
WEGNER, H. 1991: Archäologische Befunde von der Burgruine Wachtendonk. Bonner Jahrb. 191, 1991, 423 ff.
WILHELMI, K. 1982: Erste Eisengewinnung, Höhenbefestigungen und Münzen vom Sieger- bis zum Weserbergland. In: G. KRAUSE (Hrsg.), Vor- und Frühgeschichte des unteren Niederrheins. Quellenschr. zur westdeutsch. Vor- u. Frühgesch. 10 (Bonn 1982) 217 ff.

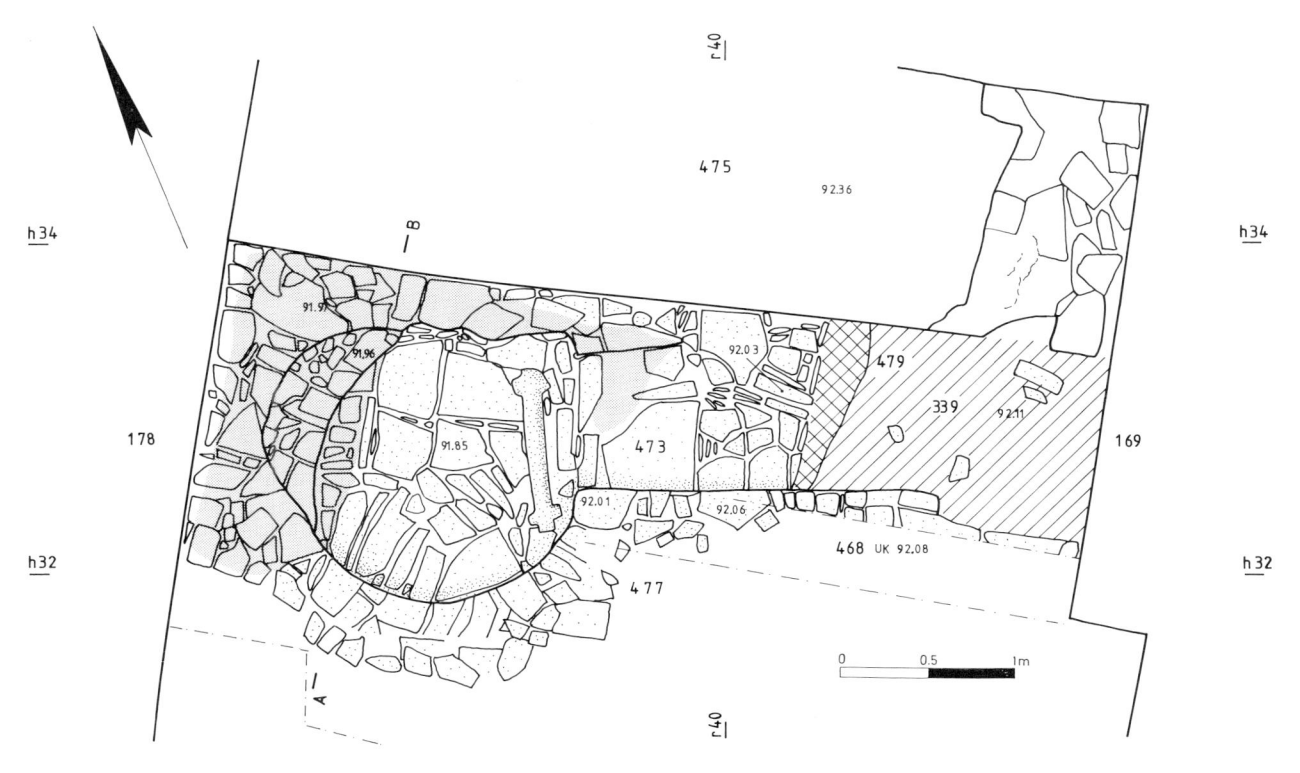

Abb. 46   Backofen 477 (Schnitt A-B s.o. Abb. 34).

Die Backöfen

Susanne Sommer

Ofen 477 (Periode 5)

Zur Funktion des Westflügels als Wirtschaftstrakt in der Periode 5 gibt die in Abschnitt a/2 gefundene Backstube mit einem Backofen einen deutlichen Hinweis (Abb. 34; 46; Taf. 24).

Nach außen hin erhält die Backstube des Hauses Witten ihre Begrenzung durch die Mauern *475* und *178*. Diese Mauern umschließen in ihrer nördlichen Ecke einen runden Hohlraum mit einem Durchmesser von 1,6 m. Dies ist der eigentliche Backofen, der nur noch in seinen Fundamenten besteht. Die Kuppel und Teile der Seiten hingegen sind durch die Umbauten der nachfolgenden Periode nicht mehr vorhanden. Der Backofen ist eingetieft in die Planierschichten des Bauhorizontes der Periode 5 (hier: *339, 341*). Der Fußboden der Backstube ist in der anschließenden Periode ebenfalls gänzlich abgetragen worden – der ältere Fußboden *353* (Periode 4) hingegen ist nicht gestört.

Von der Inneneinrichtung des Ofenraums ist eine halbmondförmige Ausbuchtung am westlichen Ende erhalten, deren Boden sich nicht auf gleicher Ebene mit dem umliegenden Niveau bewegt, sondern 10 cm darüber hinausragt. Dieser Bank gegenüber, also nach Osten hin, befand sich die Öffnung des Ofens, durch die der Bäcker die Backwaren einschieben konnte, durch die aber auch Brennmaterial und Sauerstoff zugeführt wurden. Das Ofenmundloch erhielt eine zusätzliche Verstärkung durch einen 50 cm breiten, querliegenden eisernen Riegel. Als Baumaterial waren kleinformatige Sandsteinstücke verwendet worden, die der Ofenbauer mit gelbem Lehm, ohne jegliche Mörtelbeimengung verlegt hatte. Zusätzlich hatte besonders die hintere, nach Westen weisende Ofenwand eine Verkleidung aus Sandstein erhalten. Die Bodenfläche im Ofen war mit Sandsteinplatten gepflastert und fiel mit einer Differenz von 20 cm nach Westen ab.

Ofen 489 (Periode 4)

Das Aufgehende des Ofens *489* hat sich als Negativ in der um eine Seite herumgemauerten Westwand der Außenbefestigung erhalten (Abb. 38, *573*). Vom Ofen selbst waren nur noch Teile der untersten Lage von den Außenwänden sowie ein kleiner Rest des Bodens erhalten (Taf. 13,3,

489). Die an die Mauer *178* angesetzte halbrunde Westwand und die ebenfalls gebogene Südwand bestanden aus kleinformatigen Sandsteinbruchstücken, die in Lehm gesetzt waren. Der Lehm und die Steine an der Innenseite wiesen eine kräftige orangerote Färbung durch Brandeinwirkung auf, die bis zu 20 cm in die Breite bzw. in die Tiefe einwirkte. Die Oberkante lag bei 91,33 m ü.NN. Zwanzig Zentimeter tiefer befand sich ein halbmondförmiger Rest des Ofenbodens, bestehend aus hochkant gestellten Sandsteinplatten. Auf den Steinen und in den Ritzen befand sich schwarze, schmierige Holzasche. Das Mundloch des Ofens wies nach Osten. Die Ofenkuppel besaß dem Umriß der Aussparung *573* in der Mauer *178* zufolge eine Höhe von 1,3 m über dem Ofenboden. Am Scheitel der Kuppel begann eine 15 cm breite Vertiefung, an der vermutlich der Schornstein ansetzte.

Kommentar

Backöfen waren eine durchaus gängige Einrichtung auf Burgen und wurden mehrfach archäologisch nachgewiesen. So auf der Burg Lürken im Freien außerhalb der Motte[1] und im Haus te Wedde im Keller.[2] Auf der Burg Reitersdorf, Bad Honnef, lag der Ofen in der Nordwestecke des Innenhofs.[3] Weitere Backöfen in Burgen wurden im Schweizer Raum nachgewiesen.[4]

Nähere Hinweise über die Konstruktion und Funktionsweise von Backöfen, wie sie in Haus Witten vorgefunden wurden, liefert die volkskundliche Hausforschung.[5] Diese Arbeiten beziehen sich auf ländlich-bäuerliche Bauweisen und Wohnformen; die in kurzen Abschnitten besprochenen Backhäuser bzw. Öfen sind neuzeitlich, während die Wittener Exemplare aus dem 17. und 18. Jahrhundert stammen. Umfangreiche Untersuchungen erschienen unlängst über das Handwerk der Backofenbauer, eines bereits im 17. Jahrhundert bekannten ambulanten Gewerbes, von dem es im Rheinland drei Zentren gab, nämlich Königswinter am Siebengebirge, Bell bei Mayen und Gershasen im Westerwald.[6]

Die Zuhilfenahme hauskundlicher Forschungsergebnisse zum Verständnis der Lebensumstände auf Haus Witten, einem ganz anderen sozialen und zeitlichen Milieu, erscheint zunächst problematisch. Der Vergleich wird aber in diesem Fall nützlich sein, da es lediglich darum geht, das technische Funktionieren des Backofens, eines auch in der Neuzeit kaum veränderten Ökonomiegebäudes, zu erläutern. Dies soll anhand der genannten Literatur im folgenden versucht werden.[7]

Die Wittener Backöfen sind nach dem Prinzip des direkt beheizten Ofens gebaut: Der eigentliche Backraum ist ein abgeflachtes (Tonnen?)gewölbe, in dem das Feuer zur Beheizung abgebrannt wurde. Dabei nahm die Wandung Wärme auf und strahlte sie während des Backvorgangs wieder zurück. Ein für diesen Zweck besonders geeigneter Baustoff war Lehm, der Wärme sehr gut speicherte und den Ofen schnell und gleichmäßig beheizte.

Während des Anheizens kam es zu sehr starker Rauchentwicklung. Die Größe der Wittener Backöfen, aber auch ihre Lage mitten in der Burg, läßt vermuten, daß die Öfen über einen oder mehrere Zugkanäle und einen Schornstein zum Abführen des Rauchs verfügten. Die Auslässe des Zugkanals und Schornsteins konnten vermutlich durch Steine, eiserne Schieber oder Drosselklappen reguliert werden. Beim Einheizen des Ofens wurden die Kanäle zunächst geöffnet. Dadurch entstand im Backraum beim Anheizen ein besserer Zug, die Flamme konnte höher schlagen und die heißen Abgase erhitzten das Gewölbe gleichmäßig. Der Rauch zog durch den Schornstein ab, so daß der Ofenraum rauchfrei blieb. Beim eigentlichen Bakken wurden die Klappen geschlossen, so daß der Ofen keine Wärme mehr verlor.

Schwierig zu deuten ist die Bodensituation des jüngeren Wittener Backofens *(477)* sowie die Konstruktion seines Einschubloches für die Backwaren. Beim Umgang mit dem heißen Backofen war es unerläßlich, daß alle Handgriffe schnell und ohne große Reibungsverluste ausgeführt werden konnten. Aus diesem Grund befanden sich die Einschuböffnungen bei den meisten in der volkskundlichen Literatur beschriebenen Backöfen in einer bequem zu erreichenden Höhe, meist etwa in Wadenhöhe. Der dabei entstandene Hohlraum unter dem Ofen konnte als Lagerplatz für Asche oder Holz genutzt werden. Dies scheint bei dem Wittener Ofen nicht der Fall gewesen zu sein. Zudem wurde hier das schnelle und ungehinderte Hantieren mit dem Brotschieber oder anderem Gerät im Ofen einmal durch den wie eine Bank konstruierten Mauervorsprung in der westlichen Ausbuchtung, zum anderen durch den Eisenriegel im Öffnungsbereich des Ofens gestört. Möglicherweise sind wesentliche Bestandteile bei dem späteren Abbau entfernt oder in eine andere Lage gebracht worden, nämlich die Grundplatte des

---

1 Piepers 1981, 99 ff.
2 Renaud/Van Dijk 1959, 17 Abb. 5 Fig. 5.
3 Rech 1983, 126 Abb. 4.
4 Tauber 1980, 193 (Löwenburg), 225 (Burg Gerchen), 231 (Alt-Bechburg), 263 (Frohburg).
5 Schepers 1985, 111. – Ried 1955, 42 f. – Zippelius 1957, 61 f., 157 f. – Hansen 1982, 218 ff. – Bringemeier 1961.
6 Vgl. hierzu: Jahrb. für Hausforsch. 41, 1993, 295 ff. – Scheuren 1993, 221 ff.
7 Zusätzlich hinzugezogen wurde ein an ein breites Publikum gerichtetes, aber für das Verständnis von Konstruktionsweisen sehr informatives Buch: Rascher 1984.

eigentlichen Ofenbodens sowie die Verankerung der vielleicht eisernen Ofentür.

Eine sinnvolle Ergänzung der archäologischen und volkskundlichen Befunde bieten zeitgenössische bildliche Darstellungen. Eine sehr frühe Darstellung von Bäckern bei der Arbeit findet sich etwa im Stundenbuch der Katharina von Kleve aus dem Jahre 1440.[8] Zu sehen ist eine weibliche Figur, die Teig abwiegt. Eine weitere Figur, vielleicht der Geselle, formt auf einem Tisch kleine Brote aus dem Teig und legt sie auf Brettern zum Backen bereit. Ein weiterer Mann, wohl der Bäcker selbst, schiebt die Brote mit dem Brotschieber in den Backofen. Der Backofen ist auf der Abbildung nicht sehr groß. Er scheint vollkommen aus Stein oder Lehm aufgebaut zu sein, er hat ein kleines Tonnengewölbe und das Einschubloch befindet sich für den Bäcker etwa in Oberschenkelhöhe. Eine Ofentür sowie ein Schornstein oder Rauchabzug sind nicht vorhanden oder wenigstens nicht erkennbar.

Im Vergleich hierzu weitaus detailgetreuer dargestellt ist ein Backofen in einer flämischen Buchmalerei von etwa 1510 im Breviarium Grimani.[9] Hier existiert bereits ein gemauerter Hohlraum unter dem eigentlichen Ofen; ebenfalls gemauert ist ein nun vorhandener Schornstein.

Für die frühe Neuzeit sehr aufschlußreich sind die idealtypischen Darstellungen in den im Zuge der Aufklärung erschienenen enzyklopädischen Werken.[10] Nach wie vor wiederzuerkennen ist die Grundstruktur der beschriebenen spätmittelalterlichen Öfen: der Hohlraum unter dem Ofen, in dem Brennholz lagert, der gewölbte Ofenraum sowie ein inzwischen scheinbar recht ausgefeiltes System zur Luftzu- bzw. abfuhr. Die Tür ist bei diesem Ofen nicht fest installiert, sondern abnehmbar; möglicherweise ließ sich so eine Überhitzung vermeiden oder die Luftzirkulation ließ sich so besser regeln.

Warum der Backofenbetrieb im Westflügel von Haus Witten schließlich aufgegeben wurde, ist unbekannt. Ende des 19. Jahrhunderts wurde er im Rahmen des Ausbaus des Westflügels in eine Fabrikhalle mit einer Backsteinmauer überbaut (Abb. 34). Möglich ist, daß auch hier Behördenerlasse zur Anwendung kamen, die den Bau von Backöfen innerhalb von Siedlungen wegen der großen Feuergefahr untersagten. Für die Grafschaft Mark etwa wurde am 30. November 1755 ein Gesetz erlassen, nach dem die Backöfen ... *nicht in den Häusern noch dichte bey denenselben, sondern abwärts und wohl verwahret* ... gebaut werden sollten.[11] Die volkskundlichen Untersuchungen in der von diesem Gesetz betroffenen Region haben ergeben, daß im folgenden die Backöfen tatsächlich nicht mehr wie üblich im Hause, sondern weit abseits von Gebäuden im Garten angelegt wurden. Sollte dies auch in Witten der Fall gewesen sein, so wäre damit ein weiterer Anhaltspunkt zur Datierung des Backofens *477* gewonnen.

Literaturverzeichnis

BERTRAND, J.E. 1771: Description des Arts et Métiers I (Neandertal 1771).

BRINGEMEIER, M. 1961: Vom Brotbacken in früherer Zeit. Berichte. Aus den Beständen des Archivs für westfälische Volkskunde zusammengestellt. Archiv für westfälische Volkskunde in der Volkskundlichen Kommission (Münster 1961).

HANSEN, W. 1982: Hauswesen und Tagewesen im alten Lippe. Ländliches Leben in vorindustrieller Zeit. Schr. volkskundl. Komm. Westfalen 27 (Münster 1982) 218 ff.

KOSCHORRECK, W. 1976: Der Sachsenspiegel in Bildern (Frankfurt/M. 1976).

PIEPERS, W. 1981: Ausgrabungen an der alten Burg Lürken. Beitr. zur Archäologie des Rheinlandes. Rhein. Ausgr. 21, 1981, 99 ff.

PLUMMER, J. 1966: Die Miniaturen aus dem Stundenbuch der Katharina von Kleve (Berlin 1966).

RASCHER, M. 1984: Steinöfen, Backöfen und Gartengrills. Fachwissen für Heimwerker (Köln 1984).

RECH, M. 1983: Ausgrabungen in der Pfarrkirche St. Johann Baptist und an der Burg Reitersdorf, Bad Honnef. Arch. Korrbl. 13, 1983, 121 ff.

RENAUD, J.G.N./VAN DIJK, E. 1959: Het Huis te Wedde (Groningen 1959).

RIED, H. 1955: Das Bauernhaus im niederbergisch-westfälischen Grenzgebiet. Bearb. G. von Eitzen. Niederbergische Beitr. Sonderr. 1, 1955, 42 f.

SCHEPERS, J. 1985: Haus und Hof westfälischer Bauern (Münster 1985).

SCHEUREN, E. 1993: Backofenbau und „Ofenkaulen" im Siebengebirge. Rhein. Heimatpfl. N.F. 30, 1993, 221 ff.

SCOTTI, J.J. 1826: Gesetze und Verordnungen für die Grafschaft Mark 3 (Düsseldorf 1826).

TAUBER, J. 1980: Herd und Ofen im Mittelalter. Schweiz. Beitr. Kulturgesch. u. Arch. d. Mittelalters 7 (Olten/Freiburg i. Br. 1980).

ZIPPELIUS, A. 1957: Das Bauernhaus am unteren deutschen Niederrhein. Werken und Wohnen 1. (Wuppertal 1957).

---

8   PLUMMER 1966, Nr. 111. – Zum gleichen Typ vgl. KOSCHORRECK 1976, Nr. 121.
9   HANSEN 1982, 220.
10 Bergisches Museum für Bergbau, Handwerk und Gewerbe Bergisch Gladbach 1, Bestandskatalog (1991) 8 ff. – BERTRAND 1771, Taf. 6.

11 SCOTTI 1826, Nr. 1710. – RIED 1955, 42 f.

Katalog der Funde von Haus Witten

Brigitte Dahmen

Der vorliegende Katalog umfaßt die Funde von Haus Witten aus den Zeiträumen Urgeschichte, Spätmittelalter und Neuzeit. Die Menge der Funde aus den einzelnen Zeiträumen ist unterschiedlich gewichtet. So gehört der größte Teil der Neuzeit an, während das Spätmittelalter und vor allem die Urgeschichte nur anhand weniger Fragmente vorgestellt werden können. Bei der überwiegenden Mehrzahl der Funde handelt es sich um keramische Gefäße, die als Irdenware, Steinzeug, Fayence, Porzellan und Steingut vorliegen. Von den Glasfunden sind die Hohlgläser, und von den Metallfunden in der Mehrzahl die Buntmetallfunde im Katalog dokumentiert. Eisenschlacken, Flachglasfragmente, Münzen und Knochen wurden nicht bearbeitet. Von etwas mehr als 1200 auswertbaren Fundstücken wurden 598 in den Katalog aufgenommen.[1]

Wie bei Siedlungsgrabungen häufig sind die Funde fragmentiert und zerscherbt in den Boden gekommen. Es handelt sich dabei weitgehend um aussagelose Gefäßwandbruchstücke. Nur wenige Rand- und Bodenfragmente, die für eine Formansprache herangezogen werden können, liegen vor. Bei der Fundbearbeitung ergaben sich Einschränkungen, die detaillierte Aussagen, insbesondere zu den technologischen Eigenschaften des Scherbens, nicht zuließen. Aus diesem Grund erfolgte die Zuordnung der Funde zu den einzelnen Kataloggruppen nach optischen Merkmalen.

Zuerst wurden die keramischen Gefäße nach poröser oder gesinterter Scherbenstruktur unterteilt, also Irdenware von Steinzeug und von Porzellan getrennt. Das Aussehen der Oberfläche war das nächste Unterteilungskriterium. Hier wurde nach Dekorationsmerkmalen, wie Farbe, Glasur oder plastische Verzierung, unterschieden. Die Magerung und Härte eines jeden einzelnen Scherbens galten nicht als vorrangiges Zuordnungskriterium. Diese Eigenschaften wurden aufgrunddessen nur kataloggruppenweise erfaßt. Pfeifen, Kacheln und Fliesen wurden auf Grund ihres Verwendungszweckes, Glas und Metall auf Grund ihres andersartigen Materials gesondert gruppiert. In die Rubrik „Sonstiges" gehören die Funde, die den u.a. Kataloggruppen nicht zugeordnet werden konnten.

Die 598 untersuchten Funde von Haus Witten lassen sich demnach folgendermaßen gliedern:

Kataloggruppe	Kat. Nr.
1 Prähist. Irdenware	1-9
2 Graue Irdenware	10-41
3 Unverziertes Steinzeug	42-89
4 Verz. Steinzeug Köln/Frechener Art	90-106a
5 Verz. Steinzeug Siegburger Art	107-122
6 Grün oder grün/gelb glas. Irdenw. Frechener Art	123-166
7 Schwarz glas. Irdenware	167-207
8 Farblos glas. Irdenware (versch. Brauntöne)	208-336
9 Raerener und/oder Duinger Steinzeug	337-352
10 Steinzeug Westerwälder Art	353-431
11 Bem. Irdenware (roter Scherben)	432-458
12 Bem. Irdenware (weißer Scherben) Frechener Art	459-478
13 Fayencen	479-486
14 Kacheln und Fliesen	487-495
15 Porzellan	496-507
16 Steingut	508-516
17 Pfeifen	517-522
18 Tafelglas	523-540
19 Eisen und Buntmetall	541-557
20 Sonstiges	558-598

1. Prähistorische Irdenware

Aus etwa hundert prähistorischen Keramikbruchstücken ließen sich nur neun Gefäße rekonstruieren. Neben sehr grober Ware *(Kat. Nr. 4, 7)* sind feine, mit Tonschlicker geglättete Fragmente mit einem grauen Scherben *(Kat. Nr. 2, 3)* vorhanden. Von diesen besitzt *Kat. Nr. 2* einen kurzen, leicht verdickten, abgerundeten Rand, während bei *Kat. Nr. 3* der Rand doppelkantig nach innen abgestrichen ist. Ein Wandfragment ist mit Kammstrich verziert. Der Anteil dieser Ware innerhalb der Gesamtmenge der prähistorischen Irdenware ist jedoch gering. Vorwiegend ist ein

---

[1] Insgesamt sind wohl an die 25000 Fundstücke geborgen worden. Besonders in den Fundgruppen Steingut, Prozellan, Tonpfeifen, Steinzeug und Glas (hierbei vor allem das Flachglas) kamen jeweils mehrere tausend Funde zutage. Diese Gruppen ergaben nach Sichtung und erster Bearbeitung, daß ihre Aussagemöglichkeit beschränkt ist. Von ihnen wurden nur auffällige Stücke in die vorliegende Arbeit aufgenommen.

grober, poröser Scherben mit deutlich sichtbaren Magerungspartikeln vorhanden, dessen graue, braune und hellbeige Farben auf unterschiedliche Brennatmosphären hinweisen. Hier treten einfache, verdickte Ränder mit abgerundetem oder kantig nach innen abgestrichenem Randabschluß sowie aufgestellte und nach außen umbiegende Ränder auf. Vergleichbare Randformen zur feinen[2] wie zur groben Ware[3] lassen sich aus dem gesamten westfälischen Raum anführen[4] und datieren in die ältere römische Kaiserzeit.

2. Graue Irdenware

Von der grauen Irdenware, der sog. Grauware, konnten 32 Gefäße sicher erschlossen werden. Die Gesamtmenge aller Bruchstücke dieser Keramikgruppe beläuft sich jedoch auf ca. 200 Stücke. Der Scherben ist vorwiegend reduzierend gebrannt. Die Magerungspartikel sind fein, die Struktur porös und feinporig; bei wenigen Fragmenten auch blasig. Die Härte ist stichprobenartig ermittelt worden und liegt im Bereich Mohs Härte 2-3. Der Scherbenbruch zeigt eine graue bis hellgraue Farbe während die Oberflächenfarbe in der Regel dunkelgrau ist.

Das Formenspektrum der grauen Irdenware ist bei den Wittener Funden nur an Randausprägungen und wenigen Bodenfragmenten festzustellen. Neben Töpfen mit aufgestellten, leicht nach außen weisenden Rändern *(Kat. Nr. 21, 23)* kommen solche mit verdickten, mehr oder weniger stark umbiegenden, kurzen Rändern *(Kat. Nr. 24, 25)* vor, die teilweise schon als Knickrandformen anzusprechen sind. Die weiteren Gefäßzonen der Töpfe werden nur an wenigen Fragmenten deutlich. Es scheint, daß die Formen über eine mehr oder weniger stark gestreckte Hals-Schulterzone in einen gewölbten Bauch übergehen.[5] Die Schüsseln besitzen einen leicht verdickten, einfachen Randabschluß, der manchmal nach innen einzieht *(Kat. Nr. 19)*.[6] Die Andeutung eines verschwommenen Wellenfußes ist nur bei *Kat. Nr. 42* vorhanden. Hierin unterscheidet sich das Wittener vom Duisburger Material, wo Standringe wohl nur in Wellenfußausbildungen vorkommen.[7] Auffällig ist innerhalb der grauen Irdenware, daß nur zwei Grapenfüße *(Kat. Nr. 10, 13)* vorliegen, die zudem in Form und Größe sehr unterschiedlich sind. Ein Einzelfund stellt ein pfannenähnliches Gefäß dar, das möglicherweise als Groppenbrucher Bräter zu identifizieren ist.[8]

Graue Irdenware wurde während des gesamten Mittelalters und der frühen Neuzeit in regionalen Töpfereien hergestellt. Die graue Irdenware Wittens zeigt in bezug auf Scherben und Gefäßform Merkmale, die den Groppenbrucher Gefäßen auffällig gleichen,[9] so daß vermutet werden kann, sie seien dort hergestellt. Die Hauptproduktionszeit fällt nach R. Bergmann ins 13. bis 16. Jahrhundert. In Witten findet sich die graue Irdenware erstmalig in Schichten der für die Baubefunde ermittelten Periode 2, d.h. in der 2. Hälfte 15. Jhs./Beginn 16. Jh. Hier ist sie mit unverziertem Steinzeug Siegburger Art vergesellschaftet. Der überwiegende Teil der Grauware fand sich jedoch zusammen mit verziertem Steinzeug des 16. und dem 1. Drittel des 17. Jahrhunderts, wobei die Schichtenzuteilung einen Fortbestand der Grauware bis in die 2. Hälfte des 17. Jahrhunderts andeutet. Auch bei diesen Fragmenten ist eine Zuweisung zur Groppenbruch Töpferei wahrscheinlich, da hier die Keramikproduktion noch bis in die sechziger Jahre des 18. Jahrhunderts belegt ist.[10]

3. Unverziertes Steinzeug

Die Scherbenstruktur dieser und auch der folgenden Steinzeuggruppen macht deutlich, daß der Scherben im Brand eine Versinterung erfahren hat. Wieweit die Versinterung (Wasseraufnahme > 2%)[11] bei jedem einzelnen Gefäß stattgefunden hat, ließ sich anhand der ausschließlich optischen Untersuchung nicht feststellen. Eine gewisse Porösität ist bei dieser Ware trotz der Versinterung aber immer noch wahrscheinlich. Magerungspartikel waren nicht mehr zu erkennen. Bei den Gefäßformen des unverzierten Steinzeugs aus Witten handelt es sich um Töpfe, hauptsächlich mit Aufbewahrungscharakter, sowie um Trink- und Schenkgefäße, gekennzeichnet durch Trichter- und Zylinderhalsformen.

Die Gefäße mit Aufbewahrungscharakter kommen in zwei Ausprägungen vor: a) mit einer hellbeige-gelblichen Scherbenfarbe und einer tiefrotbraunen, leicht glänzenden Engobe und b) mit einer grauen bis hellgrauen Scherbenfarbe und einer mehr oder weniger stark aufliegenden Salzglasur.[12]

---

2 Vgl. WILHELMI 1967, Taf. 6 Abb. 21.31; Tafel 18 Abb. 13,1. – GÜNTHER 1990, Abb. 82,1.
3 Vgl. WILHELMI 1967, Taf. 19 Abb. 5.2. – GÜNTHER 1990, Abb. 78,1.
4 Vgl. WILHELMI 1967, Taf. 18 Abb. 17,5; 40,17; Taf. 21 Abb. 14; Tafel 34, Abb. 5.8.
5 Vgl. zu dieser Topfform: BERGMANN 1993, 35 Abb. 4,1-6.8.
6 Vgl. zu den Schüsselformen: ebd. Abb. 4,17.
7 Vgl. GAIMSTER 1988, 57 Abb. 3.
8 Lt. freundlicher Mitteilung von Hrn. R. Bergmann.
9 Vgl. Bergmann 1993, 31 ff.
10 Vgl. ebd. 31.
11 Vgl. dazu auch STEPHAN 1988, 81 ff.
12 Die verschiedenen Glasurarten sind folgendermaßen definiert: Engobe bezeichnet einen in der Regel andersfarbigen Tonschlicker, der vor dem Brand auf das Gefäß aufgetragen wird. Durch beabsichtigte oder ungewollte Beimischungen im Tonbrei und durch den Brennvorgang tritt der Glanz als sog. *Sinterengobe* hervor. – Wahrscheinlich ungewollt kann der Glanz auch von einem Anflug, einer sog. *Anflugglasur* herrühren. Dabei gehen beim Brand freigewordene Partikel des Tons neue Verbindungen ein und legen sich als Glasur über den Scherben. – Ebenfalls eine Anflugglasur, diesmal beabsichtigt,

Zu a: Die rotbraun engobierten Bruchstücke zeigen in der Regel einen extrem kurzen, aufgestellten Rand, der sich über einem bauchigen Gefäßkörper mit flacher *(Kat. Nr. 50)* oder abfallender *(Kat. Nr. 54)* Schulter erhebt. Die Gefäße sind relativ weitmundig und haben auf der Wandung umlaufende Drehriefen *(Kat. Nr. 54)*. Wahrscheinlich besaßen sie einen Wellenfuß, der in Witten allerdings nur durch zwei fragmentierte Beispiele gekennzeichnet ist *(Kat. Nr. 49, 53)*. Für die Randformen können zum Vergleich vollständige Gefäße aus Siegburg herangezogen werden.[13] An drei Wittener Gefäßen mit zylindrischem Hals findet sich ebenfalls die rotbraue Engobe *(Kat. Nr. 67-69)*. Auch diese Form entspricht der Siegburger.[14] Die Wittener Funde können auf Grund äußerer Eindrücke (Scherben- und Oberflächenfarbe, Randausbildung) als Gefäße Siegburger Art angesprochen werden. Datiert sind die Vergleichsstücke in das 15.-16. Jahrhundert.[15] Beispiele für einen späteren Zeitraum ließen sich nicht finden. In Witten kommen derartige Gefäße in Form von aussagelosen Wandfragmenten erstmalig in Schichten der Periode 2 vor und könnten dort noch der 2. Hälfte des 15. Jahrhunderts angehören. Der überwiegende Teil ist jedoch mit verziertem Steinzeug des 16./1. Drittel 17. Jahrhunderts vergesellschaftet.

Zu b: Bei den salzglasierten Gefäßen treten sehr unterschiedliche Randausbildungen auf. Auffallend ist ein großer zylindrischer Doppelhenkeltopf *(Kat. Nr. 46)* mit horizontal umgeschlagenem Rand. Ein kleiner bauchiger Topf *(Kat. Nr. 47)* mit verdicktem, abgerundetem Rand und der ausbiegende Rand eines Topfes mit sehr dünner Wandung *(Kat. Nr. 43)* sind ebenso singulär wie ein Kleingefäß aus Steinzeug *(Kat. Nr. 89)*, ein sog. Apothekentöpfchen. An Bodenformen sind Standböden und Wellenfußfragmente vorhanden, die alle eine unterschiedliche Ausprägung besitzen. Auch bei den salzglasierten Gefäßen ist eine Herkunft aus dem Rheinland wahrscheinlich. Salzglasuren wurden in Köln/Frechen, Langerwehe und Raeren verwendet. Für die Wittener Töpfe ließen sich allerdings keine direkten Vergleiche aus diesen Orten finden. Am ehesten ließen sich noch einfache Gefäße einer Frechener Töpfereiabwurfhalde vergleichend heranziehen.[16] Zusammenfassend läßt sich eine rheinländische Herkunft der Gefäße angeben, ohne daß eine genaue Zuweisung zu einem Töpferort vorgenommen werden kann. Eine grobe Datierung der Wittener Gefäße ergibt sich nur über deren Beifunde, verziertes rheinländisches Steinzeug. Danach lassen sich die salzglasierten unverzierten Gefäße in das auslaufende 16.-17. Jahrhundert datieren.

Der Scherben der Trichter- und Zylinderhalsgefäße ist durchweg hellgrau-weiß bis sehr blaßbraun. An vielen Fragmenten der Trichterhalsgefäße zeigt sich eine „geflammte" Ascheanflugglasur mit roten oder orangeroten Flecken. In der Regel sind die Ränder leicht konvex und haben einen abgerundeten *(Kat. Nr. 82)* oder zugespitzten *(Kat. Nr. 81)* Abschluß. Neben glatten Oberflächen zeigen einige Fragmente Rillen *(Kat. Nr. 82)*. Eine Besonderheit stellt ein Bruchstück *(Kat. Nr. 85)* mit einer blattförmig aussehenden Stempelung dar. Vollständige Gefäßformen ließen sich aus dem Wittener Material nicht erschließen. Nach Vergleichen dürfte es sich aber um bauchige oder birnenförmige Krüge mit mehr oder weniger ausgeprägten Drehriefen gehandelt haben.[17] Auch sind kleine, auf der Schulter oder dem Hals-Schulterbereich angebrachte Ösenhenkel üblich. Diese liegen im Wittener Material zwar ebenfalls vor, lassen sich jedoch keinem Gefäß mehr zuordnen. Die Wellenfüße, wie z.B. *Kat. Nr. 70*, gehören meist zu Trichterrandgefäßen, wie Vergleichsstücke zeigen.[18]

Im Gegensatz zu den glatten Trichterrändern sind die vorliegenden Zylinderhalsfragmente mit mehreren Wülsten profiliert *(Kat. Nr. 74, 75)*. Der Scherben der Zylinderränder erinnert an Siegburger Ware, wodurch eine Datierung in das 16. bis beginnende 17. Jahrhundert wahrscheinlich ist. Denkbar wäre auch eine Gefäßform, wie sie bei dem frühen Steinzeug Westerwälder Art vorkommt.[19] Durch die großen Entsprechungen Siegburger (Produktionsende um 1635) und Westerwälder (einsetzende Produktionsverstärkung ab der 1. Hälfte des 17. Jahrhunderts) Ware ist eine exakte Zuordnung der Wittener Gefäße zu einem der beiden Orte ohne eine naturwissenschaftliche Untersuchung nicht möglich.[20] Läßt sich also für die Zylinderhalsfragmente eine Zeitstellung in das 17. Jahrhundert nur annehmen, so sind die Trichterhalsbruchstücke gut durch Vergleiche in das 15./16. Jahrhunderts belegt, dem auch die stratigraphische Zuordnung der Wittener Funde nicht widerspricht.[21]

4. Verziertes Steinzeug Köln/Frechener Art

Die Wittener Fragmente dieser Gruppe zeigen eine Salzglasur, die über einer braunen Engobe liegt. Die auftre-

---

ist die *Salzglasur*, bei der in der letzten Phase des Brennvorganges, wenn die höchste Temperatur erreicht ist, Kochsalz in die Brennkammer gegeben wird. – Von der Sinterengobe und der Anflugglasur zu unterscheiden ist die *Ascheanflugglasur*. Hierbei handelt es sich ebenfalls um eine nicht beabsichtigte Glasur. Ascheteile des Brennholzes setzten sich während des Brandes frei und schlagen sich teilweise als dünner Überzug, oft mit einem orangerötlichen Farbton („geflammt"), auf der Oberfläche nieder.

13   Vgl. WIRTH 1990, 211.
14   Ebd. 194.
15   Vgl. ebd. 194.210.
16   Zu den Frechener Ausgrabungen vgl. RECH 1991a, 321 ff. mit weiterführender Literatur.
17   Vgl. WIRTH 1990, 199; HÄHNEL 1992, 286.
18   Vgl. z.B. WIRTH 1990; HÄHNEL 1992.
19   Vgl. RECH 1991, Taf. 8,1; 10,5.
20   Zuletzt HÄHNEL 1992, Bd. 2. mit weiterführender Literatur.
21   Die Fragmente stammen hauptsächlich aus Schichten der Perioden 3-5 (s.u. S. 217 ff. zu *Kat. Nr. 42-89*).

tenden Farbnuancen reichen von gelblich-grauen bis tiefbraunen und rotbraunen Farbschattierungen. In der Regel überzieht die Engobe den Scherben flächendeckend, doch kommt auch die sog. Tigerung vor, durch die der Scherben eine fleckige und orangenhautartige Oberfläche erhält.[22] Der Scherbenbruch zeigt hauptsächlich eine graue Farbe, hat aber auch hellbraun-gelbliche Schattierungen. Eine vollständige Formansprache dieser Keramik kann an Hand der Wittener Bruchstücke nicht vorgenommen werden. Es handelt sich wohl in der Regel um bauchige Krüge oder Kannen mit zylindrischem Hals und variablem Durchmesser.

Die Verzierungen zeigen typische Merkmale der Köln/Frechener Produktion. Dazu gehören hauptsächlich die sog. Bartmannkrüge, wobei die Wittener Fragmente drei verschiedene Bartmannmasken *(Kat. Nr. 92-94)* wiedergeben. Allen gemeinsam ist eine realistische Darstellung, die die Stücke in das 16. Jahrhundert datieren.[23] Daneben kommen in Witten Bruchstücke mit Rund- oder Friesauflagen vor, die in die 2. Hälfte des 16. bis 1. Drittel 17. Jahrhundert gehören. Weiterhin findet sich auf dem braun engobierten Steinzeug ein Eichen- und Rosenblattdekor *(Kat. Nr. 101, 102)*, wie er für rheinländisches Steinzeug des 16. Jahrhunderts typisch ist.[24] Das Randfragment eines Zylinderhalskruges mit Blütenauflage *(Kat. Nr. 91)* findet einen direkten Vergleich in einem Frechener Gefäß.[25] Das Bruchstück *Kat. Nr. 106a* mit dem Motiv des Sündenfalls entspricht bis in die Details einem Gefäß aus dem Kölner Stadtmuseum, so daß möglicherweise für beide Gefäße derselbe Model verwendet worden ist. Das Vergleichsstück ist in das 2. Viertel des 16. Jahrhunderts datiert.[26] Zusammenfassend läßt sich sagen, daß alle vorgestellten Fragmente typologisch dem Steinzeug Köln/Frechener Art des 16. Jahrhunderts zugeordnet werden können.

5. Verziertes Steinzeug Siegburger Art

Die zweite Gruppe des in Witten auftretenden verzierten Steinzeuges der frühen Neuzeit läßt sich Gefäßen Siegburger Provenienz zuordnen. Die Farbe des Wittener Scherbens dieser Gruppe ist in der Regel weiß-gräulich, aber auch creme-gelblich.[27] Die Scherben sind in der Mehrzahl von einer feinen Anflugglasur überzogen.

Unter den Wittener Funden fallen zwei Fragmente zylindrischer Gefäße *(Kat. Nr. 119, 120)*, sog. Schellen, auf, die in die 2. Hälfte des 16. Jahrhunderts datieren.[28] Die übrigen Bruchstücke stammen in der Mehrzahl von Gefäßen mit kugeligen oder birnenförmigen Körpern. Wie weit neben Standböden *(Kat. Nr. 112)* auch Wellenfüße das Fundspektrum der Wittener Gefäße bestimmen, ist nicht festzustellen. Auf Grund mangelnder Fragmente bleibt auch die Randausbildung der Wittener Gefäße ungewiß. Die Verbindung zur Siegburger Ware ist jedoch über die Auflagenmotive gesichert. Vier Fragmente zeigen biblische Szenen; von ihnen gehören das Motiv der „Bergpredigt" *(Kat. Nr. 109)* und der „ehernen Schlange" *(Kat. Nr. 116)* in die 2. Hälfte des 16. bzw.1. Drittel des 17. Jahrhunderts.[29] Die Motive „Christus am Kreuz" *(Kat. Nr. 108)* und das „Gleichnis von den Arbeitern im Weinberg" *(Kat. Nr. 115)* sind zwar ohne direkte Vergleiche, doch waren sie generell als Bilddarstellungen auf Siegburger Steinzeug üblich.[30] Beispiele für florale Auflagen liegen in den Fragmenten *Kat. Nr. 112* und *113* vor. Bei der Eichenblattverzierung *(Kat. Nr. 113)* wird ersichtlich, daß hier eine Köln/Frechener Verzierung in Siegburg umgesetzt wird.[31] Das Fragment *Kat. Nr. 110*, das Schulterfragment eines Kruges, trägt ein eingeschnittenes Distelrankendekor. Diese Dekoration ist ein Verzierungselement der Spätgotik und als solche ins auslaufende 15. Jahrhundert zu datieren. Vergleiche bei KLINGE werden in das 16. Jahrhundert, teilweise bis in die zweite Hälfte gesetzt,[32] wohingegen REINEKING VON BOCK auf Grund der zeitgebundenen Verzierungsart ein Vorkommen nach 1550 nur in Einzelfällen für möglich hält.[33] Das Wittener Fragment stammt aus einer Schicht der Bauperiode 5 und bringt somit für eine zeitliche Einordnung keine Hinweise.

Zusammenfassend läßt sich sagen, daß das verzierte Steinzeug Siegburger Art aus Witten die verschiedensten Varianten der Siegburger Produktion zeigt. Eine zeitliche Einordnung ab der 2. Hälfte des 16. Jahrhunderts bis in das 1. Drittel des 17. Jahrhunderts (um ca. 1635 läuft die Produktion in Siegburg aus) ist bei den Gefäßen mit Auflagen durch Motivvergleiche gesichert.

6. Grün oder grün/gelb glasierte Irdenware Frechener Art

Der Scherben dieser Gruppe ist feinporig, porös, mit feinen gerundeten, sich farblich nicht abhebenden Magerungspar-

---

22   Beispiele für „Tigerung" s. JÜRGENS/KLEINE 1990, 345.
23   Abb. 92 stammt aus einer Schicht der Periode 5. Typologisch ist das Fragment den anderen beiden Masken aber gleichzusetzen.
24   Vgl. REINEKING VON BOCK 1986, 231 Nr. 263; KLINGE 1979, 16 Nr. 11.
25   KLEINE 1992, 52.
26   REINEKING VON BOCK 1986, 245 Nr. 302 Taf. 14.
27   Zu Fragen der naturwissenschaftlichen Untersuchungen und Bestimmungsmöglichkeiten des Siegburger Steinzeuges vgl. div. Beiträge von HÄHNEL 1992, 9 ff.; RIEDERER 1992, 38 ff. 43 ff.

28   Vgl. z.B. KLINGE 1972, 234.
29   Vgl. HÄHNEL 1992, 227 Nr. 1287; 274 Nr. 1886.
30   Vgl. WALTHER 1992, 186 f.
31   Vgl. HÄHNEL 1992, 302 Nr. 2023.
32   Vgl. KLINGE 1972, Nr. 557-577.
33   Vgl. REINEKING VON BOCK 1986, 50.

tikeln. Die Festigkeit bewegt sich um Mohs Härte 4. Die Scherbenfarbe ist weiß, creme-weiß oder weiß-rötlich.[34] Es ist davon auszugehen, daß es sich bei den Glasuren um Bleiglasuren handelt. Durch beigemischte Kupferoxydpigmente erhält die Glasur ihre Färbung. Die Glasur liegt opak auf dem Scherben, wobei die Farbintensität von einem satten Grün bis gelblich-grün variiert.[35] Die gelbe Glasur wurde ohne zusätzliche Farbpigmente aufgetragen. Die Scherbenfarbe schimmert dann in gelblichen Farbtönen durch die Glasur. Von insgesamt 63 auswertbaren Fragmenten wurden 44 aufgenommen. Bei den übrigen handelt es sich hauptsächlich um Fußfragmente von Dreibeingefäßen.

Die Topfformen der grün glasierten Irdenware weisen drei unterschiedliche Randtypen auf: Neben Dornrandausbildungen *(Kat. Nr. 143)* treten Formen mit einfachen, aufgestellten Rändern *(Kat. Nr. 146)* und Knickränder mit Übergangsformen zu Kragen- *(Kat. Nr. 162)* und Dreiecksrändern *(Kat. Nr. 158)* auf. Diese Gefäßformen entsprechen der Frechener Irdenware,[36] wobei hier bislang jedoch noch kein Dornrand belegt ist. Bei den Schüssel- und Schalenformen ist der Wellenrand, wie ihn etwa *Kat. Nr. 144* zeigt, für Frechener Ware kennzeichnend.[37] Hinzu kommen etliche Kleingefäße, sog. Apothekentöpfchen *(Kat. Nr. 134, 136-138)*.

Der Scherben und die Oberfläche der glasierten Irdenware aus Frechen ist hinreichend beschrieben worden,[38] so daß wohl auch die übrigen Wittener Fragmente mit hellbeiger oder weißer Scherbenfarben der Frechener Art zugewiesen werden können.

Die Mehrzahl der Wittener Gefäße ist durch Vergleiche in das 16.-17. Jahrhundert datiert. In Frechen beschränkte sich die Herstellung von grün glasierter Irdenware allerdings nicht nur auf diesen Zeitraum. Noch bis in das 19. Jahrhundert hinein wurde derartige Ware, teilweise auch innerhalb des „alten" Formenspektrums, hergestellt.[39] Für die Irdenware Frechener Art läßt sich zusammenfassen, daß sie in Haus Witten im 16. Jahrhundert das erste Mal auftritt und dann mit verziertem Steinzeug der frühen Neuzeit vergesellschaftet ist. Sie liegt aber auch aus Schichten der Perioden 5 und 6 vor und datiert dann bis ins 19. Jahrhundert.

Neben dem grün glasierten Geschirr Frechener Art wurden noch zahlreiche Fragmente von grünglasierten Blumentöpfen und -schalen (z.B. *Kat. Nr. 127, 129)* geborgen, die durchweg einen roten Scherben besitzen. Diese kommen seit dem auslaufenden 18. Jahrhundert bis heute vor, sind aber über publizierte Vergleiche nicht zu belegen.

7. Schwarz glasierte Irdenware

Der Scherben dieser Gruppe ist in der Regel feinporig, porös und hat feine Magerungsanteile. Seine Festigkeit bewegt sich im Bereich „hart" (Mohs Härte 3-5). Neben hellbrauner ist auch eine ziegelrote Scherbenfarbe vorhanden. Die Glasuren sind nicht bestimmt. Es könnten Bleiglasuren mit schwarzfärbenden Pigmenten, aber auch engobeartige Massen verwendet worden sein.[40] Von insgesamt 64 Gefäßen dieser Gruppe wurden 41 aufgenommen; die übrigen zeigen keine weiteren Formvarianten.

Während Gefäße mit rotem Scherben ein größeres Formenspektrum aufweisen, zeigen diejenigen mit hellbraunem Scherben nur Topfformen. Soweit erkennbar haben sie eine mehr *(Kat. Nr. 187)* oder weniger *(Kat. Nr. 203)* stark gewölbte Bauchzone mit flach abfallender Schulter, über die sich der Rand als Dreieck- *(Kat. Nr. 199)*, Dorn- oder Karniesrand *(Kat. Nr. 198)* erhebt. Einfache, flache Standböden *(Kat. Nr. 191)* kommen neben Standfüßen *(Kat. Nr. 203)* als Bodenformen vor. Einige Gefäße zeigen Profilrillen oder Profilwülste auf der Wandung *(Kat. Nr. 181, 182)*. Neben Henkeln liegt bei den Wittener Gefäßen auch eine Handhabe in Form eines Rohrgriffs vor *(Kat. Nr. 187)*.

Für diese Keramikgruppe, die in Witten zahlreich geborgen werden konnte, lassen sich nur wenige Vergleichsbeispiele anführen.[41] Zwar entsprechen Form und Randausprägungen den Gefäßen der Irdenware der frühen Neuzeit, doch die prägnante schwarze Glasur scheint bei den meisten Ausgrabungen nicht im Keramikspektrum vertreten zu sein. Auffallend ist ihr Fehlen im Duisburger Keramikmaterial, obwohl RECH eine Herkunft der Ware vom Niederrhein vermutet.[42] Es läßt sich festhalten, daß diese Gefäße in Witten ab den Schichten der Periode 3 in Erscheinung treten. Ihre Vergesellschaftung mit verziertem Steinzeug datiert sie in das 16. (wohl eher ab der 2. Hälfte) und das 17. Jahrhundert. Schwarz glasierte Irdenware ist auch in den Perioden 5 und 6, d.h. etwa vom 18. Jahrhundert an, vorhanden. Der Scherben dieser Gefäße ist dann in der Regel

---

34 A. JÜRGENS und D. KLEINE nehmen bei der Frechener Irdenware an, daß die von weiß abweichende Scherbenfarbe durch die Magerung hervorgerufen wurde. Dies. 1988, 111.

35 Je nach Glasurmischung ist die Farbintensivität aber auch noch von anderen Faktoren, wie z.B. Brennatmospäre und Tonzusammensetzung, abhängig. Vgl. BAUER u.a. 1987, 87.

36 Vgl. KLEINE 1992, 30; JÜRGENS/KLEINE 1988, 114 Taf. 10a; GAIMSTER 1988, 63 Abb. 5, 5.7.

37 Ebd. 63 Abb. 5,1; JÜRGENS/KLEINE 1988, 111.114 Taf. 10a.

38 Ebd. 110 ff.

39 Lt. freundl. Mittlg. von Frau D. Kleine vom Keramikmuseum in Frechen. – Irreführenderweise wird diese Tatsache in den div. Publikationen nicht ausdrücklich angegeben. Für die Irdenwarenproduktion aus Frechen entsteht der Eindruck, daß grün glasiertes Geschirr der frühen Neuzeit angehört.

40 Vgl. dazu auch RECH 1991, 52 und SOFFNER 1987, 417 f.

41 RECH 1991, Taf. 11,9-10; SOFFNER 1987, Taf. 86 K7; HUPKA 1988, 92.

42 Vgl. RECH 1991, 200 Nr. 4 u. 5. – Die bisher von D. GAIMSTER vorgestellte Irdenware aus Duisburg enthält keine Gefäße mit schwarzer Glasur. Vgl. ders. 1988, 55 ff.

ziegelrot. Neben Topfformen mit leicht profilierten, aufgestellten Rändern *(Kat. Nr. 171)* treten auch kleine Gießkännchen *(Kat. Nr. 167)*, Blumenschalen *(Kat. Nr. 172)* und -töpfe *(Kat. Nr. 170)* in Erscheinung.

8. Farblos glasierte Irdenware

Hierbei handelt es sich um die zahlenmäßig größte Gruppe innerhalb der Irdenware. Der Scherben ist einerseits sehr hellbraun oder weiß-rötlich und andererseits von ziegelroter Farbe; seine Struktur ist feinporig und porös, die Magerung fein, wobei auch Abweichungen mit mittleren Korngrößen vorkommen. In einigen Fällen ist die Magerung als kleine dunklere Einsprenkel sichtbar. Der Scherben dieser Gruppe ist als hart zu bezeichnen. Von 262 auswertbaren Bruchstücken dieser Gruppe sind 129 im Katalog aufgenommen, die das vorhandene Formenspektrum wiedergeben. Bei dieser Keramikgruppe kann davon ausgegangen werden, daß dem Glasurbrei intentional keine farbgebenden Komponenten zugesetzt wurden. Es handelt sich um eine durchsichtige Glasur, die nur durch im Werkstoff vorhandene Eisenoxide (braun) oder Kupferoxide (oliv) beim Brand ihre Farbe erhält. Die Glasurfarbe umfaßt daher viele Schattierungen von tiefbraun bis gelblichbraun oder olivbraun und ist manchmal mit dunkleren Schlieren versehen.

Die farblos glasierte Irdenware läßt sich auf Grund der Scherbenfarbe in zwei Untergruppen einteilen. Die erste Gruppe, mit hellbraun oder weißrötlichen Scherben, ist vorwiegend durch Topfformen vertreten. Sie zeigen Dreieckränder *(Kat. Nr. 223, 240)*, Dorn- oder Karniesränder *(Kat. Nr. 244, 236)* sowie Knickränder in verschiedenen Varianten *(Kat. Nr. 280, 326)*. Ansetzbare Wandbruchstücke weisen auf Gefäße mit gewölbter Schulterzone hin *(Kat. Nr. 297)* und solche mit flach abfallender, gestreckter Schulter *(Kat. Nr. 228)*. Viele Fragmente besitzen horizontal umlaufende Drehriefen. Dreibeinböden *(Kat. Nr. 270)* und Standböden *(Kat. Nr. 286)* treten nebeneinander auf. Neben rundovalen *(Kat. Nr. 201)* und gekehlten *(Kat. Nr. 228)* Bandhenkeln sind auch Rohrgriffe *(Kat. Nr. 258)* vorhanden. Die Ränder der wenigen Schüsselfragmente, mit hellbraunem Scherben, treten als verdickte wulstartige Ausprägungen auf *(Kat. Nr. 323)*.

Insgesamt weichen diese Wittener Topfformen nicht wesentlich von denen anderer Fundkomplexe der frühen Neuzeit (16. bis 17. Jahrhundert) ab.[43] Allerdings treten im Unterschied zu Duisburg in Witten die trichterförmigen Randausbildungen nur bei der Irdenware Frechener Art auf. Im Wittener Fundmaterial scheinen dagegen Knickrandformen zu überwiegen, die häufig eine Dornausprägung besitzen.[44] Die Gefäße lassen sich zeitlich in den meisten Fällen durch ihre Vergesellschaftung mit verziertem Steinzeug Köln/Frechener oder Siegburger Art einordnen. Entsprechende Randfragmente *(z.B. Kat. Nr. 209)* fanden sich bereits in Schichten der Periode 2 und können durchaus vor 1500 datiert werden. Alle Ausprägungen laufen bis ins 18. Jahrhundert weiter und werden erst durch wulstförmig aufgestellte Ränder abgelöst. Die „alten" Ausprägungen haben sich jedoch zumindest in Witten noch eine geraume Zeit daneben erhalten.

Innerhalb der Gefäße mit hellbraunem Scherben zeichnet sich eine Gruppe ab, die auf Grund des Scherbens und der aufgemalten, dunkelbraunen Horizontallinien unterhalb des Außenrandes der Frechener Irdenwarenproduktion der 1. Hälfte des 19. Jahrhunderts zugeordnet werden kann *(Kat. Nr. 249, 332, 256)*.[45]

Die zweite Gruppe der farblos glasierten Irdenware besitzt einen ziegelroten bis hellroten Scherben. Die Ränder der Töpfe sind mehr oder weniger wulstartig verdickt. In dieser Gruppe kommen neue Gefäßformen hinzu, die sich schwer zu einzelnen Formengruppen zusammenfassen lassen: Große Töpfe *(Kat. Nr. 333)* und Schalen *(Kat. Nr. 260)*[46] mit Doppelhenkeln, Rohrgriffpfannen *(Kat. Nr. 225)*, Henkeltöpfe mit Ausguß *(Kat. Nr. 314)* und Siebgefäße *(Kat. Nr. 254)*[47] stehen neben einer Vielzahl unterschiedlich ausgeformter Topfränder *(z.B. Kat. Nr. 310, 304, 292)* und Schalen *(Kat. Nr. 234, 253, 214)*, die in der Regel nur singulär in Erscheinung treten. Einzig eine Gruppe von relativ gleichartig ausgeprägten Schüsseln mit Standboden und dickem Wulstrand, teilweise mit einem Ausguß versehen, sind besonders häufig vorhanden *(Kat. Nr. 218, 219)*.[48] Eine Datierung über direkte Vergleiche war bei dem Variantenreichtum der Gefäße nur in den seltensten Fällen möglich. Über die Randausbildungen läßt sich eine Zeitstellung in das 18. und 19. Jahrhundert angeben (vgl. Anm. 46-48). Diese farblos glasierte Irdenware ist in Witten mit Porzellan, Fayence und Steinzeug Westerwälder Art vergesellschaftet und tritt in Schichten der Bauperioden 5 und 6 auf.

9. Steinzeug Raerener oder Duinger Art

Der Scherben dieses Steinzeuges ist gesintert. Sein Bruch ist grau und die Oberfläche immer mit einer Engobe (ver-

---

43 Vgl. HUPKA, 1988, 92 ff. – SOFFNER 1987, 414 ff. – RECH 1991, 51 f. und 191 ff. GAIMSTER 1988, 55 ff. – KÖNIG 1990, 339.

44 Zu bedenken ist allerdings, daß bisher wenige Inventare vollständig vorgelegt wurden.

45 Vgl. GAIMSTER 1988, 83 Abb. 3,2; JÜRGEN/KLEINE 1988, 112 Taf. 11.

46 Vgl. für die Randausbildung: KESSELRING-POTH, 1988, Abb. 5,4.

47 Vgl. zur ähnl. Randausbildung: REICHMANN, 1988, Abb. 3,15.

48 Vgl. FRANCKE 1988, 83 Abb. 3,1.

schiedene Schattierungen von braun) bedeckt. Alle auswertbaren Fragmente wurden in den Katalog aufgenommen. Bis auf ein Gefäß, eine sog. Kruke *(Kat. Nr. 352)*, die wohl eindeutig ein Duinger Erzeugnis ist,[49] gehören alle Bruchstücke zu weitmundigen, zylindrischen Gefäßen mit flachen Standböden und vertikal angarnierten Henkeln, zu sog. Humpen. Gemeinsames Kennzeichen ist eine dreizonale Aufteilung des Gefäßes: eine breite, glatte Mittelzone, teilweise versehen mit einer Rundauflage, wird von zwei ca. gleich breiten Bündeln dicht aufeinanderfolgender Wülste begrenzt. Die obere Wulstreihe ist häufig durch einen umlaufenden Knötchen- oder Rosettendekor *(Kat. Nr. 350, 351)* unterbrochen.

Für die Herkunft dieser Humpen kommen Raeren und Duingen, zwei räumlich weit auseinanderliegende Töpferzentren in Frage. Aus beiden liegen Vergleiche für Form und Dekor vor.[50] In Raeren treten Humpen schon um die Mitte des 17. Jahrhunderts auf.[51] Das älteste Datum der Duinger Humpen reicht in das letzte Jahrzehnt des 17. Jahrhunderts.[52] Sie wurden bis weit in die Mitte des 19. Jh. hergestellt. Die Raerener Humpen sind von den Duinger im Scherben, in der Form, im Dekor und in der Oberflächenbehandlung bislang noch nicht zu unterscheiden.[53] In Witten fanden sich die Humpen in Schichten der Perioden 4 bis 6.

10. Steinzeug Westerwälder Art

Die zweite große Keramikgruppe neben der farblos glasierten Irdenware ist das Steinzeug Westerwälder Art. In der Regel ist der Scherben grau und hart gebrannt, aber immer mit einer Salzglasur überzogen. Die Bemalung ist stets kobaltblau, bis auf wenige Ausnahmen in manganviolett. Die Mineralwasserflaschen, in der Mehrzahl mit rotbrauner bis hellgelber Oberflächenfarbe, sind dieser Kataloggruppe zugeordnet, da sie wohl hauptsächlich aus dem Westerwälder Raum stammten, wie Brunnenmarken ausweisen. 79 von mehr als 200 auswertbaren Fragmenten sind in den Katalog aufgenommen. Die restlichen Fragmente entsprechen dem gängigen Typenspektrum.

Der Scherbeneigenschaft entsprechend treten in der Mehrzahl Vorratsgefäße, Krüge und Kannen auf. Vom tintenfaßähnlichen Kleingefäß *(Kat. Nr. 426)* und sog. Senftöpfchen *(Kat. Nr. 428)* bis zu Henkeltöpfen in den verschiedensten Größen *(Kat. Nr. 425, 398, 395)*, von sog. P-Flaschen *(Kat. Nr. 365)* bis zu einer Unzahl von Mineralwasserflaschenfragmenten *(Kat. Nr. 363)*, von Nachttöpfen *(Kat. Nr. 408)* bis zu birnenförmigen Schenkkrügen *(Kat. Nr. 373, 374)* scheint das gesamte Spektrum der Westerwälder Formenpalette in Witten vertreten zu sein. Dekorelemente, wie Profilwülste und -rillen auf den Schulter- und Fußzonen, begleitet von blauen Linien sind typisch. Sie fassen die verschiedensten, mit kobaltblauer Farbe ausgeführten, floralen Bemalungen ein. Diese sind teilweise mit der Ritz-/Redtechnik *(Kat. Nr. 396)* ergänzt. Aufgelegte *(Kat. Nr. 372)* oder gestempelte Muster sowie Knibismuster sind im Verhältnis dazu selten.

Für eine Datierung lassen sich nur einzelne Stücke heranziehen. Der Topf *Kat. Nr. 411* und der Krug *Kat. Nr. 385* lassen sich z.B. mit Gefäßen von der Dhünnburg[54] vergleichen; das Tüllenkännchen *Kat. Nr. 394* entspricht einem aus Duisburg.[55] Die auftretenden Verzierungen und Formen kommen seit dem 18. Jahrhundert vor und die Mineralwasserflaschen erscheinen etwa seit dem 19. Jahrhundert. Die P-Flaschen gehören dem 18. evtl. auch noch dem 17. Jahrhundert an. In Witten tritt Steinzeug Westerwälder Art mit drei allerdings nicht eindeutig zuweisbaren Fragmenten in der Periode 4 das erste mal auf. Verstärkt setzt es in Periode 5 ein und ist bis zum Ende des Hauses im Fundgut vertreten.

11. Bemalte Irdenware (roter Scherben)

Die Fragmente dieser Gruppe sind mit einer Bleiglasur überzogen. Als Formen liegen bauchige Töpfe oder Krüge vor sowie Schüsseln oder Schalen. Für die Wiedergabe des Formenspektrums wurden 27 Exemplare von 85 auswertbaren Fragmenten in den Katalog aufgenommen.

Die Randfragmente der Töpfe und Krüge zeigen gelbe Wellen und Liniendekore, wohl mit einem Malhorn aufgetragen. Die Wandbruchstücke lassen eine abstrakte florale Bemalung in grün, gelb und ocker erkennen *(Kat. Nr. 440, 442)*. Diese Farben finden auch bei den Schüsseln und Schalen Verwendung. Hier tritt bei einigen Gefäßen noch eine florale Bemalung des Spiegels auf. Gelbe Liniendekore sind auf den Fahnen und Wandungen aufgetragen und oft ist ein Sinnspruch in stilisierter Schrift vorhanden. Eine Schüssel *(Kat. Nr. 433)* trägt zusätzlich die Jahresangabe „1790". Daneben sind Schüsseln und Schalen mit eher linearer Bemalung zu verzeichnen. Sie zeigen unterschiedlich breite Linien, die zusätzlich mit Wellenlinien *(Kat. Nr. 449)* oder horizontal laufenden Strichen *(Kat. Nr. 454)* überdeckt sind. Die verwendeten Farben sind gelb

---

49 Vgl. LÖBERT 1977, 79 Abb. 123.
50 MAYER 1952, 40 ff. – Auch im Töpfermuseum von Raeren sind diese Gefäße ausgestellt. – Vgl. für Duingen; LÖBERT 1977, 74 f.
51 MAYER 1952, 40 ff. – Dazu auch LÖBERT 1977, 31 Anm. 68.
52 Datiert durch eine Jahresangabe auf einem Gefäß aus dem städtischen Museum Göttingen. Vgl. ebd. 29 ff. Abb. 10,82.
53 Hieran wird deutlich, daß ein intensiver Austausch zwischen den beiden Töpferorten bestanden haben muß.

54 Vgl. RECH 1991, Taf. 10 Abb. 5.13.
55 Vgl. GAIMSTER 1986, 39 Abb. 9,2.

und dunkelbraun. Als weitere Gefäßformen sind kleine Henkelschalen, sog. Köppchen *(Kat. Nr. 444, 445)*, vorhanden. Bei der bemalten Irdenware sind Verbindung zu niederrheinischen Dekorelementen unübersehbar.[56] Der frühe Ansatz (Ende 16. Jahrhundert) der Duisburger Funde läßt sich für Haus Witten allerdings nicht feststellen. Eine Datierung vom 18. Jahrhundert bis ins 19. Jahrhundert ist anzunehmen, da die Funde mit Material dieser Zeit vergesellschaftet sind.

12. Bemalte Irdenware (weißer Scherben) Frechener Art

Die zweite Gruppe der bemalten Irdenware sind Schüsseln Frechener Art. Bei dieser Warengruppe treten nur Schüssel- und Schalenformen mit relativ gleichartigen Ausprägungen auf. Der Scherben ist immer weiß bis gelblichweiß. Er ist porös und in der Regel sind die Magerungspartikel nicht sichtbar. Zu den hier aufgenommen 20 Gefäßen sind noch 39 weitere Rand- oder Bodenfragmente vorhanden, die in Form und Dekor den übrigen entsprechen.

Spiegel und Wandung der Gefäße sind in der Regel mit einem floralen Dekor in grün, rot, ocker und dunkelbraun bemalt. Im Gegensatz zu den Gefäßen der Kataloggruppe 11 ist die Bemalung hier wesentlich bunter und reichhaltiger ausgeführt *(Kat. Nr. 471-473)*. Die Gefäßzonen sind meistens durch dunkelbraune Horizontallinien begrenzt und tragen einen Sinnspruch auf der Fahne. Drei Schüsseln sind mit den Jahreszahlen „1826", „1829" und „1830" versehen *(Kat. Nr. 459, 451, 444)*. Gleichartige Schüsseln liegen auch aus Frechen vor.[57] In Haus Witten fanden sich diese Fragmente in den Schichten der Perioden 5 und 6.

13. Fayence

Der Scherben dieser Gruppe ist in der Regel aus sehr feinem weißen Ton. Die Bemalung und die Glasur sind in der Fayencetechnik ausgeführt, d.h. nach dem Auftragen der Zinnglasur wird das Gefäß gebrannt. Auf der dann weißen, trüben Oberfläche wird die Bemalung aufgetragen; anschließend erfolgen das Eintauchen oder Übergießen des Gefäßes mit einer durchsichtigen Glasur und der zweite Brand. In den Katalog sind alle auswertbaren Fragmente aufgenommen.

Aus den Fayencefragmenten ließen sich nur Teller rekonstruieren. Ihre blau-weiße Bemalung und die Art des Dekors weisen sie als Nachahmungen ostasiatischer Porzellanvorbilder aus. Ihre Herkunft aus den nördlichen Niederlanden ist wahrscheinlich.[58] Erwähnenswert ist *Kat. Nr. 480* mit seiner zeichenstrichartigen Gestaltung des Spiegels sowie ein Teller *(Kat. Nr. 479)* mit mehrfarbigem, floralem Dekor. Zu den Fayencen aus Haus Witten ließen sich keine direkten Vergleiche heranziehen. Für die flächendeckend bemalten Teller ostasiatischer Nachbildungen *(Kat. Nr. 481, 482)* ist jedoch eine Datierung in das 17.-18. Jahrhundert wahrscheinlich.

14. Fliesen und Kacheln

Insgesamt sind nur wenige Kacheln und Fliesen in Haus Witten gefunden worden, die alle in den Katalog aufgenommen wurden.

Von einer reliefverzierten Ofenkachel stammt eventuell ein Eckfragment *(Kat. Nr. 495)* mit einer schwarzen Bleiglasur auf der Schauseite. Als Zwickelmotiv sind eine Tulpe und eine Folge von aneinandergereihten Perlen erkennbar. Vergleichbar mit diesem Dekor ist eine Kölner Ofenkachel aus der 2. Hälfte des 16. Jahrhunderts.[59] Dieser Zeitansatz wird durch die Beifunde (verziertes Steinzeug aus der 2. Hälfte des 16. Jahrhunderts) bestätigt. Ob in dem vorliegenden Fund ein Hinweis auf die qualitative Ware der Kölner Kachelbäcker des 16. Jahrhunderts zu sehen ist, kann mangels aussagekräftiger Fragmente nicht bestätigt werden.

Eine Anzahl blau-weiß bemalter Wandkacheln mit weißem, porösem Scherben *(Kat. Nr. 487, 490-492)* zeigen Reiterkampfszenen zwischen Christen und Sarazenen. Die Ecken der Fliesen sind mit der burgundischen Lilie ausgefüllt. Auf einer Kachel ist jeweils nur ein Pferd mit Reiter abgebildet. Obwohl die einzelnen Kämpfer nicht direkt aufeinander bezogen sind, tritt eine lebendige Darstellung durch die Vielzahl der unterschiedlichen Bewegungsmotive in Erscheinung.[60] Dieses äußerst beliebte Motiv kam in der Mitte des 17. Jahrhunderts auf und wurde in Varianten bis in die 2. Hälfte des 18. Jahrhunderts produziert.

15. Porzellan

Der Scherben des Porzellans ist in der Regel reinweiß (RAL 9010) oder signalweiß (RAL 9003). Er ist immer sehr dicht gebrannt (= gesintert). Im Katalog sind exemplarisch die Fragmente dokumentiert, die durch Dekor und Form auffielen. Insgesamt sind mehrere hundert Bruchstük-

---

56 Versch. Vergleiche ebd. 35 Abb. 5. FRANCKE 1988, 81 Abb. 2.
57 Vgl. KLEINE 1992, 32 f.
58 Vgl. HUDIG 1927, 187 Abb. 179. GAIMSTER 1986, 33 Abb. 4.
59 Vgl. UNGER 1988, 194 Abb. 5.
60 Vgl. BERENDSEN u.a. 1977, Abb. 80.81. Von den ca. 25 Bruchstücken dieser Serie wiederholt sich kaum eine Darstellung.

ke, hauptsächlich unverzierter, industriell hergestellter Ware geborgen worden.

Das ostasiatische Geschirr mit seinem exotischen blau-weißen Dekor ist in einigen Fällen durch eine zusätzliche Überglasur in rot und gold verziert *(Kat. Nr. 506)*. Von den Bruchstücken zeigen einige eine kaffeebraune Außenseite *(Kat. Nr. 499, 505)*. Neben Fragmenten mit klassizistischem Dekor *(Kat. Nr. 496, 497)* ist für das Porzellan europäischer Herkunft in Haus Witten das sog. Strohblumendekor bestimmend *(Kat. Nr. 500-503)*.[61] Während das importierte asiatische Porzellan allgemein noch der Mitte des 17. Jahrhunderts zugeordnet werden kann, tritt das europäische erst am Ende des 18. Jahrhunderts auf. Beide Warenarten erscheinen in Haus Witten ab den Fundschichten der Bauperiode 5.

16. Steingut

Der Scherben des Steingutes zeichnet sich durch Porösität aus. Die Glasur dient hier der Verminderung der Wasseraufnahme. Sie zeigt häufig feine Haarrisse, das sog. Craquelé. Der Scherben ist in der Regel perlweiß (RAL 1013).

Auch das Steingut zeigt in einigen Fällen Strohblumendekor *(Kat. Nr. 508)*. Häufiger sind aber einfache kleine Blümchen- und Sternmuster oder unverzierte Fragmente. Hinzu tritt Steingut mit landschaftlichen Szenen, die in rot, grün *(Kat. Nr. 511)* oder schwarz flächendeckend aufgetragen sind. Diese Gruppe ist in das 19.-20. Jahrhundert zu datieren; sie kommt in Witten in den Schichten der Perioden 5 und 6 vor.

17. Pfeifen

Der Scherben der Wittener Tonpfeifen ist feinporig weiß (10 YR 8/1 oder 7/2), wie er für derartige Pfeifen typisch ist. Pfeifenton ist ein feiner Ton, der technologisch zwischen Irdenwarenton und Porzellanerde liegt und bei einer Brenntemperatur von ca. 900-950° C eine weiße Farbe annimmt. Hinzu kommt eine hohe Plastizität und ein geringer Schwindungsgrad bei Trocknung und Brand. Die Toneigenschaft ermöglichte eine detaillierte Wiedergabe bei Verzierungen und Dekorelementen, so daß der Ton häufig auch für der Herstellung von Kleinplastiken verwendet wurde.[62] Die hier vorgelegten Tonpfeifen stehen exemplarisch für mehr als zweitausend Bruchstücke aus dem Wittener Fundmaterial. Die wenigen Porzellanpfeifen *(Kat. Nr. 517)* sind dagegen alle aufgenommen.

Die weitaus meisten Tonpfeifenfragmente sind unverziert. Verzierte Stiele zeigen immer wiederkehrende Dekore *(Kat. Nr. 520, 521)*, wohingegen die Köpfe unterschiedlich gestaltet sind. Es ließ sich nur in einem Fall *(Kat. Nr. 519d)* ein direkter Vergleich finden, der in die 2. Hälfte des 18. Jahrhunderts datiert.[63] Ab der Mitte des 17. Jahrhunderts wurde das Rauchen allgemein üblich. Aus Haus Witten liegen nur Fragmente aus den Schichten der Periode 5 und später vor und treten damit möglicherweise erst seit dem 18. Jahrhundert auf.

18. Tafelglas

Die meisten Glasfunde sind stark verwittert. Die in den Katalog aufgenommen Fragmente geben keinen repräsentativen Querschnitt wieder. Nur die frühen Gläser (ca. bis Mitte 17. Jahrhundert) sind relativ vollständig erfaßt. Die Gesamtmenge der Bruchstücke (in der Mehrzahl Flachglas) beläuft sich auf mehrere hundert Fragmente.

Aus durchsichtigem, grünlich schimmerndem, sog. Waldglas liegen fünf Fragmente *(Kat. Nr. 534a-e)* von sog. Nuppenbechern oder Kautsrünken vor. Nuppenbecher sind eine weitverbreitete Glasform des späten Mittelalters und der frühen Neuzeit.[64] Gleicher Zeitstellung sind die Gläser mit Fadenauflage. Von ihnen sind zahlreiche, leider sehr fragmentierte, Bruchstücke aus Haus Witten geborgen worden *(Kat. Nr. 528, 529, 532)*. Als Glas venezianischer Art lassen sich zwei Bruchstücke – wohl der Standfuß eines Pokals oder Kelchglases *(Kat. Nr. 531)*, in dem milchig-weiße Bänder eingeschmolzen sind[65] – und Fragmente eines blauen, durchsichtigen Glases *(Kat. Nr. 533)*, ein sog. Flügel- oder Drachenglas, ansprechen.[66] Vergleiche datieren sie in die 1. Hälfte des 17. Jahrhunderts. In Witten sind diese Glasfragmente in Schichten der Periode 3 vorhanden und dort mit verziertem Steinzeug Köln/Frechener oder Siegburger Art der 2. Hälfte des 16. bzw. 1. Drittel 17. Jahrhundert vergesellschaftet.

Gläser mit geschnittenem oder geschliffenem Dekor kommen im Laufe des 17. Jahrhunderts auf.[67] Sie sind in Witten in Fundschichten des 18. und 19. Jahrhunderts vorhanden *(Kat. Nr. 525, 527)*. Aus den gleichen Schichten kommen eine Anzahl kleinerer Fläschchen, die wohl Essenzen enthalten haben *(Kat. Nr. 537)*. Fragmente einfacher, langhalsiger Flaschen (maschinell und mundgeblasen) sind aus Haus Witten in größeren Mengen vorhanden. Zu den ma-

---

61   Die wohl übliche, aber irreführende Bezeichnung „Zwiebelmuster" trifft als deskriptive Benennung nicht zu. D. GAIMSTER bezeichnet dieses Muster als „Stohblumendekor", was im folgenden übernommen wird. Vgl. dies. 1992 (ungedr. Diss.).
62   KÜGLER 1987, 32.
63   Vgl. ebd. Taf. 1 Abb. 5.6.
64   KAHSNITZ 1984a, 113 ff.
65   Vgl. DRAHOTOVÁ 1982, Abb. 18.26.31.53. – Ein früheres, in Höxter gefundenes Glas mit eingeschmolzenen weißen Bändern datiert ins 16. Jahrhundert. Vgl. KÖNIG 1993, Abb. 19,3.
66   Vorstellbar wäre eine Form ähnlich DOLZ 1985, Kat. Nr. 8 oder DRAHOTOVÁ 1982, 43.
67   Vgl. ebd. 92 ff.

schinell hergestellten gehören die Glasauflagen der *Kat. Nr. 523*.

19. Eisen und Buntmetall

Der Anteil an Metallfunden aus Siedlungsgrabungen nimmt üblicherweise einen geringen Platz ein. Als wiederverwertbares Material wurde es, wenn es zerbrochen, oder anderweitig nicht mehr verwendbar war, neu eingeschmolzen oder umgeschmiedet. Neben einer Vielzahl von Eisenschlackenresten sind geformte Metallfunde auch im Wittener Grabungsmaterial relativ selten. Die Münzfunde werden hier nicht vorgestellt.[68]

An Eisenobjekten fanden sich ein Schlüssel *(Kat. Nr. 547)*, ein Nagel *(Kat. Nr. 550)*, ein Keil *(Kat. Nr. 566)* und ein kantiger Stab *(Kat. Nr. 549)*. Fünf kleine Bronzeblechfragmente lassen sich als Reste verschiedener Beschläge ansprechen *(Kat. Nr. 543-544, 546)*. Aus Bronze sind weiterhin eine runde Schelle *(Kat. Nr. 541)* und ein schnallenartiges Fragment mit kantigem Dorn *(Kat. Nr. 551)*. Auf bronzene Grapentöpfe weisen zwei Randfragmente und ein dreieckiger Stab in Form eines Tierbeines hin *(Kat. Nr. 552-554)*. Hierbei handelt es sich wahrscheinlich um den Fuß eines Grapens.[69] Bronzegrapen waren bis weit in die frühe Neuzeit gebräuchlich. Über Vergleiche lassen sich die Wittener Grapenfragmente zeitlich jedoch nicht näher bestimmen. Ein quadratisches Bronzeplättchen, ein Münzgewicht *(Kat. Nr. 545)*, läßt sich dagegen besser einordnen. Zwar ist auch hier eine exakte Datierung nicht möglich, da das Meisterzeichen auf der Rückseite nicht erkennbar ist; doch handelt es sich hierbei um ein Plättchen, mit dem Goldgulden seit ca. dem Ende des 14. Jahrhunderts auf ihr Gewicht hin überprüft wurden. Stilistische Gründe scheinen eine Entstehung des vorliegenden Münzgewichts vor dem 16. Jahrhundert aber unwahrscheinlich zu machen.[70] Bis zur Mitte des 17. Jahrhunderts waren Goldgulden in Gebrauch und wurden dann durch Golddukaten verdrängt.

Das Münzgewicht wie auch der größte Teil aller anderen Metallfunde konnte aus den Ritzen des Hofpflasters von Haus Witten geborgen werden, das nach SOMMER zur Bauperiode 4 gehört. Durch die Beifunde ist eine Datierung in das 17. Jahrhundert möglich. Bis auf ein kleines Beschlagfragment und einen Eisenkeil wurden die übrigen Metallfunde aus der darunter liegenden Stickungsschicht des Hofpflasters geborgen, deren reichhaltiges keramisches Material in das 16. bis ca. 1. Drittel 17. Jahrhundert datiert.

Ein Eisenspachtel *(Kat. Nr. 555)* und ein Eisenmeißel *(Kat. Nr. 556)* kommen aus Schichten der Periode 5. Diese Werkzeuge sind nicht genauer zu datieren.

20. Sonstiges

Zu den Funden von Haus Witten gehören neben den sog. Flintensteinen *(Kat. Nr. 560-562)*, die an ihren seitlichen Einbuchtungen erkennbar sind, und eindeutig in einen Fund- und Befundzusammenhang der Perioden nach dem 17. Jahrhundert einzuordnen sind, mehrere Feuersteinartefakte. Von ihnen finden sich neben zahlreichen Abschlägen, Trümmern und Kernresten auch Geräte, die als Bohrer *(Kat. Nr. 558)* und Klinge *(Kat. Nr. 559)* anzusprechen sind. Die Klinge läßt sich am ehesten in die Jungsteinzeit einordnen, wohingegen die zahlreichen Abschläge und der Mikrolith einen mesolithischen Charakter aufzeigen.

Zeugnisse die nicht dem Küchen und Eßbereich der Bewohner von Haus Witten zugeordnet werden können sind selten. Zu ihnen gehören neben drei Spinnwirteln *(Kat. Nr. 572-574)* und etlichen Stein- oder Tonkugeln *(Kat. Nr. 575-581)* der Torso eines kleinen weiblichen Figürchens *(Kat. Nr. 570)* aus sog. Pfeifenton. Derartige irdene Kleinplastiken wurden etwa ab 1400 in großen Serien mit Hilfe von Modeln geformt. Es waren Spielzeugfiguren ebenso wie Figürchen mit religiösem Inhalt, sog. Devotionalien. Sie werden in der Mehrzahl um 1500 datiert, können aber auch danach noch vorkommen.[71] Die Wiedergabe der Trachtelemente, wie bauschige Ärmel, Halskette und Dekolleté, schreiben der Figur einen weltlichen Charakter zu.[72] Anhand der stratigraphischen Zuordnung käme eine Datierung nach 1800 in Betracht.

Aus dieser Zeit sind einige Einzelstücke bemerkenswert: So z.B. aus dem Fabrikbereich eine Metallplatte, aus der Gabelrohlinge *(Kat. Nr. 596)* ausgestanzt wurden und zwölf relativ große Schmelztiegel *(Kat. Nr. 568, 569)*. Daneben wurden eine Telefongabel *(Kat. Nr. 597)* sowie eine kleine Büste *(Kat. Nr. 588)* geborgen. Sie stellt den damaligen Kronprinz und späteren Kaiser Wilhelm II. dar. Eine weitere Besonderheit bietet eine Henkeltasse mit aufgedrucktem Rosenmuster und einem Sinnspruch *(Kat. Nr. 504)*. An dieser Tasse fällt ein Innensteg auf, der quer über ein Viertel der inneren Tassenmündung führt. Der Spruch macht den Sinn dieses Gefäßes deutlich: der Steg soll beim Gebrauch den Bart des Trinkers vor Benetzung schützen. Zu bewerten ist dieser Fund eher als Scherzgefäß. In die Kategorie der Scherzgefäße gehört auch ein Glasgefäß in Form eines Posthorns *(Kat. Nr. 535)*.[73]

---

68 S. Beitrag P. ILISCH.
69 Vgl. für Bronzegrapen PEINE 1987, 124 Abb. 60; KRAUSE 1986, 28 Abb. 22 unten.
70 Lt. freundl. Auskunft von Herrn P. Ilisch (Münster), dem ich alle Angaben im Zusammenhang mit dem Münzgewicht verdanke.
71 Vgl. NEU-KOCK 1988, 179 ff; WATERSTRADT 1987, 148f.
72 Lt. freundl. Auskunft von Herrn E. Weinlichs, Bayrisches Landesamt für Denkmalpflege, Regensburg.
73 Vgl. LÖBER 1991, 113.

Schlußbetrachtung

Den Einblick, den die Funde der Ausgrabung von Haus Witten in das Inventar eines Herrenhauses über fast sechshundert Jahre gewähren umfaßt in der Hauptsache den Tisch-, Küchen- und Vorratsbereich. Dabei zeigt sich, daß sich ein im 15. Jahrhundert (Bauperiode 2) ankündigender Aufschwung – erkennbar an dem vorhandenen rheinländischen Steinzeug – im 16. Jahrhundert (Bauperiode 3) klar fassen läßt. Das verzierte Steinzeug und das wenige, aber doch aussagekräftige Tafelglas der Periode 3 gibt uns das Bild eines reichen Haushaltes wieder. Bestimmt trug die Ausstattung der sozialen Stellung der adeligen Bewohner Rechnung und hat sich damit über den üblichen Rahmen des damaligen Dorfes Witten erhoben.[74]

Wahrscheinlich durch den dreißigjährigen Krieg und anderer kriegerischer Auseinandersetzungen[75] erfolgte im 17. Jahrhundert (Bauperiode 4) ein gewisser Stillstand. Auch wenn noch verziertes Steinzeug Köln/Frechener und Siegburger Art im Fundgut auftaucht, so datiert es ausschließlich bis in das 1. Drittel des 17. Jahrhunderts. Die an anderen Orten ab der Mitte des 17. Jahrhunderts auftretende „Neuerungen", wie Fayence, ostasiatisches Porzellan, reich verziertes Steinzeug Westerwälder Art oder Tonpfeifen finden sich in Haus Witten zu dieser Zeit noch nicht und geben damit Aufschluß über die ökonomische Lage der Bewohner.

Dies ändert sich mit dem Beginn des 18. Jahrhunderts (Bauperiode 5). Die sog. Neuerungen kommen nun auch in Haus Witten vor. Der Hauptteil der Funde ist dem Küchen- und Vorratsbereich zuzuordnen. Der Verkauf des Hauses und die andersartige Nutzung des Westflügels zu Beginn des 19. Jahrhunderts lassen zunächst keine Veränderungen im keramischen Material feststellen. Waren in der Periode 5 noch feines Porzellan, verzierte Gläser und bemaltes Steinzeug Westerwälder Art vorhanden, so erweckt das Inventar zum Ende des Jahrhunderts (Bauperiode 6) einen „einfacheren", zweckmäßigeren Eindruck.

---

74 Vergleichbar mit Haus Witten hinsichtlich des keramischen Inventars bis ca. 1800 ist die Dhünnburg, südlich Wermelskirchen. Vgl. RECH 1991. – Ähnlich wie in Witten fehlen auch hier Hinweise auf Metallgeschirr, z.B. Zinnteller und Zinnkrüge.
75 Vgl. SCHOPPMEYER 1989, 19 f.

Fundkatalog

Die Farbangaben erfolgten nach Munsell Soil Color Charts, Edition 1988 oder dem Farbenfächer RAL-K5 Ausgabe 1990.

Außer den im Abkürzungsverzeichnis der Römisch-Germanischen Kommission (Ber. RGK 73, 1992, 973 ff.) veröffentlichten Sigeln werden folgende Kürzel verwendet:

Bdm   Bodendurchmesser
glas.   glasiert
IRD   Irdenware
Obfl   Oberfläche
Rdm   Randdurchmesser
STZ   Steinzeug

Kataloggruppe 1 – Prähistorische Irdenware

1 Wandfragment (Taf. 25)

ca. 3 x 3 cm
Wandfrgmt. eines Gefäßes mit Kammstrichverzierung.
Obfl: mit Tonschlicker geglättet, feinsandig, dunkelgrau (7.5YR N3).
Scherben: feinporig, porös, feine Körnung, grau (7.7YR N6).

Kammstrich belegt bei WILHELMI 1967, Taf. 20 Nr. 40,22d.
Ältere Kaiserzeit
Fd. Nr. 406 aus **Bef. Nr. 639** (Periode 1)

2 Topf (Taf. 25)

Rdm: 26 cm
Drei zus. Rand-Wandungsfrgmt. eines bauchigen Topfes mit ausbiegendem Rand; nach innen zweifach abgestrichen.
Obfl: mit Tonschlicker geglättet, kreidig, teilw. matt glänzend, dunkelgrau (7.5YR N3), innen: grau (10YR 5/1).
Scherben: porös, feinporig, feine und wenig mittlere Körnung, hellgrau (10YR 7/1).

Vgl. WILHELMI 1967, Taf. 18 Nr. 13,1.
Ältere Kaiserzeit
Fd. Nr. 305 aus **Bef. Nr. 639** (Periode 1)

3 Topf (Taf. 25)

Rdm: 34 cm
Rand-Wandfrgmt. eines Gefäßes mit nach außen geschwungenem einfachen, abgerundeten Rand.
Obfl: mit Tonschlicker geglättet, kreidig, dunkelgrau (10YR 4/1).
Scherben: porös, feinporig, feine Körnung, grau (10YR 7/1).

Vgl. WILHELMI 1967, Taf. 23 Nr. 18.
Ältere Kaiserzeit
Fd. Nr. 305 aus **Bef. Nr. 639** (Periode 1)

4 Topf (Taf. 25)

Rdm: 34 cm
Rand-Wandfrgmt. eines Topfes mit stark verdicktem, abgerundetem Rand.
Obfl: innen grobsandig, Magerungspartikel sichtbar, weiß (7.5YR N7,5); außen mit Tonschlicker geglättet, kreidig, weiß (7.5YR N7,5).
Scherben: porös, grobporig, mittlere und grobe Körnung, weiß (2.5Y 8/2).

Vgl. WILHELMI 1967, Taf. 24 Nr. 49.
Ältere Kaiserzeit
Fd. Nr. 305 aus **Bef. Nr. 639** (Periode 1)

5 Topf (o. Abb.)

Dm: nicht ermittelbar
Randfrgmt. eines Topfes mit einfachem, abgerundetem Rand; innen unterhalb des Randabschlusses eine Profilrille.
Obfl: feinsandig, dunkelgrau (5YR 4/1).
Scherben: porös, feinporig, fein Körnung, grau (5YR 5/1).

Fd. Nr. 523 aus **Bef. Nr. 725** (Periode vor 3)

6 Topf (Taf. 25)

Dm: nicht ermittelbar
Randfrgmt. wie **Kat. Nr. 4**, mit spitz zulaufendem Randabschluß.
Obfl: feinsandig, rauh, sehr blaßbraun (10YR 7/3).
Scherben: porös, feinporig, mittlere Körnung, rötl.gelb (5YR 7/6).

Ältere Kaiserzeit
Fd. Nr. 541 aus **Bef. Nr. 733** (Periode vor 3)

7 Topf (Taf. 25)

Rdm: 16 cm
Vier zus. Randfrgmt. eines Topfes mit leicht ausbiegendem trichterförmigen Rand und abgerundetem Abschluß.
Obfl: grobsandig, Magerungspartikel sichtbar, teilw. rötl. gelb (5YR 6/6) und teilw. grau (7.5YR N5).
Scherben: fein- und grobporig, mittlere und grobe Körnung, innen: dunkelgrau (7.5YR N4), außen: rötl.gelb (5YR 6/6).

Stark sekundär verbrannt, Gefäßform verzogen.
Fd. Nr. 673 aus **Bef. Nr. 916** (Periode 1)

8 Topf (Taf. 25)

Dm: nicht ermittelbar
Drei zus. Rand-Wandfrgmt. eines ausbiegenden, trichterförmigen Randes mit abgerundetem Randabschluß.
Obfl: grobsandig, Magerungspartikel sichtbar, dunkelgrau (2.5YR N4).
Scherben: grobporig, mittlere Körnung, dunkelgrau (2.5YR N4).

Durch sekundären Brand stark verzogen. Evtl. Form S bei WILHELMI 1967, Taf. 2,14; 10 J1.
Fd. Nr. 673 aus **Bef. Nr. 916** (Periode 1)

9 Bodenfragment (Taf. 25)

Bdm: ca. 10 cm
Drei zus. Bodenfrgmt. eines dickwandigen Standbodens.
Obfl: grobsandig, Magerungspartikel sichtbar, dunkelgrau (2.5YR N3).
Scherben: grobporig, mittlere Körnung, dunkelgrau (2.5YR N4).

Evtl. Boden von **Kat. Nr. 8**; stark sekundär verbrannt, viele Erdpartikel, wohl durch Lagerung anhaftend. Standböden sind bei WILHELMI 1967, Taf. 7 Nr. 7 belegt.
Jüngere Eisenzeit/Ältere Kaiserzeit
Fd. Nr. 673 aus **Bef. Nr. 916** (Periode 1)

Kataloggruppe 2 – Graue Irdenware

10 Fuß eines Dreibeingefäßes (Taf. 25)

ca. 7 cm lang
Fuß eines Dreibeingefäßes mit unregelmäßig kantigem Querschnitt und spitz zulaufendem Ende.
Obfl: geglättet, dunkelgrau (2.5Y N4).
Scherben: porös, feinporig, grau (10YR 6,5/1).

Spätes Mittelalter/Frühe Neuzeit
Fd. Nr. 310 aus **Bef. Nr. 445** (Periode 4)

11 Bodenfragment (o. Abb.)

Dm: nicht ermittelbar
Frgmt. eines Bodens mit ausgeprägtem Standring.
Obfl: geglättet, dunkelgrau (2.5YR N4,5).
Scherben: porös, feinporig, feine Körnung, grau (2.5Y N5).

Spätes Mittelalter/Frühe Neuzeit
Fd. Nr. 407 aus **Bef. Nr. 445** (Periode 4)

12 Bodenfragment (Taf. 25)

Bdm: 13 cm
Bodenfrgmt. eines Gefäßes mit schwach ausgeprägtem Standring und weit ausladender Wandung.
Obfl: feinsandig, dunkelgrau (10YR 4/1).
Scherben: porös, feinporig, feine Körnung, grau (10YR 6,5/1).

Spätes Mittelalter/Frühe Neuzeit
Fd. Nr. 310 aus **Bef. Nr. 445** (Periode 4)

13 Bodenfragment mit Standfuß (Taf. 25)

Dm: nicht ermittelbar
Zwei zus. Boden-Wandfrgmt. eines gewölbten Gefäßes mit kurzem, dickem Standfuß.
Obfl: geglättet, dunkelgrau (10YR 4/1).
Scherben: porös, feinporig, feine Körnung, grau (10YR 5/1).

Spätes Mittelater/Frühe Neuzeit
Fd. Nr. 498 aus **Bef. Nr. 276** (Periode 3)

14 Schale oder Schüssel (Taf. 26)

Rdm: 30 cm
Rand-Wandfrgmt. einer konischen Schale od. Schüssel mit innen verdicktem Randabschluß.
Obfl: geglättet, dunkelgrau (10YR 4/1).
Scherben: porös, feinporig, feine Körnung, grau (10YR 4,5/1).

Spätes Mittelater/Frühe Neuzeit
Fd. Nr. 151 aus **Bef. Nr. 207** (Periode 5)

15 Topf (Taf. 26)

Rdm: 22 cm
Randfrgmt. eines Gefäßes mit einfachem, ausgestelltem Rand mit schwacher Innenkehlung.
Obfl. geglättet, grau (10YR 5/1).
Scherben: porös, feinporig, feine Körnung, grau (10YR 5/1).

Spätes Mittelalter/Frühe Neuzeit
Fd. Nr.118 aus **Bef. Nr. 253** (Periode 5)

16 Topf (o. Abb.)

Rdm: 20 cm
Randfrgmt. eines Gefäßes mit leicht ausgestelltem Rand.
Obfl: geglättet, grau (10YR 5/1).
Scherben: porös, feinporig, feine Körnung, grau (10YR 5/1).

Spätes Mittelalter/Frühe Neuzeit
Fd. Nr. 410 aus **Bef. Nr. 445** (Periode 4)

17 Topf (o. Abb.)

Rdm: 18 cm
Randfrgmt. eines kurzen ausbiegenden, außen leicht verdickten Randes.
Obfl: sehr dunkelgrau (10YR 3/1).
Scherben: porös, feinporig, feine Körnung, dunkelgrau (10YR 4/1).

Spätes Mittelalter/Frühe Neuzeit
Fd. Nr. 511 aus **Bef. Nr. 708** (Periode vor 4)

18 Topf (Taf. 26)

Rdm: 20 cm
Randfrgmt. wie **Kat. Nr. 15**.
Obfl: feinsandig, glatt, dunkelgrau (2.5Y N4).
Scherben: porös, feinporig, feine Körnung, grau (2.5Y N5).

Spätes Mittelalter/Frühe Neuzeit
Fd. Nr. 320 aus **Bef. Nr. 445** (Periode 4)

19 Schale oder Schüssel (Taf. 26)

Rdm: 39 cm
Drei zus. Rand-Wandfrgmt. einer Schale od. Schüssel mit schwach verdicktem, einziehendem Rand und abgerundetem Randabschluß.
Obfl: feinsandig, uneben, dunkelgrau (10YR 4,5/1).
Scherben: porös, feinporig, feine Körnung, dunkelgrau (10YR 4,5/1).

Spätes Mittelalter/Frühe Neuzeit
Fd. Nr. 1018 aus **Bef. Nr. 1028** (Periode 4)

20 Schale oder Schüssel (o. Abb.)

Rdm: 25 cm
Randfrgmt. eines einfachen, abgerundeten Randes einer wohl konkaven Schale od. Schüssel.
Obfl: feinsandig, uneben, grau (10YR 5/1).
Scherben: porös, feinporig, feine Körnung, grau (10YR 5/1).

Spätes Mittelalter/Frühe Neuzeit
Fd. Nr. 110 aus **Bef. Nr. 253** (Periode 5)

21 Topf (Taf. 26)
Rdm: 20 cm
Randfrgmt. eines einfachen, aufgestellten Randes mit abgerundetem Randabschluß.
Obfl: feinsandig, dunkelgrau (10YR 3/1).
Scherben: porös, feinporig, feine Körnung, dunkelgrau (10YR 3/1).
Spätes Mittelalter/Frühe Neuzeit
Fd. Nr. 501 aus **Bef. Nr. 708** (Periode vor 4)

22 Topf (Taf. 26)
Rdm: 20 cm
Randfrgmt. eines wohl bauchigen Gefäßes mit verdicktem, kantig profiliertem Knickrand und Innenkehlung.
Obfl: feinsandig dunkelgrau (10YR 4/1).
Scherben, porös, feinporig, feine Körnung, dunkelgrau (10YR 4/1).
Spätes Mittelalter/Frühe Neuzeit
Fd. Nr. 1018 aus **Bef. Nr. 1028** (Periode 4)

23 Topf (Taf. 27)
Rdm: 19 cm
Rand-Wandfrgmt. eines Topfes mit Hals, gestreckter Schulterzone und einfachem, leicht ausbiegendem Rand mit Innenkehlung. Der Hals zeigt mehrere flache Profilwülste.
Obfl: feinsandig, dunkelgrau (7.5YR N4).
Scherben: porös, feinporig, feine und mittlere Körnung, grau (7.5YR N5).
Vgl. BERGMANN 1993, 35 Abb. 4,8.
Spätes Mittelalter/Frühe Neuzeit
Fd. Nr. 1018 aus **Bef. Nr. 1028** (Periode 4)

24 Topf (Taf. 27)
Rdm: 19 cm
Rand-Wandfrgmt. eines Gefäßes mit langgestreckter Hals-Schulterzone. Der leicht ausbiegende, verdickte Rand ist horizontal abgestrichen und hat eine Innenkehlung.
Obfl: kreidig, uneben, mit unregelmäßigen Spuren eines Formholzes, dunkelgrau (2.5Y N4).
Scherben: porös, feinporig, feine und mittlere Körnung, grau (10YR 6/1).
Spätes Mittelalter/Frühe Neuzeit
Fd. Nr. 310 aus **Bef. Nr. 445** (Periode 4)

25 Topf (Taf. 27)
Rdm: 30 cm
Drei zus. Rand-Wandfrgmt. eines Topfes mit gestreckter Schulter und verdicktem, ausbiegendem Rand mit abgerundetem Randabschluß.
Obfl: feinsandig, dunkelgrau (2.5Y 4,5/1).
Scherben: porös, feinporig, feine Körnung, im Kern grau (2.5Y N5), sonst rosa grau (7.5YR 6/2).
Spätes Mittelalter/Frühe Neuzeit
Fd. Nr. 310 aus **Bef. Nr. 445** (Periode 4)

26 Topf (o. Abb.)
Rdm: 28 cm
Randfrgmt. wie **Kat. Nr. 22**.
Obfl: kreidig, uneben, dunkelgrau (10YR 4/1).
Scherben: porös, feinporig, feine Körnung, grau (10YR 5/1).
Spätes Mittelalter/Frühe Neuzeit
Fd. Nr. 310 aus **Bef. Nr. 445** (Periode 4)

27 Topf (Taf. 27)
Rdm: 22 cm
Zwei zus. Frgmt. eines aufgestellten, schwach verdickten Randes.
Obfl: feinsandig, kreidig, grau (2.5Y N5).
Scherben: porös, feinporig, feine Körnung, dunkelgrau (10YR 4/1).
Spätes Mittelalter/Frühe Neuzeit
Fd. Nr. 510 aus **Bef. Nr. 716** (Periode vor 3); **Fd. Nr. 512** aus **Bef. Nr. 736** (Periode vor 4)

28 Topf (Taf. 27)
Rdm: 22,5 cm
Randfrgmt. wie **Kat. Nr. 20**, nur kürzer.
Obfl: kreidig, uneben, grau (10YR 5/1).
Scherben: porös, feinporig, feine Körnung, dunkelgrau (10YR 5/1).
Spätes Mittelalter/Frühe Neuzeit
Fd. Nr. 510 aus **Bef. Nr. 716** (Periode vor 3)

29 Topf (Taf. 27)
Rdm: 18 cm
Zwei zus. Randfrgmt. eines aufgestellten Randes.
Obfl: feinsandig, dunkelgrau (10YR 3/1).
Scherben: porös, feinporig, feine Körnung, dunkelgrau (10YR 3/1).
Spätes Mittelalter/Frühe Neuzeit
Fd. Nr. 510 aus **Bef. Nr. 716** (Periode vor 3)

30 Topf (Taf. 28)
Rdm: 22 cm
Rand-Wandfrgmt. eines Topfes mit leicht ausbiegendem Rand und Innenkehlung.
Obfl: kreidig, uneben, innen dunkelgrau (10YR 4/1), außen grau (10YR 5/1).
Scherben: porös, feinporig, feine Körnung, grau (10YR 5/1).
Spätes Mittelalter/Frühe Neuzeit
Fd. Nr. 149 aus **Bef. Nr. 207** (Periode 5)

31 Topf (Taf. 28)
Rdm: 26,5 cm
Rand-Wandfrgmt. eines Topfes mit langgestreckter Hals-Schulterzone und leicht ausgestelltem Rand.
Obfl: kreidig, uneben dunkelgrau (10YR 4/1).

Scherben: porös, feinporig, feine Körnung, dunkelgrau (10YR 4/1).
Spätes Mittelalter/Frühe Neuzeit
Fd. Nr. 145 aus **Bef. Nr. 340** (Periode 5)

32 Topf (Taf. 28)
Rdm: 19,5 cm
Rand-Wandfrgmt. eines Gefäßes mit ausbiegendem Rand; Randabschluß nach außen abgestrichen und Innenkehlung.
Obfl: kreidig, uneben, dunkelgrau (7.5YR N4).
Scherben: porös, feinporig, feine Körnung, grau (10YR 6/1).
Spätes Mittelalter/Frühe Neuzeit
Fd. Nr. 138 aus **Bef. Nr. 354** (Periode 3)

33 Topf (Taf. 28)
Rdm: 13 cm
Rand-Wandfrgmt. eines Topfes mit zylindrischem Hals, leicht ausbiegendem Rand und kaum sichtbarer Innenkehlung.
Obfl: kreidig, uneben, dunkelgrau (7.5YR N4).
Scherben: porös, feinporig, feine Körnung, grau (10YR 6/1).
Spätes Mittelalter/Frühe Neuzeit
Fd. Nr. 138 aus **Bef. Nr. 354** (Periode 3)

34 Schale oder Schüssel (Taf. 28)
Rdm: 23,5 cm
Randfrgmt. eines leicht verdickten, abgerundeten Randes; innen etwas profiliert.
Obfl: feinsandig, kreidig, innen hellbräunl.grau (10YR 6/2) außen grau (10YR 5/1).
Scherben: porös, feinporig, feine Körnung, grau (10YR 6/1).
Spätes Mittelalter/Frühe Neuzeit
Fd. Nr. 138 aus **Bef. Nr. 354** (Periode 3)

35 Topf (o. Abb.)
Rdm: 22 cm
Randfrgmt. wie **Kat. Nr. 28**.
Obfl: kreidig, uneben, dunkelgrau (7.5YR N4).
Scherben: porös, feinporig, feine Körnung, grau (10YR 6/1).
Spätes Mittelalter/Frühe Neuzeit
Fd. Nr. 118 aus **Bef. Nr. 253** (Periode 5)

36 Schale oder Schüssel (o. Abb.)
Dm: nicht ermittelbar
Randfrgmt. eines einfachen, unprofilierten Randes; wohl eine Schale.
Obfl: feinsandig, Tonschlicker (?), grau (10YR 5/1).
Scherben: porös, feinporig, feine Körnung, hellgrau (10YR 7/1).
Spätes Mittelalter/Frühe Neuzeit
Fd. Nr. 149 aus **Bef. Nr. 207** (Periode 5)

37 Schale oder Schüssel (o. Abb.)
Dm: nicht ermittelbar
Randfrgmt. eines einfachen, nach innen einziehenden Randes.
Obfl: feinsandig, uneben, dunkelgrau (10YR 4/1).
Scherben: porös, feinporig, feine Körnung, dunkelgrau (10YR 4/1).
Spätes Mittelalter/Frühe Neuzeit
Fd. Nr. 1018 aus **Bef. Nr. 1028** (Periode 4)

38 Bodenfragment (o. Abb.)
Dm: nicht ermittelbar
Bodenfrgmt. wie **Kat. Nr. 11**.
Obfl: feinsandig, innen grau (10YR 6/1,5) außen dunkelgrau (10YR 3/1).
Scherben: porös, feinporig, feine Körnung, grau (10YR 6/1).
Sekundär verbrannt?
Spätes Mittelalter/Frühe Neuzeit
Fd. Nr. 503 aus **Bef. Nr. 445** (Periode 4)

39 Topf (Taf. 28)
Rdm: 19 cm
Randfrgmt. eines Topfes mit aufgestelltem, abgerundetem Rand und Profilrillen auf der Außenseite sowie Innenkehlung.
Obfl: feinsandig, dunkelgrau (10YR 4/1).
Scherben: porös, feinporig, feine Körnung, grau (10YR 6,5/1).
Spätes Mittelalter/Frühe Neuzeit
Fd. Nr. 310 aus **Bef. Nr. 445** (Periode 4)

40 Topf (o. Abb.)
Rdm: 22 cm
Rand-Wandfrgmt. eines Topfes mit fast horizontal umbiegendem Rand.
Obfl: geglättet, dunkelgrau (10YR 4/1).
Scherben: porös, feinporig, feine Körnung, grau (10YR 5/1).
Spätes Mittelalter/Frühe Neuzeit
Fd. Nr. 320 aus **Bef. Nr. 445** (Periode 4)

41 Fragment eines sog. Bräters (Taf. 28)
Dm: nicht ermittelbar; H: wohl 3 cm
Rand-Wandfrgmt. eines Bräters mit wohl flach-ovalen Boden, niedriger Wand und horizontal abgestrichenem Randabschluß.
Obfl: kreidig, innen blasig, außen geglättet, grau (10YR 5/1).
Scherben: feinporig mit wenigen größeren Poren, fein Körnung, grau (10YR 5/1).
Gefäßform im Groppenbrucher Produktionsspektrum vertreten. Vgl. BERGMANN 1993, 35 Abb. 4,15.
Spätes Mittelalter/Frühe Neuzeit
Fd. Nr. 631 aus **Bef. Nr. 820** (Periode vor 4)

Kataloggruppe 3 – Unverziertes Steinzeug

42 Topf (Taf. 28)
Rdm: 17 cm
Randfrgmt. eines Topfes mit innen verdicktem, gerundetem

Rand und senkrechter Außenseite.
Obfl: matt glas. (Anflugglasur?), engobiert, innen gelbl. braun (10YR 5/5), außen hell gelbl.braun (10YR 6/4).
Scherben: grau (10YR 5/1).
Fd. Nr. 431 aus Bef. Nr. 444 (Periode 4)

43 Topf (Taf. 29)

Rdm: 18 cm
Randfrgmt. eines einfachen, umbiegenden Randes mit drei feinen Profilrillen auf der Außenseite; sehr dünne Wandung.
Obfl: salzglas., engobiert, gelbl.braun (10YR 5/4).
Scherben: grau (10YR 6/1).

Fd. Nr. 376 aus Bef. Nr. 506 (Periode nicht bestimmt)

44 Doppelhenkeltopf (Taf. 29)

Rdm: 15 cm
Drei zus. Rand/Wandfrgmt. eines bauchigen Topfes mit kantig profiliertem Knickrand und Innenkehlung. Die bandförmigen Henkel (einer erhalten) sind waagerecht auf der Schulterzone angarniert.
Obfl: innen uneben, hellgrau (2.5Y 7/2); außen glas., engobiert (?), blaßbraun (10YR 6/3).
Scherben: grau (10YR 6/1).

Gefäße dieser Art entsprechen Westerwälder Produktion; sie kommen aber auch in Frechener Werkstattabfällen vor.
17. Jahrhundert
Fd. Nr. 1031 aus Bef. Nr. 1085 (Periode 5)

45 Topf (Taf. 29)

Rdm: 13 cm
Randfragment wie **Kat. Nr. 43**, ohne Profilrillen.
Obfl: glas., engobiert, gelbl.braun (10YR 5/4) und grau (10YR 6/1).
Scherben: grau (10YR 6/1).

Fd. Nr. 1017 aus Bef. Nr. 1020 (Periode 5)

46 Doppelhenkeltopf (Taf. 29)

Rdm: 20 cm
Drei zus. Rand-Wandfrgmt. eines faßförmigen Gefäßes. Ein profilierter, wulstiger Henkel ist auf der Schulter waagerecht angarniert. Der Rand biegt horizontal nach außen um und bildet eine vertiefte Auflagefläche (Deckelfalz). Die Randunterseite hat zwei Profilwülste. Auf der Schulterzone umlaufen Profilrillen den Gefäßkörper.
Obfl: glas., engobiert, teilw. dunkelgelbl.braun (10YR 4/6), teilw. hellbräunl.grau (2.5Y 6/2).
Scherben: sehr blaßbraun (10YR 6/3).

Evtl. Gefäß Langerweher Art.
17. Jahrhundert
Fd. Nr. 668 aus Bef. Nr. 896 (Periode 4); **Fd. Nr. 664, 671 aus Bef. Nr. 889** (Periode vor 6)

47 Topf (Taf. 30)

Rdm: 11 cm
Drei zus. Rand-Wandfrgmt. eines bauchigen Topfes mit verdicktem, abgerundetem Rand und Innenkehlung. Auf dem Hals ein schmaler Profilsteg, auf der Schulter eine feine Profilrille.
Obfl: innen hellgelbl.braun (10YR 6/4), außen salzglas., dunkelgelbl.braun (10YR 4/6 u. 3/6).
Scherben: grau (10YR 6/1).

Gefäß ähnelt den einfachen Vorratsgefäßen Westerwälder Art, könnte aber auch in Frechen hergestellt sein Die dortigen Werkstattabfallfunde lassen eine genaue Datierung allerdings nicht zu.
Möglicherweise beginnendes 17. Jahrhundert.
Fd. Nr. 58 aus Bef. Nr. 89 (Periode unbestimmt); **Fd. Nr. 626 aus Bef. Nr. 708** (Periode vor 4)

48 Wellenfußfragment (Taf. 30)

Bdm: 16 cm
Bodenfrgmt. eines Wellenfußgefäßes.
Obfl: salzglas., teilw. engobiert, innen hellgrau (10YR 7/2) und dunkelbraun (10YR 2/2), außen dunkelbraun (7.5YR 3/2 u. 5/8) bis hellbraun (10YR 6/4).
Scherben: sehr blaßbraun (10YR 7/3,5).

Wohl Langerweher Art.
Fd. Nr. 253 aus Bef. Nr. 553 (Periode 3)

49 Wellenfußfragment (o. Abb.)

Dm: nicht ermittelbar
Frgmt. eines nicht stark ausgebildeten Wellenfußes.
Obfl: engobiert, mattglänzend, dunkelbraun (2.5YR 2,5/4).
Scherben: sehr blaßbraun (10YR 7/3).

Fd. Nr. 500 aus Bef. Nr. 276 (Periode 3)

50 Topf (Taf. 30)

Rdm: 13 cm
Rand-Wandfrgmt. eines kugelförmigen Topfes mit kurzem aufgestellten, horizontal abgestrichenem Rand; Gefäßwandung mit flachen Profilwülsten.
Obfl: Anflugglasur, engobiert, dunkelrotbraun, (5YR 3/3).
Scherben: sehr blaßbraun (10YR 7/3).

15./16. Jahrhundert
Fd. Nr. 119 aus Bef. Nr. 300 (Periode 5)

51 Fuß und Bodenfragment eines Dreibeingefäßes (Taf. 30)

ca. 5 x 8 cm
Zwei zus. Frgmt. (Fuß und Bodenfrgmt.) eines Dreibeingefäßes mit bandförmigem Fuß und geradem Boden.
Obfl: Anflugglasur, engobiert, dunkelrotbraun (5YR 3/3).
Scherben: sehr blaßbraun (10YR 7/3).

Fd. Nr. 216 aus Bef. Nr. 328 (Periode vor 4)

52 Topf (Taf. 30)

Rdm: 11 cm
Rand-Wandfrgmt. eines Topfes mir flach abfallender Schulter und verdicktem, spitz zulaufendem Rand.
Obfl: Anflugglasur, engobiert, dunkelrotbraun (5YR 3/3).
Scherben: weiß (10YR 8/2,5).

15./16. Jahrhundert
Fd. Nr. 592 aus **Bef. Nr. 786** (Periode 4)

53 Wellenfußfragment (o. Abb.)

Bdm: 7,5 cm (innen)
Bodenfrgmt. (mit Wandungsteil) mit abgescherbtem Wellenfuß. Wandung innen mit deutlichen Drehspuren.
Obfl: Anflugglasur, innen sehr blaßbraun (10YR 8/3), außen engobiert, dunkelrotbraun (2.5YR 3/4).
Scherben: sehr blaßbraun (10YR 8/3).

Fd. Nr. 503 aus **Bef. Nr. 445** (Periode 4)

54 Topf (Taf. 30)

Rdm: 13 cm
Zwei zus. Rand-Wandfrgmt. eines Topfes mit flach abfallender Schulter und verdicktem, innen gerundetem, außen unterschnittenem kurzen Rand.
Obfl: Anflugglasur, engobiert, innen gelbl.rot (5YR 4/6), außen rot (2.5YR 3/6).
Scherben: sehr blaßbraun (10YR 8/4).

15./16. Jahrhundert
Fd. Nr. 1017 aus **Bef. Nr. 1020** (Periode 5)

55 Topf (Taf. 30)

Rdm: 15,5 cm
Rand-Wandfrgmt. mit flach gewölbter Schulter; Rand wie **Kat. Nr. 50**.
Obfl: Anflugglasur, teilw. engobiert, innen gelbl.rot (5YR 4/6), außen dunkelrotbraun (5YR 3/4) und bräunl. grau (10YR 6/2).
Scherben: sehr blaßbraun (10YR 8/3).

15./16. Jahrhundert
Fd. Nr. 238 aus **Bef. Nr. 206** (Periode 5)

56 Wellenfußfragment (Taf. 31)

Bdm: 8 cm
Bodenfragment mit ausgeprägtem Wellenfuß.
Obfl: Ascheanflugglasur („geflammt"), innen weiß (2.5YR 8/2), außen hellgrau (10YR 7/2) und rötl.gelb (7.5YR 6/6).
Scherben: sehr blaßbraun (10YR 8/4).

15./16. Jahrhundert
Fd. Nr. 1017 aus **Bef. Nr. 1020** (Periode 5)

57 Wellenfußfragment (Taf. 31)

Bdm: 10 cm
Bodenfrgmt. wie **Kat. Nr. 56**.
Obfl: salzglas., engobiert, innen grau (5Y 6/1), außen gräul. braun (2.5Y 5/2) und dunkelgelbl.braun (10YR 3/4).
Scherben: grau (10YR 6/1).

15./16. Jahrhundert
Fd. Nr. 591 aus **Bef. Nr. 782** (Periode 6)

58 Wellenfußfragment (Taf. 31)

Bdm: 13 cm
Zwei zus. Boden/Wandfrgmt. eines größeren Gefäßes mit Wellenfuß.
Obfl: salzglas., innen dunkelbraun (7.5YR 4/4), außen grau (10YR 6/1).
Scherben: dunkelgrau (7.5YR N5).

Langerweher Art
Fd. Nr. 332 aus **Bef. Nr. 458** (Periode 3)

59 Wellenfußfragment (Taf. 31)

Bdm: 14 cm
Vier zus. Frgmt. eines Wellenfußgefäßes mit weit ausladender Wandung.
Obfl: schwach salzglas., engobiert, rot (2.5YR 4/6) mit hellgrau (2.5Y 7/2).
Scherben: sehr blaßbraun (10YR 7/3).

Langerweher Art
Fd. Nr. 518 aus **Bef. Nr. 448** (Periode nach 3)

60 Wellenfußfragment (o. Abb.)

Bdm: 7 cm
Bodenfrgmt. wie **Kat. Nr. 56**
Obfl: Ascheanflugglasur („geflammt"), innen hellgrau (10YR 7/2), außen hellgrau (10YR 7/2) und rot (2.5YR 5/6).
Scherben: hellgrau (10YR 7/2).

15./16. Jahrhundert
Fd. Nr. 353 aus **Bef. Nr. 328** (Periode vor 4)

61 Wellenfußfragment (Taf. 31)

Bdm: 15 cm
Sechs zus. Frgmt. eines großen Wellenfußes.
Obfl: Ascheanflugglasur („geflammt"), innen bräunl.grau (2.5Y 6/2,5), außen hellgrau (2.5YR 7/2) und gelbl.rot (5YR 5/6).
Scherben: grau (2.5YR 6/2).

15./16. Jahrhundert
Fd. Nr. 363 aus **Bef. Nr. 340** (Periode 5)

62 Bodenfragment (Taf. 31)

Bdm: 11 cm
Boden-Wandfrgmt. eines bauchigen Gefäßes mit Standboden und deutlichen Drehriefen außen und innen.
Obfl: matt salzglas. engobiert, innen gelbl. braun (10YR 5/8), außen tiefbraun (7.5YR 5/6).
Scherben: grau (10YR 6/1).

16./17. Jahrhundert
Fd. Nr. 547 aus **Bef. Nr. 716** (Periode vor 3)

63 Bodenfragment (Taf. 31)

Bdm: ca. 11 cm
Boden-Wandfrgmt. eines Gefäßes ähnl. **Kat. Nr. 62**.
Obfl: matt salzglas., engobiert, innen blaßbraun (10YR 6/3), außen hellbräunl.grau (10YR 6/2) und hellgelbl.braun (10YR 6/4).
Scherben: sehr blaßbraun (10YR 7/4).

16./17. Jahrhundert
Fd. Nr. 171 aus **Bef. Nr. 381** (Periode 4)

64 Bodenfragment (Taf. 31)

Bdm: 7,5 cm
Drei zus. Frgmt. eines wohl birnenförmigen Kruges (?) mit Standboden und profilierter, abgesetzter Fußzone.
Obfl: innen hellgrau (2.5Y N7), außen salzglas. (?), gelbl. braun (10YR 5,5/6).
Scherben: grau (10YR 6/1).

Bodenform bei Köln/Frechener Gefäße vorhanden.
16./17. Jahrhundert
Fd. Nr. 309 aus **Bef. Nr. 445** (Periode 4)

65 Zylinderhalsfragment (o. Abb.)

Rdm: 8 cm
Randfrgmt. eines Zylinderhalses mit drei gleichmäßig dicken Profilwülsten.
Obfl: salzglas., engobiert, dunkelbraun (10YR 3/4).
Scherben: grau (10YR 6/1).

16./17. Jahrhundert
Fd. Nr. 149 aus **Bef. Nr. 207** (Periode 5)

66 Zylinderhalsfragment (Taf. 32)

Rdm: 6 cm
Randfrgmt. eines Zylinderhalses mit drei unterschiedl. dicken Profilwülsten.
Obfl: glas., innen hellgrau (2.5Y 7/2), außen engobiert, dunkelgelbl.braun (10YR 4/6).
Scherben: grau (10YR 6/1).

16./17. Jahrhundert
Fd. Nr. 1017 aus **Bef. Nr. 1020** (Periode 5)

67 Zylinderhalsfragment (Taf. 32)

Rdm: 5 cm
Zwei zus. Frgmt. eines Zylinderhalses, außen ein Profilsteg.
Obfl: Anflugglasur, engobiert, dunkelbraun (5YR 4/6).
Scherben: grau (5YR 5/1).

15./16. Jahrhundert
Fd. Nr. 313 aus **Bef. Nr. 254** (Periode 4)

68 Zylinderhalsfragment (Taf. 32)

Rdm: 5 cm
Randfrgmt. wie **Kat. Nr. 65**.
Obfl: Anflugglasur, engobiert, dunkelbraun (7.5YR 3/4).
Scherben: hellgrau (10YR 7/2).

15./16. Jahrhundert
Fd. Nr. 309 aus **Bef. Nr. 445** (Periode 4)

69 Zylinderhalsfragment (Taf. 32)

Rdm: 9 cm
Zwei Randfrgmt. eines weitmundigen zylindrischen Halses, außen ein Profilsteg; unterhalb des Steges drei feine Rillen.
Obfl: Anflugglasur, engobiert, dunkelrötl.braun (2.5YR 3/4).
Scherben: sehr blaßbraun (10YR 8/3).

Fd. Nr. 1017 aus **Bef. Nr. 1020**; **Fd. Nr. 1002** aus **Bef. Nr. 1004** (Periode 5)

70 Wellenfußfragment (Taf. 32)

Bdm: 5 cm
Bodenfrgmt. eines kleinen Wellenfußes.
Obfl: Ascheanflugglasur („geflammt"), innen hellgrau (10YR 7/2), außen gelbl.rot (5YR 5/8).
Scherben: hellgrau (10YR 7/2).

15./16. Jahrhundert
Fd. Nr. 212 aus **Bef. Nr. 279** (Periode 6)

71 Wellenfußfragment (o. Abb.)

Bdm: 4 cm (innen)
Abgescherbtes Frgmt. eines Wellenfußes.
Obfl: Ascheanflugglasur („geflammt"), innen hellgrau (10YR 7/2), außen sehr blaßbraun (10YR 8/3) und gelbl.rot (5YR 5/8).
Scherben: sehr blaßbraun (10YR 8/3).

15./16. Jahrhundert
Fd. Nr. 547 aus **Bef. Nr. 716** (Periode vor 3)

72 Zylinderhalsfragment (Taf. 32)

Rdm: 8 cm
Randfrgmt. eines unprofilierten, verdickten Randes mit leichter konkaver Neigung.
Obfl: innen rosa (7.5YR 7/4), außen weiß (2.5Y N8).
Scherben: hellgelb (2.5Y 8/2).

Die Randform ist keinem typischen Zylinderhalsgefäß zuzuordnen. Dem Scherben und der Scherbenfarbe nach am ehesten Siegburger Art.
Fd. Nr. 1016 aus **Bef. Nr. 814** (Periode 5)

73 Zylinderhalsfragment (Taf. 32)

Rdm: 8 cm
Randfrgmt. eines zylindrischen Halses mit unterschiedlich breiten Profilrillen.
Obfl: innen hellgrau (10YR 7/2), außen Anflugglasur, weiß (10YR 8/2).
Scherben: hellgrau (10YR 7/2).

16./17. Jahrhundert
Fd. Nr. 145 aus **Bef. Nr. 340** (Periode 5)

74 Zylinderhalsfragment (Taf. 32)

Rdm: 7cm
Zwei zus. Randfrgmt. eines zylindrischen Halses mit zwei flachen Profilwülsten.
Obfl: innen weiß (10YR 8/1), außen Anflugglasur, weiß (10YR 8/1) und hellgrau (10YR 7/2).
Scherben: weiß (10YR 8/1).

16./17. Jahrhundert
Fd. Nr. 201, 353 aus **Bef. Nr. 328** (Periode vor 4); **Fd. Nr. 309** aus **Bef. Nr. 445** (Periode 4)

75 Zylinderhalsfragment (Taf. 32)

Rdm: 7 cm
Randfrgmt. eines zylindrischen Halses mit zwei Profilwülsten.
Obfl: weiß (5Y 8/1).
Scherben: weiß (5Y 8/1).

16./17. Jahrhundert
Fd. Nr. 448 aus **Bef. Nr. 445** (Periode 4)

76 Trichterhalsfragment (Taf. 32)

Rdm: 9 cm
Frgmt. eines Trichterrandes.
Obfl: innen weiß (10YR 8/1), außen Ascheanflugglasur („geflammt"), hellgrau (2.5Y 7,5/2).
Scherben: sehr blaßbraun (10YR 8/3).

15./16. Jahrhundert
Fd. Nr. 179 aus **Bef. Nr. 332** (Periode 5)

77 Trichterhalsfragment (Taf. 32)

Rdm: 7 cm
Frgmt. eines Trichterrandes mit feinen Drehrillen.
Obfl: innen hellgrau (10YR 7/1), außen Ascheanflugglasur („geflammt"), bräunl.gelb (10YR 6/6).
Scherben: weiß (10YR 8/2).

15./16. Jahrhundert
Fd. Nr. 202 aus **Bef. Nr. 189** (Periode 5)

78 Trichterhalsfragment (Taf. 32)

Rdm: 10 cm
Frgmt. eines Trichterrandes mit feinen Profilrillen auf der unteren Hälfte.
Obfl: kreidig, innen hellgrau (10YR 7/1), außen hellgrau (10YR 7,5/2).
Scherben: hellgrau (10YR 7/1).

15./16. Jahrhundert
Fd. Nr. 353 aus **Bef. Nr. 328** (Periode vor 4)

79 Trichterhalsfragment (Taf. 32)

Rdm: 8 cm
Frgmt. eines Trichterrandes mit zwei feinen Profilrillen.
Obfl: innen hellgrau (10YR 7/1,5), außen blaßgelb (2.5Y 7/4).
Scherben: hellgrau (10YR 7/2).

15./16. Jahrhundert
Fd. Nr. 431 aus **Bef. Nr. 444** (Periode 4)

80 Trichterhalsfragment (o. Abb.)

Rdm: 8 cm
Frgmt. eines außen leicht gerundeten Trichterrandes.
Obfl: innen hellgrau (10YR 7/1), außen Ascheanflugglasur („geflammt"), hellgrau (10YR 7/1), und bräunl.gelb (10YR 6/6).
Scherben: sehr blaßbraun (10YR 7/3).

15./16. Jahrhundert
Fd. Nr. 498 aus **Bef. Nr.?** (Periode unbestimmt)

81 Trichterhalsfragment (Taf. 32)

Rdm: 7 cm
Drei zus. Frgmt. eines Trichterrandes mit Profilrillen.
Obfl: innen kreidig, hellgrau (10YR 7/2), außen Ascheanflugglasur („geflammt"), hellgrau (10YR 7/2) und gelbl.rot (5YR 5/6).
Scherben: hellgrau (10YR 7/2).

15./16. Jahrhundert
Fd. Nr. 527 aus **Bef. Nr. 421** (Periode 3)

82 Trichterhalsfragment (Taf. 32)

Rdm: 10 cm
Zwei zus. Frgmt. eines Trichterrandes mit feinen Profilrillen.
Obfl: innen kreidig, hellgrau (10YR 7/2), außen Ascheanflugglasur („geflammt"), hellgrau (10YR 7/2) und rötl.gelb (5YR 6/6).
Scherben: hellgrau (10YR 7/2).

15./16. Jahrhundert
Fd. Nr. 446 aus **Bef. Nr. 445** (Periode 4)

83 Trichterhalsfragment (Taf. 32)

Rdm: 10 cm
Randfrgmt. wie **Kat. Nr. 79**.
Obfl: innen kreidig, hellgrau (10YR 7/2), außen Ascheanflugglasur („geflammt"), hellgrau (10YR 7/2) und hellgelbl. braun (10YR 6/4).
Scherben: sehr blaßbraun (10YR 7/3).

15./16. Jahrhundert
Fd. Nr. 540 aus **Bef. Nr. 717** (Periode vor 3)

84 Trichterhalsfragment (o. Abb.)

Rdm: 7 cm
Randfrgmt. eines Trichterrandes.
Obfl: Anflugglasur, innen grau (2.5Y N5), außen gräul. braun (2.5Y 5/2).
Scherben: grau (10YR 5/1).

15./16. Jahrhundert
Fd. Nr. 518 aus **Bef. Nr. 448** (Periode nach 3)

85 Trichterhalsfragment (Taf. 32)

Rdm: 10 cm
Zwei zus. Frgmt. eines Trichterrandes; unterhalb des Randabschlusses sechs Profilrillen; darunter zwei Blütenstempel.
Obfl: kreidig, teilw. matt glas., hellgrau (2.5Y 7/2).
Scherben: hellgrau (2.5Y 7/2).

Stempeleindrücke auf Gefäßen Siegburger Art belegt. Vgl. HÄHNEL 1992, 218 Kat. Nr. 1153.
16. Jahrhundert
Fd. Nr. 1018 aus **Bef. Nr. 1028** (Periode 4)

86 Trichterhalsfragment (o. Abb.)

Rdm: 7,5 cm
Frgmt. eines Trichterrandes.

Obfl: innen kreidig, hellgrau (5Y 7/1), außen glas., teilw. abgeblättert, gelbl.braun (10YR 5,5/6).
Scherben: hellgrau (5Y 7/1).

15./16. Jahrhundert
Fd. Nr. 1017 aus **Bef. Nr. 1020** (Periode 5)

87 Trichterhalsfragment (o. Abb.)

Rdm: 7 cm
Drei zus. Frgmt. eines Trichterrandes.
Obfl: kreidig, weiß (5Y 8/1).
Scherben: weiß (5Y 8/1).

15./16. Jahrhundert
Fd. Nr. 448, 488 aus **Bef. Nr. 445** (Periode 4)

88 Trichterhalsfragment (Taf. 32)

Rdm: 8 cm
Größeres Frgmt. eines Trichterrandes mit Ansatz des Hals.
Obfl: kreidig, innen weiß (5Y 8/1), außen hellgrau (2.5Y 7,5/2).
Scherben: weiß (2.5Y 8/2).

15./16. Jahrhundert
Fd. Nr. 1018 aus **Bef. Nr. 1028** (Periode 4)

89 Kleingefäß, sog. Apothekentöpfchen (Taf. 32)

Rdm. 5 cm
Fragment eines Kleingefäßes mit abgerundetem, leicht unterschnittenem Rand.
Obfl: glas., feinsandig, braun (7.5YR 4,5/4).
Scherben: grau (10YR 6/1).

Einziges Kleingefäß aus STZ aus einem Befundzusammenhang vor 1700.
wohl 17. Jahrhundert
Fd. Nr. 448 aus **Bef. Nr. 445** (Periode 4)

Kataloggruppe 4 – verziertes Steinzeug Köln/Frechener Art

90 Zylinderhalskrug (Taf. 33)

Rdm: 9 cm
Zwei zus. Frgmt. eines zylindrischen Randes. Zwischen zwei flachen Profilleisten befindet sich ein Band aufgelegter, dicht nebeneinanderliegender Rosetten.
Obfl: salzglas., innen feine Drehriefen, hellgrau (10YR 7/1), außen engobiert, gelbl.braun (10YR 5/6).
Scherben: grau (10YR 6/1).

16./17. Jahrhundert
Fd. Nr. 428, 503 aus **Bef. Nr. 445** (Periode 4)

91 Zylinderhalskrug (Taf. 33)

Rdm: 6,5 cm
Zwei zus. Frgmt. eines leicht nach außen gestellten Steilrandes. Zwischen einem flachen Profilsteg und einer Profilrille liegen zwei (von urspr. fünf) Blütenauflagen.

Obfl: innen bräunl.gelb (10YR 6,5/6), außen salzglas. engobiert, braun (7.5YR 4/6).
Scherben: grau (10YR 6,5/1).

Wohl Frechener Art. Vgl. KLEINE 1992, 52.
1. Hälfte 16. Jahrhundert
Fd. Nr. 309, 409 aus **Bef. Nr. 445** (Periode 4)

92 Fragment eines „Bartmannkruges" (Taf. 33)

ca. 5,5 x 3,5 cm
Frgmt. der Bartmaske eines Bartmannkruges.
Obfl: innen sehr blaßbraun (10YR 8/4), außen matt salzglas., engobiert, dunkelgelbl.braun (10YR 4/4).
Scherben: grau (10YR 5/1).

Wohl Frechener Art. Vgl. JÜRGENS/KLEINE 1990, 345.
Mitte 16. Jahrhundert
Fd. Nr. 1002 aus **Bef. Nr. 1004** (Periode 5)

93 Fragment eines „Bartmannkruges" (Taf. 33)

ca. 8 x 6 cm
Frgm. der Bartmaske eines Bartmannkruges. Gesicht in naturalistischer Darstellung z.T. erhalten. Augen und Mund mit Kobaltblau bemalt.
Obfl: innen rosagrau (5YR 6/2,5), außen salzglas. engobiert gelbl.rot (5YR 4/5).
Scherben: hellgrau (10YR 7/1).

Frechener Art. Vgl. blaue Bemalung der Augen und des Mundes bei KLINGE 1979, 17 Nr. 14.
2. Hälfte 16. Jahrhundert
Fd. Nr. 1032 aus **Bef. Nr. 1065** (Periode vor 5)

94 Fragment eines „Bartmannkruges" (Taf. 33)

ca. 7 x 5 cm
Frgmt. der Bartmaske eines Bartmannkruges
Obfl: innen grau (10YR 7/1) und sehr blaßbraun (10YR 7/3), außen salzglas., engobiert, gelbl. braun (10YR 5/8).
Scherben: grau (10YR 5/1).

Frechener Art. Vgl. KLEINE 1992, 80 f.
1. Hälfte 16. Jahrhundert
Fd. Nr. 171 aus **Bef. Nr. 381** (Periode 4) und Lesefund

95 Krug, „Bartmannkrug" (?) (Taf. 33)

ca. 11 x 6,5 cm
Zwei zus. Frgmt. eines bauchiges Gefäßes mit aufgelegtem umlaufenden Fries, in dem Ranken und Gesichtsprofile dargestellt sind. Die Gesichtsprofile wiederholen sich als Rundauflagen auf dem Gefäßkörper.
Obfl: innen sehr blaßbrau (10YR 8/4), außen salzglas., engobiert, „getigert", grau (10YR 6/1) und dunkelgelbl.braun (10YR 4/4).
Scherben: grau (10YR 6/1).

Köln/Frechener Art. Vgl. KLINGE 1979, 16,10. – Korrespondierende Gesichtsprofile auch für Siegburger Steinzeug belegt; vgl. HÄHNEL/HALM 1992, 114 Nr. 203F152.16.
2. Hälfte 16. Jahrhundert
Fd. Nr. 1018 aus **Bef. Nr. 1028** (Periode 4)

96 Auflagenfragment (Taf. 33)

ca. 4 x 3,5 cm
Zwei zus. Frgmt. einer Auflage mit Wildschwein (?)
Obfl: engobiert, innen dunkelbraun (7.5YR 4,5/4), außen salzglas., braun (7.5YR 5/6).
Scherben: grau (7.5YR N6).

Köln/Frechener Art. Jagdszenen auf rheinl. Steinzeug belegt bei KLINGE 1979, 21.23. Auch auf Siegburger Steinzeug; vgl. HÄHNEL/HALM 1992, 118 Nr. 352M36.12F141.13.
16./Anfang 17. Jahrhundert
Fd. Nr. 345 aus **Bef. Nr. 339** (Periode 5)

97 Auflagenfragment (o. Abb.)

ca. 3 x 3 cm
Frgmt. eines Schriftfrieses: ...„RICH"...
Obfl: innen sehr blaßbraun (10YR 8/3,5), außen salzglas., engobiert, rötlgelb (7.5YR 6/6).
Scherben: sehr blaßbraun (10YR 8/3,5).

Schriftbänder auf rheinl. Steinzeug im 16. Jahrhundert belegt. Vgl. KLEINE 1992, 80 f.
16. Jahrhundert
Fd. Nr. 439 aus **Bef. Nr. 445** (Periode 4)

98 Wandfragment eines Kruges (o. Abb.)

ca. 4 x 4 cm
Drei zus. Frgmt. eines Kruges mit Rosenblattdekor.
Obfl: salzglas., innen hellgrau (7.5YR N7), außen engobiert, brau (7.5YR 5/6).
Scherben: hellgrau (7.5YR N7,5).

Köln/Frechener Art. Vgl. für Rosenblattdekor REINEKING VON BOCK 1986, 231.263.
16. Jahrhundert
Fd. Nr. 309 aus **Bef. Nr. 445** (Periode 4)

99 Wandfragment (Taf. 33)

ca. 3,5 x 3,5 cm
Frgmt. eines Gefäßes. Auf einer flachen Leiste liegen untereinander mehrere Eindrücke eines Formholzes; auf der Gefäßwandung feine sternförmige Stempeleindrücke.
Obfl: salzglas., innen hellgrau (10YR 7/1), außen engobiert, „getigert", gelbl.braun (10YR 5/4) und hellbräunl.grau (10YR 6/2).
Scherben: grau (10YR 6/1).

Lt. freundl. Auskunft von D. Kleine sind Stempeleindrücke auf Frechener und Rheinländischem Steinzeug nicht ungewöhnlich, seltener sind dagegen die Formholzeindrücke.
Fd. Nr. 395 aus **Bef. Nr. 445** (Periode 4)

100 Wandfragment (o. Abb.)

ca. 3 x 2 cm
Wandfrgmt. einer Rundauflage; Darstellung nicht erkennbar.
Obfl: innen hellrötl.braun (5YR 6/4), außen, salzglas., engobiert, dunkelbraun (7.5YR 4/4).
Scherben: mittelgroße Magerungspartikel, hellrötl.braun (5YR 6/4).

Fd. Nr. 309 aus **Bef. Nr. 445** (Periode 4)

101 Bodenfragment (Taf. 33)

Bdm: 6 cm
Bodenfrgmt. wohl eines Kruges mit Standboden und Eichenblattdekor.
Obfl: salzglas., engobiert?, sehr blaßbraun (10YR 7/4).
Scherben: sehr blaßbraun (10YR 7/4).

Köln/Frechener Art.
16. Jahrhundert
Fd. Nr. 363 aus **Bef. Nr. 340** (Periode 5)

102 Wandfragment (o. Abb.)

ca. 6 x 4,5 cm
Wandfrgmt. wohl eines Kruges mit Rosenblattdekor.
Obfl: salzglas., innen hellgrau (2.5Y 7/2), außen engobiert, rötl.gelb (7.5YR 6/6).
Scherben: grau (10YR 6/1)

S. Kat. Nr. 98
16. Jahrhundert
Fd. Nr. 1017 aus **Bef. Nr. 1020** (Periode 5)

103 Wandfragment (Taf. 33)

ca. 4 x 2 cm
Wandfrgmt. eines Kruges mit Eichenblattdekor.
Obfl: salzglas., innen hellgrau (10YR 7/1), außen engobiert, braun (10YR 5/3).
Scherben: grau (10YR 6/1).

Köln/Frechener Art. Vgl. KLINGE 1979, 16,11.
Mitte 16. Jahrhundert
Fd. Nr. 518 aus **Bef. Nr. 448** (Periode nach 3)

104 Auflagenfragment (o. Abb.)

ca. 3 x 2 cm
Kleines Auflagenfrgmt. mit Rosenblattdekor.
Obfl: salzglas., innen weiß (2.5Y 8/3), außen engobiert, tief braun (7.5YR 5/6).
Scherben: grau (2.5Y N6).

S. Kat. Nr. 98.
16. Jahrhundert
Fd. Nr. 1032 aus **Bef. Nr. 1065** (Periode vor 5)

105 Wandfragment (Taf. 33)

ca. 3 x 3 cm
Frgmt. einer Randauflage mit Männerprofil.
Obfl: uneben, innen weiß (10YR 8/2), außen schwach glas., engobiert, gelbl.rot (5YR 4/6).
Scherben: sehr porös, weiß (10YR 8/2).

Köln/Frechener Art. Bei KLEINE sind diese Profilportraits zusätzliche Dekorelemente auf Bartmannkrügen. Vgl. KLEINE 1992, 80 f.
1. Hälfte 16. Jahrhundert
Fd. Nr. 312 aus **Bef. Nr. 445** (Periode 4)

106 Wandfragment (Taf. 33)

ca. 3 x 5 cm
Frgmt. mit Formholzeindrücken auf einer flachen Auflage;

auf der Wandung Einstiche.
Obfl: innen hellgelbl.braun (10YR 6/4), außen salzglas., engobiert (?), hellbräunl.grau (2.5Y 6/2).
Scherben: hellgrau (10YR 7/2).

Lt. freundl. Ausk. von E. Klinge könnte das Frgmt. zu einer „Bartmannsfratze" gehören. Typologisch wandelte sich die naturalistische Darstellung der Bartmannsmaske ca. ab dem 17. Jahrhundert in eine betont ornamentale bis hin zur einfachen, flüchtigen Darstellung; vgl. dazu KLEINE 1992, 84 ff. – Am ehesten zeigen frühe Raerener Gesichtskrüge aus der 1. Hälfte des 16. Jahrhunderts ähnliche Dekorationselemente; vgl. dazu REINEKING VON BOCK 1989, 93,1.
1. Hälfte 16. Jahrhundert
Fd. Nr. 500 aus Bef. Nr. 276 (Periode 3)

106a Wandfragment (Taf. 33)

ca. 7 x 7 cm
Wandfrgmt. mit Paradiesdarstellung eines zylindrischen Gefäßes, wohl einer sog. Pinte. Eva mit angewinkeltem rechten Arm zwischen zwei Apfelbäumen.
Obfl: innen fingerbreite Eindrücke senkrecht zur Drehrichtung, hellgrau (10YR 7/1), außen: salzglas., engobiert, gelbl.braun (10YR 5/6) bis blaßbraun (10YR 7/3).
Scherben: hellgrau (10YR 7/1).

Vgl. REINEKING VON BOCK 1986, 245 Nr. 302 Taf. 14. Die große Ähnlichkeit des Wittener Frgm. mit dem dort abgebildeten legt die Vermutung nahe, daß dasselbe Model benutzt wurde. – E. Klinge verwies auf die senkrecht zur Drehrichtung verlaufenden Eindrücke. Dies könne evtl. ein Hinweis auf eine Nachahmung aus dem letzten Jahrhundert sein, da solche Spuren an „originalen" alten Gefäßen nie vorhanden sind. Im Zuge des Historismus wurden verzierte Steinzeuggefäße früherer Jahrhunderte nachgeahmt oder kamen als Fälschungen auf den Markt. Zu Fälschungen vgl. REINEKING VON BOCK 1986, 84 ff.
2. Viertel 16. Jahrhundert
Fd. Nr. 453 aus Bef. Nr. 640 (Periode 6)

Kataloggruppe 5 – Verziertes Steinzeug Siegburger Art

107 Wandfragment (Taf. 33)

ca. 7 x 5 cm
Frgmt. eines Gefäßes mit zackenartigem Schnittdekor. Anscheinend mit weißer Inkrustierung.
Obfl: hellgrau (10YR 7/2)
Scherben: hellgrau (10YR 7/2).

Für den Dekor bisher kein Vergleich.
Fd. Nr. 194 aus Bef. Nr. 332 (Periode 5)

108 Krug (o. Abb.)

ca. 10 x 6 cm
Frgmt. eines Kruges mit Drehrillen und Rundauflage. Unteres Drittel der Auflage erhalten. In der Mitte ein Stamm (Kreuz?), eingerahmt von zwei Personen: rechts nur Füße, linke Person im langen Gewand. Hintergrund ist mit Sträuchern/Bäumen, Vordergrund mit Gräsern ausgestaltet.
Obfl: innen weiß (5Y 8/1), außen Anflugglasur, sehr blaßbraun (10YR 7/4) und gelb (10YR 7/6).
Scherben: weiß (5Y 8/1).

Wohl Siegburg. Motiv: Christus am Kreuz (Johannes 19,25-26). Vgl. WALTHER 1992, 187.
2. Hälfte 16./1. Drittel 17. Jahrhundert.
Lesefund (Periode unbestimmt)

109 Wandfragment (Taf. 33)

ca. 6 x 4 cm
Frgmt. eines Kruges mit Rundauflage. Oberes Viertel der Auflage erhalten. Männerkopf mit Strahlenkranz. Darüber Schriftband: „Matthaei...". Links Baumkrone.
Obfl: weiß (10YR 8/2), außen mit Anflugglasur.
Scherben: weiß (10YR 8/2).

Wohl Siegburg. Motiv der Bergpredigt (Matthäus 5,25). Vgl. HÄHNEL 1992, 227 Nr. 1287.
2. Hälfte 16./1. Drittel 17. Jahrhundert
Fd. Nr. 1031 aus Bef. Nr. 1085 (Periode 5)

110 Krug (Taf. 33)

ca. 6 x 6 cm
Frgmt. eines Kruges mit Distelrankendekor.
Obfl: innen hellgrau (2.5Y 7/2), außen Anflugglasur, hellgrau (2.5Y 7/2) und blaßgelb (2.5Y 7/4).
Scherben: hellgrau (2.5Y 7/2).

Wohl Siegburg. Vgl. KLINGE 1972, Nr. 572.
1. Hälfte 16. Jahrhundert
Fd. Nr. 1017 aus Bef. Nr. 1020 (Periode 5)

111 Krug (o. Abb.)

ca. 6 x 4 cm
Frgmt. eines Kruges mit Rundauflage. Unteres Drittel der Auflage erhalten. Gestalt im langen Gewand umrahmt von einem Perlstab; floraler Dekor in der Fläche bis zum Rand.
Obfl: Anflugglasur, innen weiß (2.5Y 8/2), außen sehr blaßbraun (10YR 7/4).
Scherben: weiß (2.5Y 8/2).

Wohl Siegburg.
2. Hälfte 16./1. Drittel 17. Jahrhundert
Fd. Nr. 145 aus Bef. Nr. 340 (Periode 5)

112 Krug (Taf. 34)

Bdm: 5 cm
Drei zus. Frgmt. eines bauchigen Kruges mit einer zur Hälfte erhaltenen Rundauflage. Nixe (?) und floraler Dekor.
Obfl: innen blaßgelb (5Y 7/3), außen Anflugglasur, hellgrau (10YR 7/1) und sehr blaßbraun (10YR 7/4).
Scherben: hellgrau (2.5Y 7/2).

Wohl Siegburg.
2. Hälfte 16./1. Drittel 17. Jahrhundert
Fd. Nr. 317, 448 aus Bef. Nr. 445 (Periode 4)

113 Krug (Taf. 34)

ca. 11 x 8 cm
Vier zus. Frgmt. eines größeren Kruges mit zwei (ursprüng-

lich wohl drei) Rundauflagen mit Eichenblattdekor.
Obfl: innen hellgrau (10YR 7/2), außen Anflugglasur, hellgrau (2.5Y 7/2).
Scherben: hellgrau (10YR 7/2).

Wohl Siegburg. Vgl. HÄHNEL 1992, 302 Nr. 2023. Gefäß verzogen.
2. Hälfte 16./1. Drittel 17. Jahrhundert
Fd. Nr. 216 aus Bef. Nr. 328 (Periode vor 4)

114 Wandfragment (Taf. 34)

ca. 5 x 3 cm
Frgmt. einer zu zwei Dritteln erhaltenen Rundauflage. Darin ein auf der Spitze stehendes Quadrat, innerhalb davon ein Portraitmedaillon mit Frauenkopf im Profil.
Obfl: innen hellgrau (10YR 7/2), außen Anflugglasur, hellgrau (2.5Y 7/2).
Scherben: hellgrau (10YR 7/2).

Wohl Siegburg. Vgl: KLINGE 1972, Nr. 493.
2. Hälfte 16. Jahrhundert
Fd. Nr. 202 aus Bef. Nr. 189 (Periode 5)

115 Krug (Taf. 34)

ca. 10 x 10 cm
Drei zus. Frgmt. eines birnenförmigen Kruges mit Rundauflage (2/3 erhalten): In der Bildmitte schreiten drei Männer auf einen vierten zu, der hinter einem Tisch (Pult) sitzt. Vor ihm liegt ein aufgeschlagenes Buch. Die drei halten jeweils eine Schriftrolle o.ä. in der rechten Hand. Vordergrund mit Gräsern ausgestaltet, Hintergrund zeigt Innenraum.
Obfl: innen hellgrau (10YR 7/2), außen teilweise Anflugglasur, sehr blaßgelb (10YR 7/3).
Scherben: hellgrau (10YR 7/2).

Wohl Siegburg. Motiv unsicher, evtl. Gleichnis von den Arbeitern im Weinberg (Matthäus, 20, 1-16). Vgl. HÄHNEL 1992, 207 Nr. 1040.
2. Hälfte 16./1. Drittel 17. Jahrhundert
Fd. Nr. 450 aus Bef. Nr. 445 (Periode 4)

116 Henkelkrug (Taf. 34)

ca. 6 x 7 cm und 6 x 3 cm
Zwei zus. Frgmt. eines Kruges mit gekehltem Bandhenkel und Rundauflagen: 1. Auflage: Obere Hälfte erhalten, auf der rechten Bildseite mehrere T-förmige Stangen (keine Kreuze!); über einer ein bandartiges Gebilde. 2. Auflage: Als linke Fortsetzung der anderen zu betrachten. Im Vordergrund ein Mann mit nach oben weisendem Arm; links daneben aufgestellte Stangen.
Obfl: innen hellgrau (10YR 7/2), außen Anflugglasur, hellgrau (2.5Y 7/2).
Scherben: hellgrau (10YR 7/2).

Motive der beiden Auflagen ergänzen sich. Auflage 2 gehört eindeutig auf die Rückseite des Gefäßes. Herkunft wohl Siegburg. Motiv der ehernen Schlange (4. Moses, 21, 6-9). Vgl. HÄHNEL 1992, 274 Nr. 1886.
2. Hälfte 16./1. Drittel 17. Jahrhundert
Fd. Nr. 202 aus Bef. Nr. 189 (Periode 5); **Fd. Nr. 565 aus Bef. Nr. 777** (Periode 5); **Fd. Nr. 1018 aus Bef. Nr. 1028** (Periode 4)

117 Barthmannkrug? (o. Abb.)

ca. 2 x 3 cm und 3 x 4 cm
Zwei Frgmt. eines Rankenfrieses.
Obfl: innen weiß (5Y 7/1), außen Anflugglasur stark verglast, hellgrau (5Y 7/1) und weiß (5Y 8/1).
Scherben: weiß (5Y 8/1).

Wohl Siegburg. Vgl. HÄHNEL/HALM 1992, 104 Abb. 2. Reihe links. Ein Fries läuft diagonal zur Drehrichtung, evtl. Bruchstück eines Bartmannkruges.
2. Hälfte 16./1. Drittel 17. Jahrhundert
Fd. Nr. 309 aus Bef. Nr. 445 (Periode 4); **Fd. Nr. 1032 aus Bef. Nr. 1065** (Periode vor 5)

118 Krug (Taf. 34)

ca. 6 x 8 cm
Frgmt. eines Kruges mit Wappenauflage. Darstellung eines Helmes mit Greif als Helmzier. Im linken Hintergrund ein Wimpel.
Obfl: innen weiß (5Y 8/1), außen Anflugglasur stark verglast, weiß (5Y 8/2) bis blaßoliv (5Y 6/4).
Scherben: blasige Einschlüsse, weiß (5Y 8/1).

Wohl Siegburg. Vgl. KLINGE 1972, Nr. 185.
2. Hälfte 16. Jahrhundert
Fd. Nr. 444 aus Bef. Nr. 445 (Periode 4)

119 Zylindrischer Krug, „Schnelle" (Taf. 34)

Rdm: 10 cm; Bdm: 13 cm; Höhe: 25,5 cm
Mehrere zus. Frgmt. einer sog. Schnelle. Unterhalb des Randes vier, über dem Standboden drei Wülste. Henkel zeichnerisch ergänzt. Bilddarstellung: Eva im Halbprofil mit angewinkelten Beinen, wohl auf einer Unterlage sitzend, umgeben von Zweigen eines (Apfel?)Baumes. Links ein springender Geißbock.
Obfl: sehr blaßbraun (10YR 8/3), außen Anflugglasur, teilweise abgeschert, weiß (10YR 8/2) und blaßbraun (10YR 8/4).
Scherben: sehr blaßbraun (10YR 8/3).

Wohl Siegburg. Vgl. KLINGE 1972, Nr. 234.
2. Hälfte 16. Jahrhundert
Fd. Nr. 387 aus Bef. Nr. 520 (Periode 5)

120 Zylindrischer Krug, „Schnelle" (Taf. 35)

Rdm: 7 cm
Fünf, teilweise zus. Frgmt. einer Schnelle mit rechteckigen Auflagen. Am Rand drei Profilwülste. Bildmotiv (oberes Viertel erhalten): Jesus (?), dem Betrachter halbfrontal zugewandt, hält ein Kleinkind auf dem Arm. Im Vorder- und Hintergrund zwei Frauenköpfe. Das Motiv ist durch diagonale Stege spitzwinkelig eingefaßt. Die Zwickel sind mit Blattwerk ausgefüllt.
Obfl: weiß (2.5Y 8/1,5), außen matte Anflugglasur, weiß (2.5Y 8/1,5).
Scherben: weiß (2.5Y 8/1,5).

Wohl Siegburg. Biblisches Motiv, Ausführung sowie Scherben weist nach Siegburg. Parallelen sind nicht bekannt.
2. Hälfte 16./1. Drittel 17. Jahrhundert
Fd. Nr. 575 aus Bef. Nr. 781 (Periode 4); **Fd. Nr. 565 aus Bef. Nr. 777** (Periode 5)

121 Krug (Taf. 35)

ca. 5 x 4 cm und 4 x 3 cm
Zwei Frgmt. eines Kruges mit Rechteckauflage, wohl einer Pflanzenarabeske.
Obfl: partiell blasig, weiß (5Y 8/1), außen Anflugglasur, teilweise stark verglast, weiß (5Y 8/2).
Scherben: weiß (5Y 8/1).

Evtl. Schnelle; wohl Siegburg. Vgl. HÄHNEL 1992, 290 Nr. 1926, dort Rundauflage.
2. Hälfte 16./1. Drittel 17. Jahrhundert
Fd. Nr. 309 aus **Bef. Nr. 445** (Periode 4)

122 Zylindrisches Gefäß? (Taf. 35)

Rdm: 6 cm
Zwei Frgmt. eines wohl zylindrischen Gefäßes. Unterhalb des Randabschlusses drei flache Profilwülste. Darunter ist der Gefäßkörper mit Kanneluren versehen. Beim zweiten Frgmt. ebenfalls Kanneluren und mehrere Profilrillen.
Obfl: weiß (5Y 8/1,5)
Scherben: weiß (5Y 8/1,5).

Evtl. Siegburg. Vgl. für Dekor KLINGE 1972, Nr. 597 od. 655.
2. Hälfte 16. Jahrhundert
Fd. Nr. 668 aus **Bef. Nr. 896**; **Fd. Nr. 1018** aus **Bef. Nr. 1028** (Periode 4)

Kataloggruppe 6 – Grün/gelb glasierte Irdenware Frechener Art

123 Blumentopf (Taf. 35)

Rdm: 17 cm; Bdm: 12 cm
Mehrere zus. Rand-Wand- und Bodenfragmente eines zylindrischen Gefäßes mit Standboden und doppelt abgestrichenem Wulstrand.
Obfl: innen kreidig, rot (2.5YR 4,5/6), außen engobiert, weiß (5YR 8/1) darüber glas., grasgrün (RAL 6010).
Scherben: rot (2.5YR 4/8).

ca. Ende 18.-20. Jahrhundert
Fd. Nr. 595 aus **Bef. Nr. 769** und Lesefund (Periode 6)

124 Blumentopf (o. Abb.)

Rdm: 16 cm
Zwei zus. Rand-Wandfrgmt. eines zylindrischen Gefäßes mit leicht kantigem Wulstrand.
Obfl: innen kreidig, rot (2.5YR 5/6), außen engobiert, weiß (10YR 8/1) darüber glas., grasgrün (RAL 6010).
Scherben: rot (2.5YR 5/8).

ca. Ende 18.-20. Jahrhundert
Fd. Nr. 1020 aus **Bef. Nr. 335** (Periode 6)

125 Blumentopf (o. Abb.)

Rdm: 17 cm
Rand-Wandfrgmt. eines Gefäßes wie **Kat. Nr. 124** mit einer feinen Profilrille auf dem oberen Gefäßdrittel.
Obfl: wie **Kat. Nr. 124**.
Scherben: wie **Kat. Nr. 124**.

ca. Ende 18.-20. Jahrhundert
Fd. Nr. 1022 aus Einfüllung Bahndamm (Periode unbestimmt)

126 Topf oder Schale? (o. Abb.)

Rdm: 15 cm
Randfrgmt. eines Gefäßes mit wohl konischer Wandung und schwach nach innen abgegestrichem Wulstrand.
Obfl: innen kreidig, rot (2.5YR 5/6), außen glas., zwischen grasgrün (RAL 6010) und maigrün (RAL 6017); Glasur stark abgesplittert.
Scherben: rot (2.5YR 5/8).

ca. Ende 18.-20. Jahrhundert
Fd. Nr. 290 aus **Bef. Nr. ?** (Periode unbestimmt)

127 Blumentopf (Taf. 35)

Rdm: 16 cm
Rand-Wandfrgmt. eines zylindrischen Gefäßes mit leicht kantigem Wulstrand.
Obfl: innen kreidig, rötl.braun (5YR 4/4), außen glas., maigrün (RAL 6017), darunter weißer Tonschlicker.
Scherben: rötl.gelb (5YR 6/8).

ca. Ende 18.-20. Jahrhundert
Fd. Nr. 220 aus **Bef. Nr. 399** (Periode 5-6)

128 Schale oder Schüssel (Taf. 35)

Rdm: 18 cm
Randfrgmt. eines wohl gewölbten Gefäßes mit gerundetem Rand; außen drei Profilrillen.
Obfl: innen glas., grün (RAL zw. 6002 und 6010), außen kreidig, rötl.grau (5YR 5/2).
Scherben: rot (2.5YR 5/8).

18./19. Jahrhundert
Fd. Nr. 27 aus **Bef. Nr. 12** (Periode 6)

129 Blumenschale (Taf. 35)

Rdm: 21 cm; Bdm: 18,5 cm; H: 5,5 cm
Zur Hälfte zus., flaches, zylindrisches Gefäß mit leicht eingezogenem Standboden und nach innen abgestrichenem Wulstrand.
Obfl: innen kreidig, rötl.gelb (5YR 6/6), außen glas., dunkelgrün (zw. RAL 6002 und 6020).
Scherben: rötl.gelb (5YR 6/8).

ca. Ende 18.-20. Jahrhundert
Fd. Nr. 182 aus **Bef. Nr. 387** (Periode 5); **Fd. Nr. 207** aus **Bef. Nr. 400** (Periode 5-6); **Fd. Nr. 220** aus **Bef. Nr. 399** (Periode 5-6)

130 Blumenschale (Taf. 36)

Rdm: 13 cm; Bdm: 12 cm; H: 4 cm
Zwei zus. Rand- Wand- und Bodenfrgmt. wie **Kat. Nr. 129**.
Obf: innen kreidig, rötl. gelb (5YR 6/6), außen glas., grün (zw. RAL 6013 und 6025), darunter weißer Tonschlicker.
Scherben: rötl.gelb (5YR 6/8).

ca. Ende 18.-20. Jahrhundert
Fd. Nr. 220 aus **Bef. Nr. 399** (Periode 5-6)

131 Blumenschale (Taf. 36)

Rdm: 19 cm; Bdm: 17,5 cm; H: 4,5 cm
Fast vollständig erhaltene Blumenschale wie **Kat. Nr. 129**.
Obfl: kreidig, rötl.gelb (5YR 6/6), außen glas., dunkelgrün (zw. RAL 6002 und 6020).
Scherben: rötl.gelb (5YR 6/8).

ca. Ende 18.-20. Jahrhundert
Fd. Nr. 161 aus **Bef. Nr. 387** (Periode 5)

132 Henkeltopf (Taf. 36)

Rdm: 11 cm
Randfrgmt. eines Topfes mit randständigem Henkelansatz. Einfacher, leicht ausgestellter Rand mit abgerundetem Randabschluß und Innenkehlung.
Obfl: glas., wobei der Außenrand ausgespart ist, innen gelb (2.5Y 8/5), außen farngrün (RAL 6025).
Scherben: rötl.gelb (5YR 6/7).

Spätes 16.-19. Jahrhundert
Fd. Nr. 10 aus **Bef. Nr. 12** (Periode 6)

133 Rohrgrifffragment (Taf. 36)

ca. 7,5 cm lang
Zwei zus. Frgmt. eines Rohrgriffes.
Obfl: innen kreidig, weiß (2.5YR 8/2), außen, glas., grasgrün (RAL 6010).
Scherben: weiß (2.5YR 8/2).

18./19. Jahrhundert
Fd. Nr. 1002 aus **Bef. Nr. 1004** (Periode 5)

134 Kleingefäß, „Apothekentöpfchen" (Taf. 36)

Rdm: 4,5 cm; Bdm: 3,5 cm; H: 6,5 cm
Fast vollst. zus. kleines zylindrisches Gefäß mit Standboden, profilierter Fußzone und unterschnittenem Krempr and.
Obfl: glas., grasgrün (RAL 6010).
Scherben: weiß (10YR 8/2).

Spätes 16.-19. Jahrhundert
Fd. Nr. 1002 aus **Bef. Nr. 1004** (Periode 5)

135 Kleingefäß, „Apothekentöpfchen" (Taf. 36)

Rdm: 5 cm; Bdm: 3 cm
Mehrere zus. Frgmt. eines Kleingefäßes mit konischer Wandung, Standboden und profilierter Fußzone. Der einfache, spitz zulaufende Rand ist außen gerundet und kaum merklich unterschnitten.
Obfl: innen glas., grün (zw. RAL 6010 und 6011), außen obere Hälfte glas. grün (wie innen), untere Hälfte kreidig, sehr blaßbraun (10YR 8/3).
Scherben: weiß (10YR 8/2).

Spätes 16.-19. Jahrhundert
Fd. Nr. 578 aus **Bef. Nr. 845** (Periode 5)

136 Kleingefäß, „Apothekentöpfchen" (Taf. 36)

Rdm: 4 cm
Randfrgmt. eines Gefäßes wie **Kat. Nr. 135**.
Obfl: glas., grasgrün (RAL 6010).
Scherben: weiß (10YR 8/2).

Spätes 16.-19. Jahrhundert
Fd. Nr. 1002 aus **Bef. Nr. 1004** (Periode 5)

137 Kleingefäß, „Apothekentöpfchen" (Taf. 36)

Rdm: 6 cm
Zwei zus. Randfrgmt. wie **Kat. Nr. 135**.
Obfl: glas., grün (zw. RAL 6010 und 6011).
Scherben: weiß (10YR 8/2).

Spätes 16.-19. Jahrhundert
Fd. Nr. 569 aus **Bef. Nr. 845** (Periode 5)

138 Kleingefäß, „Apothentöpfchen" (Taf. 36)

Bdm: 3,5 cm
Bodenfrgmt. eines Kleingefäßes mit Standboden und abgesetzter Fußzone.
Obfl: glas., stark abgeschert, maigrün (RAL 6017, heller).
Scherben: weiß (10YR 8/2).

Spätes 16.-19. Jahrhundert
Fd. Nr. 532 aus **Bef. Nr. 681** (Periode 5)

139 Schale (Taf. 36)

Rdm: 21 cm; Bdm: 18 cm; H. 3,5 cm
Fast vollst. zus. Schale mit konischer Wandung, Standboden mit abgesetzter Fußzone und spitz zulaufendem Rand.
Obfl: innen kreidig, weiß (10YR 8/1), über dem Rand glas., außen glas., maigrün (RAL 6017).
Scherben: weiß (5YR 8/1).

18.-20. Jahrhundert
Fd. Nr. 595 aus **Bef. Nr. 769** und Lesefund (Periode 6)

140 Doppelhenkelschüssel oder -schale (Taf. 36)

Rdm: 23 cm
Rand-Wandfrgmt. eines Doppelhenkelgefäßes mit außen stark verdicktem, profiliertem Wulstrand. Der Wulsthenkel ist innen gekehlt und zieht horizontal über dem Gefäßrand hoch.
Obfl: glas., innen gelb (5Y 8/4), außen maigrün (RAL 6017).
Scherben: weiß (10YR 8/1).

18./19. Jahrhundert
Fd. Nr. 61 aus **Bef. Nr. 180** (Periode 5-6); **Fd. Nr. 66** aus **Bef. Nr. 183** (Periode unbestimmt)

141 Doppelhenkelschüssel oder -schale (o. Abb.)

Rdm: 30 cm
Henkel-Randfrgmt. eines Doppelhenkelgefäßes wie **Kat. Nr. 140**.
Obfl: glas., innen gelb (5Y 8/4), außen maigrün (RAL 6017).
Scherben: weiß (10YR 8/1,5).

18./19. Jahrhundert
Fd. Nr. 1022 aus Einfüllung Bahndamm (Periode unbestimmt)

142 Doppelhenkelschüssel oder -schale (o.Abb.)

Rdm: 26 cm
Henkel-Randfrgmt. eines Doppelhenkelgefäßes wie **Kat. Nr. 140**.
Obfl: glas., innen gelb (5Y 8/4), außen maigrün (RAL 6017, heller).
Scherben: weiß (10YR 8/1,5).

18./19. Jahrhundert
Fd. Nr. 1022 aus Einfüllung Bahndamm (Periode unbestimmt)

143 Schale oder Schüssel (Taf. 37)

Rdm: 18 cm
Rand-Wandfrgmt. eines Gefäßes mit einfachem, oben abgestrichenem Rand. Unterhalb des Randabschlusses stark ausgebildeter Dorn, darunter wellenförmig ausgebildete Profilleiste. Zwischen beiden ein 3-6fach eingeritzter Wellenkammdekor.
Obfl: glas., farngrün mit Schattierungen, (RAL 6025).
Scherben: sehr blaßbraun (10YR 8/3).

Wellenkammdekor auf Frechener Irdenware belegt. Vgl. JÜRGENS/KLEINE 1988, 101 ff. Taf. 10a.
Spätes 16./17. Jahrhundert
Fd. Nr. 438 aus **Bef. Nr. 445** (Periode 4)

144 Schale oder Schüssel (Taf. 36)

Rdm: 31 cm
Zwei zus. Rand-Wandfrgmt. einer Schale od. Schüssel mit gewölbter Wandung und horizontal ausbiegendem Wellenrand. Innenkehlung.
Obfl: glas., heller als maigrün (RAL 6017).
Scherben: weiß (10YR 8/1,5).

Wellenränder für Frechener Irdenware belegt Vgl. JÜRGENS/ KLEINE 1988, 101 ff. Taf. 10a; GAIMSTER 1988, 63 Abb. 5,1.
Spätes 16./17. Jahrhundert
Fd. Nr. 504 aus **Bef. Nr. 692** (Periode nach 5); **Fd. Nr. 495** aus **Bef. Nr. 279** (Periode 6)

145 Schale oder Schüssel (o. Abb.)

Dm: nicht ermittelbar
Frgmt wohl einer Schale mit abgerundetem Randabschluß, außen leicht profiliert.
Obfl: innen glas., Körnung durch Glasur fühlbar, grasgrün (RAL 6010), außen kreidig, Schmauchspuren, rosagrau (7.5YR 7,5/2).
Scherben: rosagrau (7.5YR 7,5/2).

Spätes 16.-19. Jahrhundert
Fd. Nr. 422 aus **Bef. Nr. 445** (Periode 4)

146 Henkeltopf (Taf. 37)

Rdm: 12 cm
Drei zus. Rand-Wandfrgmt. eines bauchigen Henkeltopfes mit leicht trichterförmigem, abgerundetem Rand. Drei Profilrillen auf der Hals-Schulterzone. Der randständige Henkel läuft vertikal und hat oben zwei, mit den Fingern ausgezogene und zur Mitte eingeklappte Lappen.
Obfl: innen glas., gelb (5Y 8/5), außen vom Rand bis zur Bauchzone glas., maigrün (RAL 6017), sonst kreidig, sehr blaßbraun (10YR 7,5/3).
Scherben: weiß (10YR 8/2).

Die Henkelverzierung ist für Frechener Irdenware belegt. Vgl. KLEINE 1992, 30. – Wurde aber auch in niederrheinischen Töpferorten angewendet: MARS 1991, 122 f. Kat.Nr. 66 ff.
Spätes 16.-19. Jahrhundert
Fd. Nr. 569, 578 aus **Bef. Nr. 845** (Periode 5)

147 Topf (Taf. 37)

Rdm: 16 cm
Randfrgmt. eines leicht ausgestellten, abgerundeten Randes mit Innenkehlung, außen drei flache Profilwülste.
Obfl: innen glas., farngrün (RAL 6025), außen kreidig, weiß (5Y 8/2).
Scherben: weiß (10YR 8/2).

18./19. Jahrhundert
Fd. Nr. 1031 aus **Bef. Nr. 1085** (Periode 5)

148 Topf (Taf. 37)

Rdm: 12 cm
Randfrgmt. wie **Kat. Nr. 146**, ohne Henkel.
Obfl: innen glas., innen gelb (5Y 8/5), außen maigrün (RAL 6017).
Scherben: weiß (10YR 8/2).

Spätes 16.-19. Jahrhundert
Fd. Nr. 27 aus **Bef. Nr. 12** (Periode 6)

149 Topf (o. Abb.)

Rdm: 11 cm
Randfrgmt. wie **Kat. Nr. 150**.
Obfl: glas., innen blaßgelb (5Y 8/5), außen maigrün (RAL 6017, heller).
Scherben: weiß (10YR 8/2).

18./19. Jahrhundert
Fd. Nr. 1002 aus **Bef. Nr. 1004** (Periode 5)

150 Topf (Taf. 37)

Rdm: 12 cm
Randfrgmt. eines Topfes mit aufgestelltem Rand und abgerundetem Randabschluß. Auf dem Hals-Schulterübergang ein schmaler Profilsteg.
Obfl: glas. innen blaßgelb (5Y 8/5), außen maigrün (RAL 6017), Rand glasurfrei.
Scherben: weiß (10YR 8/2).

18./19. Jahrhundert
Fd. Nr. 28 aus **Bef. Nr. 14** (Periode 6)

151 Topf (o. Abb.)

Rdm: 9 cm
Zwei zus. Randfrgmt. ähnl. **Kat. Nr. 132**.

Obfl: glas., innen blaßgelb (5Y 8/5), außen maigrün (RAL 6017, heller).
Scherben: weiß (10YR 8/2).

Spätes 16.-19. Jahrhundert
Fd. Nr. 569, 578 aus **Bef. Nr. 845** (Periode 5)

152 Topf (Taf. 37)

Rdm: 13 cm
Frgmt. eines verschliffenen Dreieckrandes mit Innenkehlung.
Obfl: innen glas., grasgrün (RAL 60110), außen kreidig, sehr blaßbraun (10YR 8/3).
Scherben: weiß (10YR 8/2).

Spätes 16.-19. Jahrhundert
Fd. Nr. 216 aus **Bef. Nr. 328** (Periode vor 4)

153 Schale (Taf. 37)

Rdm: 10 cm
Randfrgmt. eines kleinen konischen Gefäßes mit leicht verdicktem Randabschluß.
Obfl: innen kreidig, weiß (10YR 8/2), außen glas., maigrün (RAL 6017, heller).
Scherben: weiß (10YR 8/2).

Lesefund (Periode unbestimmt)

154 Topf (Taf. 37)

Rdm: 10 cm
Frgmt. eines ausbiegenden Randes mit abgerundetem Randabschluß; auf dem Hals-Schulterübergang flacher Profilsteg.
Obfl: innen glas., grün (urspr. Farbe durch Brand nicht mehr erkennbar).
Scherben: hellgrau s.o.

Spätes 16.-19. Jahrhundert
Fd. Nr. 565 aus **Bef. Nr. 777** (Periode 5)

155 Henkeltopf (Taf. 37)

Rdm: 10 cm
Randfrgmt. eines Gefäßes mit einfachem, leicht trichterförmigem Rand und randständigem Henkel. Auf dem Hals-Schulterübergang drei Profilrillen.
Obfl: glas., innen gelb (5Y 7,5/6), außen olivgelb (5Y 7/6).
Scherben: weiß (10YR 8/2).

Spätes 16.-19. Jahrhundert
Fd. Nr. 41 aus **Bef. Nr. 59** (Periode 6)

156 Henkeltopf (Taf. 37)

Rdm: 14 cm
Zwei zus. Randfrgmt. wie **Kat. Nr. 146**.
Obfl: glas., innen gelb (5Y 8/6), außen maigrün (RAL 6017, heller).
Scherben: weiß (10YR 8/2).

Spätes 16.-19. Jahrhundert
Fd. Nr. 403 aus **Bef. Nr. 659** (Periode 2)

157 Henkeltopf (Taf. 37)

Rdm: 12,5 cm
Zwei zus. Randfrgmt. eines Topfes mit aufgestelltem Knickrand und randständigem, gekehltem Bandhenkel.
Obfl: innen glas., blaßolive (5Y 6,5/4), außen kreidig, uneben, sehr blaßbraun (10YR 8/3).
Scherben: weiß (10YR 8/2,5).

Spätes 16.-19. Jahrhundert
Fd. Nr. 216 aus **Bef. Nr. 328** (Periode vor 4)

158 Topf (Taf. 37)

Rdm: 12 cm
Frgmt. eines Topfes mit aufgestelltem, außen verdicktem Rand, leichter Innenkehlung und spitz zulaufender Randabschluß.
Obfl: innen glas., olivgrün, außen hellbraun, Farbe durch Brand nicht bestimmbar.
Scherben: s.o., urspr. wohl weiß.

Spätes 16.-19. Jahrhundert
Fd. Nr. 503 aus **Bef. Nr. 445** (Periode 4)

159 Henkelschale, „Köppchen" (Taf. 37)

Rdm: 16 cm
Randfrgmt. einer gewölbten Schale mit verdicktem, leicht einziehendem Rand. Unterhalb des Randabschlusses auf der Außenseite mehrere feine Profilrillen. In Höhe dieser Rillen ist der rundstabige Henkel angarniert.
Obfl: innen grasgrün (RAL 6010), außen kreidig, sehr blaßbraun (10YR 7,5/3).
Scherben: sehr blaßbraun (10YR 8/3).

Spätes 16.-19. Jahrhundert
Fd. Nr. 310 aus **Bef. Nr. 445** (Periode 4)

160 Topf (Taf. 38)

Rdm: 16 cm
Rand-Wandfrgmt. eines Gefäßes mit gestreckter Schulter und aufgestelltem, verdicktem Rand, Innenkehlung und einem flachen Profilsteg auf der Schulterzone.
Obfl: glas., stark zerschert, innen sehr blaßbraun (10YR 8/3), außen grasgrün (RAL 6010).
Scherben: weiß (10YR 8/2).

Spätes 16.-19. Jahrhundert
Fd. Nr. 519 aus **Bef. Nr.?** (Periode unbestimmt)

161 Topf (Taf. 38)

Rdm: 16 cm
Zwei zus. Randfrgmt. wie **Kat. Nr. 157**; ohne Henkel.
Obfl: innen glas., farngrün (RAL 6025), außen uneben, hellgrau (10YR 7/2).
Scherben: hellgrau (10YR 7/2).

Spätes 16.-19. Jahrhundert
Fd. Nr. 514 aus **Bef. Nr. 448** (Periode nach 3)

162 Schale oder Schüssel (Taf. 38)

Rdm: 17 cm
Frgmt. eines Gefäßes mit geknicktem, aufgestelltem Rand; auf der Außenseite gekehlt. Auf dem unteren Randabschluß sind Dreiecke in der Art eines Zahnschnittdekors eingeschnitten.
Obfl: innen uneben, sehr blaßbraun (10YR 7,5/4), außen glas., laubgrün (RAL 6002).
Scherben: sehr blaßbraun (19YR 8/4).

Verzierung bisher ohne Vergleich. Mögliche Herkunft auf Grund der grünen Glasur Frechen. Stratigraphischer Zusammenhang datiert das Bruchstück in das 16./Anfang 17. Jahrhundert.
Fd. Nr. 344 aus **Bef. Nr. 405** (Periode 3)

163 Topf (Taf. 38)

Rdm: 17,5 cm
Zwei zus. Rand-Wandfrgmt. eines leicht geknickten, aufgestellten Randes mit Innenkehlung.
Obfl: innen, glas., grasgrün (RAL 6010), außen kreidig, uneben, sehr blaßbraun (10YR 7/3).
Scherben: sehr blaßbraun (10YR 7,5/3).

Spätes 16.-19. Jahrhundert
Fd. Nr. 174 aus **Bef. Nr. 391** (Periode 4)

164 Henkeltopf (Taf. 38)

Rdm: 11,5 cm
Zwei zus. Randfrgmt. wie **Kat. Nr. 155**.
Obfl: glas., innen blaßgelb (2.5Y 8/4), außen grasgrün (RAL 6010).
Scherben: sehr blaßbraun (10YR 7/5).

Spätes 16.-19. Jahrhundert
Fd. Nr. 142 aus **Bef. Nr. 291** (Periode vor 6)

165 Topf (o. Abb.)

Rdm: 24 cm
Randfrgmt. eines Dreieckrandes mit Innenkehlung.
Obfl: innen glas., farngrün (RAL 6025), außen sehr blaßbraun (10YR 8/3).
Scherben: sehr blaßbraun (10YR 8/3).

Spätea 16.-19. Jahrhundert
Fd. Nr. 121 aus **Bef. Nr. 254** (Periode 4)

166 Topf (Taf. 38)

Rdm: 12 cm; Bdm: 10 cm
Rand- und Bodenfrgmt. eines bauchigen Gefäßes mit Standboden, leicht ausgestelltem Rand und Innenkehlung.
Obfl: außen und innen glas., außen wohl nur bis zum Bauch, grasgrün (RAL 6010), sonst Tonschlicker, weiß (10YR 8/2).
Scherben: rötl.gelb (5YR 6/8).

Spätes 16.-19. Jahrhundert
Fd. Nr. 612 aus **Bef. Nr. 845** (Periode 5)

Kataloggruppe 7 – Schwarz glasierte Irdenware

167 Kännchen (Taf. 38)

Rdm: 6 cm
Rand-Wandfrgmt. eines bauchigen Gefäßes mit trichterförmigem Rand und Ausguß. Auf der Bauchzone sind monochrom Blütenapplikationen aufgebracht.
Obfl: glas., metallisch glänzend, schwarz (2.5YR N2,5).
Scherben: rötl.gelb (5YR 6/8).

19./20. Jahrhundert
Fd. Nr. 1001 aus **Bef. Nr. 1003** (Periode 5)

168 Kännchen (Taf. 38)

Rdm: 7 cm; Bdm: 6 cm; H: um 8 cm
Rand-, Wand- und Bodenfrgmt. eines bauchigen Gefäßes mit Ausguß, kurzem ausbiegenden Rand und Standboden.
Obfl: glas., schwarz (5YR 2,5/1).
Scherben: rot (5YR 5/8).

19./20. Jahrhundert
Fd. Nr. 182 aus **Bef. Nr. 387** (Periode 5); **Fd. Nr. 222** aus **Bef. Nr. 399** (Periode 5-6)

169 Kännchen (Taf. 38)

Rdm: 9,5 cm; Bdm: 6,5 cm; H: 9,5 cm
Mehrere Frgmt. eines Gefäßes wie **Kat. Nr. 167** mit Standboden, abgesetzter Fußzone und Henkel mit ovalem Querschnitt.
Obfl: glas., schwarz (5YR 2,5/1).
Scherben: rot (2.5YR 5/8).

19./20. Jahrhundert
Fd. Nr. 222 aus **Bef. Nr. 399** (Periode 5-6)

170 (Blumen)-henkeltopf (o. Abb.)

Rdm: 20 cm
Zwei zus. Frgmt. eines Gefäßes mit horizontal umgeschlagenem, einfachem Rand und flachem, mit Fingern ausgekniffenem Profilwulst unterhalb des Randes. Ein gekehlter Bandhenkel setzt auf dem Wulst an und führt senkrecht nach unten.
Obfl: glas., uneben, dunkelrotbraun (5YR 2,5/2).
Scherben: rötl.gelb (5YR 6/8).

ca. Ende 18.-20. Jahrhundert
Fd. Nr. 1002 aus **Bef. Nr. 1004** (Periode 5)

171 Topf (Taf. 39)

Rdm: 22 cm
Frgmt. eines Topfes mit stark verdicktem, aufgestelltem Rand und Innenkehlung. Unterhalb des Randabschlusses eine Profilrille und ein schmaler Wulst auf dem Rand-Halsübergang.
Obfl: innen glas., schwarz (5YR 2,5/1), außen kreidig, rot (2.5YR 5,5/7).
Scherben: hellrot (2.5YR 6/8).

18./19. Jahrhundert
Fd. Nr. 126 aus **Bef. Nr. 286** (Periode 6)

172 Blumenschale (Taf. 39)

Rdm: 18 cm; Bdm: 15 cm; H: 4 cm
Rand-, Wand- und Bodenfrgmt. eines flachen Gefäßes mit zylindrischer Wandung (leicht einziehend) und gerundetem Randabschluß. Auf der Wandung im oberen Drittel Profilrille.
Obfl: innen kreidig, rot (2.5YR 5/6), außen glas., uneben, sehr dunkelgrau (5YR 3/1).
Scherben: rot (2.5YR 5/6)

ca. Ende 18.-20. Jahrhundert
Fd. Nr. 222 aus **Bef. Nr. 399** (Periode 5-6)

173 Blumenschale (Taf. 39)

Rdm: 24 cm; Bdm: 22 cm; H: 5,5 cm
Fast vollst. erhaltenes Gefäß mit zylindrischer Wandung, leicht eingezogenem Standboden und verdicktem, gerundetem Randabschluß.
Obfl: innen kreidig, rot (2.5YR 5/6), außen glas., sehr dunkelgrau (10YR 3/1).
Scherben: hellrot (2.5YR 6/8).

ca. Ende 18.-20. Jahrhundert
Fd. Nr. 183 aus **Bef. Nr. 335** (Periode 6)

174 Blumenschale (Taf. 39)

Rdm: 16 cm; Bdm: 13,5 cm; H: 3,5 cm
Rand-, Wand- und Bodenfrgmt. eines Gefäßes wie **Kat. Nr. 172**, mit zwei Profilrillen aus der Wandung.
Obfl: innen kreidig, rot (2.5YR 5/6), außen glas., sehr dunkelgrau (5YR 3/1).
Scherben: rot (2.5YR 5/8).

ca. Ende 18.-20. Jahrhundert
Fd. Nr. 206 aus **Bef. Nr. 400** (Periode 5-6)

175 Topf (o. Abb.)

Rdm: 10 cm
Zwei zus. Rand-Wandfrgmt. eines Topfes mit abgeflachter Schulter und ausbiegendem, schwach profiliertem Rand (Knickrand).
Obfl: innen glas., Magerungspartikel fühlbar, schwarz (5YR 2,5/1), außen Schmauchspuren, rötl.gelb (5YR 6,5/6).
Scherben: feine und mittlere Körnung, rötl.gelb (5YR 6,5/6).

Spätes 16.-ca. Mitte 18. Jahrhundert
Fd. Nr. 310 u. 409 aus **Bef. Nr. 445** (Periode 4)

176 Bodenfragment (o. Abb.)

Bdm: 14 cm
Frgmt. eines Topfes mit Standboden und abgerundetem Fuß.
Obfl: innen glas., schwarz (5YR 2,5/1), außen rötl.gelb (5YR 6/6).
Scherben: rötl.gelb (5YR 7/6).

Fd. Nr. 231 aus **Bef. Nr. 328** (Periode vor 4)

177 Topf (o. Abb.)

Rdm: 12 cm
Randfrgmt. ähnlich **Kat. Nr. 188**.

Obfl: innen glas., dunkelrötl.braun (5YR 2,5/2), außen sekundär verbrannt, evtl. rötl.gelb (5YR 5/6).
Scherben: rötl.gelb (5YR 6/8).

Spätes 16.-ca. Mitte 18. Jahrhundert
Fd. Nr. 1018 aus **Bef. Nr. 1028** (Periode 4)

178 Topf (o. Abb.)

Rdm: 12 cm
Zwei zus. Randfrgmt. wie **Kat. Nr. 181**.
Obfl: innen glas., dunkelrötl.braun (5YR 2,5/2), außen rötl. gelb (5YR 6/6).
Scherben: rötl.gelb (2.5YR 7/6).

Spätes 16.-ca. Mitte 18. Jahrhundert
Fd. Nr. 1018 aus **Bef. Nr. 1028** (Periode 4)

179 Topf (Taf. 39)

Rdm: 14 cm
Rand-Wandfrgmt. eines flachbauchigen Gefäßes mit ausgestelltem Randnd und Innenkehlung.
Obfl: glas., innen tiefbraun (7.5YR 5/8), außen schwarz (5YR 2,5/1).
Scherben: rötl.gelb (5YR 6/8).

Fd. Nr. 578 aus **Bef. Nr. 845** (Periode 5)

180 Topf (Taf. 39)

Rdm: 18 cm
Rand-Wandfrgmt. eines Gefäßes mit flacher Schulterzone, verdicktem Rand und leichter Innenkehlung. Der Rand ist oben abgerundet und auf der Außenseite mit einer deutlich sichtbaren Profilrille versehen.
Obfl: innen glas., schwarz (7.5YR N2), außen kreidig, hellbraun (7.5YR 6/4).
Scherben: grobporig, rosa (7.5YR 7/4).

Sekundäre Brandspuren.
Fd. Nr. 351 aus **Bef. Nr. 174** (Periode 6)

181 Topf (Taf. 39)

Rdm: 14 cm
Drei zus. Rand-Wandfrgmt. eines Topfes mit gestreckter Schulterzone, auf der zwei umlaufende Rillen liegen. Der Rand besitzt einen Profilwulst, einen abgerundeten Randabschluß und eine Innenkehlung.
Obfl: innen, glas., schwarz (7.5YR N2), sekundär verbrannt.
Scherben: Farbe durch sekundären Brand nicht feststellbar.

Spätes 16.-ca. Mitte 18. Jahrhundert
Fd. Nr. 310, 407 aus **Bef. Nr. 445** (Periode 4)

182 Topf (Taf. 39)

Rdm: 12 cm
Rand-Wandfrgmt. eines Topfes mir gestreckter, gerillter Schulter. Gekehlter Dreieckrand mit abgerundetem Abschluß.
Obf: innen glas., dunkelrötl.braun (5YR 3/2), außen kreidig, rötl.gelb (5YR 6,5/6).
Scherben: rötl.gelb (5YR 6.5/6).

Spätes 16.-ca. Mitte 18. Jahrhundert
Fd. Nr. 310 aus **Bef. Nr. 445** (Periode 4)

183 Topf (o. Abb.)

Rdm: 12 cm
Randfrgmt. eines spitz zulaufenden Dreieckrandes.
Obfl: innen glas., uneben, sehr dunkelgrau (5YR 3/1), außen feinsandig, rosa (5YR 7/5).
Scherben: rötl.gelb (5YR 7/6).

Spätes 16.-ca. Mitte 18. Jahrhundert
Fd. Nr. 313 aus **Bef. Nr. 254** (Periode 4)

184 Topf (o. Abb.)

Rdm: 15 cm
Randfrgmt. eines scharf profilierten Knickrandes.
Obfl: innen glas., Glasur teilweise abgeblättert, rauh, dunkelrötl.braun (5YR 2,5/2), außen kreidig, braun? (7.5YR 5/2).
Scherben: braun? (7.5YR 5/2)

Sekundär verbrannt
Spätes 16.-ca. Mitte 18. Jahrhundert
Fd. Nr. 358 aus **Bef. Nr. 331** (Periode 5)

185 Topf (o. Abb.)

Rdm: 16 cm
Frgmt. eines bauchigen Topfes mit aufgestelltem Rand, Wulst auf der Außenseite und abgerundetem Randabschluß.
Obfl: innen glas., dunkelrötl.braun (5YR 3/2), außen kreidig, rötl.gelb (5YR 7/6).
Scherben: rötl.gelb (5YR 7/6).

Spätes 16.-ca. Mitte 18. Jahrhundert
Fd. Nr. 202 aus **Bef. Nr. 189** (Periode 5)

186 Topf (Taf. 39)

Rdm: 10 cm
Randfrgmt. eines Topfes mit abgeflachter Schulter, profiliertem Knickrand und nach außen abgestrichenem Randabschluß.
Obfl: innen, glas., dunkelrötl.braun (5YR 2,5/2), außen feinsandig rötl.gelb (5YR 6/6).
Scherben: rötl.gelb (5YR 6,5/6).

Spätes 16.-ca. Mitte 18. Jahrhundert
Fd. Nr. 146 aus **Bef. Nr. 340** (Periode 5)

187 Rohrgriffpfännchen (Taf. 39)

Rdm: 10 cm
Rand-Wandfrgmt. eines bauchigen Pfännchens mit Rohrgriff und leicht nach außen umbiegendem, rund profiliertem Rand.
Obfl: innen glas., sehr dunkelgräul.braun (10YR 3/2), außen feinsandig, sehr blaßbraun (10YR 7,5/3).
Scherben: hellbraun (10YR 8/3).

Spätes 16.-ca. Mitte 18. Jahrhundert
Fd. Nr. 1032 aus **Bef. Nr. 1065** (Periode vor 5)

188 Topf (Taf. 39)

Rdm: 15 cm
Rand-Wandfrgmt. eines Topfes mit abgeflachter Schulter und ausbiegendem Dornrand.
Obfl: innen matt glas., dunkelgräul.braun (10YR 3/2), außen feinsandig, blaßbraun (10YR 7,5/3).
Scherben: blaßbraun (10YR 8/3).

Spätes 16.-ca. Mitte 18. Jahrhundert
Fd. Nr. 1032 aus **Bef. Nr. 1065** (Periode vor 5)

189 entfällt

190 Henkeltopf (o. Abb.)

Rdm: 16 cm
Zwei zus. Frgmt. wie **Kat. Nr. 199**.
Obfl: innen glas., blasig, metallisch glänzend, sehr dunkelbraun (10YR 2/2), außen kreidig, sehr blaßbraun (10YR 7/5).
Scherben: weiß (2.5Y 8/2).

Spätes 16.-ca. Mitte 18. Jahrhundert
Fd. Nr. 407 aus **Bef. Nr. 445** (Periode 4)

191 Bodenfragment (Taf. 40)

Bdm: 14 cm
Bodenfrgmt. eines bauchigen Gefäßes mit Standboden.
Obfl: innen glas., Magerungspartikel fühlbar, sehr dunkelgrau (10YR 3/1), außen feinsandig, sehr blaßbraun (10YR 8/5).
Scherben: sehr blaßbraun (10YR 8/4).

Fd. Nr. 410 aus **Bef. Nr. 445** (Periode 4)

192 Topf (o. Abb.)

Rdm: 18 cm
Randfrgmt. wie **Kat. Nr. 195**.
Obfl: innen glas., dunkelgräul.braun (10YR 3/2), außen feinsandig, sehr blaßbraun (10YR 7,5/3).
Scherben: sehr blaßbraun (10YR 8/3).

Spätes 16.-ca. Mitte 18. Jahrhundert
Fd. Nr. 353 aus **Bef. Nr. 328** (Periode vor 4)

193 Topf (Taf. 40)

Rdm: 12 cm
Randfrgmt. eines Topfes mit verschwommenen Dreieckrand.
Obfl: innen glas., dunkelgräul.braun (10YR 3/2), außen feinsandig, sehr blaßbraun (10YR 8/3).
Scherben: sehr blaßbraun (10YR 8/3).

Spätes 16.-ca. Mitte 18. Jahrhundert
Fd. Nr. 591 aus **Bef. Nr. 782** (Periode 6)

194 Topf (o. Abb.)

Rdm: 20 cm
Randfrgmt. ähnl. **Kat. Nr. 195**.
Obfl: innen glas., fleckig, dunkelbraun (10YR 3/3), außen

sehr blaßbraun (10YR 7,5/3).
Scherben: sehr blaßbraun (10YR 8/3).

Spätes 16.-ca. Mitte 18. Jahrhundert
Fd. Nr. 358 aus **Bef. Nr. 331** (Periode 5)

195 Topf (Taf. 40)

Rdm: 18 cm
Randfrgmt. eines Topfes mit gerundet profiliertem Knickrand und leichter Innenkehlung.
Obfl: innen glas., fleckig, dunkelgräul.braun (10YR 3/2), außen feinsandig, sehr blaßbraun (10YR 7,5/3).
Scherben: sehr blaßbraun (10YR 8/3).

Spätes 16.-ca. Mitte 18. Jahrhundert
Fd. Nr. 1018 aus **Bef. Nr. 1028** (Periode 4)

196 Bodenfragment (o. Abb.)

Bdm: 10 cm
Bodenfrgmt. wie **Kat. Nr. 176**.
Obfl: innen, glas., schwarz (5YR 2,5/1), außen uneben, rötl.braun (5YR 5,5/4).
Scherben: sehr blaßbraun (10YR 8/4).

Fd. Nr. 1018 aus **Bef. Nr. 1028** (Periode 4)

197 Topf (Taf. 40)

Rdm: 18 cm
Randfrgmt. eines leicht abgeknickten Randes mit einer Profilrille außen und Innenkehlung.
Obfl: innen glas., rauh, dunkelbraun (7.5YR 3/4), außen kreidig, hellgelbl.braun (10YR 6/4).
Scherben: sehr blaßbraun (10YR 7/3).

Spätes 16.-ca. Mitte 18. Jahrhundert
Fd. Nr. 195 aus **Bef. Nr. 189** (Periode 5); **Fd. Nr. 231** aus **Bef. Nr. 328** (Periode vor 4)

198 Topf (Taf. 40)

Rdm: 14 cm
Rand-Wandfrgmt. eines bauchigen Topfes mit Dornrand und Innenkehlung.
Obfl: innen glas., rauh, sehr dunkelgrau (10YR 3/1), außen kreidig, sehr blaßbraun (10YR 8/3).
Scherben: sehr blaßbraun (10YR 8/3).

Spätes 16.-ca. Mitte 18. Jahrhundert
Fd. Nr. 231 aus **Bef. Nr. 328** (Periode vor 4); **Fd. Nr. 226** aus **Bef. Nr. 445** (Periode 4)

199 Henkeltopf (Taf. 40)

Rdm: 18 cm
Vier zus. Rand-Wandfrgmt. eines Topfes mit abgeflachter Schulter, Dreieckrand und randständigem Bandhenkelansatz.
Obfl: innen dick glas., schwarz (2.5YR N2,5), außen kreidig, gelb (19YR 7,5/6).
Scherben: sehr blaßbraun (10YR 8/3).

Spätes 16.-ca. Mitte 18. Jahrhundert
Fd. Nr. 407, 503 aus **Bef. Nr. 445** (Periode 4)

200 Topf (o. Abb.)

16 cm
Zwei zus. Rand-Wandfrgmt. eines Topfes mit abgeflachter Schulter und spitz zulaufendem, einziehendem Dreieckrand mit Innenkehlung.
Obfl: glas., teilweise abgeplatzt, blasig, sehr dunkelbraun (10YR 2/2), außen feinsandig, sehr blaßbraun (10YR 8/4).
Scherben: sehr blaßbraun (10YR 8/3).

Spätes 16.-ca. Mitte 18. Jahrhundert
Fd. Nr. 409 aus **Bef. Nr. 445** (Periode 4)

201 Henkeltopf (Taf. 40)

Rdm: 20 cm
Drei zus. Rand-Wandfrgmt. eines Gefäßes mit abgeflachter Schulter, gerundetem Knickrand und randständigem, rundstabigem Henkel.
Obfl: innen glas., Magerungspartikel fühlbar, dunkelgrau (10YR 3/1), außen kreidig, sehr blaßbraun (10YR 8/5).
Scherben: sehr blaßbraun (10YR 8/3).

Spätes 16.-ca. Mitte 18. Jahrhundert
Fd. Nr. 353 aus **Bef. Nr. 328** (Periode vor 4); **Fd. Nr. 439** aus **Bef. Nr. 445** (Periode 4)

202 Henkeltopf (Taf. 40)

Rdm: 14 cm
Zwei zus. Randfrgmt. eines Gefäßes mit Dornrand und randständigem, unregelmäßig ovalem Henkel.
Obfl: innen glas., fleckig, sehr dunkelbraun (10YR 2/2) und rötl.braun (5YR 4/3), außen kreidig, blaßgelb (2.5YR 7,5/5).
Scherben: weiß (2.5Y 8/2).

Spätes 16.-ca. Mitte 18. Jahrhundert
Fd. Nr. 503 aus **Bef. Nr. 445** (Periode 4)

203 Topf, „Grapen" (Taf. 41)

Rdm: 12 cm; Bdm: 10,5 cm (innen)
Rand-, Wand- und Bodenfrgmt. eines bauchigen Grapentopfes mir spitz zulaufendem Dreieckrand, planem Boden und kurzen Füßen.
Obfl: innen glas., Magerungspartikel durch Glasur fühlbar, dunkelbraun (7.5YR 3/2), außen sehr blaßbraun (10YR 7,5/4).
Scherben: sehr blaßbraun (10YR 8/4).

Spätes 16.-ca. Mitte 18. Jahrhundert
Fd. Nr. 1018 aus **Bef. Nr. 1028** (Periode 4)

204 Topf, „Grapen" (Taf. 41)

Bdm: 8 cm
Boden-Wandfrgmt. eines bauchigen Grapens mit kleinen Füßen und planem Boden; Profilrillen auf der Wandung.
Obfl: innen matt glas., dunkelrötl.braun (5YR 3/3), außen kreidig, rötl.gelb (5YR 6/6).
Scherben: rötl.gelb (5YR 6,5/6).

Spätes 16.-ca. Mitte 18. Jahrhundert
Fd. Nr. 1032 aus **Bef. Nr. 1065** (Periode vor 5)

205 Topf (Taf. 41)

Rdm: 12 cm
Frgmt. eines bauchigen Topfes mit aufgestelltem Rand, Profilwulst, horizontal abgestrichenem Randabschluß und Innenkehlung.
Obfl: innen glas., dunkelbraun (7.5YR 3/2), außen kreidig, hellgrau (10YR 7,5/2).
Scherben: weiß (10YR 8/2).

Spätes 16.-ca. Mitte 18. Jahrhundert
Fd. Nr. 611 aus **Bef. Nr. 849** (Periode 6)

206 Topf (Taf. 41)

Rdm: 18 cm
Randfrgmt. eines Gefäßes mit Dreieckrand.
Obfl: innen glas., dunkelrotbraun (5YR 3/2), außen Glasurflecke, kreidig, hellgrau (10YR 7,5/2).
Scherben: weiß (10YR 8/2).

Spätes 16.-ca. Mitte 18. Jahrhundert
Fd. Nr. 65 aus **Bef. Nr. 180** (Periode 5-6)

207 Topf, „Grapen" (Taf. 41)

Rdm: 14,5 cm; Bdm: 14,5 cm
Mehrere Rand-, Wand- und Bodenfrgmt. eines wohl bauchigen Topfes mit ausgestelltem, verschwommenem Dornrand, planem Boden und drei unprofilierten Grapenfüßen.
Obfl: innen glas., schwarzbraun (10YR 2/2), außen feinsandig, sehr blaßbraun (19YR 7/5).
Scherben: mit mittlerer Körnung, sehr blaßbraun (10YR 8/3).

Spätes 16.-ca. Mitte 18. Jahrhundert
Fd. Nr. 231 aus **Bef. Nr. 328** (Periode vor 4); **Fd. Nr. 358** aus **Bef. Nr. 331** (Periode 5)

Kataloggruppe 8 – Farblos glasierte Irdenware

208 Topf (o. Abb.)

Rdm: 13,5 cm; Bdm: 10,5 cm; H: 13,5 cm
Fast vollst. zus. zylindrisches Gefäß mit Standboden und verkröpftem Rand mit kleinem Ausguß.
Obfl: innen glas., bräunl.gelb (10YR 6,5/6), außen Rand glas., sonst Tonschlicküberzug, sehr blaßbraun (10YR 8/4).
Scherben: rötl.gelb (5YR 6/8).

Fd. Nr. 1020 aus Einfüllung Bahndamm (Periode unbestimmt)

209 Topf (Taf. 41)

Rdm: 13 cm
Randfrgmt. eines gerundeten Dreieckrandes mit Innenkehlung.
Obfl: innen glas., bräunl.gelb mit dunklen Flecken, (10YR 6/6), außen kreidig, rötl.gelb (7.5YR 7/6).
Scherben: weiß (10YR 8/2).

16.-ca. Mitte 18. Jahrhundert
Fd. Nr. 403 aus **Bef. Nr. 659** (Periode 2)

210 Topf (o. Abb.)

Rdm: 18 cm
Randfrgmt. eines Dreieckrandes mit Innenkehlung und gewelltem Randabschluß.
Obfl: innen glas., tiefbraun (7.5YR 4/6), außen kreidig, hellbraun (7.5YR 6/4).
Scherben: rötl.gelb (5YR 7/7).

16.-ca. Mitte 18. Jahrhundert
Fd. Nr. 195 aus **Bef. Nr. 189** (Periode 5)

211 Kleingefäß (Taf. 42)

Rdm: 5 cm
Rand-Wandfrgmt. eines konischen (?) Gefäßes mit Kremprand.
Obfl: innen glas., dunkelrötl.braun (2.5YR 3/3), außen dunkelgrau (5YR 5/6).
Scherben: reduzierend und oxidierend gebrannt, relativ hart, dunkelgrau (5YR 4/1) und rot (2.5YR 5/6).

18./19. Jahrhundert
Fd. Nr. 615 aus **Bef. Nr. 845** (Periode 5)

212 Schüssel oder Schale (Taf. 43)

Rdm: 28 cm
Zwei zus. Rand-Wandfrgmt. eines weitmundigen Gefäßes mit Wulstrand.
Obfl: innen glas., rot (2.5YR 4,5/8), außen kreidig, rötl.gelb (5YR 6/6).
Scherben: rötl.gelb (5YR 6/8).

18./19. Jahrhundert
Fd. Nr. 26 aus **Bef. Nr. 12** (Periode 6)

213 Schüssel oder Schale (Taf. 42)

Rdm: 28 cm
Rand-Wandfrgmt. eines Gefäßes wie **Kat. Nr. 212**.
Obfl: innen glas., gelbl.braun (5YR 5/8), außen kreidig, gelbl.braun (5YR 6/6).
Scherben: gelbl.braun (5YR 6/8).

18./19. Jahrhundert
Fd. Nr. 295 aus **Bef. Nr. 189** (Periode 5)

214 Schüssel oder Schale (Taf. 42)

Rdm: 24 cm
Rand-Wandfrgmt. eines leicht gewölbten, konischen Gefäßes mit nach außen abknickendem Wulstrand und doppelter Innenkehlung.
Obfl: innen glas., gelbl.rot (5YR 5/8), außen Rand glas., gelbl.rot (5YR 5/8), sonst mit Tonschlicker überzogen, rosa weiß (7.5YR 8/2).
Scherben: rötl.gelb (5YR 7/8).

18./19. Jahrhundert
Fd. Nr. 182 aus **Bef. Nr. 387** (Periode 5)

215 entfällt

216 Schüssel oder Schale (Taf. 42)

Rdm: 24,5 cm; Bdm: 16,5 cm; H: 8 cm
Zus. Frgmt. eines Gefäßes mit konischer Wandung, Standboden, Wulstrand und Innenkehlung.
Obfl: innen glas., gelbl.rot (5YR 4/6), außen rötl.gelb (5YR 6/6).
Scherben: rötl.gelb (5YR 6/8).

18./19. Jahrhundert
Fd. Nr. 161 aus **Bef. Nr. 387** (Periode 5)

217 Schüssel oder Schale (Taf. 42)

Rdm: 25 cm; Bdm: 16 cm; H: 9cm
Gefäß wie **Kat. Nr. 216** mit Ausguß.
Obfl: innen glas., gelbl. rot (5YR 5/8), außen rötl.gelb (5YR 6/6).
Scherben: rötl.gelb (5YR 6/8).

18./19. Jahrhundert
Fd. Nr. 161 aus **Bef. Nr. 387** (Periode 5); **Fd. Nr. 183** aus **Bef. Nr. 335** (Periode 6)

218 Schüssel oder Schale (Taf. 43)

Rdm: 25 cm; Bdm: 15 cm; H: 9cm
Zwei zus. Rand-, Wand- und Bodenfrgmt. eines Gefäßes wie **Kat. Nr. 216**.
Obfl: innen glas., gelbl.rot (5YR 5/8), außen, rötl.gelb (5YR 6/6).
Scherben: rötl.gelb (5YR 6/8).

18./19. Jahrhundert
Fd. Nr. 206 aus **Bef. Nr. 400**; **Fd. Nr. 367** aus **Bef. Nr. 399** (Periode 5-6)

219 Schüssel oder Schale (Taf. 42)

Rdm: 31,5 cm; Bdm: 20 cm; H: 10,5 cm
Zus. Gefäß wie **Kat. Nr. 216** mit Ausguß.
Obfl: innen glas., rötl.gelb (5YR 6/8), außen rötl.gelb (5YR 6,5/6).
Scherben: rötl.gelb (5YR 7/8).

18./19. Jahrhundert
Fd. Nr. 161 aus **Bef. Nr. 387** (Periode 5)

220 Schüssel oder Schale (Taf. 43)

Rdm: 29 cm; Bdm: 17 cm; H: 9,5 cm
Zus. Gefäß wie **Kat. Nr. 216**.
Obfl: innen tiefbraun (7.5YR 4/6), außen gelbl.rot (5YR 5/6).
Scherben: gelbl. rot (5YR 5/8).

18./19. Jahrhundert
Fd. Nr. 367 aus **Bef. Nr. 399**; **Fd. Nr. 221** aus **Bef. Nr. 400** (Periode 5-6)

221 Schüssel oder Schale (Taf. 43)

Rdm: 28 cm; Bdm: 16 cm; H: 9 cm
Gefäß wie **Kat. Nr. 216** mit deutlicher Innenkehlung.
Obfl: innen glas., gelb (10YR 7/6), außen rötl.gelb (5YR 6/6).
Scherben: rötl.gelb (5YR 7/6).

18./19. Jahrhundert
Fd. Nr. 161 aus **Bef. Nr. 387** (Periode 5)

222 Topf (o. Abb.)

Rdm: 22 cm
Frgmt. eines einfachen, verdickten, aufgestellten Randes.
Obfl: innen glas., oliv (5Y 5/4), außen feine Drehrillen, tiefbraun (7.5YR 5/7).
Scherben: rötl.gelb (7.5YR 6/6).

Fd. Nr. 448 aus **Bef. Nr. 445** (Periode 4)

223 Topf (Taf. 43)

Rdm: 22 cm
Randfrgmt. eines unterschnittenen Dreieckrandes mit starker Innenkehlung.
Obfl: innen glas., hellolivbraun (2.5Y 5,5/4), außen sekundär verbrannt, evtl. rosagrau (7.5YR 7/2).
Scherben: sekundär verbrannt, evtl. rosagrau (7.5YR 7/2).

16.-ca. Mitte 18. Jahrhundert
Fd. Nr. 407 aus **Bef. Nr. 445** (Periode 4)

224 Topf (Taf. 44)

Rdm: 20 cm
Randfrgmt. eines Topfes mit abgeflachter Schulter und verdicktem, aufgestelltem Rand mit Innenkehlung. Randaußenseite mit einer feinen Profilrille.
Obfl: innen glas., Schilfgrün (RAL 6013), außen geglättet, hellgrau (5Y 6,5/1) und rötl.gelben Flecken (7.5YR 7/6).
Scherben: grau (7.5YR N5).

16.-ca. Mitte 18. Jahrhundert
Fd. Nr. 448 aus **Bef. Nr. 445** (Periode 4)

225 Pfannengefäß (Taf. 44)

Rdm: 36 cm; Griff: 8 cm lang
Randfrgmt. mit Rohrgriff eines wohl flachen Gefäßes mit ausbiegendem Wulstrand und Innenkehlung. Der randständig angarnierte Griff ist zylindrisch (Dm: 3,2 cm). Bis auf einen 0,5 cm breiten Hohlraum, der wohl durch die gesamte Länge des Griffes läuft, ist er kompakt. Der Griff ist nicht glasiert.
Obfl: innen glas., rötl.gelb (5YR 6/8), außen verschmaucht, urspr. Farbe nicht ermittelbar.
Scherben: sehr blaßbraun (10YR 8/3).

18./19. Jahrhundert
Fd. Nr. 152 aus **Bef. Nr. 335** (Periode 6)

226 Fuß-/Bodenfragment eines „Grapen" (Taf. 44)

Bdm: 10 cm
Bodenfrgmt. mit angesetztem Fuß eines Grapentopfes.
Obfl: innen glas., metallisch schimmernd, blaßgelb (5Y 8/4), außen weiß (10YR 8/2).
Scherben: weiß (10YR 8/2).

16.-ca. 18. Jahrhundert
Fd. Nr. 363 aus **Bef. Nr. 340** (Periode 5)

227 Fuß-/Bodenfragment eines „Grapen" (o. Abb.)

Dm: nicht ermittelbar
Bodenfrgmt. mit angesetztem Fuß eines Grapentopfes; Fußenden nach oben umgeschlagen.
Obfl: innen glas., gelbl.braun (10YR 5/6), außen rauh, sehr blaßbraun (10YR 7/4).
Scherben: weiß (10YR 8/2)

16.-ca. 18. Jahrhundert
Fd. Nr. 363 aus **Bef. Nr. 340** (Periode 5)

228 Henkeltopf, „Grapen" (Taf. 44)

Rdm: 16 cm; H: 21 cm
Fast vollständig rekonstruierter Grapentopf mit einfachem, leicht verdicktem, aufgestellten Rand und Innenkehlung. Der randständige, im Querschnitt ovale, Henkel ist außen gekehlt und streicht im Bereich des größten Gefäßdurchmesser aus. Die Grapenfüße sind zur Schauseite stark gekehlt und stehen fast senkrecht unter dem kugeligen Gefäß. Über dem Bauch liegt eine dichte Folge von Profilwülsten.
Obfl: innen glas., bräunl.gelb (10YR 7/8), außen feinsandig, teilweise matt glänzend (Anflugglasur?), hellgelbl.braun (2.5Y 6/4).
Scherbe: weiß (10YR 8/2)

16.-ca. Mitte 18. Jahrhundert
Fd. Nr. 572 aus **Bef. Nr. 789** (Periode 4); **Fd. Nr. 565** aus **Bef. Nr. 777** (Periode 5)

229 Henkeltopf (Taf. 44)

Rdm: 14 cm
Randfrgmt. eines Topfes mit rundovalem Henkel, nach innen abgestrichenem Randabschluß und Innenkehlung.
Obfl: innen glas., dunkelbraun (10YR 3/6), außen kreidig, rötl.gelb (5YR 6/6).
Scherben: rötl.gelb (5YR 6/8).

16.-ca. Mitte 18. Jahrhundert
Fd. Nr. 1018 aus **Bef. Nr. 1028** (Periode 4)

230 Topf (Taf. 44)

Rdm: 24 cm
Randfrgmt. eines wohl bauchigen Gefäßes mit einfachem, leicht ausbiegendem Rand. Auf der Schulterzone drei feine, in dunkelbraun aufgemalte Horizontallinien.
Obfl: innen glas., gelb (10YR 7/8), außen feinsandig, gelb (10YR 8/6).
Scherben: sehr blaßbraun (10YR 8/3).

2. Hälfte 18.- 1. Hälfte 19. Jahrhundert
Fd. Nr. 24 aus **Bef. Nr. 38** (Periode 6)

231 Henkeltopf (o. Abb.)

Rdm: 18 cm
Randfrgmt. eines leicht bauchigen Gefäßes mit randständigem, profiliertem Bandhenkel. Der verdickte, ausbiegende Rand zeigt eine Innenkehlung. Auf der Schulterzone drei feine, in dunkelbraun aufgemalte Horizontallinien.
Obfl: innen glas., gelb (10YR 7/8), außen feinsandig, sehr blaßbraun (10YR 7/4).
Scherben: sehr blaßbraun (10YR 8/3).

2. Hälfte 18.-1. Hälfte 19. Jahrhundert
Fd. Nr. 31, 36 aus **Bef. Nr. 52** (Periode 5)

232 Topf (o. Abb.)

Rdm: 20 cm
Zwei zus. Frgmt. eines Kragenrandes mit gerundetem Randabschluß und Innenkehlung.
Obfl: innen glas., gelbl.braun, fleckig (10YR 6/6), außen feinsandig, hellgrau (10YR 7/2).
Scherben: weiß (10YR 8/2).

16.-ca. Mitte 18. Jahrhundert
Fd. Nr. 1017 aus **Bef. Nr. 1020** (Periode 5)

233 Topf (Taf. 45)

Rdm: 26 cm
Randfrgmt. eines bauchigen Gefäßes mit kurzem, ausbiegendem Rand und Ansatz eines Ausgusses.
Obfl: innen glas., gelb (10YR 7/8), außen Rand glas., sonst feinsandig, gelb (10YR 8/6).
Scherben: weiß (10YR 8/2).

18./19. Jahrhundert
Fd. Nr. 552 aus **Bef. Nr. 640** (Periode 6)

234 Schüssel oder Schale (Taf. 45)

Rdm: 24 cm
Randfrgmt. eines Gefäßes mit verdicktem, aufgestelltem, auf der Außenseite profiliertem Rand.
Obfl: innen glas., gelb (2.5Y 8/6), außen kreidig, blaßbraun (10YR 7,5/3).
Scherben: rötl.weiß (7.5YR 8/2,5).

16.-ca. Mitte 18. Jahrhundert
Fd. Nr. 591 aus **Bef. Nr. 782** (Periode 6)

235 Topf (o. Abb.)

Rdm: 23 cm
Randfrgmt. eines Dreieckrandes mit Innenkehlung.
Obfl: innen glas., Magerungspartikel durch Glasur fühlbar, gelbl.rot (7.5YR 5,5/8), außen rötlgelb (7.5YR 7/6,5) und Glasurflecke.
Scherben: feine und mittlere Körnung, sehr blaßbraun (10YR 8/3,5).

16.-ca. Mitte 18. Jahrhundert
Fd. Nr. 448 aus **Bef. Nr. 445** (Periode 4)

236 Topf (Taf. 45)

Rdm: 24 cm
Randfrgmt. eines Knickrandes mit wellenartig ausgekniffener Profilleiste und Innenkehlung.
Obfl: innen glas., braunoliv (2.5Y 5/4), außen kreidig, hellbräunl.grau (10YR 6/2).
Scherben: hellbräunl.grau (10YR 6/2).

16.-ca. Mitte 18. Jahrhundert
Fd. Nr. 241 aus **Bef. Nr. 445** (Periode 4)

237 Topf (o. Abb.)

Rdm: 21 cm
Randfrgmt. eines einfachen, unprofilierten, leicht nach außen gewölbten Knickrandes mit Innenkehlung.
Obfl: innen glas., olivbraun (2.5Y 5/4), außen feinsandig, hellgrau (10YR 7/2,5).
Scherben: weiß (10YR 8/2).

16.-ca. Mitte 18. Jahrhundert
Fd. Nr. 514 aus **Bef. Nr. 448** (Periode nach 3)

238 Topf (Taf. 45)

Rdm: 17 cm
Randfrgmt. eines stark profilierten Knickrandes mit nach innen abgestrichenem Randabschluß und Innenkehlung.
Obfl: innen glas., bräunl.gelb (10YR 6/6), außen feinsandig, hellgrau (10YR 7/2).
Scherben: weiß (10YR 8/2).

16.-ca. Mitte 18. Jahrhundert
Fd. Nr. 339 aus **Bef. Nr. 332** (Periode 5)

239 Henkeltopf (Taf. 45)

Rdm: 18,5 cm
Zwei zus. Rand-Wandfrgmt. eines Topfes mit abgeflachter Schulter und unprofiliertem Knickrand, randständigem Bandhenkel und Innenkehlung. Mehrere Profilwülste auf der Außenwandung.
Obfl: innen glas., hellolivbraun (2.5Y 5/6), außen hellbräunl.grau (10YR 6/2).
Scherben: hellbräunl.grau (10YR 6/2).

Sekundär verbrannt.
16.-ca. Mitte 18. Jahrhundert
Fd. Nr. 211 aus **Bef. Nr. 279** (Periode 6)

240 Topf (Taf. 45)

Rdm: 16 cm
Randfrgmt. eines Topfes mit leicht unterschnittenem Kragenrand und Innenkehlung.
Obfl: innen glas., gelb (10YR 7/8), außen bräunl.gelb (10YR 6/6).
Scherben: blaßbraun (10YR 7,5/4).

16.-ca. Mitte 18. Jahrhundert
Fd. Nr. 146 aus **Bef. Nr. 340** (Periode 5)

241 Schale? (o. Abb.)

Rdm: 21 cm
Randfrgmt. eines einfachen, außen verdickten Randes wohl einer Schale.
Obfl: innen glas., braun (7.5YR 5/6), außen kreidig, blaßbraun (10YR 7,5/3).
Scherben: sehr blaßbraun (10YR 8/3).

Gefäßtyp nicht eindeutig ermittelbar
Fd. Nr. 138 aus **Bef. Nr. 354** (Periode 3)

242 Bodenfragment (o. Abb.)

Bdm: 14 cm
Frgmt. eines wohl zylindrischen Gefäßes mit Standboden.
Obfl: glas., gelbl.braun (10YR 5/8).
Scherben: hellgrau (10YR 7/2).

Gefäßaußenseite wohl nicht vollständig glasiert.
Fd. Nr. 202 aus **Bef. Nr. 189** (Periode 5)

243 Topf (Taf. 45)

Rdm: 10 cm
Rand-Wandfrgmt. eines Topfes mit verschwommenem, unprofiliertem Kragenrand.
Auf der Gefäßaußenseite mehrere Profilwülste.
Obfl: innen glas., hellolivbraun (2.5Y 5/6), außen uneben, gräul.braun 2.5Y 5/2).
Scherben: hellgräul.braun (2.5Y 6/2).

Sekundär verbrannt.
16.-ca. Mitte 18. Jahrhundert
Fd. Nr. 1018 aus **Bef. Nr. 1028** (Periode 4)

244 Topf (Taf. 45)

Rdm: 10 cm
Randfrgmt. eines Topfes mit ausbiegendem Dornrand und Innenkehlung. Der Randabschluß ist wellenartig.
Obfl: innen glas., gelbl.rot (5Y4/6), außen kreidig, blaßgelb (10YR 8/3).
Scherben: weiß (10YR 8/2).

16.-ca. Mitte 18. Jahrhundert
Fd. Nr. 1030 aus **Bef. Nr. 1056** (Periode 6/nach 6)

245 Topf (Taf. 45)

Rdm: 14 cm
Randfrgmt. eines Gefäßes mit ausgestelltem, gerundetem Rand und Innenkehlung.
Obfl: innen glas., gelb (10YR 8/8), außen Rand glas., sonst feinsandig, rosa (7.5YR 8/4).
Scherben: weiß (10YR 8/2).

16.-ca. Mitte 18. Jahrhundert
Fd. Nr. 568 aus **Bef. Nr. 795** (Periode 6)

246 Topf (Taf. 45)

Rdm: 14 cm
Randfrgmt. eines Topfes mit ausgeprägtem Dornrand, flach gerundetem Randabschluß und Innenkehlung.
Obfl: innen glas., bräunl.gelb (10YR 6,5/6) und gelbl.braun (10YR 5/6), außen Glasurflecken, kreidig, blaßbraun (10YR 6/3).
Scherben: weiß (10YR 8/2).

Sekundär verbrannt.
16.-ca. Mitte 18. Jahrhundert
Fd. Nr. 548 aus **Bef. Nr. 421** (Periode 3)

247 Topf (Taf. 46)

Rdm: 11 cm

Randfrgmt. eines Topfes mit abgeflachter Schulter und ausbiegendem, verdickten Rand. Auf der Hals-Schulterzone Profilrillen.
Obfl: innen glas., gelb (10YR 7/8), außen feinsandig, sehr blaßbraun (10YR 7/4).
Scherben: weiß (2.5YR 8/2).

16.-ca. Mitte 18. Jahrhundert
Fd. Nr. 409 aus **Bef. Nr. 445** (Periode 4)

248 Topf (o. Abb.)

Rdm: 10 cm

Frgmt. eines gerundeten Dreieckrandes mit Innenkehlung.
Obfl: innen glas., Magerungspartikel durch die Glasur fühlbar, bräunl.gelb (10YR 6/8), außen mit Tonschlicker geglättet, gelb (10YR 7/8).
Scherben: weiß (10YR 8/2,5).

16.-ca. Mitte 18. Jahrhundert
Fd. Nr. 427 aus **Bef. Nr. 445** (Periode 4)

249 Schüssel oder Schale (Taf. 45)

Rdm: 33 cm

Rand-Wandfrgmt. eines flachen Gefäßes mit ausladendem Wulstrand. Unterhalb des Randes zwei aufgemalte dunkelbraune Horizontallinien.
Obfl: innen glas., gelb (2.5Y 7/6), außen verschmaucht urspr. Farbe nicht ermittelbar.
Scherben: weiß (10YR 8/2).

2. Hälfte 18.-1. Hälfte 19. Jahrhundert
Fd. Nr. 28 aus **Bef. Nr. 14** (Periode 6)

250 Schüssel oder Schale (Taf. 46)

Rdm: 32 cm

Zwei zus. Randfrgmt. eines flachen Gefäßes mit umgeschlagenem, außen profiliertem Wulstrand.
Obfl: innen glas., gelb (2.5Y 7/6), außen Rand glas., sonst feinsandig, sehr blaßbraun (10YR 7,5/3).
Scherben: weiß (10YR 8/2).

18./19. Jahrhundert
Fd. Nr. 568 aus **Bef. Nr. 795**; **Fd. Nr. 1022** aus **Bef. Nr. ?** (Periode 6)

251 Bodenfragment (o. Abb.)

Bdm: 10 cm

Bodenfrgmt. eines Gefäßes mit Standboden.
Obfl: innen glas., gelb (5Y 7,5/4), außen kreidig, weiß (10YR 8/2).
Scherben: weiß (10YR 8/2).

16.-ca. 18. Jahrhundert
Fd. Nr. 310 aus **Bef. Nr. 445** (Periode 4)

252 Bodenfragment (Taf. 46)

Bdm: 12 cm

Bodenfrgmt. eines bauchigen Gefäßes mit Standboden und leicht abgesetzter Fußzone.
Obfl: innen schwach glas., gelb (2.5Y 7/6), außen Schmauchspuren, sehr blaßbraun (10YR 7,5/3).
Scherben: blaßbraun (10YR 8/3).

16.-ca. 18. Jahrhundert
Fd. Nr. 407 aus **Bef. Nr. 445** (Periode 4)

253 Schale (o. Abb.)

Rdm: 22 cm

Rand-Wandfrgmt. einer konischen Schale mit nach unten weisendem Keulenrand (unterschnitten). Innen monochrome Horizontallinien in rot-violett.
Obfl: innen glas., (grundiert) schwarzrot (RAL 3007) und (Linien) Bordeauxviolett (RAL 4004), außen kreidig, weiß (10YR 8/1,5).
Scherben: weiß (10YR 8/1).

19./20. Jahrhundert
Fd. Nr. 154 aus **Bef. Nr. 334** (Periode nach 6)

254 Siebtopf (Taf. 46)

Rdm: 26 cm; Bdm: 16 cm

Mehrere Frgmt. vom Rand und Boden eines leicht konischen, durchlöcherten Gefäßes mit Standboden und gekehltem Keulenrand.
Obfl: innen glas., Magerungspartikel stoßen durch Glasur, gelbl.rot (5YR 5/8), außen kreidig, rötl.gelb (5YR 6/6).
Scherben: rötl.gelb (5YR 7/8).

18./19. Jahrhundert
Fd. Nr. 207 aus **Bef. Nr. 400**; **Fd. Nr. 222** aus **Bef. Nr. 399** (Periode 5-6)

255 Siebtopf (Taf. 46)

Rdm: 28 cm

Rand-Wandfrgmt. eines Gefäßes mit leicht bauchiger Wandung. Der Rand ist keulenförmig verdickt und zeigt außen zwei Profilwülste.
Obfl: innen glas., gelbl.rot (5YR 5/8), außen feinsandig, rötl.gelb (5YR 6/7).
Scherben: rötl.gelb (5YR 6/8).

18./19. Jahrhundert
Fd. Nr. 26 aus **Bef. Nr. 12** (Periode 6)

256 Henkeltopf (Taf. 46)

Rdm: 15 cm; Bdm: 16 cm; H: 10 cm

Zur Hälfte erhaltenes zylindrisches Gefäß mit abgerundeter Fußzone und einfachem, abgerundetem Rand. Unterhalb des Randes ein aufgelegter, dicker Wulst an dem ein profilierter, dicker Bandhenkel senkrecht angarniert ist. Der Henkel ist bis zur Fußzone gezogen und streicht dort mit einem Fingertupfen aus. Unter dem Wulst umlaufen zwei feine, aufgemalte, dunkelbraune Linien das Gefäß.
Obfl: innen glas., uneben, bräunl.gelb (10YR 6/8), außen Tonschlicker, hellgrau (10YR 7/2).
Scherben: rosa (5YR 7/4).

Relativ dicke Wandung, ohne Vgl. evtl. Nachttopf.
18./19. Jahrhundert
Fd. Nr. 675 aus **Bef. Nr. 900** (Periode 6)

257 Rohrgriff (o. Abb.)

Dm: 4,5 cm; H: 9 cm
Rohrgriff eines wohl pfannenähnlichen Gefäßes.
Obfl: feinsandig, rötl.gelb (5YR 7/6).
Scherben: rötl.gelb (5YR 7/7).

Fd. Nr. 1017 aus **Bef. Nr. 1020** (Periode 5)

258 Rohrgriff (Taf. 46)

Dm: 3,5 cm; H: 8 cm
Rohrgriff eines Pfannengefäßes.
Obfl: feinsandig, rauh, rötl.gelb (7.5YR 6/6) mit Glasurflecken in rötl.gelb (7.5YR 6/8).
Scherben: feine, mittlere Körnung, rötl.gelb (7.5YR 7,5/6).

Fd. Nr. 593 aus **Bef. Nr. 777** (Periode 5)

259 Rohrgrifffragment (o. Abb.)

ca. 5,5 x 2 cm
Kleines Frgmt. wie **Kat. Nr. 257**.
Obfl: feinsandig, rötl.gelb (5YR 6,5/7).
Scherben: rötl.gelb (5YR 6,5/7).

18.-ca. 18. Jahrhundert
Fd. Nr. 313 aus **Bef. Nr. 254** (Periode 4)

260 Henkelschüssel oder -schale (Taf. 47)

Rdm: 33 cm
Vier zus. Rand-Wandfrgmt. eines flachen Gefäßes mit flachem, leicht verdicktem Randabschluß und randständig angarniertem, profiliertem Horizontalhenkel.
Obfl: innen glas., gelbbraun (10YR &78), außen feinsandig, rosa (5YR 7/4).
Scherben: rosa (5YR 8/4).

18./19. Jahrhundert
Fd. Nr. 152 aus **Bef. Nr. 335** (Periode 6); **Fd. Nr. 161** aus **Bef. Nr. 387** (Periode 5); **Fd. Nr. 206, 221** aus **Bef. Nr. 400** (Periode 5-6)

261 Schale (Taf. 47)

Rdm: 13 cm
Randfrgmt. einer kleinen wohl sehr flachen Schale mit leicht verdicktem, aufgestelltem Rand.
Obfl: innen glas., tiefbraun (7.5YR 5/8), außen feinsandig, hellrötl.braun (5YR 6/4).
Scherben: rötl.gelb (7.5YR 8/6).

Evtl. auch Fußfragment einer sog. Fußschale.
Fd. Nr. 353 aus **Bef. Nr. 328** (Periode vor 4)

262 Schale (Taf. 47)

Rdm: 12 cm
Randfrgmt. einer kleinen konischen Schale mit verdicktem Randabschluß.
Obfl: innen keidig, rötl.gelb (5YR 6/6), außen glas., rötl.gelb (2.5YR 4,5/4).
Scherben: rötl.gelb (5YR 6/8).

Fd. Nr. 295 aus **Bef. Nr. 189** (Periode 5)

263 Schale (Taf. 47)

Rdm: 27 cm
Randfrgmt. einer flachen Schale mit Keulenrand.
Obfl: innen weißer Tonschlicker, darüber glas., gelb (5YR 8/3), außen kreidig, rötl. gelb (7.5YR 7/4).
Scherben: grobporig, rötl.gelb (7.5YR 7/6).

18./19. Jahrhundert
Fd. Nr. 568 aus **Bef. Nr. 795** (Periode 6)

264 Schüssel oder Schale (o. Abb.)

Rdm: 24 cm
Randfrgmt. eines Gefäßes mit eckigem Keulenrand.
Obfl: innen glas., gelbl.rot (5YR 5,5/8), außen kreidig, weißer Tonschlicker (10YR 8/1).
Scherben: rötl.gelb (5YR 6/6).

18./19. Jahrhundert
Fd. Nr. 152 aus **Bef. Nr. 335** (Periode 6)

265 Schüssel oder Schale (Taf. 47)

Rdm: 24 cm
Randfrgmt. eines Gefäßes mit Dornrand und nach innen abgestrichenem Randabschluß.
Obfl: innen glas., rotbraun (2.5YR 5/7), außen kreidig, rötl.gelb (5YR 7/6).
Scherben: rötl.gelb (5YR 5/8).

18./19. Jahrhundert
Fd. Nr. 176 aus **Bef. Nr. 188** (Periode 6)

266 Schüssel oder Schale (Taf. 47)

Rdm: 17 cm
Randfrgmt. eines wohl flachen, gewölbten Gefäßes (evtl. Fußschale?) mit einfachem, abgerundetem Randabschluß.
Obfl: glas., braun (5YR 5/8).
Scherben: rot (2.5YR 6/8).

Fd. Nr. 182 aus **Bef. Nr. 387** (Periode 5)

267 Schüssel oder Schale (Taf. 47)

Rdm: 20 cm
Randfrgmt. eines Gefäßes mit gerundetem, leicht einziehendem Rand mit drei Profilrillen.
Obfl: innen glas., braun (5YR 5/8), außen kreidig, rot (5YR 6/6).
Scherben: rot (5YR 6/8).

18./19. Jahrhundert
Fd. Nr. 372 aus **Bef. Nr. 399** (Periode 5-6)

268 Schüssel oder Schale (o. Abb.)

Rdm: 24 cm
Randfrgmt. eines Gefäßes wie **Kat. Nr. 267**.
Obfl: innen glas., gelbl.rot (5YR 5/8), außen kreidig, rötl. gelb (5YR 6/6).
Scherben: rötl.gelb (5YR 6/8).

18./19. Jahrhundert
Fd. Nr. 390 aus **Bef. Nr. 461** (Periode 5)

269 Fuß-Bodenfragment eine „Grapens" (o. Abb.)

Bdm: 10 cm
Bodenfrgmt. eines Gefäßes mit kleinem, runden Fuß und planem Boden.
Obfl: innen glas., gelbl.rot (5YR 5/8), außen rötl.gelb (5YR 6/6).
Scherben: rötl.gelb (5YR 6/8).

16.-ca. 18. Jahrhundert
Fd. Nr. 1002 aus **Bef. Nr. 1004** (Periode 5)

270 Bodenfragment eines „Grapens" (Taf. 47)

Bdm: 18 cm
Boden-Wandfrgmt. eines Gefäßes mit gerader Wandung, planem Boden und teilw. erhaltenem Fuß.
Obfl: innen glas., uneben, gelb (10YR 7/6) und gefleckt mit farngrün (RAL 6025), außen feinsandig, Drehrillen, rosa (7.5YR 8/4).
Scherben: rosa (7.5YR 8/4).

16.-ca. 18. Jahrhundert
Fd. Nr. 407 aus **Bef. Nr. 445** (Periode 4)

271 Standfuß eines „Grapens" (o. Abb.)

Dm: nicht ermittelbar
Drei zus. Frgmt. eines Grapentopfes mit planem Boden und angesetztem Fuß, Fußende hochgezogen.
Obfl: dick glas., farngrün (RAL 6025), außen mit Tonschlicker geglättet, Schmauchspuren, rötl.gelb (7.5YR 7/6).
Scherben: feine und mittlere Körnung, rötl.gelb (7.5YR 8/6).

16.-ca. 18. Jahrhundert
Fd. Nr. 437 aus **Bef. Nr. 445** (Periode 4)

272 Standfuß eines „Grapens" (o. Abb.)

Dm: nicht ermittelbar
Fußfrgmt. wie **Kat. Nr. 271**.
Obfl: innen glas., gelb (10YR 7,5/8), außen, kreidig, Schmauchspuren, rosagrau (5YR 7/2).
Scherben: rosaweiß (5YR 8/2).

16.-ca. 18. Jahrhundert
Fd. Nr. 407 aus **Bef. Nr. 445** (Periode 4)

273 Fuß-Bodenfragment eines „Grapens" (Taf. 47)

Bdm: 12 cm
Boden-Fußfrgmt. eines Grapentopfes mit planem Boden und umgeschlagenem Fußende.
Obfl: innen glas., rötl.gelb (7.5YR 6/8), außen feinsandig, rötl.gelb (5YR 6,5/6).
Scherben: rötl.gelb (5YR 7/8).

16.-ca. 18. Jahrhundert
Fd. Nr. 225 aus **Bef. Nr. 328** (Periode vor 4)

274 Fußfragment eines „Grapen" (o. Abb.)

ca. 6 cm
Fußfrgmt. eines „Grapens" mit umgeschlagenem Ende.
Obfl: innen glas., rötl.gelb (7.5YR 6/8), außen feinsandig, rötl.gelb (5YR 7/8).
Scherben: rötl.gelb (5YR 7/8).

16.-ca. 18. Jahrhundert
Fd. Nr. 1017 aus **Bef. Nr. 1020** (Periode 5)

275 Topf, „Grapen" (Taf. 47)

Bdm: 11 cm
Boden-Wandfrgmt. eines Dreibeingefäßes mit eingezogenem Boden und leicht ausgestellter Wandung. Die rundstabigen Füße sind auf der Fußzone angarniert.
Obfl: innen glas., uneben, rötl.gelb /.5YR 6/8), außen teilw. glas., kreidig, Schmauchspuren, hellrot (2.5YR 6/8).
Scherben: rötl.gelb (5YR 6/8).

Gefäß mit relativ dicker Wandung.
Fd. Nr. 578 aus **Bef. Nr. 845** (Periode 5)

276 Fußfragment eines „Grapen" (o. Abb.)

ca. 6 cm
Fußfrgmt. eines Grapen mit umgeschlagenem Ende.
Obfl: innen glas., tiefbraun (7.5YR 5/8), außen mit Tonschlicker geglättet, Schmauchspuren, rötl.gelb (5YR 6,5/6).
Scherben: rötl.gelb (5YR 7/8).

16.-ca. 18. Jahrhundert
Fd. Nr. 437 aus **Bef. Nr. 445** (Periode 4)

277 Topf, „Grapen" (Taf. 48)

Rdm: 22 cm
Randfragment eines Gefäßes mit verdicktem, ausbiegendem, oben abgestrichenem Rand und Innenkehlung; dazu ein Fußfragment.
Obfl: innen glas., dunkelrotbraun (2.5YR 2,5/4), außen rauh, rot (2.5YR 5/6).
Scherben: feine und mittlere Körnung, rötl.gelb (5YR 6/8).

Fd. Nr. 238 aus **Bef. Nr. 206** (Periode 5)

278 Topf, „Grapen" (Taf. 47)

Bdm: 5,5 cm
Boden-Fußfrgmt. eines kleinen Gefäßes mit planem Boden.
Obfl: innen glas., olivbraun (2.5Y 5/6), außen kreidig, rot (2.5YR 5/6).
Scherben: rot (2.5YR 5/8).

16.-ca. 18. Jahrhundert
Fd. Nr. 539 aus **Bef. Nr. 657** (Periode 5)

279 Topf (Taf. 47)

Rdm: 10 cm
Rand-Wandfrgmt. eines kleinen Gefäßes mit einfachem, leicht ausgestelltem Rand.
Obfl: innen glas., rauh, braun (5YR 5/8), außen kreidig, rot (5YR 7/6).
Scherben: rot (5YR 7/8).

Fd. Nr. 89 aus **Bef. Nr. 226** (Periode 6)

280 Topf (Taf. 48)

Rdm: 11 cm
Drei zus. Rand-Wandfrgmt. eines Topfes mit abgeflachter Schulter und leicht ausgestelltem Kragenrand mit Innenkehlung.
Obfl: innen glas., gelbl.braun (10YR 5/6), außen uneben, rosa (5YR 7/3).
Scherben: rötl.gelb (7.5YR 7/6).

16.-ca. Mitte 18. Jahrhundert
Fd. Nr. 1018 aus **Bef. Nr. 1028** (Periode 4)

281 Topf (Taf. 48)

Rdm: 14 cm
Randfrgmt. eines einfachen ausgestellten Randes mit Innenkehlung.
Obfl: innen glas., rötl.gelb (7.5YR 6/8), außen kreidig, rötl.gelb (5YR 6/6).
Scherben: rötl.gelb (5YR 6/8).

16.-ca. Mitte 18. Jahrhundert
Fd. Nr. 353 aus **Bef. Nr. 328** (Periode vor 4)

282 Bodenfragment (Taf. 48)

Bdm: 10 cm
Bodenfrgmt. eines Gefäßes mit abgesetzter Standfläche und stark auswölbender Wandung.
Obfl: innen glas., gelbbraun (7.5YR 6/8), außen feinsandig, rosa (5YR 7/4).
Scherben: rot (5YR 7/6).

Fd. Nr. 1018 aus **Bef. Nr. 1028** (Periode 4)

283 Bodenfragment (o. Abb.)

Bdm: 5,5 cm
Bodenfrgmt. wie **Kat. Nr. 282**
Obfl: innen glas., gelb (10YR 7/6), außen kreidig, rosa (7.5YR 7/4).
Scherben: rot (7.5YR 7/6).

Fd. Nr. 206 aus **Bef. Nr. 400** (Periode 5-6)

284 Bodenfragment (o. Abb.)

Bdm: 14 cm
Zwei zus. Bodenframt. eines Gefäßes mit Standboden und leicht ausgestellter Wandung.
Obfl: innen glas., gelbbraun (10YR 7/8), außen kreidig, rosagrau (7.5YR 6,5/2).
Scherben: hellrötl.braun (5YR 6/4).

Fd. Nr. 1018 aus **Bef. Nr. 1028** (Periode 4)

285 Bodenfragment (o. Abb.)

Bdm: 11 cm
Boden-Wandfrgmt. eines bauchigen Topfes mit Standboden und abgesetzter Fußzone.
Obfl: innen glas., rotbraun (2.5YR 4/8), außen kreidig, rötl. gelb (5YR 6/6).

Scherben: rötl.gelb (5YR 6/8).

Fd. Nr. 1031 aus **Bef. Nr. 1085** (Periode 5)

286 Bodenfragment (Taf. 48)

Bdm: 11 cm
Zwei zus. Bodenfrgmt. eines Topfes mit Standboden.
Obfl: innen glas., uneben, gelbbraun (10YR 7/8), außen feinsandig, rötl.gelb (5YR 7/6).
Scherben: rötl.gelb (5YR 7/8).

Fd. Nr. 353 aus **Bef. Nr. 328** (Periode vor 4); **Fd. Nr. 358** aus **Bef. Nr. 331** (Periode 5)

287 Bodenfragment (o. Abb.)

Bdm: 10 cm
Drei zus. Boden-Wandfrgmt. eines gewölbten Gefäßes mit Standboden.
Obfl: innen glas., rotbraun (2.5YR 5/8), außen kreidig, rötl.braun (5YR 676).
Scherben: rot (5YR 7/8).

Fd. Nr. 578, 612, 615 aus **Bef. Nr. 845** (Periode 5)

288 Bodenfragment (o. Abb.)

Bdm: 11 cm
Boden-Wandfrgmt. eines Gefäßes mit Standboden und Profilrillen auf der Bauchzone.
Obfl: glas., (außen ist die Glasur teilw. abgeplatzt), braun (10YR 5/6).
Scherben: rötl.gelb (5YR 6/8).

Fd. Nr. 615 aus **Bef. Nr. 845** (Periode 5)

289 Bodenfragment eines „Grapens" (o. Abb.)

Bdm: 12 cm
Bodenfrgmt. wohl eines Grapens mit planem Boden und gerader Wandung, Grapenfuß abgeplatzt.
Obfl: innen glas., fleckig, gelbl.rot (5YR 5/8), außen feinsandig, rötl.gelb (5YR 6/6).
Scherben: rötl.gelb (5YR 7/6).

16.-ca. 18. Jahrhundert
Fd. Nr. 310 aus **Bef. Nr. 445** (Periode 4)

290 Bodenfragment (o. Abb.)

Bdm: 13 cm
Frgmt. eines wohl gewölbten Gefäßes mit Standboden.
Obfl: innen glas., gelbbraun (10YR 778), außen feinsandig, rosa (7.5YR 7/4).
Scherben: feine und mittlere Körnung, rosa (7.5YR 7/4).

Fd. Nr. 1022 aus Einfüllung Bahndamm (Periode unbestimmt)

291 Topf (o. Abb.)

Rdm: 12 cm
Randfrgmt. eines Gefäßes mit leicht ausbiegendem, profiliertem Rand.
Obfl: glas., dunkelrotbraun (5YR 3/4).

Scherben: rötl.gelb (5YR 6/8).

18./19. Jahrhundert
Fd. Nr. 1027 aus **Bef. Nr. 1051** (Periode 5)

292 Topf (Taf. 48)

Rdm: 8 cm
Rand-Wandfrgmt. eines bauchigen kleinen Gefäßes mit einfachem, leicht ausgestellten Rand.
Obfl: glas., gelbl.rot (5YR 5/8).
Scherben: rötl.gelb (5YR 6/8).

18./19. Jahrhundert
Fd. Nr. 552 aus **Bef. Nr. 640** (Periode 6)

293 Topf (o. Abb.)

Rdm: 10 cm
Randfrgmt. eines bauchigen Töpfchens mit ausgestelltem, einfachem Rand; evtl. mit Henkel.
Obfl: glas., uneben, dunkelrotbraun (5YR 3/4).
Scherben: rötl.gelb (5YR 6/8).

Fd. Nr. 43 aus **Bef. Nr. 61** (Periode 5)

294 Topf (o. Abb.)

Rdm: 12 cm
Randfrgmt. eines Gefäßes mit einfachem, aufgestelltem Rand (innen gewulst) und Innenkehlung.
Obfl: glas., rötl.gelb (5YR 7/8).
Scherben: rötl.gelb (5YR 7/8).

18./19. Jahrhundert
Fd. Nr. 568 aus **Bef. Nr. 795** (Periode 6)

295 Topf (Taf. 48)

Rdm: 9 cm
Zwei zus. Rand-Wandfrgmt. eines bauchigen Topfes mit umgeschlagenem Rand (Kremprand). Auf der Bauchzone gleichmäßig dicht aufliegende Profilwülste.
Obfl: innen glas., bräunl.gelb (10YR 6/8), außen feinsandig, rötl.gelb (7.5YR 7/6).
Scherben: rosa (7.5YR 8/4).

16.-ca. Mitte 18. Jahrhundert
Fd. Nr. 1018 aus **Bef. Nr. 1028** (Periode 4)

296 Topf (Taf. 48)

Rdm: 14 cm
Randfrgmt. eines unprofilierten Kragenrandes mit Innenkehlung.
Obfl: innen glas., rötl.gelb (7.5YR 6/8), außen geglättet, rötl.gelb (7.5YR 7/6).
Scherben: rötl.gelb (7.5YR 7/6).

16.-ca. Mitte 18. Jahrhundert
Fd. Nr. 488 aus **Bef. Nr. 445** (Periode 4)

297 Topf (Taf. 48)

Rdm: 14 cm
Randfrgmt. eines bauchigen Topfes mit zweifach profiliertem Knickrand und leichter Innenkehlung.
Obfl: innen glas., rötl.gelb (7.5YR 6/8), außen kreidig, rötl.gelb (5YR 6/6).
Scherben: rosa (5YR 7/4).

16.-ca. Mitte 18. Jahrhundert
Fd. Nr. 252 aus **Bef. Nr. 381** (Periode 4)

298 Topf (o. Abb.)

Rdm: 8 cm
Rand-Wandfrgmt. eines Gefäßes mit ausgestelltem, verdicktem Rand und Innenkehlung.
Obfl: innen glas., urspr. Farbe durch starken sekundären Brand nicht bestimmbar.

18./19. Jahrhundert
Fd. Nr. 207 aus **Bef. Nr. 400** (Periode 5-6)

299 Topf (o. Abb.)

Rdm: 12,5 cm
Randfrgmt. eines Gefäßes mit ausbiegendem, verkröpftem Rand und Innenkehlung.
Obfl: innen glas., hellolivbraun (2.5Y 5/6), außen kreidig, rötl.gelb (5YR 6,5/6).
Scherben: rötl.gelb (5YR 7/6).

16.-18. Jahrhundert
Fd. Nr. 358 aus **Bef. Nr. 331** (Periode 5)

300 Topf (Taf. 48)

Rdm: 12 cm
Randfrgmt. eines wohl bauchigen Gefäßes mit Kremprand.
Obfl: innen glas., gelbl.braun (10YR 5/8), außen kreidig, hellrötl.braun (5YR 6/4).
Scherben: rötl.gelb (5YR 7/6).

18./19. Jahrhundert
Fd. Nr. 504 aus **Bef. Nr. 692** (Periode nach 5)

301 Topf (o. Abb.)

Dm: nicht ermittelbar
Frgmt. eines Topfes mit ausbiegendem, verdicktem Rand. Randabschluß nach innen abgestrichen und Innenkehlung.
Obfl: feinsandig, hellbraun (7.5YR 6.5/4).
Scherben: rosagrau (7.5YR 7/4).

16.-ca. Mitte 18. Jahrhundert
Fd. Nr. 313 aus **Bef. Nr. 254** (Periode 4)

302 Topf (Taf. 48)

Rdm: 14 cm
Zwei zus. Rand-Wandfrgmt. eines Topfes mit abgeflachter Schulter und ausbiegendem, verdicktem Rand mit Innenkehlung.
Obfl: innen glas., fleckig, gelbl.rot (5YR 5,5/8), außen kreidig, rötl.gelb (5YR 6/6).
Scherben: rötl.gelb (5YR 6,5/6).

16.-ca. Mitte 18. Jahrhundert
Fd. Nr. 284 aus **Bef. Nr. 557** (Periode 2)

303 Henkeltopf (Taf. 49)

Rdm: 17 cm
Zwei zus. Rand-Wandfrgmt. eines bauchigen Henkeltopfes mit randständigem Bandhenkel und einfachem, senkrechtem, leicht profiliertem Rand.
Obfl: glas., innen braun (7.5YR 5/8), außen engobiert, gelb (2.5Y 7/6).
Scherben: rötl.gelb (5YR 6/8).

18./19. Jahrhundert
Fd. Nr. 569, 578 aus **Bef. Nr. 845** (Periode 5)

304 Topf (Taf. 49)

Rdm: 22 cm
Randfrgmt. eines Topfes mit ausbiegendem Rand und Innenkehlung sowie eckig abgestrichenem Randabschluß.
Obfl: glas., rauh, dunkelbraun (10YR 4/6).
Scherben: rötl.gelb (5YR 6/8).

18./19. Jahrhundert
Fd. Nr. 71 aus **Bef. Nr. 119** (Periode 6)

305 Topf (o. Abb.)

Rdm: 17 cm
Randfrgmt. eines verdickten, außen gerundeten, leicht verschwommenen Knickrandes mit Innenkehlung.
Obfl: innen glas., gelb (2.5Y 8/6), außen Tonschlicker, blaßbraun (10YR 8/4).
Scherben: rötl.gelb (5YR 6/8).

16.-ca. Mitte 18. Jahrhundert
Fd. Nr. 126 aus **Bef. Nr. 286** (Periode 6)

306 Topf (Taf. 48)

Rdm: 16 cm
Zwei zus. Rand-Wandfrgmt. eines Topfes mit abgeflachter Schulter und leicht unterschnittenem Dreieckrand mit Innenkehlung.
Obfl: innen glas., olivgelb (2.5Y 6/8), außen kreidig, rosa (7.5YR 7,5/4).
Scherben: rötl.gelb (5YR 7/6).

16.-ca. Mitte 18. Jahrhundert
Fd. Nr. 1035 aus **Bef. Nr. 1072** (Periode nach 3); **Fd. Nr. 1018** aus **Bef. Nr. 1028** (Periode 4)

307 Topf (Taf. 49)

Rdm: 17 cm
Rand-Wandfrgmt. eines bauchigen Gefäßes mit Profilrillen auf der Wandung und einfachem, aufgestelltem, abgerundetem Rand mit Innenkehlung.
Obfl: glas., rot (2.5YR 4/8).
Scherben: rot (2.5YR 5/8).

16.-ca. Mitte 18. Jahrhundert
Fd. Nr. 569 aus **Bef. Nr. 845** (Periode 5)

308 Bodenfragment (o. Abb.)

Bdm: 14 cm
Frgmt. eines Gefäßes mit Standboden und abgesetztem Fuß.
Obfl: innen glas., dunkelrotbraun (5YR 3/3), außen rötl. braun (5YR 6/4).
Scherben: rötl.gelb (5YR 6/8).

Fd. Nr. 568 aus **Bef. Nr. 795** (Periode 6)

309 Bodenfragment (o. Abb.)

Bdm: 16 cm
Frgmt. eines Gefäßes mit glattem Boden und gewölbtem Fuß.
Obfl: innen glas., gelb (2.5Y 7/8), außen feinsandig, blaßbraun (10YR 7/3).
Scherben: feine und mittlere Körnung, rötl.gelb (zw. 7.5YR 8/6 und 8/4).

Fd. Nr. 42 aus **Bef. Nr. 63** (Periode vor 6)

310 Topf (Taf. 49)

Rdm: 24 cm
Zwei zus. Randfragmt. eines Gefäßes mit flacher Schulter, leicht verdicktem, profilierten, aufgestellten Rand und Innenkehlung.
Obfl: glas. (außen uneben), gelbl.rot (5YR 4,5/6).
Scherben: rötl.gelb (5YR 6/8).

18./19. Jahrhundert
Fd. Nr. 578 aus **Bef. Nr. 845** (Periode 5)

311 Topf (o. Abb.)

Rdm: 14 cm
Randfrgmt. eines Gefäßes mit flacher Schulter, schwach ausbiegendem, profiliertem Rand und Ansatz eines Ausgusses.
Obfl: glas., uneben, innen rötl.gelb (5YR 6/8), außen gelbl. rot (5YR 5/6).
Scherben: rötl.gelb (5YR 7/8).

18./19. Jahrhundert
Fd. Nr. 56 aus **Bef. Nr. 61** (Periode 5)

312 Topf (Taf. 49)

Rdm. 17 cm
Rand-Wandfrgmt. eines Gefäßes mit flacher Schulterzone, leicht verkröpftem Rand und doppelter Innenkehlung.
Obfl: glas., rot (2.5YR 4/6).
Scherben: rötl.gelb (5YR 6/8).

18./19. Jahrhundert
Fd. Nr. 1028 aus **Bef. Nr. 1043** (Periode nach 6)

313 Bodenfragment (o. Abb.)

Bdm: 18 cm
Bodenfrgmt eines wohl bauchigen Gefäßes mit leicht konkavem Standboden.
Obfl: glas. (Bodenzone ausgespart), dunkelbraun (7.5YR 3/4).
Scherben: feine und mittlere Körnung, rötl.gelb (7.5YR 8/6).

Fd. Nr. 578 aus **Bef. Nr. 845** (Periode 5)

314 Henkeltopf (Taf. 50)

Rdm: 19 cm; Bdm: 14 cm
Vier teilw. zus. Rand-, Wand-, Bodenfrgmt. eines bauchigen

Topfes mit Standboden, Bandhenkel und Ausguß. Der ausgestellte, verdickte Knickrand hat eine Innenkehlung.
Obfl: innen glas., gelb (2.5Y 8/6), außen kreidig, Tonschlicker, blaßbraun (10YR 8/4).
Scherben: rötl.gelb (5YR 6/8).

18./19. Jahrhundert
Fd. Nr. 126 aus **Bef. Nr. 286** (Periode 6); **Fd. Nr. 566** aus **Bef. Nr. 797** (Periode 5)

315   Doppelhenkeltopf (o. Abb.)

Rdm: 17 cm
Drei zus. Frgmt. eines Topfes mit zwei horizontalen Henkeln auf dem Bauch, aufgestelltem Rand und Innenkehlung.
Obfl: innen glas. (bis über dem äußeren Rand), gelbl.rot (5YR 5/6), außen kreidig, rötl.gelb (5YR 6/8).
Scherben: rötl.gelb (5YR 6/8).

18./19. Jahrhundert
Fd. Nr. 152, 183 aus **Bef. Nr. 335** (Periode 6)

316   Topf (o. Abb.)

Rdm: 24,5 cm
Frgmt. eines gerundeten Dreieckrandes mit Innenkehlung.
Obfl: innen glas., Magerungspartikel durch Glasur fühlbar, gelb (10YR 7/8), außen kreidig, weiß (10YR 8/2,5).
Scherben: weiß (10YR 8/2).

16.-ca. Mitte 18. Jahrhundert
Fd. Nr. 448 aus **Bef. Nr. 445** (Periode 4)

317   (Blumen-)Topf (o. Abb.)

Rdm: 17,5 cm
Randfrgmt. eines zylindrischen Gefäßes mit außen verdicktem Rand und nach innen abgestrichenem Randabschluß.
Obfl: innen kreidig, dunkelrot (2.5YR 3/6), außen glas., gelb (2.5Y 8/6) mit braunen Flecken (10YR 3/4).
Scherben: rötl.gelb (5YR 6/4).

ca. Emde 18.-20. Jahrhundert
Fd. Nr. 220, 367 aus **Bef. Nr. 399** (Periode 5-6)

318   Topf (Taf. 49)

Rdm: 18 cm
Randfrgmt. eines Topfes mit abgeflachter Schulter und einfachem Knickrand mit Innenkehlung.
Obfl: innen glas., olivbraun, außen uneben, rötl.grau.
Scherben: rötl.grau.

Stark sekundär verbrannt.
16.-ca. Mitte 18. Jahrhundert
Fd. Nr. 353 aus **Bef. Nr. 328** (Periode vor 4)

319   Topf (Taf. 49)

Rdm: 19,5 cm
Zwei zus. Frgmt. eines Dreieckrandes mit Innenkehlung.
Obfl: innen glas., olivgelb (2.5Y 6/6), außen kreidig, rosa (7.5YR 8/5).
Scherben: rosa (7.5YR 8/4).

16.-ca. Mitte 18. Jahrhundert
Fd. Nr. 238 aus **Bef. Nr. 206** (Periode 5); **Fd. Nr. 410** aus **Bef. Nr. 445** (Periode 4)

320   Topf (o. Abb.)

Rdm: 17,5 cm
Randfrgmt. eines Topfes mit gerundetem Dreieckrand und Innenkehlung.
Obfl: innen glas., hellolivbraun (2.5Y 5/6), außen kreidig, blaßbraun (10YR 7/4).
Scherben: blaßbraun (10YR 7/4,5).

16.-ca. Mitte 18. Jahrhundert
Fd. Nr. 395 aus **Bef. Nr. 445** (Periode 4)

321   Topf (Taf. 50)

Rdm: 20 cm
Randfrgmt. eines ausbiegenden, stark verdickten Randes mit nach außen abgestrichem Randabschluß und Innenkehlung.
Obfl: innen glas., olivgelb (2.5Y 6/8), außen kreidig, rosa (7.5YR 7/4).
Scherben: feine und mittlere Körnung, rosa (7.5YR 7/4).

Fd. Nr. 438 aus **Bef. Nr. 445** (Periode 4)

322   Schüssel oder Schale (Taf. 50)

Rdm: 26 cm
Randfrgmt. eines aufgestellten Randes mit leicht einziehender Außenseite, nach innen abgestrichenem Randabschluß und Innenkehlung.
Obfl: innen glas., tiefbraun (7.5YR 5/8), außen kreidig, rosa (5YR 7/4).
Scherben: rosa (5YR 7/3).

Fd. Nr. 353 aus **Bef. Nr. 328** (Periode vor 4)

323   Schüssel oder Schale (Taf. 50)

Rdm: 28 cm
Frgmt. eines außen profilierten Keulenrandes mit Innenkehlumg.
Obfl: innen glas., gelb (10YR 7/8), außen kreidig, gelb (10YR 7,5/6).
Scherben: weiß (10YR 8/2).

Fd. Nr. 409 aus **Bef. Nr. 445** (Periode 4)

324   Topf (o. Abb.)

Rdm: 19,5 cm
Frgmt. eines leicht unterschnittenen Dreieckrandes mit Innenkehlung.
Obfl: innen glas., dunkelgelbl.braun (10YR 4/4), außen feinsandig, rötl.gelb (5YR 6/6).
Scherben: rötl.gelb (5YR 6/6).

16.-ca. Mitte 18. Jahrhundert
Fd. Nr. 310 aus **Bef. Nr. 445** (Periode 4)

325   Topf (Taf. 50)

Rdm: 23 cm
Zwei zus. Rand-Wandfrgmt. eines leicht bauchigen Gefäßes

mit verdicktem, aufgestelltem, abgerundetem Rand und zwei Profilrillen auf der Schulterzone.
Obfl: innen glas. (bis über dem Außenrand), gelbl.rot (5YR 5/6), außen kreidig, rötl.gelb (5YR 6/6).
Scherben: rötl.gelb (5YR 6/8).

18./19. Jahrhundert
Fd. Nr. 161 aus **Bef. Nr. 387** (Periode 5)

326 Topf (Taf. 50)

Rdm: 18 cm
Randfrgmt. eines Topfes mit Dorn-/Karniesrand, gerundetem Randabschluß und Innenkehlung.
Obfl: innen glas., gelb (10YR 7/8), außen kreidig, hellgelbl. braun (10YR 6/4).
Scherben: evtl. weiß (10YR 8/2).

Sekundär verbrannt.
16.-ca. Mitte 18. Jahrhundert
Fd. Nr. 535 aus **Bef. Nr. 734** (Periode vor 4)

327 Topf (Taf. 51)

Rdm: 21,5 cm
Randfrgmt. eines Gefäßes mit leicht ausbiegendem Rand und Innenkehlung.
Obfl: innen dünn glas., Magerungspartikel stoßen durch die Glasur, dunkelrotbraun (2.5YR 3/6), außen Rand glas., sonst kreidig, gelbl.rot (5YR 5/6).
Scherben: rötl.gelb (5YR 6/6).

18./19. Jahrhundert
Fd. Nr. 357 aus **Bef. Nr. 471** (Periode 6)

328 Topf (Taf. 51)

Rdm: 23 cm
Randfrgmt. eines Topfes mit gerundetem Dreieckrand und Innenkehlung.
Obfl: innen dünn glas., tiefbraun (7.5YR 5/7), außen Farbe durch Bodenlagerung nicht erkennbar.
Scherben: Farbe durch Bodenlagerung nicht erkennbar.

16.-ca. Mitte 18. Jahrhundert
Fd. Nr. 202 aus **Bef. Nr. 189** (Periode 5)

329 Schüssel oder Topf? (Taf. 51)

Rdm: 25,5 cm
Randfrgmt. eines Keulenrandes.
Obfl: innen glas., fleckig gelbl.braun (10YR 5/8), außen kreidig, rötl.gelb (5YR 6/6).
Scherben: rötl.gelb (5YR 6/8).

Fd. Nr. 202 aus **Bef. Nr. 189** (Periode 5)

330 Topf (Taf. 31)

Rdm: 22 cm
Randfrgmt. eines Gefäßes mit leicht profiliertem, nach innen weisendem Rand.
Obfl: innen dünn glas. (bis über dem Außenrand), gelbl.rot (5YR 4/6), außen feinsandig, kreidig, rot (2.5YR 4/6).
Scherben: rot (2.5YR 4/8).

18./19. Jahrhundert
Fd. Nr. 229 aus **Bef. Nr. 174** (Periode 6)

331 Topf (Taf. 51)

Rdm: 19 cm
Rand-Wandfrgmt. eines wohl zylindrischen Gefäßes mit kaum abgesetztem, einfachem Rand, der innen einen deutlichen Wulst aufweist.
Obfl: glas., dunkelbraun (5YR 3/3).
Scherben: hellrot (2.5YR 6/8).

Fd. Nr. 154 aus **Bef. Nr. 334** (Periode nach 6)

332 Doppelhenkeltopf (Taf. 51)

Rdm: 30 cm; Bdm: 24 cm; H: 13 cm
Vollständiger Topf mit zwei randständig angesetzten, senkrechten Bandhenkeln, Ausguß und verdicktem, gerundetem Rand mit Innenkehlung. Das leicht bauchige Gefäß besitzt einen Standboden und auf der Schulterzone zwei braune, horizontal aufgemalte Linien. Die Innenglasur zieht über den Außenrand und schließt beide Henkel mit ein.
Obfl: innen glas., gelb (10YR 7/8), außen feinsandig, gelb (10YR 7/6).
Scherben: rötl.gelb (7.5YR 8/6).

Diese Gefäßform ist für das 19./20. Jahrhundert im Rheinland, am Niederrhein und in Westfalen gut belegt. Vgl. z.B. LEHNEMANN 1978, Foto 10. Für Frechen lassen sich die unterhalb des Randes aufgetragenen Horizontallinien nachweisen. Vgl. FRANKE 1988, 83 Abb. 3,2.
19. Jahrhundert
Fd. Nr. 220, 222, 367 aus **Bef. Nr. 399** (Periode 5-6)

333 Doppelhenkeltopf (Taf. 52)

Rdm: 27 cm; Bdm: 22 cm; H: 16 cm; Dm max.: 30 cm
Fast vollständig zus. Topf mit zwei auf der Schulter horizontal angarnierten Henkeln, die über die Höhe des Randanschlusses hochziehen. Vom Standboden aus setzt die Wandung, leicht ausladend, bis zu einem auf der Gefäßmitte liegenden, umlaufenden Wulst fort. Dieser Wulst ist oben abgetreppt und auf der Unterseite glatt abgestrichen. Die obere Gefäßhälfte ist leicht bauchig geformt. Der leicht verdickte, aufgestellte Rand zeigt eine Innenkehlung. Das Gefäß ist innen vollständig und außen nur auf der unteren Hälfte glasiert. Auf der oberen Hälfte umlaufen unterhalb des Randes zwei braune, aufgemalte Linien den Körper.
Obfl: innen glas., gelbl.braun (10YR 6/8) mit dunkelbraunen Einsprenkseln, außen obere Hälfte kreidig, gelb (10YR 7/6), untere Hälfte glas., dunkelgelbl.braun (10YR 4/4).
Scherben: rötl.gelb (7.5YR 8/6).

Gefäßform bisher ohne Vergleich. Funktion als Kochgefäß möglich. Schmauchspuren allerdings nicht vorhanden. Der umlaufende Wulst weist darauf hin, daß das Gefäß als Einsatztopf in ein weiteres Gefäß gesetzt werden konnte.
19. Jahrhundert
Fd. Nr. 206, 221 aus **Bef. Nr. 400**; **Fd. Nr. 220** aus **Bef. Nr. 399** (Periode 5-6)

334 Topf (Taf. 51)

Rdm: 28 cm
Rand-Wandfrgmt. eines bauchigen Gefäßes wie **Kat. Nr. 332** mit Ausguß. Auf der Schulterzone zwei aufgemalte dunkelbraune Horizontallinien.
Obfl: innen glas. (bis über dem Außenrand), bräunl.gelb (10YR 6/8), außen kreidig, gelb (10YR 7/6).
Scherben: rötl.gelb (5YR 7/6).

19. Jahrhundert
Fd. Nr. 207 aus **Bef. Nr. 400** (Periode 5-6)

335 Topf (o. Abb.)

Rdm: 27,5 cm
Randfrgmt. eines Gefäßes wie **Kat. Nr. 332**.
Obfl: innen glas., gelb (10YR 6/8), außen kreidig, blaßbraun (10YR 7/4).
Scherben: rötl.gelb (5YR 7/6).

19. Jahrhundert
Fd. Nr. 161 aus **Bef. Nr. 387** (Periode 5)

336 Doppelhenkeltopf (Taf. 52)

Rdm: 18 cm; Bdm: 12,5 cm; H: 6,5 cm
Vollständig zus. relativ flacher Topf mit Standboden und sich weitender, leicht gewölbter Gefäßwandung. Der Rand ist ausgestellt und zeigt eine leichte Innenkehlung. Zwei Bandhenkel sind horizontal auf der Schulter angarniert.
Obfl: engobiert, glas., dunkelbraun (7.5YR 3/4).
Scherben: rosagrau (7.5YR 7/2).

Gefäßboden ist außen stark sekundär verbrannt.
19.-20. Jahrhundert
Fd. Nr. 152 aus **Bef. Nr. 335**; **Fd. Nr. 161** aus **Bef. Nr. 387**; **Fd. Nr. 221** aus **Bef. Nr. 400** (Periode 5-6)

Kataloggruppe 9 – Steinzeug Raerener oder Duinger Art

337 Fünf Auflagefragmente (o. Abb.)

versch. Größen
Frgmt. mit floralem Dekor von Rundauflagen zylindrischer Gefäße, sog. Humpen, sowie horizontal umlaufende, aufgelegte Verzierungen (Blüten- und Knötchendekore) ebenfalls von zylindrischen Gefäßen.
Obfl: glas., innen hellbraun oder braun (7.5YR 6/4 oder 4/6), außen dunkelbraun (7.5YR 4/6 oder 4/4).
Scherben: hellgrau oder grau (10YR 7/1, 6/1 oder 5/1).

a) **Fd. Nr. 292** aus **Bef. Nr. 501** (Periode 5)
b) **Fd. Nr. 213** aus **Bef. Nr. 436** (Periode 4)
c) **Fd. Nr. 1022** aus Einfüllung Bahndamm
d) **Fd. Nr. 342** aus **Bef. Nr. 449** (Periode nach 4)
e) **Fd. Nr. 1031** aus **Bef. Nr. 1085** (Periode 5)

338 Zylinderkrug, „Humpen" (Taf. 52)

Rdm: 10 cm; Bdm: 11,5 cm
Fünf zus. Rand-, Wand- und Bodenfrgmt. eines zylindrischen Kruges mit Standboden und leicht nach innen geneigtem, abgerundetem Randabschluß. Auf der unteren Hälfte umlaufen mehrere dichtgestaffelte, gerundete Wülste das Gefäß. Die glatte Bauchzone (mit Formholz abgestrichen = „gelummelt") besitz auf der Vorderseite, gegenüber dem nicht erhaltenen Henkel, eine Rundauflage mit stiliertem Blütendekor. Auf der oberen Gefäßhälfte wiederholt sich die Wulststaffelung, die durch eine breitere Zone mit aufgelegten, unregelmäßig verteilten Knötchen unterbrochen ist und 1 cm unterhalb des Randabschlusses mit einem dickeren Wulst abschließt.
Obfl: glas., innen uneben, tiefbraun (7.5YR 5/6), außen rötl. braun (5YR 4/4).
Scherben: grau (7.5YR N6).

Vgl. für die Knötchenauflage bei LÖBERT 1977, 74 Abb. 83.
ca. Mitte 17.-Mitte 19. Jahrhundert
Fd. Nr. 578, 610, 615 aus **Bef. Nr. 845** (Periode 5)

339 Zylinderkrug, „Humpen" (Taf. 52)

Rdm: 11 cm
Rand-Wandfrgmt. eines zylindrischen Gefäßes wie **Kat. Nr. 338** mit anderer Knötchenauflage.
Obfl: innen hellbraun (7.5YR 6/4), außen glas., gelbl.rot (5YR 4/6).
Scherben: grau (10YR 6/1).

Vgl. für die Knötchenauflage bei Löbert 1977, 74 Abb. 86.
ca. Mitte 17.-Mitte 19. Jahrhundert
Fd. Nr. 610 aus **Bef. Nr. 845** (Periode 5)

340 Zylinderkrug, „Humpen" (o. Abb.)

Bdm: 11 cm
Boden-Wandfrgmt. eines zylindrischen Gefäßes wie **Kat. Nr. 338**
Obfl: innen uneben, hellbraun (7.5YR 6/5), außen glas., teilw. engobiert, rötl.gelb (7.5YR 6/4) und hellgrau (10YR 7/1).
Scherben: grau (10YR 6/1).

ca. Mitte 17.-Mitte 19. Jahrhundert
Fd. Nr. 1002 aus **Bef. Nr. 1004** (Periode 5)

341 Zylinderkrug, „Humpen" (Taf. 52)

Rdm: 10 cm
Rand-Wandfrgmt. eines zylindrischen Gefäßes wie **Kat. Nr. 338**.
Obfl: glas., innen hellgrau (10YR 7/1), außen teilw. engobiert, hellgrau (10YR 7/1) und hellgelbl.braun (10YR 6/4).
Scherben: grau (10YR 6/1).

ca. Mitte 17.-Mitte 19. Jahrhundert
Fd. Nr. 504 aus **Bef. Nr. 692** (Periode nach 5)

342 Zylinderkrug, „Humpen" (o. Abb.)

Rdm: 11 cm
Randfrgmt. eines zylindrischen Gefäßes mit gerundertem Randabschluß und mehreren, unterschiedlich dicken Profilwülsten wie **Kat. Nr. 338**, ohne Knötchenreihe.
Obfl: salzglas., engobiert gelbl. rot (5YR 4,5/6).
Scherben: grau (7.5YR N6).

ca. Mitte 17.-Mitte 19. Jahrhundert
Fd. Nr. 121 aus **Bef. Nr. 254** (Periode 4)

343 Zylinderkrug, „Humpen" (Taf. 52)

Rdm: 11 cm
Randfrgmt. eines Humpen wie **Kat.Nr. 338**, jedoch mit aufgelegten kleinen Rosetten unterhalb des ersten Profilwulstes.
Obfl: glas., dunkelbraun (7.5YR 4/5).
Scherben: grau (10YR 6/1).
Vgl. für Rosettenverzierung bei LÖBERT 1977, 85 Abb. 220.
ca. Mitte 17.-Mitte 19. Jahrhundert
Fd. Nr. 249 aus **Bef. Nr. 534**; **Fd. Nr. 661** aus **Bef. Nr. 899** (Periode 4)

344 Zylinderkrug, „Humpen" (o. Abb.)

Rdm: 9,5 cm
Randfrgmt. eines zylindrischen Gefäßes wie **Kat. Nr. 338**, ohne Knötchenauflage.
Obfl: glas., dunkelbraun (7.5YR 3,5/4).
Scherben: grau (10YR 5/1).

ca. Mitte 17.-Mitte 19. Jahrhundert
Fd. Nr. 1035 aus **Bef. Nr. 1072** (Periode nach 3)

345 Zylinderkrug, „Humpen" (o. Abb.)

Bdm: 10,5 cm
Bodenfrgmt. eines zylindrischen Gefäßes wie **Kat. Nr. 338**, ohne Knötchenauflage.
Obfl: glas., innen grau (5YR 5/1), außen tiefbraun (7.5YR 4/6).
Scherben: red. und leicht ox. Brand, grau (10YR 5/1) und hellgrau (2.5Y 7/2).

ca. Mitte 17.-Mitte 19. Jahrhundert
Fd. Nr. 1014 aus **Bef. Nr. 1002** (Periode 6)

346 Zylinderkrug, „Humpen" (Taf. 53)

Rdm: 10 cm
Randfrgmt. eines zylindrischen Gefäßes wie **Kat. Nr. 338**.
Obfl: glas., tiefbraun (7.5YR 4/6).
Scherben: grau (10YR 5/1).

ca. Mitte 17.-Mitte 19. Jahrhundert
Fd. Nr. 20 aus **Bef. Nr. 12** (Periode 6)

347 Zylinderkrug, „Humpen" (Taf. 53)

Rdm: 11 cm
Randfrgmt. eines zylindrischen Gefäßes wie **Kat. Nr. 338** mit Henkelansatz.
Obfl: innen hellgelbl.braun (7.5YR 6/4), außen glas., dunkelgelbl.braun (7.5YR 4/6).
Scherben: grau (10YR 6/1).

ca. Mitte 17.-Mitte 19. Jahrhundert
Fd. Nr. 1031 aus **Bef. Nr. 1085** (Periode 5)

348 Zylinderkrug, „Humpen" (Taf. 53)

Rdm: 9,5 cm; Bdm: 10,5 cm; H: 15,5 cm
Fast vollst. zus. zylindrisches Gefäß wie **Kat. Nr. 338** mit Henkel (nicht vollständig) und Rundauflage mit Rosettendekor auf der Bauchzone. Die untere Profilzone zeigt breitere Wülste als die obere Zone.
Obfl: innen dünn glas., tiefbraun (7.5YR 5/6), außen glas, fleckig, dunkelbraun (7.5YR 4/4).
Scherben: grau (10YR 5/1).

ca. Mitte 17.-Mitte 19. Jahrhundert
Fd. Nr. 569, 578, 610, 615 aus **Bef. Nr. 845** (Periode 5)

349 Zylinderkrug, „Humpen" (Taf. 53)

Rdm: 9 cm; Bdm: 10,5 cm; H: 12,5 cm
Fast vollst. zus. zylindrisches Gefäß wie **Kat. Nr. 338**, jedoch ohne Rundauflage auf der Bauchzone.
Obfl: dünn glas., gelbl.braun (10YR 5,5/6).
Scherben: grau (10YR 6/1).

ca. Mitte 17.-Mitte 19. Jahrhundert
Fd. Nr. 504 aus **Bef. Nr. 692** (Periode nach 5)

350 Zylinderkrug, „Humpen" (Taf. 53)

Rdm: 11 cm; Bdm: 11 cm; H: 17 cm
Fast vollständiges zylindrisches Gefäß wie **Kat. Nr. 338** mit rundovalem, profiliertem Henkel und einer Rundauflage mit stilisiertem Doppelkopfadler (?) auf dem glatten Bauch. Obere Gefäßzone mit einer umlaufenden Knötchenauflage.
Obfl: glas., innen sehr blaßbraun (10YR 7/3), außen tiefbraun (7.5YR 4,5/6).
Scherben: grau (10YR 6/1).

Der stilisierte Doppelkopfadler könnte seine Vorlage in einer Rundauflage aus Duingen haben. Vgl. LÖBERT, 1977, 74 Abb. 82. Lt. LÖBERT werden die Wappenauflagen der Duinger Humpen seit der Mitte des 18. Jahrhunderts immer mehr vereinfacht und undeutbarer (ebd. S. 30.).
ca. Mitte 17.-Mitte 19. Jahrhundert
Fd. Nr. 173, 218 aus **Bef. Nr. 352** (Periode 5); **Fd. Nr. 112** aus **Bef. Nr. 254** (Periode 4); **Fd. Nr. 141** aus **Bef. Nr. 241** (Periode 6)

351 Zylinderkrug „Humpen" (Taf. 54)

Rdm: 12,5 cm; Bdm: 12,5 cm; H: 18,5 cm
Fast vollst. zus. zylindrisches Gefäß wie **Kat. Nr. 338**, mit Henkelansatz. Auf der Rundauflage ist eine geflügelte Figur, wohl hinter einem Wappen sichtbar.
Obfl: glas., dunkelrötl.braun (5YR 3,5/5).
Scherben: grau (10YR 5/1).

ca. Mitte 17.-Mitte 19. Jahrhundert
Fd. Nr. 378 aus **Bef. Nr. ?** (Periode unbestimmt)

352 Doppelhenkelgefäß, „Kruke" (Taf. 54)

Rdm: 7 cm; Bdm: 11 cm
Zus. Boden-Wand- und Rand-Schulterfrgmt. eines faßartigen Gefäßes mit Standboden. Der kurze, zylindrische Hals zeigt drei kantige Profilwülste. Die stark betonte Schulter ist mit Bündeln untersch. breiter Profilrillen verziert. Zwischen ihnen zeigt sich eine ca. 2 cm breite Zone quadratischer Felder, ausgefüllt mit x-förmigen Kreuzen. Auf der Schulter zwei bandförmige, horizontale Henkel.
Obfl: matt glas., engobiert, innen tiefbraun (7.5YR 4/6), au-

ßen dunkelrötl.braun (5YR 3/4).
Scherben: Kern hellgrau (2.5Y 7/2), außen grau (10YR 5/1).

Einziges Gefäß dieser Art im Wittener Fundbestand. Kruken dieser Form wurden in Duingen hergestellt. Zu ergänzen sind zwei weitere, horizontal angarnierte Henkel auf dem unteren Gefäßdrittel. Vgl. LÖBERT 1977, 79 Abb. 123.
ab Mitte 17.-19. Jahrhundert (?)
Fd. Nr. 1002 aus **Bef. Nr. 1004**; **Fd. Nr. 57** aus **Bef. Nr. 61** und Lesefund (Periode 5)

Kataloggruppe 10 – Steinzeug Westerwälder Art

353 Doppelhenkelschale (Taf. 55.81)

Rdm: 23 cm; Bdm: 9,5 cm; H: 8,5 cm
Zur Hälfte zus. flachkugelige Schale mit abgeflachtem Standboden. Unter dem aufgestellten, kurzen Rand knickt die Wandung im 90°-Winkel nach innen um und bildet dort einen Steg (wohl zur Auflage eines Deckels). Von dort geht die Wandung in den kugeligen Körper über. Außen ist sie mit einem blau bemalten Rankendekor verziert, der von Einritzungen begleitet ist. Auf dem Grat befindet sich ein (ursprünglich zwei) blau bemalter, horizontaler rundstabiger Henkel, der mit spiralig umlaufenden Einritzungen verziert ist.
Obfl: glas., hellgrau (2.5Y N/).
Scherben: hellgrau (10YR 7,5/1)

Auf der Bodenunterseite ist die Zahl 34 eingeritzt (Maßangabe oder Töpferkürzel?). Im Wittener Material sind acht Schalen dieser Art geborgen worden.
18. Jahrhundert
Fd. Nr. 615, 610, 578 aus **Bef. Nr. 845** (Periode 5)

354 Flasche (Taf. 81)

Rdm: 3 cm; Bdm: 10,5 cm; max D: 15 cm; H: 27 cm
Fast vollst. zus. eiförmige Flasche mit Standboden und leicht abgesetztem Fuß. Der enge Hals ist schwach profiliert und auf der Schulter sind zwei horizontale Linien eingeritzt.
Obfl: innen hellgrau (10YR 7/1,5), außen glas., weiß (10YR 8/1).
Scherben: weiß (10YR 8/1).

Fd. Nr. 372 aus **Bef. Nr. 399** (Periode 5-6); **Fd. Nr. 612** aus **Bef. Nr. 845** (Periode 5)

355 Henkelflasche, „Mineralwasserflasche" (o. Abb.)

Rdm: 2,2 cm (innen); Randhöhe 3 cm; Bdm: 9 cm; H: 28 cm
Fast vollst. zus. zylindrische Flasche mit schwach abgesetztem Standboden, stark einziehender Schulter mit dort angesetzten Ösenhenkel. Der enge zylindrische Hals hat einen leicht verdickten Randabschluß. Auf der Schulterzone ist eine blau umrandete Brunnenmarke eingeprägt.
Obfl: glas., innen gelbl. braun (10YR 5,5/4), außen hellgelbl.braun (10YR 6/4) und blaßbraun (10YR 6/3).
Scherben: sehr blaßbraun (10YR 7/4).

Typ E bei BRINKMANN 1982. Ähnl. Brunnenmarke bei NIENHAUS 1983, 77 Nr. 127.
19. Jahrhundert
Fd. Nr. 161 aus **Bef. Nr. 387** (Periode 5)

356 Henkelflasche, „Mineralwasserflasche" (o. Abb.)

Rdm: 2,5 cm (innen); Randh. 3 cm; Bdm: 9,5 cm; H: 29,5 cm
Zur Hälfte zus. zylindrische Flasche wie **Kat. Nr. 355** mit abfallender Schulterzone; ohne Brunnenmarke.
Obfl: matt glas., innen rötl.gelb (7.5YR 6,5/8), außen rötl.gelb (5YR 6/8).
Scherben: hellgrau (10YR 7/1,5).

Typ D/E bei BRINKMANN 1982.
19. Jahrhundert
Fd. Nr. 1015 aus **Bef. Nr. 1004** (Periode 5)

357 Henkelflasche, „Mineralwasserflasche" (Taf. 81)

Rdm: 2 cm (innen); Bdm: 8 cm; H: 27 cm
Vollständig rekonstruierte, zylindrische Flasche wie **Kat. Nr. 355** mit abfallender Schulterzone ohne Brunnenmarke. Henkel andersfarbig und stärker glasiert (wohl andere Tonmischung).
Obfl: glas., rot (10YR 4/6), Henkel gelbl.braun (10YR 6/6).
Scherben: rosagrau (7.5YR 7/2) und grau (7.5YR 6/1).

Typ D/E bei BRINKMANN 1982.
19. Jahrhundert
Fd. Nr. 220 aus **Bef. Nr. 399** (Periode 5-6)

358 Henkelflasche, „Mineralwasserflasche" (o. Abb.)

Rdm: 2,5 cm (innen); Rhöhe 3 cm; Bdm: 9 cm; H: 28 cm
Fast vollst. zus. zylindrische Flasche mit kleinem, rundstabigen, auf der Schulter angesetzten Ösenhenkel. Eingeprägte kreisrunde Brunnenmarke: stehender Löwe mit Umschrift „Selters". Marke blau umrandet.
Obfl: matt glas., braun (7.5YR 5,5/4).
Scherben: grau (10YR 6/1).

Vgl. NIENHAUS 1983, 75 Nr. 113. Das Fragment aus Haus Witten hat allerdings keine Besitzermarke.
19. Jahrhundert
Fd. Nr. 161 aus **Bef. Nr. 387** (Periode 5)

359 Flasche, „Mineralwasserflasche" (Taf. 81)

Rdm: 3 cm (innen); Randhöhe: 2,5 cm; H: 19 cm
Zwei zus. Frgmt. einer zylindrischen, stranggepreßten Flasche mit stark gewölbter Schulter. Der kurze, enge Hals besitzt drei feine Profilrillen und einen einfachen, gerundeten Randabschluß. Brunnenmarke: „Roisdorfer Mine..."
Obfl: matt glas., rot (2.5YR 5/7)
Scherben: hellgrau (5YR 7/1)

Typ F bei BRINKMANN 1982. Vgl. zur Brunnenmarke NIENHAUS 1983, 77 Nr. 129.130. Die Strangpresse für die halbmaschinelle Fertigung der Mineralwasserflaschen wurde 1879 eingeführt.
Fd. Nr. 5 aus **Bef. Nr. 14**; **Fd. Nr. 16** aus **Bef. Nr. 19** (Periode 6)

360 Zylindrische Flasche (o. Abb.)

Rdm: 4 cm; Randhöhe: 1,2 cm: erhaltene H: 12 cm
Hals-Wandfrgmt. einer stranggepreßten Flasche mit kurzem, zylindrischen Hals und Schraubverschluß. Der Verschluß ist

vollständig und besitzt eine Gummidichtung.
Obfl: hellgrau (10YR 7,5/1).
Scherben: hellgrau (10YR 7,5/1)

Nach 1879
Fd. Nr. 108 aus **Bef. Nr. 257** (Periode nach 6)

361 Zwei zylindrische Flaschen, „Mineralwasserflaschen"
(o. Abb.)

a) Rdm: 2 cm; Randhöhe 2,5 cm
Hals-Schulterfrgmt. einer zylindrischen Flasche mit abfallender Schulter. Reste einer Brunnenmarke: „...elt...", ohne Blaubemalung.
Obfl: innen hellgelbl.braun (10YR 6,5/4), außen matt glas., hellgelbl.braun (10YR 6,5/4)
Scherben: grau (10YR 6/1) und weiß (10YR 8/2)

Vgl. evtl. NIENHAUS 1983, 75 Nr. 113.
19. Jahrhundert
Fd. Nr. 1022 aus Einfüllung Bahndamm (Periode unbestimmt)

b) Rdm: 2 cm (innen); Randhöhe: 3,5 cm
Hals-Schulterfrgmt. wie a; Blau um Brunnenmarke und Henkelansatz auf dem Hals-Schulterübergang.
Obfl: unglas., innen kreidig, hellgrau (10YR 7/1,5), außen hellgrau (10YR 7/1) und Anflugglasur? rötl.gelb (5YR 6/8)
Scherben: hellgrau (10YR 7/1,5)

Vgl. NIENHAUS 1983, 75 Nr. 112.
19. Jahrhundert
Fd. Nr. 1015 aus **Bef. Nr. 1004** (Periode 5)

362 Brunnenmarkenfragment (o. Abb.)

Zwei zus. Frgmt. einer halb erkennbaren Besitzermarke: „GEO...", „A...", „RH..."
Obfl: innen hellgrau (10YR 7/2), außen glas., gelbl.braun (10YR 5,5/6)
Scherben: hellgrau (10YR 7/2 und 7/1)

Vgl. NIENHAUS 1983, 63 Nr. 1. Vollständige Angabe: „Georg Kreuzberg, Ahrweiler Rhein-Preussen". Die Brunnenmarke wäre Apollinaris.
Mitte 19. Jahrhundert
Fd. Nr. 187 aus **Bef. Nr. 385** (Periode nach 6)

363 Henkelflasche, „Mineralwasserflasche" (o. Abb.)

Rdm: 2 cm (innen); Randh.: 3,5 cm; Bdm: 9 cm; H: 29,5 cm
Nicht vollst. zus. zylindrische Flasche wie **Kat. Nr. 357** mit eingeprägter Brunnenmarke: „Tönisstein".
Obfl: matt glas., braun (7.5YR 5,5/4)
Scherben: grau (2.5Y N6)

19. Jahrhundert
Fd. Nr. 161 aus **Bef. Nr. 387** (Periode 5)

364 Henkelkrug (o. Abb.)

Rdm: 2 cm; Randh.: 4,5 cm
Hals-Schulterfrgmt. eines enghalsigen Kruges mit leicht birnenförmigem Körper und Bandhenkel. Eine Rundauflage auf der Schulterzone ist im Motiv nicht erkennbar und schwach blau übermalt.
Obfl: innen kreidig, grau (7.5YR 7/6), außen dick glas., grau (2.5Y N6) und hellgrau (10YR 7,5/2)
Scherben: hellgrau (10YR 7/2)

18. Jahrhundert
Fd. Nr. 1102, 1010 aus **Bef. Nr. 1004** (Periode 5)

365 Henkelkrug, „P-Flasche" (Taf. 81)

Rdm: 2 cm (innen); erhaltene H: ca. 17 cm
Zwei zus. Frgmt. eines enghalsigen, birnenförmigen Kruges. Der 3 cm hohe Hals besitzt im unteren Drittel einen schwach ausgebildeten Profilwulst und schließt mit einem leicht verdickten Rand ab. Ein Bandhenkel setzt oberhalb des Wulstes an und führt senkrecht nach unten. Henkelansatz und Wulst sind mit blauer Bemalung umfangen. Verschwommenes „P" in blau auf der Schulter.
Obfl: innen kreidig, hellgrau (10YR 7/2), außen, narbige Glasur (sog. Orangenhaut), grau (7.5YR N6)
Scherben: hellgrau (10YR 7/2)

18. Jahrhundert
Fd. Nr. 1002 aus **Bef. Nr. 1004** (Periode 5)

366 Henkelkrug, „P-Flasche" (Taf. 82)

Aus mehreren Frgmt. zus. oberes Drittel eines Kruges wie **Kat. Nr. 365**. Hier vollständiger Henkel, der am Ende, auf der Schulter nach rechts und links ausgestrichen ist und mit einem runden Formholzabdruck in der Mitte abschließt.
Obfl: innen, kreidig, sehr blaßbraun (10YR 8/3), außen dünn glas., sehr blaßbraun (10YR 8/3) und hellgrau (2.5Y 7/1)
Scherben: sehr blaßbraun (10YR 8/3)

18. Jahrhundert
Fd. Nr. 578 aus **Bef. Nr. 845** (Periode 5)

367 Henkelkrug, „P-Flasche" (o. Abb.)

Rdm: 2 cm (innen); Randh.: 5 cm
Hals-Schulterfrgmt. eines birnenförmigen Kruges wie **Kat. Nr. 365**. Die Bemalung auf dem Halswulst und Henkelansatz ist in manganviolett ausgeführt. Der Teil des Gefäßes mit dem P-Zeichen konnte nicht rekonstruiert werden.
Obfl: kreidig, innen hellgrau (10YR 7/2), außen hellgrau (10YR 7/1) und weiß (10YR 8/1)
Scherben: hellgrau (10YR 7/2)

Unter der großen Anzahl von P-Flaschen aus dem Wittener Material ist dies das einzige Fragment mit manganvioletter Bemalung.
18. Jahrhundert
Fd. Nr. 40 aus **Bef. Nr. 52** (Periode 5)

368 Bodenfragment (o. Abb.)

Bdm: 10 cm
Boden-Wandfrgmt. eines Gefäßes mit Standboden und profiliertem Fuß. Auf der Wandung flache Auflage mit floralem Dekor, die blau und manganviolett übermalt ist.
Obfl: glas., innen blaßbraun (10YR 6,5/3), außen hellgrau (10YR 7/1)
Scherben: hellgrau (10YR 7/1)

In Haus Witten eines der wenigen Fragmente Westerwälder Art mit Auflagendekor.
18. Jahrhundert (evtl. noch 17. Jahrhundert)
Fd. Nr. 389 aus **Bef. Nr. 493** (Periode nach 6)

369 Durchlöchertes Scheibenfragment (o. Abb.)

D: 5 cm; 1 cm dick
Zus. Scheibe mit unbekannter Funktion (wohl oberer Teil eines nicht bestimmbaren Gefäßes). Die mit mehreren Einstichen durchlöcherte Mitte wird von einem Herz-Kreisdekor umgeben, der blau übermalt ist.
Obfl: glas., hellgrau (2.5Y N7)
Scherben: hellgrau (2.5Y 7/1)

18. Jahrhundert
Fd. Nr. 578, 615 aus **Bef. Nr. 845** (Periode 5)

370 Ovales Auflagenfragment (o. Abb.)

Maße: 5 x 3 cm; 0,5 cm dick
Kleine, ovale, leicht hochgewölbte Platte. Die glatte Mitte ist bis auf blaue Farbtupfen ohne Verzierung. Der Rand ist mit zwei Reihen eines eierstabähnlichen Dekors umgeben.
Obfl: glas., hellgrau (10YR 7/1,5)
Scherben: hellgrau (10YR 7/1)

Das Fragment hat an einer Schmalseite und auf der Oberseite zwei abgebroche Stegansätze. Wohl ein Hinweis auf eine Befestigung als Verzierung an einem anderen, nicht bestimmbaren Gefäß.
18. Jahrhundert
Fd. Nr. 43 aus **Bef. Nr. 61** (Periode 5)

371 Flasche (Taf. 55)

Rdm: 5 cm; Bdm: 10 cm; H: nicht bestimmbar
Mehrere zus. Rand-, Wand- und Bodenfrgm. einer zylindrischen Flasche mit nach unten verjüngter Wandung, engem Hals und Standboden. Der kurze, wulstig abgeschlossene Hals besitzt innen ein Schraubgewinde. Die ausladende Schulter ist mit zwei horizontal, eingeritzten Linien verziert.
Obfl: innen weiß (10YR 8/2), außen glas., leicht violett-metallisch schimmernd (Anflugglasur?), weiß (7.5YR N8)
Scherben: weiß (10YR 8/2)

18. Jahrhundert
Fd. Nr. 569, 578 aus **Bef. Nr. 845** (Periode 5); **Fd. Nr. 568, 642** aus **Bef. Nr. 795** (Periode 6)

372 Verzierte, lanzettförmige Platte (Taf. 55)

Maße: 8 x 6 cm
Drei zus. Frgmt einer lanzettförmigen Platte mit flacher, arabesker Auflage; fleckenhaft mit blau und manganviolett bemalt.
Obfl: teilw. glas., uneben, hellgrau (7.5YR N6)
Scherben: hellgrau (7.5YR N6)

Funktion des Fragmentes unklar; evtl. zu einem größeren Schmuckgefäß gehörend.
18. Jahrhundert
Fd. Nr. 207 aus **Bef. Nr. 400** (Periode 5); **Fd. Nr. 277** aus **Bef. Nr. 542**; **Fd. Nr. 349** aus **Bef. Nr. 387** (Periode 5-6)

373 Henkelkrug (Taf. 55)

Rdm: 6,5 cm; Bdm: 11 cm; max Dm: 22,5 cm; H: 36 cm
Zur Hälfte zus. birnenförmiger Krug mit profiliertem, zylindrischem Hals, Standboden mit abgesetztem Fuß und flächiger, floraler Bemalung in blau auf der Gefäßvorderseite. Der rundstabige Henkel setzt auf der Halszone an und führt auf die Schulter. Beide Henkelansätze sind blau umfangen.
Obfl: glas., innen hellgrau (10YR 7,5/2), außen hellgrau (7.5YR 7,5/1)
Scherben: hellgrau (10YR 7,5/1)

18. Jahrhundert
Fd. Nr. 569, 578 aus **Bef. Nr. 845** (Periode 5); **Fd. Nr. 568** aus **Bef. Nr. 795** (Periode 6)

374 Henkelkrug (Taf. 55)

Rdm: 5 cm; max Dm: 13,5; H: nicht ermittelbar
Mehrere zus. Frgmt. eines bauchigen Kruges mit Ausguß. Henkel und Hals wie **Kat. Nr. 373**. Auf der Bauchzone florale blaue Bemalung.
Obfl: glas., innen hellrötl.braun (5YR 6/3), außen hellgrau (7.5YR N7,5)
Scherben: hellgrau (5YR 7,5/1)

18. Jahrhundert
Fd. Nr. 578 aus **Bef. Nr. 845** (Periode 5); **Fd. Nr. 568** aus **Bef. Nr. 795** (Periode 6)

375 Bodenfragment (o. Abb.)

Bdm: 10 cm
Zwei zus. Frgmt. eines Kruges oder Kanne mit Standboden und wohl bauchigem Gefäßkörper.
Obfl: innen hellbraun (7.5YR 6,5/4), außen glas., hellgrau (2.5Y 7,5/2)
Scherben: weiß (10YR 8/2)

18. Jahrhundert
Fd. Nr. 1009 aus **Bef. Nr. 1004** (Periode 5)

376 Krug oder Kanne (Taf. 56)

Bdm: 10 cm
Mehrere zus. Boden-Wandfrgmt. eines bauchigen Kruges oder Kanne mit Standboden. Hals und Rand nicht zu ergänzen. Die Schulter ist mit eingeritztem, blau umfangenem Blütendekor verziert. Auf der Bauchzone die Auflage eines schreitenden Löwen und eines eingeritzten Blütendekors; beides umrahmt von blauer Bemalung.
Obfl: glas., weiß (10YR 8/1,5)
Scherben: weiß (10YR 8/1,5

ca. Ende 17./18. Jahrhundert
Fd. Nr. 578, 610 aus **Bef. Nr. 845** (Periode 5)

377 Krug oder Kanne (Taf. 55)

Rdm: 5 cm
Drei zus. Rand-Halsfrgmt. eines Kruges oder Kanne mit zylindrischem Hals, der mit vier horizontal verlaufenden Profilrillen und einer breiteren Zone blauer Bemalung verziert ist.
Obfl: glas., weiß (10YR 8/2)
Scherben: weiß (10YR 8/2)

18./19. Jahrhundert
Fd. Nr. 568 aus **Bef. Nr. 795** (Periode 6)

378 Bodenfragment (Taf. 56)

Bdm: 8 cm
Wand-Bodenfrgmt. eines Gefäßes mit Standboden und horizontaler Profilierung oberhalb des kaum abgesetzten Fußes.
Obfl: glas., innen sehr blaßbraun (10YR 7/4), außen sehr blaßbraun (10YR 7/3)
Scherben: weiß (10YR 8/1)

19. Jahrhundert
Fd. Nr. 152 aus **Bef. Nr. 335** (Periode 6)

379 Krug oder Kanne (Taf. 56)

Bdm: 8 cm
Boden-Wandfrgmt. eines birnenförmigen Kruges oder Kanne mit Standboden und blauem Blütendekor. Oberhalb der schwach abgesetzten Fußzone führen horizontale Profilrille mit einer Zone blauer Bemalung um das Gefäß.
Obfl: glas., innen hellgrau (10YR 7/2), außen weiß (7.5YR N8)
Scherben: hellgrau (10YR 7,5/1)

18./19. Jahrhundert
Fd. Nr. 152 aus **Bef. Nr. 335** (Periode 6)

380 Bodenfragment (Taf. 56)

Bdm: 11 cm
Bodenfrgmt. wohl eines Topfes mit Standboden und mehreren Profilrillen mit blauer Bemalung auf der Fußzone.
Obfl: matt glas., innen rosa (7.5YR 7/4), außen weiß (7.5YR N8)
Scherben: weiß (7.5YR N8)

18./19. Jahrhundert
Fd. Nr. 568 aus **Bef. Nr. 795** (Periode 6)

381 Bodenfragment (Taf. 56)

Bdm: 8 cm
Bodenfrgmt. eines Gefäßes mit konischem Wandungsansatz, Standboden und profilierter Fußzone mit blauer Bemalung.
Obfl: glas., hellgrau (10YR 7,5/1)
Scherben: weiß (10YR 8/1)

18./19. Jahrhundert
Fd. Nr. 432 aus **Bef. Nr. 622** (Periode 6)

382 Krug oder Kanne (Taf. 56)

Rdm: 5,5 cm
Drei zus. Rand-Halsfrgmt. eines Gefäßes mit zylindrischem Rand (wohl eines Kruges oder Kanne) mit Profilrillen und zwei blau bemalten Zwischenzonen.
Obfl: glas., hellgrau (10YR 7,5/1)
Scherben: hellgrau (10YR 7,5/1)

18./19. Jahrhundert
Fd. Nr. 65 aus **Bef. Nr. 180** (Periode 5); **Fd. Nr. 71** aus **Bef. Nr. 119** (Periode 6)

383 Krug oder Kanne (Taf. 56)

Rdm: 5 cm
Randfrgmt. eines Gefäßes mit zylindrischem Hals. Unterhalb des Randabschlusses eine Profilrille; auf dem Hals Profilrillen mit blauem Farbfleck.
Obfl: glas., innen weiß (7.5YR N8), außen hellgrau (10YR 7,5/1)
Scherben: weiß (10YR 8/1)

18./19. Jahrhundert
Fd. Nr. 595 aus **Bef. Nr. 769** (Periode 6)

384 Krug oder Kanne (Taf. 56)

Rdm: 5,5 cm
Randfrgmt. eines Gefäßes mit zylindrischem Hals. Auf dem Hals Profilrillen mit blauer Zwischenzone, darunter blaue Farbflecke.
Obfl: glas., hellgrau (7.5YR N7,5)
Scherben: hellgrau (7.5YR N7,5)

18./19. Jahrhundert
Fd. Nr. 1031 aus **Bef. Nr. 1085** (Periode 5)

385 Henkelkrug (Taf. 56)

Rdm: 5 cm
Hals-Schulterfrgmt. eines Kruges mit zylindrischem Hals. Profilierung und Bemalung des Halses wie **Kat. Nr. 386**. Der am Hals ansetzende rundovale, profilierte Henkel besitzt am Ansatz zwei lochartige Einstiche. Auf der Gefäßschulter sind blau ummalte, eingestempelte Blüten aufgebracht, deren Innenkreise blau ausgemalt sind.
Obfl: glas., innen hellbraun (7.5YR 6/4), außen hellgrau (7.5YR N7)
Scherben: hellgrau (7.5YR N7,5)

18. Jahrhundert
Fd. Nr. 610 aus **Bef. Nr. 845** (Periode 5)

386 Krug (Taf. 56)

Rdm: 6,5 cm
Randfrgmt. eines Gefäßes mit zylindrischem Hals. Unterhalb des Ransabschlusses eine Profilrille; unterschiedl. breite Profilrillen mit zwei blauen Zwischenzonen auf der Halsmitte.
Obfl: glas., innen hellgrau (10YR 7/1), außen weiß (10YR 8/1)
Scherben: weiß (10YR 8/1)

18./19. Jahrhundert
Fd. Nr. 569 aus **Bef. Nr. 845** (Periode 5)

387 Krug (Taf. 57)

Rdm: 4,5 cm
Randfrgmt. eines Gefäßes mit engem zylindrischen Hals und einfach abgerundetem Randabschluß.
Obfl: glas., innen hellbraun (7.5YR 6,5/4), außen hellgrau (10YR 7/2)
Scherben: hellgrau (10YR 7/1)

18. Jahrhundert
Fd. Nr. 222 aus **Bef. Nr. 399** (Periode 5-6)

388 Henkelkrug (Taf. 57)

Rdm: 5 cm

Halsfrgmt. eines Gefäßes mit zylindrischem Hals, Henkelansatz und Profilrillen mit zwei blauen Zwischenzonen.
Obfl: glas., innen hellgelbl.braun (10YR 6/4), außen narbig (sog. Orangenhaut), hellgrau (10YR 7,5/1)
Scherben: weiß (10YR 8/1) und sehr blaßbraun (10YR 7/3)

18./19. Jahrhundert
Fd. Nr. 569 aus **Bef. Nr. 845** (Periode 5)

389 Henkelkrug (Taf. 57)

Rdm: 6,5 cm

Randfrgmt. eines Kruges mit konischem Hals. Auf der Mitte des Halses Profilrille. Dort befindet sich auch der Henkel, um dessen Ansatz eine blaue Bemalung liegt.
Obfl: glas., innen hellbraun (7.5YR 6,5/4), außen: hellgrau (7.5YR 7,5/1)
Scherben: hellgrau (7.5YR 7,5/1)

18. Jahrhundert
Fd. Nr. 222 aus **Bef. Nr. 399** (Periode 5-6)

390 Henkelkrug oder -kanne (Taf. 57)

Rdm: 11 cm

Zus. Rand-Wandfrgmt. eines Gefäßes mit ausbiegendem, verdickten Rand. Unterhalb des Randes Ansatz eines vertikal geführten Henkels; ornamentartige blaue Bemalung auf dem Gefäßkörper.
Obfl: glas., innen blaßbraun (10YR 7/3), außen hellgrau (7.5YR N7)
Scherben: weiß (7.5YR N8)

18. Jahrhundert
Fd. Nr. 152 aus **Bef. Nr. 335** (Periode 6); **Fd. Nr. 182** aus **Bef. Nr. 387** (Periode 5)

391 Kanne (Taf. 57)

Rdm: 9 cm

Drei zus. Rand-Wandfrgmt. einer birnenförmigen Kanne mit leicht ausgestelltem, verdicktem Rand und Ausguß. Unterhalb des Randes Profilrillen mit blauer Zwischenzone.
Obfl: glas., innen sehr blaßbraun (10YR 7/3), außen hellgrau (10YR 7/2)
Scherben: hellgrau (10YR 7/1)

18./19. Jahrhundert
Fd. Nr. 152 aus **Bef. Nr. 335** (Periode 6)

392 Bodenfragment (Taf. 57)

Bdm: 13 cm

Boden-Wandfrgmt. eines großen, wohl bauchigen Gefäßes mit Standboden und abgesetzter Fußzone. Wandung steigt stark ausladend konisch auf, innen deutliche Drehriefen.
Obfl: glas., hellgrau (10YR 7/2,5).
Scherben: hellgrau (10YR 7/2).

Wohl Westerwälder Art.
Fd. Nr. 329 aus **Bef. Nr. 353** (Periode 4)

393 Bodenfragment (Taf. 57)

Bdm: 8 cm

Boden-Wandfrgmt. eines Gefäßes mit Standboden und weit ausbiegender Wandung und profilerter Fußzone. Blaue Bemalung im Ansatz erkennbar.
Obfl: glas., hellgrau (2.5Y N7,5)
Scherben: hellgrau (2.5Y N7,5)

18./19. Jahrhundert
Fd. Nr. 316 aus **Bef. Nr. 637** (Periode 6)

394 Kanne (Taf. 57)

Rdm: 9 cm; Bdm: 7,5 cm; max D: 10 cm; H: 12 cm

Zur Hälfte zus., flach bauchige Kanne mit Tüllenausguß, Standboden und leicht ausbiegendem, abgerundetem Rand. Blaue horizontale Streifen unterhalb des Randes und auf dem Fuß. Ornamentartige blaue Bemalung auf dem Gefäßkörper und auf der Tülle.
Obfl: glas., innen rötl.grau (7.5YR 6/2,5), außen blaßbraun (10YR 6/3)
Scherben: grau (10YR 6,5/1)

Ein vertikal angarnierter Henkel läßt sich auf Grund eines Vergleiches aus Duisburg ergänzen; s. GAIMSTER 1986, 39 Abb. 9,2.

19. Jahrhundert
Fd. Nr. 182 aus **Bef. Nr. 387** (Periode 5); **Fd. Nr. 222** aus **Bef. Nr. 399** (Periode 5-6)

395 Doppelhenkeltopf (Taf. 58)

Rm: 21 cm; Bdm: 19 cm; H: um 33 cm

Mehrere zus. Rand-, Wand- und Bodenfrgmt. eines faßförmigen Topfes mit Standboden. Der verdickte, nach außen spitz zulaufende Rand ist leicht ausbiegend und besitzt eine Innenkehlung. Schulter- und Fußzone haben Profilrillen und blaue Zwischenzonen. Die horizontal auf der Schulter angarnierten Henkel sind mit floralem Dekor blau bemalt. Die Wandung zeigt eine blaue, florale Bemalung mit Ritzdekor.
Obfl: glas., innen sehr blaßbraun (10YR 7/3), außen hellgrau (10YR 7/1)
Scherben: weiß (10YR 8/1).

Vgl. RED 1991, Taf. 10 Abb. 13.

18. Jahrhundert
Fd. Nr. 126 aus **Bef. Nr. 286** (Periode 6); **Fd. Nr. 566** aus **Bef. Nr. 797** (Periode 5)

396 Doppelhenkeltopf (Taf. 58)

Rdm: 23 cm

Ein Rand-Wandfrgmt. und ein Wandfrgmt. eines konischen Topfes mit keulenförmigem Rand und flacher Innenkehlung. Von den Henkeln, die auf der Schulter horizontal angarniert waren, sind nur Ansätze sichtbar. Oberhalb davon mehrere Profilrillen mit zwei blauen Zwischenzonen. Auf der Wandung blaue Blüten-Blattverzierung mit Ritzdekor.
Obfl: innen weiß (10YR 8/2,5), außen matt glas., sehr blaßbraun (10YR 8/3).
Scherben: weiß (10YR 8/2,5)

Außenseite stark durch sekundären Brand (?) oder Lagerung angegriffen.

18. Jahrhundert

Fd. Nr. 566 aus **Bef. Nr. 797** (Periode 5); **Fd. Nr. 552** aus **Bef. Nr. 757** (Periode 6); **Fd. Nr. 126** aus **Bef. Nr. 286** (Periode 6)

397 Topf (Taf. 59)

Bdm: 21 cm; ermittelbare H: 22,5 cm
Mehrere zus. Boden-Wandfrgmt. eines fäßförmigen Topfes mit Standboden (Randfrgmt. nicht vorhanden). Fuß- und Schulterzone mit Prifilrillen und blauen Zwischenzonen. Die Wandung besitzt eine Rankenverzierung und eine Pfauendarstellung in blau mit Ritzdekor.
Obfl: glas., hellgrau (2.5Y N7,5)
Scherben: hellgrau (2.5Y N7,5)

18. Jahrhundert
Fd. Nr. 220, 367, 368 aus **Bef. Nr. 399** (Periode 5-6)

398 Doppelhenkeltopf (Taf. 59)

Rdm: 15 cm
Zus. Rand-Wandfrgmt. eines wohl flachbauchigen Topfes mit verdicktem, keulenartigem Rand, horizontal angarnierten Henkeln und blauer floraler Bemalung. Unterhalb des Randes Profilrillen mit zwei blauen Zwischenzonen.
Obfl: glas., hellgrau (10YR 7/1,5)
Scherben: weiß (10YR 8/1)

18./19. Jahrhundert
Fd. Nr. 152 aus **Bef. Nr. 335** (Periode 6)

399 Topf (Taf. 59)

Bdm: 15 cm
Ein Boden- und zwei Wandfrgmt. eines leicht bauchigen Topfes mit Standboden. Auf der Fuß- und Schulterzone Profilrillen mit blauer Zwischenzone. Blau aufgemalte abstrakte Blütenverzierung auf der Bauchzone.
Obfl: glas., innen hellbraun (7.5YR 6,5/4), außen hellgelbl. braun (10YR 6,5/4)
Scherben: weiß (10YR 8/1)

18./19. Jahrhundert
Fd. Nr. 578, 610 aus **Bef. Nr. 845** (Periode 5)

400 Topf (Taf. 60)

Bdm: 16 cm
Boden-Wandfrgmt. eines Topfes mit Standboden und Profilrillen mir blauer Zwischenzone auf der Fußzone.
Obfl: glas., innen weiß (7.5YR N8), außen hellgrau (7.5YR N7,5)
Scherben: hellgrau (7.5YR N7)

19. Jahrhundert
Fd. Nr. 26 aus **Bef. Nr. 12** (Periode 6)

401 Topf (Taf. 60)

Rdm: 21,5 cm; Bdm: 21 cm
Ein Rand- und zwei zus. Boden-Wandfrgmt. eines Topfes mit Standboden und keulenartig verdicktem Rand mit Innenkehlung. Auf der Schulter- und Fußzone liegen Profilrillen mit blauen Zwischenzonen. Bemalung auf der Wandung im Ansatz erkennbar.
Obfl: glas., hellgrau (2.5Y N7,5)
Scherben: hellgrau (2.5Y N7,5)

18./19. Jahrhundert
Fd. Nr. 322 aus **Bef. Nr. 673** (Periode nach 6)

402 Topf (Taf. 60)

Rdm: 26 cm
Rand-Wandfrgmt. eines Topfes mit verdicktem, leicht ausbiegendem, nach außen abgestrichenem Rand. Unterhalb des Randes Profilrillen mit blauer Zwischenzone. Auf der Bauchzone florale Bemalung in blau.
Obfl: glas., weiß (2.5Y N8)
Scherben: weiß (2.5Y N8)

18./19. Jahrhundert
Fd. Nr. 182 aus **Bef. Nr. 387** (Periode 5)

403 Henkeltopf (Taf. 61)

Rdm: 18 cm
Zwei zus. Rand-Wandfrgmt. eines Topfes mit konischer Wand und ausgestelltem, keulenartigem Rand. Auf der Schulter Profilrillen mit zwei blauen Zwischenzonen. Auf dem Bauch eingeritztes Blütendekor, blau umfaAnsatz eines rundstabigen Henkeln erhalten, ebenfalls blau umfangen.
Obfl: glas., innen hellgrau (2.5Y N7,5), außen hellgrau (2.5Y 7/2,5)
Scherben: weiß (2.5Y N8)

18./19. Jahrhundert
Fd. Nr. 41 aus **Bef. Nr. 59** (Periode 6)

404 Topf (Taf. 61)

Rdm: 26 cm
Rand-Wandfrgmt. eines Topfes mit ausbiegendem, nach außen spitz zulaufendem Rand. Unterhalb des Randes liegen Profilrillen mit einer blauen Zwischenzone. Auf der Wandung ist eine blaue Bemalung im Ansatz erkennbar.
Obfl: glas., weiß (2.5Y 8,5/1)
Scherben: weiß (2.5Y N8,5)

18./19. Jahrhundert
Fd. Nr. 152 aus **Bef. Nr. 335** (Periode 6)

405 Henkeltopf (Taf. 61)

Rdm: 19,5 cm
Drei zus. Rand-Wandfrgmt. eines wohl konischen Topfes mit keulenartigem Rand (Rand verzogen) und Ansatz eines horizontal angarnierten Henkels. Die Schulter ist mit Profilrillen und einer blauen Zwischenzone verziert.
Obfl: glas., innen rosagrau (7.5YR 7/2), außen hellgrau (7.5YR 7,5/1)
Scherben: hellgrau (10YR 7/1)

19. Jahrhundert
Fd. Nr. 552 aus **Bef. Nr. 757** (Periode 6)

406 Topf (Taf. 61)

Rdm: 18 cm
Randfrgmt. eines Topfes wie **Kat. Nr. 402**.

Obfl: glas., innen rosa (7.5YR 7/4), außen hellgrau (7.5YR 7,5/1)
Scherben: hellgrau (10YR 7,5/1)
18./19. Jahrhundert
Fd. Nr. 137 aus **Bef. Nr. 244** (Periode 6)

407 Doppelhenkeltopf (Taf. 61)

Rdm: 14,5 cm
Mehrere teilw. zus. Rand-Wandfrgmt. eines Topfes mit verdicktem, lippenförmigem Rand. Schulterzone mit Profilrillen und zwei blauen Zwischenzonen verziert. Darunter ist ein rundstabiger Henkel horizontal angarniert. Auf der Wandung blaue florale und geometrische Bemalung mit Ritzdekor.
Obfl: glas., innen hellrötl.braun (5YR 6/4), außen blaßbraun (10YR 6,5/3)
Scherben: weiß (10YR 8/1)
18. Jahrhundert
Fd. Nr. 1014 aus **Bef. Nr. 1002** (Periode 6)

408 Henkeltopf (Taf. 62)

Rdm: 18 cm
Frgmt. eines Topfes mit horizontal abgestrichenem, verdicktem Rand. Ein rundstabiger, profilierter Henkel ist vertikal am Rand angesetzt: unterhalb davon Profilrillen mit blauer Zwischenzone.
Obfl: glas., weiß (7.5YR N7,5)
Scherben: reduzierender und oxydierender Brand, Kern hellbraun (7.5YR 6/4), außen hellgrau (7.5YR 7,5/1)
Nachttopf
18./19. Jahrhundert
Fd. Nr. 1031 aus **Bef. Nr. 1085**; **Fd. Nr. 56** aus **Bef. Nr. 61**; **Fd. Nr. 32** aus **Bef. Nr. 53** (Periode 5)

409 Topf (o. Abb.)

Rdm: 18 cm
Rand-Wandfrgmt. eines Topfes wie **Kat. Nr. 409**. Auf der Wandung blau umfangenen Blütenritzverzierung.
Obfl: glas., hellgrau (2.5Y N7,5)
Scherben: hellgrau (2.5Y N7,5)
Nachttopf
18./19. Jahrhundert
Fd. Nr. 1031 aus **Bef. Nr. 1085** (Periode 5)

410 Doppelhenkeltopf (Taf. 62)

Rdm: 18 cm
Rand-Wandfrgmt. eines leicht bauchigen Topfes mit kurzem, ausbiegendem, kantig profiliertem Rand. Ein flacher Profilwulst auf dem Rand-Schulterübergang, zwei Profilrillen auf der Schulter. Dort ist ein rundovaler Henkel (ein zweiter ist zu ergänzen) horizontal angarniert. Auf dem Bauch sind drei blaue Farbtupfer kleeeblattartig aufgemalt.
Obfl: glas., uneben, hellgrau (10YR 7/1) und blaßbraun (10YR 6/2)
Scherben: hellgrau (10YR 7,5/1)
19. Jahrhundert
Fd. Nr. 366 aus **Bef. Nr. 352** (Periode 5)

411 Topf (Taf. 62)

Bdm: 15 cm
Mehrere zus. Frgmt. eines Topfes mit Standboden, leicht gewölbter Wandung und Ansatz eines vertikal angarnierten Henkels. Auf der Bauchzone eingeritzte Blütenverzierung, blau ausgefüllt und blau umrahmt, sowie Profilrillen mit einer blau ausgefüllten Zwischenzone auf dem Fuß.
Obfl: innen rosagrau (7.5YR 7/3), außen weiß (10YR 8/1)
Scherben: weiß (10YR 8/1)
Evtl. Nachttopf. Vgl. RED 1991, Taf. 10 Abb. 5.
18. Jahrhundert
Fd. Nr. 569, 578 aus **Bef. Nr. 845** (Periode 5); **Fd. Nr. 611** aus **Bef. Nr. 849** (Periode 6)

412 Topf (Taf. 62)

Boden-Wandfrgmt. eines Topfes mit Standboden. Der Fußbereich ist mit Profilrillen und einer blau ausgefüllten Zwischenzone verziert.
Obfl: glas., uneben, weiß (10YR 8/1)
Scherben: weiß (10YR 8/1)
19. Jahrhundert
Fd. Nr. 589 über **757**; **Fd. Nr. 549** aus **Bef. Nr. 640** (Periode 6)

413 Topf oder Krug (Taf. 63)

Bdm: 12 cm
Zwei zus. Frgmt. eines Gefäßes mit flach gewölbter Wandung und hochziehendem Standboden. Auf der Bauchzone florale Bemalung in Blau, auf der Fußzone Profilrillen und eine blau ausgefüllte Zwischenzone.
Obfl: innen gelbl.rot (5YR 5/6), außen glas., rosaweiß (7.5YR 8/2)
Scherben: hellgrau (5YR 7,5/1)
18./19. Jahrhundert
Fd. Nr. 161, 182 aus **Bef. Nr. 387** (Periode 5); **Fd. Nr. 206** aus **Bef. Nr. 400** (Periode 5-6)

414 Topf (Taf. 62)

Rdm: 15 cm
Rand-Wandfrgmt. eines Topfes mit verdicktem, leicht ausbiegendem, außen spitz zulaufendem Rand, flache Innenkehlung. Unterhalb des Randes Profilrillen mit zwei blauen Zwischenzonen. Blaue Bemalung ansatzweise erkennbar.
Obfl: glas., hellgrau (2.5Y N7,5)
Scherben: hellgrau (2.5Y N7,5)
18./19. Jahrhundert
Fd. Nr. 182 aus **Bef. Nr. 387** (Periode 5)

415 Doppelhenkeltopf (Taf. 63)

Rdm: 16 cm; Bdm: 13 cm; max D: 17,5 cm; H: um 21 cm
Zus. Rand-, Wand- und Bodenfrgmt. eines faßförmigen Gefäßes mit Standboden und verdicktem, außen spitz zulaufendem Rand. Unterhalb des Randes und auf der Fußzone Profilrillen mit blauen Zwischenzonen. Auf der Schulter sind zwei rundstabige Henkel horizontal angarniert. Die Bauchzone zeigt diagonale Abdrehrillen, sog. Lummeln.

Um die Henkelansätze auf den Henkeln und auf der Wandung blaue Bemalung.
Obfl: glas., hellgrau (10YR 7/2,5)
Scherben: hellgrau (10YR 7/1)
18./19. Jahrhundert
Fd. Nr. 161, 182 aus **Bef. Nr. 387** (Periode 5); **Fd. Nr. 206, 221** aus **Bef. Nr. 400** (Periode 5-6)

416 Henkelschale (Taf. 63)

Rdm: 19 cm
Rand-Wandfrgmt. einer halbkugelförmigen Schale mit nach außen umbiegendem, nach unten weisendem Rand, der oben mit drei Profilrillen und einer blauen Zwischenzone verziert ist. Auf der Wandung florale, blau ausgefüllte Ritzverzierung. Ansatz eines rundstabigen Henkels unterhalb des Randes.
Obfl: glas., hellgrau (10YR 7,5/1)
Scherben: weiß (10YR 8/1)
18./19. Jahrhundert
Fd. Nr. 568 aus **Bef. Nr. 795** (Periode 6)

417 Schale (Taf. 64)

Rdm: 33 cm
Rand-Wandfrgmt. einer Schale mit kugeliger Wand und nach außen umbiegendem, oben abgeflachtem Rand, darauf zwei Profilrillen mit zwei blau ausgefüllte Zwischenzonen. Innen auf oberem Wandbereich einfache, blaue Rankenverzierung.
Obfl: matt glas., weiß (2.5Y N8)
Scherben: weiß (10YR 8/1)
18./19. Jahrhundert
Fd. Nr. 222 aus **Bef. Nr. 399** (Periode 5-6)

418 Teller (Taf. 64)

Rdm: 14 cm; Bdm: 9 cm; H: 2 cm
Zwei zus Rand-, Wand- und Bodenfrgmt. eines flachen Tellers mit horizontal ausbiegendem Rand und Standboden. Der Rand ist mit vier Profilrillen und einer blauen Zwischenzone verziert. Auf dem Spiegel blaue Bemalung.
Obfl: glas., weiß (10YR 8,5/1)
Scherben: weiß (10YR 8/2)
18./19. Jahrhundert
Fd. Nr. 569, 578 aus **Bef. Nr. 845** (Periode 5)

419 Doppenhenkelschale (Taf. 64)

Rdm: 16 cm; Bdm: 8,5 cm; max. D: 17,5 cm; H: 6 cm
Zus. Rand-, Wand- und Bodenfrgmt. einer halbkugeligen Schale mit abgeflachtem Boden wie **Kat. Nr. 353**. Vereinfachte blaue Rankenbemalung auf der Außenwandung.
Obfl: glas., weiß (10YR 8/2)
Scherben: weiß (10YR 8/2)
18. Jahrhundert
Fd. Nr. 152 aus **Bef. Nr. 395** (Periode 6)

420 Topf (Taf. 64)

Rdm: 12 cm
Rand-Wandfrgmt. eines Topfes wie **Kat. Nr. 402** mit blauer, wohl floraler Bemalung.

Obfl: glas., weiß (10YR 8/1)
Scherben: weiß (10YR 8/1)
18./19. Jahrhundert
Fd. Nr. 28 aus **Bef. Nr. 14** (Periode 6)

421 Topf (Taf. 64)

Rdm: 9,5 cm
Rand-Wandfrgmt. eines flachbauchigen, unverzierten Topfes mit verdicktem, gerundetem Randabschluß.
Obfl: glas., innen hellgrau (10YR 7/2), außen hellgrau (10YR 7/1)
Scherben: hellgrau (10YR 7/1,5)
Fd. Nr. 152 aus **Bef. Nr. 335** (Periode 6)

422 Topf (Taf. 64)

Rdm: 10 cm
Zwei zus. Frgmt. eines flachbauchigen Topfes wie **Kat. Nr. 402** mit blauer Bemalung.
Obfl: glas., innen hellgrau (10YR 7,5/2), außen weiß (10YR 8/1)
Scherben: hellgrau (10YR 7,5/1)
18./19. Jahrhundert
Fd. Nr. 568 aus **Bef. Nr. 795** (Periode 6)

423 Kleingefäß, „Senftöpfchen" (Taf. 64)

Rdm: 7 cm; Bdm: 6,5 cm; max. D: 8 cm; H: 10 cm
Mehrere Frgmt. eines flachbauchigen Gefäßes mit kurzem, leicht ausgestelltem, oben abgestrichenem Rand und Standboden. Auf der Wandung nicht deutbare blaue Buchstaben.
Obfl: glas., weiß (10YR 8/1)
Scherben: weiß (10YR 8/1)
18./19. Jahrhundert
Fd. Nr. 98 aus **Bef. Nr. 241**; **Fd. Nr. 103** aus **Bef. Nr. 231** (Periode 6)

424 Kleingefäß, „Senftöpfchen" (Taf. 64)

Rdm: 8 cm
Zwei zus. Rand-Wandfrgmt. eines Töpfchens wie **Kat. Nr. 423**.
Obfl: glas., grau (10YR 6,5/1)
Scherben: hellgrau (10YR 7/1)
18./19. Jahrhundert
Fd. Nr. 103 aus **Bef. Nr. 231** (Periode 6)

425 Henkeltöpfchen (Taf. 64)

Rdm: 5 cm; Bdm: 5 cm; max. D: 6 cm; H: 8 cm
Fast vollst. zus. doppelkonisches Kleingefäß mit vertikal angarniertem Henkel (Ansätze vorhanden), Standboden und lippenartig verdicktem Rand. Auf der Bauchzone blaues Buchstabenkürzel: „...TB" (STB?) in blau.
Obfl: glas., blaßbraun (10YR 6/3) und dunkelgelbl.braun (10YR 4/6)
Scherben: grau (10YR 6/1)
18./19. Jahrhundert
Fd. Nr. 152 aus **Bef. Nr. 335** (Periode 6)

426 Kleingefäß, „Tintentöpfchen" (Taf. 64)

Rdm: 4,5 cm; Bdm: 4 cm; H: 6,5 cm
Vollst. erhaltenes bauchiges Kleingefäß mit Standring und ausgestelltem, abgerundetem Rand.
Obfl: glas., hellgrau (10YR 7/1)
Scherben: hellgrau (10YR 7,5/1)

18./19. Jahrhundert
Fd. Nr. 220 aus **Bef. Nr. 399** (Periode 5-6); **Fd. Nr. 392** aus **Bef. Nr. 482** (Periode nach 5)

427 Kleingefäß (Taf. 64)

Rdm: 5 cm
Rand-Wandfrgmt. eines bauchigen Töpfchens (tintenfaßähnlich) mit Lippenrand.
Obfl: engobiert (Außenseite erscheint poliert), hellrötlich braun (2.5YR 6/4)
Scherben: grau (10YR 6,5/1)

18./19. Jahrhundert
Fd. Nr. 345 aus **Bef. Nr. 339** (Periode 5)

428 Kleingefäß, „Senftöpfchen" (Taf. 64)

Rdm: 5 cm
Rand-Wandfrgmt. eines flachbauchigen Kleingefäßes mit ausgestelltem, verdicktem, kantig abgestrichenem Rand. Blaues Buchstabenkürzel auf der Bauchzone: „...." (STB?)
Obfl: glas., hellgrau (2.5Y 7/2)
Scherben: grau (10YR 6/1)

18./19. Jahrhundert
Fd. Nr. 207 aus **Bef. Nr. 400** (Periode 5-6)

429 Kleingefäß, „Apothekentöpfchen" (Taf. 64)

Rdm: 3,5 cm; Bdm: 3 cm; H. 5,5 cm
Vollst. erhaltenes Kleingefäß mit betomter Schulter, sich nach unten verjüngender Wandung und Standboden. Der Rand ist außen verdickt und hat einen spitz zulaufenden Randabschluß.
Obfl: glas., innen hellgrau (2.5Y 7/2), außen hellgrau (2.5Y 7/2) und blaßbraun (10YR 6/3)
Scherben: hellgrau (10YR 7/2)

18./19. Jahrhundert
Fd. Nr. 182 aus **Bef. Nr. 387** (Periode 5)

430 entfällt

431 Kleingefäß, „Tintentöpfchen" (Taf. 65)

Rdm: 4,5 cm; Bdm: 3,5 cm, H: 6,5 cm
Vollständig erhaltenes Kleingefäß wie **Kat. Nr. 426**.
Obfl: glas. hellgrau (2.5Y 7/1)
Scherben: hellgrau (2.5Y N7)

18./19. Jahrhundert
Fd. Nr. 206 aus **Bef. Nr. 400** (Periode 5-6)

Kataloggruppe 11 – Bemalte Irdenware (roter Scherben)

432 Schale, „Köppchen" (o. Abb.)

Rdm: ca. 17 cm
Zus. Frgmt. einer gewölbten Schale mit einfachem gerundeten Randabschluß. In der Mulde gelbe Bemalung, die viermal zungenartig bis zum Rand hochzieht.
Obfl: innen glas., gelbl.rot grundiert (5YR 5/8) und blaßgelb (2.5Y 7/4), außen, kreidig, gelbl.rot (5YR 5/6)
Scherben: rötl.gelb (5YR 6/6)

Aus dem Wittener Fundmaterial stammen noch weitere Schalen dieser Art. An ihnen ist ein kleiner Bandhenkel horizontal angarniert. Derartige Gefäße können somit als „Köppchen" angesprochen werden. Vgl auch **Kat. Nr. 445**.
18./19. Jahrhundert
Fd. Nr. 569, 578, 615 aus **Bef. Nr. 845** (Periode 5)

433 Schüssel (o. Abb.)

Rdm: 30 cm; Bdm: 18 cm; H: 6 cm
Mehrere teilw. zus. Boden-, Wand- und Randfrgmt. einer Schüssel mit Standboden, leicht gewölbter Wandung und Wulstrand. Auf dem Spiegel florale Bemalung in gelb und grün. Auf der Fahne gelbe Linien und nicht deutbarer Sinnspruch mit Jahresangabe: „1790".
Obfl: innen glas., rot (2.5YR 4,5/8) gelbe und grüne Bemalung, außen kreidig, rot (2.5YR 5/6)
Scherben: rötl.gelb (5YR 7/6)

1790
Fd. Nr. 612, 615 aus **Bef. Nr. 845** (Periode 5)

434 Rohrgriff (Taf. 65)

6 cm erhaltene Länge; D: 3 cm
Rohrgrifffrgmt. eines wohl pfannenähnlichen Gefäßes, der quer zum Griff mit kurzen Pinselstrichen gelb dekoriert ist.
Obfl: glas., dunkelgelbl.braun grundiert (10YR 3,5/6) und gelb (2.5Y 8/8)
Scherben: rötl.gelb (5YR 8/8)

18./19. Jahrhundert
Fd. Nr. 342 aus **Bef. Nr. 449** (Periode nach 5)

435 Henkeltopf oder Henkelkrug (Taf. 65)

Rdm: 12 cm
Rand-Wandfrgmt. eines Gefäßes mit ausgestelltem, einfachem Rand. Unterhalb des Randabschlusses ist ein rundstabiger Henkelansatz erkennbar. Auf der Außenwandung liegt ein in dunkelbraun und rot ausgeführter Tupfen-Punktdekor auf weißer Engobe.
Obfl: matte Glasur, innen weißer Tonschlicker (10YR 8/1), außen weißer Tonschlicker (10YR 8/1) darauf rot (2.5YR4/8) und dunkelrotbraun (2.5YR 2,5/4)
Scherben: rötl.gelb (5YR 6/8)

Für die Art der Bemalung, die am Niederrhein nicht auftaucht, liegt ein Vergleich aus dem 17. Jahrhundert aus

Höxter vor. Vgl.: STEPHAN 1975, 81 Abb. 4,2. Die Randausbildung jenes Gefäßes unterscheidet sich allerdings erheblich von dem hiesigen.
17. Jahrhundert
Fd. Nr. 186 aus **Bef. Nr. 284** (Periode 5)

436 Topf (Taf. 65)

Rdm: 12 cm
Rand-Wandfrgmt. eines Gefäßes mit abfallender Schulter und Krempand. Eine dunkelbraune Bemalung auf einer weißen Engobe ist im Ansatz erkennbar.
Obfl: matt glänzend, innen weißer Tonschlicker auf der oberen Randzone (5YR 8/1) und kreidig, rötl.gelb (5YR 6/6), außen weißer Tonschlicker (5YR 8/1) und dunkelrötl.braun (5YR 2,5/2)
Scherben: rötl.gelb (5YR 6/6)
Fd. Nr. 568 aus **Bef. Nr. 795** (Periode 6)

437 Topf (Taf. 65)

Randfrgmt. eines Topfes mit leicht ausgestelltem, einfachem Rand. Umlaufend auf der Außenseite senkrechte gelbe Striche.
Obfl: glas., rötl.gelb grundiert (5YR 6/8)
Scherben: rötl.gelb (5YR 7/8)
17.-19. Jahrhundert
Fd. Nr. 154 aus **Bef. Nr. 334** (Periode nach 6)

438 Topf (Taf. 65)

Rdm: 14 cm
Rand-Wandfrgmt. eines Topfes mit abfallender Schulter und abgerundetem Knickrand. Gelbe Wellenlinien auf dem Außenrand und gelbe Bemalung auf dem Gefäßkörper.
Obfl: glas., dunkelbraun grundiert (7.5YR 4/4)
Scherben: rötl.gelb (5YR 6/8)
17.-19. Jahrhundert
Fd. Nr. 5 aus **Bef. Nr. 14** (Periode 6)

439 Topf (Taf. 65)

Rdm: 12 cm
Rand-Wandfrgmt. eines bauchigen Topfes mit ausgestelltem Rand; eine Profilrille auf der oberen Randzone und ein flacher Wulst auf dem Hals-Schulterübergang. Auf dem Außenrand gelbe Wellenlinie und gelbe Bemalung auf dem Körper.
Obfl: glas., gelbl.rot grundiert (5YR 4/6) und gelb (5Y 8/7)
Scherben: rötlgelb (5YR 6/8)
17.-19. Jahrhundert
Fd. Nr. 10 aus **Bef. Nr. 12** (Periode 6)

440 Krug (Taf. 65)

Rdm: 16 cm
Vier zus. Rand-Wandfrgmt. eines bauchigen Kruges mit leicht ausgestelltem Rand. Auf der Schulterzone gelbweiße mäanderartige Bemalung; auf dem Rand gelbweiße Wellenlinien.
Obfl: glas. (stark verwittert), gelbl.rot grundiert (5YR 5/8), Farbe der Bemalung nicht genau bestimmbar, da abgeblättert.
Scherben: rötl.gelb (5YR 6/8)
17.-19. Jahrhundert
Fd. Nr. 578 aus **Bef. Nr. 845** (Periode 5)

441 Topf oder Krug (o. Abb.)

Rdm: 15 cm
Rand-Wandfrgmt. eines bauchigen Gefäßes mit leicht ausgestelltem Rand, einer Profilrille auf dem Rand und einem flachen Profilwulst auf dem Hals-Schulterübergang. Der Rand ist mit einem gelben Wellendekor, die Wandung mit geschwungenen Linien in weißl.gelb bemalt (vgl. auch **Kat. Nr. 439**).
Obfl: innen glas., rot (2.5YR 4/8), außen Rand glas, sonst kreidig, rötl.gelb (5YR 6/6)
Scherben: rötl.gelb (5YR 6/8)
17.-19. Jahrhundert
Fd. Nr. 1031 aus **Bef. Nr. 1085** (Periode 5)

442 Topf oder Krug (Taf. 65)

Rdm: 14 cm
Zwei zus. Rand-Wandfrgmt. eines wohl bauchigen Gefäßes mit einfachem aufgestellten Rand; Innenseite verdickt. Unterhalb des Randabschlusses Profilrille, auf dem Rand-Schulterübergang flacher Wulst. Rand mit gelber Wellenlinien, Gefäßkörper mit wohl floralem Dekor in gelb und grün verziert.
Obfl: glas., gelbl.rot grundiert (5YR 5/8)
Scherben: rötl.gelb (5YR 6/8)
17.-19. Jahrhundert
Fd. Nr. 1002 aus **Bef. Nr. 1004** (Periode 5)

443 Siebschüssel (Taf. 66)

Rdm: 36,5 cm
Zwei zus. Rand-Wandfrgmt. einer konischen Siebschüssel mit randständigem, horizontal angarniertem Henkel (ein zweiter ist wohl zu ergänzen) und Wulstrand. Auf der Wandung sind innen gelbe horizontal umlaufende Linien und eine Wellenlinie aufgebracht. Der Außenrand besitzt ebenfalls eine gelbe Wellenlinie.
Obfl: innen glas., gelbl.rot grundiert (5YR 5/8), außen Rand glas., sonst kreidig, gelbl.rot (5YR 5,5/6)
Scherben: rötlgelb (5YR 6/8)
18./19. Jahrhundert
Fd. Nr. 182 aus **Bef. Nr. 387** (Periode 5)

444 Henkelschale (Taf. 66)

Rdm: 16 cm
Rand-Henkelfrgmt. einer gewölbten Schale mit verdicktem, horizontal abgestrichenem Randabschluß. Der rundstabige Henkel ist horizontal angarniert. Auf dem Randabschluß eine gelbe Wellenlinie, innen ist das Gefäß gelb-weiß marmoriert.
Obfl: innen glas., rötl.gelb grundiert (7.5YR 6/8), weiß (2.5Y 8/1) und blaßgelb (2.5Y 8/5), außen kreidig rötl.gelb (5YR 6,5/8)
Scherben: rötl.gelb (5YR 7/8)

18./19. Jahrhundert
Fd. Nr. 495 aus **Bef. Nr. 279** (Periode 6); **Fd. Nr. 504** aus **Bef. Nr. 692** (Periode nach 5)

445 Henkelschale, „Köppchen" (Taf. 66)

Rdm: 19,5 cm
Randfrgmt. einer flachen, gewölbten Schale mit einfachem, gerundetem Randabschluß. Unterhalb des Randes ist ein kleiner, rundovaler Henkel horizontal angarniert. Innenbemalung wie **Kat. Nr. 432**.
Obfl: innen glas., gelbl.rot grundiert (5YR 4,5/6) und blaßgelb (2.5Y 8/4), außen kreidig, rötl.gelb (5YR 6/8)
Scherben: rötl.gelb (5YR 6/8)

18./19. Jahrhundert
Fd. Nr. 372 aus **Bef. Nr. 399** (Periode 5-6)

446 Schüssel oder Schale (Taf. 66)

Rdm: 26 cm
Randfrgmt. eines Gefäßes mit ausbiegendem, außen verdicktem Rand, auf dem gelbe (evtl. gelb und grün im Wechsel) Ovale aufgemalt sind. Der Randabschluß ist gelb umfangen.
Obfl: innen glas., teilw. abgescherbt, gelbl.rot grundiert (5YR 5/6) und gelb (5Y 8/6), außen kreidig, sekundär verbrannt, Farbe nicht ermittelbar.
Scherben: rötl.gelb (5YR 7/6)

18./19. Jahrhundert
Fd. Nr. 568 aus **Bef. Nr. 795** (Periode 6)

447 Schüssel oder Schale (Taf. 67)

Rdm: 34 cm
Rand-Wandfrgmt. eines leicht gewölbten Gefäßes mit außen verdicktem, innen schräg abgestrichenem Rand. Auf der Fahne nicht deutbarer Sinnspruch in dunkelbraun und auf der Wandung vier dunkelbraune Horizontallinien.
Obfl: innen glas., engobiert, weiß (2.5YR 8/2), außen kreidig, rot (2.5YR 5/6)
Scherben: rot (2.5YR 5/6)

18./19. Jahrhundert
Fd. Nr. 453 aus **Bef. Nr. 640** (Periode 6)

448 Schüssel oder Schale (Taf. 67)

Rdm: 32,5 cm
Rand-Wandfrgmt. einer Schüssel oder Schale mit leicht einziehender Wandung und Wulstrand. Unterhalb des Randes auf der Innenseite dunkelbrauner Horizontallinie und dunkelbraunes Wellendekor auf der Wandung.
Obfl: innen glas., engobiert, blaßgelb grundiert (5Y 8/4), außen Rand glas., sonst kreidig, gelbl.rot (5YR 5,5/6)
Scherben: rötl.gelb (5YR 6/6)

18./19. Jahrhundert
Fd. Nr. 1007 aus **Bef. Nr. 1002** (Periode 5)

449 Schale (Taf. 67)

Rdm: 30 cm
Rand-Wandfrgmt. einer flachen Schale mit Wulstrand. Innen versch. breite, gelbe Horizontalbänder. Auf der breitesten liegt eine dunkelbraune Wellenlinie.
Obfl: innen glas., rot grundiert (2.5YR 4/8), außen kreidig, rot (2.5YR 5/6)
Scherben: rot (2.5YR 5,5/8)

18./19. Jahrhundert
Fd. Nr. 1031 aus **Bef. Nr. 1085**; **Fd. Nr. 1035** aus **Bef. Nr. 1072** (Periode 5)

450 Schale (Taf. 67)

Rdm: 30 cm
Zwei zus Rand-Wandfrgmt. einer flachen Schale mit flachem Wulstrand. Innen gelbe Horizontallinien von einer grünen Wellenlinie überdeckt.
Obfl: innen glas., tiefbraun grundiert (7.5YR 5/8), außen kreidig, rötl.gelb (5YR 6/6)
Scherben: rötl.gelb (5YR 7/8)

18./19. Jahrhundert
Fd. Nr. 1031 aus **Bef. Nr. 1085** (Periode 5)

451 Schale (Taf. 68)

Rdm: 32 cm
Rand-Wandfrgmt. einer flachen Schale mit Wulstrand. Innen unterschiedlich breite gelbe und dunkelbraune Horizontalbänder und eine Wellenlinie in braun; s.a. **Kat. Nr. 449**.
Obfl: innen glas., rötl.gelb grundiert (5YR 6/8) und blaßgelb (2.5Y 8/4), außen rötl.gelb (5YR 6/6)
Scherben: rötl.gelb (5YR 6,5/8)

18./19. Jahrhundert
Fd. Nr. 1020 aus **Bef. Nr. 335** (Periode 6)

452 Schale (Taf. 68)

Rdm: 24 cm; Bdm: 14 cm; H: 5 cm
Aus mehreren Frgmt. zus. Schale mit Standboden und Wulstrand. Bemalung wie **Kat. Nr. 449**.
Obfl: innen glas., gelbl.rot grundiert (5YR 4/6), außen kreidig, gelbl.rot (5YR 5/6)
Scherben: rötl.gelb (5YR 6/8)

18./19. Jahrhundert
Fd. Nr. 577 aus **Bef. Nr. 615** (Periode 6)

453 Schale (Taf. 68)

Rdm: 23 cm
Rand-Wandfrgmt. einer Schale mit Wulstrand. Der Rand ist innen dunkelbraun bemalt Auf der rotbraunen Innenwandung ist ein breiter gelber Horizontalstreifen mit dunkelbraunen und gelben Strichen aufgetragen.
Obfl: innen glas., rot grundiert (2.5Y 5/6), dunkelrötl.braun (2.5YR 2,5/4) und gelb (5Y 8/6), außen feinsandig, Farbe nicht bestimmbar da sekundär verbrannt.
Scherben: rötl.gelb (5YR 6,5/8)

18./19. Jahrhundert
Fd. Nr. 27 aus **Bef. Nr. 12** (Periode 6)

454 Schüssel oder Schale (Taf. 69)

Rdm: 35 cm; Bdm: 18 cm; H: 9,5 cm
Mehrere zus. Frgmt. eines Gefäßes mit Standboden und

Wulstrand. Innen Linien- und Wellendekor in dunkelbraun, grün und orange auf dem Rand und auf der Fahne.
Obfl: innen glas., blaßgelb grundiert (5YR 8/5), außen kreidig, rot (5YR 5,5/8)
Scherben: rötl.gelb (5YR 6/8)

18./19. Jahrhundert
Fd. Nr. 161 aus **Bef. Nr. 387** (Periode 5)

455 Schüssel oder Schale (Taf. 69)

Rdm. 29,5 cm
Rand-Wandfrgmt. eines Gefäßes mit horizontal umbiegendem Wulstrand. Auf der Fahne eine umlaufende grüne Linie, eingefaßt von zwei dunkelbraunen Linien.
Obfl: innen glas., blaßgelb grundiert (5YR 8/3), außen kreidig, rot (2.5YR 5,5/6)

19. Jahrhundert
Fd. Nr. 1022 aus Einfüllung Bahndamm (Periode unbestimmt)

456 Schüssel oder Schale (Taf. 69)

Rdm: 37 cm
Frgmt. eines Gefäßes mit gerundetem Wulstrand. Auf dem Außenrand eine, innen mehere feine, gelbe Horizontallinien.
Obfl: innen glas., gelbl.rot grundiert (5YR 5/8), außen kreidig, rot (2.5YR 5/6)
Scherben: rot (2.5YR 5/8)

19. Jahrhundert
Fd. Nr. 109 aus **Bef. Nr. 244** (Periode 6)

457 Schale (Taf. 68)

Rdm: 26 cm; Bdm: 16 cm; H: 5,5 cm
Rand-, Wand- und Bodenfrgmt. einer flachen Schale mit Standboden, abgesetzter Fußzone und horizontal ausbiegendem Rand. Auf der Fahne zwei gelbe, horizontale Linien.
Obfl: innen glas., rot grundiert (2.5YR 4/6), außen kreidig, rot (2.5YR 5/6)
Scherben: rot (2.5YR 5,5/8)

19. Jahrhundert
Fd. Nr. 109 aus **Bef. Nr. 244** (Periode 6)

458 Siebschüssel (Taf. 69)

Rdm: 30 cm
Zwei zus. Rand-Wandfrgmt. eines leicht gewölbten Gefäßes mit Sieblöchern, unterschnittenem dicken Wulstrand und Innenkehlung. Innen gelber Wellen- und Liniendekor.
Obfl: innen glas., gelbl.rot grundiert (5YR 5/8), außen rötl.gelb (5YR 6/6)
Scherben: rötl.gelb (5YR 7/8)

18./19. Jahrhundert
Fd. Nr. 222 aus **Bef. Nr. 399**; **Fd. Nr. 207** aus **Bef. Nr. 400** (Periode 5-6)

Kataloggruppe 12 – Bemalte Irdenware (weißer Scherben) Frechener Art

459 Doppelhenkelschüssel (Taf. 82)

Rdm: 20 cm; Bdm: 15,5 cm; H: 8 cm
Fast vollst. rekonstruierte Schüssel mit Standboden und leicht abgesetzter Fußzone. Der Wulstrand ist außen gekehlt und zeigt einen randständig, horizontal angarnierten Henkel mit rundovalem Querschnitt (ein zweiter Henkel ist zu ergänzen). Außen ist ein girlandendekor in dunkelbraun, grün und rot aufgemalt. Der Rand hat eine dunkelbraune umlaufende Linie; der Henkel rote Querstreifen.
Obfl: glas., innen blaßgelb (2.5Y 7,5/4), außen blaßgelb grundiert (2.5Y 7,5/4) Bemalung maigrün (RAL 6017), dunkelrot (2.5Y 3/6) und gelbl.rot (5YR 5/6)
Scherben: weiß (10YR 8/2)

1. Hälfte 19. Jahrhundert
Fd. Nr. 1020 aus **Bef. Nr. 335** (Periode 6); **Fd. Nr. 1022** aus Einfüllung Bahndamm (Periode unbestimmt)

460 Schüssel oder Schale (Taf. 70)

Rdm: 34,5 cm
Rand-Wandfrgmt. eines Gefäßes mit verdicktem, gerundetem Rand, der nach innen schräg abgestrichen ist und die Fahne bildet. Darauf Sinnspruch in dunkelbrauner Schrift; auf der Wandung zwei dunkelbraune Horizontallinien.
Obfl: innen glas., weiß grundiert (10YR 8/2), außen Rand glas., sonst kreidig, hellgrau (10YR 7,5/2)
Scherben: weiß (10YR 7,5/2)

1. Hälfte 19. Jahrhundert
Fd. Nr. 27 aus **Bef. Nr. 12** (Periode 6)

461 Schale (Taf. 70)

Rdm: 11 cm; Bdm: 6,5 cm; H: 3 cm
Rand-Wandfrgmt. einer kleinen Schale mit Standboden, abgesetzter Fußzone und kantig verdicktem Rand. Innen Wechsel von dunkelbraunen, roten und grünen S-förmigen Streifen.
Obfl: innen glas., weiß grundiert (2.5Y 8/3), außen teilweise glas., hellgrau (2.5Y 7,5/2)
Scherben: weiß (2.5Y 8/2)

1. Hälfte 19. Jahrhundert
Fd. Nr. 206 aus **Bef. Nr. 400** (Periode 5-6)

462 Schüssel (Taf. 70)

Rdm: 30 cm
Rand-Wandfrgmt. einer wohl konischen Schüssel mit nach unten abknickendem Wulstrand. Auf der Fahne Sinnspruch in stilisierter, dunkelbrauner Schrift, begrenzt von zwei dunkelbraunen Horizontallinien.
Obfl: innen glas., weiß grundiert (5Y 8/2), außen Rand glas., sonst kreidig, blaßgelb (2.5Y 8/4).
Scherben: weiß (5Y 8/1).

1. Hälfte 19. Jahrhundert
Fd. Nr. 552 aus **Bef. Nr. 640** (Periode 6)

463 Schüssel oder Schale (Taf. 70)

Rdm: 30 cm
Rand-Wandfrgmt. eines wohl konischen Gefäßes mit ausbiegendem, leicht verdickten Rand. Auf der Fahne Jahresangabe „(1)826" und Reste eines Sinnspruches in dunkelbraun, begrenzt von dunkelbraunen Horizontallinien.
Obfl: innen glas., weiß (10Y 8/2), außen Rand glas., sonst kreidig, Farbe wegen starker Schmauchspuren unbestimmbar.
Scherben: rosaweiß (5YR 8/2)

1826
Fd. Nr. 552 aus **Bef. Nr. 640** (Periode 6)

464 Bodenfragment (Taf. 70)

Bdm: 13,5 cm
Bodenfrgmt. wohl einer Schüssel mit Standboden und gerundeter Fußzone. Auf dem Spiegel flächige Bemalung in rot, grün und braun.
Obfl: innen glas., weiß grundiert (5YR 8/2), außen kreidig, hellgrau (10YR 7,5/2)
Scherben: weiß (5Y 8/1)

1. Hälfte 19. Jahrhundert
Fd. Nr. 7 aus **Bef. Nr. 12** (Periode 6)

465 Schüssel oder Schale (Taf. 71)

Rdm: 32,2
Zwei größere Rand-Wandfrgmt. eines wohl konischen Gefäßes mit horizontal umgeschlagenem, keulenartigem Rand und starker Innenkehlung. Innen dunkel- und rotbraune Horizontallinien sowie eine dunkelbraune Wellenlinie auf der Fahne. Auf der Wandung grüne und rotbraune Bemalung.
Obfl: innen glas., sehr blaßgelb (10YR 8/3), außen Rand glas., sonst kreidig, hellgrau (10YR 7,5/2)
Scherben: weiß (10YR 8/2)

1. Hälfte 19. Jahrhundert
Fd. Nr. 5, 23 aus **Bef. Nr. 14** (Periode 6)

466 Schale (Taf. 70)

Rdm: 22 cm; Bdm: 12 cm; H: 4 cm
Drei zus. Rand-, Wand- und Bodenfrgm. einer muldenförmigen Schale mit Standboden und abgesetzter Fußzone. Der aufgestellte, leicht verdickte Rand biegt nach innen ein und zeigt unterhalb des Randabschlusses eine Profilrille. In der Mulde eine eine florale Bemalung in dunkelbraun, grün und rotbraun. Auf der Wandung Sinnspruch in dunkelbraun („...gut...") umgeben von dunkelbraunen Horizontallinien.
Obfl: innen glas., weiß grundiert (5Y 8/2), außen Rand glas., sonst kreidig, hellgrau (5YR 7,5/2)

1. Hälfte 19. Jahrhundert
Fd. Nr. 578 aus **Bef. Nr. 845** (Periode 5)

467 Schüssel (Taf. 71)

Rdm: 33 cm
Drei zus. Rand-Wandfrgmt. einer wohl gewölbten Schüssel mit ausbiegendem Wulstrand, der nach innen glatt abgestrichen ist. Auf der Fahne mehrere Bündel von senkrecht aufgetragenen blauen Streifen, die nach rechts und links kürzer werden. Dazwischen stilisierte Schrift in dunkelbraun. In einem Fragment ist (wohl sekundär angebracht) ein Einsenstift zu erkennen um den sich Rost gebildet hat.
Obfl: innen glas., weiß grundiert (5Y 8/2), außen Rand glas., sonst kreidig, weiß (2.5Y 8/2)
Scherben: weiß 5Y 8/1)

1. Hälfte 19. Jahrhundert
Fd. Nr. 578, 612, 615 aus **Bef. Nr. 845** (Periode 5)

468 Schale oder Schüssel (Taf. 71)

Rdm: 26 cm
Zwei zus. Rand-Wandfrgmt. einer leicht bauchigen Schüssel oder Schale mit Rollrand. Innen florale Bemalung in grün, orange, dunkelbraun und rotbraun.
Obfl: innen glas., blaßgelb grundiert (5Y 8/3), außen Rand glas., sonst kreidig, hellgrau (10YR 7,5/2)
Scherben: weiß (10YR 8/1)

1. Hälfte 19. Jahrhundert
Fd. Nr. 1007, 1014 aus **Bef. Nr. 1002** (Periode 6)

469 Schüssel oder Schale (Taf. 73)

Rdm: 32 cm
Randfrgmt. einer wohl konischen Schüssel mit horizontal ausbiegendem, verdicktem Rand. Auf der Fahne Sinnspruch in stilisierter dunkelbrauner Schrift. Auf der Wandung florale Bemalung in dunkelbraun, rot und grün.
Obfl: innen glas., blaßgelb grundiert (5Y 8/3), außen Rand glas., sonst kreidig, Tonschlickerauflage bräunl.gelb (10YR 6,5/7)
Scherben: rosa (7.5YR 8/4)

1. Hälfte 19. Jahrhundert
Fd. Nr. 1022 aus Einfüllung Bahndamm (Periode unbestimmt)

470 Schale (Taf. 72)

Rdm: 25,5 cm; Bdm: 16 cm; H: 4,5 cm
Fast vollständig zus. muldenförmige Schale mit Standboden, abgesetzter Fußzone und Wulstrand. Die Mulde zeigt eine florale Bemalung in rot, grün und dunkelbraun. Auf der Wandung Sinnspruch und Jahresangabe „1830" in dunkelbraun umgeben von dunkelbraunen Horizontallinien.
Obfl: innen glas., weiß grundiert (2.5Y 8/2), außen Rand glas., sonst kreidig, hellgrau (10YR 7,5/2)
Scherben: weiß (10YR 8/2)

1830
Fd. Nr. 182 aus **Bef. Nr. 387** (Periode 5)

471 Schüssel (Taf. 72)

Rdm: 36,5 cm; Bdm: 19,5 cm; H: 9,5 cm
Drei zus. Rand-Wandfrgmt einer konischen Schüssel mit Wulstrand und Standboden. Im Spiegel florale Bemalung in grün, ocker und dunkelbraun. Auf der Innenwandung Wechsel von vier dunkelbraunen, fünf oder sechs grünen und sechs oder sieben ockerfarbenen, untereinander liegen-

den Linien. Auf der Fahne Sinnspruch in stilisierter dunkelbrauner Schrift. Wandung- und Fahnendekor sind mit dunkelbraunen Horizontallinien eingefaßt.
Obfl: innen glas., sehr blaßbraun grundiert (10YR 8/3), außen kreidig, weiß (1oYR 8/2)
Scherben: weiß (10YR 8/2)
1. Hälfte 19. Jahrhundert
Fd. Nr. 207 aus Bef. Nr. 400; Fd. Nr. 222 aus Bef. Nr. 399 (Periode 5-6)

472 Schüssel (Taf. 73)

Rdm: 41 cm
Mehrere zus. Rand-Wandfrgmt. einer konischen Schüssel mit kantig profiliertem Wulstrand und leicht gekehlter Fahne; darauf Sinnspruch in stilisierter dunkelbrauner Schrift. Auf der Wand umlaufender Blattdekor in grün, ocker und dunkelbraun. Dazwischen dunkelbraune Horizontallinien.
Obfl: innen glas., weiß grundiert (2.5Y 8/2), außen Rand glas., sonst kreidig, hellgrau (10YR 7,5/2)
Scherben: weiß (10YR 8/2,5)
1. Hälfte 19. Jahrhundert
Fd. Nr. 182 aus Bef. Nr. 387 (Periode 5)

473 Schüssel (Taf. 74)

Rdm: 37 cm; Bdm: 22 cm; H: 9,5 cm
Mehrere zus. Rand-, Wand- und Bodenfrgmt. einer konischen Schüssel mit Standboden und ausbiegendem Wulstrand. Die Fahne ist leicht gekehlt und zeigt einen Sinnspruch in dunkelbrauner stilisierter Schrift. Die Wandung hat einen umlaufenden Blattdekor in dunkelbraun, braun und grün. Der Spiegel ist flächig mit einem Blüten-Blattdekor in dunkelbraun, braun, grün und ocker bemalt. Die dekorierten Zonen sind von dunkelbraunen Horizontallinien eingefaßt.
Obfl: innen glas., blaßgelb grundiert (5Y 8/3), außen Rand glas., sonst kreidig, blaßgelb (5Y 7,5/3)
Scherben: weiß (2.5Y 8/2)
1. Hälfte 19. Jahrhundert
Fd. Nr. 182 aus Bef. Nr. 387 (Periode 5); **Fd. Nr. 207 aus Bef. Nr. 400**; **Fd. Nr. 220,222 aus Bef. Nr. 399** (Periode 5-6)

474 Schüssel (Taf. 73)

Rdm: 32,5 cm; Bdm: 17 cm; H: 9 cm
Mehrere Rand-Wandfrgmt. einer leicht gewölbten Schüssel mit Standboden und einem außen verdickten Rand. Reste einer Schrift in braun auf der Fahne und drei feine dunkelbraune Horizontallinien auf der Wandung
Obfl: innen glas., weiß grundiert (2.5Y 8/2), außen Rand glas., sonst kreidig, hellgrau (10YR 7,5/2)
Scherben: weiß (10YR 8/2)
1. Hälfte 19. Jahrhundert
Fd. Nr. 222 aus Bef. Nr. 399 (Periode 5-6)

475 Schale (Taf. 74)

Rdm: 28 cm; Bdm: 19 cm; H: 4,5 cm
Drei zus. Rand-Wandfrgmt. einer konischen Schale mit Wulstrand, Standboden und schwach abgesetztem Fuß. Innen unterhalb des Randes stilisierter, dunkelbrauner Schriftzug; darunter umlaufender Blattdekor in dunkel-, rotbraun und grün.
Obfl: innen glas., sehr blaßbraun grundiert (10YR 8/3), außen kreidig, sehr blaßbraun (10YR 7,5/3)
Scherben: rosaweiß (7.5YR 8/2)
1. Hälfte 19. Jahrhundert
Fd. Nr. 182 aus Bef. Nr. 387 (Periode 5); **Fd. Nr. 222 aus Bef. Nr. 399** (Periode 5-6)

476 Schüssel oder Schale (Taf. 74)

Rdm: 38 cm
Rand-Wandfrgmt. eines konischen Gefäßes mit Wulstrand. Innen Sinnspruch in dunkelbrauner, stilisierter Schrift, begrenzt von zwei dunkelbraunen Horizontallinien.
Obfl: innen glas., sehr blaßbraun (10YR 8/3), außen kreidig, sehr blaßbraun (10YR 7,5/3)
Scherben: weiß (10YR 8/2)
1. Hälfte 19. Jahrhundert
Fd. Nr. 222 aus Bef. Nr. 399 (Periode 5-6)

477 Schüssel (Taf. 75)

Rdm: 30,5 cm; Bdm: 21 cm; H: 6 cm
Mehrere zus. Rand-Wandfrgmt. einer flachen Schüssel mit leicht konvexer Wandung, Wulstrand, Standboden und abgesetzter Fußzone. Auf der Wandung Sinnspruch in braun, eingefaßt von dunkelbraunen Horizontallinien.
Obfl: innen glas., blaßgelb (2.5Y 8/3), außen kreidig, hellgrau (2.5Y 7,5/2)
Scherben: weiß (2.5Y 8/2)
1. Hälfte 19. Jahrhundert
Fd. Nr. 372 aus Bef. Nr. 399 (Periode 5-6)

478 Schüssel (Taf. 75)

Rdm: 33,5 cm; Bdm: 16,5 cm; H: 8 cm
Drei zus. Rand-Wandfrgmt. einer konischen Schüssel mit außen gerundetem Rand und nach innen abgestrichenem Randabschluß, der die Fahne bildet. Auf der Fahne Jahresangabe in dunkelbraun „1829". Auf der Wandung drei dunkelbraune Horizontallinien. Im Spiegel ist eine Bemalung in grün und dunkelbraun erkennbar.
Obfl: innen glas., sehr blaßbraun (10YR 8/3), außen kreidig, sehr blaßbraun (10YR 7,5/3)
Scherben: weiß (10YR 8/2)
1829
Fd. Nr. 66 aus Bef. Nr. 183 (Periode unbestimmt); **Fd. Nr. 125 aus Bef. Nr. 286** (Periode 6)

Kataloggruppe 13 – Fayencen

479 Teller (o. Abb.)

Rdm: 27 cm
Rdm: ca. 24 cm; Bdm: ca.17,5 cm
Aus mehreren Frgmt. teilweise zus. Teller mit Standboden. Auf der Fahne und dem Spiegel ist ein flächiger floraler

Dekor in ocker, grün, gelb, rotbraun und violett aufgemalt.
Der Teller zeigt fünf Einstiche in der Fahne und im Boden.
Obfl: glas., weiß (5YR 8/1)
Scherben: weiß (10YR 8/2)

Die Anordnung der Einstiche läßt auf eine Reparatur des Tellers schließen. Es könnte sich hierbei aber auch um Halterungen für einen zweiten Aufsatz handeln.
Fd. Nr. 614 aus Bef. Nr. 845 (Periode 5)

480 Teller (o. Abb.)

Rdm: 24,5 cm
Aus mehreren Frgmt. teilweise zus. Teller mit Standboden und leicht verdicktem Randabschluß. Auf der Fahne und auf der Wandung blaue Bemalung. Im Spiegel Strichzeichnung eines Blumenbuketts in einem Korb.
Obfl: glas., weiß (10YR 8/1); Bemalung blau (RAL 5019) und schwarzblau im Spiegel (RAL 5004)
Scherben: blaßbraun (10YR 7/3)

Fd. Nr. 36 aus Bef. Nr. 52; Fd. Nr. 37 aus Bef. Nr. 53 (Periode 5); Fd. Nr. 42 aus Bef. Nr. 63 (Periode vor 6); Fd. Nr. 613 aus Bef. Nr. 845 (Periode 5); Fd. Nr. 1035 aus Bef. Nr. 1072 (Periode nach 3)

481 Teller (Taf. 82)

D: nicht ermittelbar
Mehrere Frgmt. eines Tellers mit blauer, geometrischer Bemalung. Randabschluß mit feinem hellbraunem Streifen.
Obfl: glas., weiß (2.5 N8), blau ((RAL 5013) und gelbl.rot (5YR 5,5/8)
Scherben: weiß (10YR 8/2)

Wohl niederländischer Herkunft. Nachahmung ostasiatischer Dekore; vgl. HUDIG 1927, 187 Abb. 179; GAIMSTER 1986, 33 Abb. 4.
17./18. Jahrhundert
Fd. Nr. 36 aus Bef. Nr. 52; Fd. Nr. 37 aus Bef. Nr. 53 (Periode 5); Fd. Nr. 42 aus Bef. Nr. 63 (Periode vor 6); Fd. Nr. 613 aus Bef. Nr. 845; Fd. Nr. 1031 aus Bef. Nr. 1085 und Fd. Nr. 1035 aus Bef. Nr. 1072 (Periode nach 3)

482 Teller (o. Abb.)

D: nicht ermittelbar
Mehrere Frgmt. eines Teller mit flächigem, floralem und arabeskem Dekor in blau.
Obfl: glas., signalweiß (RAL 9003) und versch. Blaunuancen (RAL 5010, 5015, 5019)
Scherben: weiß (10YR 8,5/1)

17./18. Jahrhundert
Fd. Nr. 161, 182,349 aus Bef. Nr. 387 (Periode 5); Fd. Nr. 222 aus Bef. Nr. 399; Fd. Nr. 207 aus Bef. Nr. 400 (Periode 5-6); Fd. Nr. 185 aus Bef. Nr. 335 (Periode 6)

483 Teller (Taf. 82)

D: nicht ermittelbar
Mehrere Frgmt. eines Tellers mit blauer Bemalung. Im Spiegel floraler Dekor; auf der Fahne Felderaufteilung eines Blattdekors und Rautenmusters mit Punkten im Wechsel.

Obfl: glas., weiß (10YR 8/1) und blau (RAL 5017)
Scherben: weiß (10YR 8/2)
Fd. Nr. 568 aus Bef. Nr. 795 (Periode 6); Fd. Nr. 1002 aus Bef. Nr. 1004; Fd. Nr. 1031 aus Bef. Nr. 1085 (Periode 5)

484 Teller (Taf. 82)

D: nicht ermittelbar
Randfrgmt. eines Teller mit blauem Liniendekor.
Obfl: glas., weiß (RAL 9016) und blau (RAL 5017)
Scherben: weiß (10YR 8/2)

Fd. Nr. 613 aus Bef. Nr. 845 (Periode 5)

485 Teller (Taf. 82)

D: nicht ermittelbar
Zwei zus. Frgmt. eines Tellers mit Linienmuster in hellrötl.braun und blau.
Obfl: glas., weiß (7.5YR 8/1)
Scherben: rosaweiß (7.5YR 8/2)

Glasur stark abgescherbt.
Fd. Nr. 568 aus Bef. Nr. 795 (Periode 6)

486 Teller (Taf. 82)

D: nicht ermittelbar
Zwei zus. Frgmt. eines Tellers mit weiß-blauem Rautenmuster. Die Rauten sind mit einem weißen Blattdekor ausgefüllt.
Obfl: matt glas., weiß (RAL 9016 und blau (RAL 5019).
Scherben: rosaweiß (5YR 8/2)

Fd. Nr. 613 aus Bef. Nr. 845 (Periode 5); Fd. Nr. 568 aus Bef. Nr. 795 (Periode 6)

Kataloggruppe 14 – Kacheln und Fliesen

487 Wandfliese (Taf. 83)

erh. Größe 12 x 7 cm
Wandfliese mit blauer Bemalung auf weißem Grund. Bilddarstellung eines springenden Pferdes und eines Reiters mit Turban und wehendem Umhang, den rechten Arm erhoben. Die Ecken sind mit der Burgundischen Lilie ausgefüllt.
Obfl: glas. (Sichtseite), weiß (10YR 8/1) und blau (RAL 5019 und 5013)
Scherben: feinporig, porös, feine Körnung, weiß (10YR 8/2)

Ausführung in Fayencetechnik. Herkunft wohl Delft (nördliche Niederlande). Es liegen noch zahlreiche weitere Fragmente mit diesem Motiv im Wittener Fundmaterial vor. Es handelt sich um Darstellungen von Reiterkämpfen zwischen Christen und Sarazenen. Dieses Motiv kam um die Mitte des 16. Jahrhundert. auf und wurde mit Abwandlungen noch bis in die 2. Hälfte des 18. Jahrhunderts produziert. Vgl. BERENDSEN u.a. 1977, Abb. 80 f. Literatur: KAUFMANN 1973.
1. Hälfte 18. Jahrhundert
Fd. Nr. 1002 aus Bef. Nr. 1004 (Periode 5)

488 Bodenfliese (Taf. 83)

Größe ca. 10 x 10 cm
Frgmt. einer Bodenfliese mit braun-monochromem Sternmuster.
Obfl: glatt dunkelgelbl.braun (10YR 4/6) und bräunl.gelb (10YR 6,5/6).
Scherben: feinporig, sehr hart gebrannt, blaßbraun (10YR 7/4).

Fd. Nr. 23 aus **Bef. Nr. 14** (Periode 6)

489 Ofenkachelfragment (Taf. 83)

Größe ca. 5 x 5 cm
Eckfragment einer Ofenkachel mit Reliefdekor.
Obfl: glas. (Sichtseite), oliv (5Y 4/4)
Scherben: feinporig, sehr hart gebrannt, weiß (2.5Y 8/2)

Fd. Nr. 642 aus **Bef. Nr. 795** (Periode 6)

490 Wandfliesenfragment (Taf. 75)

Größe ca. 4 x 3 cm
Frgmt. einer Fliese wie **Kat. Nr. 487**.
Obfl. und Scherben: siehe **Kat. Nr. 487**.

1. Hälfte 18. Jahrhundert
Fd. Nr. 222 aus **Bef. Nr. 399** (Periode 5-6)

491 Wandfliesenfragment (Taf. 75)

Größe ca. 6 x 6 cm
Frgmt. einer Fliese wie **Kat. Nr. 487**.
Obfl. und Scherben: s. **Kat. Nr. 487**.

1. Hälfte 18. Jahrhundert
Fd. Nr. 517 aus **Bef. Nr. 652** (Periode 6)

492 Wandfliesenfragment (Taf. 75)

Größe ca. 8 x 8 cm
Frgmt. einer Fliese wie **Kat. Nr. 487**.
Obfl. und Scherben: s. **Kat. Nr. 487**.

1. Hälfte 18. Jahrhundert
Fd. Nr. 356 aus **Bef. Nr. 465** (Periode 6)

493 Bodenfliesenfragmente (Taf. 75)

versch. Größen
Drei Fragmente von Bodenfliesen mit monochromer Bemalung von rechtwinkeligen Linien.
Obfl: kreidig, weiß (10YR 8/1,5) und hellgrau (10YR 7,5/2)
Scherben: poröse, feinporig, Körnung nicht sichtbar, hart gebrannt, weiß (10YR 8/1,5)

Fd. Nr. 377 aus **Bef. Nr. ?** (Periode unbestimmt)

494 Bodenfliesenfragmente (Taf. 76)

versch. Größen
Zwei Frgmt. von Bodenfliesen mit feinen Linien (monochrom).
Obfl: kreidig, weiß (10YR 8/1) und hellgrau (10YR 7,5/1)
Scherben: porös, feinporig, Körnung nicht sichtbar, weiß (10YR 8/1).

Fd. Nr. 258 aus **Bef. Nr. 531** (Periode 4)

495 Ofenkachelfragment (Taf. 76)

Größe ca. 4 x 5,5 cm
Eckfrgmt. einer Ofenkachel aus Irdenware mit Reliefverzierung und Dekor im Zwickel.
Obfl: Schauseite glas., schwarz (10YR 2/1).
Scherben: feine und grobe Poren, keine Körnung sichtbar, rötl.gelb (10YR 2/1).

Zu diesem Frgmt. gehört ein weiteres, das sich nicht anpassen ließ. Beide stammen wohl von einer Ofenkachel Kölner Art des 16. Jahrhunderts. Der Dekor ist nicht erschließbar. Vgl. für die Zwickelausfüllung UNGER 1988, 194 Abb. 5.
16. Jahrhundert
Fd. Nr. 146 aus **Bef. Nr. 340** (Periode 5)

Kataloggruppe 15 – Porzellan

496 Wandfragment mit Auflage (Taf. 76)

ca. 7 x 5 cm
Bruchstück aus lindgrünem (zwischen RAL 6019 und 6021) Porzellan mit einer weißen unvollständig erhaltenen Auflage eines Puttos, der ein stabähnliches Gebilde in der rechten Hand hält.

19. Jahrhundert
Fd. Nr. 222 aus **Bef. Nr. 399** (Periode 5-6)

497 Tasse und Unterteller (Taf. 76)

Tasse: Rdm: 8 cm; Bdm: 5,5 cm; H: 7 cm
Teller: Rdm: 13 cm; Bdm: 6,5 cm; H: 2,5 cm
Fragmente einer gelben (10YR 7/6) Tasse und eines passenden Untertellers. Die Tasse hat eine gerade aufsteigende Wandung, einen ausbiegenden Rand und einen ausgestellten Hohlfuß. Ein rundstabiger Henkel führt von der Bodenzone bis zum Rand und ist mit einer gerillten Verdickung am Gefäß angarniert. Der Teller besitzt einen Standring und eine weit ausladende, nach außen schwingende Wandung. Ein silberner Streifen ist auf dem Tellerinnenrand und bei der Tasse auf dem Außenrand und auf dem Fuß aufgebracht.

Hinzu kommt ein gleiches, zweites Tassenfragment.
19. Jahrhundert
Fd. Nr. 183 aus **Bef. Nr. 335** (Periode 6); **Fd. Nr. 207** aus **Bef. Nr. 400** (Periode 5-6)

498 Tasse (Taf. 76)

Rdm: 10 cm
Frgmt. einer undekorierten Tasse mit ausladendem Rand und kantig runder Wandung.

19. Jahrhundert
Fd. Nr. 222 aus **Bef. Nr. 399** (Periode 5-6)

499 Schälchen (Taf. 76)

Bdm: 4,3 cm
Bodenfrgmt. eines Schälchens (Teeschale?) mit Standring

und kaffeebrauner Außenwandung. In der Mulde blauer Bemalung: Korb mit eckigem Henkel (Früchtekorb?).

Wohl ostasiatischer Herkunft.
Fd. Nr. 299 aus Bef. Nr. 279 (Periode 6)

500 Tasse mit Unterteller (Taf. 76)

Tasse: Rdm: 6,5 cm; Bdm: 5 cm; H: 6 cm
Teller: Rdm: 12,8 cm, Bdm: 7,5 cm; H: 2,7 cm
Zus. Bruchstücke einer Tasse mit dazugehörendem Unterteller, Die Tasse hat eine leicht konische, gerade Wandung, einen einfachen Randabschluß, einen Standring und einen eckigen Henkel. Der Unterteller zeigt einen Standring und eine gerade, ausbiegende Wandung. Tasse und Unterteller sind mit einem „Strohblumendekor" (blau) verziert. Der Tassenboden zeigt außen eine Art Marke.

19. Jahrhundert
Fd. Nr. 220 aus Bef. Nr. 399 (Periode 5-6)

501 Schale (Taf. 76)

Rdm: 8,8 cm; Bdm: 6,5 cm; H: 4,4 cm
Fast vollst. erhaltene, flache zylindrische Schale (evtl. eine Dose) mit gerundeter Fußzone und Standring. Außen mit einem „Strohblumendekor" (blau) bemalt.

Unterseite mit einer Marke versehen: langezogenes „Y". Herkunft wohl Volkstädt-Rudolfstadt. Vgl: ZIMMERMANN 1910, 177; dort Volkstädt-Rudolfstadt 1 od. 2.
19. Jahrhundert
Fd. Nr. 222 aus Bef. Nr. 399 (Periode 5-6)

502 Tasse (Taf. 76)

Rdm: 6,5 cm; Bdm: 5,3 cm; H: 5,9 cm
Tasse wie **Kat. Nr. 500**.

Markenzeichen „R" darunter „-E". Herkunft evtl. Rauenstein oder Gotha. Vgl: ZIMMERMANN 1910, 178; dort Rauenstein 4 oder Gotha 5.
Fd. Nr. 392 aus Bef. Nr. 482 (Periode nach 5)

503 Teller (Taf. 77)

Rdm: 13,3 cm; Bdm: 6,8 cm; H: 2,9 cm
Untertasse in Form einer flachen Schale mit Standring und blauem „Strohblumendekor".

19. Jahrhundert
Fd. Nr. 161 aus Bef. Nr. 387 (Periode 5)

504 Tasse (Taf. 83)

Rdm: 9,5 cm
Frgmt. becherartige Tasse mit Rosendekor auf schwarzem Grund. Auf der Trinkseite ist innen ein Steg mit goldener, floraler Verzierung angebracht. Außen im gleichen Bereich ein Feld mit einem Sinnspruch in goldener Schrift: „Zu schonen Dein... ...nen Bart, nimm dies Täßchen (e)igner Art."

Der Innensteg war wohl dazu gedacht den Oberlippenbart beim Trinken nicht zu benetzen. Es handelt sich um ein Scherzgefäß.

19./20. Jahrhundert
Fd. Nr. 315 aus Bef. Nr. 640 (Periode nach 6)

505 Teller (o. Abb.)

Rdm: 12,5 cm
Teilw. zus. kleiner Teller (Unterteller) mit Standring. Außen kaffeebraun, innen blaue Bemalung im chinesischen Dekor: auf dem Spiegel Teehaus, Vogel und See; auf der Fahne florale Verzierung.

Fd. Nr. 1002 aus Bef. Nr. 1004 (Periode 5)

506 Schälchen (o. Abb.)

Rdm: 6,7 cm
Fgmt. einer kleinen Schale (Teeschale) mit leicht nach außen geschwungenem Rand. Innen ohne Dekor; außen blaue, florale Verzierung (unter Glasur) in chinesischem Dekor darüber rote und goldene Überglasurmalerei.

Nachträgliche Überglasurmalereien auf chinesischem Porzellan in Rot und Gold sind recht häufig. Die Farben hielten den hohen Temperaturen des Schürbrandes nicht stand und wurden deshalb nachher aufgetragen und in einem zweiten Brand, dem sog. Scharffeuer, mit dem Scherben verbunden. Anders als die Unterglasurmalerei verblaßt die Überglasurmalerei durch Gebrauch oder Bodenlagerung.
Fd. Nr. 43 aus Bef. Nr. 61 (Periode 5)

507 Tellerfragment (o. Abb.)

D: nicht ermittelbar
Bodenfrgmt. eines Tellers (Dekor nicht sichtbar) mit Markenzeichen: Preussischer Adler umschrieben mit „Königl. Porzellanmanufaktur". Vgl: PELKA 1924, Taf. I Berlin 6.

Fd. Nr. 8 aus Bef. Nr. 95 (Periode 6)

Kataloggruppe 16 – Steingut

508 Teller (Taf. 77)

Rdm: 12,9 cm; Bdm: 7,3 cm; H: 3 cm
Hälfte eines schalenartigen Tellers mit Standring und blauem „Strohblumendekor".

19. Jahrhundert
Fd. Nr. 222 aus Bef. Nr. 399; Fd. Nr. 207 aus Bef. Nr. 400 (Periode 5-6)

509 Schüssel oder Schale (Taf. 77)

Rdm: 38 cm
Teilw. zus. große Schale mit weitausschwingendem Rand. Innen vom Rand bis zur Wandungsmitte, außen auf der gesamten Wandung blauer, vegetatibler Dekor.

Der Dekor ist mit einer Schablone aufgetragen, da eine „Schnittnaht" zu sehen ist.

Fd. Nr. 185 aus Bef. Nr. 335 (Periode 6); **Fd. Nr. 161 aus Bef. Nr. 387** (Periode 5); **Fd. Nr. 222 aus Bef. Nr. 399; Fd. Nr. 207 aus Bef. Nr. 400** (Periode 5-6)

510 Schale (Taf. 77)

Rdm: 23,5 cm; Bdm: 15,2 cm; H: 4,8 cm
Zur Hälfte erhaltene Schale mit Standring und perlstabartigem Randabschluß.

Fd. Nr. 222 aus **Bef. Nr. 399** (Periode 5-6)

511 Teller (Taf. 77)

Rdm: 17 cm; Bdm: 10,5 cm; H: 1,5 cm
Fast vollst. zus. flacher Teller mit grünem floralen Dekor auf der Fahne und grünem Landschaftsbild auf dem Spiegel.

Auf der Bodenunterseite Markenzeichen von Villeroy & Boch. Vgl. ZIMMERMANN 1910, 118 Mettlach 6; oder PELKA 1924, Taf. VI 92.

Fd. Nr. 161 aus **Bef. Nr. 387** (Periode 5); **Fd. Nr. 220** aus **Bef. Nr. 399**; **Fd. Nr. 206** aus **Bef. Nr. 400** (Periode 5-6)

512 Schälchen (Taf. 83)

Rdm: ca. 10 cm
Fast vollst. zus. kleines Schälchen (Teeschale) mit Standring und weißgrüner Glasur (RAL 6019).

Fd. Nr. 368 aus **Bef. Nr. 399** (Periode 5-6)

513 Tellerbodenfragment (o. Abb.)

D: nicht ermittelbar
Kleines Bodenfrgmt. eines wohl unbemalten Tellers mit braunem Markenzeichen.

Vgl. PELKA 1924, Tafel XI Frankreich 176, 2. von rechts.
Fd. Nr. 107 aus **Bef. Nr. 244** (Periode 6)

514 Tellerfragmente (o. Abb.)

D: nicht ermittelbar
Zwei wohl unbemalte Tellerbodenfrgmt. Auf der Unterseite Markenzeichen in altrosa: V & B, darum die Umschrift „Goldene DENR Münze", darüber eine Krone.

V & B bedeutet wohl Villeroy und Boch.
Fd. Nr. 520 aus **Bef. Nr.** ? (Periode unbestimmt)

515 Tellerfragment (o. Abb.)

D: nicht ermittelbar
Bodenfrgmt. mit schwach ausgeprägtem Standring. Innen Kutscherszene in altrosa. Bodenunterseite mit Markenzeichen in schwarz: „Coaching Scenes", darunter stilisierte Wiedergabe der vorderen Szene, darunter wiederum „Made in England by Johnson Bros..., Ironstone, Hunting..., Count..."

Fd. Nr. 520 aus **Bef. Nr.** ? (Periode unbestimmt)

516 Tellerfragment (o. Abb.)

D: nicht ermittelbar
Bruchstück eines Tellers mit blauer Bemalung: zwei knieden Frauen mit zu Gebet gefalteten Händen. Auf der Bodenrückseite Reste eines Markenzeichens in blau: „... re

van GB. Pl. 62"
Fd. Nr. 552 an **Bef. Nr. 757** (Periode 6)

Kataloggruppe 17 – Pfeifen

517 Porzellanpfeifen (o. Abb.)

Vier Frgmt. von vier verschiedenen Porzellanpfeifen.
a) Ein zur Hälfte erhaltener Pfeifenkopf mit einer aufgedruckten Stadtansicht in schwarz. Unterschrift: „Halle"
18./19. Jahrhundert
Fd. Nr. 1011 aus **Bef. Nr. 1004** (Periode 5)

b-d) Drei unverzierte Pfeifenkopffragmente.
18./19. Jahrhundert
Fd. Nr. 568 aus **Bef. Nr. 795** (1 Exemplar); **Fd. Nr. 128** aus **Bef. Nr. 54** (2 Exemplare) (Periode 6)

518 Tonpfeifenkopf (Taf. 83)

erhaltene Größe ca. 5 cm
Verzierter Pfeifenkopf mit Räderung und Schmauchspuren. Dargestellt ist ein in vier Felder und einem Mittelfeld aufgeteiltes Wappen, umrankt von einem heraldischen Motiv und Blattwerk. Links und rechts daneben zwei Gestalten (Definition unklar). Auf der hinteren Naht diagonale Striche.

18./19. Jahrhundert
Fd. Nr. 207 aus **Bef. Nr. 400** (Periode 5-6)

519 Vier Tonpfeifenkopffragmente (Taf. 84)

a) Kannelurenartig verzierter Pfeifenkopf; ohne Naht, poliert; Fersenmarke verwischt (o. Abb.).
18./19. Jahrhundert
Fd. Nr. 615 aus **Bef. Nr. 845** (Periode 5)

b) Kleiner Pfeifenkopf mit starken Schmauchspuren; beidseitig mit kreisartig angeordneten Punkten verziert; unpoliert, ohne Naht; Reste einer Räderung (o. Abb.).
18./19. Jahrhundert
Fd. Nr. 505 aus **Bef. Nr. 446** (Periode nach 5)

c) Ein mit Strich- und Punktreihen verzierter Pfeifenkopf; unpoliert Fersenmarke verwischt (o. Abb.).
18./19. Jahrhundert
Fd. Nr. 529 aus **Bef. Nr. 732** (Periode unbestimmt)

d) Fragment eines an der Basis verzierten Pfeifenkopfes ohne Ferse, poliert. Vgl. Kügler 1987, Taf. 1, 5 od. 6.
2. Hälfte 18. Jahrhundert.
Fd. Nr. 578 aus **Bef. Nr. 845** (Periode 5)

520 Drei verzierte Tonpfeifenstiele (Taf. 84)

a) Ein spiralig gedrehter Stiel mit Einstiche.
18./19. Jahrhundert
Fd. Nr. 300 aus **Bef. Nr. 580** (Periode 6)

b) Ein stichverzierter Stiel. Vgl. KÜGLER 1987, Taf. 17 Nr. 105.
Dieses ist ein häufig auftretendes Verzierungsmuster, das auch in Witten oft vertreten ist.
18./19. Jahrhundert
Fd. Nr. 292 aus **Bef. Nr. 501** (Periode 5)

c) (o. Abb.) Ein Stielfragment mit Rautenmuster. Vgl: KÜGLER 1987, Taf. 16 Nr. 103.
18./19. Jahrhundert
Fd. Nr. 361 aus **Bef. Nr. 338** (Periode 6)

521 Zwei verzierte Tonpfeifenstiele (Taf. 84)

a) Stielfragment mit Rankenverzierung.
18./19. Jahrhundert
Fd. Nr. 161 aus **Bef. Nr. 387** (Periode 5)

b) Stielfragment mit der teilweise erhaltenen Darstellung eines den Stiel verschlingenden Fisches. Vgl. KÜGLER 1987, Taf. 16 Nr. 99 f.
18./19. Jahrhundert
Fd. Nr. 504 aus **Bef. Nr. 692** (Periode nach 5)

522 Drei Destillierkölbchen aus Porzellan (o. Abb.)

Diese Kölbchen dienten dazu das Kondenzwasser der langstieligen Pfeifen zu sammeln.
a) Zwei längliche Kölbchen; ca. 9 cm hoch.
Fd. Nr. 436 aus **Bef. Nr. 638** (Periode 6); **Fd. Nr. 154** aus **Bef. Nr. 334** (Periode nach 6)

b) Ein bauchiges Kölbchen; ca. 5,5 cm hoch.
Fd. Nr. 1022 aus **Bef. Nr. ?** (Periode unbestimmt)

Kataloggruppe 18 – Tafelglas

523 Drei Glasfragmente mit Auflage von Glasflaschen (Taf. 77)

D: 3 - 3,5 cm (Auflagen)
Frgmt. einer runden und zweier ovaler Auflagen aus braunem, durchsichtigen Glas. Die zwei ovalen mit dem Kürzel „F.L" und „F G.", das runde Fragment mit dem Kürzel „L" und „Witten".

Diese sowie ein Teil der anderen Glasflaschenfragmente können aus Wittener Glashütten stammen. Deren bedeutenste wurde 1825 von den Gebrüdern Mühlensiefen gegründet.
19. Jahrhundert
Fd. Nr. 368 aus **Bef. Nr. 399** (Periode 5-6)

524 Glasbecher (Taf. 77)

Rdm: 7,5 cm; Bdm: 5,5 cm; H: 9 cm
Vollständig zus., leicht konisches Glasgefäß mit verdicktem Rand aus durchsichtigem, farblosem Glas.

Wohl industriell hergestellt.
19./20. Jahrhundert
Fd. Nr. 440 aus **Bef. Nr. 640** (Periode 6)

525 Geschliffenes Glasfragment (Taf. 77)

Rdm: 9 cm
Frgmt. eines trichterförmigen Glasrandes (wohl Pokal) mit geschliffenem, alternierendem Blatt-Punktdekor; durchsichtiges farbloses Glas.

Pokale mit geschnitenen oder geschliffenen Dekor kommen im Laufe des 17. Jahrhunderts auf. Vgl. DRAHOTOVÁ 1982, 92 ff.
18./19. Jahrhundert
Fd. Nr. 218 aus **Bef. Nr. 352** (Periode 5)

526 Geschliffenes Glasfragment (Taf. 77)

D: nicht ermittelbar
Frgmt. eines Pokals mit sechskantig geschliffenem Stiel und eingeschnittenem Rankendekor in der Kuppa; durchsichtiges farbloses Glas.

S. **Kat. Nr. 525**.
18./19. Jahrhundert
Fd. Nr. 368 aus **Bef. Nr. 399** (Periode 5-6)

527 Geschliffenes Stiel-Kuppafragment (Taf. 77)

D: nicht ermittelbar
Frgmt. eines Pokals mit neuneckig geschliffener Kuppa und einem geschliffenen Quergrat auf dem Stiel; durchsichtiges farbloses Glas.

S. **Kat. Nr. 525**.
18./19. Jahrhundert
Fd. Nr. 349 aus **Bef. Nr. 387** (Periode 5)

528 Glasfragment mit Fadenauflage (Taf. 77)

Frgmt. eines durchsichtigen grünlichen Glases mit Fadenauflage.

Gläser mit Fadenauflage wurden seit dem frühen 16. Jahrhundert. in Venedig hergestellt. Bald darauf waren sie auch nördlich der Alpen weit verbreitet. Vgl. DRAHOTOVÁ 1982, 27 ff.
16./17. Jahrhundert
Fd. Nr. 448 aus **Bef. Nr. 445** (Periode 4)

529 Zwei Glasfragmente mit Fadenauflage (o. Abb.)

a) Frgmt. eines durchsichtgen farblosen (jetzt milchigen) Glases mit blauer Fadenauflage.
S. **Kat. Nr. 528**. Vgl. DRAHOTOVÁ 1982, 70 Abb. 40.
16./17. Jahrhundert
Fd. Nr. 407 aus **Bef. Nr. 445** (Periode 4)

b) Frgmt. eines farblosen Glases mit aufgelegtem Wulst, in dem weiße Fäden spiralig eingeschmolzen sind.
S. **Kat.Nr. 528**
16./17. Jahrhundert
Fd. Nr. 407 aus **Bef. Nr. 445** (Periode 4)

530 Glasfragment mit eingeschmolzenen Fäden (Taf. 78)

Ein gewölbtes, relativ dickes, durchsichtiges Glasfrgmt. mit milchigweißen Fäden (im Wechsel drei schmale, ein breiter Faden). Die Oberfläche ist parallel zu den Fäden leicht eingeritzt.

Fd. Nr. 503 aus **Bef. Nr. 445** (Periode 4)

531 Glasfragment mit eingeschmolzenen Bändern (Taf. 78)

Drei Fragmente eines durchsichtigen farblosen Glases mit eingeschmolzenen weißen Bändern.

Fußrand. Vgl. DRAHOTOVÁ 1982, 85.53. Gefäßform nicht ermittelbar.
16./17. Jahrhundert
Fd. Nr. 410 aus **Bef. Nr. 445** (Periode 4)

532 Glasfragment (Taf. 78)

Glasfrgmt. mit aufgeschmolzenem kleine weißen Glaskügelchen.

Fd. Nr. 503 aus **Bef. Nr. 445** (Periode 4)

533 Glasfragmente, „Drachenglas"? (Taf. 78)

Vier Frgmt. eines blauen, durchsichtigen Glases. Drei Bruchstücke bilden die Rundung eines Ausgusses. Das vierte ist das Bruchstück eines (volutenartigen?) Henkels mit ausgekniffenen, quer zum Henkel stehenden Zähnen.

Gläser dieser Art haben ihren Ursprung in Venedig. Sie enstanden dort schon vor der Mitte des 16. Jahrhunderts. Vgl: DOLZ 1985, 12,1.8; DRAHOTOVÁ 1982, 43 Abb. 17. Die gewählten Vergleiche sind Anfang 17. Jahrhundert datiert.
16./17. Jahrhundert
Fd. Nr. 308 aus **Bef. Nr. 445** (Periode 4)

534 „Nuppenfragmente" (Taf. 78)

Fünf Nuppen von sog. Nuppenbecher aus grünem durchsichtigen Glas, sog. Waldglas.

„Nuppenbecher" oder auch „Krautstrünke" sind während des gesamten Spätmittelalters und der frühen Neuzeit belegt. Vgl. KAHSNITZ 1984, 133 ff.; DUMITRACHE 1988, 156 Abb. 102, 14-18.
Spätes Mittelalter/Frühe Neuzeit
a) **Fd. Nr. 511** aus **Bef. Nr. 708** (Periode vor 4)
b) **Fd. Nr. 230** aus **Bef. Nr. 457** (Periode 3)
c) **Fd. Nr. 308** aus **Bef. Nr. 445** (Periode 4)
d) **Fd. Nr. 358** aus **Bef. Nr. 331** (Periode 5)
e) **Fd. Nr. 308** aus **Bef. Nr. 445** (Periode 4)

535 Glasgefäß (Taf. 84)

Fast vollständig erhaltenes Glas in Form eines Posthorns. Mündungsstück nicht mehr vorhanden. Auf der Oberseite aufgeschmolzener Steg mit vier quer zum Gefäß hochgezogenen kleinen Laschen. Durchsichtiges grünlich-gelbes Glas, verwittert.

Diese Art des Glases kann wohl als Scherzgefäß angesehen werden. Vgl. LÖBER 1991, Abb. S. 113.
18./19. Jahrhundert
Fd. Nr. 561 aus **Bef. Nr. 845** (Periode 5)

536 Kleine Glasfläschchen (o. Abb.)

Vier kleine, zylindrische Glasgefäße (rohrartig). Farbloses (3) und grünes Glas. Ein Glas ist vollständig und zeigt einen eingeschnürten Hals und ausbiegenden Rand. Von den anderen sind nur Boden-Wandbereiche vorhanden.

a) 17.-19. Jahrhundert
Fd. Nr. 578 aus **Bef. Nr. 845** (farbloses Glas, Periode 5)

b) 17.-19. Jahrhundert
Fd. Nr. 5 aus **Bef. Nr. 14** (grünes Glas, Periode 6)

537 Kleine Glasfläschchen (o. Abb.)

Sechs Rand-Schulterfragmente kleiner Glasgefäße (wohl wie **Kat. Nr. 536**) aus farblosem und grünem Glas.
17.-19. Jahrhundert
Fd. Nr. 372 aus **Bef. Nr. 399** (2 Stück, Periode 4-5); **Fd. Nr. 578** aus **Bef. Nr. 845**; **Fd. Nr. 43** aus **Bef. Nr. 61**; **Fd. Nr. 1031** aus **Bef. Nr. 1085**; **Fd. Nr. 29** aus **Bef. Nr. 32** (Periode 5)

538 Kannenähnliches Glasgefäß (o. Abb.)

H nicht ermittelbar (um die 30 cm)
Aus mehreren Frgmt. zus. bauchiges Gefäß mit zylindrischem Hals, ausbiegendem Rand und hohem Standringboden. Volutenartiger kleiner Henkel; von der Mitte des Halses bis zur Schulter und bis auf den Bauch weiterführend; zweiter Henkel wohl zu ergänzen. Opakes milchigweißes Glas mit rotem, gelbem und grünem Blumendekor.
19. Jahrhundert
Fd. Nr. 220, 367 aus **Bef. Nr. 399** (Periode 5-6)

539 Drei Glasstielfragmente (Taf. 78)

a) Frgmt. eines, aus zwei Strängen gedrehten Glasstiels, aus durchsichtigem farblosen Glas mit eingeschmolzenem roten Faden.
17./18. Jahrhundert
Fd. Nr. 133 aus **Bef. Nr. 284** (Periode 5)

b) (o. Abb.) Zwei Frgmt. von gedrehten Glasstielen aus farblosem durchsichtigen Glas.
18./19. Jahrhundert
Fd. Nr. 128 aus **Bef. Nr. 54** (Periode 6)
Fd. Nr. 161 aus **Bef. Nr. 387** (Periode 5)

540 Glaskuppafragment (o. Abb.)

Durchsichtiges farbloses Glasfrgmt. eines Stielglases mit zum Teil erhaltener Kuppa.

Fd. Nr. 155 aus **Bef. Nr. 285** (Periode 3)

Katalogruppe 19 – Eisen und Buntmetall

541 Schelle (Taf. 78)

D: 3,5 cm
Hohle Bronzeschelle mit eckiger Öse und schuppenartiger Verzierung. Aus zwei Schalen zusammengesetzt.

Fd. Nr. 162 aus **Bef. Nr. 254** (Periode 4)

542, 543, 544 Beschläge (Taf. 78)

Drei versch. geformte, dünne Bronzeblechbeschläge.

Fd. Nr. 200 aus **Bef. Nr. 254** (Periode 4)

545 Münzgewicht (Taf. 78)

1,5 x 1,5 cm; 0,1 cm dick; Gewicht: 2,62 g
Quadratisches Bronzeplättchen mit Verzierung. Vorderseite: Reichsapfel; Rückseite: nicht erkennbar.

Das Plättchen diente zur Gewichtsbestimmung von Goldgulden. Die Rückseite trägt in der Regel das Meisterzeichen. Solche Münzgewichte waren bis zum frühen 17. Jahrhundert Standard einer Ausrüstung zur Gewichtsbestimmung von Münzen. Spätestens um die Mitte des 17. Jahrhunderts wurden Goldgulden durch Golddukaten verdrängt. Das vorliegende Fragment liegt mit 0,6 g unter dem geforderten Gewicht von 3,2 g (lt. freundlicher Auskunft Herrn P. Ilisch, Münster).
Spätes 15.-Mitte 17. Jahrhundert
Fd. Nr. 184 aus **Bef. Nr. 254** (Periode 4)

546 Bronzebeschlag (Taf. 78)

ca. 2 x 3 cm
Dreieckiges, flach gewölbtes dünnes Bronzeblech mit Loch.

Fd. Nr. 448 aus **Bef. Nr. 445** (Periode 4)

547 Schlüssel (Taf. 78)

ca. 8 cm
Kleiner Schlüssel aus Eisen; innen hohl; Bart abgebrochen.

Fd. Nr. 289 aus **Bef. Nr. 254** (Periode 4)

548 Bronzebeschlag (Taf. 78)

ca. 1 x 2 cm
Längliches dünnes Bronzeblech mit kleinem Buckel.

Fd. Nr. 493 aus **Bef. Nr. 559** (Periode 2)

549 Eisenstab (Taf. 78)

ca. 5 x 1 x 0,7 cm
Länglicher kantiger Eisenstab, Verwendung unklar.

Fd. Nr. 199 aus **Bef. Nr. 254** (Periode 4)

550 Eisennagel (Taf. 78)

Kurzer Eisennagel mit großem pilzartigen Kopf.

Fd. Nr. 289 aus **Bef. Nr. 254** (Periode 4)

551 Schnallenartiges Fragment (Taf. 78)

ca. 4 cm
Schnallenartiges Fragment aus Bronze mit kantigem Dorn, evtl. versilbert.

Fd. Nr. 289 aus **Bef. Nr. 254** (Periode 4)

552 Bronzetopf (Taf. 78)

Rdm: 22 cm
Frgmt. eines Bronzegefäßes mit einfachem ausbiegendem, außen verdicktem Rand. Teilweise korrodiert.

Spätes Mittelalter/Frühe Neuzeit
Fd. Nr. 199 aus **Bef. Nr. 254** (Periode 4)

553 Bronzetopf/-kessel (Taf. 78)

Rdm: 31 cm
Frgmt. eines unprofilierten, ausbiegenden leicht, verdickten Randes eines Bronzegefäßes.

Spätes Mittelalter/Frühe Neuzeit
Fd. Nr. 446 aus **Bef. Nr. 445** (Periode 4)

554 Bronzefragment (Taf. 78)

ca. 6,5 cm lang
Längliches kaum korrodiertes Bronzefrgmt. mit dreieckigem Querschnitt in der Form eines Tierbeines.

Evtl. Standfuß eines Bronzegrapens. Vgl. PEINE 1987, 124 Abb. 60; KRAUSE 1986, 28 Abb. 22.
Spätes Mittelalter/Frühe Neuzeit
Fd. Nr. 241 aus **Bef. Nr. 445** (Periode 4)

555 Eisenspachtel (o. Abb.)

Stark korrodierter Spachtel aus Eisen mit einer Spachtelfläche von 5,5 x 6 cm und hochgebogenem, 8,5 cm langem Griffdorn, der ursprünglich wohl eine Holzummantelung besaß.

Fd. Nr. 66 aus **Bef. Nr. 183** (Periode nicht bestimmt)

556 Meißel (o. Abb.)

Kantiger, nach einer Seite abgeflachter Meißel aus Eisen mit den Maßen: 7 x 2,5 x 1 cm; stark korrodiert

Fd. Nr. 66 aus **Bef. Nr. 183** (Periode nicht bestimmt)

557 Eisenband – Klammer? (o. Abb.)

Flaches, 17 cm langes und 1,2 cm dickes Eisenband das an beiden Enden zueinander eingerollt ist; stark korrodiert

Fd. Nr. 66 aus **Bef. Nr. 183** (Periode nicht bestimmt)

Kataloggruppe 20 – Sonstiges

558 Silexbohrer (Taf. 78)

3,3 cm lang
Kleiner Silex, als Bohrer anzusprechen, etwas retuschiert.

Mesolithikum
Fd. Nr. 418 aus **Bef. Nr. 562** (Periode 2)

559 Silexklinge (Taf. 78)

7 x 3 cm
Beidseitig retuschierte Silexklinge.

Neolithikum
Fd. Nr. 523 aus **Bef. Nr. 725** (Periode vor 3)

560, 561, 562 Drei „Flintensteine" (Taf. 79)

Maße bei allen um: 3 x 3 cm
Sog. Flintensteine; erkennbar an den seitlichen Einbuchtungen zur Aufnahme eines Haltebandes.
Neuzeit
Fd. Nr. 637 aus **Bef. Nr. 845**; **Fd. Nr. 218** aus **Bef. Nr. 352**; **Fd. Nr. 611** aus **Bef. Nr. 849** (Periode 5)

563 Basaltbruchstück (o. Abb.)

ca. 6 x 5 cm
Basaltbruchstück, wohl als Reibstein verwendet.
Fd. Nr. 584 aus **Bef. Nr. 832** (Periode 1)

564 Zwei Wetzsteine (o. Abb.)

a) Unregelmäßig eckiger, länglicher Stein aus Flußkiesel ohne sichtbare Abriebspuren. Maße: 18,5 x 2 x 3,5 cm

b) Gleichmäßig abgerundeter, länglicher, durchbrocher Stein aus Flußkiesel. An der Bruchstelle jeweils eine halbrunde Ausbuchtung (evtl. begonnene Bohrung?). Maße: 16 x 4,5 x 3,5 cm

Fd. Nr. 1017 aus **Bef. Nr. 1020** (Periode 5)

565 Griff aus Knochen (Taf. 79)

8 x 1,5 cm
Flaches Fragment aus bearbeitetem Knochen (Messergriff) mit drei feinen Durchbohrungen für eine Befestigung.
Fd. Nr. 220 aus **Bef. Nr. 399** (Periode 5-6)

566 Eisenstück (Taf. 79)

20 cm langes Eisenstück, evtl. Keil.
Fd. Nr. 258 aus **Bef. Nr. 513** (Periode 5)

567 Tiegel; IRD (Taf. 79)

Bdm: 5 cm
Dickwandiges Bodenfragmnt eines Tiegels; evtl. Schmelztiegel oder Mörser?
Obfl: grobsandig, gelb (2.5Y 7/6)
Scherben: porös, geschichtet, mittlere Körnung, grau (10YR 5/1,5)

Fd. Nr. 367 aus **Bef. Nr. 399** (Periode 5-6)

568 Schmelztiegel (Taf. 79)

Rdm: 14 cm; Bdm: 8 cm; H: 17 cm
Vollständig erhaltener Gußtiegel aus keramischem (?) Material mit rundem Bodendurchmesser und konisch aufsteigende Wandung, die in der oberen Gefäßhälfte in eine Dreieckform übergeht.
Obfl: durch starken Gebrauch dick mit Fremdmaterial überzogen.
Scherben: Struktur nicht erkennbar.

In dieser Schicht sind weitere 11 Tiegel gleicher Form und wohl auch gleichen Materials geborgen worden.

19. Jahrhundert
Fd. Nr. 126 aus **Bef. Nr. 286** (Periode 6)

569 Schmelztiegel (Taf. 79)

Rdm: 12 cm; Bdm: 7 cm; H: 17 cm
Gußtiegel wie **Kat. Nr. 568**.
Obfl und Scherben wie **Kat. Nr. 568**.
19. Jahrhundert
Fd. Nr. 126 aus **Bef. Nr. 286** (Periode 6)

570 Kleine Statuette; IRD (Taf. 80)

erhaltene H: 3 cm
Torso einer kleinen weiblichen Figur aus sog. Pfeifenton mit Zepter (?). Aus zwei in Druckmodel geformten Teilen zusammengesetzt.

Figürchen dieser Art waren im Spätmittelalter in großer Zahl verbreitet. Ob es sich um eine Devotionalie handelt, muß offen bleiben. Die Betonung der modischen Elemente bei der Tracht, wie bauschiger Ärmel, Dekolleté und Halskette, weisen eher in den weltlichen Bereich. (lt. freundl. Auskunft Herrn Weinlichs, Regensburg).
15./16. Jahrhundert
Fd. Nr. 504 aus **Bef. Nr. 692** (Periode nach 5)

571 Auflagenfragment; IRD (Taf. 80)

ca. 4 x 3 cm
Frgmt. einer Auflage. Dargestellt ist ein Frauenkopf (frontal) mit wallendem Haar.
Obfl: glatt, kreidig, rötl.gelb (5YR 6,5/8)
Scherben: feinporig, porös, feine Körnung, rötl.gelb (5YR 7/8)

Verwendung unklar, Auflage eines verzierten Blumentopfes?
Fd. Nr. 12 aus **Bef. Nr. 6** (Periode 6)

572 Spinnwirtel; STZ (Taf. 80)

D: 2,3 x 1,8 cm
Spinnwirtel aus Steinzeug mit zwei flachen Rillen, oben und unten abgeflacht.
Obfl: teilw. glas. glatt, hellbräunl.grau (10YR 6/2).

Fd. Nr. 458 aus **Bef. Nr. 687** (Periode 4)

573 Spinnwirtel; STZ (Taf. 80)

D: 1,6 x 1 cm
Wie Kat.Nr. 572, ohne Glasur.
Obfl: glatt, dunkelgrau (10YR 4/1).

Fd. Nr. 313 aus **Bef. Nr. 254** (Periode 4)

574 Spinnwirtel; STZ (Taf. 80)

D: 2,8 x 1,0 cm
Beidseitig abgeflachter Spinnwirtel mir einer Profilrille
Obfl: uneben, grau (10YR 6/1).

Fd. Nr. 158 aus **Bef. Nr. 338** (Periode 6)

575-581 Steinkugeln (Taf. 80)

versch. Größen
Sieben Spiel- oder Schleuderkugeln aus Stein.

575) **Fd. Nr. 381** aus **Bef. Nr. 499** (Periode 3)
576) **Fd. Nr. 221** aus **Bef. Nr. 400** (Periode 5-6)
577) **Fd. Nr. 222** aus **Bef. Nr. 399** (Periode 5-6)
578) **Fd. Nr. 1022** aus **Bef. Nr.** ? (Periode unbestimmt)
579) **Fd. Nr. 161** aus **Bef. Nr. 387** (Periode 5) o. Abb.
580) **Fd. Nr. 384** aus **Bef. Nr. 461** (Periode 5) o. Abb.
581) **Fd. Nr. 220** aus **Bef. Nr. 399** (Periode 5-6)

582-584 Tonkugeln (Taf. 80)

versch. Größen
Zwei rote eine braun-beige Kugel aus irdenem Material; wohl Murmeln.

582) **Fd. Nr. 635** aus **Bef. Nr. 850** (Periode 5)
583) **Fd. Nr. 519** aus **Bef. Nr.** ? (Periode unbestimmt)
584) **Fd. Nr. 34** aus **Bef. Nr. 14** (Periode 6)

585 Gewehrkugel; Blei (Taf. 80)

D: 1,5 cm

Neuzeit
Fd. Nr. 656 aus **Bef. Nr.** ? (Periode unbestimmt)

586 Noppenscheibe; IRD (Taf. 80)

ca. 5 x 4 cm
Flaches Scheibenfragment. Auf einer Seite dicht mit 1,2 cm hohen Buckeln bedeckt.
Obfl: flache Seite glatt, rötl.gelb (5YR 7/6,5), Buckelseite Tonschlicker, dunkelbraun (10YR 3/3).
Scherben: sehr feinporig, porös, Magerung nicht sichtbar, rötl.gelb (5YR 7/6,5)

Funktion unsicher; evtl. Untersetzer für heiße Gefäße.
Fd. Nr. 154 aus **Bef. Nr. 334** (Periode nach 6)

587 Vogelfigur; IRD (Taf. 80)

erhaltene H: 4,5 cm
Nicht vollständige Vogelfigur (ohne Kopf) auf einer runden Standplatte.
Obfl: glas., schwarz (5YR 2,5/1)
Scherben: porös, feinporig, feine Körnung, rot (2,5YR 5/6)

Funktion dieser Figur unklar. Stöpsel wäre denkbar. Dagegen spricht die flache Standplatte. Bei LEHNEMANN 1978 ist eine sog. Walzenpfeife abgebildet. Sie dient dort als Kinderspielzeug und datiert in die 2. Hälfte des 19. Jahrhunderts. Vgl: LEHNEMANN 1978, 109 f. Abb. 51.
Fd. Nr. 222 aus **Bef. Nr. 399** (Periode 5-6)

588 Büste; Porzellanbisquit (Taf. 85)

H: ca. 14 cm
Fast vollst. erhaltene Büste des Kronprinzen und späteren Kaisers Wilhelm II.

Zu dieser Büste gab es ein Gegenstück mit der Darstellung seines Vaters Kaiser Friedrich Wilhelm. Insofern ist dieser Fund gut in das Jahr 1888 zu datieren.
Fd. Nr. 436 aus **Bef. Nr. 638** (Periode 6)

589 Vase; STZ (Taf. 80)

Rdm: 2,5 cm; Bdm: 5,5 cm; Max. D: 8,5 cm; H: 11,5 cm
Vollst. zus. engmundiges, eiförmiges Gefäß mit einer abgesetzten Fußzone und drei Profilrillen auf der Schulterzone.
Obfl: glas., innen uneben, grau (10YR 6/1), außen dunkelbraun (7.5YR 3/2 bis 4/4)
Scherben: grau (10YR 6/1)

Fd. Nr. 161, 182 aus **Bef. Nr. 387** (Periode 5); **Fd. Nr. 367** aus **Bef. Nr. 399**; **Fd. Nr. 221** aus **Bef. Nr. 400** (Periode 5-6)

590 Becher; STZ (Taf. 85)

Rdm: 11 cm; Bdm: 7 cm; H: 16,5 cm
Zus. konischer Becher mit ausbiegendem Rand und Standring. Auf der Wandung drei Felder mit allegorischen Frauendarstellungen jeweils umrahmt von verschlungenen Weinstöcken und Blattwerk. Oben und unten begrenzt von einer blau glas. Perlstabreihe und einer rot glas. umlaufenden Linie.
Obfl: innen glas., weiß (5YR 8/1), außen matt glänzend, grau (5YR 6/1)
Scherben: grau (5YR 6/1)

Fd. Nr. 128 aus **Bef. Nr. 54** (Periode 6)

591 Topf; IRD (Taf. 80)

Rdm: 12 cm;
Zwei zus. Rand-Wandfrgmt. eines bauchigen Topfes mit einfachem, abgerundetem Rand und Innenkehlung. Auf der Bauchzone Rest einer grünen Blattapplikation (s. **Kat. Nr. 592**). Der Randabschluß ist dunkelbraun umfangen.
Obfl: glas., innen blaßgelb (2.5Y 8/4), außen tiefbraun (7.5YR 5,5/8).
Scherben: weiß (10YR 8/2,5)

Fd. Nr. 125 aus **Bef. Nr. 286** (Periode 6)

592 Wandfragment mit Applikation IRD (Taf. 80)

ca. 8 x 5 cm
Frgmt. eines Gefäßes wohl wie **Kat. Nr. 591** mit Blütenapplikation in braun, grün und beige.
Obfl: glas., innen blaßgelb (2.5Y 8/4), außen gelbl.braun (10YR 5,5/8)
Scherben: weiß (10YR 8/1,5)

Fd. Nr. 222 aus **Bef. Nr. 399** (Periode 5-6)

593 Randfragment; IRD (Taf. 80)

Rdm: 14 cm
Randfrgmt. eines trichterförmigen Gefäßes mit einfachem, gerundetem Randabschluß. Unterhalb des Randes eingedrückter Mäanderbandfries von zwei Eierstabbändern eingefaßt.
Obfl: innen rosa (7.5YR 7,5/4), außen Tonschlicker, rosa (7.5YR 7/4)
Scherben: feinporig, Körnung nicht erkennbar, rosa (7.5YR

7,5/4), hart gebrannt

Fd. Nr. 1034 aus **Bef. Nr. 1084** (Periode nach 5)

594 Gasmaskenfilter; Metall (o. Abb.)

D: 6 cm

Flache ca 0,8 cm dicke, dosenartige, hohle Scheibe aus Metall. Eine Seite siebartig durchlöchert.

20. Jahrhundert
Fd. Nr. 285 aus **Bef. Nr. 583** (Periode nach 6)

595 Anstecker; Metall (o. Abb.)

Kleines, ca. 1,5 cm großes, rombenförmiges, emailliertes Metallplättchen mit Befestigungsnadel auf der Rückseite. Oberseite aufgeteilt in vier quadratische Felder (Wechsel von rot und weiß). In der Mitte ein Quadrat mit Hakenkreuz auf schwarzem Grund.

20. Jahrhundert
Fd. Nr. 484 aus **Bef. Nr. ?** (Periode unbestimmt)

596 Stanzplatten; Metall (o. Abb.)

Zwei Metallplatten (Legierung nicht bestimmt), aus denen Gabelrohlinge ausgestanzt wurden.

Fd. Nr. 326 aus **Bef. Nr. 673** (Periode nach 6)

597 Telefongabel; Metall (o. Abb.)

Gabel (Messing?) eines alten Kastentelefones; ca. 15 cm hoch. Erhalten ist neben der eigentlichen Gabel auch noch die Befestigungsvorrichtung mit zwei Kabelanschlußklemmen.

20. Jahrhundert
Fd. Nr. 63 aus **Bef. Nr. 119** (Periode 6)

598 Bakelitbruchstück (o. Abb.)

Gerundetes Bruchstück einer Dose oder Schale (?) aus Bakelit. Außen schwarzbraun, innen graubraun.

Fd. Nr. 490 aus **Bef. Nr. 279** (Periode 6)

Literaturverzeichnis

BAUER, I./ENDRES, W./KERKHOFF-HADER, B./KOCH, R./STEPHAN, H.G. 1987: Leitfaden zur Keramikbeschreibung. In: H. DANNHEIMER (Hrsg.), Kataloge der Prähistorischen Staatssammlung 2 (Kallmünz/Opf. 1987).

BERENDSEN, A./KEEZER, M.B./SCHOUBY, S. u.a. 1977: Kulturgeschichte der Wand- und Bodenfliesen (Wiesbaden 1977).

BERGMANN, R. 1993: Mittelalterliche und neuzeitliche Töpferei in Dortmund-Groppenbruch. Ein Vorbericht. Ausgrabungen und Funde in Westfalen-Lippe 8/B, 1993, 31 ff.

BRINKMANN, B. 1982: Zur Datierung von Mineralwasserflaschen aus Steinzeug. In: Keramos 98, Okt. 1982, 7 ff.

DOLZ, R. 1985: Katalog der Gläser des Simeonstiftes. In: D. AHRENS (Hrsg.), Trierer Wohn- und Tischkultur. Katalog Städtisches Museum Simeonstift Trier (Trier 1985) 15 ff.

DRAHOTOVÁ, O. 1982: Europäisches Glas (Prag 1982).

DUMITRACHE, M. 1988: Glasfunde aus der Lübecker Innenstadt. In: 25 Jahre Archäologie in Lübeck, Lübecker Schriften zur Archäologie und Kulturgeschichte 17 (Bonn 1988) 155 ff.

FRANCKE, U. 1988: Die Keramik des späten 19. Jahrhunderts aus dem Stadtgraben am Springwall in Duisburg. In: J. NAUMANN (Hrsg.), Keramik vom Niederrhein. Die Irdenware der Düppen- und Pottbäcker zwischen Köln und Kleve. Veröff. des Kölnischen Stadtmuseums IV (Köln 1988) 75 ff.

GAIMSTER, D.R.M. 1986: Die neuzeitliche Keramik (ca. 1500-1900) am unteren Niederrhein nach den Funden aus Duisburg. In: Volkstümliche Keramik vom Niederrhein (Duisburg 1986) 29 ff.

GAIMSTER, D.R.M. 1988: Keramikproduktion am Niederrhein: die Duisburger Abfolge von ca. 1400 - 1800. In: J. NAUMANN (Hrsg.), Keramik vom Niederrhein. Die Irdenware der Düppen- und Pottbäcker zwischen Köln und Kleve. Veröff. des Kölnischen Stadtmuseums IV (Köln 1988) 55 ff.

GAIMSTER, D.R.M. 1992: Pottery supply and demand in Lower Rhineland c. 1400-1800. An arch. study of ceramic production, distribution and use in the city Duisburg and Hinterland. Institution of Archaeology, University Colleg London 1992 (ungedr. Diss.).

GÜNTHER, K. 1990: Siedlung und Werkstätten von Feinschmieden der älteren römischen Kaiserzeit bei Warburg-Dasenberg. Bodenaltertümer Westfalens 24 (Münster 1990).

HÄHNEL, E. 1992: Siegburger Steinzeug, Bestandskatalog Bd. 2. Führer und Schriften des Rheinischen Freilichtmuseums und Landesmuseums für Volkskunde in Kommern 38 (Köln 1992).

HAUSER, G. 1988: Zu den Anfängen der glasierten Irdenware. In: J. NAUMANN (Hrsg.), Keramik vom Niederrhein. Die Irdenware der Düppen- und Pottbäcker zwischen Köln und Kleve. Veröff. des Kölnischen Stadtmuseums IV (Köln 1988) 27 ff.

HUDIG, F.W. 1929: Delfter Fayence. Bibliothek für Kunst und Antiquitäten und Sammler Bd.34 (Berlin 1929).

JÜRGENS, A./KLEINE, D. 1988: Werkstattfunde aus Frechen. Brennöfen und Irdenware. In: J. NAUMANN (Hrsg.), Keramik vom Niederrhein. Die Irdenware der Düppen- und Pottbäcker zwischen Köln und Kleve. Veröff. des Kölnischen Stadtmuseums IV (Köln 1988), 101 ff.

HUPKA, D. 1988: Die Bodenfunde bleiglasierter Irdenware aus Neuss. In: J. NAUMANN (Hrsg.), Keramik vom Niederrhein. Die Irdenware der Düppen- und Pottbäcker zwischen Köln und Kleve. Veröff. des Kölnischen Stadtmuseums IV (Köln 1988), 89 ff.

JÜRGENS, A./KLEINE, D. 1990: Langerwehe und Frechen. Neue Erkenntnisse zu Brennöfen, Steinzeug und Irdenware. In. H. HELLENKEMPER/H.G. HORN/H. KOSCHIK/B. TRIER (Hrsg.), Geschichte im Herzen Europas. Archäologie in Nordrhein-Westfalen (Mainz 1990), 312 ff.

KAHSNITZ, R. 1984: Glas. In: Aus dem Wirtshaus zum wilden Mann. Ausstellungskatalog Germanisches Nationalmuseum (1984) 67 ff. 202 ff.

KAUFMANN, G. 1973: Bemalte Wandfliesen. Bunte Welt auf kleinen Platten (München 1973).

KESSELRING-POTH, L. 1988: Irdenware des 18. bis frühen 19. Jahrhunderts aus einem Bonner Grabungsbefund. In J. NAUMANN (Hrsg.), Keramik vom Niederrhein. Die Irdenware der Düppen- und Pottbäcker zwischen Köln und Kleve. Veröff. des Kölnischen Stadtmuseums IV (Köln 1988), 117 ff.

KLEINE, D. 1992: Keramikmuseum Frechen. Museum Ausg. Febr. 1992 (Braunschweig 1992).

KLINGE, E. 1972: Siegburger Steinzeug. Katalog Hetjensmuseum - Deutsches Keramikmuseum (Düsseldorf 1972).

KLINGE, E. 1979: Deutsches Steinzeug der Renaissance- und Barockzeit. Ausstellungskatalog Hetjensmuseum - Deutsches Keramikmuseum (Düsseldorf 1979).

KÖNIG, A. 1993: Archäologische Stadtkernuntersuchungen 1988 in Höxter an der Weser. Ausgrabungen und Funde in Westfalen-Lippe 8/B, 1993, 207 ff.

KRAUSE, G. 1986: Übersicht über die mittelalterliche Keramik am unteren Niederrhein (ca. 800-1500) nach den Funden aus Duisburg. In: Volkstümliche Keramik vom Niederrhein. Töpferware des 8. bis 20. Jahrhunderts (Duisburg 1986) 7 ff.

KÜGLER, M. 1987: Tonpfeifen (Höhr-Grenzhausen 1987).

LEHNEMANN, W. 1978: Irdentöpferei in Westfalen, 17. bis 20. Jahrhundert (Münster 1978).

LÖBERT, H. 1977: Das verzierte Steinzeug aus Duingen, Kreis Alfeld. Zeitschrift für Archäologie des Mittelalters 5, 1977, 7 ff.

LÖBER, G. 1991: Wer kennt die „Nackigte Jungfer"? In: Glasmuseum Wertheim. Museum Ausg. Febr. 1991 (Braunschweig 1991) 112 ff.

MAYER, O.E. 1952: Töpfereibetriebe des 12. und 18. Jahrhunderts in Eynatten (Kanton Eupen). Zeitschrift des Eupener Geschichtsvereines 2, Nr. 2-3, 1952, 35 ff.

NIENHAUS, H. 1983: Zur Fertigung der Steinzeugkrüge für den „Brunnenversand" in vorindustrieller Zeit. Keramos 101, Juli 1983, 47 ff.

PEINE, H.W. 1987: Das Haushaltsgeschirr im Mittelalter – Eine Darstellung anhand Mindener Bodenfunde. In: B. TRIER (Hrsg.), Ausgrabungen in Minden. Bürgerliche Stadtkultur des Mittelalters und der Neuzeit. Aufsätze zur Ausstellung des Westfälischen Museums für Archäologie (Münster 1987) 109 ff.

PELKA, O. 1924: Keramik der Neuzeit (Leipzig 1924).

RECH, M. 1991: Das obere Dhünntal. Rhein. Ausgr. 33 (Bonn 1991).

RECH, M. 1991a: Frechener Keramik im 16. und 17. Jahrhundert. Bonner Jahrb. 191, 1991, 321 ff.

REICHMANN, CHR. 1988: Das Haushaltsgeschirr des Syndikus Küpers um 1784. In: J. NAUMANN (Hrsg.), Keramik vom Niederrhein. Die Irdenware der Düppen- und Pottbäcker zwischen Köln und Kleve.Veröff. des Kölnischen Stadtmuseums IV (Köln 1988), 125 ff.

REINEKING VON BOCK, G. 1986: Steinzeug. Kunstgewerbemuseum der Stadt Köln (Köln 1986).

REINEKING VON BOCK, G. 1989: Steinzeug in Raeren. Keramos 125, Juli 1989, 87 ff.

RIEDERER, J. 1992: Materialanalysen an Siegburger Steinzeug. Bestandskatalog Bd.2. Führer und Schriften des Rheinischen Freilichtmuseums und und Landesmuseums für Volkskunde in Kommern 38 (Köln 1992), 38 ff.

SCHOPPMEYER, H. 1989: Kleine Geschichte Wittens. In: H. SCHOPPMEYER/W. ZEMTER (Hrsg.), Über 775 Jahre Witten (Witten 1989) 10 ff.

SOFFNER, A. 1987: Keramik. In: M. UNTERMANN, Schloß Bloemersheim, Bauuntersuchungen und Grabungen. Rhein. Ausgr. 27 (Bonn 1987) 414 ff.

STEPHAN, H.-G. 1975: Zur Typologie und Chronologie von Keramik des 17. Jahrhunderts im Oberweserraum. In: W. LEHNEMANN (Hrsg.), Töpferei in Nordwestdeutschland. Beitr. zu Volkskultur in Nordwestdeutschland 3 (Münster 1975) 67 ff.

STEPHAN, H.-G. 1988: Steinzeug und Irdenware: Diskussionsbeiträge zur Abgrenzung und Definition mittelalterlicher deutscher Steinzeuggruppen. In: D.R.M. GAIMSTER/M. REDKNAP/H.-H. WEGNER (Hrsg.), Zur Keramik des Mittelalters und der beginnenden Neuzeit im Rheinland. British Archaeological Repots Int. Ser. 440 (1988) 81 ff.

UNGER, I. 1988: Das Kölner Kachelbäckerhandwerk vom 14. Jahrhundert. In: J. NAUMANN (Hrsg.), Keramik vom Niederrhein. Die Irdenware der Düppen- und Pottbäcker zwischen Köln und Kleve. Veröff. des Kölnischen Stadtmuseums IV (Köln 1988) 187 ff.

WALTHER, K. 1992: Die szenischen Auflagen auf Pullen und Trichterbecher. In: Siegburger Steinzeug Bestandskatalog Bd. 2. Führer und Schriften des Rheinischen Freilichtmuseums und Landesmuseums für Volkskunde in Kommern 38 (Köln 1992) 169 ff.

WILHELMI, K. 1967: Beiträge zur einheimischen Kultur der jüngeren vorrömischen Eisenzeit und der älteren römischen Kaiserzeit. Bodenaltertümer Westfalens 11 (Münster 1967).

WIRTH, S. 1990: Mittelalterliche Gefäßkeramik. Die Bestände des Kölnischen Stadtmuseums (Köln 1990).

ZIMMERMANN, E. 1910: Führer für Sammler von Porzellan und Fayence, Steinzeug, Steingut usw. (Berlin 1910).

Die Münzen

Peter Ilisch

Wenn auch Witten nach der Zahl der gefundenen Münzen nicht zu den größeren Fundkomplexen gehört, so soll doch eine Einordnung der gemachten Funde in die Geschichte des Geldumlaufs in Westfalen versucht worden. Die gefundenen Münzen lassen sich in vier Wertstufen einordnen. Die westfälische Hellwegzone übernahm im 17. Jahrhundert vom Niederrhein die Rechnungseinteilung des Reichstalers in Stüber *(Nr. 1)*. In einer Übergangszeit galten hier die Worte Schilling und Stüber synonym. Dementsprechend wurde hier, anders als im Rheinland, der Stüber zu 12-Pfennigen gerechnet.[1] Folglich sind auch die 3-Pfennig-Stücke der Städte Hamm und Soest als Viertelstüber zu betrachten *(Nr. 3-7)*. Seit 1690 hatte die Stadt Hamm solche Münzen zur Verbesserung ihrer Einnahmen in großen Mengen auf den Markt gebracht.[2] 1710 folgte die Stadt Soest. Während Soest bis in die 40er Jahre die Produktion steigerte, nahm diese nach Ausweis des Fundvorkommens in Hamm seit etwa 1725/30 ab, wenngleich sie in kleinerem Umfang als in Soest auch bis zum Münzrechtsentzug durch den preußischen König Friedrich II. 1749/50 fortgesetzt wurde.[3] Der Umstand, daß keine Hammer „Füchse" sicher in Witten nachgewiesen sind, könnte mit einer späten Verlustzeit der meisten Kupfermünzen zusammenhängen.

Im Rheinland begann der Kölner Kurfürst Clemens August von Bayern (1723-61) 1736 in Bonn mit der Ausprägung von kupfernen Viertelstübern, den ersten Kupfermünzen am südlichen Niederrhein überhaupt. Die zwei Bonner Viertelstüber des Kurfürsten Clemens August *(Nr. 12.13)* finden ihre Entsprechung in einem weiteren Stück gleicher Art von 1745, das 1981 bei Straßenarbeiten in Witten-Herbede gefunden wurde. Im 17. Jahrhundert hatte man im Niederstift Köln und in Jülich-Berg den Stüber zu 16 Hellern gerechnet und besonders geringhaltige 8-Heller-Stüber, im Volksmund Fettmännchen genannt, hergestellt *(Nr. 9-11)*. Da die gefundenen Düsseldorfer Fettmännchen stark abgenutzt sind, könnten sie im 18. Jahrhundert noch umgelaufen sein. Gleiches gilt für die beiden polnischen Groschen aus schlechtem Silber *(Nr. 17)*, die in Westfalen in Schatzfunden des 17. Jahrhunderts nicht nachgewiesen sind. Dagegen enthielt eine in Werdohl gefundene, nach 1766 abgeschlossene Barschaft in Kleingeld noch eine solche Münze, die entsprechend der langen Umlaufzeit abgenutzt war.[4]

Bisher noch nicht bekannt war die Prägefälschung des lippischen Mariengroschens *(Nr. 14)*. Sie ist professionell mit einem mechanischen Verfahren (Taschenwerk?) hergestellt. Wesentlich häufiger, weil vom technischen Aufwand her leichter herzustellen, waren Gußfälschungen, die allerdings qualitativ immer den Originalen nachstanden. Wer hinter der ursprünglich wahrscheinlich versilberten oder verzinnten Fälschung stand, ist nicht auszumachen. Am Ende des 17. Jahrhunderts ist die Fälschung von Münzen in staatlichen Münzstätten von Kleinstaaten bezeugt.[5] Kennzeichnend ist, daß es sich um die Fälschung eines kleineren Silberwertes handelt. Ähnliche Fälschungen, diesmal von 1/12 Talern, befanden sich in dem 1712 verborgenen Schatzfund von Delbrück-Nordhagen.[6] Kleinere Münzen waren weniger auffällig, wurden daher weniger genau geprüft und waren somit leichter absetzbar. In Witten waren eigentlich Mariengroschen (=1/36 Taler) weniger üblich. Ihr Hauptverbreitungsgebiet lag in Ostwestfalen und in Niedersachsen.

Das Silberstück zu 10 Sols aux quatre couronnes *(Nr. 15)* ist bislang unter den westfälischen Fundmünzen nicht nachgewiesen gewesen. Da der Typ aber nur in den grenznahen Münzstätten Straßburg und Mezz geprägt wurde, ist anzunehmen, daß er einen Wechselkurs hatte, der einen Umlauf in angrenzenden deutschen Gebieten begünstigte.

Bei dem Rechenpfennig *(Nr. 18)* handelt es sich um eine Prägung, die zwar äußerlich münzähnlich ist, der aber der Zahlungsmittelcharakter fehlte. Rechenpfennige wurden zum Hin- und Herschieben auf einen Rechentuch- oder -tisch benutzt, um mit ihrer Hilfe mathematische Funktionen zu berechnen. Der größte Teil in Westfalen gefundener Rechenpfennige kann dem Produktionszentrum Nürnberg zugeschrieben werden, das bis nach England exportierte.

Katalog der Münzen

1. *St. Dortmund,* 1/4 Stüber 1754, BERGHAUS[7] 250 [Bef. Nr. 580]
2. *St. Osnabrück,* 1 Pfennig 1698, KENNEPOHL[8] 468 [Fd. Nr.40 – Grabung Kroker]
3. *St. Soest,* 3 Pfennig 1715, KRUSY[9] 101 [Bef. Nr. 845]
4. *St. Soest,* 3 Pfennig 1727, KRUSY 113 [Bef. Nr. 845]
5. *St. Soest,* 3 Pfennig 1734, KRUSY 126 [Bef. Nr. 845]
6. *St. Soest,* 3 Pfennig (1725-49), stark korrodiert [Bef. Nr. 845]
7. *St. Hamm oder Soest,* 3 Pfennig 1. Hälfte 18. Jahr-

---

1 Vgl. FREIHERR VON SCHRÖTTER 1922, 304 ff.
2 Vgl. KENNEPOHL 1927, 247 f.
3 Vgl. FREIHERR VON SCHRÖTTER 1902, 209-221.
4 Vgl. BERGHAUS 1976, 13 f.
5 Vgl. SCHNEIDER 1977, 189.226.238.248.
6 ILISCH 1985, 437-466.
7 BERGHAUS 1978.
8 KENNEPOHL 1938.
9 KRUSY 1979, 71-131.

hundert (3 Ex.) [Bef. Nr. 845]
8. *Hzgtm. Jülich-Berg,* Wolfgang Wilhelm 1624-53, Mzst. Düsseldorf, 8 Heller 1649, Noss[10] 637/638, abgenutzt [Bef. Nr. 587]
9. *Hzgt. Jülich Berg,* Philipp Wilhelm 1742-99, Mzst. Düsseldorf, 8 Heller 1677, Noss 721, abgenutzt [Bef. Nr. 845]
10. *Hzgt. Jülich Berg,* Karl Theodor 1742-99, Mzst. Düsseldorf, 1/4 Stüber Jahr unlesbar (1765?), Noss 969?, abgenutzt [Bef. Nr. 795]
11. *EB. Köln,* Domkapitel, Mzst. Bonn, 8 Heller 1704, Noss[11] 612 [Bef. Nr. 845]
12. *EB. Köln,* Clemens August 1723-61, Mzst. Bonn, 1/4 Stüber 1739, Noss 705/706 [Bef. Nr. 845]
13. *EB. Köln,* Clemens August, Mzst. Bonn, 1/4 Stüber Jahr unkenntlich (1736-60) [Bef. Nr. 845]
14. *Gfsch. Lippe,* Friedrich Adolf 1697-1718, Prägefälschung des Mariengroschens 1714, Kupfer, zu GROTE/ HÖLZERMANN[12] 236, Stempelstellung 0° [Fd. Nr.40 – Grabung Kroker]
15. *Kgr. Frankreich,* Louis XIV. 1643-1715, Mzst. Metz, 10 Sols aux quatre couronnes, DUPLESSY[13] 1550 [Bef. Nr. 845]
16. *Deutsches Reich,* 1 Reichspfennig 1941, Berlin, JAEGER[14] 369 [Bef. Nr. 308] Jahr unkenntlich (1702-07)
17. *Kgr. Polen,* Sigismund III. 1587-1632, Dreipölker (Groschen) Jahr unlesbar (1614-28) (2 Ex., eines gelocht, beide sehr stark korrodiert) [Bef. Nr. 180 und 845]
18. *Nürnberg,* Rechenpfennig des Jörg Schultheiss (1515-59), zu MITCHINER[15] 1315/1316 [Bef. Nr. 687]

Keine Münze, aber dennoch in einem Zusammenhang mit Geldzahlungen zu sehen, ist ein einseitiges, quadratisches Goldmünzgewicht. Auf Grund der hohen Kaufkraft von Goldmünzen wurden diese bei Zahlungen stückweise geprüft. Entscheidend war sowohl der Goldgehalt als auch das korrekte Gewicht. Um die Prüfung zu erleichtern gab es seit dem späten Mittelalter vorfabrizierte zusammensetzbare Waagen in transportablen Holzkästchen mit Standardgewichten für die verschiedenen Goldmünzsorten. In der frühen Neuzeit waren im deutschen Nordwesten die Münzgewichte in aller Regel quadratisch, da sie so leicht in entsprechende Aussparungen des Waagenkästchens eingesetzt und herausgenommen werden konnten. Während die Waagenbauer in den Niederlanden die Gewichte auf der Rückseite mit einer Meistermarke und dem Stadtzeichen versahen, fehlten diese auf den Gewichten aus Köln, das als Zentrum der Waagenbauer ebenfalls Bedeutung hatte.[16]

Das in Witten gefundene einseitige Gewicht (Abb. = M. 2:1) weist eine rund durch einen Perlkreis abgeschlossene Prägung auf, die einen doppelten Dreipaß zeigt, in dessen Zentrum sich ein Reichsapfel befindet. Dieses Bild kennzeichnete das Gewicht als ein solches für Goldgulden, deren Normgewicht bei 3.25 g lag.[17] Das Wittener Exemplar wiegt jedoch nur 2.62 g. Wenngleich einige 1/100 g durch Korrosion verloren gegangen sein können, so ist die Abweichung vom Normgewicht hierdurch nicht zu erklären.

Literaturverzeichnis

BERGHAUS, P. 1976: Münzschatzfund von Werdohl 1975. Der Märker 25, 1976, H.1, 13 f.

Ders. 1978: Die Münzen von Dortmund. Band 1 der Dortmunder Münzgeschichte (Dortmund 1978).

DUPLESSY, J. 1989: Les monnaies Françaises Royales de Hugues Capet à Louis XVI. 987-1793. Bd. 2 (Paris, Maastricht 1989).

GROTE, H./HÖLZERMANN, L. 1866: Lippische Geld- und Münzgeschichte. Münzstudien 5 (Leipzig 1866, u. separat Leipzig 1867).

HOUBEN, G.M.M. 1981: Muntgewichten voor Gouden en Zilveren Munten van de Nederlanden (Zwolle 1981).

ILISCH, P. 1985:, Münzfunde. Ausgrabungen und Funde in Westfalen-Lippe 3 (Münster 1985)

JAEGER, K. 1970: Die deutschen Münzen seit 1871 (Basel 1970 u. spätere Auflagen).

KENNEPOHL, K. 1927: Die Hammer Münzen. In: 700 Jahre Stadt Hamm/Westf. Festschrift zur Erinnerung an das 700-jährige Bestehen der Stadt Hamm (Hamm 1927).

Ders. 1938: Die Münzen von Osnabrück (München 1938).

KRUSY, H. 1979: Beiträge zur Münzgeschichte der Stadt Soest VII: Münzenverzeichnis. Soester Zeitschrift 91, 1979, 71-131.

MITCHINER, M. 1988: The medieval period and Nuremberg = Jetons, Medaltes & Tokens Bd.1 (London 1988).

Noss, A. 1925: Die Münzen der Erzbischöfe von Cölln 1577-1794 (Köln 1925).

Ders. 1929: Die Münzen von Berg und Jülich-Berg. Bd. 2 (München 1929).

---

10 NOSS 1929.
11 Ders. 1925.
12 GROTE/L. HÖLZERMANN 1866, 129-507.
13 DUPLESSY 1989.
14 JAEGER 1970.
15 MITCHINER 1988.

16 Vgl. HOUBEN 1981. – POL 1989.
17 Vgl. ebd. 55, 63.

POL, A. Noord-Nederlandse muntgewichten. = Jaarboek voor Munt- en Pennigkunde 76, 1989.

SCHNEIDER, K. 1977: Das Münzwesen in den Territorien des Westerwaldes, des Taunus und des Lahngebietes und die Münzpolitik des oberrheinischen Reichskreises im 17. Jahrhundert (Urbar b. Koblenz 1977)

FREIHERR VON SCHRÖTTER, F. 1902: Die letzte städtische Münzprägung in Preußen. Zeitschrift für Numismatik 23, 1902, 209-221.

Ders. 1922: Die Münzen Friedrich Wilhelms des Großen Kurfürsten und Friedrichs III. von Brandenburg, Münz- und Geldgeschichte 1640-1700 (Berlin 1922).

Tafel 1

1   Untersuchungsgebiet 1; Kohleflöz 72.

2   Schienen 424 im zur Fabrikhalle umgebauten Westflügel (Periode 6).

Tafel 2

Ostflügel, Kamin (a) mit den Wappen des Wennemar von der Recke I.
(b) und seiner Frau Helene von Dinklage (c).

Tafel 3

1 Torpfeiler mit der Inschrift „Anno 1702".

2 Pfeiler zum westlichen Außengelände (a) des Gerhard Wennemar von der Recke II. (b) und Anna Maria von Gymnich (c).

Tafel 4

1 Eingang zum Ostflügel mit Inschrift „1878".

2 Keller des Palas; Bodenbelag 112 am Kamin 114.

Tafel 5

1 Eingang zum Wohnturm

2 Palas, östlicher Giebel; Aufnahme 1949 (Fotonachweis: Märkisches Museum Haus Witten).

Tafel 6

1 Ansicht von Westen, Schießscharte 779, Tür 135 mit den Türschwellen 134 und 136 und Kellereingang 237.

2 a u. b = der beschädigte Treppenturm 700 vor dem Abriß 1977.

Tafel 7

1 Keller 5, Nordseite.

2 Ehemaliger Eingang zum Schloßgarten.

3 Querschnitt durch den Ofen 735.

Tafel 8

1 Spur eines Flechtzauns in Graben 658.

2 Graben 588.

Tafel 9

Fundament 1069; a = wesentliches Ende, b = östliches Ende.

Tafel 10

1 Keller K 5-Nord: links 1062, rechts 1044, 1029, 1065, hinten 1033.

2 Südwest-Ecke des Palas. Von links nach rechts: 1068, 810, 809, 808.

Tafel 11

1 Treppentürme 401 und 402; links Hofpflaster 254.

2 Westflügel; Fundamente des Bergfrieds (?); ältere Mauer 393; jüngere Mauer 406; rechts = Mauer 165, vorne = Mauer 166, hinten = Kanal 336.

3 Untersuchungsgebiet 3; Abschnitt a/2; Graben 547.

Tafel 12

1 Runder Eckturm 856.

2 Reste des Hofpflasters 421 unter dem Hofpflaster der Periode 4 (254); links = Pfosten 833.

Tafel 13

1 Ofen 890; Feuerrost und Ofenmund.

2 Einmündung des Kanals 336.

3 Untersuchungsgebiet 3; Abschnitt a/1; Backofen 489; links = Kanal 336.

Tafel 14

1 Fußboden 353. Im Profil: Ofen 477.

2 Fundamente des Pferdestalls (vorne rechts); Kante des Fußbodens 685 und Wandgräbchen 714.

Tafel 15

1 Hofpflaster 254; a = Ansicht von Westen; b = Ansicht von Norden.

2 Abgetretene Kante des Fußbodens 254.

1 Toilette 744.

2 Ältere Böschungsmauer 878.

Tafel 17

1 Brunnen 218, Mauer 165 und Fußboden 236.

2 Treppe zum Brunnen 218.

Tafel 18

1 Periode 5, Mauer 165.

2 Periode 5. Treppenturm 476; weiterhin dargestellt (von links nach rechts); Fußboden 514, Kanal 491, Mauer 511.

Tafel 19

1 Periode 5. Abdruck des Fußbodens im Pferdestall; oben 614 und Fußboden 615, 681 und 656 sowie Wandgraben 684. In der querverlaufenden Störung ist der ältere Fußboden 685 sichtbar.

2 Mauer 656 und Bodenbelag 681.

Tafel 20

1 = Befunde an der Südseite des Palas. 2 = Schießscharte Typ 2;
a = Vorderseite 779; b = Rückseite 780.

Tafel 21

1 Aufleger der Zugbrücke und Einlauf 482.

2 Abfluß des Schloßteichs 1082.

Tafel 22

1 Periode 6. Stallgebäude; Wandgraben 653.

2 Heizungsanlage 38 im Gewächshaus 1.

Tafel 23

1 Ofen 821.

2 Umbau der Palaserweiterung (Periode 6); Zierteil aus Sandstein.

Tafel 24

Backofen 477; a = Ansicht von Nord; b = Ofenmund
mit eisernem Querriegel von Südwest.

Tafel 25

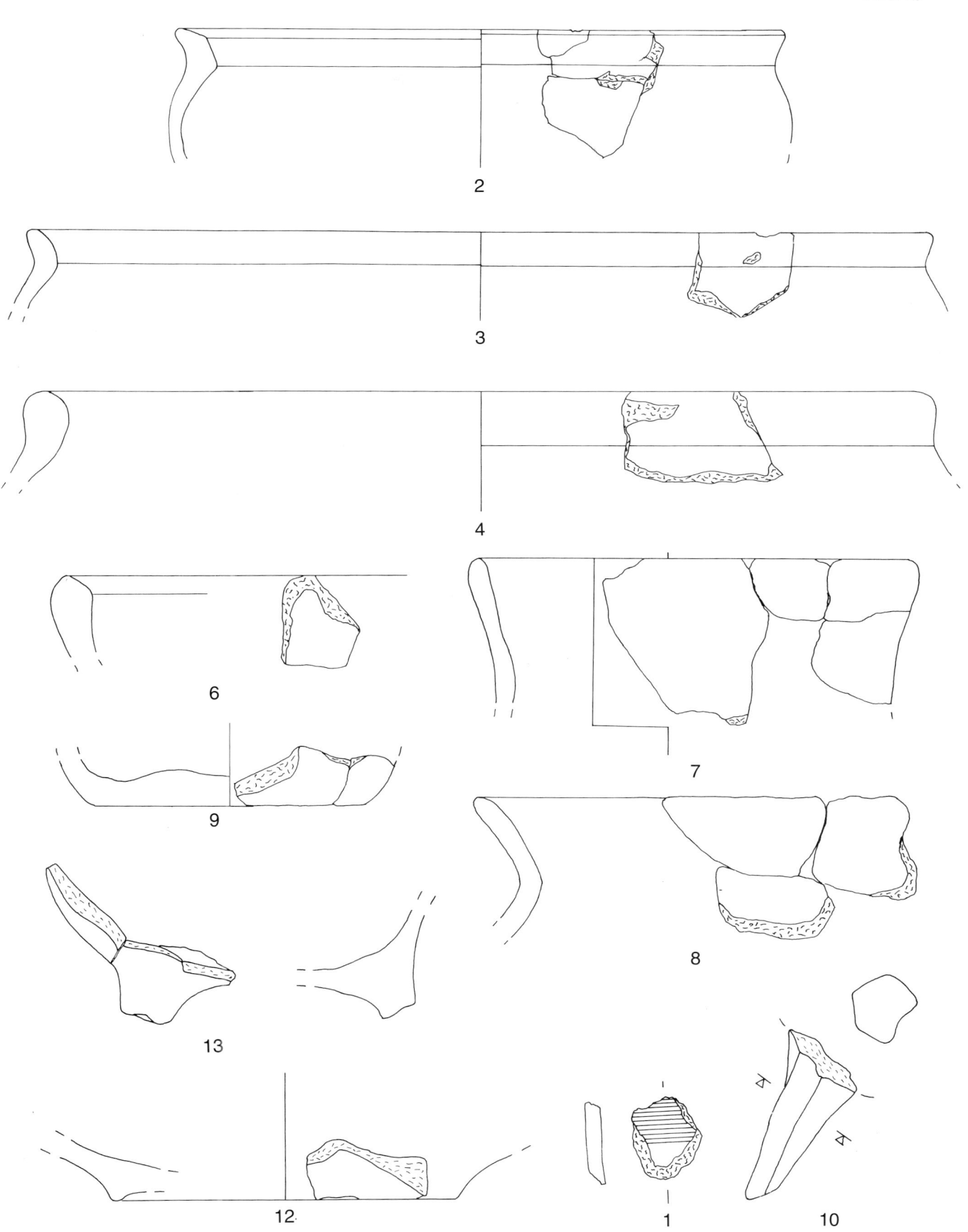

Kat. Nr. 1-4, 6-10, 12, 13; M. 1:2.

Tafel 26

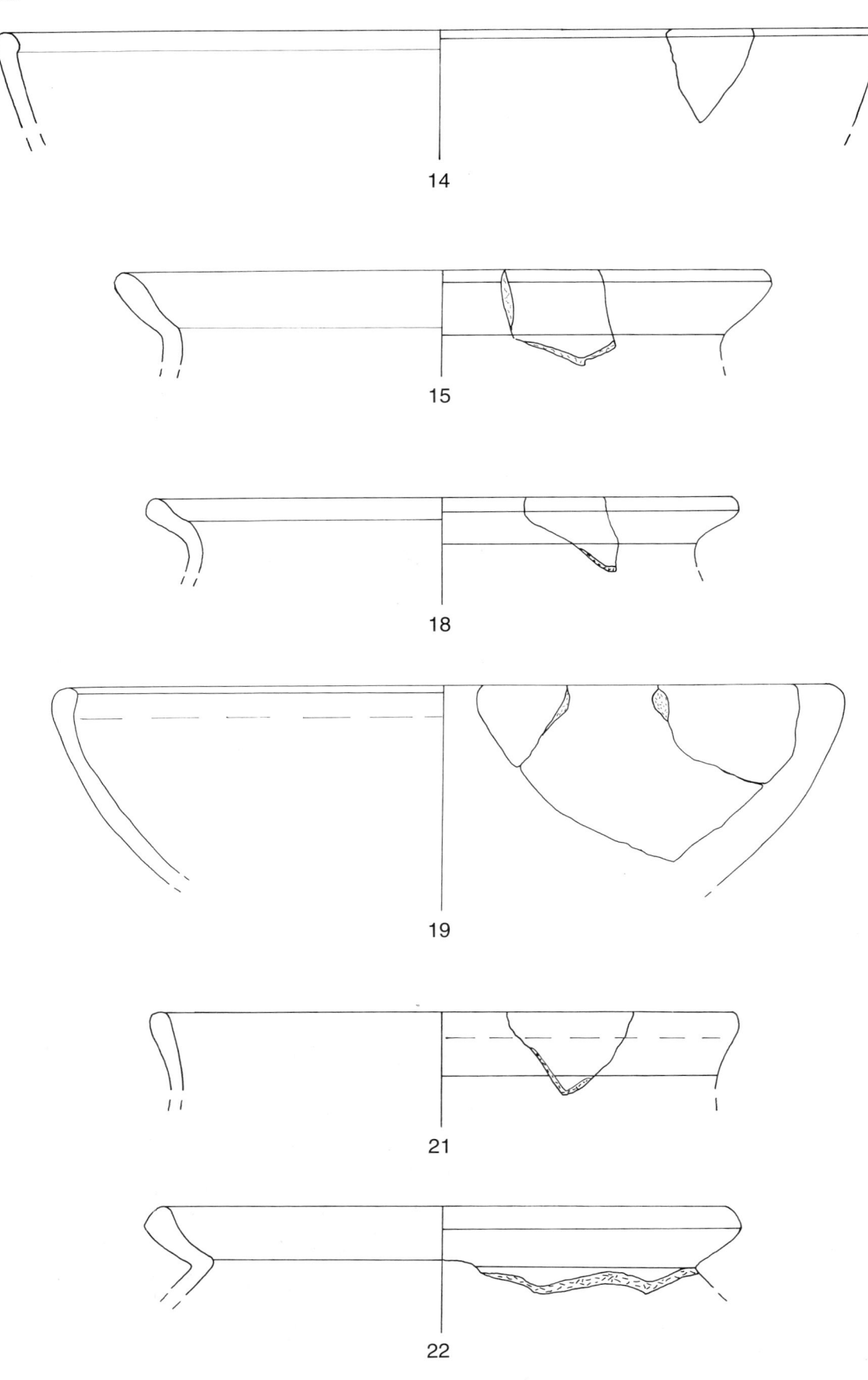

14

15

18

19

21

22

Kat. Nr. 14, 15, 18, 19, 21, 22; M. 1:2 (Kat. Nr. 19 = M 1:3).

Tafel 27

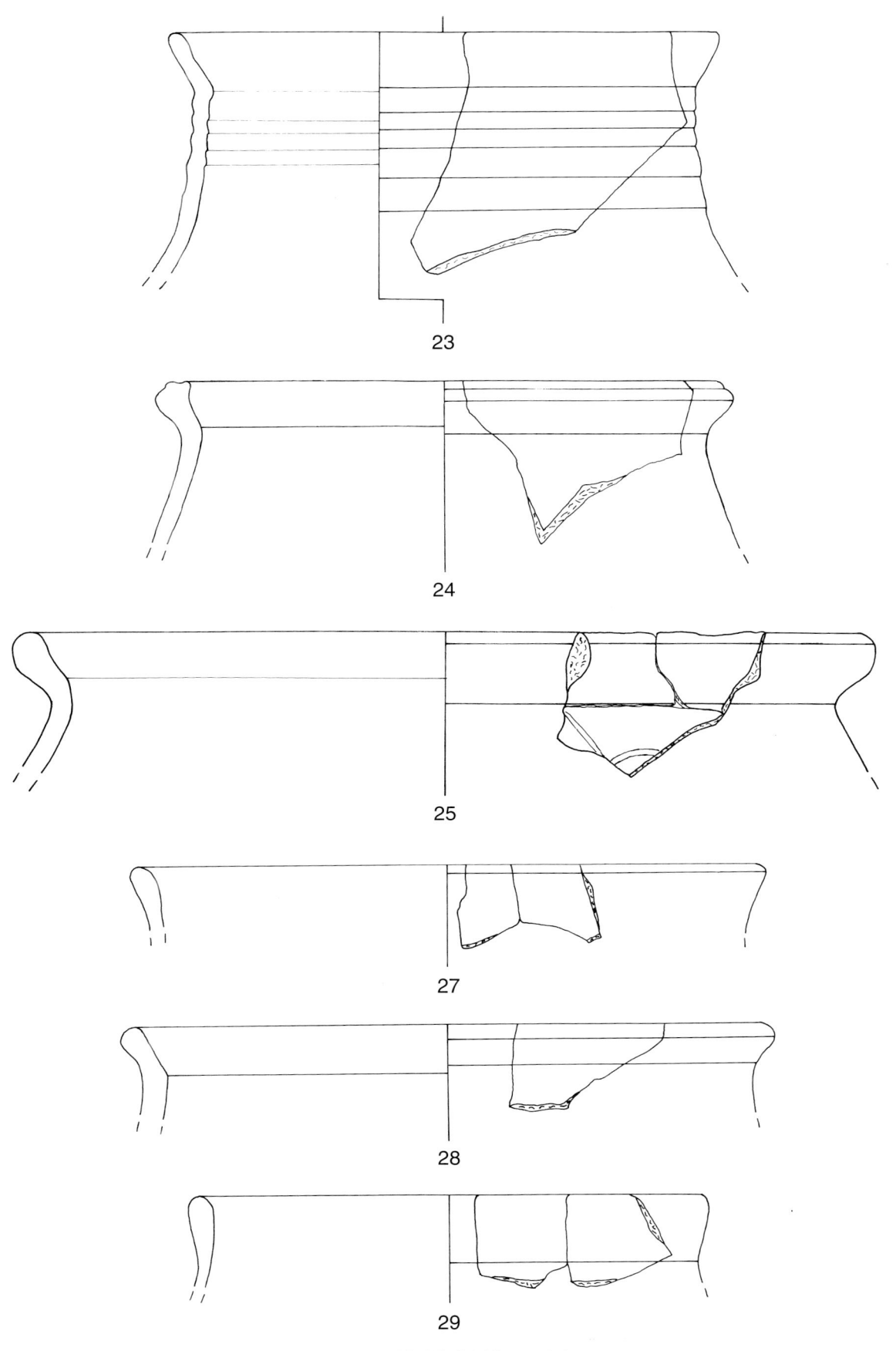

23

24

25

27

28

29

Kat. Nr. 23-25, 27-29; M. 1:2.

Tafel 28

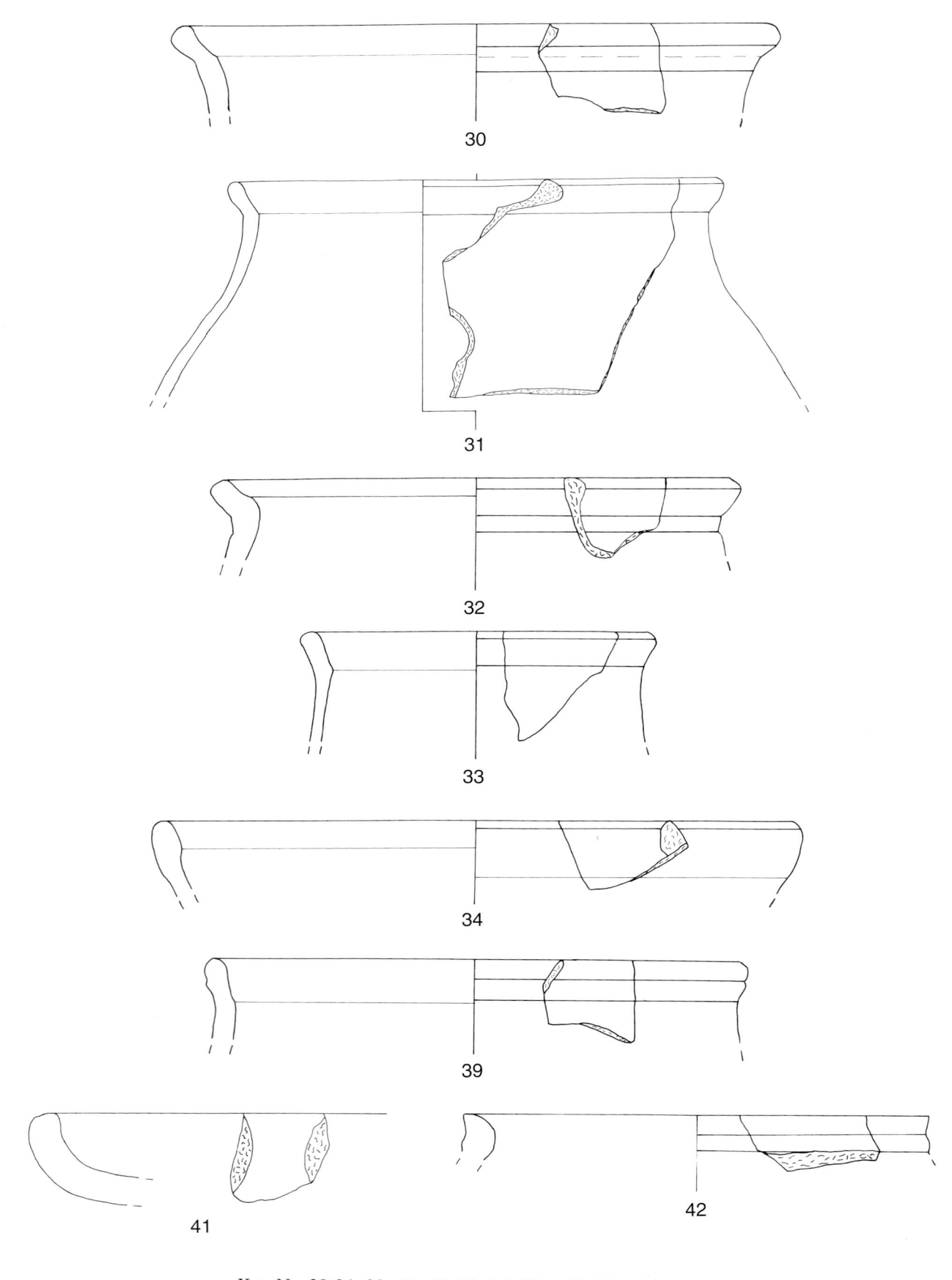

30

31

32

33

34

39

41 42

Kat. Nr. 30-34, 39, 41, 42; M. 1:2 (Kat. Nr. 31 = M. 1:3).

Tafel 29

43

45

44

46

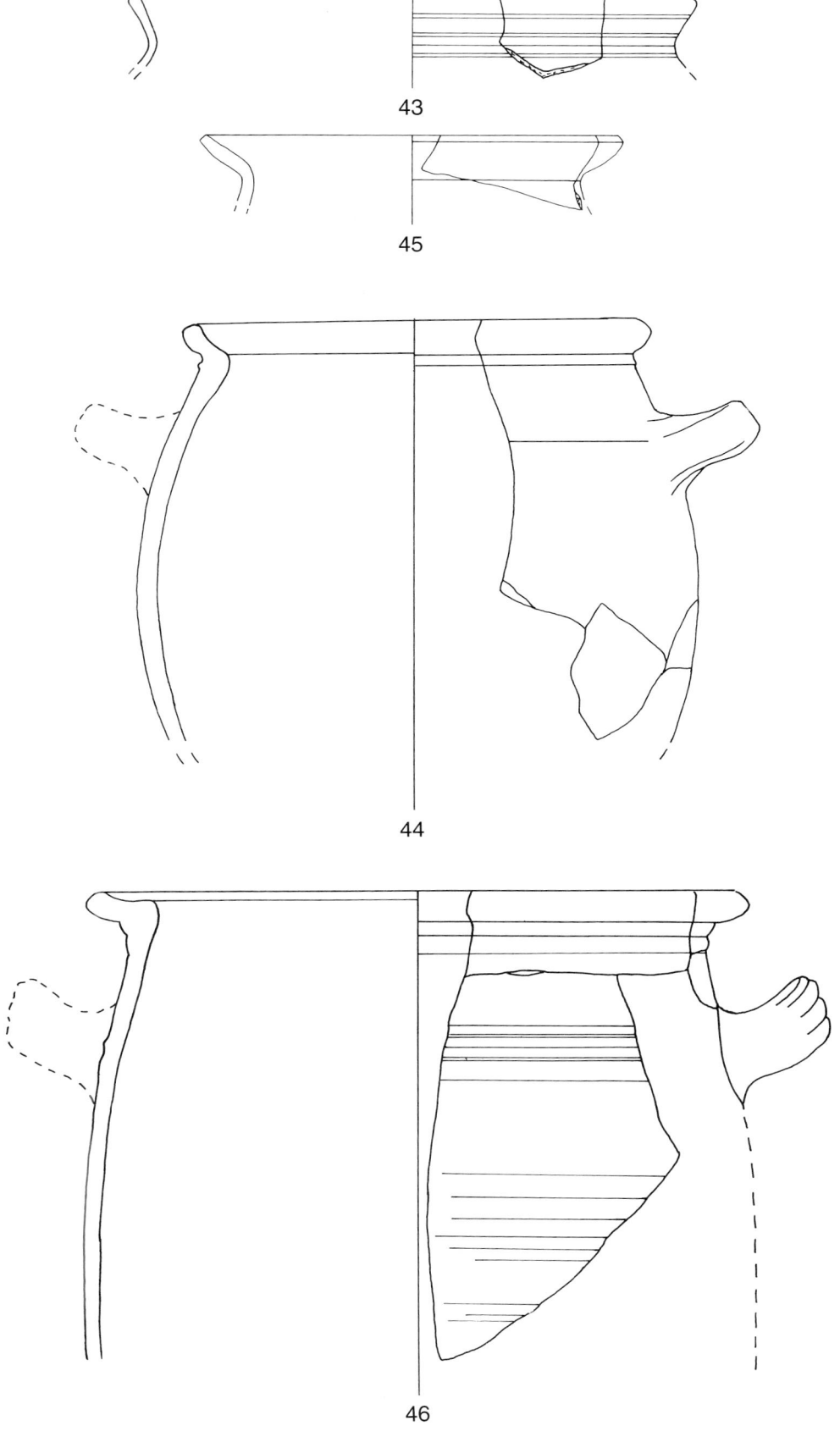

Kat. Nr. 43-46; M. 1:2.

Tafel 30

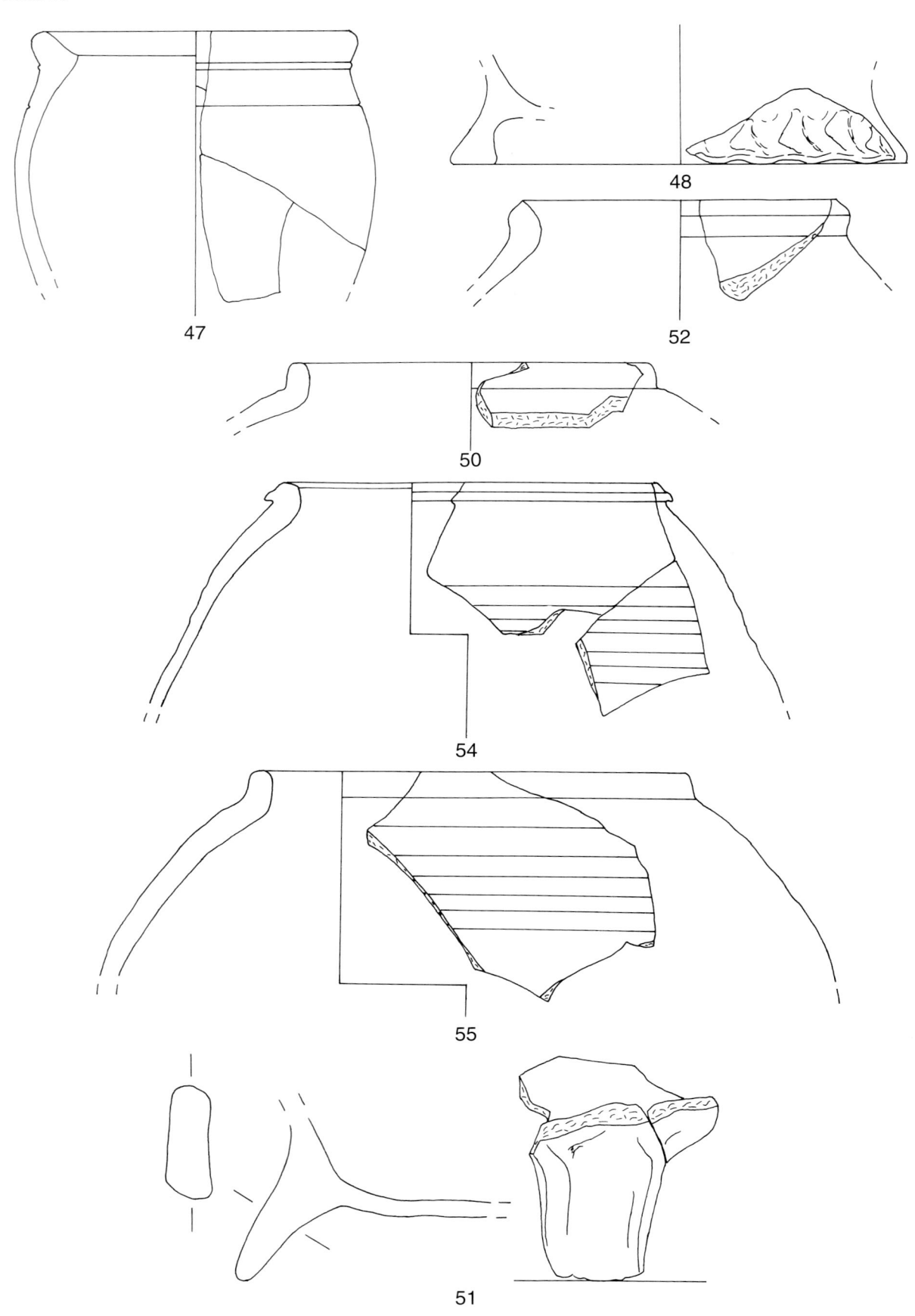

47

48

52

50

54

55

51

Kat. Nr. 47, 48, 50-52, 54, 55; M. 1:2.

Tafel 31

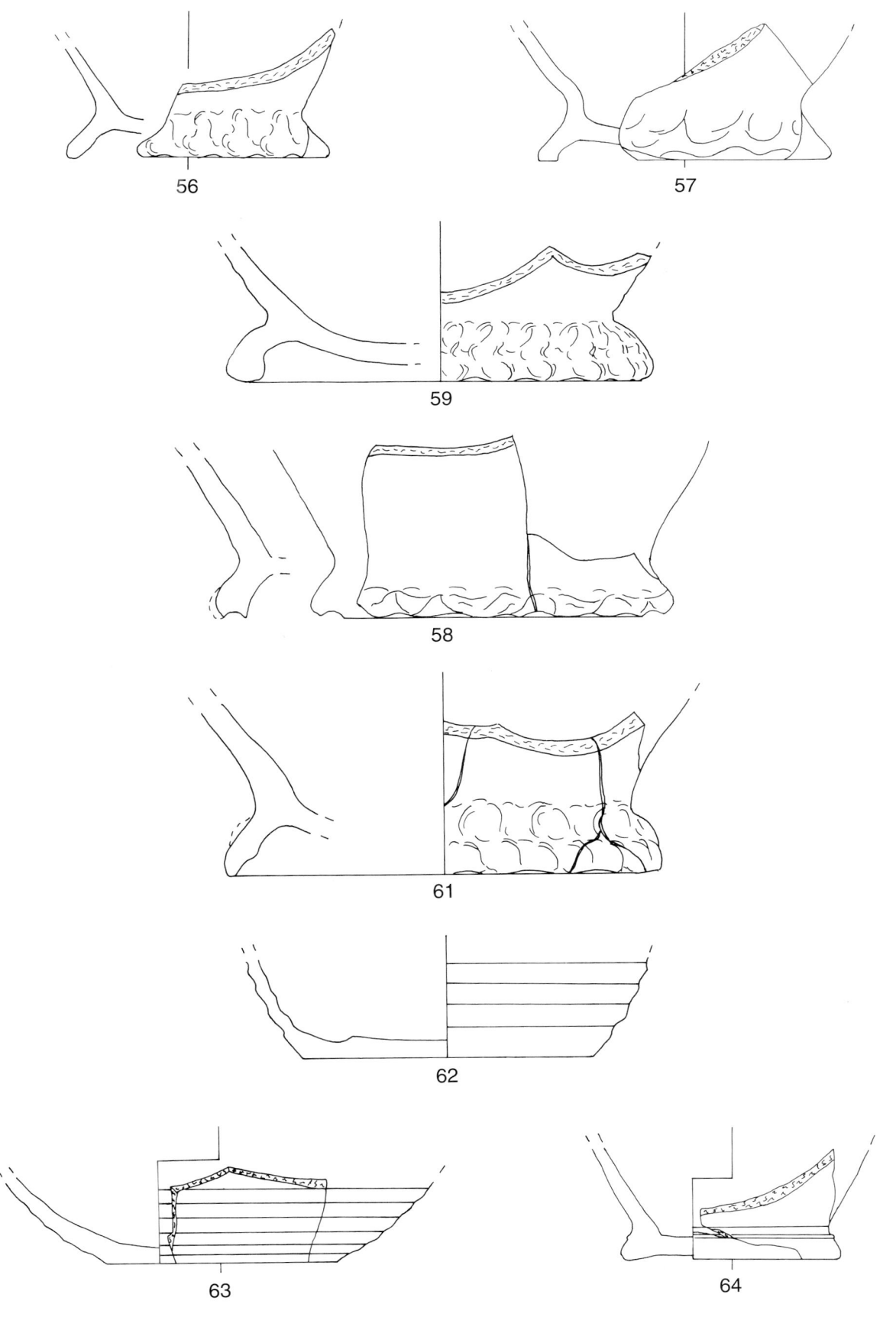

Kat. Nr. 56-59, 61-64; M. 1:2.

Tafel 32

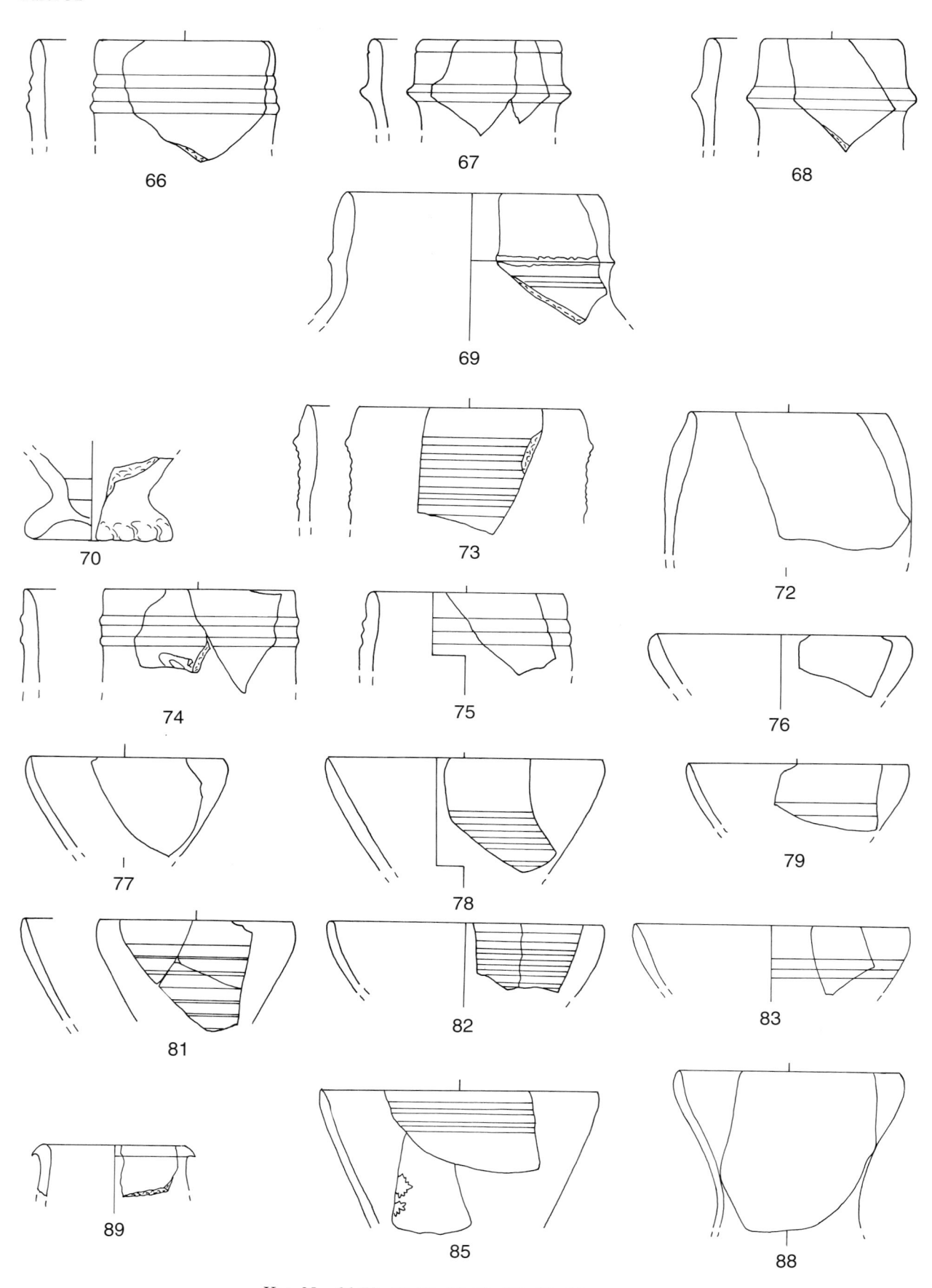

Kat. Nr. 66-70, 72-79, 81-83, 85, 88, 89; M. 1:2.

Tafel 33

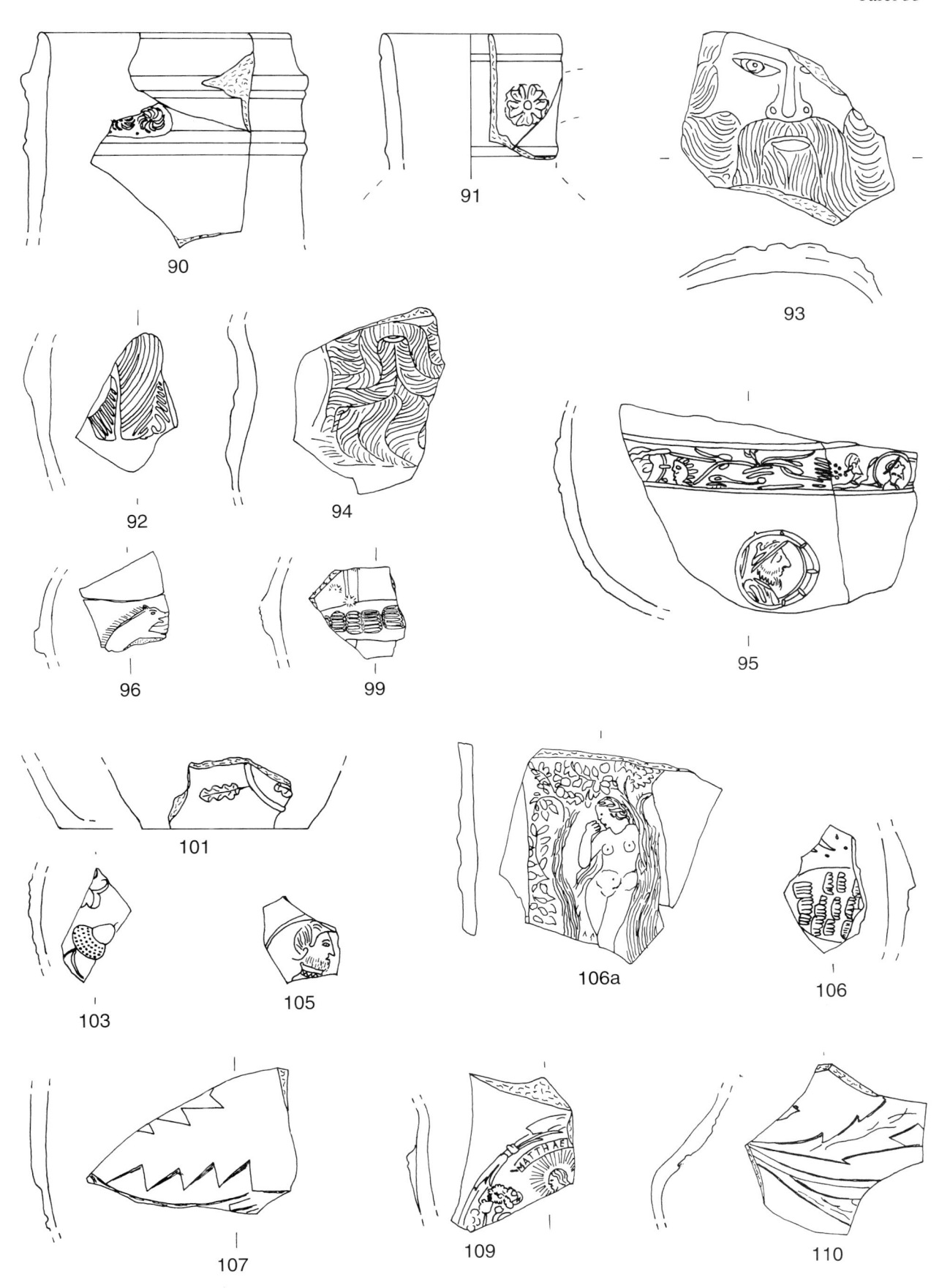

Kat. Nr. 90-96, 99, 101, 103, 105, 106, 106a, 107, 109, 110; M. 1:2.

Tafel 34

112

113

115

118

114

116

119

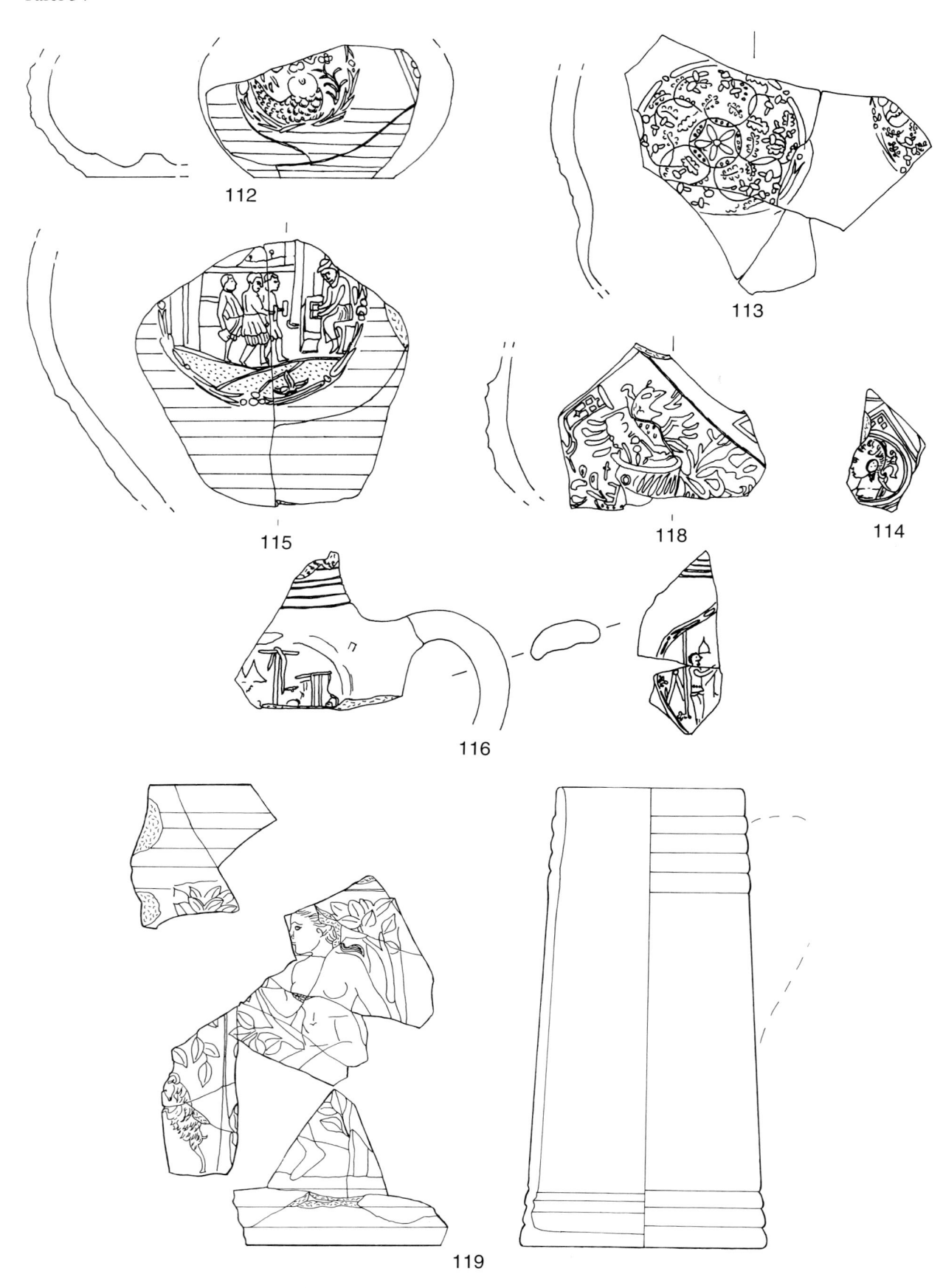

Kat. Nr. 112-116, 118, 119; M. 1:2 (Kat. Nr. 119 = M. 1:3).

Tafel 35

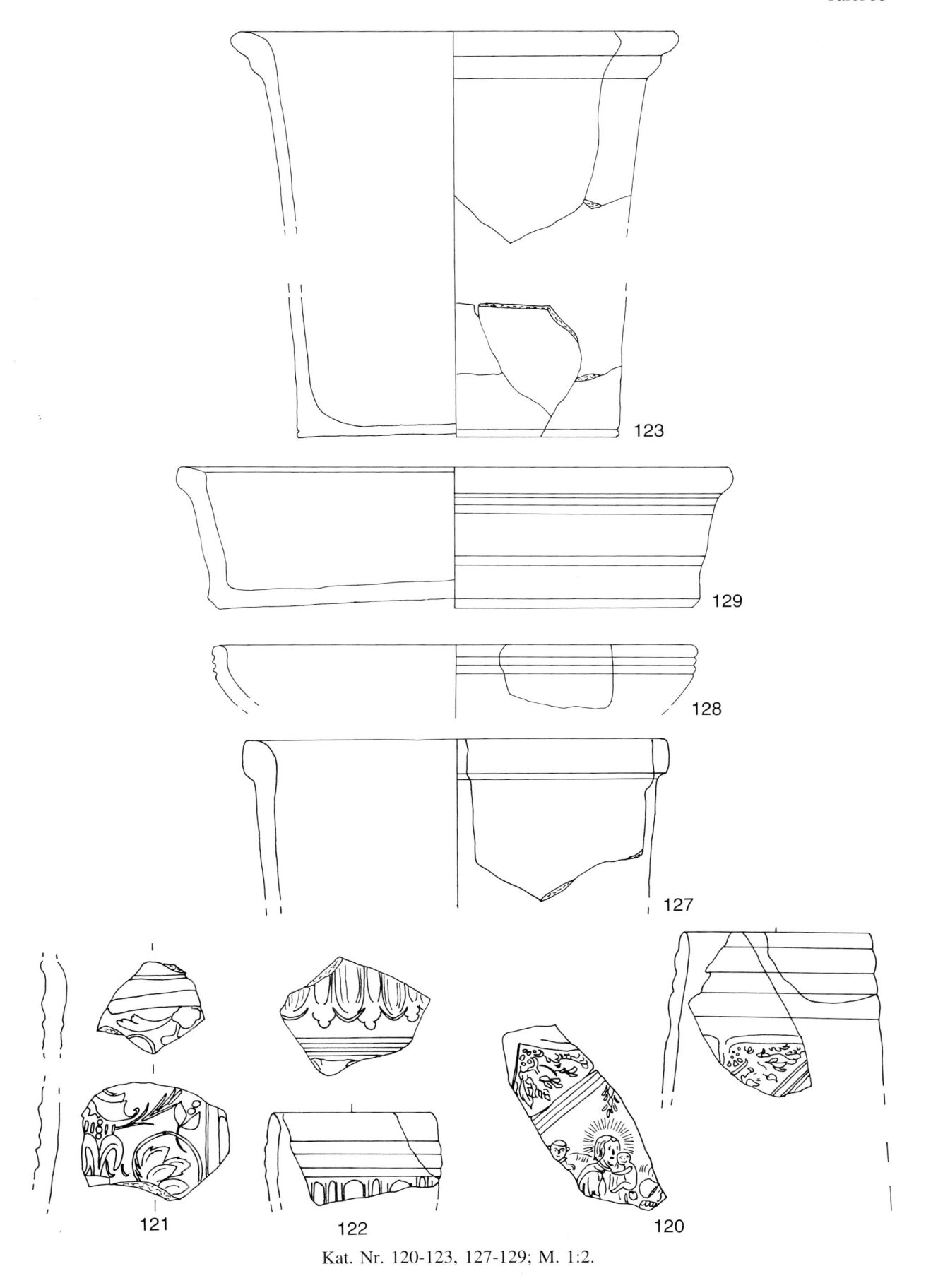

Kat. Nr. 120-123, 127-129; M. 1:2.

Tafel 36

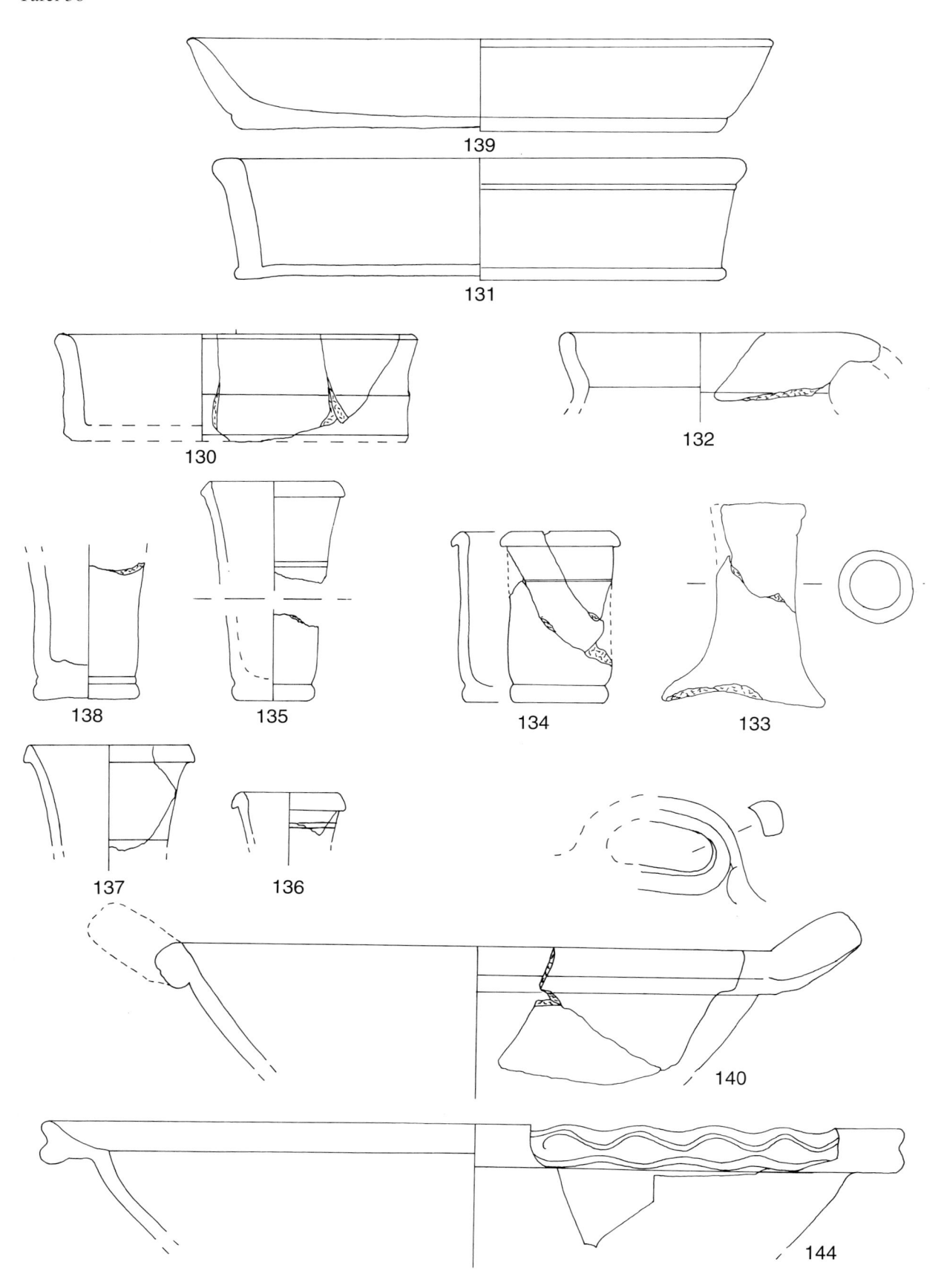

Kat. Nr. 130-140, 144; M. 1:2.

Tafel 37

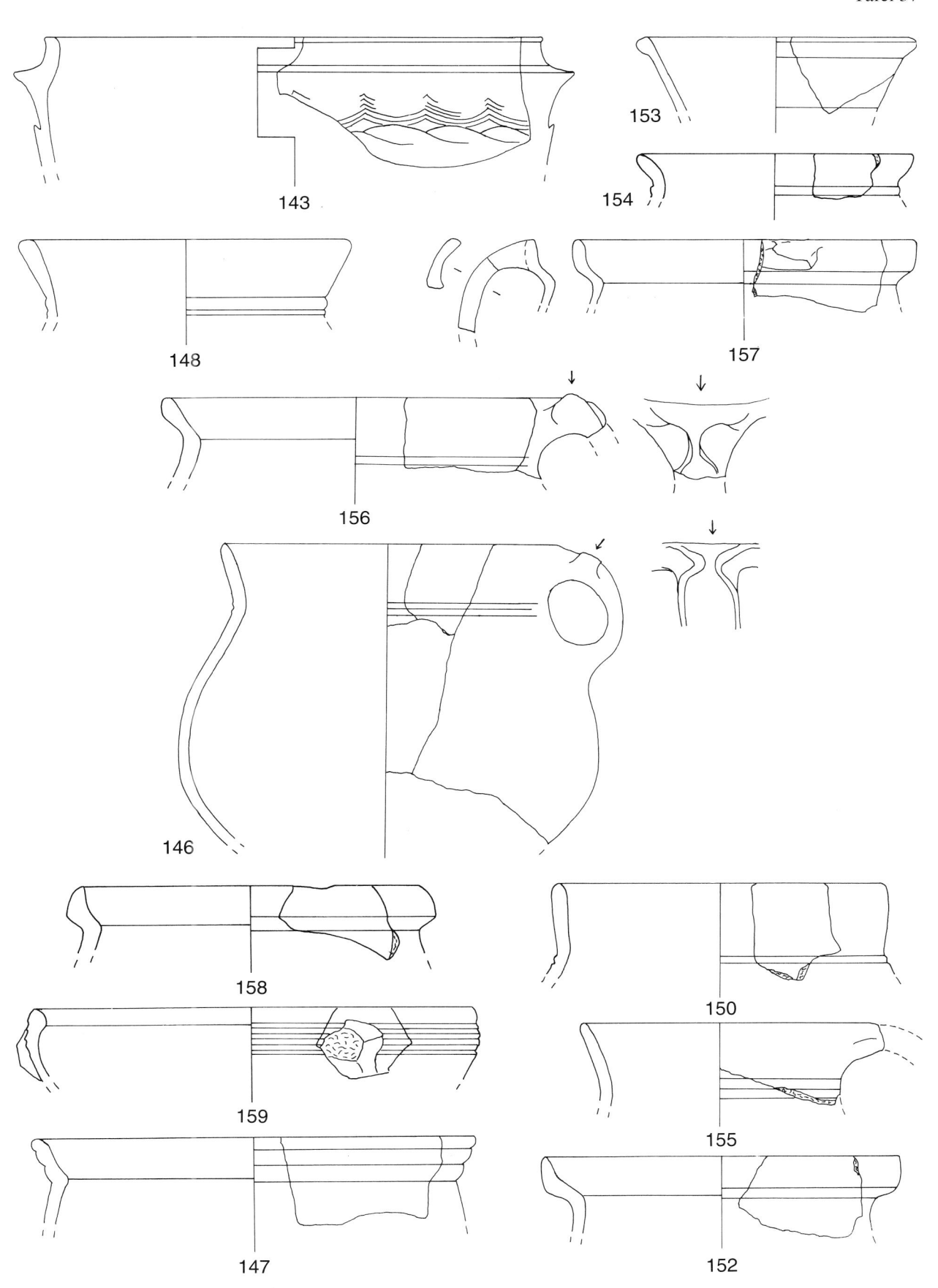

Kat. Nr. 143, 146-148, 150, 152-159; M. 1:2.

Tafel 38

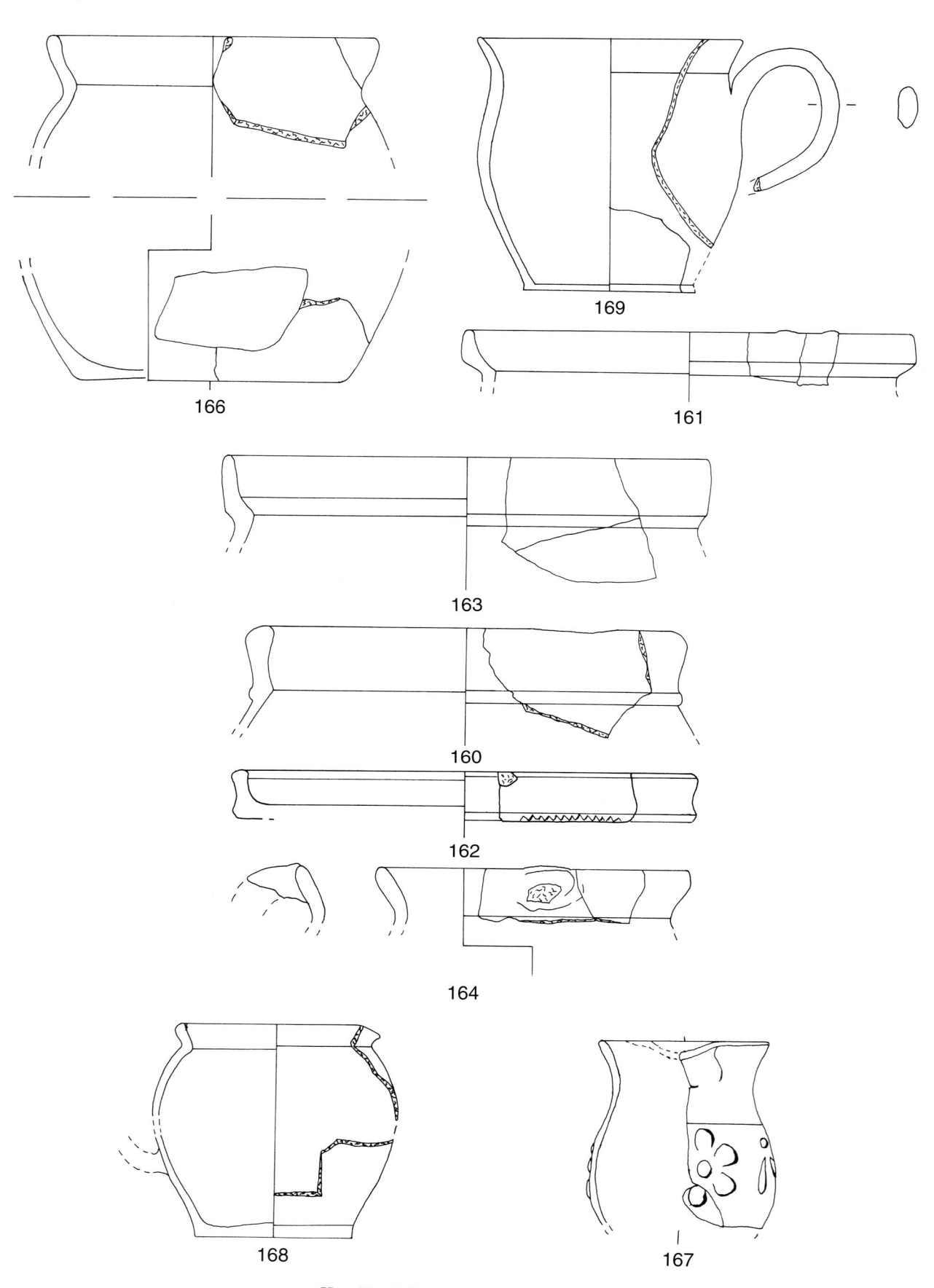

Kat. Nr. 160-164, 166-169; M. 1:2.

Tafel 39

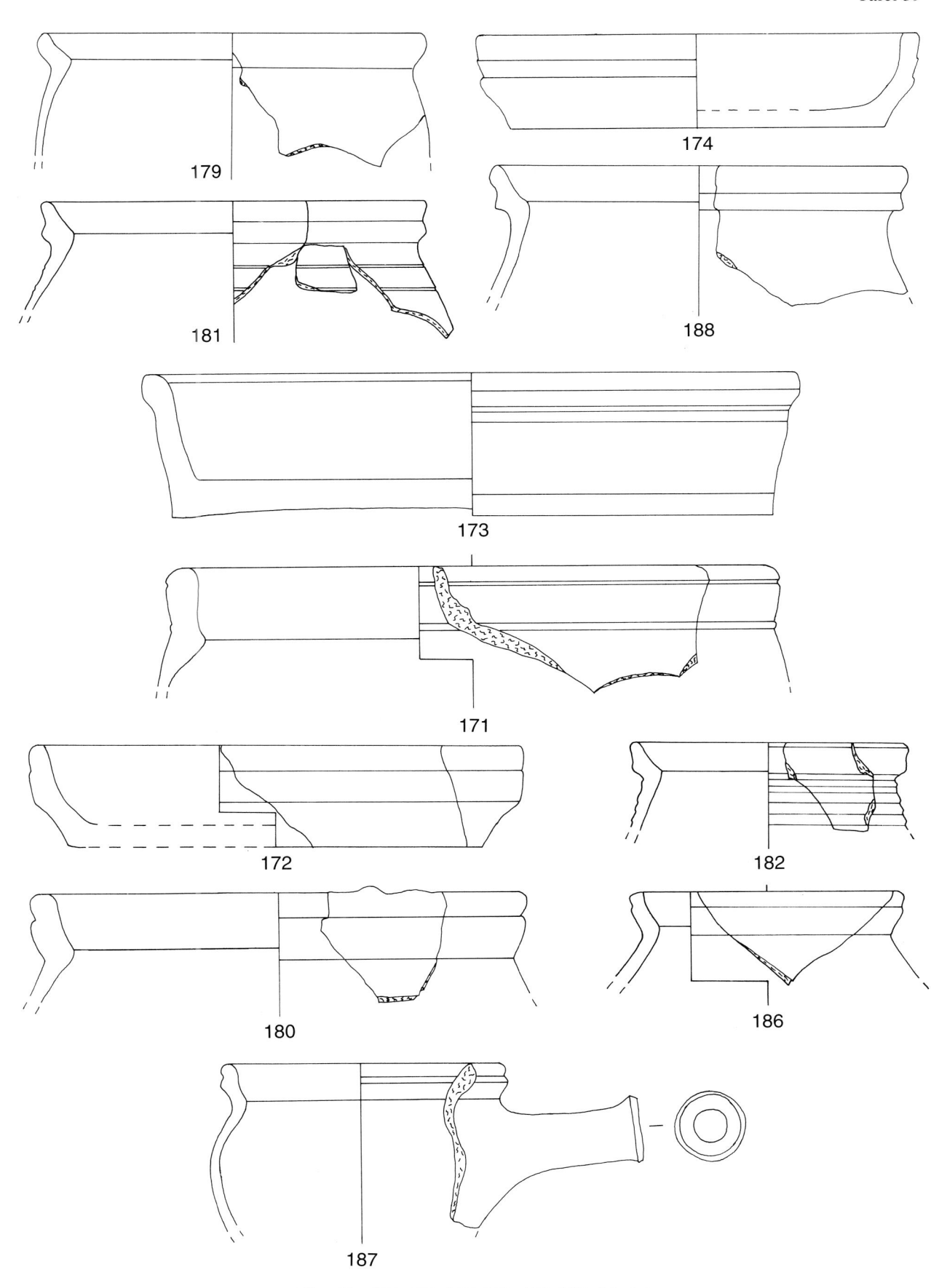

Kat. Nr. 171-174, 179-182, 186-188; M. 1:2.

Tafel 40

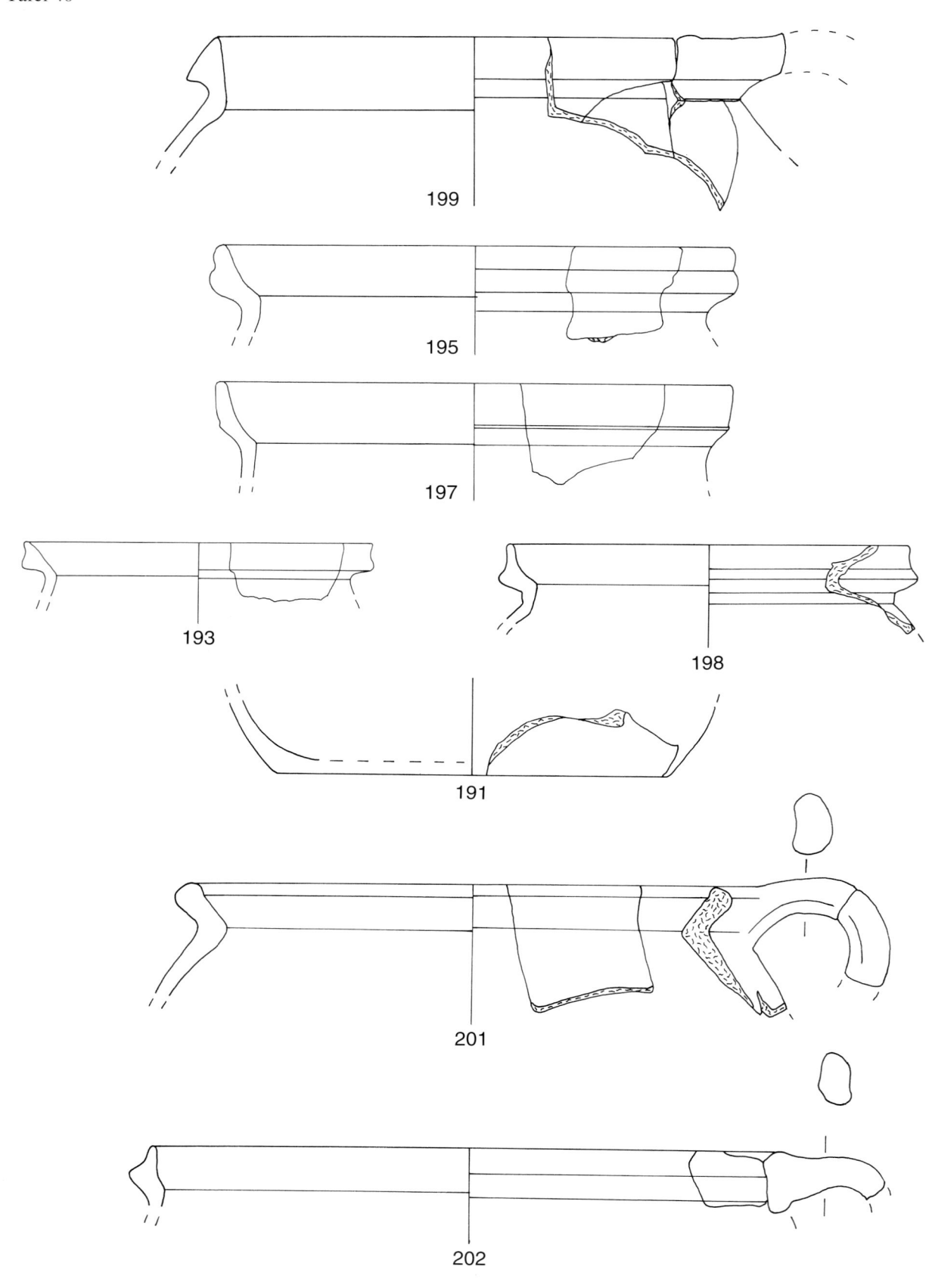

Kat. Nr. 191, 193, 195, 197-199, 201, 202; M. 1:2.

Tafel 41

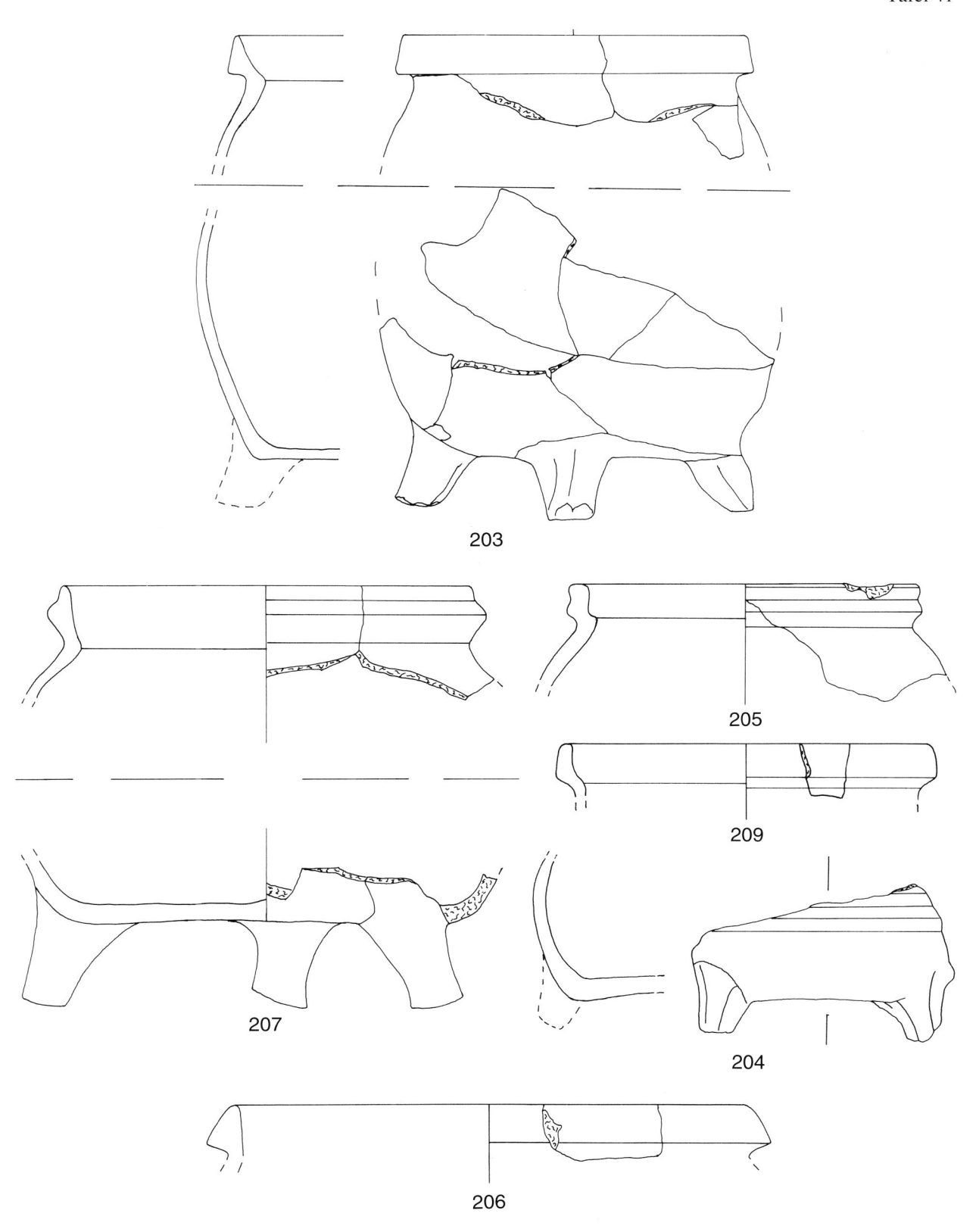

203

205

209

207

204

206

Kat. Nr. 203-207, 209; M. 1:2.

Tafel 42

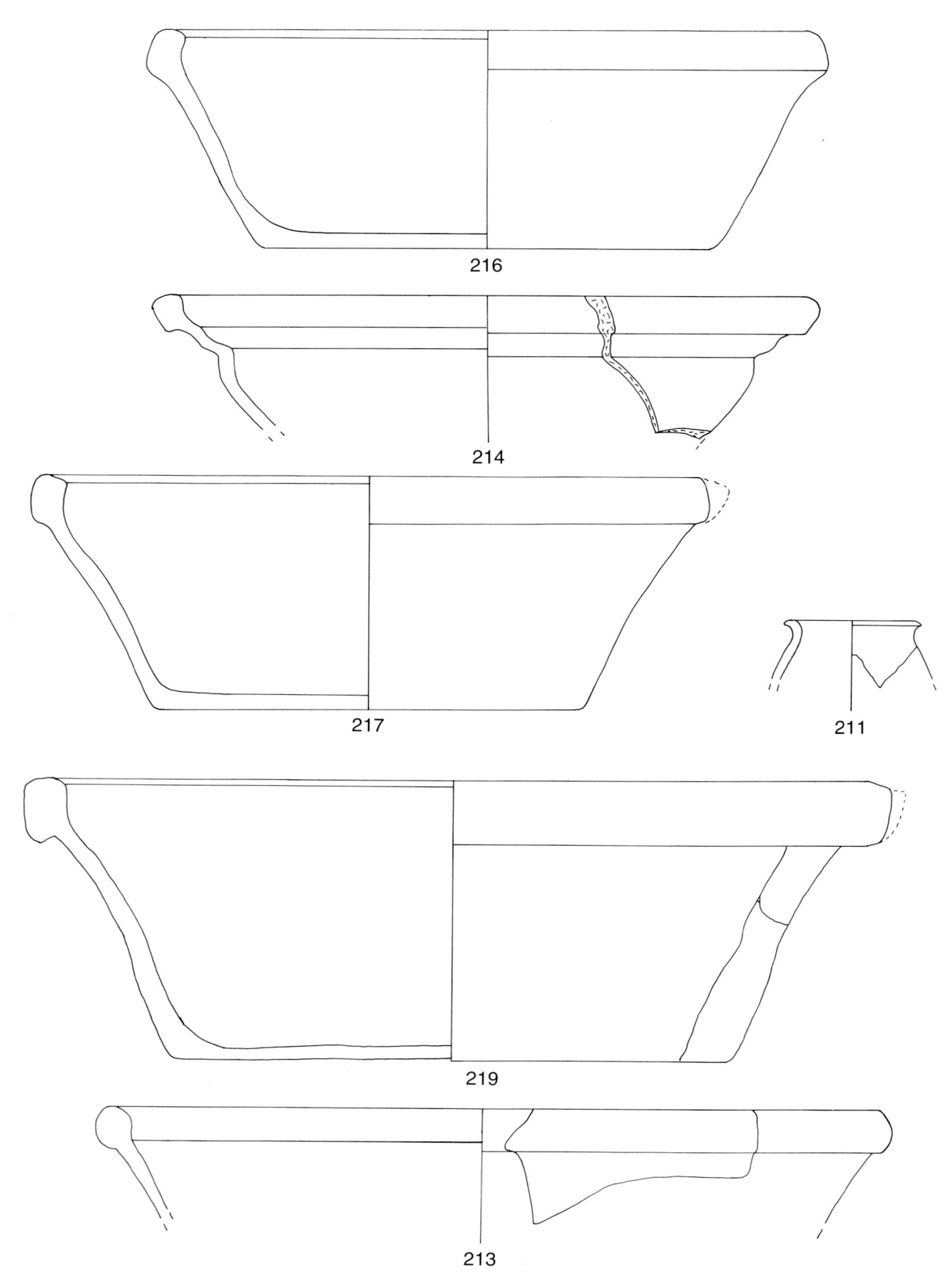

216

214

217

211

219

213

Kat. Nr. 211, 213, 214, 216, 217, 219; M. 1:2.

Tafel 43

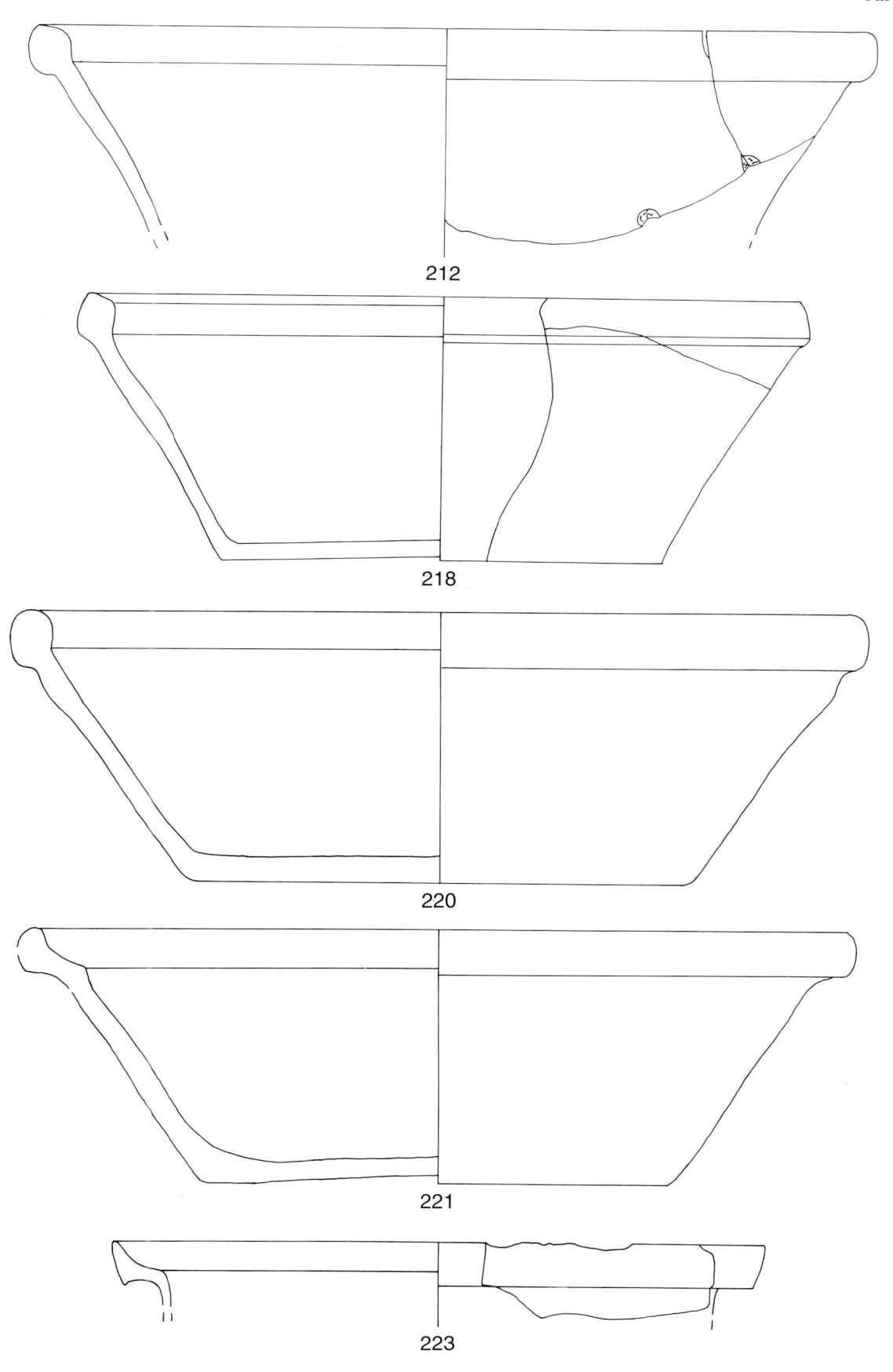

212

218

220

221

223

Kat. Nr. 212, 218, 220, 221, 223; M. 1:2.

Tafel 44

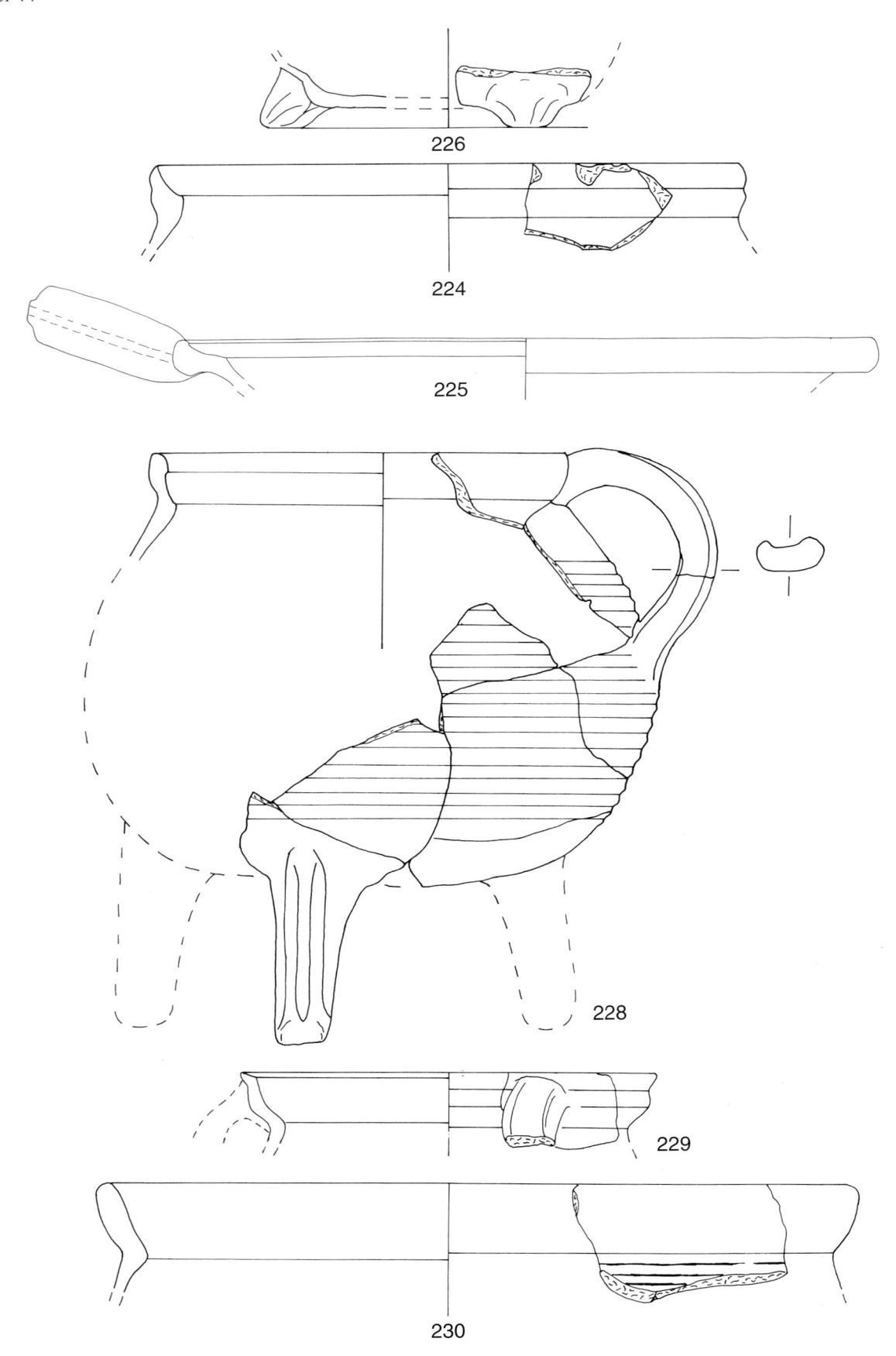

226

224

225

228

229

230

Kat. Nr. 224-226, 228-230; M. 1:2 (Kat. Nr. 225 = M. 1:3).

Tafel 45

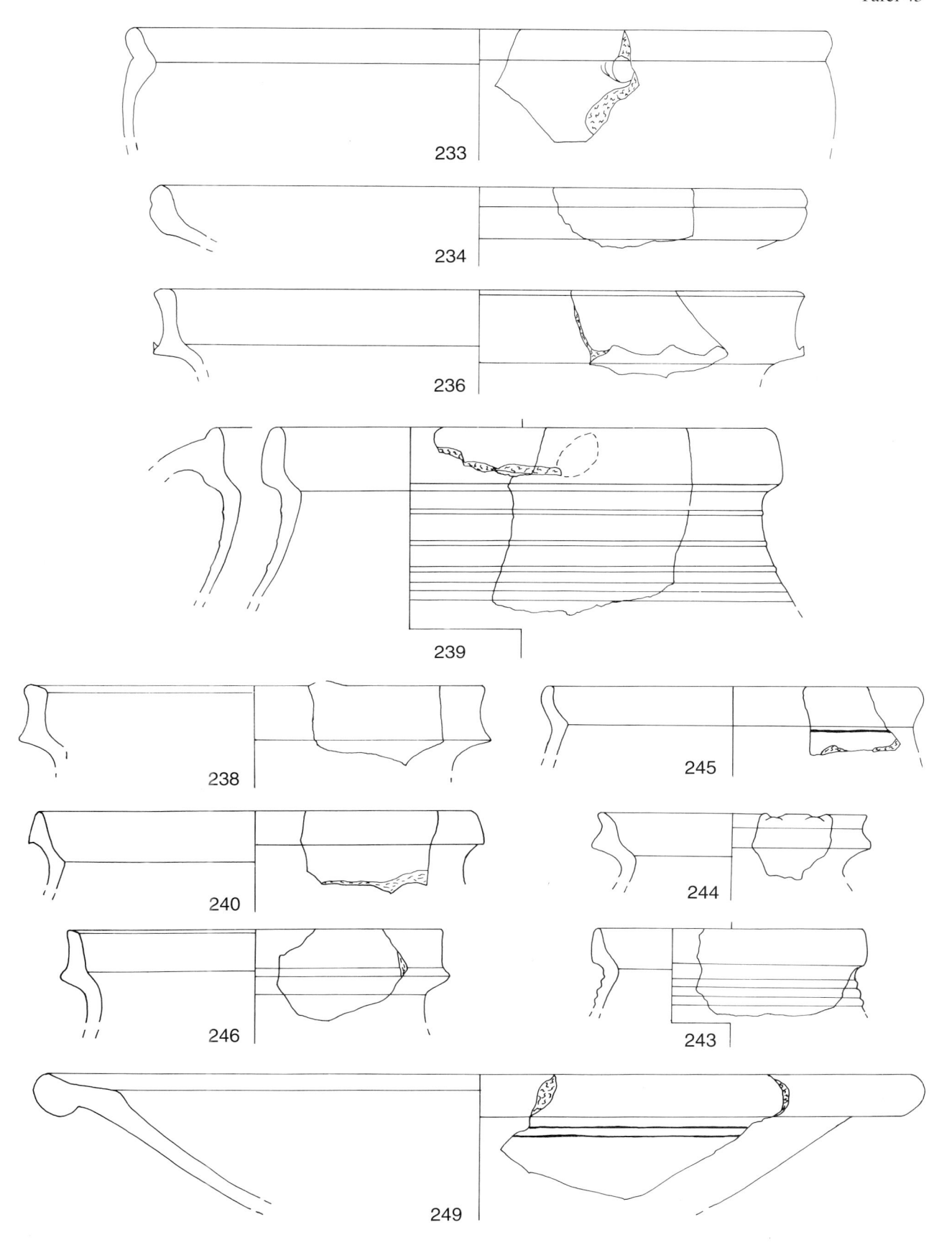

Kat. Nr. 233, 234, 236, 238-240, 243-246, 249; M. 1:2.

Tafel 46

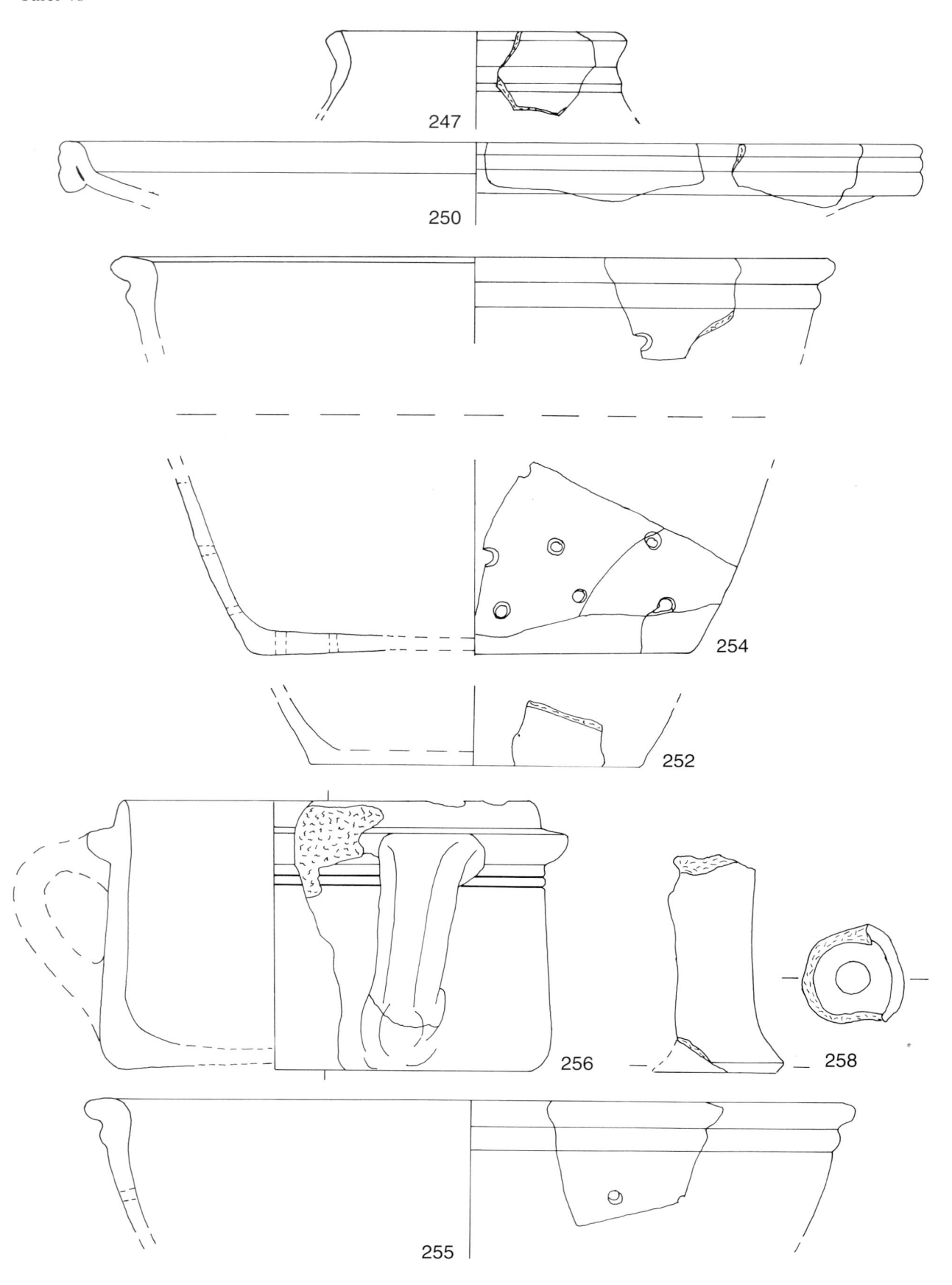

247

250

254

252

256 258

255

Kat. Nr. 247, 250, 252, 254-256, 258; M. 1:2.

Tafel 47

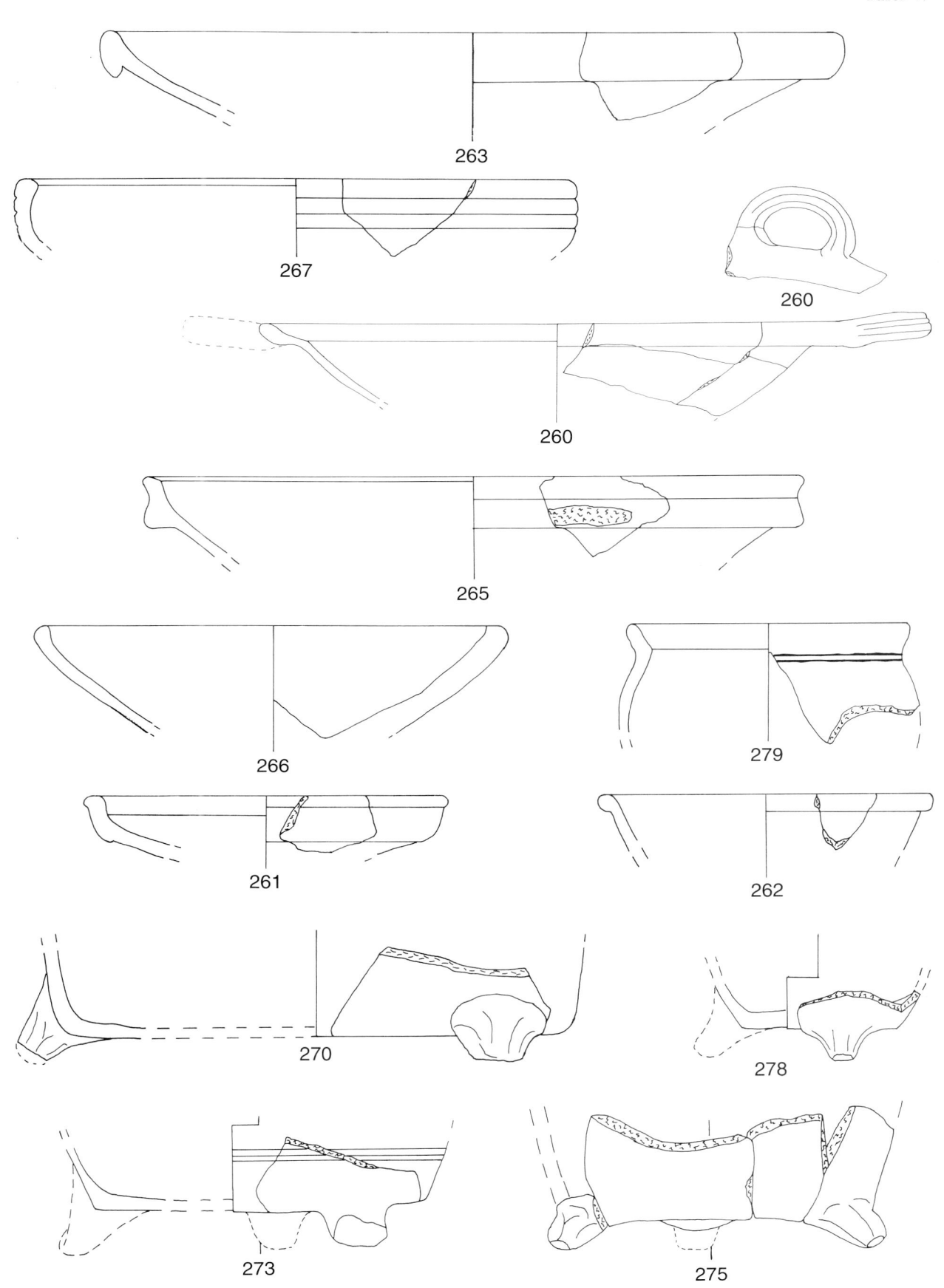

Kat. Nr. 260-263, 265-267, 270, 273, 275, 278, 279; M. 1:2 (Kat. Nr. 260 = M. 1:3).

Tafel 48

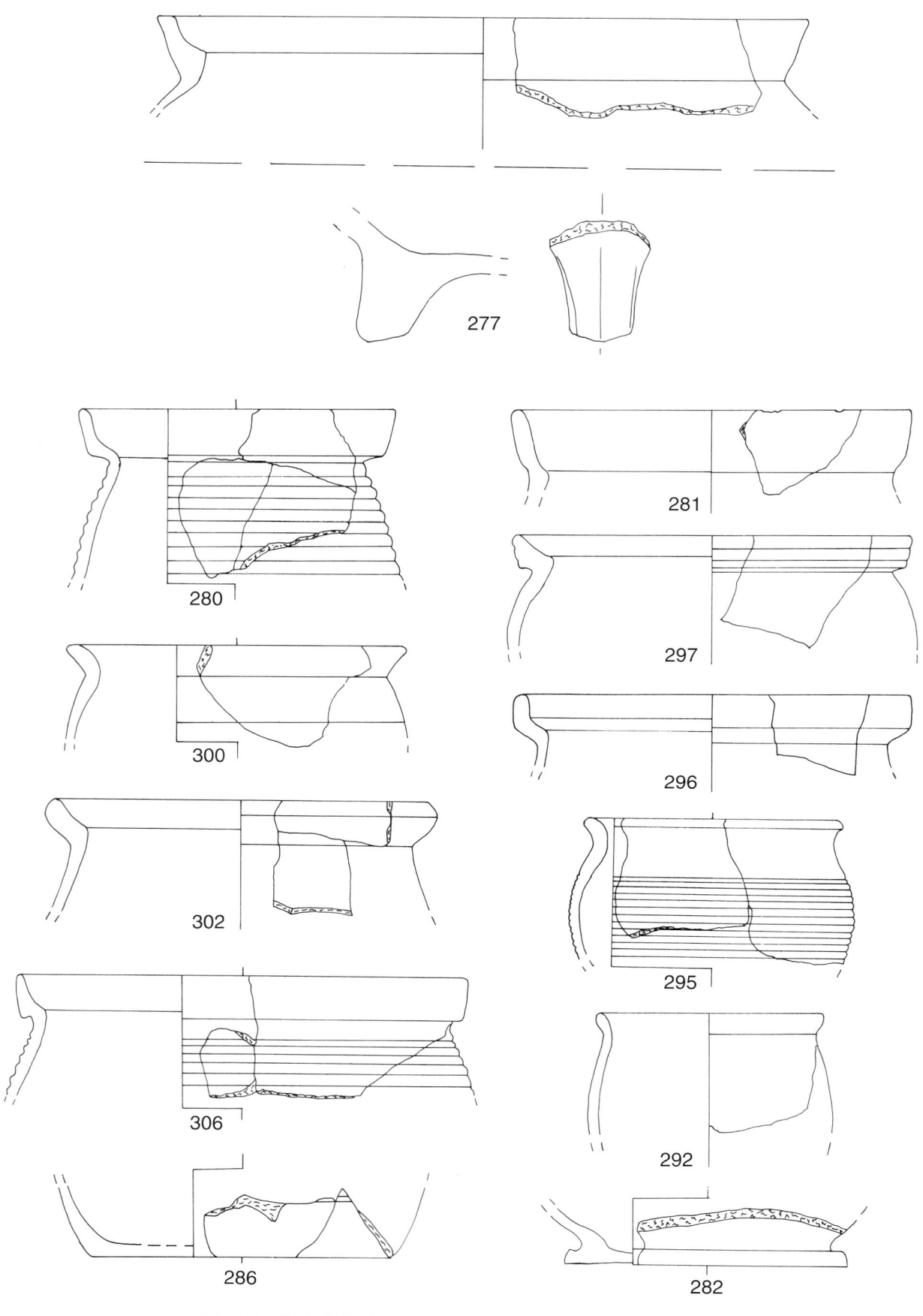

Kat. Nr. 277, 280-282, 286, 292, 295-297, 300, 302, 306; M. 1:2.

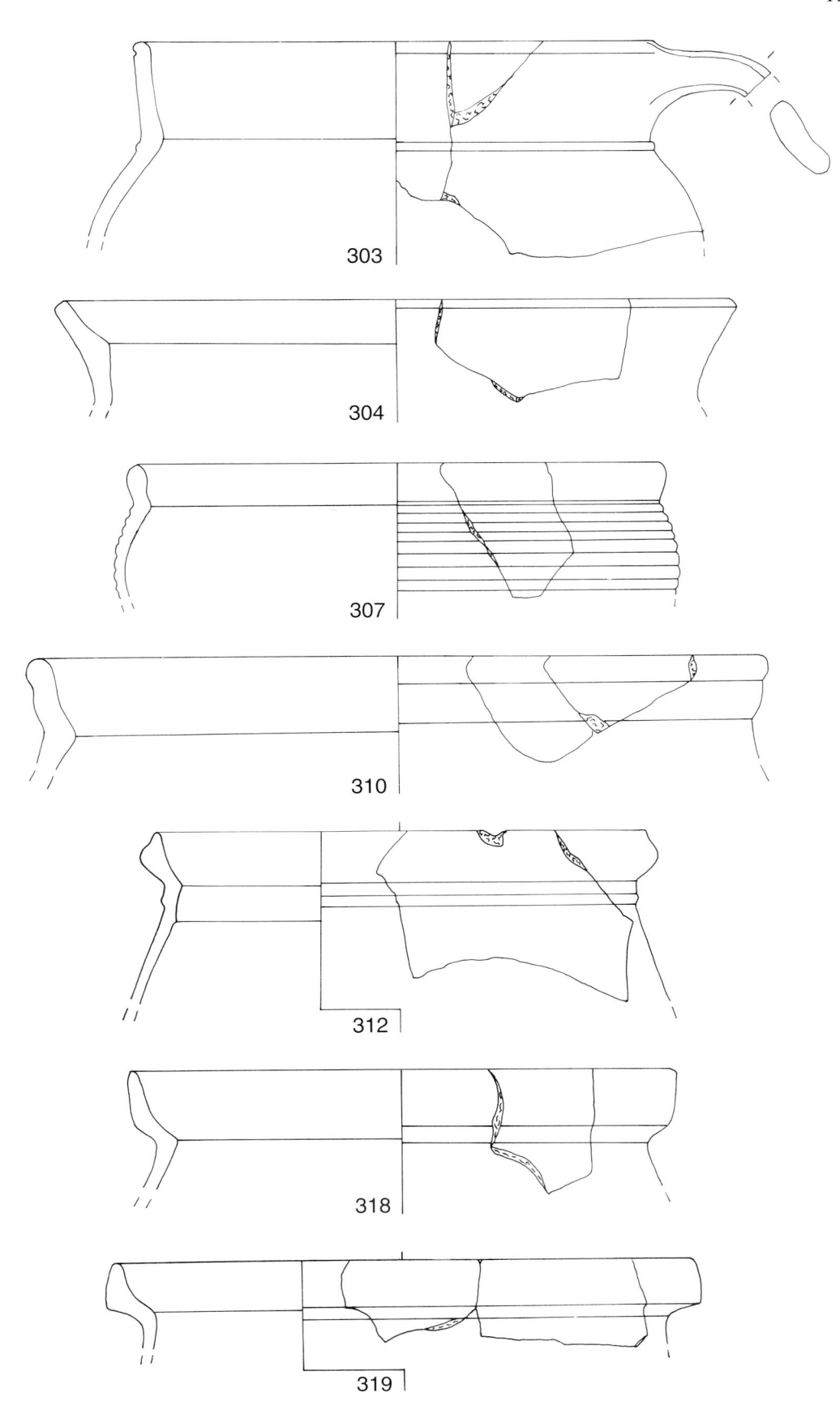

Kat. Nr. 303, 304, 307, 310, 318, 319; M. 1:2.

Tafel 50

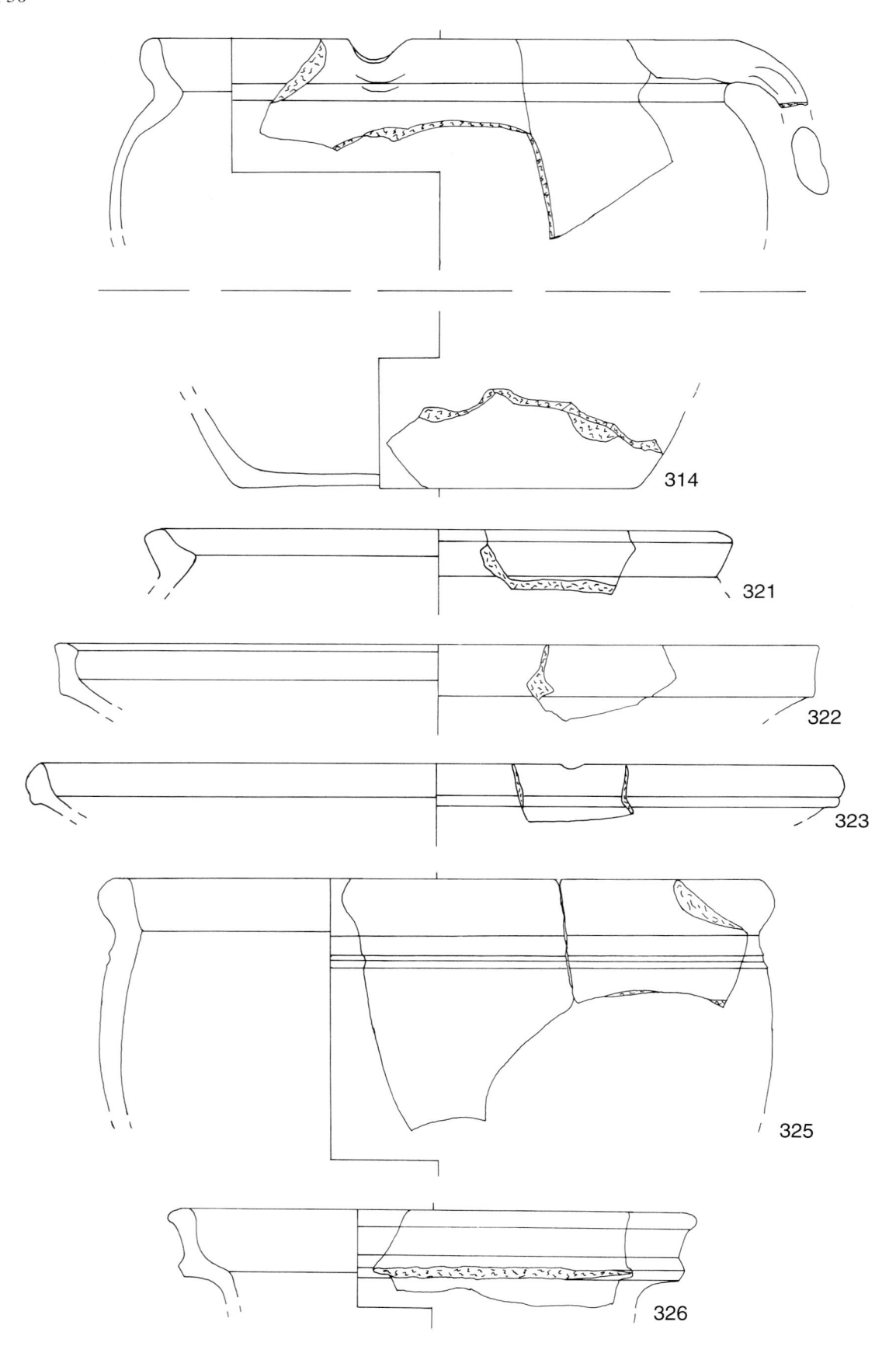

Kat. Nr. 314, 321-323, 325, 326; M. 1:2.

Tafel 51

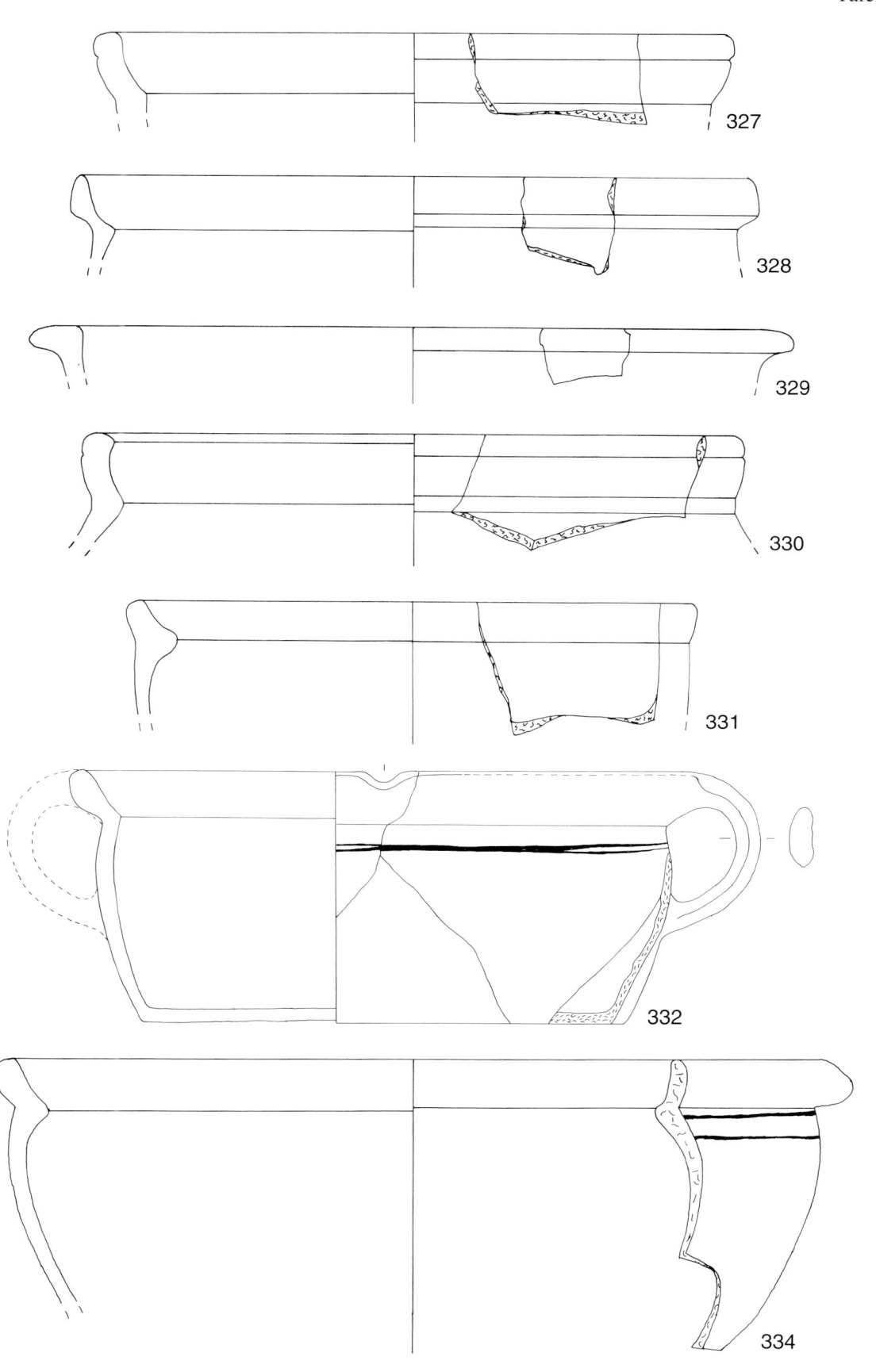

Kat. Nr. 327–332, 334; M. 1:2 (Kat. Nr. 332 = M. 1:3).

Tafel 52

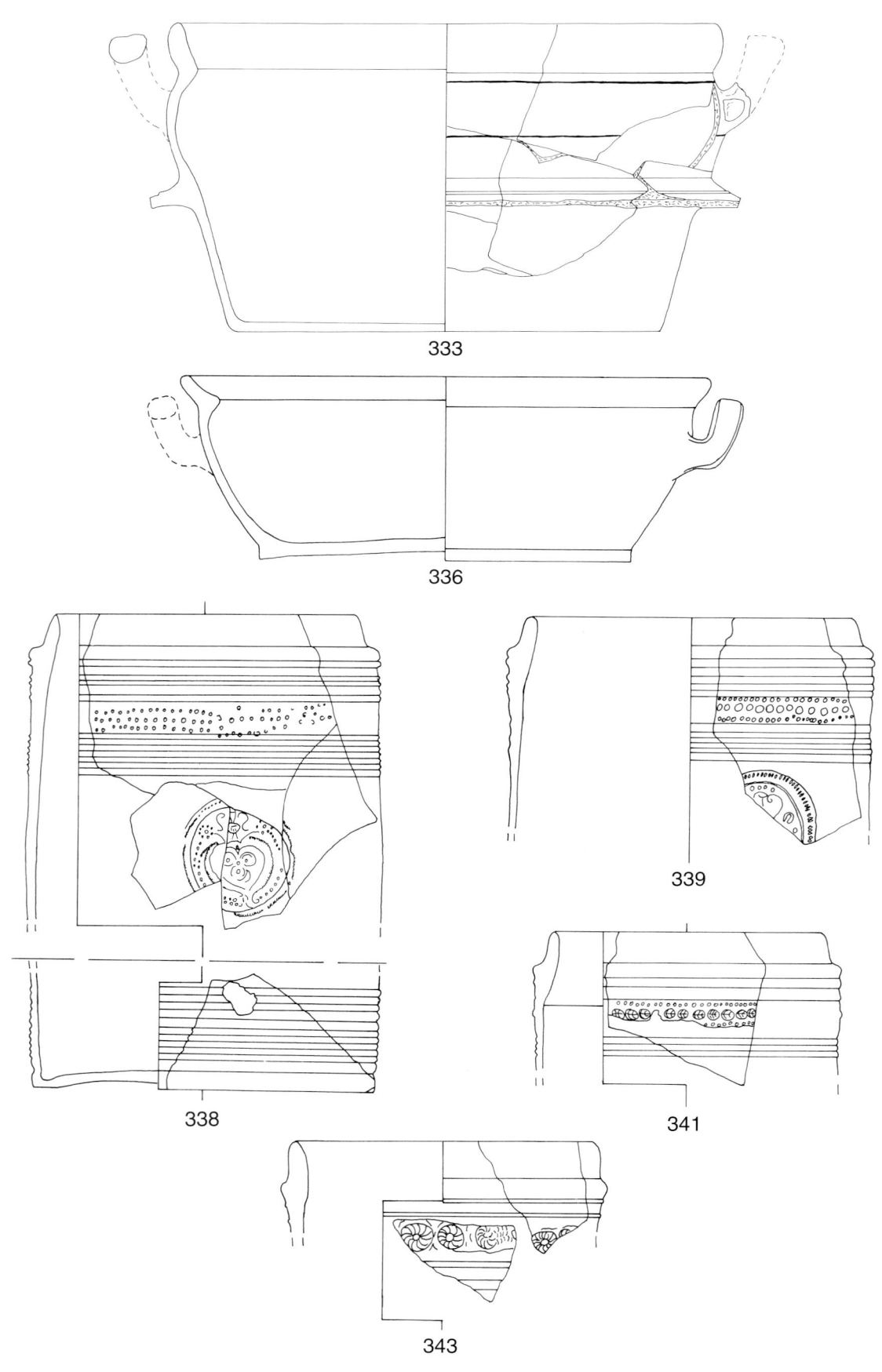

333

336

338

339

341

343

Kat. Nr. 333, 336, 338, 339, 341, 343; M. 1:2 (Kat. Nr. 333 = M. 1:3).

Tafel 53

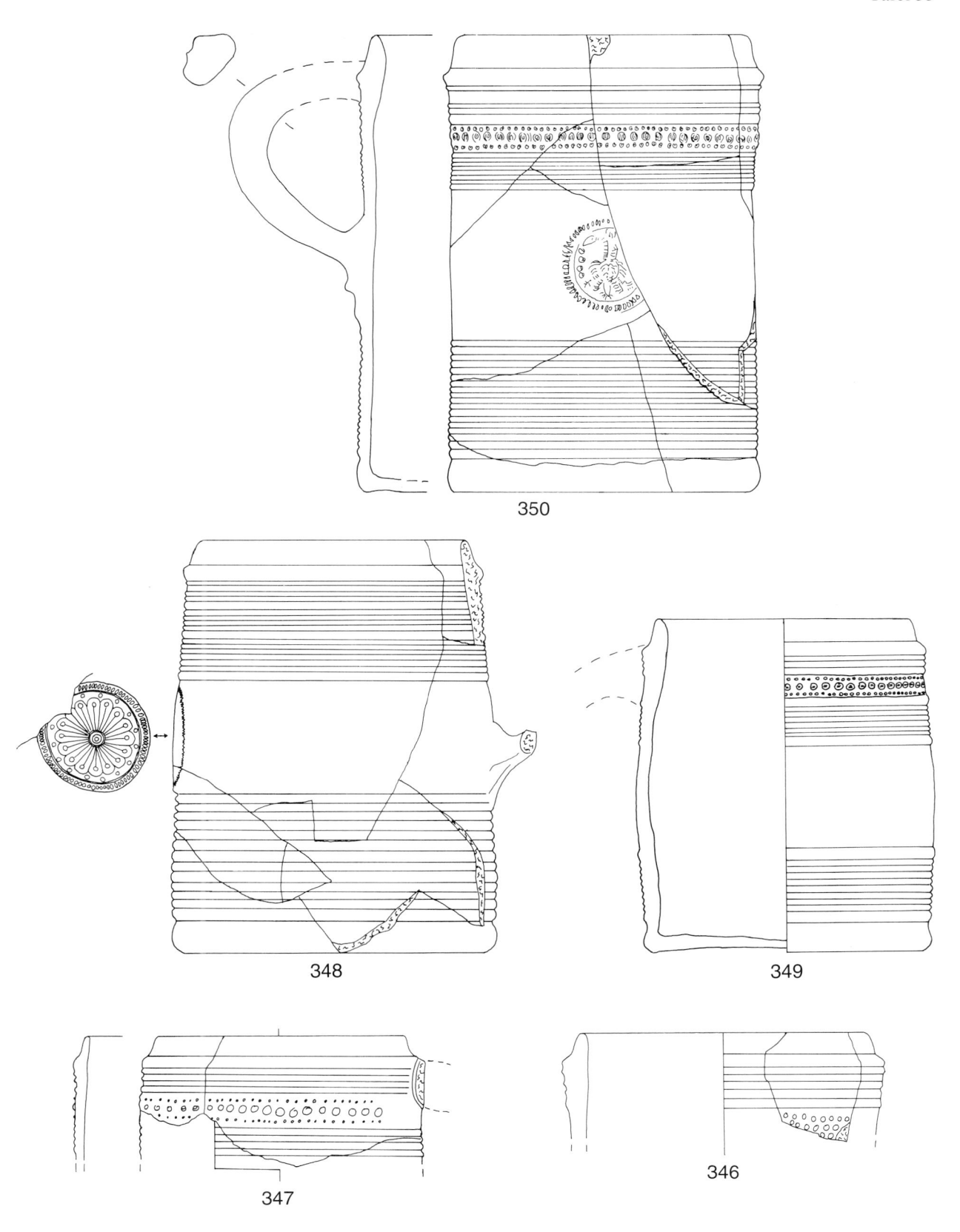

350

348

349

347

346

Kat. Nr. 346-350; M. 1:2.

Tafel 54

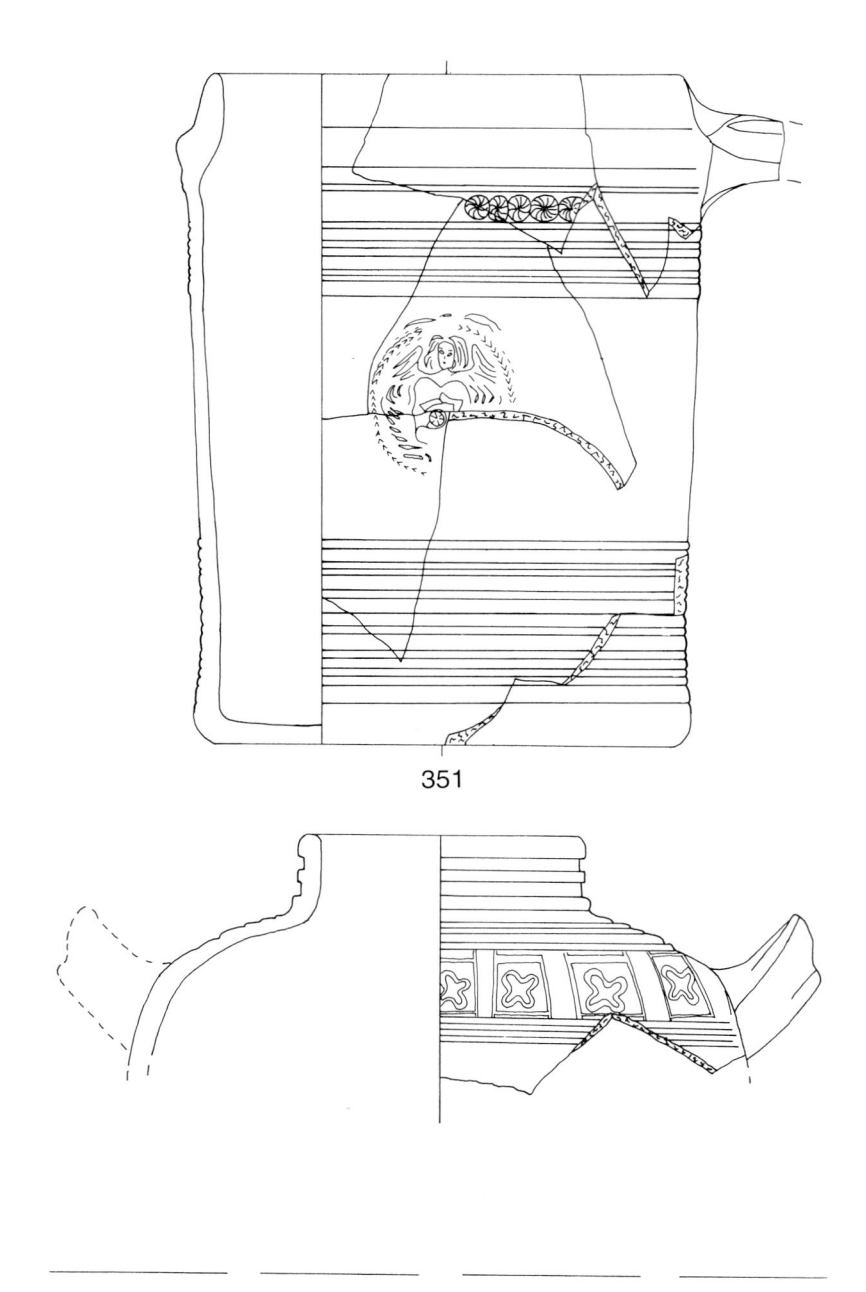

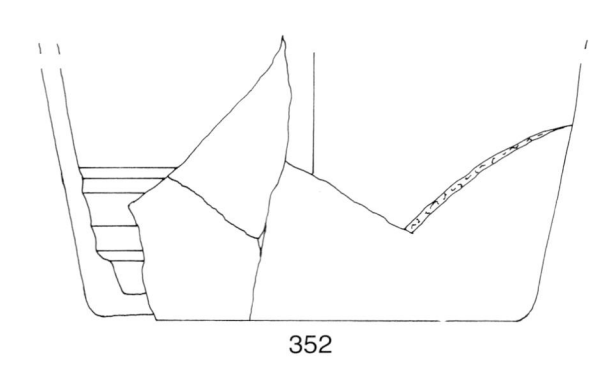

351

352

Kat. Nr. 351, 352; M. 1:2.

Tafel 55

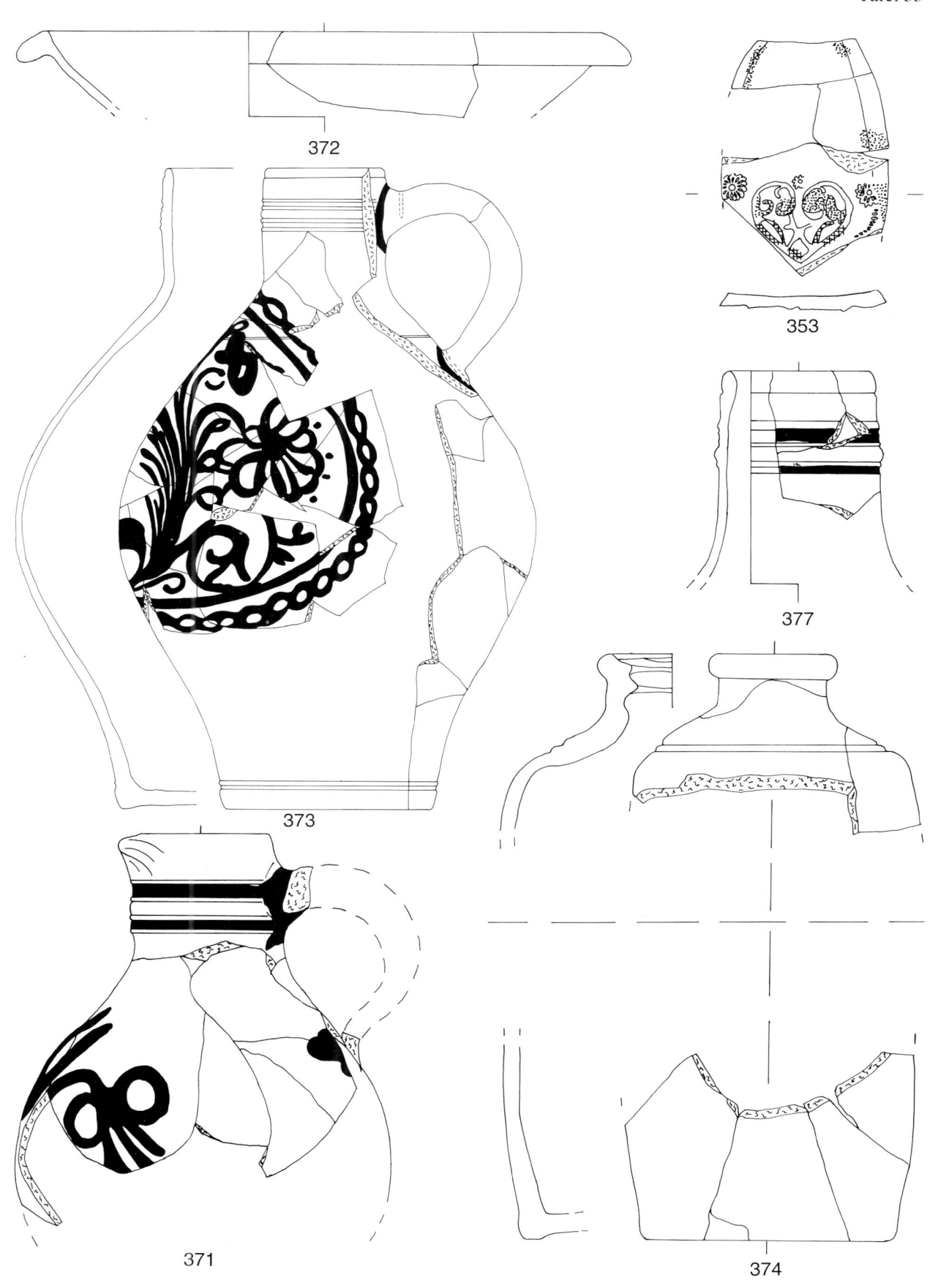

372

353

377

373

371

374

Kat. Nr. 353, 371-374, 377; M. 1:2 (Kat. Nr. 373 = M. 1:3).

Tafel 56

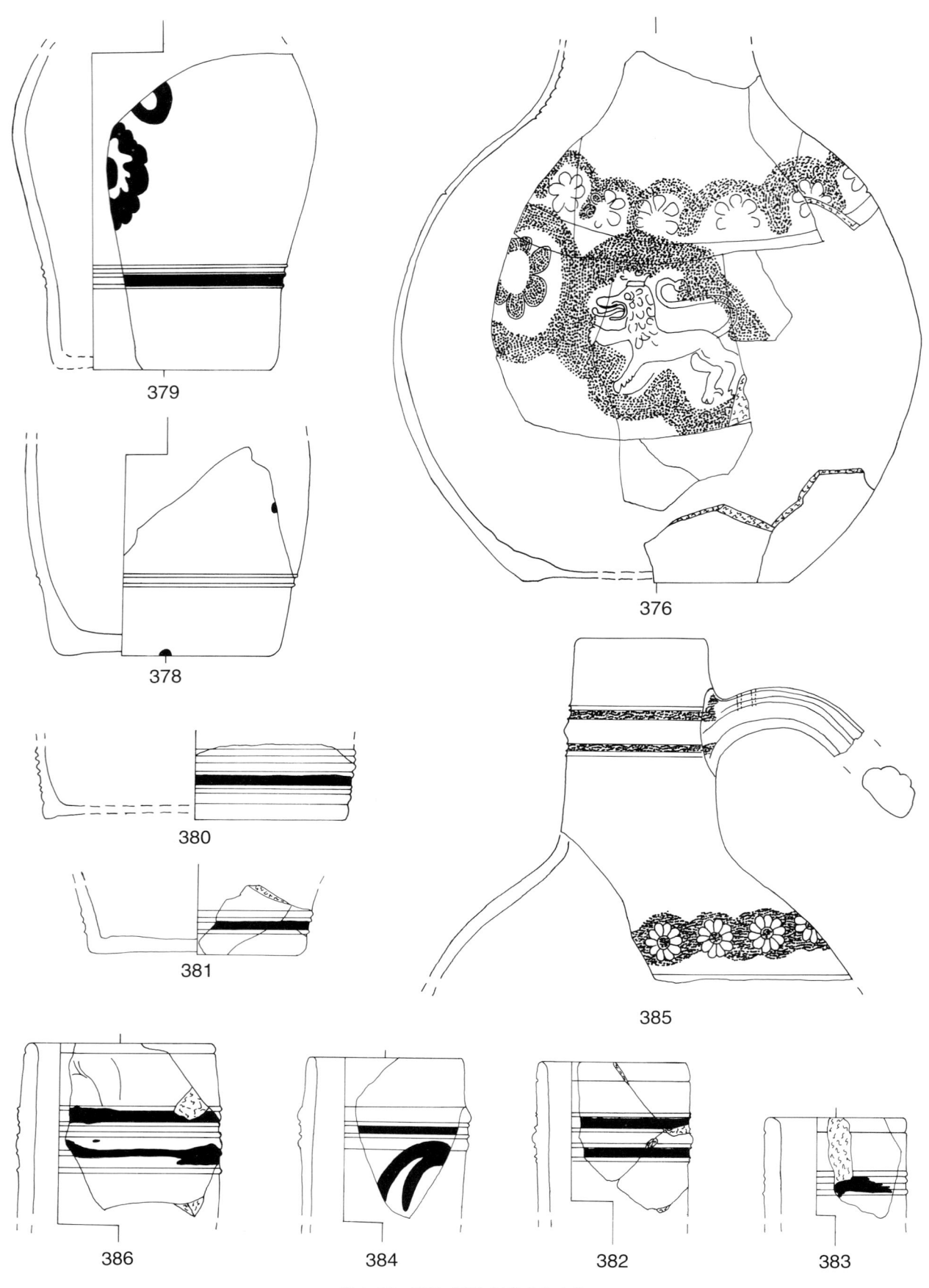

Kat. Nr. 376, 378-386; M. 1:2.

Tafel 57

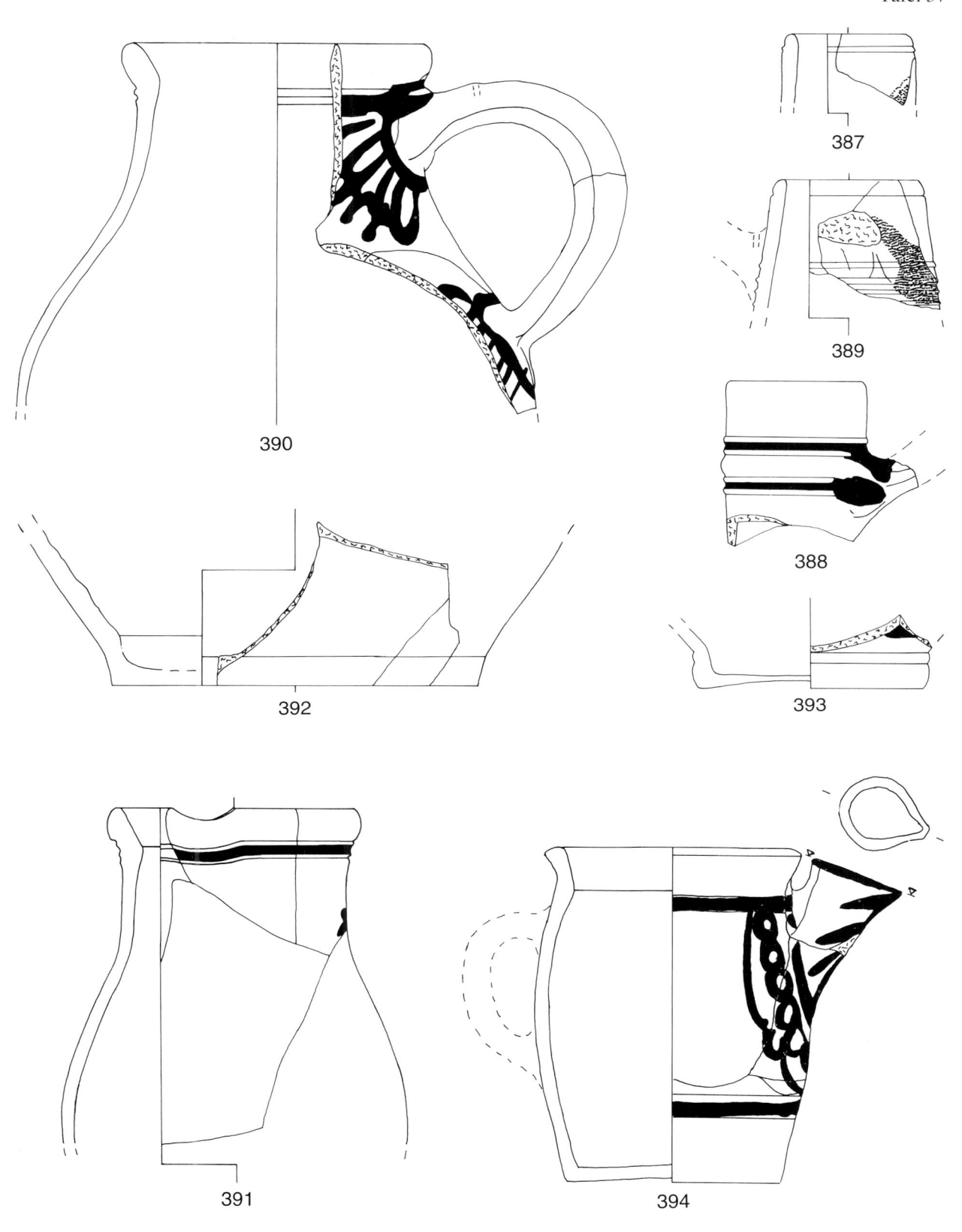

Kat. Nr. 387-394; M. 1:2.

Tafel 58

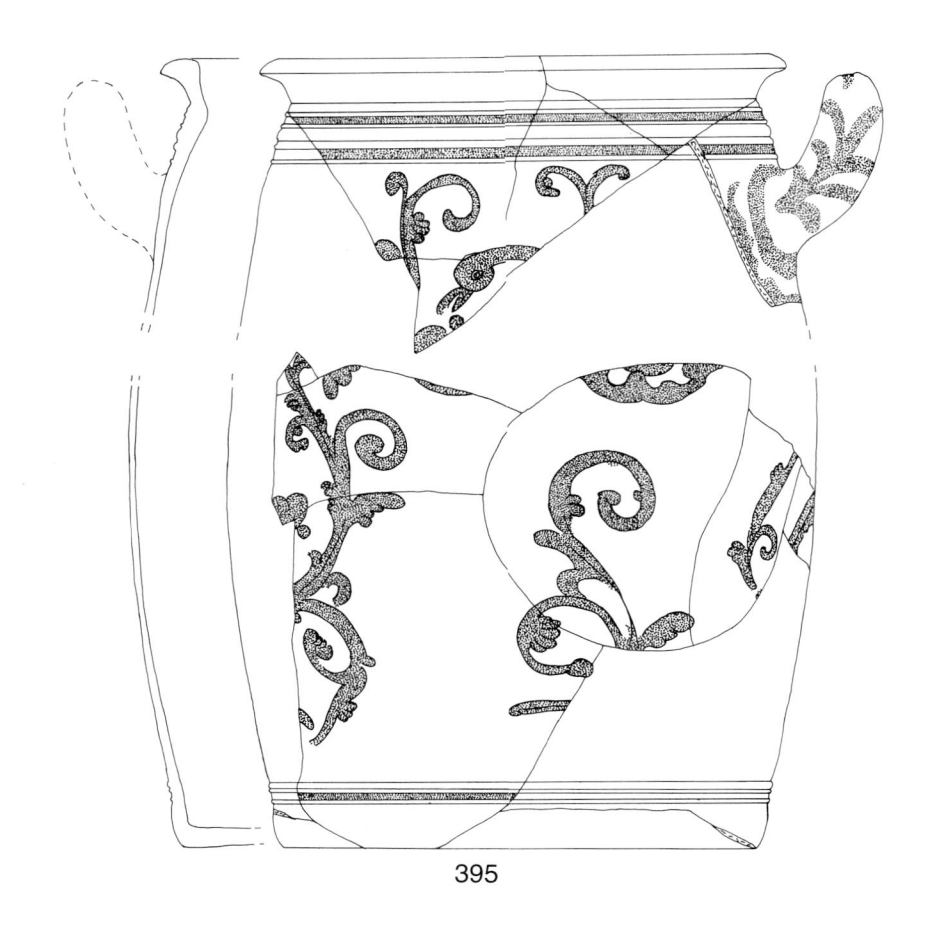

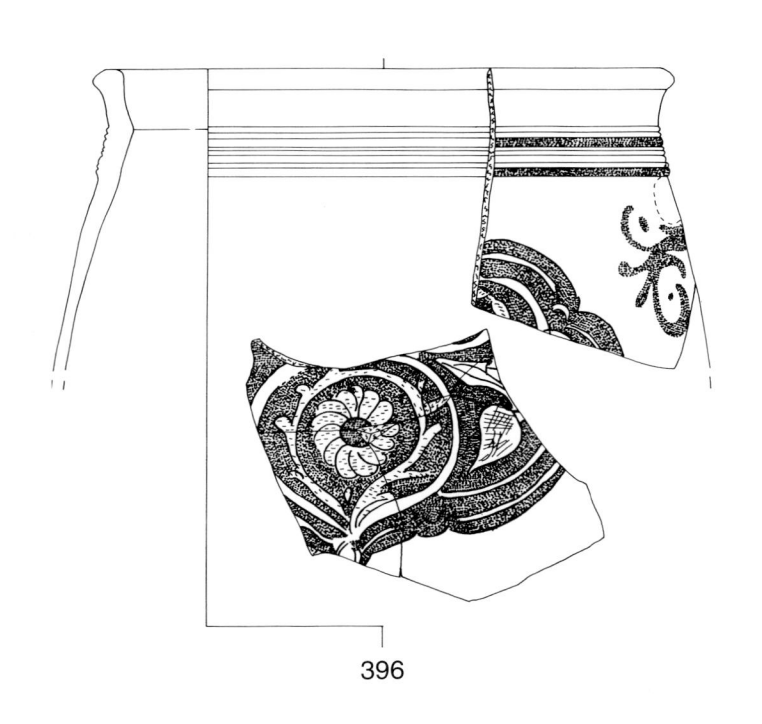

395

396

Kat. Nr. 395, 396; M. 1:3.

Tafel 59

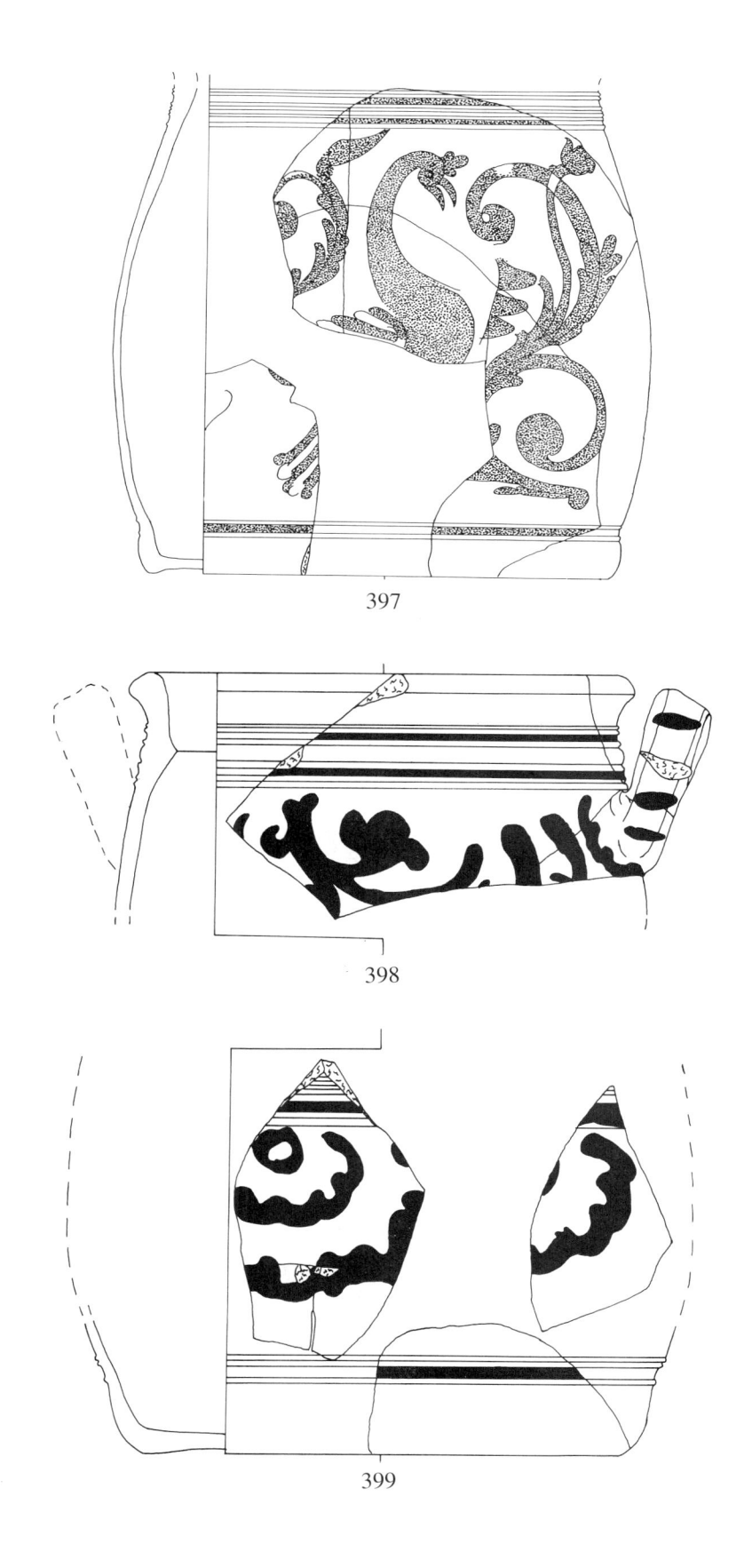

397

398

399

Kat. Nr. 397-399; M. 1:2 (Kat. Nr. 397 = M. 1:3).

Tafel 60

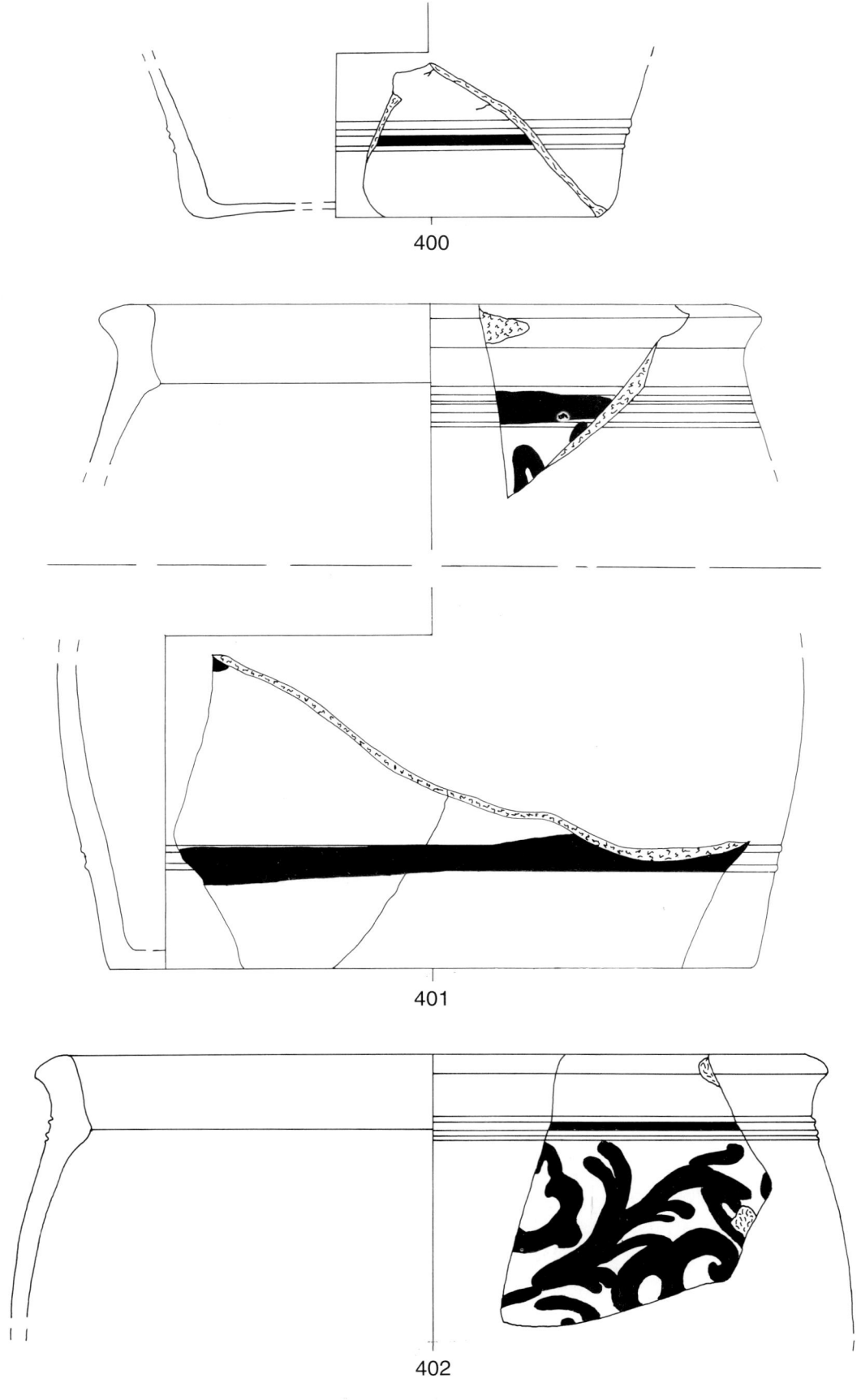

400

401

402

Kat. Nr. 400–402; M. 1:2.

Tafel 61

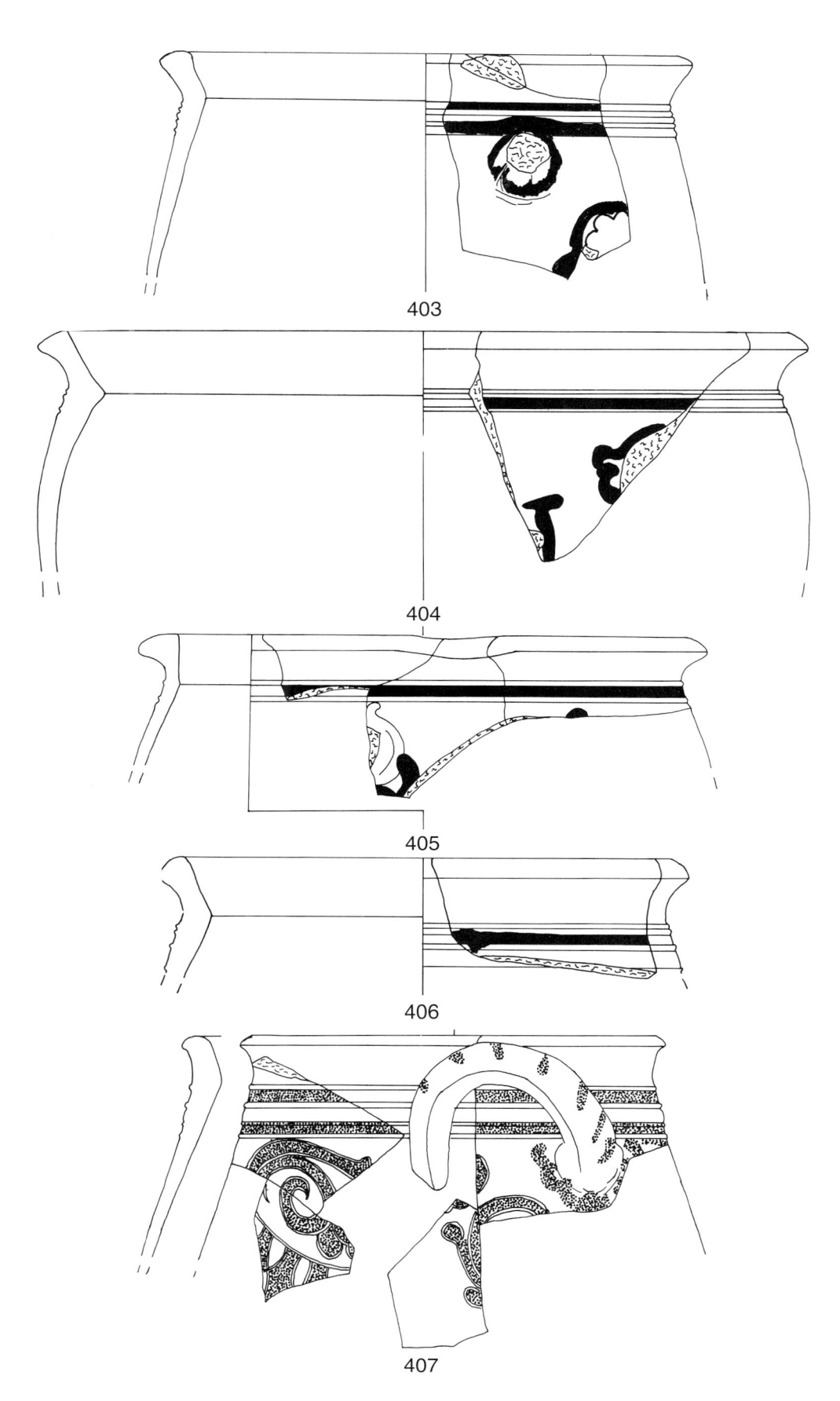

403

404

405

406

407

Kat. Nr. 403-407; M. 1:2.

Tafel 62

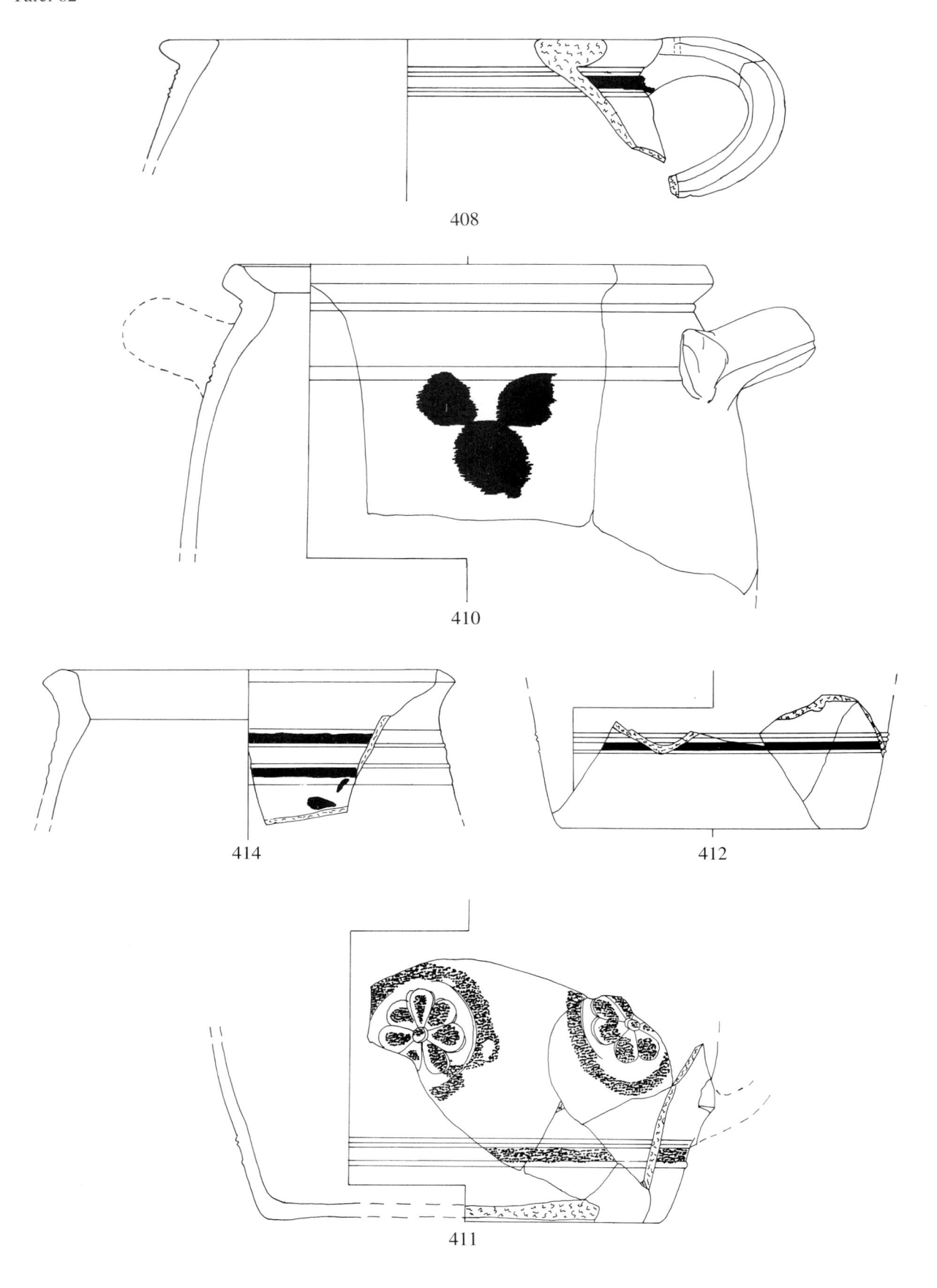

408

410

414

412

411

Kat. Nr. 408, 410-412, 414; M. 1:2.

Tafel 63

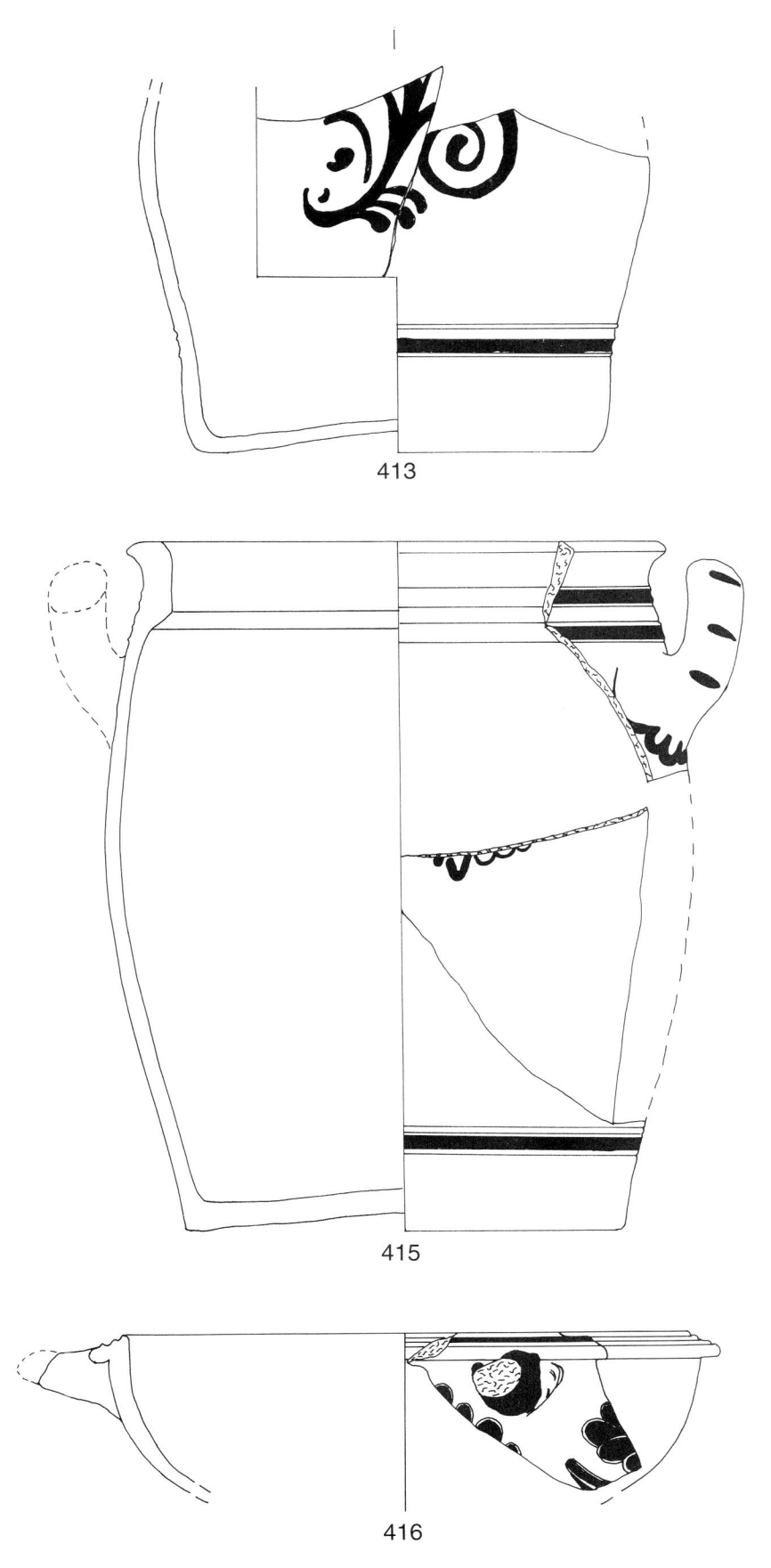

413

415

416

Kat. Nr. 413, 415, 416; M. 1:2.

Tafel 64

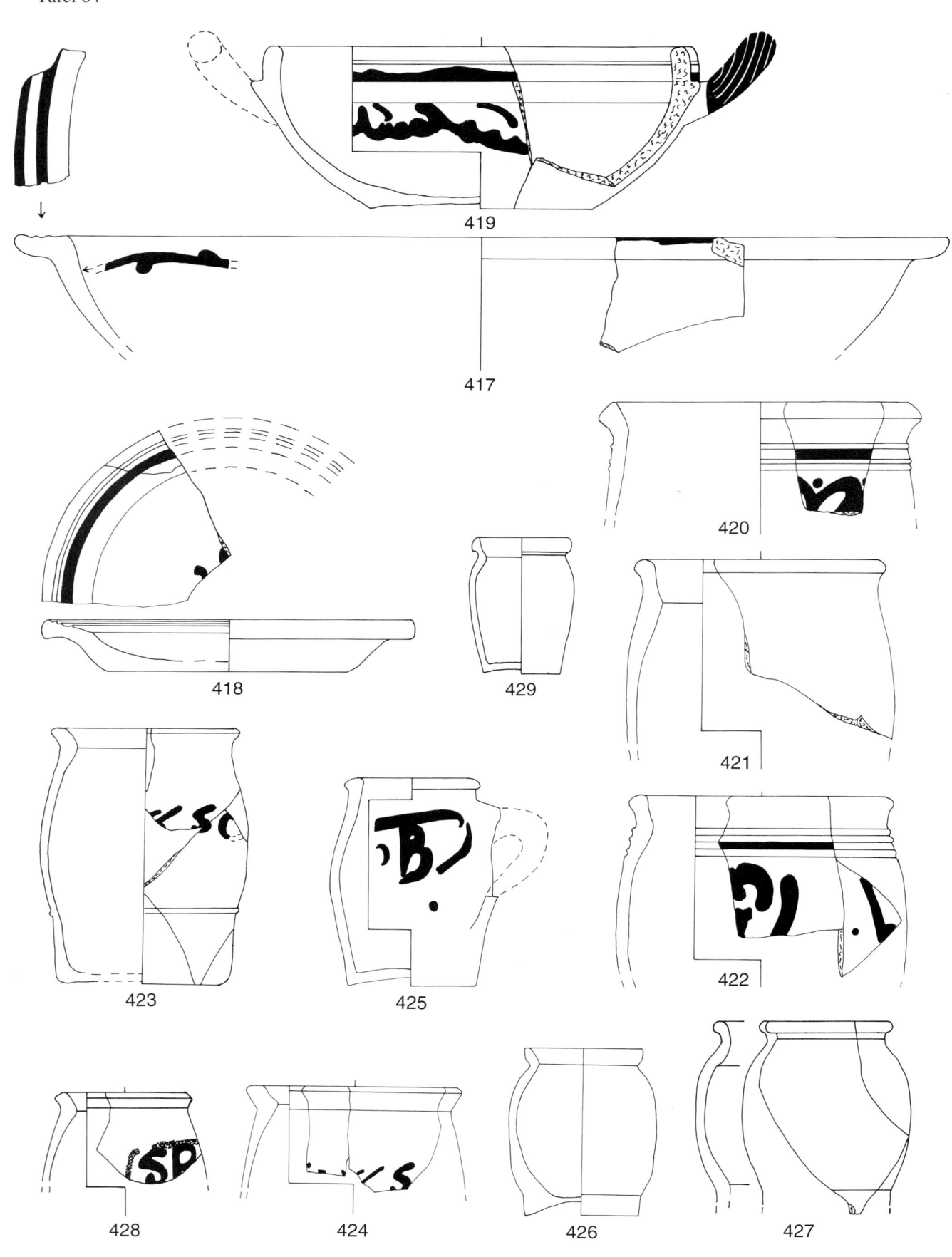

Kat. Nr. 417–429; M. 1:2.

Tafel 65

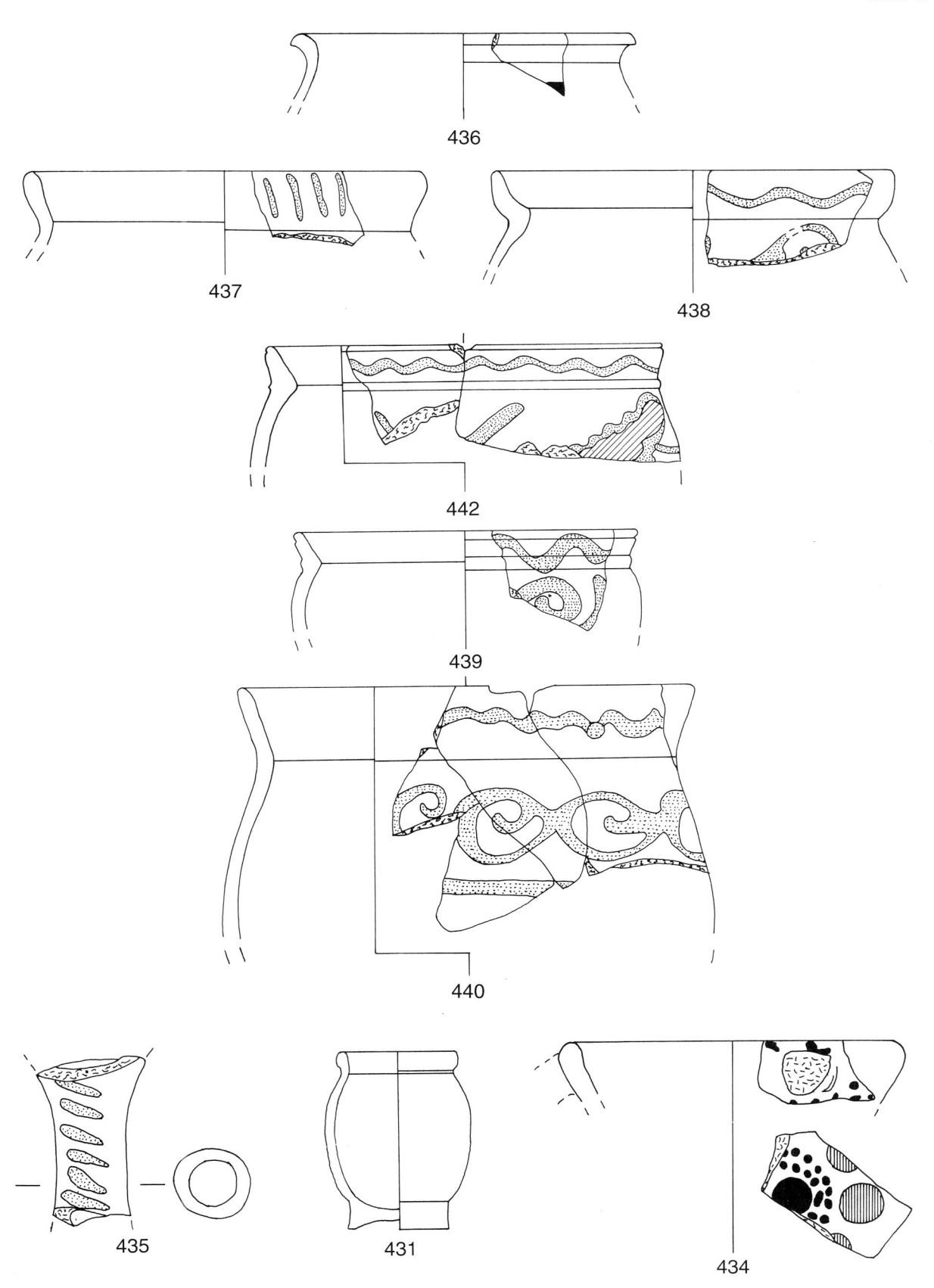

436

437 438

442

439

440

435 431 434

Kat. Nr. 431, 434-440, 442; M. 1:2.

Tafel 66

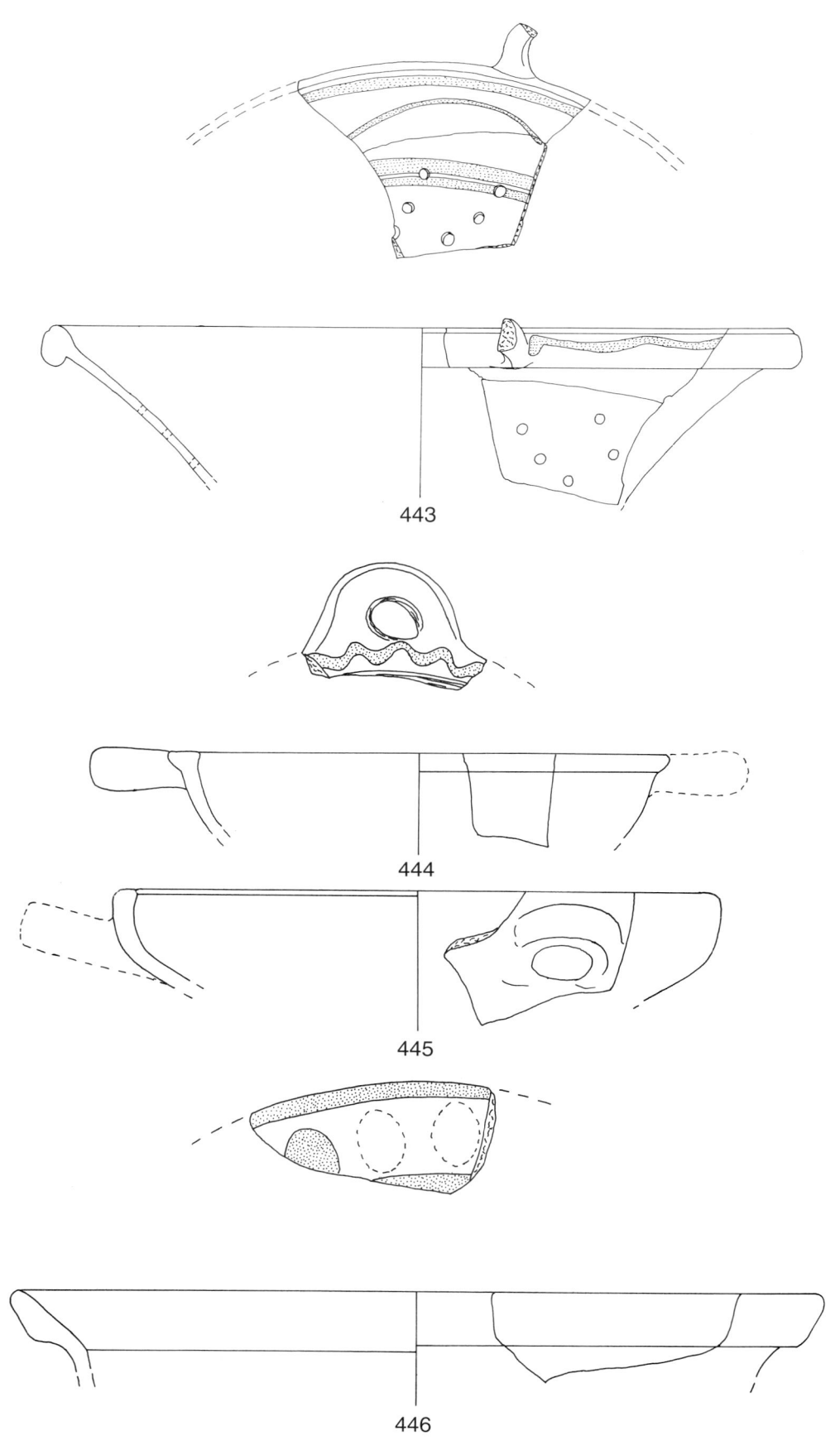

443

444

445

446

Kat. Nr. 443-446; M. 1:2 (Kat. Nr. 443 = M. 1:3).

Tafel 67

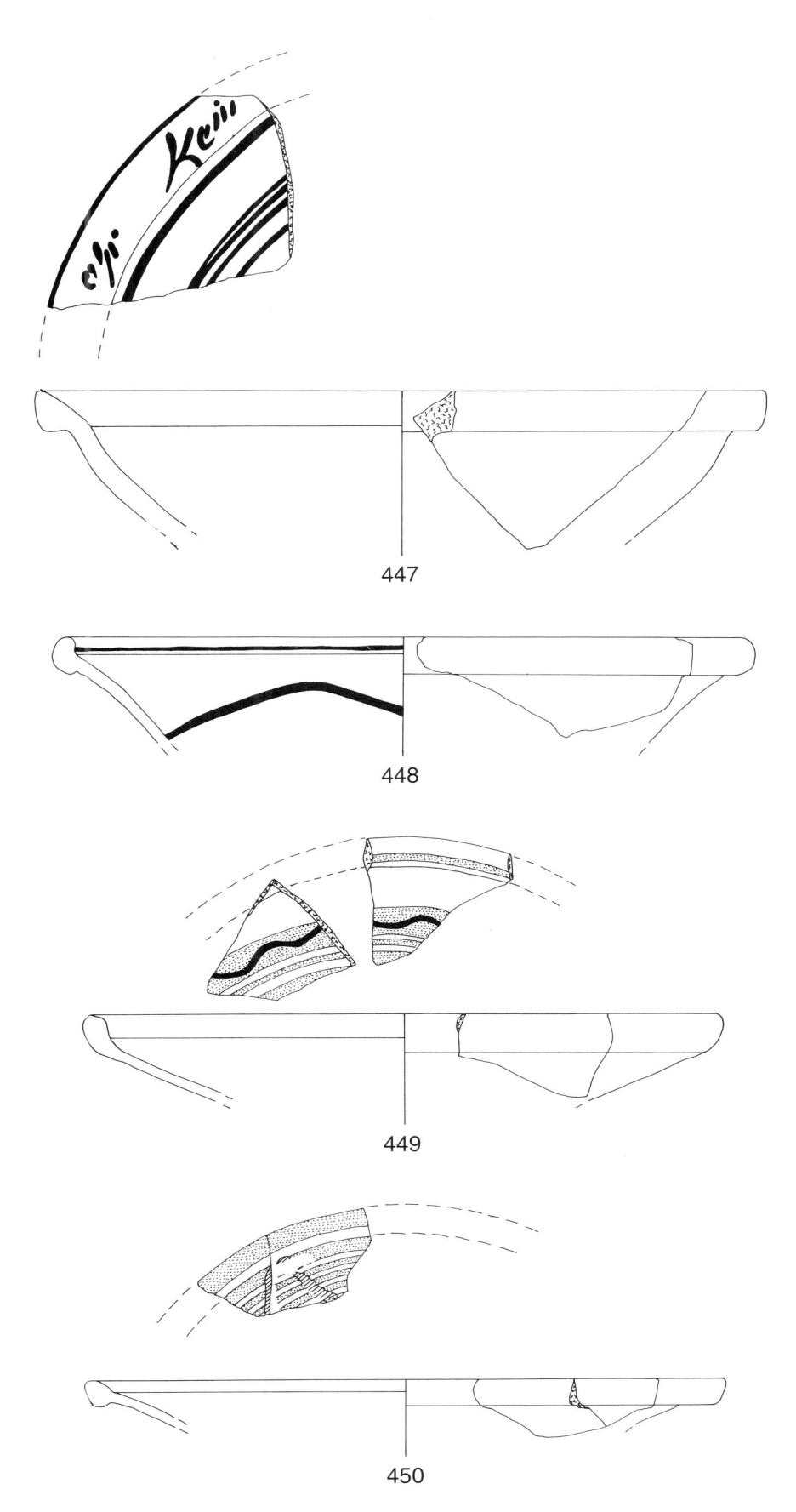

447

448

449

450

Kat. Nr. 447-450; M. 1:2.

Tafel 68

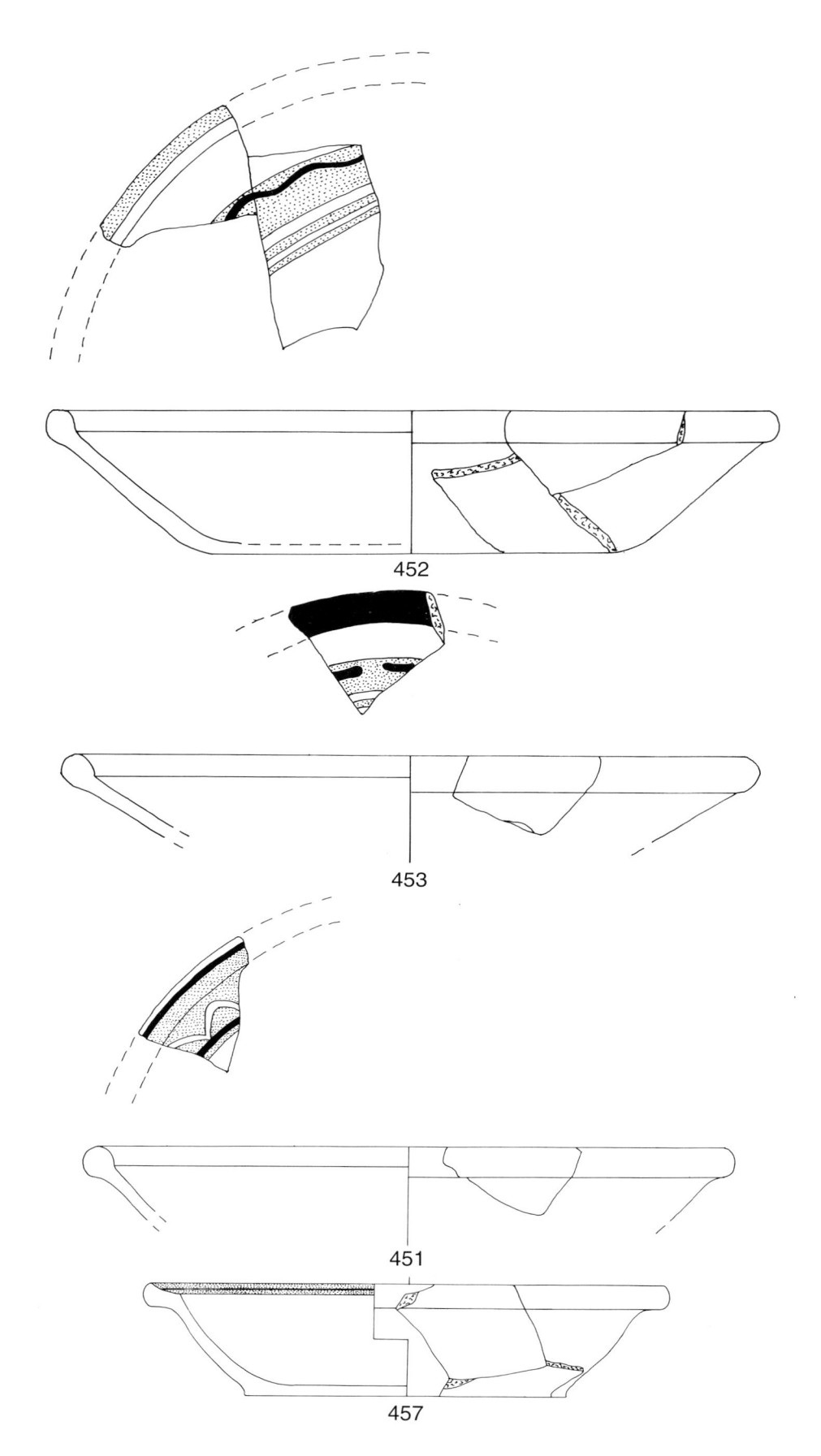

Kat. Nr. 451-453, 457; M. 1:2 (Kat. Nr. 451, 457 = M. 1:3).

Tafel 69

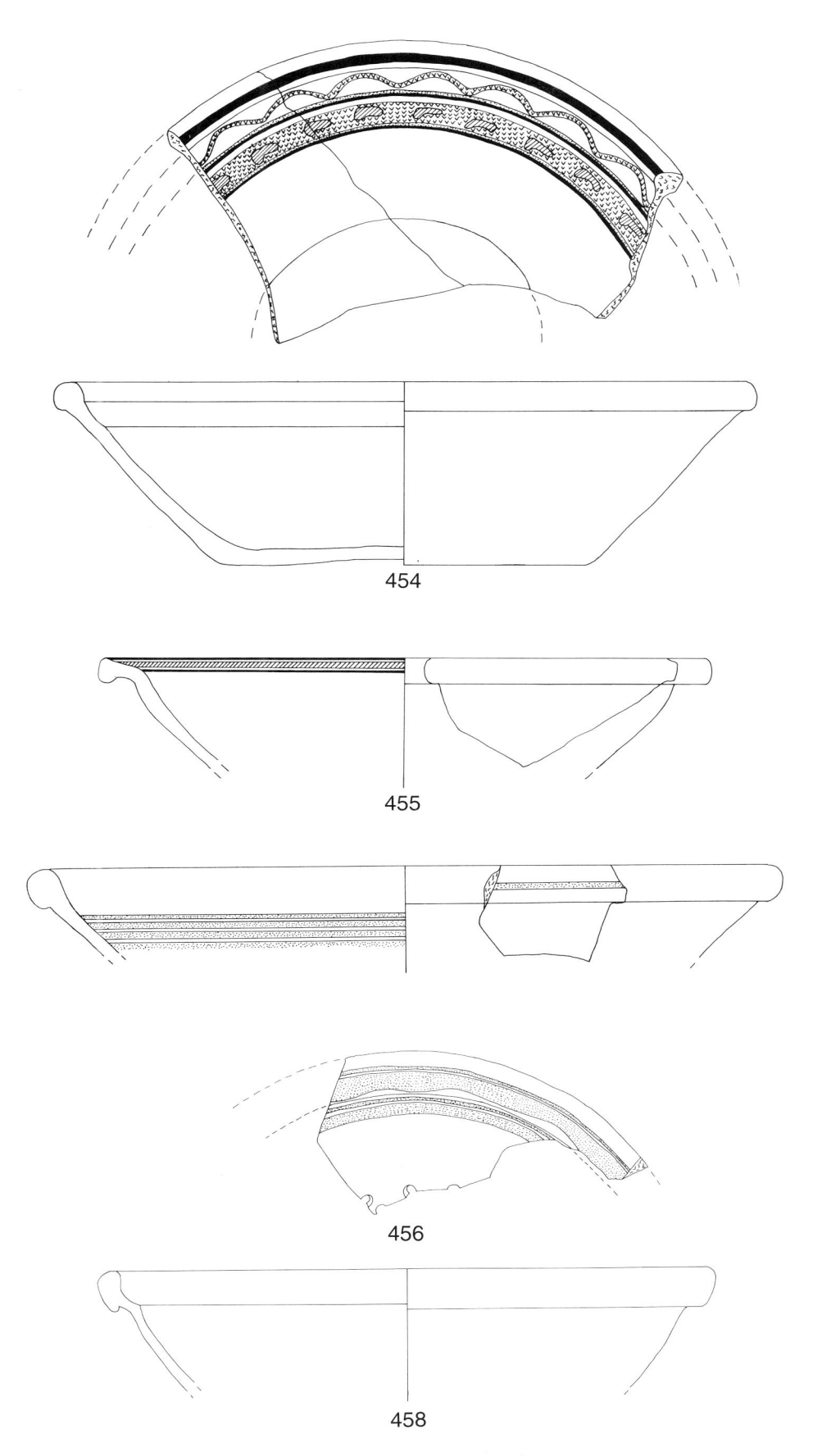

454

455

456

458

Kat. Nr. 454-456, 458; M. 1:3.

Tafel 70

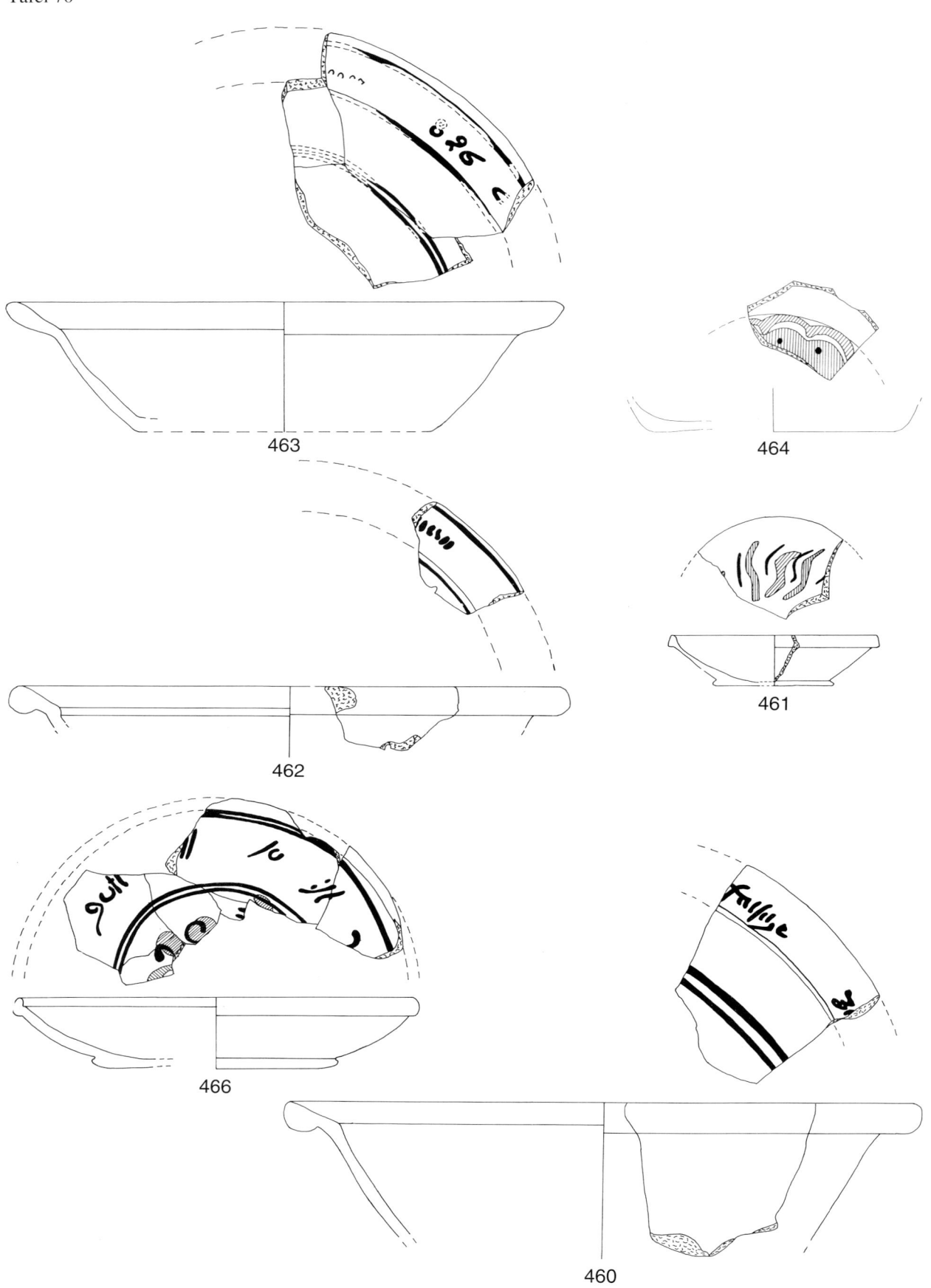

Kat. Nr. 460-464, 466; M. 1:3.

Tafel 71

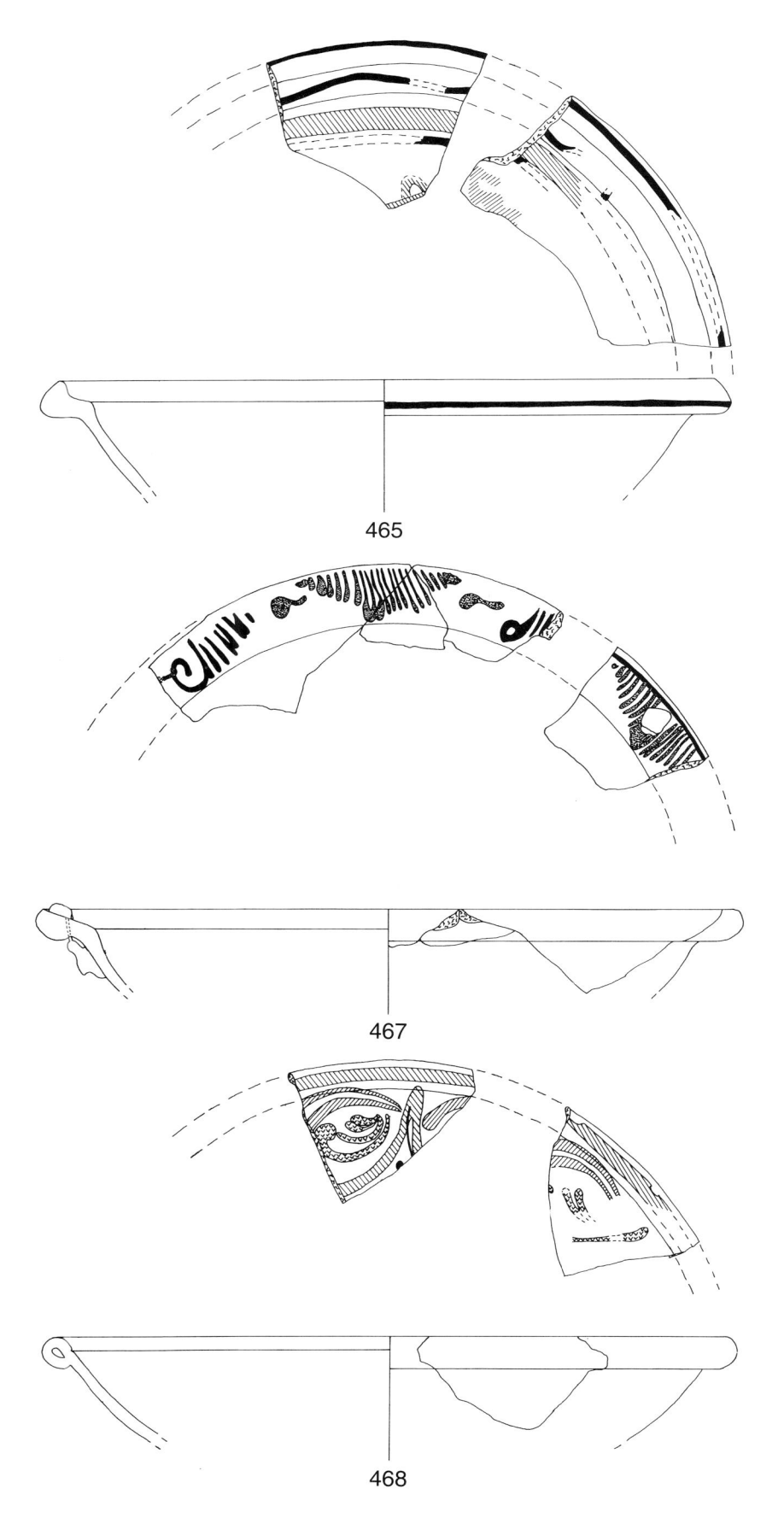

465

467

468

Kat. Nr. 465, 467, 468; M. 1:3.

Tafel 72

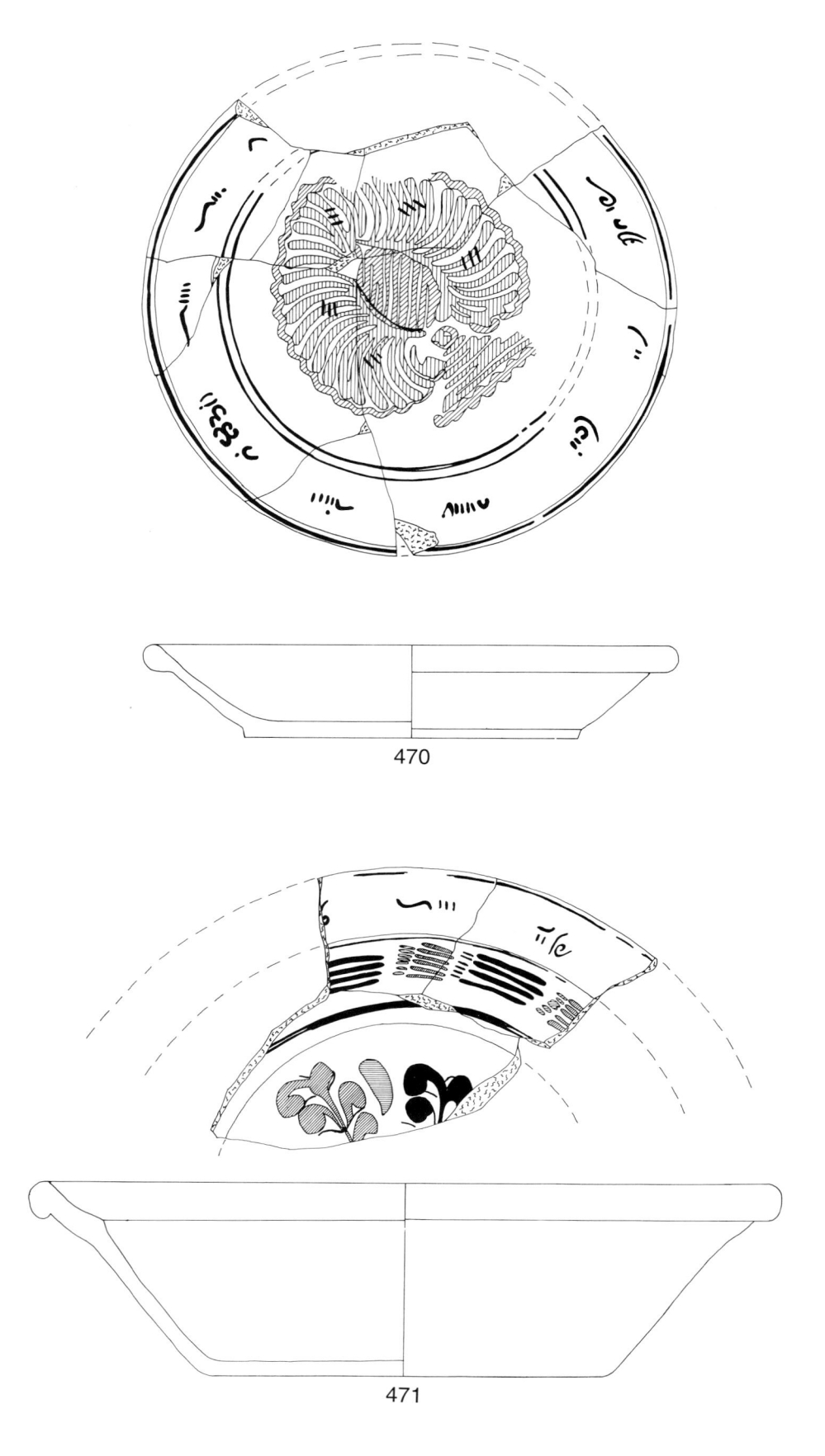

470

471

Kat. Nr. 470, 471; M. 1:3.

Tafel 73

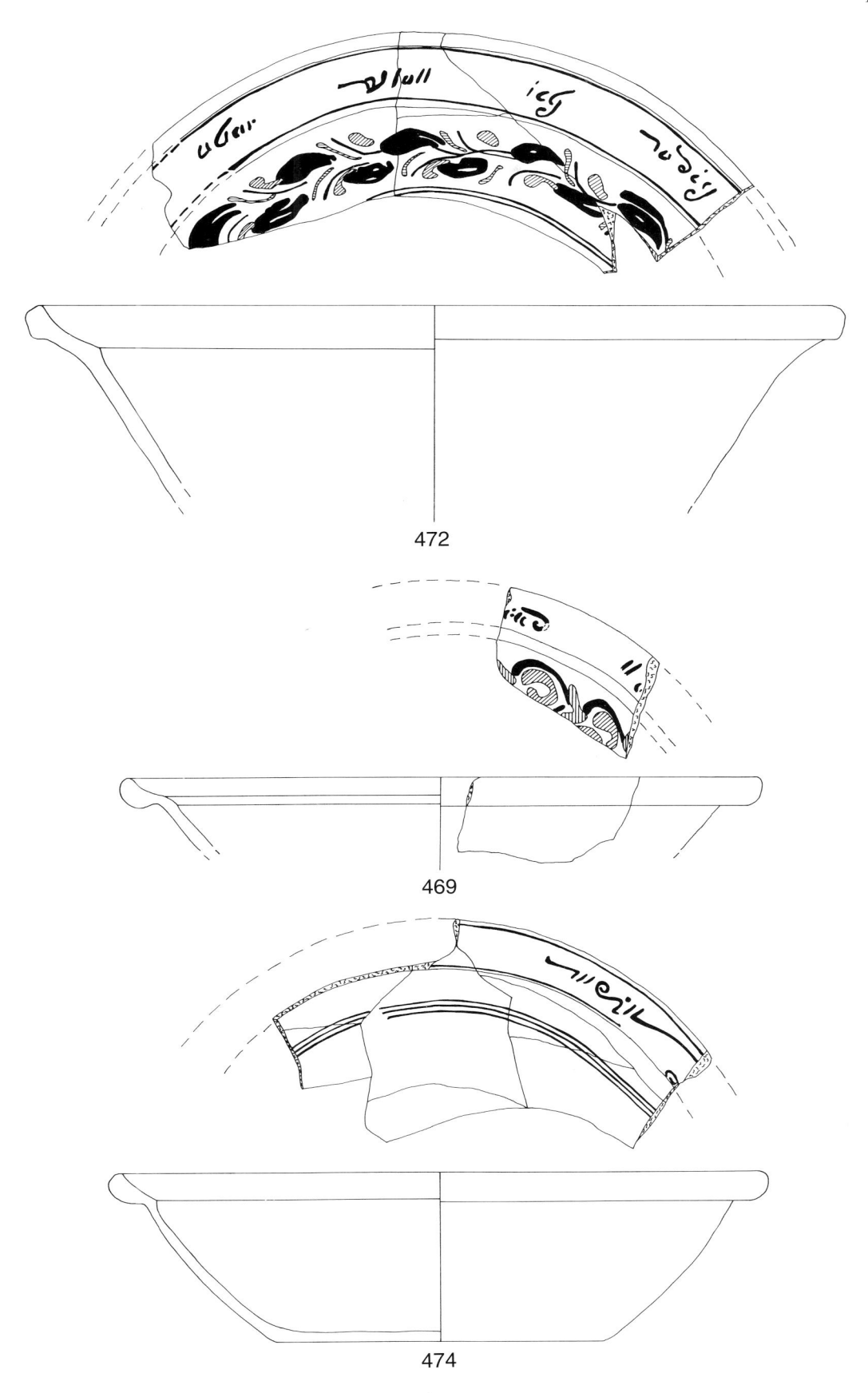

472

469

474

Kat. Nr. 469, 472, 474; M. 1:2.

Tafel 74

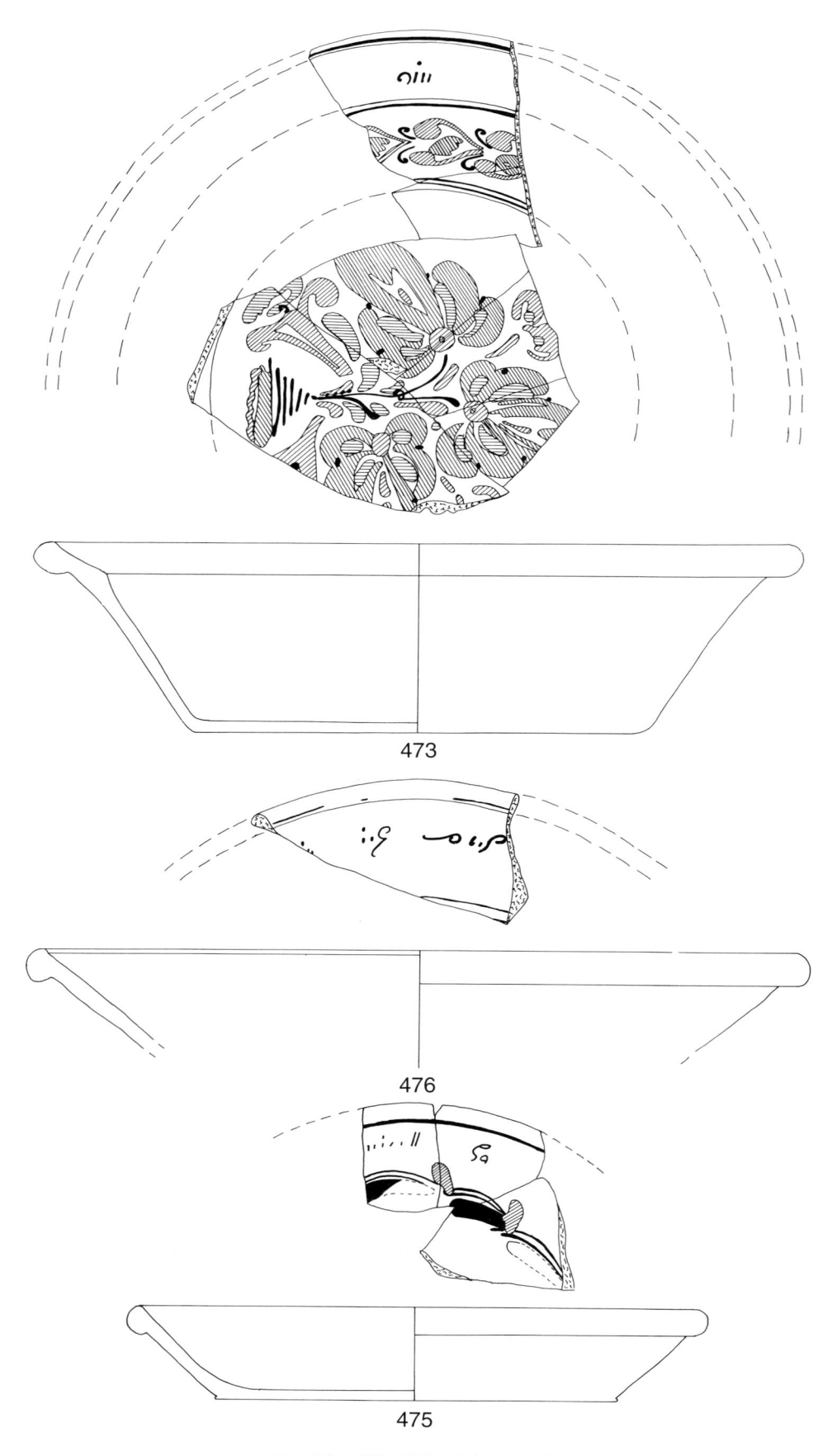

473

476

475

Kat. Nr. 473, 475, 476; M. 1:3.

Tafel 75

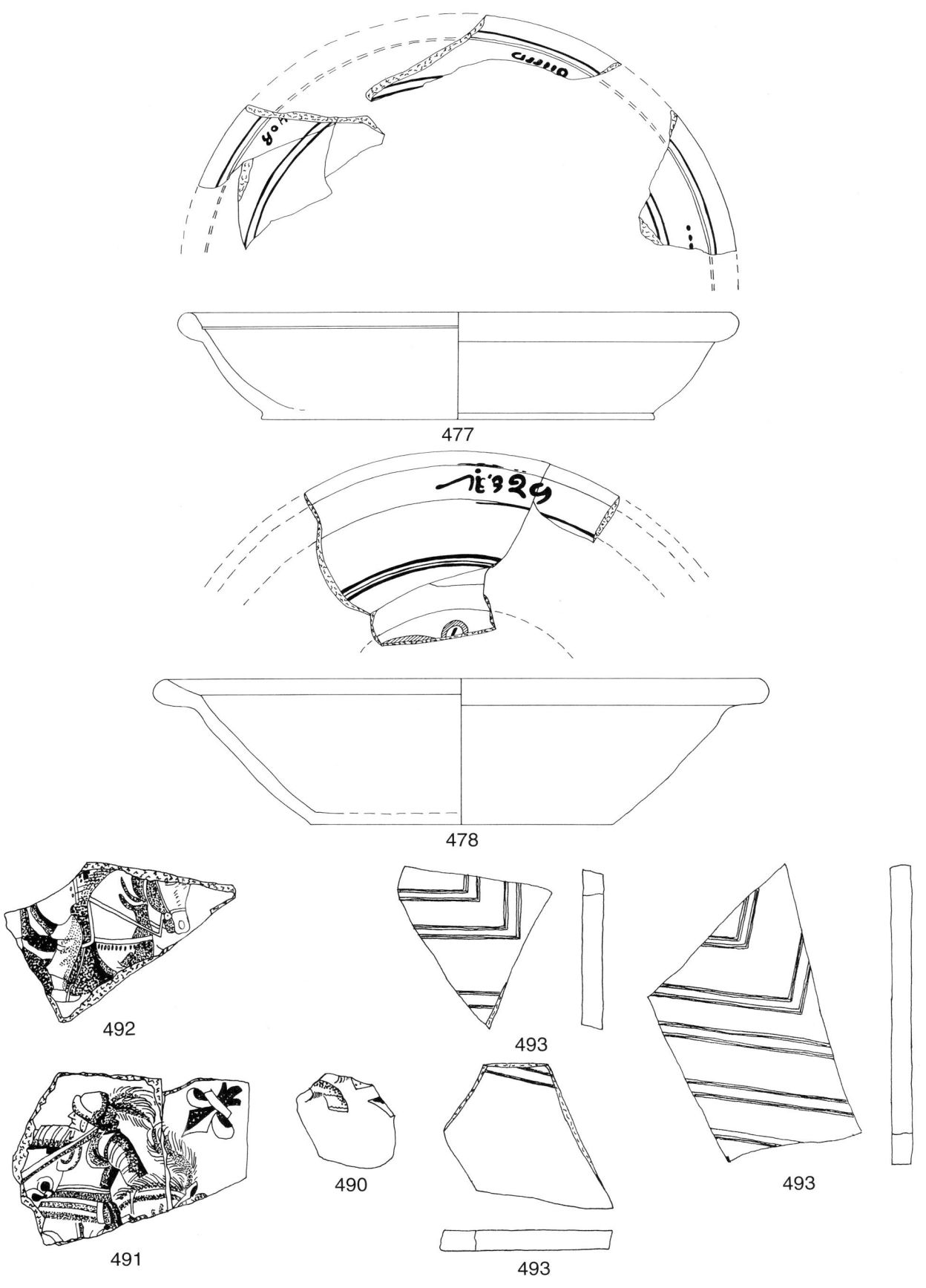

477

478

492

493

491

490

493

493

Kat. Nr. 477, 478, 490-493; M. 1:2 (Kat. Nr. 477, 478 = M. 1:3).

Tafel 76

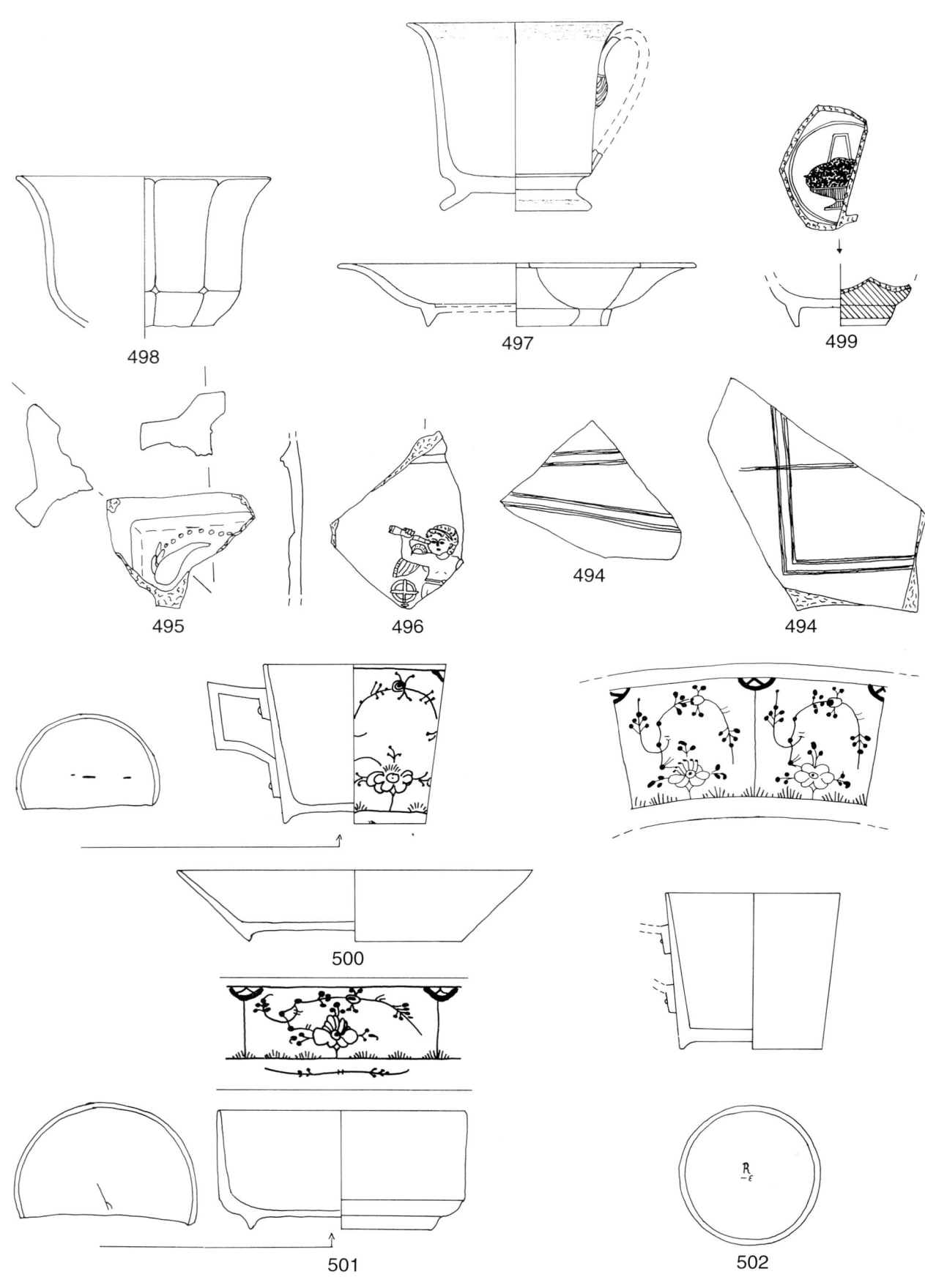

498 497 499

495 496 494 494

500

501 502

Kat. Nr. 494-502; M. 1:2.

Tafel 77

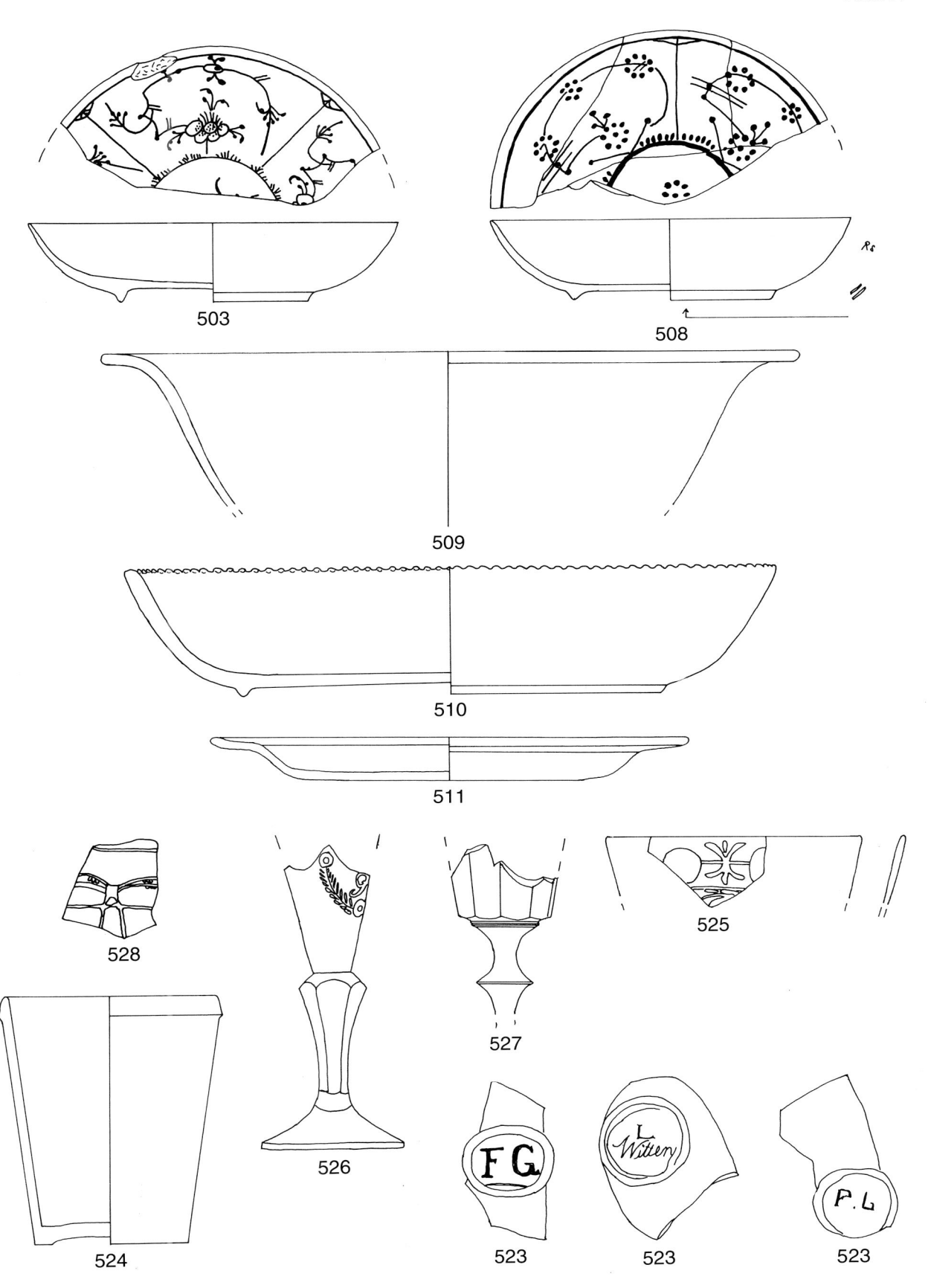

Kat. Nr. 503, 508-511, 523-528; M. 1:2 (Kat. Nr. 509 = M. 1:3).

Tafel 78

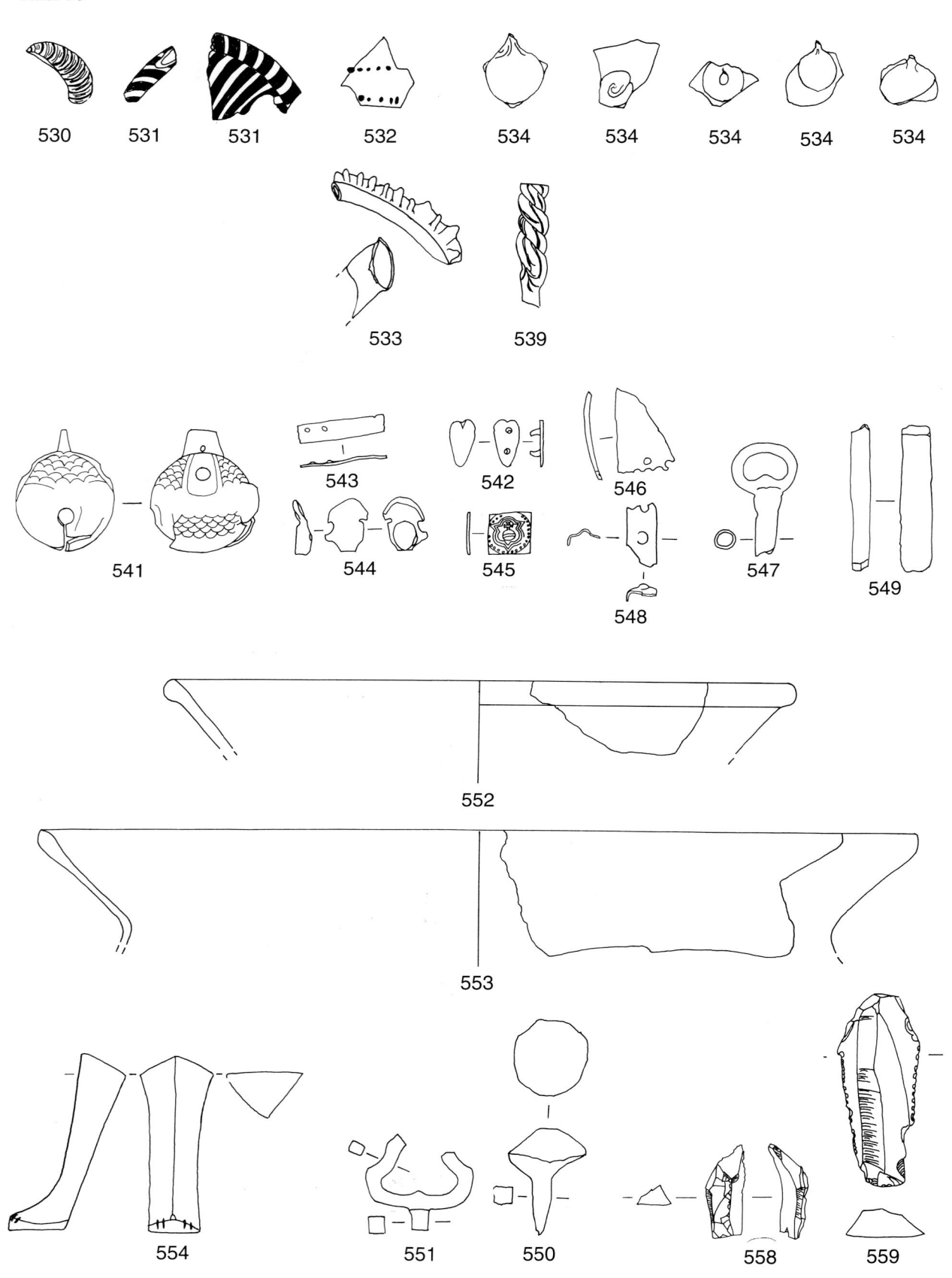

Kat. Nr. 530-534, 539, 541-554, 558, 559; M. 1:2.

Tafel 79

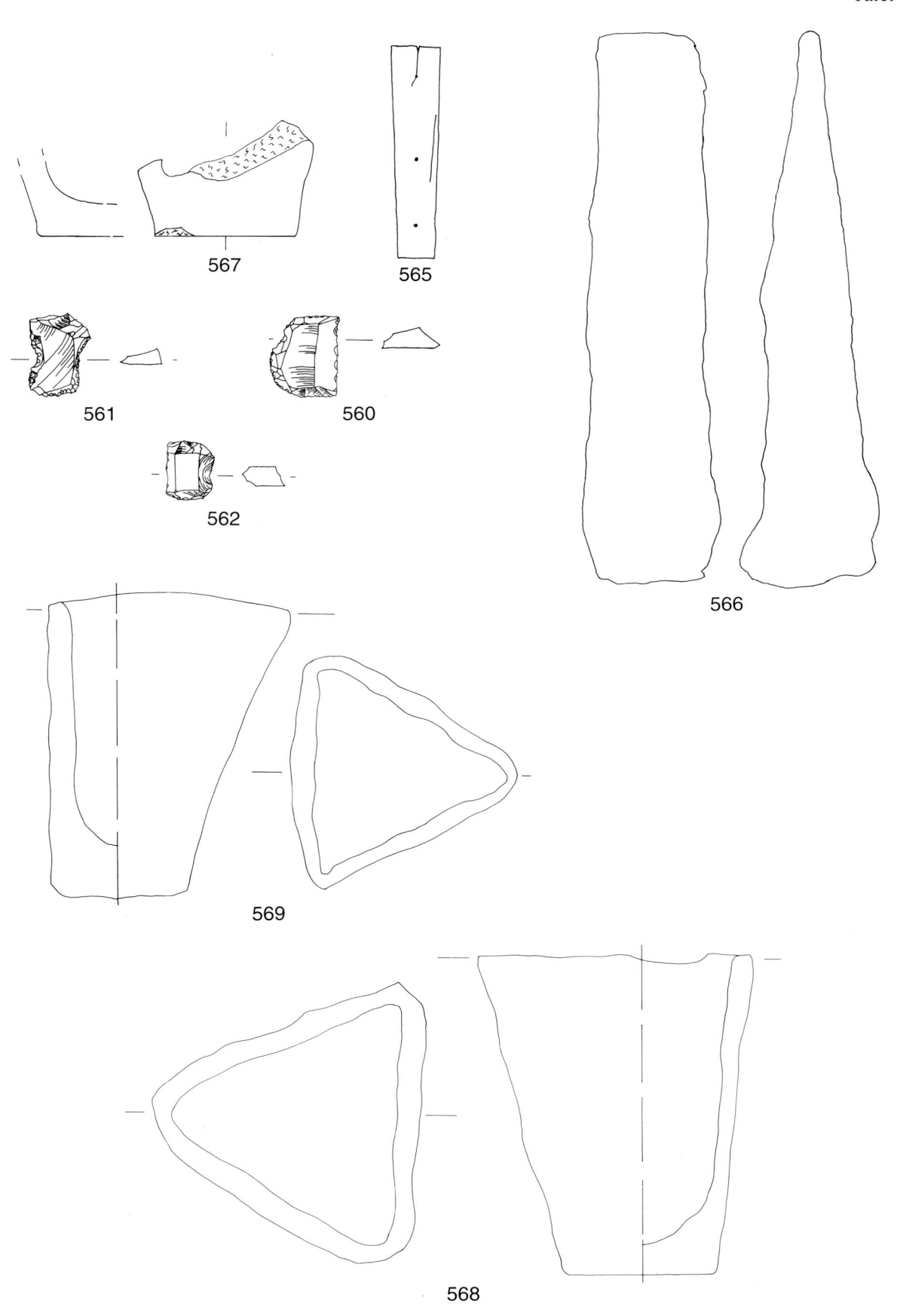

Kat. Nr. 560-562, 565-569; M. 1:2 (Kat. Nr. 568, 569 = M. 1:3).

Tafel 80

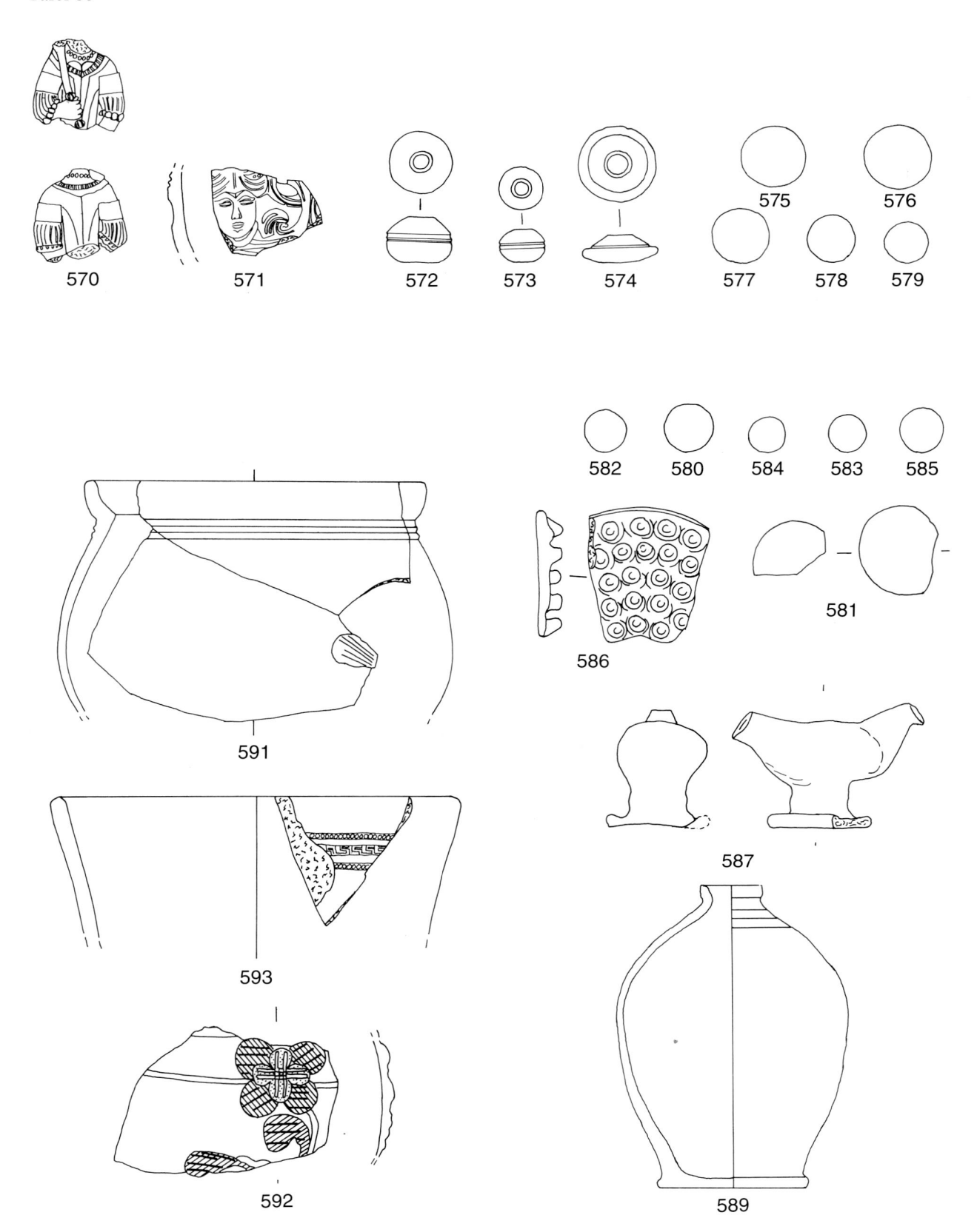

570 571 572 573 574 575 576 577 578 579

582 580 584 583 585

591 586 581

587

593

592 589

Kat. Nr. 570-587, 589, 591-593; M. 1:2.

Tafel 81

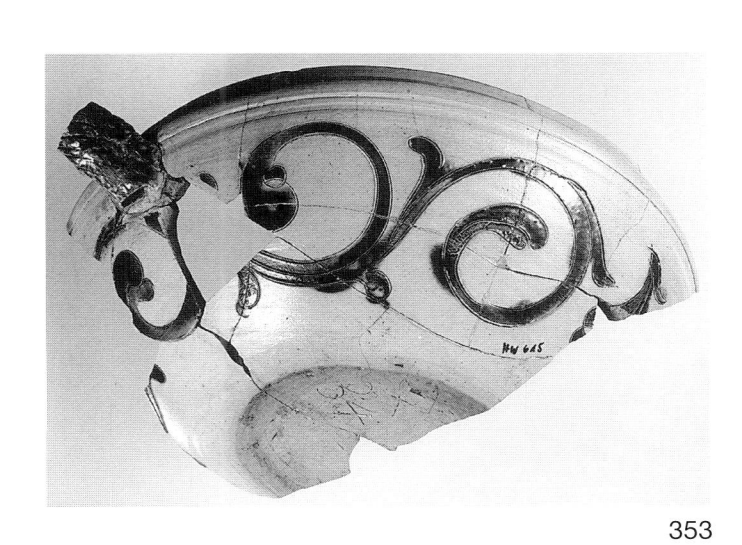

353

354

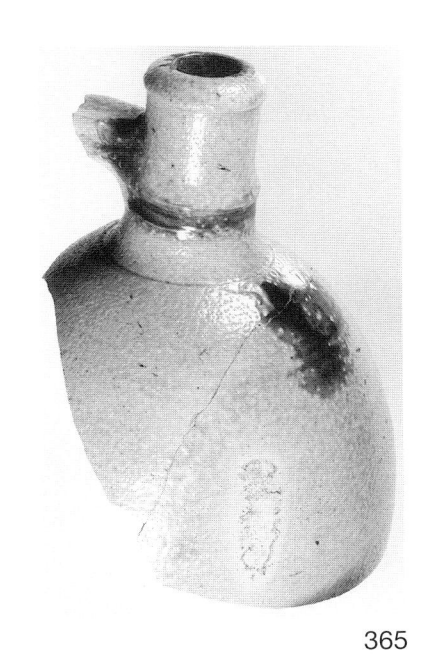

359

357

365

Kat. Nr. 353, 354, 357, 359, 365; ohne M.

Tafel 82

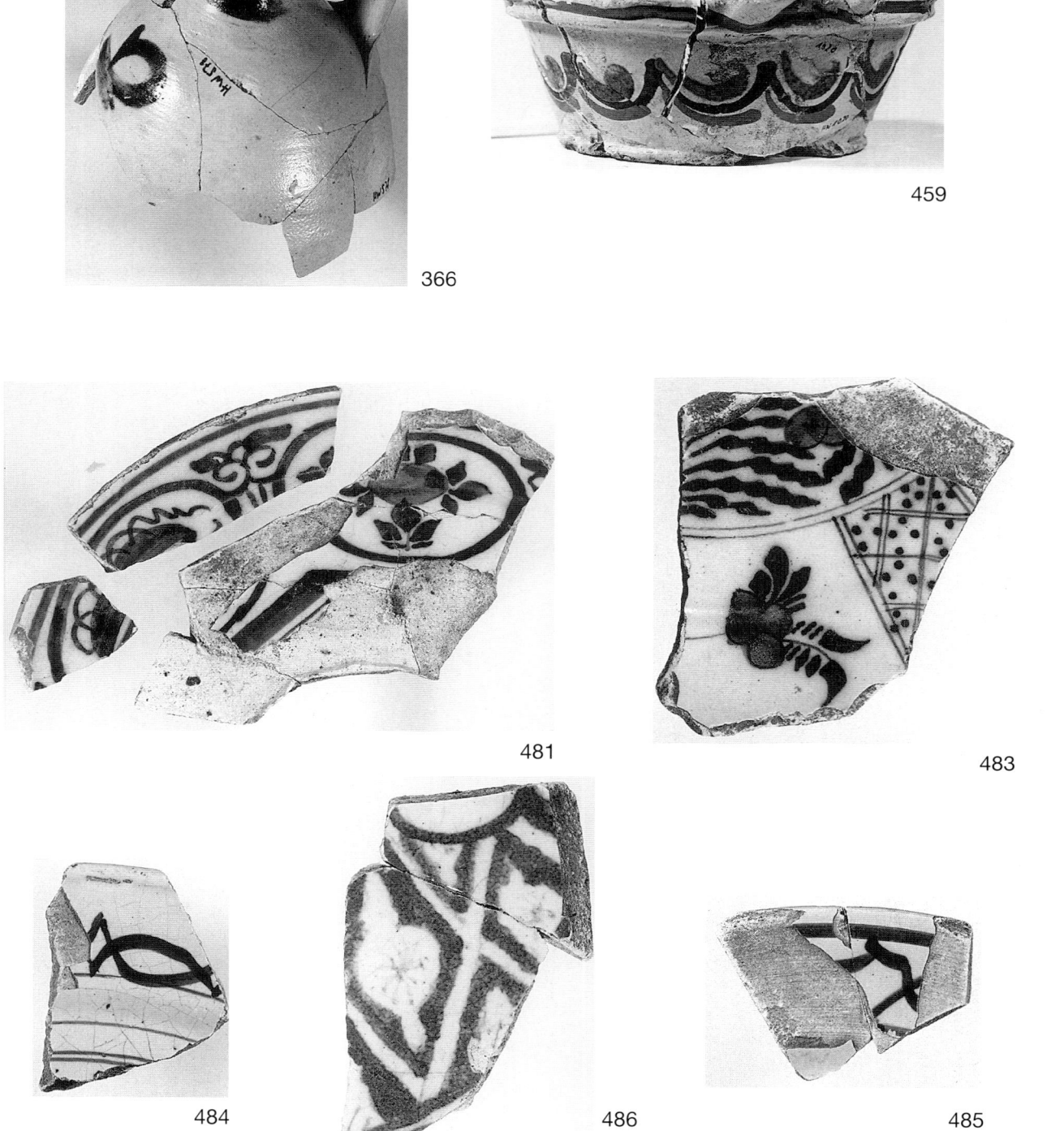

366

459

481

483

484

486

485

Kat. Nr. 366, 459, 481, 483-486; ohne M.

Tafel 83

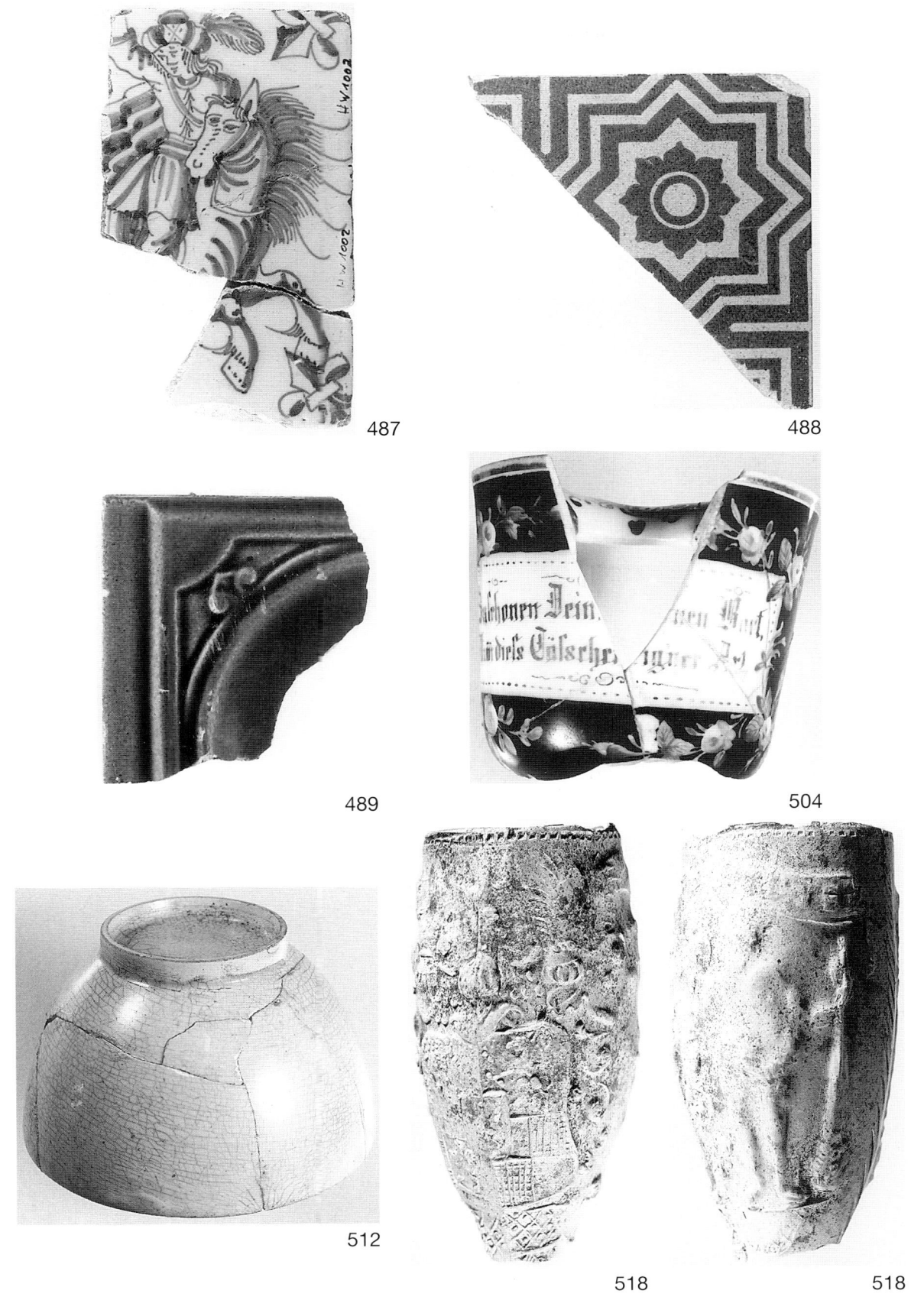

487

488

489

504

512

518 518

Kat. Nr. 487-489, 504, 512, 518; ohne M.

Tafel 84

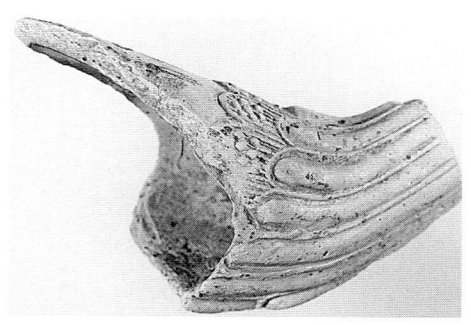

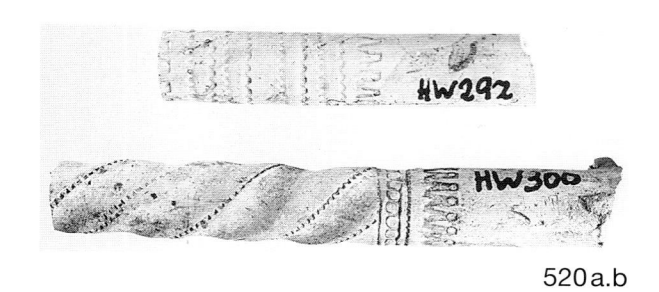

519 d

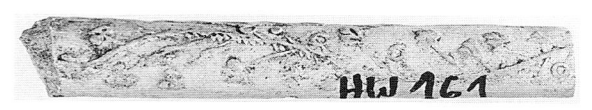

520 a.b

521 a

521 b

535

Kat. Nr. 619 d, 520 a.b, 521 a.b; 535; ohne M.

Tafel 85

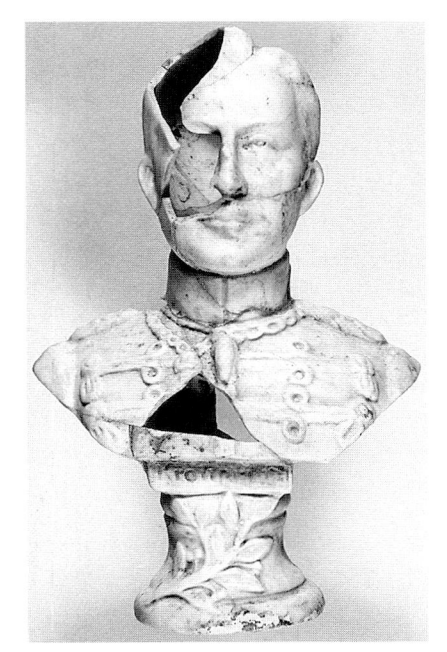

588

590

Kat. Nr. 588, 590; ohne M.

Denkmalpflege und Forschung in Westfalen

Im Auftrag des Landschaftsverbandes Westfalen-Lippe
herausgegeben von
Landeskonservator Eberhard Grunsky
Westfälisches Amt für Denkmalpflege
und
Museumsdirektor Bendix Trier
Westfälisches Museum für Archäologie
Amt für Bodendenkmalpflege

Bd. 1: Die Ausgrabungen in der Stiftskirche zu Enger. Teil I.
Von UWE LOBBEDEY (Grabungsvorbericht). Mit Beiträgen von WERNER KLENKE (Anthropologischer Befund), FRITZ SCHILLING und NORBERT EICKERMANN (Widukind-Inschrift).- 1979, 68 S., 49 Abb. im Text, kart. 28 ,-- DM, ISBN 3-7749-1436-2.

Bd. 2: Beiträge zur archäologischen Burgenforschung und zur Keramik des Mittelalters in Westfalen. Teil 1.
Mit Beiträgen von WALTER BAUER, HERBERT ENGEMANN, HANS WILHELN HEINE und UWE LOBBEDEY. - 1979, 219 S., 118 Abb. im Text, 2 Tabellen, kart. 48,-- DM, ISBN 3-7749-1631-4.

Bd. 3: Borgholzhausen. Archäologie einer westfälischen Kirche.
Von UWE LOBBEDEY. Mit Beiträgen von WILFRIED HENKE, MANFRED NEUGEBAUER und HILDE CLAUSSEN, unter Mitarbeit von PETER ILISCH, ULF-DIETRICH KORN, HORST PIETZNER, ADALBERT SCHERP und GERHARD STADLER. - 1981, 158 S., 89 Abb. im Text, 10 Tabellen, 2 Faltkarten als Beilagen, kart. 34,-- DM, ISBN 3-7749-1815-5.

Bd. 4: Historische Architektur in Theorie und Ausführung: Der Baumeister Emil von Manger.
Von JÖRG A.E. HEIMESHOFF. - 1982, 107 S., 111 Abb., kart. 44,-- DM, ISBN 3-7749-1902-X.

Bd. 5: Seppenrade. Ausgrabung einer münsterländischen Dorfkirche 1976/77.
Von ALFRED ZEISCHKA. Mit Beiträgen von RICHARD BERG, WILFRIED HENKE, PETER ILISCH, UWE LOBBEDEY und PETER MÜLLER. - 1983, 122 S., 76 Abb., 13 Tabellen, 1 Faltkarte als Beilage, kart. 48,-- DM, ISBN 3-7749-2018-4.

Bd. 6: Die thronenden Madonnen des 13. Jahrhunderts in Westfalen.
Von CHARLOTTE KLACK-EITZEN. - 1985, 114 S., 38 Tafeln, kart. 28,-- DM, ISBN 3-7749-2086-9.

Bd. 7: August und Wilhelm Rincklake: Historismusarchitekten des späten 19. Jahrhunderts.
Von GERHARD RIBBROCK. - 1985, 206 S., 167 Abb. im Text, kart. 34,-- DM, ISBN 3-7749-2087-7.

Bd. 8: Die Festung Lippstadt: Ihre Baugeschichte und ihr Einfluß auf die Stadtentwicklung.
Von GUNTER HAGEMANN. - 1985, 207 S., 2 Tabellen, 39 Karten, 151 Abb., Pp 44,-- DM, ISBN 3-7749-2153-9.

Bd. 9: Bauen und Wohnen in einer alten Hansestadt: Zur Nutzung von Wohnbauten zwischen dem 16. und 19. Jahrhundert dargestellt am Beispiel der Stadt Lemgo.
Von FRED KASPAR. - 1985, 414 S., 311 Abb. im Text, Pp 42,-- DM, ISBN 3-7749-2154-7.

Bd. 10: Johann Georg Rudolphi: Ein Beitrag zur Malerei des 17. Jahrhunderts in Westfalen.
Von DIRK STROHMANN. - 1986, 142 S., 72 Abb., Pp 48 ,-- DM, ISBN 3-7749-2228-4.

Bd. 11: Die Ausgrabungen im Dom zu Paderborn 1978/80 und 1983.
Von UWE LOBBEDEY. - 1986. Teilbd.1, Text: Mit Beiträgen von MANFRED BALZER, HILDE CLAUSSEN, GÜNTER GOEGE, GERALD GROßHEIM, WINFRIED HENKE, HUBERT HEYMANS, PETER ILISCH, HERMANN KÜHN, HORST PIETZNER und Zeichnungen von Ingrid Frohnert. 338 S., 87 Abb. im Text. - Teilbd. 2: Befundkatalog. 198 S. - Teilbd. 3: 273 S. mit 497 Abb. - Teilbd. 4: 78 Beilagen. Nur geschlossen zu beziehen. Ln. 470,-- DM, ISBN 3-7749-2292-2.

Bd. 12: Der Umgang mit der Geschichte beim Wiederaufbau des Prinzipalmarktes in Münster/Westf. nach dem 2. Weltkrieg.
Von ROSWITHA ROSINSKI. - 1987, 226 S., 261 Abb. im Text, Pp 54,-- DM, ISBN 3-7749-2230-6.

Bd. 13: Die barocken Schloßbauten Justus Wehmers in Westfalen. Zu Bedingungen und Wegen in der Architekturrezeption.
Von KLAUS G. PÜTTMANN. - 1986, 196 S., 126 Abb., Pp 44,-- DM, ISBN 3-7749-2284-5.

Bd. 14: Schloßkapellen im Raum Westfalen 1650-1770.
Von Kristin Püttmann-Engel. - 1987, 284 S., 230 Abb. im Text, Pp 54,-- DM, ISBN 3-7749-2285-3.

Bd. 15: Konservator im Alltag. Aufsätze und Vorträge.
Von Dietrich Ellger. - 1987, 92 S., 15 Abb. im Text, kart. 19,-- DM, ISBN 3-7749-2290-X.

Bd. 16: Die Stiftskirche zu Cappel. Kunsthistorische Auswertung der Ausgrabung 1980 und der archivalischen Überlieferung.
Von Manfred Schneider. - 1988, 365 S., 101 Abb., 3 Beilagen, Pp 58,-- DM, ISBN 3-7749-2360-4.

Bd. 17: Untersuchungen zur mittelalterlichen Keramik Mindens. Auswertung der Stadtkerngrabungen Bäckerstraße und Hellingstraße.
Von Hans-Werner Peine. - 1988, 274 S., 108 Tafeln, 42 Beilagen, Pp 128,-- Dm, ISBN 3-7749-2361-2.

Bd. 18: Die Marktpfarrkirche St. Lamberti zu Münster. Die Bau- und Restaurierungsgeschichte einer spätgotischen Stadtkirche.
Von Hans Josef Böker. - 1989, 229 S. mit 96 Abb., Pp 48,-- DM, ISBN 3-7749-2382-5.

Bd. 19: Häuser, Speicher, Gaden. Städtische Bauweise und Wohnformen in Steinfurt und im nordwestlichen Münsterland vor 1650.
Von Andreas Eiynck. - 1991, 295 S. mit 213 Abb., 9 Karten, 15 Tabellen, Pp 52,-- DM, ISBN 3-7749-2432-5.

Bd. 20: Johann Mauritz Gröninger. Ein Beitrag zur Skulptur des Barock in Westfalen.
Von Udo Grote. - 1992, 315 S., 311 Abb., Pp 62,-- DM, ISBN 3-7749-2461-9.

Bd. 21: Hoch- und spätmittelalterliche Keramik aus der Klosteranlage tom Roden.
Von Ralph Röber. - 1990, 160 S. mit 23 Abb., 72 Tafeln, 3 Beilagen, Pp 84,-- DM, ISBN 3-7749-2482-1.

Bd. 22: Architektur und Stadtplanung im Wiederaufbau. Bochum 1944-1960.
Von Hans H. Hanke. - 1992, 98 S., 155 Abb., Pp 46,-- DM, ISBN 3-7749-2462-7.

Bd. 23: Bruno Paul in Soest. Villen der 20er Jahre und ihre Ausstattung.
Von Jost Schäfer. - 1993, 86 S. mit 172 Abb., 40,-- DM, ISBN 3-7749-2604-2.

Bd. 24: Das Damenstift Herford. Die archäologischen Ergebnisse zur Geschichte der Profan- und Sakralbauten seit dem späten 8. Jahrhundert.
Von Matthias Wemhoff. - 1993, Teilbd. 1, Text: Mit Beiträgen von Annette Fiebig, Peter Ilisch, Josef Riederer, Erika Gaida, Desiree M.J. Neijgh van Lier und Hans Reichstein. 267 S., 47 Abb., 47 Tab. - Teilbd. 2: Befundkatalog und Tafeln. 202 S., 183 Taf. - Teilbd. 3: 57 Beilagen. Nur geschlossen zu beziehen. Pp 166;-- DM, ISBN 3-7749-2611-5.

Bd. 25: Studien zu den barocken Klosteranlagen in Westfalen.
Von Michael Mette. - 1993, 242 S., 228 Abb., 62,-- DM, ISBN 3-7749-2570-4.

Bd. 26: Der Dom zu Münster 793-1945-1993.
Von Uwe Lobbedey. -Textband: 525 S., 750 Abb. u. Zahlr. Zeichnungen; Tafelband mit 31 z.T. farbigen Faltplänen, 430,-- DM, ISBN 3-7749-2571-2.

Bd. 27: Die ehemalige Jesuitenkirche Maria Immaculata in Büren. Dokumentation und Beiträge zur Innenrestaurierung 1986-1988.
320 S., 312 Abb., davon zahlr. farbig, 7 Faltpläne, 98,-- DM, ISBN 3-7749-2660-3.

Bd. 28: Historische Formen der Wasserversorgung in den Städten des ehemaligen Hochstifts Paderborn.
Von Ulrike Melzer. - 1995, 127 S., 44 Abb., 39,-- DM, ISBN 3-7749-2690-5.